V&R

Christoph Asmuth

Interpretation – Transformation

Das Platonbild bei Fichte, Schelling, Hegel,
Schleiermacher und Schopenhauer und das
Legitimationsproblem der Philosophiegeschichte

Vandenhoeck & Ruprecht

Bibliografische Information Der Deutschen Bibliothek

Die Deutsche Bibliothek verzeichnet diese Publikation in der
Deutschen Nationalbibliografie; detaillierte bibliografische Daten
sind im Internet über <http://dnb.ddb.de> abrufbar.

ISBN 10: 3-525-30152-9
ISBN 13: 978-3-525-30152-4

Die Arbeit wurde 2003 von der Fakultät I: Geisteswissenschaften der TU Berlin
zur Habilitation angenommen.

Gedruckt mit Unterstützung der Deutschen Forschungsgemeinschaft

Inhalt

1. Einleitung

Die Philosophie hat sich seit ihrem Beginn immer auch ihrer Geschichte zugewandt. Und sie hat dabei stets mehr zu gewinnen erhofft als einen Einblick in
längst vergessene Wahrheiten. Für die Anfänge des Philosophierens enthielt
die Geschichte den Stoff zur Auseinandersetzung. Die Geschichte besaß Relevanz. Das Alte sollte nicht abgetan, es sollte durch das Neue argumentativ
ersetzt werden. So wurde das Alte nicht einfach überwunden und als Überwun-
denes vergessen, sondern erhalten. Die Argumente, so dürfte es dem anfänglichen Philosophieren erschienen sein, brauchen ihre Herkunft, damit die Überwindung des Alten einen Boden hat. So tradiert die alte Philosophie die noch
ältere, und die Überwindung wird nie zu einer gänzlichen Vernichtung.

In diesem Traditionszusammenhang läßt sich nicht mehr oder nur sehr
schwer identifizieren, was vom Ältesten selbst her stammt oder was das
Jüngere als Älteres stilisiert hat. So ist bereits in der frühen Zeit nicht mehr
zu unterscheiden zwischen Interpretation und Transformation, seien diese
nun affirmativ oder negativ. Insgesamt ist das Verhältnis der älteren Philosophiegeschichtsschreibung zu ihrem Objekt noch ungebrochen und naiv.[1]
Man gibt wieder, was man weiß, und man weiß, was man gesammelt und
aus den Quellen zusammengetragen hat.[2] Hegel sollte dies später abschätzig
bezeichnen als eine Geschichte bloßer Meinungen. Damit weist er auf den
Konflikt hin, dem eine Geschichtsschreibung der Philosophie in der Moderne ausgesetzt ist: den Konflikt von Wahrheit und Geschichte.[3]

---

1 Zur Entwicklung der Philosophiegeschichtsschreibung und ihrem Wandel im 18. und
19. Jahrhundert vgl.: Geldsetzer, Lutz, *Die Philosophie der Philosophiegeschichte im
19. Jahrhundert. Zur Wissenschaftstheorie der Philosophiegeschichtsschreibung und -be-
trachtung.* Meisenheim am Glan 1968; Braun, Lucien, *Théorie de l'histoire de la philosophie.*
Straßburg 1985; ders., *Geschichte der Philosophiegeschichte.* (Hg.) Schneider, Ulrich Johannes. Darmstadt 1990; ders., *Die Vergangenheit des Geistes. Eine Archäologie der Philosophiegeschichte.* Frankfurt a. M. 1990; Baumgartner, Hans Michael, »Anspruch und Einlösbarkeit.
Geschichtstheoretische Bemerkungen zur Idee einer adäquaten Philosophiegeschichte«, in:
Veritas filia temporis? Philosophiehistorie zwischen Wahrheit und Geschichte. Festschrift für
Rainer Specht zum 65. Geburtstag. Berlin/New York 1995, S. 44–61; hier S. 44.
2 Paradigmatisch ist hier die Philosophiegeschichte des Diogenes Laertius zu nennen, der
in *De vitis dogmatis et apophthegmatis clarorum philosophorum libri X* unter der Leitkatego-
rie der *Schule* und in der Aufeinanderfolge von Lehrer und Schüler den Versuch unternimmt,
eine vollständige Sammlung von Lehrmeinungen zu bieten.
3 Vgl. Poser, Hans, »Einleitung« zu: *Wandel des Vernunftbegriffs.* (Hg.) Poser, Hans. Freiburg 1981, S. 7–10. Poser konstatiert eine grundlegende Aporie: »Dem historischen Wandel

Daß die Wahrheit nicht der Vergänglichkeit, nicht dem Lauf der Zeit unterworfen ist, gehört zum Bestand der metaphysischen Überzeugungen. Vielleicht muß man zugeben, daß es einen begrifflich-analytischen Zusammenhang gibt zwischen der Wahrheit und der Un- oder Überzeitlichkeit ihrer Geltung; dann nämlich, wenn Wahrheit mehr meinen soll als Richtigkeit, mehr bedeuten soll als die Behauptung, daß tatsächlich ist, was Tatsache ist. Man kann Wahrheit zur Richtigkeit verkleinern und entgeht damit dem metaphysischen Anspruch. Oder man schränkt die Ansprüche der Vernunft ein auf ein menschenmögliches Maß. Aber damit läßt sich der prinzipielle Konflikt nicht umgehen. Philosophen behaupten ihre Gedanken nicht wie Tatsachenwahrheiten, sondern argumentieren mit einem Geltungsanspruch – sei dieser nun moderat auf absehbare Zeit oder universell für alle Zeit oder aber schlechthin zeitlos über alle Zeit. In jedem Fall widerspricht diesem Geltungsanspruch jene Geschichtlichkeit der Philosophie, wie sie sich in der Philosophiegeschichtsschreibung widerspiegelt. Entweder sie degradiert das Vergangene zur defizienten Meinung oder sie mißt ihm ein Gewicht zu, das es der Geschichtlichkeit entzieht. Dann adelt sie das Historische und macht es zur unzeitlichen Wahrheit.

Es gibt daher ein Unbehagen zu konstatieren, das die Philosophie beschleicht, wenn sie sich mit ihrer Geschichte befaßt. Sie will sich nicht auf dieselbe Weise ihrer Geschichte zuwenden wie andere Disziplinen: Sie will keine Aufeinanderfolge früherer Auffassungen über den Objektbereich des Faches anführen, Auffassungen, die deshalb der Geschichte des Faches angehören, weil sie nicht mehr zum Bestand ihres aktuellen Wissens und Verhandelns zählen. Die Philosophie steht der Sache ihrer Geschichte näher. Sie hat – zumindest seit der Moderne – ein inniges Verhältnis zu ihrer eigenen Vergangenheit. Zugleich krankt sie daran, denn sie trägt ihre Geschichte auf ihrer Haut. Einerseits entwickelt sie eine artifizielle Form der Textkommentierung und -auslegung; andererseits ist sie gegenwarts- und problembezogen. Beide Tendenzen können sich blockieren, sich ergänzen oder bestärken. Hierher gehört der Vorwurf, dem die Philosophie nach dem Historismus des 19. Jahrhunderts immer stärker ausgesetzt ist, der Vorwurf nämlich, die Philosophie gehe völlig in der Geschichte auf und verliere den Blick für die Gegenwärtigkeit des Denkens. Statt sich mit klarem Verstand

---

dessen, was unter Vernunft verstanden wird, steht (. . .) der Anspruch gegenüber, in ihr etwas von aller Kontingenz abgelöstes zu bezeichnen, ein dem Wandel und der Erfahrung Entzogenes und hinter beiden Liegendes, kurz ein Apriorisches, Notwendiges, Verbindliches und Allgemeines. Wie aber kann etwas, das als der Inbegriff des Allgemeinen gedacht wird, in seiner begrifflichen Ausprägung historisch-kontingent sein?« (S. 8) Ähnlich argumentiert auch: Schnädelbach, Herbert, »Zur Dialektik der historischen Vernunft«, in: *Wandel des Vernunftbegriffs*. (Hg.) Poser, Hans. Freiburg i. Br./München 1981, S. 15–37.

auf die gegenwärtigen Probleme zu konzentrieren, beschwerten sich die Philosophen mit dem Ballast der Geschichte, mit den Gedanken vergangener Zeiten, deren Problemhorizont – an der Gegenwart gemessen – irrelevant sei.

Es ergibt sich hier ein Spannungsfeld, in dem zugegebenermaßen die Richtung vorgegeben ist. Im Großen und Ganzen optiert man für eine Mischvariante: Weder im Studium der Philosophie noch in der Wissenschaft selbst möchte man die Geschichte der Philosophie missen. Mit welchem Gewicht man sie in den Lehrplänen sehen will, macht da nur den kleinen unbedeutenden Unterschied. So führt die Geschichte der Philosophie das Dasein einer Geduldeten. Man schickt sie ohne große Leidenschaft, sie solle die Propädeutik übernehmen,[4] etwas über die Herkunft der Probleme vermitteln, ein bißchen Vorspiel, um wenigstens die Grundlagen zu schaffen, damit man nicht vergißt, welche Lösungen schon vorgeschlagen und welche bereits gescheitert sind.

In gewisser Hinsicht ist dies das Thema des vorliegenden Buches: Es vertritt die Auffassung, daß es unmöglich ist, den historischen Bestand der Philosophie von der Systematik zu trennen. Es argumentiert für die Relevanz der Philosophiegeschichte im Hinblick auf die Philosophie. Es will die Situation analysieren und einen Vorschlag unterbreiten, wie das Verhältnis der Philosophie zu ihrer Geschichte selbst philosophisch gedacht werden kann. Dies soll aber nicht in der Perspektive einer Außenstehenden geschehen, eine Rolle, die der Philosophie nicht gut zu Gesicht steht: Der erhöhte Standpunkt eines Beobachters mag dem Betrachter einen Überblick gewähren; aber erst der Nachvollzug läßt die innere Struktur des Problembestandes erkennen.[5] Daher soll nicht *über* die Geschichte der Philosophie gesprochen werden, nicht *über* die Probleme von Wahrheit und Geschichte, nicht *über* das Wechselverhältnis von Interpretation, Transformation und systematischer Philosophie. Es soll keine abstrakte Theorie der Philosophiegeschichtsschreibung entwickelt werden, deren Richtigkeit dann an den unter

---

4 Indes wird die Vermutung laut, man könne damit der systematischen Philosophie einen Bärendienst erweisen:»Die Kunde von der Geschichte der Philosophie scheint mehr und mehr als eigentliche philosophische Propädeutik zu gelten. Da aber nirgends befriedigend erklärt ist, inwiefern sie diese Rolle überhaupt übernehmen kann, besteht die Möglichkeit, daß sie das Aufleben originären Philosophierens, zu dem sie vorbilden soll, nicht fördert, sondern im Keime erstickt.« (Ehrhardt, Walter E., *Philosophiegeschichte und geschichtlicher Skeptizismus. Untersuchung zur Frage: Wie ist Philosophiegeschichte möglich?* Bern/München 1967, S. 26)

5 Vgl. zum Problem des philosophischen Überblicks: Asmuth, Christoph, »Denklandschaften«, in: Landschaft gesehen, beschrieben, erlebt. (Philosophisch-literarische Reflexionen; 7) (Hg.) Röttgers, Kurt – Schmitz-Emans, Monika. Essen 2005, S. 19–29.

ihr begriffenen Fällen einzeln demonstriert werden könnte. Das Problem liegt in der wenig eleganten Vermittlung von theoretischen Ebenen. Es hält an einer Form der Theoriebildung fest, in der wenig Platz ist für die Selbstreflexion und Selbstrechtfertigung, die der Philosophie doch so wesentlich sind. Ein Plädoyer für die Unabtrennbarkeit von Philosophie und Geschichte kommt ohne die Geschichte der Philosophie wohl kaum aus.

Noch weniger geeignet scheint es, das Thema mit einer Geschichte des Themas zu beginnen – oder gar, es darin erschöpfen zu lassen. Sollte man tatsächlich versuchen, das Verhältnis von Philosophie und Geschichte durch eine Geschichte dieses Problems zu lösen? Es steht kaum zu vermuten, daß auf diesem Feld eine produktive Lösung zu finden ist. Ein Plädoyer für die Unabtrennbarkeit von Philosophie und Geschichte kommt ohne eine systematische Entwicklung des Problems wohl genau so wenig aus.[6]

Wenn nicht *über* die Geschichte der Philosophie gesprochen werden soll noch geschichtlich über das Problem der Philosophiegeschichte, was bleibt übrig? Es soll hier der Versuch unternommen werden, die Sache selbst zum Problem werden zu lassen. Wenn der Befund richtig ist, daß der Philosophie die Verbindung von systematischen und historischen Elementen eigentümlich ist, so muß sich diese Verbindung auch historisch-systematisch aufzeigen lassen. Im Prozeß einer Annäherung an ein Feld von historischen Texten müssen sich die relevanten Probleme unweigerlich einstellen. Der Konflikt von Wahrheit und Geschichte, Geltungsanspruch und Historizität muß in der Sache selbst aufgesucht und mit ihr ausgetragen werden.

Die abstrakte Gegenüberstellung erzeugt eine Aporie. Demgegenüber steht die faktisch gelingende – mehr oder minder gelingende – produktive und systematische Auseinandersetzung mit dem gewesenen Denken. Im Einzelfall besteht kein Zweifel darüber, daß ein Interesse an der Geschichte der Philosophie besteht, das sich natürlich aus systematischen Motiven speist. Selbst das Ziel, das Gewesene von der verfälschenden Instrumentalisierung gegenwärtiger Interessenslagen freizuhalten, ist nichts weniger als systematisch motiviert. Ein systematischer Umgang mit der Philosophiegeschichte ist also nicht nur möglich, sondern wirklich, und zwar unbesehen der jeweiligen konkreten Ausformung, entspringe diese nun einer privaten Vorliebe oder der argumentativen Notwendigkeit der Sache selbst.[7]

───────────

6 Vgl. z. B. Rockmore, Tom, »Quines Witz und die Philosophiegeschichte«, in: *Geschichtlichkeit der Philosophie. Theorie, Methodologie und Methode der Historiographie der Philosophie.* (Hg.) Sandkühler, Hans Jörg. (Philosophie und Geschichte der Wissenschaften. Studien und Quellen; 14) Frankfurt a. M. u. a. 1991, S. 219–226; Eichler, Klaus-Dieter, »Philosophiegeschichte als systematische Disziplin. Bemerkungen zu Kant, Hegel und Dilthey«, in: *Philosophiegeschichte und Hermeneutik.* (Hg.) Caysa, Volker – Eichler, Klaus-Dieter. (Leipziger Schriften zur Philosophie; 5) Leipzig 1996, S. 26–45.

7 Vgl. dagegen Vittorio Hösle, der seinem eigenen Buch *Wahrheit und Geschichte* das

Unter dieser Voraussetzung läßt sich allein an der konkreten Arbeit mit der Geschichte der Philosophie Aufschluß darüber gewinnen, wie Wahrheit und Geschichte der Philosophie theoretisch und praktisch vermittelt sind. *Interpretation* und *Transformation* bilden deshalb kein abstraktes Lösungskonzept, sondern sind Teil einer genetischen Rekonstruktion tatsächlicher, d. h. konkreter und systematischer Beschäftigung mit der Philosophiegeschichte. Sie bilden implizite Voraussetzungen, die in wechselnden Bestimmungen ein transzendentales Gerüst aufbauen, ein Gerüst, das eine systematische Philosophiegeschichte ermöglicht, ohne sie zu prädeterminieren. Es ermöglicht Wertungen und dezidierte Stellungnahmen zu konkreten Interpretationen, aber sie vermeidet ein abstraktes Urteil über bestimmte Verfahrens- und Umgangsweisen mit dem historischen Denken.

In der Zeit um die Wende vom 18. zum 19. Jahrhundert veränderte sich das Platon-Bild.[8] Das war nicht nur die Folge eines gewandelten Geschichtsbildes, sondern stand in engem Zusammenhang mit dem Auftreten der kritischen Philosophie Kants. Einerseits erweiterte sich das Wissen über die Antike als Folge eines gesteigerten Interesses auch an der philologischen Seite; andererseits kam es zu einer Intensivierung der philosophischen Auseinandersetzung mit Platon. Man nahm den antiken Philosophen nun anders wahr; man nahm ihn ernst. Er gehörte jetzt nicht mehr nur zum unabdingbaren

›Verdienst‹ zuspricht, »durch eine immanente Kritik und Aufhebung jenes historischen Bewußtseins, das in Deutschland [das; Ch. A.] systematische Denken zunehmend gelähmt hat, einen Mittelweg zwischen einer Philosophie ohne das Bewußtsein der eigenen Geschichtlichkeit und einer in Gelehrsamkeit ohne systematische Perspektiven versinkenden Philosophiehistorie aufzuweisen (. . .).« (Hösle, Vittorio, »Vorwort«, in: *Philosophiegeschichte und objektiver Idealismus.* München 1969, S7f.) Hösles Urteil ist dreifach zu korrigieren: 1. Es ist nicht zu erkennen, daß der systematischen Philosophie in Deutschland das geschichtliche Bewußtsein mangelt oder gefährlich dahin tendiere, kein solches Bewußtsein mehr zu entwickeln; 2. ist der Befund unzutreffend, die philosophiegeschichtliche Forschung in Deutschland sei überwiegend ohne systematisches Interesse; 3. überschätzt Hösle die Lösungskompetenz seines ›Mittelwegs‹, der außer der restaurativen Tendenz der historischen Philosophie Hegels gegenüber wenig substantiell Neues zur Diskussion beiträgt.

8 Vgl. Wundt, Max, »Die Wiederentdeckung Platons im 18. Jahrhundert«, in: *Blätter für deutsche Philosophie* 15 (1941), S. 149–158. Grundlegend neuerdings: Gloyna, Tanja, »Idee – Substanz oder Begriff? Zum Wandel des Platon-Verständnisses im 18. Jahrhundert«, in: *Platonismus im Deutschen Idealismus. Die platonische Tradition in der klassischen deutschen Philosophie.* (Hg.) Mojsisch, Burkhard – Summerell, Orrin F. München/Leipzig 2003, S. 1–17; Franz, Michael, »Der Neuplatonismus in den philosophiehistorischen Arbeiten der zweiten Hälfte des 18. Jahrhunderts«, in: *Platonismus im Deutschen Idealismus. Die platonische Tradition in der klassischen deutschen Philosophie.* (Hg.) Mojsisch, Burkhard – Summerell, Orrin F. München/Leipzig 2003, S. 19–31. – Die Quellen dieser verstärkten Zuwendung zu Platon sind sicher heterogen: da sind die Florentiner Humanisten, das Wirken und Nachwirken Ficinos ebenso zu nennen wie die Cambridge Platonists.

Besitz einer gebildeten Kultur, sondern seine Philosophie selbst wurde zum Ausgangspunkt weitreichender Spekulationen. Platon regte zu eigenen philosophischen Versuchen an. Seine Überlegungen gingen in ein neues Philosophieren ein.

Das setzt voraus, daß es sowohl in der Problemstellung wie auch in ihrer Handhabung eine gewisse *Kontinuität* geben muß, die dafür bürgt, daß ein anschließendes und produktives Weiterdenken überhaupt möglich ist. Man mußte der Auffassung sein, daß bereits Platon sich an denselben Problemen abmühte wie man selbst und daß seine Lösungen und Vorschläge, wenn nicht wahr, so doch plausibel seien, wenn nicht richtig, so doch auf dem richtigen Weg liegend. Die Vorstellung einer Kontinuität schließt auch ein, daß man sich der griechischen Antike besonders nahe glaubte. Man hielt sie für verwandt mit der eigenen geistigen Bildung. Das betraf beileibe nicht nur die Philosophie, sondern gehörte zu den Grundüberzeugungen ganzer Generationen.

Auf der anderen Seite war es den Vertretern eines neuen Platon-Bildes klar, daß sie gegen das alte Platon-Bild opponieren mußten, ein Bild, das Platon als einen Schwärmer zeigt, der an eine übersinnliche Welt voller Ideen glaubte, derer man sich in einer vorgeburtlichen Schau versichert hat, bevor man ein Erdenleben in einem kerkerhaften Leib verbringen muß. Deshalb zeigt das neue Platon-Bild auch ein Moment von *Diskontinuität*. Man mußte nicht nur für das neue Platon-Bild und gegen das alte argumentieren, man mußte sich auch vergewissern, warum es gerade jetzt zu einer solchen Revision – um nicht zu sagen: Revolution – gekommen ist. Die Antwort lag in der Transzendentalphilosophie Kants. Sie und die von ihr ausgehenden Impulse bildeten den Schlüssel zu einem anderen Verständnis Platons, dies auch dann, wenn die Vorbehalte einer Vernunftkritik in der Hitze einander überbietender Systemkonstruktionen bald über Bord geworfen wurden.

Nun konnte man den Aufschwung zu den Ideen als ein Paradigma rationaler Philosophie feiern, indem man die Ideen irdisch und das Irdische idealisch begriff. Das Unendliche – wie es etwa Schelling auffaßte – sollte sich im Endlichen widerspiegeln, aber nicht wie zwei Welten gegeneinander und entgegengesetzt, sondern unter dem Primat der ewigen Ureinheit, füreinander und ineinander. Das disparat Erscheinende sollte in der einzigen Substanz immer schon vorgängig geeint und eins sein, aller Entgegensetzung enthoben. Platon ließ sich darin als wichtiges Element einer Einheitstheorie glänzend verwenden. Unter diesen Bedingungen ist es verständlich, daß Platon Konjunktur hatte und daß sich ein Interesse an seiner Philosophie bestärkte, das nicht nur eine Apologie der Platonischen Philosophie versuchte, sondern zugleich auch einen Leumund für die eigene denkerische Anstrengung entdeckte.

Aber es gilt, noch ein weiteres Moment hervorzuheben: Die Befreiung

Platons aus dem Gedränge theologischer Fragestellungen ermöglichte auch den Blick auf den Schriftsteller Platon. Nicht nur die Philosophie allein, sondern ihr Zusammenhang mit der Kunst wurde zu einem leitenden Paradigma des Interesses an seinen Schriften. Es bildeten sich unterschiedliche Auffassungen aus. Teils wurde gerade die Verbindung von Kunst und Philosophie zum eigentlichen Anziehungspunkt für eine intensive Beschäftigung mit Platon, teils erkannte man darin ein Zeugnis für die Unvollkommenheit des philosophischen Schriftstellers, daß er seinen Stoff nicht zur einzig angemessenen begrifflichen Klarheit bearbeiten konnte. Es deutet sich in dieser Ambivalenz ein Bewußtsein an, das die Schwierigkeiten erkennt, die mit Platon und seinen Schriften prinzipiell einhergehen, ohne daß bereits eine explizite Reflexion darauf stattfinden könnte.

Es ist dies die merkwürdige Widerständigkeit der Platonischen Texte, die anscheinend einen dogmatischen Sinn nicht einfach preisgeben. Es ist nicht so, daß die Texte Platons sagen, was sie bedeuten, oder besser: Auch wenn wir verstehen, was die Texte Platons im einzelnen sagen, bleibt dennoch der Eindruck, daß die Texte zusätzlich nicht preisgeben, was sie bedeuten. Eine Dogmatik läßt sich aus den Texten Platons nicht einfach herausfiltern. Für diesen Eindruck spricht die Häufigkeit, mit der Platon einen Dialog in einer Aporie enden läßt. Dafür spricht auch die Dialogform selbst, in der das, was gesagt wird, auf verschiedene Figuren verteilt ist. Dafür sprechen die Rahmengespräche und Einschachtelungen. Mit einem Wort: Der Interpret im beginnenden 19. Jahrhundert sah sich vor die Aufgabe gestellt, die überlieferten Texte zu *dechiffrieren*. Es war von ihm eine gesteigerte Form der Interpretation gefordert: Platons Texte wörtlich zu nehmen hätte geheißen, seine Philosophie auf eine triviale Metaphysik und ebenso triviale Mythologie zu reduzieren oder bei einer Aporie stehenzubleiben.

Auf diese Weise wurde auch die Form der Philosophie zum Gegenstand einer problematisierenden Interpretation. Man glaubte sich Platon nahe, entdeckte in ihm einen substantiellen Gesprächspartner, einen Anknüpfungspunkt für die eigenen theoretischen Anstrengungen. Gleichwohl blieben die Texte zum Teil hermetisch. Hier war die Arbeit der Interpretation gefordert. Der systematisch geschärfte Blick mußte in den Texten nach der Bedeutung suchen, das Unverständliche dechiffrieren, damit es zu einer Anbindung an das Eigene überhaupt kommen konnte.

Die Platoninterpretation um und nach der Jahrhundertwende ist ein dankbares Beispiel für das Verhältnis von Philosophie und Philosophiegeschichte. Es ist nicht nur die Zeit eines sich wandelnden Platon-Bildes, es ist zugleich die Zeit eines gesteigerten Methodenbewußtseins, eines gesteigerten Bewußtseins von der paradigmatischen Rolle der Philosophie und nicht zuletzt die Zeit eines sich verstärkenden Geschichtsbewußtseins.

Die vorliegende Untersuchung ist deshalb keine Rezeptionsgeschichte. Sie versucht nicht nachzuzeichnen, welcher Autor und von welchem Zeitpunkt an Platon las und wie sich die Lektüre in den Schriften niederschlug. Es geht nicht um eine quasi-kausale Erklärung der Genese eines Textes oder der Theorie eines Autors aus seinen Quellen. Es geht auch nicht darum, Textpassagen und Gedankenbewegungen als platonisch oder neuplatonisch zu identifizieren. Das ist für die einzelnen Autoren oft mit bewunderungswürdiger Genauigkeit bereits geschehen. Zu denken ist an die anfänglichen Arbeiten von Jean-Louis Vieillard-Baron, der zuerst einen Versuch unternahm, einen Überblick über den ganzen Zeitraum zu gewinnen. Für die Schellingforschung ist an den Aufbruch zu erinnern, den die Veröffentlichung des »Timaeus«-Kommentars gerade in den letzten Jahren verursacht hat. Zu nennen sind neben den einschlägigen Arbeiten von Dieter Henrich, Rüdiger Bubner und Hermann Krings vor allem die neueren Arbeiten von Birgit Sandkaulen, Michael Franz und jüngst Tanja Gloyna, die das ganze Feld der frühen Entwicklung Schellings, insbesondere in seiner Beziehung zu Platon, aufgerollt und dargestellt haben. Für die Hegelforschung ist an die Arbeiten von Klaus Düsing und Jens Halfwassen zu erinnern, die der jahrzehntelangen Beschäftigung Hegels mit den Texten Platons nachgespürt und in vielen Publikationen niedergelegt haben. Auch in der Schleiermacherforschung hat es eine deutliche Klärung gegeben. Das ist den Arbeiten von Gunter Scholtz und Andreas Arndt zu verdanken.

Es soll im folgenden der Versuch unternommen werden, exemplarisch nachzuzeichnen, wie eine engagierte Interpretation historischer Texte vor sich gehen kann. Es wird darum gehen, zu beschreiben, wie ein anderes theoretisches und historisches Umfeld zu einer Neubewertung der Platonischen Texte führt. Es wird darum zu tun sein, die Bedingungen aufzuweisen, unter denen das ursprünglich fremde Material in eine neue Gedankenkonstellation eindringt und letztlich eine Transformation erfährt. Dadurch wird die Vorstellung unterwandert, es handle sich bei historischen Verstehensprozessen – im allgemeinen Sinne – um Vorgänge, die mit einem realistischen Schema von Ursache und Wirkung und nach dem Modus historischer Ereignisse zu erklären seien, etwa derart, daß die Lektüre Platons einen bestimmten Niederschlag in den Werken eines Autors, eine gewisse Veränderung seines Denkens hervorgerufen habe. Diese Vorstellung bemüht das Bild einer Ereigniswelt, in der die Ursache früher als die Wirkung, der Gedanke Platons früher ist als seine Wirkung am Anfang des 19. Jahrhunderts, vergleichbar einem historischen Ereignis und seinen Auswirkungen in der Folgezeit.

Für Deutungs- und Bewertungsprozesse ist die Frage nach der Kausalität oder besser: der Konstitution schwieriger zu beantworten. Es mischt sich eine Perspektivik in die scheinbare Objektivität des Gegebenen, die nicht mehr klar unterscheiden läßt, ob ein veränderter Text Folge einer Platon-Lektüre oder die Platon-Lektüre bereits einer veränderten theoretischen Disposition folgt. Die konstitutiven Momente im Prozeß der Interpretation aufzusuchen, unterminiert deshalb die Vorstellung voneinander abhängiger rein zeitlich-sukzessiv geordneter Ereignisse. Die Reflexion auf die Perspektive, in der ein Gedanke neu bewertet oder neu gedeutet wird, weist auf eine andere Seite des Problems hin. Diese Reflexion gibt zu erkennen, daß es bei der Interpretation nicht nur um ein rezeptives, sondern ebenso um ein aktives und produktives Moment geht. Dabei fällt es schwer, im konkreten Fall einzelne Anteile, seien diese rezeptiv oder produktiv, voneinander zu unterscheiden, denn eine solche Unterscheidung setzte ein äußeres Kriterium voraus, eine Art von Metaperspektive, durch die Rezipiertes und Produziertes mit der Sache selbst abgeglichen werden könnten.

Die vorliegende Untersuchung wird daher nicht versuchen, ein ›wirkliches‹ oder ›richtiges‹ Platon-Bild mit den nur vermeintlichen Interpretationen der ersten Jahrzehnte des 19. Jahrhunderts zu verrechnen. Natürlich wird es eine Rolle spielen, wie die einzelnen Autoren Platon verstanden haben. Und natürlich wird es wichtig sein, festzustellen, wo Miß- und Fehlverständnisse sich eingeschlichen haben. Aber mit dieser Wertung ist zugleich ein Vorbehalt verbunden, der aufgespart werden muß für die systematische Fragestellung: wie nämlich von Miß- und Fehlverständnissen überhaupt die Rede sein kann. Ja, es ist gerade diese Fragestellung, die sich in der Untersuchung als unabweislich herausstellt. Sie wird nicht abstrakt an den Text herangetragen, sondern durch den Vollzug selbst konkret hervorgebracht. Wertungen scheinen stets einen Abgleich vorzunehmen, der Abgleich aber scheint vorauszusetzen, daß die Verglichenen unabhängig von Deutungen vorhanden sind. Dies aber ist nicht der Fall.

An dieser Stelle der Untersuchung bricht die historische in die systematische Betrachtung um. Platon-Interpretationen und Platon-Transformationen werden zu Exempeln für einen produktiven, gleichwohl kritikablen Umgang mit der Philosophiegeschichte. Bei den Texten der Autoren handelt es sich um engagierte Interpretationen, um systematisch ausgerichtete Transformationen. Den Autoren ist Platon nicht gleichgültig; er ist nicht ein Philosoph unter anderen. Mit den Gedanken Platons betreten sie das Heiligtum ihres eigenen Denkens. Darum können die Texte der Autoren zeigen, auf welche Weise und auf welch verschiedene Weise Interpretationen mit ihren Objekten, den Gedanken Platons, umgehen können. Es zeigt sich auch, daß ihre Objekte nicht die nackten Texte sind, sondern offensichtlich Gedanken, die in ihrer Allgemeinheit nur bestehen können, wenn sie gedacht werden. Die Interpretation ist insofern eine konstitutive Bedingung für ihr Dasein als Objekt des Nachdenkens.

Der letzte Teil des Buches wird sich deshalb damit beschäftigen, Interpretation und Transformation in ihrer Bedeutung für die historische Seite der Philosophie reflexiv zu durchleuchten. Dabei ist es von vornherein klar, daß eine systematische Philosophiegeschichte möglich und auch wünschenswert ist. Einem Pathos, das sich mit dem Gestus aufspielt, es handle sich um eine grundsätzliche Ermöglichung des philosophischen Zugangs zur Geschichte der Philosophie, kann sich dieses Buch nicht anschließen. Ein gehobener Ton, der suggeriert, die Existenz einer wahren Geschichte der Philosophie müsse nun allererst begründet werden, scheint unangebracht. Dieses Pathos ist künstlich und der Sache unangemessen. Es gibt gegenwärtig eine systematisch arbeitende Philosophiegeschichte, sie muß nicht neu erfunden werden. Die Situation ist nicht dramatisch, sondern öffnet sich einer nüchternen Analyse. Es soll vielmehr mit dem Instrumentarium des Theoretikers beschrieben werden, was eigentlich geschieht, wenn sich die Philosophie mit Texten oder Theorien beschäftigt, die nicht ihrer Gegenwart, sondern ihrer Geschichte entstammen.

Es soll dabei die Behauptung erhärtet werden, daß es sich im Ganzen um eine konstitutive Leistung des Interpreten handelt, insofern er Teil eines gegenwärtigen Diskussions- und Verständigungszusammenhangs ist. Die Geschichte der Philosophie erscheint so als ein Prozeß, der ständig in Bewegung ist und dessen Bewegung verursacht wird von den Interessen, Kompetenzen und Vorlieben, von Voreinstellungen und methodischen Prädispositionen eines Interpreten. Daß es dabei nicht zu willkürlichen und beliebigen Deutungen kommt, liegt weniger an der Objektivität der historischen Überlieferung oder des historisch Überlieferten, als an der Sache der Philosophie selbst. Sie ist nichts, was der Einzelne aus sich und für sich hervorbringt, sondern er partizipiert am Gesprächszusammenhang vieler, auf den er sich zugleich bezieht, wenn er dazu beiträgt. Eingebettet in diesen Zusammenhang ist auch die Geschichte, die immer wieder neu entworfen wird, aber so entworfen wird, daß sie potentiell die gemeinsame Geschichte der Philosophie und eben nicht nur die eigene Denkgeschichte repräsentiert. Hier kommt das Allgemeine, das die Philosophie ist, zu ihrem Recht. Es ist nur eine Frage der Terminologie, inwieweit man dieses Allgemeine in substantiellen Kategorien formuliert oder etwa in kommunikationstheoretischen, wenn nur klar zum Ausdruck kommt, daß das Allgemeine nicht nur ein Mittel des Einzelnen ist, um zu kommunizieren, sondern zugleich auch Normativität, Objektivität und Selbständigkeit besitzt gegenüber dem einzelnen Denker.

Die fünf Autoren, die hier untersucht werden, bilden mit ihren Texten ein exemplarisches Feld. Und wie gegenüber allem Exemplarischen, muß sich der Verfasser fragen lassen, warum diese Auswahl und nicht eine andere. Die Antwort darauf ist leicht – und schwer zugleich. Neben persönlichen Vorlieben und Interessen liegt der Auswahl vor allem der Gedanke zugrunde, daß zwei wichtige Kriterien erfüllt sein müssen: Einerseits sollten die untersuchten Autoren eine ihnen eigentümliche, identifizierbare und selbständige philosophische Position entwickelt haben; anderseits sollten sie die Philosophie Platons in möglichst unterschiedlicher Weise rezipiert, interpretiert und transformiert haben. Natürlich ›fehlen‹ wichtige Autoren, deren Schriften vor allem zu historischen Entstehung des neuen Platon-Bildes im beginnenden 19. Jahrhundert Wesentliches beigetragen haben und deren philosophische Entwürfe es durchaus lohnend erscheinen ließen, ihre Texte in diesem Zusammenhang einer eingehenden Betrachtung zu würdigen. Zu nennen ist hier an erster Stelle Friedrich Schlegel, der wesentliche Impulse gegeben hat für die nachmaligen Arbeiten Schleiermachers. Ferner sind Novalis und Friedrich Hölderlin zu nennen. Es müssen auch Frans Hemsterhuis und Friedrich Heinrich Jacobi erwähnt werden, die für eine Renaissance des Platonismus im 19. Jahrhundert Pate standen. Es ist aber auch an Karl Wilhelm Ferdinand Solger zu denken, der vielleicht den spannendsten Versuch einer Revitalisierung des Platonismus unternahm, indem er sich nicht nur dem Dialog zuwandte – sondern selbst zahlreiche literarisch anspruchsvolle Dialoge verfaßte. Das entsprach der Auffassung seines Freundes Friedrich Schleiermacher und verwirklichte eine Idee, die Schelling paradigmatisch aufnahm: die Symbiose von Kunst und Philosophie. Dabei übertraf Solger die Versuche Schellings auf diesem Gebiet, etwa Schellings *Bruno*, bei weitem. Das betrifft vor allem die Beherrschung der Form selbst und ihrer Verbindung mit einer Theorie des Dialogs. Alle diese Autoren hätten einen lohnenden Gegenstand der Untersuchung abgegeben, weil sie Platon produktiv lasen und sich von ihm anregen ließen. Allein – ein solches Programm hätte den Rahmen dieses Buches und vor allem seine systematische Ausrichtung gesprengt.

Ferner sei verwiesen auf die wichtigen jüngeren Arbeiten zur Platon-Rezeption im späten 18. Jahrhundert. Die Darstellungen von Michael Franz und Tanja Gloyna beleuchten die Platon-Rezeption bei Friedrich Victor Leberecht Plessing, Wilhelm Gottlob Tennemann, Dietrich Tiedemann aber auch Karl Leonhard Reinhold, dies vor allem im Hinblick auf die Entwicklung des frühen Schelling. Sie zeigen, welche Bedeutung den genannten Autoren zukommt in Hinblick auf ein neues Platonbild, das den Versuch unternimmt, dem Rationalitätsstandard der Philosophie Kants gerecht zu werden.[9] Franz und Gloyna haben das Material gesichtet und in die Diskussion der Zeit gestellt. Substantiell Neues ist dem nicht hinzuzufügen.

---

9 Damit widersprechen Franz (Franz, Michael, *Schellings Tübinger Platon-Studien* [Neue Studien zur Philosophie; 11] Göttingen 1996) und Gloyna (Gloyna, Tanja, *Kosmos und System. Schellings Weg in die Philosophie.* [Schellingiana. Quellen und Abhandlungen zur Philosophie F. W. J. Schellings; 15] Stuttgart-Bad Cannstatt 2002) jeweils mit unterschiedlichem

Besondere Rechtfertigung bedarf die Aufnahme Schopenhauers. Gewöhnlich liest man seine Texte unter den Vorzeichen einer nachromanti-
schen Moderne, etwa im Hinblick auf Nietzsche. Die Tatsache, daß sein
Werk eine große Affinität zu den Systementwürfen Fichtes, Schellings und
Hegels aufweist, ist häufig Schopenhauers selbsternannter Gegnerschaft zu
diesen Zeitgenossen zum Opfer gefallen. Daß bei Schopenhauer ein neuer
Akzent hinzukommt, ist unbestritten. Aber dieser Akzent verdankt sich
trotzdem der nachkantischen Theoriekonstellation. Das betrifft auch seine
eigenwillige Platon-Rezeption, die sicherlich nicht zu den philologisch an-
spruchsvollen Deutungen zu zählen ist. Gleichwohl ist die von Schopenhauer ohne Rücksicht auf einen ›authentischen‹ Platon durchgeführte Transformation hier gerade deshalb von einiger Bedeutung, weil sie aus den ver-
trauten Bahnen ausschert. Es zeigt sich daran, wie weit der Bogen der
Interpretation sich spannen läßt, wie sich Korrektur und Widerspruch aufzeigen und formulieren lassen.

Deutungen haben keinen festen Boden. Sie stellen das, was ist, in eine Hinsicht. Deutungen sind deshalb perspektivisch. Was das ist, was ist, außerhalb
einer Perspektive, *in der* es das ist, was es ist, ist eine merkwürdige und
zugleich müßige Frage. Sie setzt ein Außerhalb der Perspektive voraus, das
– reflexiv durchschaut – sich schnell als Innerhalb entpuppt.
     Es ist das Geschäft der Philosophie, die Welt zu deuten, mehr noch, sie
als gedeutete zu deuten. So steht auch die Philosophie auf keinem festen
Boden. Sie läßt sich ein in den Strom der Deutungen. So gewinnt sie die
Auffassung, daß die Welt nur in der Deutung das ist, was sie ist. Und sie
ringt darum, ob es möglich ist, eine Perspektive zu finden, in der alle Perspektiven enthalten sind, eine gleichsam göttliche Perspektive. Lange Zeit
war *die* Vernunft erste Wahl, wenn es um eine solche Meta-Perspektive zu
tun war. Sie schien die Voraussetzung und Gewähr zu sein für die Ratio-

---

Akzent der Wertung R. Bubners, der zu dem Schluß kommt: »Von diesen immerhin beschei-
denen Bemühungen [Brucker, Eberhard, Tiedemann und Tennemann; Ch. A.] ist der frühidea-
listische Rekurs auf Platon ganz unabhängig. Wie wir wissen, las man im Tübinger Stift zu
Anfang des letzten Jahrzehnts des 18. Jahrhunderts Platon im Original.« (Bubner, Rüdiger,
»Die Entdeckung Platons durch Schelling und seine Aneignung durch Schleiermacher«, in:
ders., *Innovationen des Idealismus.* Göttingen 1995, S. 9–42. Zuerst in: *Neue Hefte für Philosophie* 35 (1995), S. 32–55) Natürlich weiß Bubner, daß sich Schelling im Timaeus-Kommentar insbesondere auf Tennemann bezieht. (Plessing wird von Bubner nicht erwähnt.) Er
wertet die Situation allerdings zugunsten der innovativen Potenz der Idealisten – und zugunsten der genialischen Kompetenz Schellings. Ihm und seinen Freunden im Tübinger Stift traut
Bubner zu, ein Platon-Bild unmittelbar aus den Quellen zu schöpfen: Innovation als historio-
graphische Kategorie. – Vgl. neuerdings auch: Bubner, Rüdiger, »Platon im Denken Schellings«, in: *Das antike Denken in der Philosophie Schellings.* (Hg.) Adolphi, Rainer – Jantzen,
Jörg. (Schellingiana; 11) Stuttgart-Bad Cannstatt 2004, S. 27–50.

nalität der Weltdeutungen. Daß diese *eine* Vernunft zugleich mit ihrer Universalisierung zutiefst fraglich wird, gehört zu den ironisch-dialektischen Prozessen der Geschichte. Die Rationalität, gerade in ihrer technischen Form, durchdringt die Welt in einer bisher ungekannten Qualität; gleichzeitig sind wir uneins über Maßstäbe unseres Handelns, Lebens und Deutens. Konzepte *der* Wahrheit und *der* Vernunft scheinen nur noch geschichtlich interessant, gegenüber einer pluralen Wirklichkeit sowohl macht- als auch wirkungslos und – noch nicht einmal wünschenswert. Gleichzeitig kommen wir gänzlich ohne diese Konzepte nicht aus. Deutungen können nicht beliebig nebeneinander bestehen. Konflikte, die sich durch die Behauptung ihres bloßen Nebeneinanders lösen lassen, dürften strenggenommen nicht einmal als Konflikte bezeichnet werden. Perspektiven müssen also mit Wahrheitsansprüchen operieren, damit – philosophische bzw. argumentative – Auseinandersetzungen sinnvollerweise geführt werden können.

Platons Philosophie – eine streitbare ohne Zweifel – ist eine Theorie der Perspektive. Und zugleich eine Theorie, die einen starken Wahrheitsbegriff mit einem starken Wahrheitsanspruch formuliert. Das macht sie heute für viele zu einer im eminenten Sinne vergangenen und gewesenen Philosophie, einer Philosophie ohne ein gegenwärtiges Interesse. Das beginnende 19. Jahrhundert sah die Sache anders und hatte dafür viele Gründe. Wie diese unterschiedlichen Bewertungen zustande kommen können, wenn ihnen doch der gleiche Text zugrunde liegt, ist eine Leitfrage dieses Buches. Es setzt sich deshalb mit dem Historismus in der Philosophiegeschichte auseinander: Soziale und kulturelle Rahmenbedingungen wandeln sich, Bewertungsmaßstäbe verändern sich. Die Bedeutung philosophischer Theorien scheint gebunden an ihre geschichtliche Wirklichkeit. Letztlich unterminiert diese Behauptung jedoch ein philosophisches Verständnis des gewesenen Denkens, denn die gewesene Wirklichkeit in ihrer Totalität und Komplexität ist unzugänglich. Alles philosophische Wissen fiele so unter den historistischen Vorbehalt, ja, es führte zu einem gänzlichen Skeptizismus des philosophischen Verstehens, nicht nur des historischen.

Was für die Geschichte der Philosophie geltend gemacht werden kann, nämlich die Uneinholbarkeit des wirklichen Kontextes eines theoretischen Satzes, gilt strenggenommen auch für die unmittelbar vergangene Gegenwart, es gilt für die gegenwärtige Philosophie eines Denkers aus einem anderen kulturellen Kreis, es gilt sogar für die eigenen vergangenen Theorien eines gegenwärtigen Denkers, wenn er sich bemüht, sich selbst zu verstehen und das, was er dachte. Hier ist der Historist zu einem Mehr oder Weniger gezwungen – und zu Kategorisierungen wie Näher und Ferner. Aber es bleibt ihn für unbeantwortlich, wie er zu Kriterien kommen sollte, die solchen Kategorien zugrunde liegen könnten.

Am Schluß des vorliegenden Buches wird deshalb eine auf die Philosophiegeschichte hin orientierte Theorie von *Interpretation* und *Transformation* entworfen, die durch eine transzendentale Begriffsgenese wesentliche Momente der systematischen Auseinandersetzung mit der Philosophiegeschichte nachkonstruiert. Sie hat weder den Anspruch normativ zu sein, noch ist sie bloß deskriptiv. Sie versucht vielmehr Grundmomente eines interpretierenden Verstehensprozesses aufzuzeigen. Die Grundlage bildet die Feststellung, daß das Denken unvertretbares Selbstdenken ist, folglich auch vergangenes Denken erst durch ein gegenwärtiges Selbstdenken lebendig gemacht werden muß. Darin ist zunächst ein Moment der Identität enthalten, das Denker, Gedanke und Gedachtes in einer Einheit zusammenhält. Erst durch weitere, eigens zu benennende konstitutive Akte, kann das Gedachte auch als fremder Gedanke gedacht werden. Es ergibt sich ein Gegenspiel von Aneignung und Differenzsetzung, das geeignet erscheint, Wahrheit und Historie nicht als statisches Gegenüber, sondern als produktive prozessuale Spannung aufzufassen, nicht als Aporie oder Dilemma, sondern als Motor einer innovativen Philosophiegeschichte. In letzter Konsequenz vertritt dieser Entwurf die Auffassung, daß es nicht nur eine Macht der Deutung über das Gedeutete, sondern auch eine Freiheit des Deutenden gegenüber der Geschichte gibt. Das enthält eine normative Seite: Es ermöglicht die Bewertung des vergangenen wie des deutenden Denkens, allerdings nicht an der Objektivität des Faktischen, sondern an der Weise der Objektkonstitution wie an der systematischen Kraft der Deutung. Daß die Deutung dabei ohne festen Boden auskommen muß, ist nicht ihr Mangel, sondern ihre Möglichkeitsbedingung: ihre Freiheit.

2. Platon als vorchristlicher Wissenschaftslehrer: Fichte

2.1 Transzendentalphilosophie und Philosophiegeschichte – eine ›Mesalliance‹?

Die Zeitlichkeit ist eine unhintergehbare Bestimmung endlicher Wesen. Schon begrifflich läßt sich die Zeitlichkeit nicht von der Endlichkeit trennen. Die Sukzession in der Zeit scheint für alles Bewußtsein konstitutiv zu sein. Die erfahrene Endlichkeit drückt sich in die phänomenale Wirklichkeit ein: – als ein Zeichen der Sterblichkeit und Vergänglichkeit. Es ist ihre Negativität, der scheinbar nichts zu entrinnen vermag.

Die Individualität empfindet die Vergänglichkeit als Schmerz. Die Kontingenz des Faktischen *soll* nicht sein, *ist* aber. Der Einzelne verleiht dem Bedeutungslosen Bedeutung. Er preßt dem chaotischen Weltgetriebe seinen Sinn ab, indem er darauf beharrt, er selbst, die Götter oder aber dieser Augenblick seien unwiederbringlich und einmalig. Er hat Angst vor dem Verlust dessen, was er immer schon verloren, weil er es niemals besessen hat. Die Wiederholungslosigkeit des Moments besteht bloß in der Illusion, daß die Gleichgültigkeit nur durch einen vollgültigen Zeitpunkt oder die Zeitlosigkeit durchbrochen, nur durch einen wahren oder glücklichen Zeitmoment aufgehoben ist. Unter dem kalten Licht der Abstraktion erweist sich das als bittere Täuschung. Die Endlichkeit bleibt Endlichkeit. Die Zeit verrinnt. Die Wahrheit der Zeitlichkeit ist die Endlichkeit.

Sowohl gegen die unaufgeklärte Spekulation der Metaphysik, die auf ein glückliches und heiles absolutes Jenseits setzt, wie auch gegen die Zerstreuung in einem absoluten Diesseits richtet sich die Transzendentalphilosophie der Subjekt-Objektivität. Was dem Einzelnen nicht gelingt, ihm nicht zu gelingen vermag, scheint der Hinwendung zur Subjektivität möglich: Stabilität des Wissens, Allgemeinheit der Gehalte, Konkretion und Bestimmtheit jenseits der flüchtigen Wandelbarkeit eines bloßen Dies und Das. Hinter jedem Einzelnen, hinter seinen jeweils endlichen Denkakten ließe sich, so könnte man den Ansatz dieser Theorie formulieren, eine Struktur von begrifflichen Gehalten ausfindig machen, die zwar explizit nur selten thematisiert wird, gleichwohl jedoch allem begrifflichen Sprechen und Denken implizit zugrunde liegt, dies nicht nur bei einem *einzelnen* Sprecher und Denker, nicht nur bei *allen* einzelnen Sprechern und Denkern, sondern gültig für *alles* endliche Sprechen und Denken überhaupt. Insofern erhielte diese

subjektive Struktur zugleich objektive Gültigkeit, insofern nämlich jeder
Gehalt prinzipiell in dieser Struktur bereits enthalten wäre. So bliebe zwar
der Einzelne ein endliches Wesen, die Gehalte seines Sprechens und Denkens wiesen jedoch stets über die Endlichkeit hinaus. Jetzt könnte formuliert
werden: Die Wahrheit der Zeitlichkeit ist die Zeitlosigkeit.

Das Medium dieser positiven zeitlosen Gehalte ist das Denken. Es ist
der Ort, an dem sich der endliche Einzelne in seiner Endlichkeit einerseits
der allgemeinen und unwandelbaren Gehalte versichert, andererseits aber
auch sich selbst – insofern er denkt – als ein allgemeines Subjekt begreift
und damit eben nicht als jenen endlichen Einzelnen. Hier entdeckt er das
Allgemeine in sich: Es ist ihm zutiefst zu eigen, deshalb mehr als eine
Eigenschaft, vielmehr seine Substanz. Darum gewinnt die Transzendentalphilosophie ihre normative Kraft nicht aus einem abgerungenen Zugeständ-
nis, sondern aus der Introspektion. Sie erkennt die Substanz des Einzelnen
nicht an einem anderen, sondern in sich, und sie erkennt in sich – die
Menschheit.

Zu den Schwierigkeiten, die eine solche Position aufwirft, zählt das Wechselverhältnis von Metaphysik und Historie.[1] Die Philosophie ist nämlich – im
Gegensatz zu den meisten anderen Disziplinen – ihrer Geschichte systematisch
zugewandt. Theorien werden interpretiert, Argumente isoliert und in gegenwärtiges Philosophieren transformiert, dies auch dann, wenn sie einer längst
vergangenen sozialen und kulturellen Welt entstammen. Im Namen von großen
Autoren wird gestritten und um eine adäquate Auslegung ihrer Werke gerun-
gen. Dieses Verfahren setzt ein eigens auszuweisendes Konzept von Philosophiegeschichtsschreibung voraus, das allerdings von einer konsequenten
Transzendentalphilosophie negiert werden müßte. Für sie gilt nämlich nur das
Selbstdenken; das fremde Ererbte kann höchstens illustrieren, im besten Falle
Selbstgedachtes intensivieren, im schlimmsten Fall errungene Positionen unterminieren. Als ein ihr eigentümliches Implement kann die Philosophie ihre
Geschichte auf diese Weise nicht in den Blick rücken. Eindrucksvoll zeigt sich
das an der Platon-Rezeption in der Philosophie Johann Gottlieb Fichtes. Bei
ihm wird die Spannung von Metaphysik und Historie geradezu auf paradigma-
tische Weise deutlich. Deshalb ist sein Beitrag zur Platon-Interpretation von
besonderer Bedeutung. Es drängt sich nämlich die Frage auf, welche Funktion
die Philosophie Platons für den Wissenschaftslehrer Fichte überhaupt haben
kann, wenn denn die Transzendentalphilosophie in radikalem Sinne Bewußtseinstheorie ist.[2] Wenn das Historische als substantielle Kategorie verneint

---

1 Vgl. Asmuth, Christoph, »Metaphysik und Historie bei J. G. Fichte«, in: Fichte-Studien
23 (2003), 145–158.
2 Vgl. zur Frage einer Verschiebung innerhalb der Transzendentalphilosophie zwischen
Kant und Fichte. Asmuth, Christoph, »Von der Urteilstheorie zur Bewußtseinstheorie. Die

wird, welche Bedeutung kann dann einem historischen Autor – wie Platon – überhaupt zukommen? Die Philosophie Fichtes taucht das Denken Platons ein in das Spannungsfeld von Systematik und Geschichte, von Metaphysik und Historie, von Transzendentalphilosophie und Philosophiegeschichte, dies insgesamt im Fragehorizont des Grundsätzlichen. Handelt es sich bei diesem Verhältnis nicht überhaupt um eine ›Mesalliance‹?

2.2 Wer ist Platoniker?

Mit Blick auf das Gesamtwerk Fichtes muß man einräumen: Der Erfinder der Wissenschaftslehre war ein *Selbstdenker* par excellence. Im Gegensatz zu Schelling und Hegel, die der Philosophiegeschichte breiten Raum widmen, spielen Denker anderer Zeiten keine bedeutende Rolle für sein produktives Philosophieren. Insgesamt dominiert die Auseinandersetzung mit den Zeitgenossen, an erster Stelle Schelling und Kant. Platon wird kaum erwähnt, und wenn er erwähnt wird, dann läßt sich daraus kaum auf eine intensive Platon-Lektüre bei Fichte schließen. Einzelne Dialoge werden nur gelegentlich genannt, meist ist es die *Politeia*. Wird sie angesprochen, dann nur, um einerseits auf philosophische Staatsentwürfe hinzuweisen,[3] andererseits, um Platons Ideenlehre anzudeuten. Dabei ist es gerade die Generation Fichtes, die um ein adäquates Platon-Bild ringt und sich insbesondere an der Ideenlehre abarbeitet. Strittig war besonders der Status der Ideen. Handelte es sich bei ihnen um selbständige Entitäten oder Substanzen in einer Art Überwelt? Oder um für die Erkenntnis notwendige reine Begriffe? Diese Bemühungen waren in Deutschland vor allem verbunden mit den Namen Friedrich Victor Leberecht Plessing[4], Wilhelm Gottlob Tennemann[5] und

---

Entgrenzung der Transzendentalphilosophie«, in: *Fichte-Studien: Kant und Fichte – Fichte und Kant.* (Hg.) Asmuth, Christoph. in Vorb. vorauss. 2007.

3 Etwa: »Nun aber ist es Foderung der Vernunft, und Veranstaltung der Natur zugleich, daß die gesellschaftliche Verbindung der einzig rechtmäßigen allmählig näher komme. Der Regent, der mit diesem Zwecke den Staat zu regieren hat, muß daher die letztere kennen. Wer aus Begriffen über die gemeine Erfahrung sich emporhebt, heißt, nach obigem, ein Gelehrter, der Staatsbeamte muß daher ein Gelehrter seyn, in seinem Fache. Es könne kein Fürst wohl regieren, der nicht der Ideen theilhaftig sey, sagt Plato: und dies ist gerade dasselbe, was wir hier sagen.« (Fichte, *Das System der Sittenlehre* [1798], GA I, 5, 310f.) – Vgl. dazu: Wundt, Max, »Fichte als Platoniker«, in: ders., *Fichte-Forschungen.* Stuttgart 1929, S. 345–368.

4 Plessing, Victor Leberecht Plessing, »Abhandlung über die Ideen des Plato«, in: Cäsar, Karl Adolph, *Denkwürdigkeiten aus der philosophischen Welt.* 3 Bde. Leipzig 1786; ders., *Memnonium oder Versuche zur Enthüllung der Geheimnisse des Alterthums.* 2 Bde. Leipzig 1787–90.

5 Tennemann, Wilhelm Gottlob, »Ueber den göttlichen Verstand aus der Platonischen Philosophie (νους, λογος)«, in: *Memorabilien. Eine philosophisch-theologische Zeitschrift der*

Dieterich Tiedemann[6]. Diese Entwicklung scheint Fichte kaum oder nur unzureichend wahrgenommen zu haben. Trotzdem stellt er sich in die Traditionslinie Platons: Dessen Ideenlehre ist für Fichte eine Vorform seiner eigenen Philosophie. Ein intensiver argumentativer Umgang mit den Texten
Platons durch Fichte dürfte sich daraus kaum ableiten lassen. Allerdings
zieht er selbst eine Parallele zur Philosophie Platons, die auf einer erkennbaren Interpretationsleistung beruht:

>»Wir haben gesagt, der absolute Begriff sei das reale und wahrhaftige Sein, darum
sei die S.-L. [Sittenlehre, Ch. A.] Seinslehre, als reine Theorie. So auch schon Plato,
indem er sagt: die Dinge seien Abspiegelungen der Ideen, der Gesichte; die Ideen
seien die Vorbilder der wirklichen Welt. In diesem Gegensatze ist es nun ganz klar,
daß er das objektive und das reine Wissen unterschieden hat, und er beschämt darin
gar sehr die Naturphilosophen. Nicht klar aber ist, ob ihm die Unterscheidung der
beiden objektiven Weltformen, der Welt als Freiheitsprodukt, der praktisch zu erschaffenden, und der schlechthin ohne alle Beziehung auf Freiheit gegebenen empirischen, recht klar geworden ist. In der ersten Rücksicht ist es ganz und gar wahr, und
wenn man diese Rücksicht durchsetzen will, so ist es allein wahr. In der letzten Beziehung aber läßt es sich nur in einem sehr untergeordneten Sinne sagen, und sehr
vermittelt. Höchstens kann man sagen, daß das Ganze zufolge eines Gesichts sei,
nicht aber das Besondere: jedoch dies gehört nicht hierher. – Bin ich darum Platoniker? Ich glaube wohl mehr zu sein.«[7]

Daraus läßt sich entnehmen:
1. Die Sittenlehre befaßt sich mit dem absoluten Begriff, der von Fichte
als das wahre und reale Sein aufgefaßt wird, ein – wie er an anderer Stelle
des *Systems der Sittenlehre* (1812) anmerkt – »rein geistiges Sein«[8]. Dieses
läßt sich nur vermittelst des reinen Denkens erfassen. Es ist frei von jener
Duplizität, die Fichte zufolge aus der erkenntnistheoretischen Spaltung von
Wissen und Gewußtem entspringt. Er, dieser absolute Begriff, ist daher ein
reiner Einheitspunkt. Der absolute Begriff »ist ein Wissen, das den Charakter seiner Realität schlechthin in sich selbst trägt, in sich wahr, klar, gewiß
und real ist.«[9] Unschwer ist das Erbe des absoluten Ich der *Grundlage der*

Geschichte und Philosophie der Religionen, dem Bibelstudium und der morgenländischen
Litteratur gewidmet. (Hg.) Paulus, Heinrich Eberhard Gottlob. Stück 1. Leipzig 1791,
S. 34–64; ders., *System der Platonischen Philosophie*. 4 Bde. Leipzig 1792–95.
  6 Tiedemann, Dieterich, »Ueber Platos Begriff von der Gottheit«, in: *Mémoires de la societé des antiquites des Cassel*. 1780; ders., *Idealistische Briefe*. Marburg 1798; ders., *Theätet,
oder über das menschliche Wissen. Ein Beytrag zur Vernunftkritik*. Frankfurt a. M. 1794.
  7 Fichte, *Das System der Sittenlehre* (1812), Werke, XI, 42f.
  8 Fichte, *Das System der Sittenlehre* (1812), Werke, XI, 31.
  9 Fichte, *Das System der Sittenlehre* (1812), Werke, XI, 31.

gesammten Wissenschaftslehre (1794/95) wie auch des grundsätzlichen Seins des 15. Vortrags der *Wissenschaftslehre 1804²* erkennbar.[10]

2. Dieses identische Sein ist immateriell, rein geistig, ist Idee. Die Ideen sind das wahre Sein und als solche die Vorbilder der wirklichen Welt, die Dinge folglich Abspiegelungen der Ideen. Damit erinnert Fichte an die Unterscheidung von Idee und Erscheinung. Real ist nicht das, was uns erscheint, sondern das, was der Erscheinung als wesentlicher Gehalt zugrunde liegt. Dies ist rein geistig und nicht durch die Sinne zu erfassen. Platon habe den Unterschied gemacht von objektivem und reinem Wissen. Unter objektivem Wissen versteht Fichte offensichtlich das empirische und das auf das Empirische bezogene Wissen. Dagegen ist das reine Wissen empiriefrei, absolut gehaltvoll, apriorisch und unmittelbar gewiß. Es bildet sachlich und logisch die Voraussetzung für alles empirische Wissen um die wirkliche Welt.

3. Bis zu diesem Punkt scheint Fichte der Platonischen Ideenlehre zuzustimmen. Was er bei Platon vermißt, ist die Unterscheidung des Praktischen vom Theoretischen, den beiden *Weltformen*. In der theoretischen Perspektive erscheint die Welt als gegeben. Die Weise ihres Gegeben-Seins kann apriorisch, genetisch und formal beschrieben werden. Das konkrete Einzelding indes, das Besondere, läßt sich dadurch weder ableiten noch bestimmen. Die Idee ist deshalb in bezug auf die wirkliche Welt *Grund* nur im Ganzen, d. h. im Allgemeinen, niemals jedoch konkret. Davon unterscheidet sich die praktische Perspektive: Das Subjekt bestimmt die wirkliche Welt, indem es in ihr handelt und auf bestimmte Weise handeln *soll*. Bei Platon sei dieser Unterschied nicht vorhanden gewesen.

4. Schließlich muß angemerkt werden, daß sich Fichte selbst nicht als Platoniker sieht.[11] Er sei wohl *mehr* als ein Platoniker. In bezug auf Schelling

---

10 Zum 15. Vortrags der *Wissenschaftslehre 1804²* vgl. Asmuth, Christoph, *Das Begreifen des Unbegreiflichen. Philosophie und Religion bei Johann Gottlieb Fichte 1800–1806.* (Spekulation und Erfahrung; II, 41) Stuttgart-Bad-Cannstatt 1999, S. 244–253.

11 In der Literatur finden sich zahlreiche Beispiele unreflektierter Kontinuitätsthesen. Besonders beliebt ist die Einordnung Fichtes in die Tradition des Neuplatonismus. Dagegen ist nichts zu sagen. Es ist nur zu fragen, wozu diese These dienen soll, wenn Fichte sich selbst explizit *nicht* als Neuplatoniker versteht und es keine einzige Stelle in seinem Werk gibt, die auch nur für eine oberflächliche Lektüre neuplatonischer Texte sprechen könnte. Ein bloßes *Irgendwie* ist für eine historische These zu wenig. Oder sollte sich hinter der scheinbar historischen These eine systematische verstecken, die aber explizit nicht ausgedrückt wird? Dann möchte man schon wissen, worauf das hinauslaufen soll. Insgesamt nivelliert diese weitgespannte Analogie den transzendentalphilosphischen Neuansatz. Dabei sind es gerade die Unterschiede, die neue Erkenntnisse, seien sie historisch oder systematisch, hervorzubringen imstande sind, und gerade nicht Identitäten, seien sie faktisch feststellbar oder retrospektiv konstruiert. Vgl. dazu neuerdings: Sell, Annette, »Plotin und Fichte – zwei Lebensbegriffe«, in: *Platonismus im Idealismus. Die platonische Tradition in der klassischen deutschen Philo-*

formulierte Fichte einmal, er halte ihn für jemanden, der den »neueren Platonikern«, also den Neuplatonikern, nahestehe und eine Form von Emanationslehre vertrete. Damit verbindet Fichte eine deutliche Abwertung, denn eine Emanation sei ohne Dualismus nicht zu denken.[12] Insgesamt scheint er Schelling in die Nähe Platons zu stellen. So findet sich etwa die Behauptung, Schelling, einer »der verworrensten Köpfe, welche die Verwirrung unserer Tage hervorgebracht«, habe es vermocht, die Gebildeten »von Kant und der Wißenschaftslehre zu Spinoza, und Plato zurükzuscheuchen.«[13] Das dürfte – was die zeitweilige Nähe Schellings zur Philosophie Platons betrifft – eine richtige Einschätzung sein.

Fichte jedenfalls schließt sich prinzipiell der Ideenlehre Platons an. Fichte lobt die konstitutive Funktion der Ideen für das Allgemeine als Struktur der Erkenntnis wie auch für die durchgängige Bestimmung der Wirklichkeit durch das Sollen, wenn er auch moniert, daß beide bei Platon zu wenig unterschieden seien. Die Herkunft dieser idealistischen Lehre, ihren Ausgangspunkt, benennt er stets durch das Wirken Platons. Damit beschreibt Fichte die Genealogie seiner eigenen Philosophie, der Wissenschaftslehre, deren historischen Anfang und Keim er letztlich mit Platon identifiziert. Aber Platon ist auch nicht *mehr* als historischer Anfang oder Keim. In der Stufenlehre etwa der *Anweisung zum seligen Leben*, die das geistige Leben in die fünf apriorischen Weltansichten *Sinnlichkeit, Rechtlichkeit, höhere Sittlichkeit, Religion* und *Wissenschaft* qua Wissenschaftslehre stuft, ordnet Fichte Platon der höheren Sittlichkeit oder höheren Moralität zu: »Exemplare dieser Ansicht [der höheren Sittlichkeit; Ch. A.] finden sich in der Men-

---

sophie. (Hg) Mojsisch, Burkhard – Summerell, Orrin F. München/Leipzig 2003, S. 77–90; Cürsgen, Dirk, »Die Unbegreiflichkeit des Absoluten. Zur neuplatonischen Henologie und ihrer Wirksamkeit im Denken Fichtes«, in: *Platonismus im Idealismus. Die platonische Tradition in der klassischen deutschen Philosophie.* (Hg) Mojsisch, Burkhard – Summerell, Orrin F. München/Leipzig 2003, S. 91–118, insb. S. 101–116; Quero-Sánchez, Andrés, *Sein als Freiheit. Die idealistische Metaphysik Meister Eckharts und Johann Gottlieb Fichtes.* (Symposion; 121) Freiburg/München 2004.

12 Ein Abfall des Endlichen vom Absoluten führe zu einem Dualismus. »Emanationen der neuern Platoniker (...). Ist Gott ganz in sie [die Emanation; Ch. A.] übergegangen, so ist er nicht mehr, sondern sie, wie wohl auch eine solche Verwandlung sich gar nicht denken läßt; denn ist er eben ganz, so hat er sich nicht verwandelt; ist er aber nicht ganz, so hat er sich in sich selbst zerrißen: u. ist auch zu Hause nicht *mehr ganz*; was sich aber niemals nicht denken läßt.« (*WL 1807*, GA II, 10, S. 123.) – Vgl. dazu: Asmuth, Christoph, *Das Begreifen des Unbegreiflichen*, insb. S. 356–358; zur Auseinandersetzung zwischen Schelling und Fichte: »Fichte: Ein streitbarer Philosoph. Biographische Annäherungen an sein Denken«, in: *Sein – Reflexion – Freiheit. Aspekte der Philosophie Johann Gottlieb Fichtes.* (Hg.) Asmuth, Christoph. (Bochumer Studien zur Philosophie; 25) Amsterdam 1997, S. 3–30; *Schelling-Fichte Briefwechsel.* Kommentiert und hrsg. von Traub, Hartmut. Neuried 2001, insb. S. 15–117.

13 Fichte, *Bericht über den Begriff der Wissenschaftslehre*, GA II, 10, 44.

schengeschichte, – freilich nur für Den, der ein Auge hat, sie zu entdecken. [...] In der Litteratur finden sich, außer in Dichtern, zerstreut, nur wenig Spuren dieser Welt-Ansicht: unter den alten Philosophen mag Plato eine Ahndung derselben haben; unter den neuern, Jakobi zuweilen an diese Region streifen.«[14] Mitten zwischen Sinnlichkeit und Wissenschaftslehre, also durchaus in einer mediokren Stellung, findet sich Platon wieder – gemeinsam mit Friedrich Heinrich Jacobi. Beide können, dieser Einordnung zufolge, genau so wenig als Philosophen angesprochen werden wie Kant, wenn man, wie Fichte sagt, »seine philosophische Laufbahn nicht weiter, als bis zur Kritik der praktischen Vernunft verfolgt«.[15] Da beide, Platon und Kant, bei Erscheinen der *Anweisung* (1806) verstorben waren, konnte Fichte die Schroffheit seines Urteils nur noch gegenüber Jacobi abmildern. Daher ließ er Jacobi in einem Brief vom 8. Mai 1806 wissen:»Die Stelle, wo im Vorbeigehen Ihrer gedacht wird, werden Sie nicht unrecht verstehen, sondern einsehen, daß ich Ihrer ehrenvolle Erwähnung thun wollte. Welche Stellen Ihrer Schriften mir dabei vorgeschwebt, wird Ihnen nicht entgehen. Daß Sie jedoch diesen Punkt nicht in vollendete Klarheit gesetzt, noch ihn, als hervorgehend aus dem ganzen Systeme des Denkens, vorgetragen, werden Sie nicht in Abrede setzen wollen. Und so konnte ich nur von *daran streifen* reden; keineswegs aber von – mit klarer Spekulation nämlich, denn von etwas Anderm ist hier nicht die Rede – von *darin wohnen, und zu Hause seyn*.«[16]

So muß man wohl auf die Frage: Wer ist Platoniker? im Sinne Fichtes antworten: Viele sind Platoniker, einige wider Willen, insbesondere jedoch ist Schelling Platoniker, der dadurch Ursache geworden ist für einen Rückschritt in der philosophischen Theoriebildung und für eine unsägliche Verwirrung der Geister. Er selbst aber, Fichte, ist in keinem Falle Platoniker. Denn so sehr Platon hoch zu schätzen sei, verträgt es sich mit der Philosophie des Selbstdenkens nicht, zum Anhängsel eines anderen, fremden Denkens zu werden. Und: Platon ist nur in einer Hinsicht Ursprung und Anfang einer Philosophie der Wissenschaftslehre. Eine andere wesentliche Quelle ist damit noch nicht genannt.

---

14 Fichte, *Anweisung zum seligen Leben* [1806], GA I, 9, 110. – Vgl. dazu: Asmuth, Christoph, *Das Begreifen des Unbegreiflichen*, insb. S. 67–121; ders., *Sein, Bewußtsein und Liebe. Johann Gottlieb Fichtes Anweisung zum seligen Leben.* Herausgegeben, erläutert und mit einer Einleitung versehen von Christoph Asmuth. (excerpta classica; XIX) Mainz 2000, S. 7–82; ders., »Religion, Revolution und transzendentale Reflexion. J. G. Fichtes Berliner Religionsphilosophie«, in: Fichte in Berlin. Spekulative Ansätze einer Philosophie der Praxis. (Hg.) Wiedemann, Conrad – Baumann, Ursula. Hannover vorauss. 2006. (in Vorb.)

15 Fichte, *Anweisung zum seligen Leben* [1806], GA I, 9, 108.

16 Fichte an Friedrich Heinrich Jacobi, 8. Mai 1806, GA III, 5, S. 355

2.3 Platon und Jesus

Eine weitere historische Gestalt, die Fichte stets zur Ahnengalerie seiner Wissenschaftslehre zählt, ist Jesus Christus.[17] So kann Fichte mit ungebrochenem Geltungsbewußtsein seine eigene Lehre situieren:»Nicht, als ob unsere Lehre an sich neu wäre, und paradox. Unter den Griechen ist Plato auf diesem Wege. Der Johanneische Christus sagt ganz dasselbe, was wir lehren, und beweisen; und sagt es sogar in derselben Bezeichnung, deren wir uns hier bedienen; [. . .].«[18] Für Fichte ist diese Ahnengalerie kein bloßes Bekenntnis. Es schwingt darin auch keine bloß positive Anerkenntnis des unhintergehbaren historischen Herkommens mit. Vielmehr spiegeln sich darin die Konsequenzen einer apriorischen Verfallsmetaphysik: Geschichte muß beschrieben werden als ein Prozeß zunehmender Verblendung, in dem nur wenige Individuen, wenige Ausnahmeerscheinungen dazu fähig gewesen seien, durch spekulatives Talent oder religiöse Genialität wahrhaft zu denken, d. h. selbst zu denken, zu denken, ohne in dem klebrigen Sumpf falscher Traditionen und Irrwege zu versinken. Spätantike, Paulinisches Christentum, Kirchenväter, scholastisches Mittelalter, Renaissance, schließlich Aufklärung und mit letzter Steigerung der Verwirrung: Empirismus und Materialismus: – eine tragische Kette kontinuierlichen Niedergangs, ein Niedergang allerdings, der den neuen Aufbruch fokussiert: die von Kant implizit entworfene und von Fichte explizit entwickelte Wissenschaftslehre, die Wende zur letztgültigen Vervollkommnung der Philosophie – und letztlich der Menschheit.

Dadurch kann es nun auch gelingen, die Rolle des Platonischen Sokrates im Gegensatz zur Person Jesu zu bestimmen:

> »[. . .] in ihm [Sokrates; Ch. A.] hatte der Verstand sich selbst zuerst ergriffen, und
> sich entdeckt, als eine eigenthümliche und rein apriorische Quelle von Erkenntnissen,
> und war also durch die Entwickelung von Wahrheit aus ihm gebraucht worden: in
> Beziehung auf die Form der Wahrheit gerade ein so grosses Wunder, und eine so

---

17 Vgl.: Schmid, Dirk, *Religion und Christentum in Fichtes Spätphilosophie 1810–1813.* Berlin/New York 1995; ders., »Das Christentum als Verwirklichung des Religionsbegriffs in Fichtes Spätphilosophie 1813«, in: *Sein – Reflexion – Freiheit. Aspekte der Philosophie Johann Gottlieb Fichtes.* (Hg.) Asmuth, Ch. Amsterdam/Philadelphia 1997, S. 221–236. – Fichtes Zusammenstellung – so sehr sie im übrigen uns Heutige überraschen mag – reflektiert eine aufklärerische Tradition: U. J. Schneider stellt in seiner Studie *Die Vergangenheit des Geistes* klar, daß das Interesse an Sokrates wie auch an Jesus auf einem Klärungsbedarf beruht. Sie sind »problematische Gestalten, weil sie in einer Überlieferung erscheinen, die Leben und Lehre in eindeutiger Weise miteinander verbindet und insofern repräsentiert, was als Handlungszusammenhang in seiner Wirklichkeit erst vorgestellt werden muß.« Es ging »um das *Verhältnis* von Leben und Lehre«. (Schneider, Ulrich Johannes, *Die Vergangenheit des Geistes*, S. 158–185, hier S. 180).

18 Fichte, *Anweisung zum seligen Leben* [1806], GA I, 9, 73.

mächtige Förderung der Menschheit, als das in Jesu in Beziehung auf ihren Gehalt. Dieser so bearbeitete Verstand, dies war der Sinn der Weissagung Jesu, sollte nun im Verfolge mit dem Christenthume vereinigt, und der christliche Gehalt aufgenommen werden in die Form der Sokratik, indem nur in dieser Vereinigung es sicher zur allgemeinen Klarheit der Erkenntniss kommt. So ist es denn erfolgt, bis endlich durch Kant der letzte Schritt geschah, dass jene Sokratik, jene Kunst des Verstandes sich selbst erkannte, und sich von anderer, von dem Verstehen in der Anschauung unterscheiden lernte, wodurch nun endlich die Verwirrung zwischen historischem Verstande und der Erkenntniss durchs Gesetz gehoben ist. Nun erst vermag der Geist ein heiliger zu werden, und den Christen *Alles* zu sagen, in alle Wahrheit sie zu leiten, und für den historischen Jesus, welchem gegenüber er seine Selbstständigkeit gewonnen hat, zu zeugen und ihn zu verklären. Diese Epoche tritt so recht eigentlich mit unserer Zeit ein, und durch sie erst ist jene Weissagung vollkommen erfüllt.«[19]

Hier tritt die historische Genealogie in einem Dreischritt auf. Der Platonische Sokrates entdeckt zunächst die Fähigkeit des reinen Verstandes: Der Verstand ergreift sich selbst, er richtet sich auf sein eigenes Tätig-Sein und wird dadurch zum Vermögen rein apriorischer Erkenntnisse. Fichte würdigt dies als die Erkenntnis der *Form* der Wahrheit. Leider bindet Fichte seine Ausführungen nicht an einen konkreten Dialog Platons. Vermutlich hat er aber die Politeia vor Augen, also die klassische Ausformulierung der Ideenlehre.[20] Wahrheit läßt sich nur in der sich selbst zugewandten absoluten Subjekt-Objektivität finden unter Ausschluß der stets im Ungefähren verbleibenden und täuschenden Sinnlichkeit. Der *zweite Schritt* geschieht durch Jesus. Er bringt zur Form den Gehalt; besser: er ist der ursprüngliche Gehalt. Er ist das absolute Bild des absoluten Seins, in dieser Absolutheit identisch mit dem Absoluten, der Inbegriff aller Realität, dies jetzt nicht mehr in der bloß erkenntnistheoretischen Perspektive, die Fichte Platon unterstellt, sondern vor allem in praktischer Hinsicht.

Ähnliche Überlegungen finden sich auch in den *Politischen Fragmenten* (1806–1813): Das Auffinden begriffsmäßiger Deduktionen sei »Sache des *wissenschaftlichen* Publicums, hier insbesondere der Philosophie. Der Stifter ihrer Form ist *Sokrates*: er die leere Form, das Christenthum der Gehalt.«[21] Das bedeutet einerseits, daß der Gehalt, den das Christentum in die Geschichte einträgt, zunächst nicht in wissenschaftlicher Form, nicht in begriffsmäßiger Deduktion vorliegt, sondern in populärer Weise, wie sich vor allem aus der *Anweisung zum seligen Leben* folgern läßt. Andererseits ist die

---

19 Fichte, *Die Staatslehre 1813*, Werke, IV, 569f.

20 Vgl. dazu: Mojsisch, Burkhard, »›Dialektik‹ und ›Dialog‹: Politeia, Theaitetos, Sophistes«, in: *Platon: Seine Dialoge in der Sicht neuer Forschungen*. Hg. von Theo Kobusch – Burkhard Mojsisch. Darmstadt 1996, S. 167–180.

21 Fichte, *Politische Fragmente* [1806–1813], Werke VII, 608

vom Platonischen Sokrates entwickelte Philosophie ein *Idealismus*: Sie beharrt auf der Valenz des Verstandes und seiner Selbsterkenntnis, damit auf dem Gewußt-Sein des Gewußten. Dagegen ist das Christentum in seiner ursprünglichen Form in den Augen Fichtes ein *Realismus*. Es bleibt ganz beim Gehalt unter Absehung der Frage, wie es möglich ist, diesen Gehalt zu wissen: indem es nicht darum geht, eine Erkenntnis- oder Wissenstheorie, sondern eine praktische Lebenslehre zu profilieren, indem es nicht darum geht, das Absolute zu wissen, sondern es zu sein.

Damit ist ein Teil des Problempotentials beschrieben, das Fichte in seiner späteren Philosophie in immer neuen Anläufen thematisiert. Sokrates und Jesus symbolisieren zwei ahistorische Gegenpole, die prinzipiell entgegengesetzt sind. Die Weissagung Jesu, von der Fichte spricht, bezieht sich auf die Aufgabe, den Gehalt mit der Form, das Christentum mit der Sokratik, die Popularität mit der Wissenschaft, den Realismus mit dem Idealismus zu vereinigen, eine Aufgabe, die den *dritten Schritt* erfordert: nämlich die Entwicklung einer Wissenschaftslehre als ein *dynamisches* System der Perspektivik, deren Leitbegriffe – seien diese *Idealismus* oder *Realismus*, *Sokratik* oder *Christentum* – die Pole signalisieren, zwischen denen sich der Prozeß der Wissenschaftslehre *bewegt*. Eine Einsicht in das Zugleich der beiden Pole ist nur möglich in ihrer Bewegung durcheinander. Die *Weissagung* dürfte daher eher als eine *Prophezeiung* der kritischen Philosophie Kants und seiner Weiterentwicklung in der Wissenschaftslehre zu bezeichnen sein. Zugespitzt bedeutet das: Jesus ist der Prophet der Wissenschaftslehre.

2.4 Metaphysik und Historie

Fichtes Beschäftigung mit der Philosophiegeschichte ist ganz auf das ihm Gegenwärtige fixiert. Dem entspricht auch die Konzeption in den *Grundzügen des gegenwärtigen Zeitalters*, in der es ihm weder – wie schon der Titel sagt – um die Geschichte als solche noch um die Geschichtlichkeit des Gegenwärtigen zu tun ist. In einer apriorischen Konstruktion leitet Fichte den Verfallszustand der Gegenwart ab; sie sei das Zeitalter der vollendeten Sündhaftigkeit – für Fichte ein Produkt unvernünftiger Individualisierung und unvernünftigen Gebrauchs der Freiheit. Zugleich ist die Gegenwart Wendepunkt: In ihr scheint schon die neue selbstbestimmte Wissenschafts- und Kulturzeit auf. Später, in den *Reden an die deutsche Nation*, wird die Fokussierung auf die Gegenwart radikalisiert. Insgesamt entspricht diese Schrift einer tiefen Depression und dem Gefühl, zutiefst gedemütigt worden zu sein, einer Stimmungslage, die nach der Niederlage Preußens gegen Napoleon große Teile des progressiven und reformfreudigen Bürgertums erfaßte. Fichtes Schrift ist ganz politisch, obwohl sie sich mit einer historischen

Konstruktion zurüstet: Die deutsche Nation ist für ihn durch die absolute
Abhängigkeit von Frankreich in ihrer Existenz bedroht, die Regierung
schwach, ein Mittel zur Besserung nicht in Sicht, außer »eine neue Ordnung
der Dinge« herbeizuführen. Dazu bedarf es nach Fichte einer allgemeinen
deutschen Nationalerziehung. Sie hat selbständige Geistestätigkeit und reines Wollen zum Ziel, nicht primär faktisches Wissen, sondern genetische
Ableitung aus apriorischen allgemeinen Erkenntnissen. Die Idee der sittlichen Weltordnung soll zu gelebter Sittlichkeit, die Erkenntnis, daß das göttliche Leben im lebendigen Denken da und offenbar ist, zur lebendigen Religion führen.[22]

Zentral ist für Fichte der Unterschied zwischen den Deutschen und den
anderen Völkern germanischer Abstammung, dem »Ausland«, worunter er
vornehmlich Frankreich versteht. Dabei definiert er das Volk durch die Sprache, die es spricht. Auch hier ist die Argumentation Fichtes nur scheinbar
historisch. Die romanischen Sprachen seien »tot«, Resultat einer sprachlichen Entfremdung, beginnend in der Spätantike. Gerade die Franzosen, ein
ursprünglich germanischer Stamm, hätten nach der Völkerwanderung die
fremde lateinische Sprache übernommen. Die Deutschen dagegen seien das
Volk der lebendigen Sprache. Angeregt durch die zivilisatorischen Errungenschaften der römischen Kultur seien die entscheidenden geistigen und
gesellschaftlichen Fortschritte nur dem lebendigen, d. h. deutschen Volk, gelungen: Reformation und republikanische Staatsform.

Tatsächlich handelt es sich auch bei der Geschichtskonzeption der *Reden* um
eine kulturell radikalisierte Gegenwartsinterpretation. Überspitzt formuliert,
könnte man Fichtes Anliegen auch wie folgt ausdrücken: Wenn der Preußische
König, Friedrich Wilhelm III., in eine konstitutionelle Monarchie einwilligt
und den preußischen Bürgern die ihnen qua Vernunft zukommende republikanische Verfassung gewährt, dann sind alle Untertanen, insbesondere die auf-
strebenden Bürger, bereit, ein Volksheer zu bilden nach Vorbild der französischen Revolutionsarmeen, um gegen Napoleon entschieden und mit hohem

---

22 Zu Fichtes Geschichtsphilosophie vgl.: Lauth, Reinhard, »Der Begriff der Geschichte
nach Fichte«, in: *Philosophisches Jahrbuch* 72 (1964/65), S. 353–384; De Pascale, Carla, »Le
origini teoriche dei ›Discorsi alla nazione tedesca‹. La filosofia della storia di Fichte nel primo
periodo berlinese«, in: *Studi Senesi* 89 (1977), Nr. 1, S. 39–103; Ivaldo, Marco, »L'approccio
di Fichte alla storio«, in: *Storicismo ed Epistemologia*. Padova 1982, S. 127–136; Lauth, Reinhard, »Die Handlung in der Geschichte nach der Wissenschaftslehre«, in: ders., *Transzendentale Entwicklungslinien von Descartes bis zu Marx und Dostojewski*. Hamburg 1989,
S. 397–410; Metz, Wilhelm, »Die Weltgeschichte beim späten Fichte«, in: *Fichte-Studien* 1
(1990), S. 121–131; Radrizzani, Ives, »Quelques réflexion sur le statut de l'histoire dans le
système fichtéen«, in: *Revue de Théologie et de Philosophie* 123 (1991), S. 293–304; Kodalle,
Klaus-M., »Fichtes Wahrnehmung des Historischen. Josef Simon zum 65. Geburtstag«, in:
Fichtes Wissenschaftslehre 1794. (Hg.) Hogrebe, Wolfram. Frankfurt a. M. 1995, S. 183–224.

Einsatz für die nun gänzlich zu eigen gewordene Sache der Freiheit zu kämpfen. Von Geschichte, von der erfahrenen, der erzählten, der kontingenten Zeit, ist hier nichts mehr übrig geblieben als der metaphysisch begründete, aber beinahe tagespolitisch ausdifferenzierte Wendepunkt.

Dies deckt sich mit Fichtes Äußerungen zur Geschichtsphilosophie im allgemeinen. Bereits früh schreibt er, ihm schienen »alle Begebenheiten in der Welt lehrreiche Schildereien, die der große Erzieher der Menschheit aufstellt, damit sie an ihnen lerne, was ihr zu wissen Noth ist. Nicht daß sie es *aus* ihnen lerne; wir werden in der ganzen Weltgeschichte nie etwas finden, was wir nicht selbst erst hineinlegten: [. . .].«[23] Fichte drückt sich klar aus: Es ist die konstitutive Leistung der Menschheit, dem an sich Bedeutungslosen Bedeutung zu geben. Dies erst bringt eine Weltgeschichte hervor: *Geschichte als Sinngebung des Sinnlosen*, wie bekanntlich Theodor Lessing titelte,[24] nur in ganz entgegengesetztem Sinn.

Tatsächlich ist das Transzendentale das eigentliche Zentrum der Geschichte, damit aber das, was gar nicht als solches in der Zeit erscheint. »Die Geschichte ist blosse Empirie; nur Facta hat sie zu liefern, und alle ihre Beweise können nur factisch geführt werden.«[25] Der Historiker ist daher ein Faktensammler, sein Werkzeug die Analyse. Ein anderes Bild zeichnet Fichte vom Philosophen: Er, »der als Philosoph sich mit der Geschichte befasst, geht jenem *a priori* fortlaufenden Faden des Weltplanes nach, der ihm klar ist ohne alle Geschichte; und sein Gebrauch der Geschichte ist keineswegs, um durch sie etwas zu erweisen, da seine Sätze schon früher und unabhängig von aller Geschichte erwiesen sind: [. . .].«[26] Wie Philosoph und Historiker so verhalten sich auch Metaphysik und Historie: »Wo die Ausdrücke streng genommen werden, ist das Historische und das Metaphysische geradezu entgegengesetzt; und was nur wirklich historisch ist, ist gerade deswegen nicht metaphysisch, und umgekehrt.«[27] In der Philosophie hat das Historische keinen Platz, ja, es ist dort nicht nur unangebracht, sondern sogar irreführend: »Die historische Ansicht fasset die vorhandenen Meinungen über den Gegenstand auf, versucht unter ihnen die allgemeinste und herrschendste auszulesen, stellt diese hin als Wahrheit, erhält aber nichts Wahres, sondern lauter Wahn. Die philosophische erfasset die Dinge, so wie sie an sich sind, d. i. in der Welt des reinen Gedankens, [. . .].«[28] Letztlich ist das Philosophie-

23 Fichte, *Beitrag zur Berichtigung der Urtheile des Publicums über die französische Revolution* [1793], GA I, 1, 203.
24 Lessing, Theodor, *Geschichte als Sinngebung des Sinnlosen*. München 1919.
25 Fichte, *Grundzüge des gegenwärtigen Zeitalters* [1806], Werke VII, 136.
26 Fichte, *Grundzüge des gegenwärtigen Zeitalters* [1806], Werke VII, 140.
27 Fichte, *Anweisung zum seligen Leben* [1806], GA I, 9, 188.
28 Fichte, *Über das Wesen des Gelehrten* [1805], Werke VI, 392.

ren unvertretbar durch jeden Einzelnen zu leisten: »[J]eder Denker, der jene ersten Glieder irgendwoher historisch, etwa aus Sucht nach dem Neuen und Ungewöhnlichen, angenommen, und nun von ihnen aus nur richtig weiter fort folgern kann, [kann] reden und lehren. Er trägt uns dann die Denkart eines fremden Lebens vor, nicht die seines eigenen; alles schwebt ihm leer und bedeutungslos vorüber, weil es ihm am Sinne mangelt, wodurch man die Realität desselben ergreift; [. . .] Den Sinn, mit welchem man das ewige Leben ergreift, erhält man nur dadurch, dass man das Sinnliche und die Zwecke desselben wirklich aufgibt und aufopfert für das Gesetz, [. . .] es aufgiebt, mit der festen Ueberzeugung, dass dieses Verfahren vernunftmässig, und das einzige Vernunftmässige sey.«[29]

Eine wirkliche Bedeutung der Philosophiegeschichte für die selbständige Entwicklung des Denkens lehnt Fichte kategorisch ab. *Selbst* zu denken bedeutet, sich von der Tradition ab- und dem eigenen Denken zuzuwenden. Für Fichte gibt es keinen wie auch immer verstandenen Faden, der sich durch die Geschichte des philosophischen Denkens hindurchzieht, keinen Weg, von dem man profitieren, keinen Gedanken, *an* und *aus* dem man lernen könnte. Philosophie ist radikale Selbstbesinnung, unbeeinflußt von außen, reine Immanenz, reiner Vollzug. Die Geschichte, die der Philosophie zumal, wird ihm deshalb zum bloßen Konstrukt. Was daran empirisch ist, muß für die Philosophie wertlos sein, was transempirisch ist, wird ihr a priori bekannt sein. Daher ist die Geschichte für die Philosophie ohne Belang. Die Philosophie Platons wird zu einer Chiffre, unter der eine für Fichte wichtige Denkfigur firmiert, nämlich die des Idealismus, ein Idealismus der Form, der den Blick weg von den Gehalten hin auf die Weise des Gewußt-Werdens lenkt.

2.5 Fichtes implizite Platon-Rezeption: Die Theorie des Gesichts

Fichte war ein Erfinder immer neuer philosophischer Begriffe. Er war überzeugt, daß sich die Sprache durch ihren *Ge*brauch *ver*braucht – dies um so mehr, je tiefer sie eindringt in die Sphäre der Philosophie. Dabei weist Fichte dem Philosophen die Fähigkeit zu, über den Sprachgebrauch hinauszugehen, neue Wörter, neue Begriffe für neue Theorien zu erschaffen. Dieses Verfahren steht ganz im Zusammenhang mit Fichtes Credo, die Philosophie dürfe nicht zum Anhängsel einer fremden oder historisch vergangenen Position werden, sondern müsse im Selbstdenken bestehen. Philosophisches Selbstdenken korrespondiert daher dem philosophischen Selbstsprechen.

---

29 Fichte, *Die Bestimmung des Menschen* [1800], Werke II, 292

Selbstdenken ist aber zugleich Hervorbringung neuer Gedanken, das Selbstsprechen daher zugleich Hervorbringung neuen Sprechens.

Fichtes Überzeugung entstammt dem Reflex auf die von ihm als dogmatisch und verkrustet erfahrene Schulphilosophie, gebe diese sich nun empirisch oder rational aufgeklärt. Zeit seines Lebens verachtete Fichte die bloßen Nachbeter der kritischen Philosophie Kants, jene nämlich, die bloß den Buchstaben, aber nicht den Geist des Königsberger Philosophen wiederzugeben trachteten. Schließlich sitzt ihm die schmerzhafte Niederlage im Nakken, die er darin erkennt, daß die eigene Ich-Philosophie seines Anfangs, wenn überhaupt, so nur unzureichend verstanden wurde. Fichtes Schlußfolgerung: In allen diesen Fällen entstehen die Verkrustungen durch eine unflexible und statische Sprache, deren Unbeweglichkeit gerade der Beweglichkeit der Theorie nicht angemessen sei. Fichtes Konsequenz: Nicht zurück zum gewöhnlichen Wortgebrauch, sondern umgekehrt: auf zu neuen, ungewöhnlichen Wortschöpfungen, die das althergebrachte statische Denken irritieren, zerstören und vernichten.[30]

Der Bildung eines solchen Neologismus liegt Fichtes Theorie des *Gesichts* zugrunde.[31] Die Benennung stammt ursprünglich aus den populären Schriften, die Fichte zwischen 1806 und 1808 veröffentlichte. Insbesondere

---

30 Vgl. zu Fichtes Philosophie der Sprache. Asmuth, Christoph, *Das Begreifen des Unbegreiflichen*, S. 153–169; Janke, Wolfgang, »Die Wörter ›Sein‹ und ›Ding‹ – Überlegungen zu Fichtes Philosophie der Sprache«, in: *Der transzendentale Gedanke. Die gegenwärtige Darstellung der Philosophie Fichtes.* (Hg.) Hammacher, Klaus. Hamburg 1981, S. 49–67; ders., »Logos: Vernunft und Wort. Humboldts Weg zur Sprache und Fichtes Sprachabhandlungen«, in: *Janke, Wolfgang, Entgegensetzungen. Studien zu Fichte-Konfrontationen von Rousseau bis Kierkegaard.* (Fichte-Studien-Supplementa. 4) Amsterdam/Atlanta 1994, S. 23–45; Jergius, Holger, *Philosophische Sprache und analytische Sprachkritik. Bemerkungen zu Fichtes Wissenschaftslehren.* (Symposion. Philosophische Schriftenreihe. 51) Freiburg/München 1975; Kahnert, Klaus, »Sprachursprung und Sprache bei J. G. Fichte«, in: *Fichte«, in: Sein – Reflexion – Freiheit. Aspekte der Philosophie Johann Gottlieb Fichtes.* (Hg.) Asmuth, Christoph. (Bochumer Studien zur Philosophie. 25) Amsterdam/Philadelphia 1997, S. 191–219; Schurr-Lorusso, Anna Maria, »Il pensiero linguistico di J. G. Fichte«, in: *Lingua e stile* 5 (1970), S. 253–270; Surber, Jere Paul, »The Historical and Systematic Place of Fichte's Reflection on Language«, in: *Fichte. Historical Contexts. Contemporary Controversies.* (Hg.) Breazeale, Daniel – Rockmore, Tom. Atlantic Highlands, N. J. 1994, S. 113–127; Surber, Jere Paul, »J. G. Fichte and the ›Scientific‹ Reconstruction of Grammar«, in: *New Perspectives on Fichte.* (Hg.) Breazeale, Daniel – Rockmore, Tom. Atlantic Highlands, NJ 1996, S. 61–77; Zahn, Manfred, »Fichtes Sprachproblem [sic!] und die Darstellung der Wissenschaftslehre«, in: *Der transzendentale Gedanke. Die gegenwärtige Darstellung der Philosophie Fichtes.* (Hg.) Hammacher, Klaus. Hamburg 1981, S. 155–167.

31 Vgl. Asmuth, Christoph, »Eine implizite Platon-Rezeption bei Fichte: Die Theorie des Gesichts«, in: *Platonismus im Idealismus. Die platonische Tradition in der klassischen deutschen Philosophie.* (Hg) Mojsisch, Burkhard – Summerell, Orrin F. München/Leipzig 2003, S. 59–76.

in den *Reden an die deutsche Nation* kündigt sich an, was erst in der Wissenschaftslehre 1811 zu einem zentralen Stück der Fichteschen Philosophie avanciert: Der Begriff des *Gesichts* vertritt in Fichtes Spätphilosophie den Begriff der *Idee*. Daß hier nicht ein Wort durch ein anderes ersetzt wurde, läßt sich unschwer erkennen. *Gesicht* meint zu Fichtes Zeiten nicht nur soviel wie *Antlitz*, also das, was gesehen wird, sondern auch den Gesichtssinn selbst. Darüber hinaus bedeutet Gesicht für Fichte so etwas wie Traum, Prophezeiung, zweites Gesicht; dies jedoch nicht etwa im wörtlichen Sinne, denn es handelt sich um Transzendentalphilosophie, sondern als Begriff mit metaphorischen Allusionen. Rein etymologisch findet sich im Begriff des *Gesichts* also ein Dreifaches: erstens das subjektive Moment des Sehenden im Sehen, zweitens das objektive Moment des Gesehenen im Sehen, drittens das Moment des Übersinnlichen, des Intelligiblen. Alle drei Momente kommen aber zusammen im Begriff des Gesichts. Idee im Sinne Fichtes ist also charakterisiert durch Subjekt-Objektivität und gehört daher einem Bereich des reinen Wissens an.

In den *Reden an die deutsche Nation* (1808) gibt Fichte eine kurze Erklärung: Etwas, das der geistigen Erfassung »nicht erst durch das dunkle Gefühl, sondern sogleich durch klare Erkenntniss entsteht, dergleichen jedesmal ein übersinnlicher Gegenstand ist, heisst mit einem griechischen, auch in der deutschen Sprache häufig gebrauchten Worte eine *Idee*, und dieses Wort giebt genau dasselbe Sinnbild, was in der deutschen das Wort *Gesicht*, wie dieses in folgenden Wendungen der lutherischen Bibelübersetzung: ihr werdet Gesichte sehen, ihr werdet Träume haben, vorkommt. Idee oder Gesicht in sinnlicher Bedeutung wäre etwas, das nur durch das Auge des Leibes, keinesweges aber durch einen anderen Sinn, etwa der Betastung, des Gehörs u.s.w. erfasst werden könnte, so wie etwa ein Regenbogen, oder die Gestalten, welche im Traume vor uns vorübergehen. Dasselbe in übersinnlicher Bedeutung hiesse zuvörderst, zufolge des Umkreises, in dem das Wort gelten soll, etwas, das gar nicht durch den Leib, sondern nur durch den Geist erfasst wird; sodann, das auch nicht durch das dunkle Gefühl des Geistes, wie manches andere, sondern allein durch das Auge desselben, die klare Erkenntniss, erfasst werden kann.«[32] In den *Reden* erhält dieser Neologismus keine besondere theoretische Bedeutung mehr. Er wird vielmehr zu einem Kampfbegriff unter vielen. Auf der einen Seite steht das deutsche Volk, legitimer Erbe der germanischen Vorzeit, auf der anderen Seite das Frankreich Napoleons, das die Ziele der Revolution verraten und damit zugleich gezeigt hat, daß ihm das römische Erbe längst abgestorben ist. So ruft Fichte denn dem von ihm so verachteten Napoleon entgegen: »Ein Volk, das

---

32 Fichte, Werke VII, 317.

da fähig ist, sey es auch nur in seinen höchsten Stellvertretern und Anführern, das Gesicht aus der Geisterwelt, Selbstständigkeit, fest ins Auge zu fassen, und von der Liebe dafür ergriffen zu werden, wie unsere ältesten Vorfahren, siegt gewiss über ein solches, das nur zum Werkzeuge fremder Herrschsucht und zu Unterjochung selbstständiger Völker gebraucht wird, wie die römischen Heere; denn die ersteren haben alles zu verlieren, die letzteren bloss einiges zu gewinnen.«[33]

Nach 1808 scheint Fichte diesen Begriff des Gesichts und eine damit möglich gewordene Ideenlehre zunächst nicht weiter verfolgt zu haben. Dies mag der Erkrankung Fichtes geschuldet sein. Er litt unter rheumatischen Beschwerden und klagte über eine Augenkrankheit, die ihm lange Zeit das Arbeiten unmöglich machte. Erst 1810 fühlt sich Fichte wieder arbeitsfähig. Die *Wissenschaftslehre von 1811* nimmt den Begriff des Gesichts wieder auf. Systematisch bedeutsam ist dieser Begriff jedoch vor allem in den *Vorlesungen über die Bestimmung des Gelehrten* (1811). Im Zentrum steht der Begriff des Wissens. Die *Vorlesungen* können deshalb auch als populäre Wissenschaftslehre angesehen werden, die hier vermischt ist mit didaktischen und gesellschaftspolitischen Überlegungen.

Wissen hat für Fichte zwei grundlegende Formen: nachträgliches Wissen und vorbildliches Wissen. Die Nachträglichkeit charakterisiert ein Wissen, das »blosses Abbild und Nachbild des ausserhalb des Wissens befindlichen, und von dem Wissen ganz u. gar unabhängigen Daseyns«[34] ist. Das Wissen repräsentiert das Gegebene, speichert es auf. Durch Akkumulation ergeben sich Quantitäten von Wissen, Mengen von gegebenen Wissensinhalten. In allem quantitativen und positiven Wissen sind nur kontinuierliche Übergänge möglich. Ein Mehr oder Weniger ist immer nur graduell, weil immer das Wissen von einem Faktum zum nächsten übergeht. Darin liegt für Fichte der Grund, daß das nachträgliche Wissen veraltet. Ein gegenwärtiges Wissen, das dem Gegebenen angemessen ist, wird es morgen so wenig sein, wie das gegenwärtige gegenüber dem gestrigen. Akkumulation, graduelles Mehr oder Weniger machen profundes Wissen mit dem Charakter der Überzeitlichkeit unmöglich. Nach Fichte kann ein nachträgliches Wissen keinen Wert für sich selbst haben. Die Repräsentation ist ihm ein »todtes Bild« des lebendigen Wirklichen, eine »bloße Wiederholung«.[35] Hier finden sich für Fichte weder die Authentizität des Wirklichen noch die Autonomie des Wissenden. Das Wissen des nachträglich Wissenden ist eher mit einer Marionette zu vergleichen, die an den unsichtbaren Fäden des immer schon gegebenen Wirklichen tanzen muß.

33 Fichte, Werke VII, 390f.
34 Fichte, GA II, 12, 313.
35 Fichte, GA II, 12, 314.

Anders dagegen das vorbildliche Wissen! Dieses Wissen ist Vorbild des Seins, Grund des Seins, geht dem Sein voraus. Darin zeigt sich der Charakter des vorbildlichen Wissens: Es ist praktisch und tätig, beides in einem transzendentalphilosophischen Sinne. Dieses Wissen bildet die Möglichkeitsbedingung wirklichen Erkennens und Handelns. Deshalb fordert dieses Wissen eine Handlung, es enthält ein Sollen: »Ein praktisches Wissen ist drum ein solches, dem[,] indem es selbst ist, sein *Gegenstand nicht* entspricht, und dem überhaupt kein Gegenstand entspricht, das drum auch durch keinen Gegenstand bestimmt, noch ein Abbild irgend eines solchen ist und so ein reines, durch sich selbst also gestaltetes Wissen, Abdruk lediglich seiner selbst, nicht eines andern, ein a priorisches Wissen, (...).« Hierin zeigt sich ein Machen-Wollen dessen, was nicht ist und darum Nichts ist, ein Machen-Wollen, das sich selbst ein Gesetz gibt, ein Machen-Wollen mit Bewußtsein und durch den Begriff. Hier ist das Wissen kontrafaktisches Vorbild des Seins, »welches Seyn, indem du an das Machen gehst, durch aus nicht ist, und welches seyn wird erst sodann, wenn dein Machen vollendet seyn wird.«[36] Das vorbildliche Wissen ist daher zugleich Vorbild des nachträglichen Wissens, welches – in dieser Beziehung – das Nichts des vorbildlichen Wissens ist, eine seinsleere Sphäre für das kontrafaktische Sollen, dessen genetische Potenz in diesem Sollen selbst liegt und aus ihm selbst stammt. Dies ist für Fichte das Wesen des Handelns überhaupt: daß es Apriorizität voraussetzt als ein Sollen überhaupt, genauer: als ein Reich der Zwecke, als intelligible Welt, rein abgeschieden von der Faktizität des Empirischen. »Ein praktisches Wissen ist ein durch *sich selbst bestimmtes*, also ein bloßes *Gesicht*, wie die deutsche Sprache das griechische Wort Idee treflich ausdrükt, ein solches, das selbst deutlich sich ankündigt, und ausspricht als dasjenige, dem die Realität durchaus nicht entspreche, das kein äusseres Daseyn habe, sondern bloß ein inneres, und das mit keinem außer sich, sondern nur mit sich selbst übereinstimme: – ein Gesicht aus der Welt, die durchaus nicht *da ist*, der übersinnlichen, und geistigen Welt, (...).«[37]

Das Gesicht ist nach Fichte produktiv. Die Wahrheit des nachträglichen Wissens besteht in der Adäquation, die Wahrheit des vorbildlichen Wissens jedoch in Konstitution und Kohärenz. Das Gesicht ist bildend und formend, entspricht daher niemals dem Gebildeten und Geformten. Nur insofern das Vorbild als Gesicht Vorbild ist, ist ein Abbild als Gesehenes möglich. Im Sehen des Gesichts konstituiert sich das Gesehene. Als Bedingung alles Gesehenen ist das Sehen des Gesichts selbst unsichtbar; es ist übersinnlich. Darin liegt seine Apriorizität: daß es mit der Sphäre des faktischen Seins nur

---

36 Fichte, GA II, 12, 315.
37 Fichte, GA II, 12, 315f.

durch den Akt der Konstituierung zusammenhängt, nicht aber selbst wiederum abhängig wäre von dem, was durch das Gesicht gebildet wird. Es bildet die intelligible Welt, die kein äußerliches Dasein hat, eine Welt, der alle Erdenschwere fehlt.

Das vorbildliche Wissen ist daher für Fichte schlechthin durch sich selbst bestimmt. »(. . .) es ist in dieser Absolutheit das Bild des innerlichen Seyns und Wesens der Gottheit. Gott allein ist das wahrhaft übersinnliche, und der eigentliche Gegenstand aller Gesichte. Als Bild Gottes, und dadurch, daß es dieses Bild ist, ist *auch allein da* das Wissen, und es wird lediglich durch das Erscheinen Gottes in ihm *getragen*.«[38] Man möge sich nicht täuschen lassen: Was hier als deduktive Theologie auftritt, ist Transzendentalphilosophie! Mit dem Ausdruck ›Gott‹ bezeichnet Fichte ein Proto-Ich als Subjekt-Objekt, Möglichkeitsbedingung etwa für das absolute Ich der *Grundlage der gesammten Wissenschaftslehre* von 1793/94 wie auch für alle vorstellungsbezogenen Prozesse des empirischen Ich.[39] ›Gott‹ bezeichnet eine aus prinzipiellen Gründen für das Wissen uneinholbare erste Möglichkeitsbedingung, den allerrealsten Grund aller Idealität und Realität.

In der WL 1811 faltet Fichte das in verschiedenen Stufen auseinander. Sein im strengen Sinne besitzt nur die Gottheit. Sie ist Realität und Idealität, Subjekt und Objekt, in sich, durch sich, aus sich selbst – dies in absoluter Einheit. Außer ihm gibt es kein Sein, sondern nur seine Erscheinung. Diese erste Erscheinung Gottes ist erste Äußerung, Offenbarung, primäre Repräsentation, Proto-Wissen. Sie erst ist Gegenstand eines transzendentalen Wissens, das zu Gott selbst, d. h. zu seinem eigenen ursprünglichen Grund nicht vordringen kann, weil es sich als Wissen im Wege steht, weil es aufhören müßte, Wissen zu sein, um wissen zu können, was als unauflösliches *eines* Sein dem Wissen zugrunde liegt. Das Sein Gottes kann nur gedacht werden, während das Daß seiner Erscheinung faktisch aufgefaßt wird. In dieser Erscheinung erscheint das göttliche Sein, wie es in sich selbst ist. So ist das Sein der Erscheinung zwar ein Sein außerhalb des Seins, jedoch ist sein Sein nur die formale Wiederholung des ursprünglichen, ein Anderes nur der Form nach. Diese Erscheinung kann wiederum sich erscheinen, was die Sich-Erscheinung des Erscheinen Gottes ergibt: Proto-Selbstbewußtsein.

---

38 Fichte; GA II, 12, 316f.

39 August Detlev Christian Twesten berichtet über ein Gespräch mit Fichte, in dem es um die WL 1811 ging: »Heute war ich bey Fichte (. . .). Wir sprachen vom Verhältniß seiner alten Wissenschaftslehre zu seiner neuern. Dies ist folgendes. In der alten Wissenschaftslehre geht er vom reinen Ich aus, welches vorausgesetzt und aus welchem alles Uebrige deducirt wird. Jetzt aber geht er höher, und deducirt dies reine Ich selbst wieder als nothwendige Form der Erscheinung Gottes. Ob dies im Wesen der Wissenschaftslehre liegt, wie Fichte zu behaupten schien, indem er sagte, man habe ihn früher nur niemals weiter kommen lassen, indem man ihn veratheisirt habe, (. . .) will ich nicht entscheiden.« (FiGe 4, S. 311f)

Während das ursprüngliche Sein und seine Erscheinung untrennbar voneinander sind,[40] enthält die Sich-Erscheinung der Erscheinung ein Moment absoluter transzendentaler Freiheit. In der Erscheinung erscheint das ursprüngliche göttliche Sein, in der Sich-Erscheinung jedoch erscheint die Erscheinung, was das Moment der selbständigen, zwar im ursprünglichen Sein gegründeten, aber nicht realisierten Freiheit gibt.[41] Fichte nennt es Vermögen, es kann vollzogen werden oder nicht. Wird das Vermögen nicht vollzogen, gibt es kein Sein außer Gott, nur seine unmittelbare Erscheinung. Wird das Vermögen dagegen vollzogen, entsteht »eine neue, durchaus u. schlechthin aus nichts hervorgegangene Sphäre des Seyns. Eine völlig neue Welt, ausser Gott; obwohl der Möglichkeit nach in ihm gegründet.«[42]

Nun soll die Erscheinung als Erscheinung erscheinen. Es soll eine Welt für die Freiheit sein. Aber die Freiheit allein gibt der Erscheinung keine Begrenzung. Zu den Möglichkeitsbedingungen der Welt gehört neben der Freiheit auch das Gesetz. Ein wirkliches endliches und begrenztes Produkt ergibt sich erst aus der *Zusammenwirkung* beider.[43] So ist das *Gesicht* nichts anderes als das absolute Vermögen der Freiheit, jenes intelligible Sollen, das schlechthin unbedingt ist. Dieser Freiheit korreliert das Gesetz, das sich in der Begrenzung der wirklichen Erscheinung, dem wirklichen Nachbild, zeigt.[44] Das *Gesicht* ist aber ein produktiver Akt des an sich unendlichen Sehens, »das sich an der Begrenzung seiner selbst bricht.«[45]

Damit hat Fichte in WL 1811 eine transzendentale Begründung des *Gesichts* gegeben. Es ist die der Wirklichkeit zugewandte Struktur des Sollens, jenes Zusammenwirken von Freiheit und Gesetz zur Bestimmung der Wirklichkeit, die selbst wiederum nichts anderes ist als das Sich-selbst-an-sich-selbst-Brechen des unendlichen Wissens als Erscheinung göttlichen Seins. Damit hat Fichte jedoch noch nicht das nachträgliche Wissen transzendental begründet. Auch dieses Wissen muß als Wissen in seiner Notwendigkeit aufgewiesen werden können. »Das Gesicht muß erscheinen, und ausdrüklich erblikt werden, eben *als* ein Gesicht, als ein durch sich selbst, und keineswegs durch ein fremdes, und außer ihm befindliches bestimmtes Wissen. Das aber kann es nur im *Gegensatze* mit einem andern Wissen, das da ausdrüklich erscheint als *bestimmt* durch ein *fremdes ausser ihm* befindli-

---

40 »Die Form des Absoluten geht bis zum erscheinen, nicht bis zum *sich* erscheinen. In jenem ersten *ist* das absolute das Erscheinende; im leztern nicht mehr dieses, sondern das Erscheinen ist das erscheinende. Die Erscheinung erhält ein *selbstständiges Seyn*.« WL 1811, GA II, 12, 178.
41 WL 1811, GA II, 12, 179.
42 WL 1811, GA II, 12, 187.
43 WL 1811, GA II, 12, 270.
44 WL 1811, GA II, 12, 272.
45 WL 1811, GA II, 12, 270

ches Seyn.«[46] Die Funktion des nachträglichen Wissens besteht in seiner Negativität. Alles Wissen von sinnlichen Gegenständen erscheint dem Wissenden als von außen gegeben: Das ist der Außenweltcharakter des Gegebenen. Dieser Charakter entsteht nur zu dem Zweck, daß sich an ihm das praktische Wissen breche. Die Außenwelt ist daher bloß das *Material der Pflicht*, nichts für sich selbst Bestehendes. Dieses Verfahren Fichtes findet sich bereits in der *Grundlage der gesammten Wissenschaftslehre*. Und Hegel karikierte es einmal, indem er es mit einem leeren Geldbeutel verglich, der, obwohl leer, doch in der Beziehung auf Geld sein Bestehen habe. Das Geld könne dann auch aus dem leeren Geldbeutel deduziert werden, weil es in seinem Mangel schon gesetzt sei.[47] Der leere Geldbeutel ist, um im Bild zu bleiben, die Sphäre des *Gesichts*, das Erfüllung erst findet in seiner Negation, der Sinnenwelt. Fichte: »Das Gesicht ist Bild Gottes, sagte ich; und das sinnliche Wissen von einer gegebnen Welt ist bloß dazu da, damit das erstere als solches zu erscheinen vermöge.«[48] Das *Gesicht* als Bild Gottes ist für Fichte ein unendliches *Gesicht*, das sich in keiner Sinnenwelt vollständig aussprechen kann. »Es tritt drum niemals in der Zeit ein Gottes unmittelbares Bildniß, sondern immer nur ein Bild von seinem zukünftigen Bilde, welches wiederum nur ein Bild ist von dem jedesmal zukünftigen Bilde, und so ins unendliche fort; das eigentliche Urbild aber wird niemals wirklich, sondern liegt über aller Zeit als ewig unsichtbarer Grund und Gesez, und Musterbild des unendlichen Fortbildens in der Zeit.«[49] Weil jede Wirklichkeit dem *Gesicht* unangemessen ist, faltet es sich in eine Unendlichkeit von Zuständen aus, welche die Sukzession der Zeit und mit ihr aller Erscheinungen in der Zeit erzeugt. Zeit ist daher nichts anderes, als das in alle Unendlichkeit zerstreute Bild der Ewigkeit, allerdings teleologisch aufgespannt durch die Maßgabe des Gesetzes, das Bild Gottes in der Wirklichkeit zur Erscheinung zu bringen.

Das Erscheinen Gottes im wirklichen Wissen ist deshalb ein in die Unendlichkeit fließender Strom, der niemals zu einem festen Bild gerinnt. Es ist ein fortwährendes Bilden immer neuer Bilder. »In diesem ewigen Strome erhalten nun die einzelnen Bilder, und in den Zeitmomenten gehaltene *Gesichte* ihren Geist aus Gott, ihre körperliche, und bildliche Gestaltung aber entlehnen sie aus der Sinnenwelt; keinesweges als ob diese Gestalt in der lezten *gegeben* sey, (...) sondern daß sie unmittelbar an die Gegebne sich anschließt, und dieses, so wie sie es trift, im blossen Bilde weiter fort bildet.«[50] Für Fichte folgt daraus die Unabtrennbarkeit der intelligiblen Welt

---

46 Vorlesungen über die Bestimmung des Gelehrten GA II, 12, 317.
47 Hegel, Glauben und Wissen, Akad.-Ausg. 4, 392.
48 Vorlesungen über die Bestimmung des Gelehrten GA II, 12, 317.
49 Vorlesungen über die Bestimmung des Gelehrten GA II, 12, 318.
50 Vorlesungen über die Bestimmung des Gelehrten GA II, 12, 318.

von der Sinnenwelt. Erst in der Vereinigung beider Weisen des Wissen, des vorbildlichen und des nachträglichen, zeigt sich das Wissen in seiner Wahrheit und Totalität.

2.6 Die Theorie des Gesichts als verbesserte Platonische Ideenlehre

Mit seiner Theorie des *Gesichts* stellt Fichte eine späte Ideenlehre vor. Sie ist eine Transformation der Ideenlehre Platons, allerdings in einer speziellen Interpretation durch Fichte. Es ließen sich nun verschiedene Elemente der späten Wissenschaftslehre anführen, die den Texten Platons korrespondieren könnten. Als Beispiel wäre hier das gegensätzliche Verhältnis von Unendlichkeit und Begrenzung anzuführen, das sich auf Platons Begriffspaar ἄπειρον und πέρας abbilden ließe, wie Platon sie im *Philebos* verwendete. Fichtes transzendentale Deduktion der Zeit könnte ebenso auf die kosmologischen Überlegungen im *Timaios* zurückgeführt werden. Darüber hinaus gibt es bereits eine Reihe von Untersuchungen, die sich einem Vergleich Platon-Fichte widmen, etwa zum Begriff des Einen im Platonischen *Parmenides* und Fichtes *Wissenschaftslehre von 1804, 2. Vortrag*[51] oder zum Strukturvergleich einzelner Dialoge mit den Werken Fichtes.[52] Schließlich finden sich noch Untersuchungen allgemeiner Art, die einen systematischen Zusammenhang zwischen Platon und Fichte konstatieren.[53] Allen diesen Bemühungen ist gemeinsam, daß sie sich nicht darauf berufen können, Fichte habe die Platonischen Texte sorgfältig zur Kenntnis genommen.

Bei Fichtes Theorie des *Gesichts* ist die Lage anders: Sie antwortet auf die explizite Interpretation der Platonischen Ideenlehre. Fichte sieht die Ideenlehre – wie gesagt – so: »die Dinge seien Abspiegelungen der Ideen, der Gesichte; die Ideen seien die Vorbilder der wirklichen Welt. In diesem Gegensatze ist es nun ganz klar, daß er das objektive und das reine Wissen unterschieden hat, (...). Nicht klar aber ist, ob ihm die Unterscheidung der beiden objektiven Weltformen, der Welt als Freiheitsprodukt, der praktisch zu erschaffenden, und der schlechthin ohne alle Beziehung auf Freiheit ge-

51 Budde-Burmann, Monika, »Das lebensorientierende Eine bei Platon und Fichte. Zum Verhältnis von Platons ›Parmenides‹ zu Fichtes ›Wissenschaftslehre (1804)²‹«, in: *prima philosophia* 4 (1991), S. 11–31.

52 Zehnpfennig, Barbara, *Reflexion und Metareflexion bei Platon und Fichte. Ein Strukturvergleich des Platonischen »Charmides« und Fichtes »Bestimmung des Menschen«.* (Symposion 82), Freiburg i. Br./München 1987.

53 Rockmore, Tom, »Le concept fichtéen de la science et la tradition platonicienne«, in: *Le Savoir Philosophique*, Nice 1977, S. 31–40; Janke, Wolfgang, »Repetición de la dialética. La traducción de la dialética platónica a la doctrina de la ciencia de Fichte«, in: *Anuario Filosófico* 11 (1978), n. 1, S. 75–88.

gebenen empirischen, recht klar geworden ist. In der ersten Rücksicht ist es ganz und gar wahr, und wenn man diese Rücksicht durchsetzen will, so ist es allein wahr. In der letzten Beziehung aber läßt es sich nur in einem sehr untergeordneten Sinne sagen, und sehr vermittelt. Höchstens kann man sagen, daß das Ganze zufolge eines Gesichts sei, nicht aber das Besondere.«[54]

Fichtes Theorie des *Gesichts* scheint diesem Mangel Abhilfe schaffen zu wollen, behauptet aber ansonsten, daß die Lehre Platons mit der Wissenschaftslehre kompatibel sei:

1) Die Ideen sind für ihn rein praktisch. Sie zeigen ein unbedingtes Sollen an. Darin sind sie kontrafaktisch, aber produktiv.

2) Die wirkliche Welt folgt der intelligiblen Welt nach; sie ist das Nachträgliche in bezug auf die Ideen, damit etwas Sekundäres, nicht Ursprüngliches.

3) Damit bestimmt die praktische Idee zugleich das Besondere und Einzelne und nicht nur das Ganze als Allgemeines wie die theoretische Philosophie. Darin folgt Fichte der *Kritik der reinen Vernunft* Kants, der eine Platonische Idee nur im Bereich des Praktischen zuläßt, sie aber im Bereich der Theorie für eine unstatthafte Hypostasierung ansieht.[55]

4) Die Ideen sind selbst Bild Gottes. Fichte lädt damit die Platonische Ideenlehre durch eine christlich-augustinisch geprägte imago-Theorie spekulativ auf.[56]

5) Die Ideen sind zwar außerweltlich, d. h. überweltlich im Sinne der Apriorizität, sind aber gleichzeitig in der Welt, die dadurch zur Sphäre der Wirksamkeit für die Ideen wird. Ideenwelt und wirkliche Welt sind eine Welt, eine Welt des Wissens. Ein Weltendualismus unterstellt Fichte der Platonischen Ideenlehre genau so wenig, wie er selbst einen solchen Dualismus intendiert.

6) Die Ideen gehören dem reinen Wissen an, sind daher einzig einer transzendentalphilosophischen Reflexion zugänglich.

2.7 Fichte als Interpret Platons

Für den Selbstdenker Fichte besaß die Geschichte des Denkens keinen eigenständigen Wert. Er deduzierte zwar abstrakt die apriorische Struktur der Geschichte, die für ihn in fünf Epochen verlaufen sollte. Die konkreten ge-

54 Fichte, *Das System der Sittenlehre* (1812), Werke, XI, 42f.

55 Kant, KrV B 370 Anm., Akad.-Ausg. III, 246f.

56 Vgl zur Bildtheorie: »Die Lehre vom Bild in der Wissenstheorie Johann Gottlieb Fichtes«, in: *Sein – Reflexion – Freiheit. Aspekte der Philosophie Johann Gottlieb Fichtes*. (Hg.) Asmuth, Christoph. (Bochumer Studien zur Philosophie) Amsterdam 1997, S. 255–284; Quero-Sánchez, Andrés, *Sein als Freiheit*.

schichtlichen Ereignisse oder Gedankensysteme wollte er – anders als das Programm Hegels – nicht in sein System integrieren. Deshalb erscheint die Philosophiegeschichte bei Fichte merkwürdig verkürzt. Sie gleicht einer Einbahnstraße, die mit Platon beginnt und mit Fichtes Wissenschaftslehre endet, wobei erstaunlich bleibt, daß Fichte hier auch nur zwei wichtige Stationen kennt: Jesus Christus und Kant. Fichte selbst hätte dies sicher nicht merkwürdig gefunden, sondern auf dem Recht des Selbstdenkers beharrt, das gerade in der Unabhängigkeit von der Geschichtlichkeit des Denkens bestehe. Wollten wir genau so verfahren, müßten wir allerdings Fichte vergessen. Uns z. B. um seine nachgelassenen Werke zu bemühen wäre für uns Selbstdenker müßig und täte nichts zur Sache.

Die zugespitzte Fragestellung bei Fichte ist – näher besehen – selbst eine Folge historischer Entwicklungen: Fichte wirft den Ballast ab, den das im 15. Jahrhundert beginnende historische Bewußtsein zwischen das systematische Problemdenken und die geschichtliche Rekonstruktion aufgestapelt hatte. Fichte befreit sich davon im Handstreich: Er wirft allen Ballast über Bord und reklamiert den unmittelbaren Vollzugscharakter des Denkens für sich.

Geschichtsbewußtsein und Historismus haben unser Verhältnis zur Geschichtlichkeit des Denkens indes radikal verändert. Mit restaurativen Methoden nähern wir uns dem vergangenen Denken, das wir als vergangenes herausheben, wenn wir es in den Horizont seiner Geschichtlichkeit einstellen, auch dann, wenn wir unseren Horizont mit dem geschichtlichen zu verschmelzen trachten. Dagegen wirkt die alles vergegenwärtigende Transzendentalphilosophie Fichtes wie ein Gewaltakt gegen die Spur des Vergangenen. So kann Fichte die Platonische Ideenlehre nur im Licht ihrer Wahrheit, d. h. der Wahrheit der Wissenschaftslehre betrachten. Platon wird ihm gegenwärtig. Platon wird zum Streiter für die Wissenschaftslehre, zum Gesprächspartner über Jahrtausende hinweg.

Hier entspringt das Problem, das sich in der Überlegung äußert, was wir verlieren, wenn wir vergangenes Denken bloß restaurieren, ohne es selbst zu denken und im gegenwärtigen Denken vor die Frage unserer Wahrheit zu stellen; – und das umgekehrte Problem: wie wir das Andersartige, Fremde und Unverstandene des Geschichtlichen vor dem identifizierenden Zugriff einseitiger oder verkürzender Interpretationsmaximen schützen können. Beide Probleme dürften detailliertere Antworten erzwingen als die magere Hermeneutik, die Fichte seiner schlichten Platon-Adaption zugrunde legte.

Fichte als Interpret Platons – das zeigt auch etwas Paradigmatisches. Die Radikalität, in der er die Philosophiegeschichte auf ihre Systematik verengt und damit zugleich eine fundamentale Abwehr des Historismus betreibt, bevor dieser seine Kraft entfalten konnte, zeigt eine Möglichkeit prinzipieller Kritik auf. Diese beruht auf einer transzendentalen Reflexion auf die Möglichkeitsbedingungen, die auch einer radikal historischen Position zugrunde liegen müssen. Andererseits weist Fichte damit auf das Dilemma hin, das sich einstellt, wenn man prinzipiell die Auffassung vertritt, daß alles Vernunft- und Wahrheitsstreben des Menschen geschichtlich und kulturell verankert und an eine – an seine – Zeit gebunden ist. Mit Fichte zeigt sich ein Denker, dem das Historische völlig im Systematischen aufgeht. Es handelt sich um einen Distanzverlust, der, zwar methodisch reflektiert, dennoch eine völlige Dekontextuierung des Historischen zur Folge hat. Vorausgesetzt ist dafür ein projektives Verfahren. Fichte erkennt, so etwa im Johannes-Prolog, seine Wissenschaftslehre wieder.[57] Er reißt den Prolog aus seinem Zusammenhang. Es ist für ihn einzig das Johannes-Evangelium, mit dem der Philosoph, das ist der Wissenschaftslehrer, etwas anfangen kann.[58] Schließlich implementiert Fichte die Sprache des Evangeliums, vermittelt durch die Übersetzung Luthers, in sein eigenes philosophisches Sprechen. Dabei liegt für ihn der Fokus aller seiner Bemühungen einzig auf der Wissenschaftslehre, ein Projekt, dem das Selbstdenken unverzichtbare Voraussetzung ist.

---

57 Vgl. Fichte, *Die Anweisung zum seeligen Leben*, 6. Vorlesung, GA I, 9.
58 Vgl. dazu: Asmuth, Christoph, *Das Begreifen des Unbegreiflichen*, S. 123–152.

3. Platon als transzendentalphilosophischer Kosmologe: Schelling

Platon war für die junge Philosophengeneration, die im Tübinger Stift erzogen wurde, ein Leitstern ihrer Bildung.[1] Sie lasen früh Platon im Original und bemerkten die Kraft, die von seinen Schriften auch für eine eigene Philosophie auszugehen schien. Für Schelling sollte Platon Zeit seines Lebens ein wichtiger Gesprächspartner sein. Und das betraf nicht allein die dogmatische Seite der Platonischen Philosophie.[2] Mit Emphase beschwört Schelling auch die ästhetische Seite: ».. . Ich wünsche mir *Platons* Sprache oder die seines Geistesverwandten, *Jacobis*, um das absolute, unwandelbare Seyn von jeder bedingten, wandelbaren Existenz unterscheiden zu können«, schrieb er einer seiner ersten Veröffentlichung, der Schrift *Vom Ich als Princip der Philosophie* 1795.

Im folgenden soll Schellings Auseinandersetzung mit Platon am Beispiel des *Timaios* nachgezeichnet werden. Es wird sich zeigen, wie die Gedanken, die Schelling in der Analyse, Interpretation und Kommentierung des Platonischen Textes gewinnt, zunächst in seine eigene Philosophie einwandert, um dann – in einer weiteren Reflexion – aus der eigenen Philosophie ausgeschieden zu werden.

3.1 Der Tübinger »Timaeus«-Kommentar

Unzweifelhaft bildet der »Timaeus«-Kommentar *den* zentralen Text für die Erforschung der Platon-Rezeption beim frühen Schelling. Lange Zeit führte

---

1 Vgl. Betzendörfer, Walter, *Hölderlins Studienjahre im Tübinger Stift.* Heilbronn 1922; Fuhrmans, Horst, »Schelling im Tübinger Stift. Herbst 1790-Herbst 1795«, in: *Materialien zu Schellings philosophischen Anfängen.* (Hg.) Frank, Manfred – Kurz, Gerhard. Frankfurt a. M. 1975, S. 53–87.

2 Für die ersten Jahre seines Philosophierens zeigt dies: Denker, Alfred, »Freiheit ist das höchste Gut des Menschen. Schellings erste Auseinandersetzung mit der Jenaer Wissenschaftslehre Fichtes«, in: *Sein – Reflexion – Freiheit. Aspekte der Philosophie Johann Gottlieb Fichtes.* (Hg.) Asmuth, Christoph, Amsterdam/Philadelphia 1997, S. 35–68; Franz, Michael, *Schellings Tübinger Platon-Studien*; Viganó, Federica, »Schelling liest Platons ›Timaeus‹. Die Erneuerung zwischen Platon und Kant«, in: *Das antike Denken in der Philosophie Schellings.* (Hg.) Adolphi, Rainer – Jantzen, Jörg. (Schellingiana; 11) Stuttgart-Bad Cannstatt 2004, 227–235.

diese Handschrift ein verborgenes, geheimnisvolles Dasein. Mutmaßungen und erste Einschätzungen kursierten indes schon länger.[3] Ebenfalls verfügte die Schelling-Forschung schon geraume Zeit über ein knappes Referat des »Timaeus«-Kommentars.[4] Aber erst seit 1994 liegt der Text in einer vollständigen und kritischen Edition vor.[5]

Bei dem Kommentar zu Platons Timaios handelt es sich um eine fortlaufende, wenn auch nicht vollständige Auslegung der Passage Tim. 28a bis 53c. Hinzu tritt interessanterweise eine Kommentierung zum Philebos 23c bis 30e. Schellings Perspektive ist – um es zunächst neutral zu formulieren – Kantisch geprägt.[6] Darin offenbart sich deutlich eine gewisse Dominanz erkenntnistheoretischer Überlegungen gegenüber einer naturphilosophisch-kosmologischen Perspektive. Schelling interessiert sich für den Idealismus der Platonischen Ideenlehre. Seine Lektüre scheint durch die Fragestellung motiviert, wie sich das Verhältnis von Verstand und Anschauung, von Form und Materie rational erklären läßt, weniger jedoch durch Überlegungen zu einer Weltentstehungstheorie oder gar einer christlichen Schöpfungstheorie.[7]

Diese Perspektive ist aber schon bei Platon angelegt. Von vornherein sind seine Überlegungen zur Weltentstehung durchdrungen von erkenntnistheoretischen Implikaten: Das immer Seiende und niemals Werdende sei zu erfassen durch νόησις μετά λόγου, durch Denken mit logos, durch sprachlich verfaßtes Denken. Das immer Werdende und niemals Seiende dagegen werde erfaßt durch Wahrnehmung (αἴσθησις) verbunden mit begründeter Meinung (δόξα). Dabei vertritt Platon hier die Auffassung, das Immer-Seiende sei stets sich selbst gleich, daher unwandelbar und unveränderlich,[8] und der

---

3 Erste Vermutungen über die Bedeutung dieses Kommentars finden sich bereits bei: Tilliette, Xavier, *Schelling. Une philosophie en devenir*, Bd. 2, Paris 1970, S. 517; Loer, Barbara, *Das Absolute und die Wirklichkeit in Schellings Philosophie*, Berlin 1974, S. 126f., Anm. 31; Holz, Harald, *Die Idee der Philosophie bei Schelling: Metaphysische Motive in seiner Frühphilosophie*. Freiburg/München 1977. – Eine erste Erwähnung des Manuskripts aus dem Schelling-Teilnachlaß im Akademie-Archiv der Akademie der Wissenschaften der DDR findet sich im Band I, 2 der Historisch-Kritischen Schelling-Ausgabe, S. 24, Anm. 34.

4 Henrich, Dieter, »Der Weg des spekulativen Idealismus. Ein Resumé und eine Aufgabe«, in: *Jakob Zwillings Nachlaß. Eine Rekonstruktion.* (Hg.) Henrich, Dieter – Jamme, Christoph. (Hegel-Studien. Beiheft 28) Bonn 1986, S. 77–96; hier: S. 85–88. Es sei »Schellings Absicht zu zeigen, daß Platon im Gewand einer Rede von Welturspung und von ewigen Ideen die Kantische Konzeption von Begriffen entfaltet, unter die alles Dasein in der Welt zu subsumieren ist und die ihren Ort und Ursprung in der Einheit des Verstandes oder des Vorstellungsvermögens haben.« (86f.)

5 Schelling, F. W. J., »*Timaeus.*« (1794). (Hg.) Buchner, Hartmut. Mit einem Beitrag von Hermann Krings: »Genesis und Materie – Zur Bedeutung der ›Timaeus‹-Handschrift für Schellings Naturphilosophie«. (Schellingiana; 4). Stuttgart-Bad Cannstatt 1994.

6 Vgl. Bubner, Rüdiger, *Entdeckung und Aneignung Platons*, S. 21–25.

7 Vgl. Gloyna, Tanja, *Kosmos und System*, S. 177f.

8 Nichts spricht in dieser frühen Zeit für eine Kenntnis des *Sophistes*, dem Schelling eine

Bereich des im eminenten Sinne Seienden sei durchgängig charakterisiert durch dieses Sich-selbst-gleich-Sein. Dabei stehen die auffassenden Instanzen, sei es das Denken, die Meinung oder die Wahrnehmung, in einer eindeutigen Beziehung zu ihrem jeweiligen Gegenstandsbereich: Das sprachlich bestimmte Denken richtet sich auf das auf immer gleiche Weise mit sich selbst identische Seiende, während die stets auf Wahrnehmung bezogene Meinung dem Wandelbaren, dem Bereich des Veränderlichen, des Entstehens und Vergehens, und nur diesem zugeordnet ist.

Schelling nimmt diese Unterscheidung auf. Ihm scheint die Trennung der Funktionsweisen erkenntnistheoretischer Instanzen von Kant her vertraut zu sein, denn er korreliert das Denken dem Verstand bzw. der Vernunft, die Meinung jedoch der Anschauung. Der Verstand bezieht sich, wie das sprachliche Denken Platons, auf das im eminenten Sinne Seiende, auf die Ideen des reinen Verstandes oder der reinen Vernunft, die Anschauung jedoch auf das Empirische. Ideen sind für Schelling »*alle* reine Begriffe des *VorstellungsVermögens*«. Die Ideen ›widersprechen‹ der Anschauung, sind ihr entgegengesetzt, da sie insgesamt nicht in die Sphäre der Anschauung gehören. Ferner gilt, daß die Ideen nicht unter die Gegenstände der Anschauung gehören: Ideen werden nicht angeschaut, sondern gedacht.[9]

Neben diese Trennung der beiden erkenntnistheoretischen Sphären mit ihren jeweils speziell zugehörigen Gegenstandsbereichen tritt die Frage nach den Ursachen, denn es soll erklärt werden, wie das wurde, was die Werdewelt ausmacht, wie ihre Strukturen zustande gekommen sind. Alles, was entsteht, muß notwendig aus einer Ursache entstehen; oder: es ist unmöglich, daß etwas ohne Ursache entsteht. Für Schelling ist damit die Frage nach der Weltentstehung verknüpft. Sie bildet die argumentative Verlängerung des Kausalgesetzes. Abhängig davon, worauf der Welterzeuger im Schaffensprozeß *hinblickt*, wird das, was er schafft. Schaut er auf Form, Gestalt und Wirkkraft des stets sich selbst Gleichbleibenden, so entsteht

---

Korrektur der statischen Ideenlehre des mittleren Platon hätte entnehmen können. Aber auch der späte Schelling zieht den *Sophistes* nicht etwa wegen der Bedeutung des Bewegungs-Begriffs heran, sondern wegen seiner Profilierung des Begriffs des Nicht-Seins. Vgl. Schelling, *Die Weltalter. Erstes Buch*, SW VIII, 222: »(...) das herrliche Gespräch von dem Nichtseyenden (...).«

9 Im Verstand Gottes hingegen werden die Ideen intellektuell geschaut, wie sich aus einer späteren Passage entnehmen läßt. Vgl. »Timaeus«, S. 39. – Dazu: Gloyna, Tanja, *Kosmos und System*, S. 183–185; Baum, Manfred, »Die Anfänge der Schellingschen Naturphilosophie«, in: *Schelling. Zwischen Fichte und Hegel. Between Fichte and Hegel*. (Hg.) Asmuth, Christoph – Denker, Alfred – Vater, Michael. (Bochumer Studien zur Philosophie; 32) Amsterdam/Philadelphia 2000, S. 95–112; neuerdings: Summerell, Orrin F., »›(...) wie die *Vernunft* die Idee der Welt *subjektiv* erzeugt.‹ Zur Theorie des Vorstellungsvermögens in Schellings Timaeus-Kommentar«, in: *Imagination – Fiktion – Kreation. Das kulturschaffende Vermögen der Phantasie*. (Hg.) Dewender, Thomas – Welt, Thomas. Leipzig 2003, S. 291–315.

Schönes; schaut er aber auf Form, Gestalt und Wirkkraft des Gewordenen und benutzt dieses als Vorbild für seine Schöpfung, so entsteht nichts Schönes. καλόν übersetzt Schelling – nicht wie etwa vor ihm Tennemann[10] oder später Schleiermacher – mit *schön*, sondern mit *vollkommen*.[11] Darin liegt eine unübersehbare Schwierigkeit: Tatsächlich benutzt ja Platons Weltenbildner das Ungewordene als Vorbild; die daraus entstandene Welt müßte deshalb *vollkommen* sein. Das *ist* aber nicht der Fall und dürfte auch für Platon gelten: Die Welt ist unvollkommen. Platon scheint indes eher darauf abzuheben, daß die entstandene Welt *zweckmäßig* eingerichtet ist. Sie ist *tauglich*, um darin zu leben, vieles in ihr *paßt* zusammen. Die Natur ist so eingerichtet, daß der Mensch in ihr angemessen und gut zu leben vermag. Der Leib des Menschen ist so gebaut, daß er sich in seiner Welt bewegen und behaupten kann. Die Gestirne sind so konstruiert, daß sie dem Menschen die Zeit verraten. Schellings Deutung versucht den ästhetisch angereicherten Begriff der Schönheit in einen kosmologisch-erkenntnistheoretischen Rahmen zurückzuholen. Der Begriff der Vollkommenheit führt Schellings Interpretation jedoch in eine inakzeptable Konsequenz. »Hier wird also gleichsam schon vorausgesetzt, daß der Demiurg ein Ideal vor Augen gehabt habe, nach dem er die Welt hervorbrachte. War diß Ideal ein ewiges, unerzeugtes, d. h. war es reines, von aller Sinnlichkeit unabhängiges Ideal, so mußte das Werk, das er ihm nachbildete, *vollkommen* werden, denn alle Vollkommenheit ist Übereinstimmung mit Idealen. War hingegen die Welt einem sinn*lichen* Bild nachgeahmt, so mußte es etwas durchaus unvollkommnes, u. unregelmäßiges werden: denn der Charakter des sinnlichen ist *Regellosigkeit*.«[12]

Schelling scheint hier eine Stelle aus Kants *Kritik der reinen Vernunft* vor Augen zu haben. Im 2. Buch der »Transzendentalen Dialektik« spricht Kant vom Ideal im allgemeinen, »worunter ich die Idee nicht bloß in concreto, sondern in individuo, d. i. als ein einzelnes, durch die Idee allein bestimmbares oder gar bestimmtes Ding, verstehe.«[13] Tatsächlich findet sich auch hier der Hinweis Kants, daß er das, was Platon durch den Begriff der Idee faßte, nun mit dem Namen Ideal belege. Wesentlich jedoch ist für Kant, daß das Ideal vollständig bestimmt, d. h. mit der Vorstellung eines Individuums verknüpft ist. Wichtig ist es deshalb für Kant zu erklären, was das Ideal von

---

10 Tennemann, Wilhelm Gottlieb, »Ueber den göttlichen Verstand aus der Platonischen Philosophie. (νους λογος)«, in: *Memorabilien*, S. 46.

11 Schelling, »Timaeus«, S. 24. Vgl. auch a. a. O., S. 28: »καλόν drükt nicht nur Schönheit, sondern über*haupt* Vollkommenheit, vollkommene Regelmäßigkeit aus. Diß sieht man deutlich aus dem folgenden, da er das καλόν einzig u. allein in die Theilnahme an der *Form* des Verstandes sezt.«

12 Schelling, »Timaeus«, S. 24.

13 Kant, KrV B 596, Akad.-Ausg. III, 383

einem Begriff oder einer Idee unterscheidet. Sein Beispiel für eine Idee ist die Menschheit, im Unterschied zum Ideal, z. B. einem vollkommenen Menschen: das Ideal des Weisen. So entsteht der *Begriff* der Menschheit durch die Bezeichnung aller Eigenschaften, die von Natur aus zum Menschen gehören. Die Erweiterung dieser Eigenschaften bis zum Maximum der vollständigen Übereinstimmung mit allen Zwecken der Menschheit gibt die *Idee* der Menschheit. Darüber hinaus kann diese Idee auch den Grad vollständiger Bestimmung erreichen. Vollständige Bestimmung bedeutet, so Kant, daß von allen möglichen kontradiktorisch entgegengesetzten Prädikaten jeweils eines der Idee zugesprochen wird. Dann wird die Idee individuell sein, z. B. in der Vorstellung eines vollständig der Idee angemessenen Individuums, wie es der Weise repräsentiert: das *Ideal*.

Wenn Schelling betont, daß Vollkommenheit in der Übereinstimmung mit Idealen bestehe, so dürfte er damit auf diese Überlegung Kants anspielen. Schon die Übersetzung Kants, die Idee bei Platon sei in seiner philosophischen Diktion nichts anderes als ein Ideal,[14] dies aufgrund seiner vollständigen Bestimmtheit, spiegelt sich bei Schelling wider. Aber auch der Gedanke der *Übereinstimmung*, bei Kant *Kongruenz*, spielt für Schelling eine große Rolle. Tatsächlich bezeichnet Kant die Idee als Regel – auch dies ist für die Timaios-Interpretation Schellings nicht ohne Belang –, das Ideal jedoch als »Urbild der durchgängigen Bestimmung des Nachbildes«. Zwar schneidet Kant diese Anklänge an die Platonische Ideenlehre später auf ein protestantisch-pietistisches Maß zurück, indem er über das Ideal sagt: »[. . .] wir haben kein anderes Richtmaß unserer Handlungen, als das Verhalten dieses göttlichen Menschen in uns, womit wir uns vergleichen, beurteilen, und dadurch uns bessern, obgleich es niemals erreichen können«[15]; aber seine Einordnung in das Schema von Urbild und Abbild sowie seine Überlegung, daß eine Idee in der bis zur Vollkommenheit ausgedehnten Übereinstimmung mit dem Urbild bestehe, macht Schellings Interpretation – durch die Brille Kants – erst möglich. Welche Bedeutung diese Überlegungen für Schelling haben, wird sich zeigen müssen, wenn von Schellings *Philosophie und Religion* die Rede sein wird und seinem Versuch, die Ideenlehre erneut fruchtbar zu machen für seine Philosophie.

Für Schelling ergibt der Beginn jener Rede des Timaios eine Folge von Sätzen, Sätze eines Systems, die logisch – durch Subsumtion – miteinander

---

14 Kant, KrV B 596, Akad.-Ausg. III, 383: »Was uns ein Ideal ist, war Plato eine Idee des göttlichen Verstandes, (. . .).«

15 Kant, KrV B 597, Akad.-Ausg. III, 384. Kant fährt fort: »Diese Ideale, ob man ihnen gleich nicht objektive Realität (Existenz) zugestehen möchte, sind doch um deswillen nicht für Hirngespinste anzusehen, sondern geben ein unentbehrliches Richtmaß der Vernunft ab, die des Begriffs von dem, was in seiner Art ganz vollständig ist, bedarf, um darnach den Grad und die Mängel des Unvollständigen zu schätzen und abzumessen.« (Kant, B 597f., Akad.-Ausg. III, 384)

verbunden sind. Der *Hauptsatz*, so interpretiert Schelling, sagt die Trennung der zwei prinzipiellen erkenntnistheoretischen Ebenen aus sowie ihre Entgegensetzung und ordnet ihnen einen Gegenstandsbereich zu. Der *andre Satz* fügt das Kausalgesetz hinzu, jene Regel, nach der alles, was geschieht, eine Ursache haben muß. Aus der Beziehung beider Sätze schließlich folgt die Relation zwischen Ideal und Abbild. Ist das Ideal etwas Übersinnliches, wird das Abbild vollkommen sein; ist das Ideal sichtbar, d. h. vergänglich, so wird das Abbild unvollkommen sein.

Schelling nimmt die rhetorischen Fragen des Timaios auf und nutzt sie zur Strukturierung seiner Interpretation. Zunächst (Tim. 27c): »Ist die Welt ewig oder hat sie einen Anfang? *Antwort*, ›γεγονεν. (. . .)‹«[16] Schelling verfehlt allerdings den Sinn der genannten Stelle. Timaios stellt sich nicht die Aufgabe, zu untersuchen ob die Welt *entweder* geworden *oder* aber ungeworden ist, ob sie einen Anfang hat oder aber ewig ist, sondern *wie* das All geworden oder ungeworden ist. Im Zentrum der Frage steht bei Platon zunächst nicht die sinnlich sichtbare Welt – diese ist in der Tat geworden –, sondern das Ganze, das All, Alles. Dieses ist, je nach seinen Bestandteilen, teils geworden, teils ungeworden. Dementsprechend verfährt auch Timaios: Er unterscheidet das immer Seiende, niemals Werdende, allein durch das Denken zu Erfassende von dem immer Werdenden, das bloß wahrgenommen werden kann. Schelling siedelt Platons Aufgabenstellung in einem durch die – allgemein gesprochen – christliche Schöpfungsmetaphysik bereits präfigurierten Raum an. Natürlich ist ihm die Erste Antinomie der Transzendentalen Dialektik aus Kants *Kritik der reinen Vernunft* vertraut, die sich auf den Weltanfang und -umfang bezieht und den Widerstreit zwischen Anfang und Anfangslosigkeit der Welt transzendentalphilosophisch erklärt. So kann er Platons Formulierung unmittelbar in diese Fragestellung integrieren.

Ein zentrales Problemfeld in Schellings Timaois-Interpretation bilden Funktion und Bedeutung der Materie. Und das bleibt so – wie sich zeigen wird – bis in die Zeit der *Freiheitsschrift* hinein. Schelling betont hier eigens, daß Platon die ursprüngliche Materie – die Materie vor dem Schöpfungsakt des Demiurgen – als unsichtbar und ungeworden bezeichnet habe. Die Welt selbst jedoch als sinnlich wahrnehmbare sei entstanden. Schöpfung ist das Ordnen des ursprünglich Ungeordneten. Weil aber, so folgert Schelling, die Ordnung, oder wie er sich ausdrückt: die Regelmäßigkeit, nicht von Beginn an in der Materie implementiert sei oder aus der Materie selbst hervorgebracht werde, so müsse sie von außen an sie herangetragen werden. Der Demiurg »mußte diese Form der Welt als in etwas ganz anderem von aller Materie *seine*m Wesen nach verschiednen vorhanden annehmen; er sezte sie

---

16 Schelling, »Timaeus«, S. 24.

demnach in den Verstand, er beschrieb sie als etwas nur dem Verstande faß-
bares (λογῳκαι φρονησει περιληπτον) u. weil er die Ursache dieser Verbindung der Form (περας) mit der Materie (απειρον) weder in jener noch
in dieser allein, noch in beiden zugleich finden konnte [denn er sah sie als
2. einander beständig entgegenstrebende Dinge (Regelmäßigkeit u. Regellosigkeit) an] so war (siehe Philebus) ein 3tes nothwendig, das beide mit
einander vereinigte, oder ›der Welt eine Form gab, die ein Nachbild der
ursprünglichen, reinen Verstandesform war.‹«[17]
Dieses Zitat belegt dreierlei:
1. Schelling identifiziert die Ordnung bzw. die Regelmäßigkeit mit der Form,
   das Ungeordnete und Unregelmäßige mit der Materie. Dann stellt er diese
   Unterscheidung in das Schnittfeld von Intelligibilität und Sinnlichkeit, wobei die Form dem Verstand, die Materie der Sinnlichkeit zugeordnet wird.
2. Die Form wird mit περας, die Materie mit απειρον identifiziert.[18] Schelling nimmt diesen Begriff eindeutig aus dem Philebos, wahrscheinlich
   spielt er auf die Stelle Philebos 23cd an. Diese Transformation der Begriffe
   ist nicht Schellings originärer Einfall gewesen; er kannte sie aus Plessings
   Versuche zur Aufklärung der Geheimnisse des ältesten Alterthums.[19] Trag-
   fähig ist diese Transformation in bezug auf Platon sicher nicht. Die Wiedergabe von περας mit Grenze und απειρον mit Unbegrenztheit gibt im
   deutschen allerdings auch nur einen annähernden Wortsinn. An der angegebenen Stelle im Philebos geht es zunächst um die kontinuierliche, nicht-
   graduelle Steigerung und Verminderung von Quantitäten. Kaltsein und
   Warmsein verändern sich, sie lassen sich vermehren und vermindern, ohne
   daß es ein Maß gibt, welches sie beschränkte. Von einer rein intelligiblen
   Form ist bei Platon nicht die Rede.
3. Die Entgegengesetzten sind nicht statisch aufeinander bezogen, sie streben
   vielmehr auseinander. Das Modell ihrer Vermittlung läßt sich beschreiben
   durch die Negation des Sowohl-als-Auch und durch das Weder-in-dem-Ei-
   nen-noch-in-dem-Anderen. Sie müssen aber vereinigt werden: Dies geschieht durch ein Drittes, das die Bedingung erfüllt, weder eins von beiden
   noch etwa eine bloße Mischung aus beidem zu sein.

---

17 Schelling, »Timaeus«, S. 27.
18 Später wird Schelling das Begriffspaar απειρον und περας mit Raum und Zeit in Verbindung bringen: »Daher also sind Zeit und Raum nothwendige Bedingungen aller Anschauung. Ohne Zeit ist das Objekt formlos, ohne Raum ausdehnungslos. Dieser ist ursprünglich
absolut-unbestimmt (Platons απειρον); jene ist das, was allem erst Bestimmung und Umriß
gibt (περας bei Plato). Raum ohne Zeit ist Sphäre ohne Grenze; Zeit ohne Raum Grenze ohne
Sphäre.« (*Abhandlungen über den Idealismus der Wissenschaftslehre* (1796/97), SW I, 356.
19 Plessing, Friedrich Victor Leberecht, *Versuche zur Aufklärung des ältesten Alterthums.*
2 Bde. Leipzig 1788/1790. Vgl. dazu: Gloyna, Tanja, *Kosmos und System*, S. 94–97.

Gerade der letzte Punkt hat einige Bedeutung für Schellings Denken der Einheit. Er denkt Einheit – hier mit Platon und durch eine Transformation Platonischer Gedanken – nicht nach dem Modell der Verschmelzung. Die Entgegengesetzten, die doch Eins sein müssen, werden nicht nebeneinander gestellt und dann ihre Einheit behauptet. Im Hintergrund dieser Überlegungen Schellings dürfte hier eine Konzeption organischer Einheit liegen. Er denkt die Einheit aber auch nicht nach einem hierarchischen Modell, für das Platon so oft hat stehen müssen. Dieses Modell besagte, daß nur das Intelligible, hier: die Form, wirklich sei, nicht aber die Materie. Strenggenommen setzt Schellings Platon-Interpretation mit dieser Vorstellung asymmetrisch entgegengesetzter und hierarchisch strukturierter Entitäten ein, verbleibt aber nicht bei ihr, sondern fordert – in dem Bild der Weltschöpfung – eine übergeordnete Einheit als ein Drittes über den Entgegengesetzten. Mit Platon ist das allerdings nicht einzulösen. Im Philebos suchen Sokrates und Protarchos nicht nur πέρας und ἄπειρον, sondern gerade auch das Zusammengemischte aus beiden. Als viertes tritt noch die αἰτία, die Ursache der Vermischung, hinzu. Sokrates erwähnt zwar noch ein Fünftes, das aber nicht weiter erläutert wird. Es ist nicht einmal klar, welche Funktion dieses Fünfte genau haben sollte, außer einem kurzen Hinweis Platons, es könne möglicherweise Trennung, διάκρισις, bewirken, was indes in der Interpretationsgeschichte stets zu Spekulationen Anlaß gegeben hat.[20]

Eine weitere rhetorische Frage leitet Schelling aus der Rede des Timaios (29de) ab: »*Was bewog den Urheber der Welt dazu, diese hervorzubringen?*« Bekanntlich lautet die Antwort des Timaios, die Gottheit, die gut war und frei von Neid und Mißgunst, habe gewollt, daß ihr alles so ähnlich wie möglich, das heißt so gut wie möglich werde. Daher habe sie alles das genommen, was sichtbar war und ohne Ruhe und sich chaotisch bewegte. Dann habe sie aus der Unordnung Ordnung gemacht. »Die reinste, herrlichste Idee von Gottes Absicht bei der Weltschöpfung. – Die präexistirende Urmaterie der Welt wird hier vorausgesetzt. Sie wird als etwas unruhiges, ohne Ordnung u. Regelmäßigkeit bewegtes dargestellt, weil sie damals noch nicht der *Form* des Verstandes teilhaftig geworden war.«[21] In Schellings Interpretation bekommt der Begriff der Regelmäßigkeit eine gewisse Dominanz. Er verschmilzt mit den Begriffen der Schönheit und Vollkommenheit. Vollkommene Regelmäßigkeit kann jetzt auch das καλόν erläutern.[22]

---

20 Platon, Phlb. 23c-e. Vgl.: Frede, Dorothea, *Philebos. Übersetzung und Kommentar*. Göttingen 1997.

21 Schelling, »Timaeus«, S. 27. – Noch in den Weltaltern beschäftigt Schelling dieser Gedanke Platons: »Wär' auch nicht neidlos, wie Platon sagt, die Gottheit, sie könnte die Kräfte dieses Lebens schon darum nicht aufheben, weil sie damit ihre eigne Lebendigkeit, den Grund ihres seyend-Seyns aufheben müßte.« (Schelling, *Die Weltalter*, SW VIII, 266)

22 Ein entscheidender Text, der diese Begriffskonstellation erklären könnte, findet sich in

Die sichtbare Welt ist καλόν. Daher könne, so referiert Schelling Platon, der Demiurg keine sichtbare Welt beim Schöpfungsakt zum Vorbild genommen haben. Vielmehr müsse die vollkommene, schöne und regelmäßige Welt an der *Form des Verstandes* teilhaben. Dies gelinge jedoch nur vermittelst der Seele, denn ohne Seele sei kein Verstand denkbar. Schelling verweist hier zunächst auf Plessing, der in seinen *Versuchen zur Aufklärung der Philosophie des ältesten Alterthums* (Bd. 1, Leipzig 1788) eine ganze Stellensammlung zu dieser Thematik vorgelegt hatte. Tatsächlich mußte der Begriff der Seele ein gewisses Problem ausmachen, denn die antiken Seelenvorstellungen ließen sich nicht unmittelbar mit einem christlich-protestantischen Seelenbegriff vereinigen. Bei Aristoteles konnten die zeitgenössischen Ausleger und Interpreten lernen, daß es verschiedene Seelenfunktionen gibt, die teils selbständige Entitäten ausmachten. In der klassischen Antike hatten z. B. sowohl Pflanzen eine Nährseele als auch der ganze Kosmos eine Weltseele. Das christliche Verständnis von einer Individualseele, die den Kern der Person bildete, ließ sich mit diesen physikalisch-kosmologischen Theorien nicht in Einklang bringen, so daß eine differenziertere Sichtweise notwendig wurde. Außerdem wurde die Frage virulent, ob diese Seele eine gesonderte göttliche Existenz besitze und dadurch als eine Vorstufe der christlichen Trinität gelten dürfe. Ferner interessierten sich die historisch gebildeten Leser Kants dafür, schon bei den antiken Autoren – gleichsam als Bestätigung – Theorien zu finden, welche die konstituierende Funktion mentaler Instanzen behaupteten. Letzteres scheint vor allem für Schelling zuzutreffen und den Hintergrund seiner Überlegungen zu bilden.

Die regellose Materie, so interpretiert Schelling, sei für Platon der Gottheit absolut entgegengesetzt. Trotzdem müsse im Schöpfungsakt das Unregelmäßige in Regelmäßigkeit verwandelt werden. Gott habe bei Platon deshalb der Welt nur die Form gegeben und nicht etwa auch den Stoff. »Insofern sich nun die *Form*, die Gott der Welt mitteilte, nur auf die Form der Bewegung der Welt bezog, so mußte die Welt auch *ursprünglich*, unabhängig von Gott ein eigenthümliches Princip der Bewegung haben, das als Princip, das der Materie angehört, aller Regel- und Gesezmäßigkeit wiedersprach u. erst

---

Kants *Kritik der Urteilskraft*: »Die Regelmäßigkeit, die zum Begriffe von einem Gegenstande führt, ist zwar die unentbehrliche Bedingung (conditio sine qua non), den Gegenstand in eine einzige Vorstellung zu fassen und das Mannigfaltige in der Form desselben zu bestimmen. Diese Bestimmung ist ein Zweck in Ansehung der Erkenntnis; und in Beziehung auf diese ist sie auch jederzeit mit Wohlgefallen (welches die Bewirkung einer jeden auch problematischen Absicht begleitet) verbunden. Es ist aber alsdann bloß die Billigung der Auflösung, die einer Aufgabe Gnüge thut, und nicht eine freie und unbestimmt-zweckmäßige Unterhaltung der Gemüthskräfte mit dem, was wir schön nennen, und wobei der Verstand der Einbildungskraft und nicht diese jenem zu Diensten ist.« (Kant, KdU B 71, Akad.-Ausg. V, 242)

durch die Form (πέρας) die der göttliche Verstand ihm gab, in die Schranken der Gesezmäßigkeit gebracht wurde.«[23] Der Schöpfungsakt selbst wird in der Interpretation Schellings reduziert auf die Verwandlung der Regellosigkeit in Regelhaftigkeit. Hierin liegt die Bedeutung der Form gegenüber der Materie. Das Problem stellt sich Schelling nun folgendermaßen: Die Form der Welt kann nicht der Materie immanent oder durch die Materie hervorgebracht sein. Der Verstand für sich selbst besitzt keine »Caußalität«; er besitzt keine Wirksamkeit in der Welt. So ergibt sich die Tätigkeit des Demiurgen, der zunächst die ursprüngliche Weltseele, welche genau so ewig ist wie die Materie und jene Wirksamkeit besitzt, mit dem Verstand verbindet, dem ordnenden Faktor. Das Produkt dieser Vereinigung schließlich, die mit Verstand begabte Weltseele, vereinigt der Demiurg mit der Materie. Platon spricht in bezug auf die so erzeugte Welt von einem ζῷον ἔμψυχον ἔννουν, von einem beseelten und vernunftbegabten Lebewesen, einem *Weltlebewesen*. Schelling sieht darin eine Bestätigung seiner Interpretation. Bereits die ursprüngliche Materie besitzt eine ursprüngliche Seele, die ihre »ursprüngliche Bewegungskraft«[24] ausmacht. Der Demiurg setzt der Seele den Verstand hinzu: die chaotische Bewegung wird regelhaft.

Der Begriff des Lebewesens (ζῷον) macht für Schelling allerdings ein Problem. Da der Schöpfer bei der Hervorbringung des Weltlebewesens auf ein Vorbild schaute, muß sich diese Vorstellung der Weltentstehung mit der Platonischen Ideenlehre vereinbaren lassen. Nach Schellings Auffassung besteht die Ideenlehre Platons in der Vorstellung, daß jedem erscheinenden Gegenstand eine Idee zugrunde liegt. Das Verhältnis des Erscheinungsgegenstandes zu seiner Idee ist das der Nachahmung. Das Weltlebewesen basiert daher, so schließt Schelling, auf einem nicht physischen, nicht sichtbaren, nur dem Verstand zugänglichen κόσμος νοητός, dessen Nachbildung es ist. Der sichtbaren Welt liegt eine weitere Welt zugrunde, »die nicht *physisch* existirt, wie die sichtbare, denn sonst wäre auch sie etwas *Entstandenes*, *empirisches*, durch *Erfahrung erkennbares*, sondern eine Welt, insofern sie in der Idee existirt (...). Diese ideale Welt muß alle einzelne Bestimmungen u. Teile der sichtbaren befaßen.«[25] Der κόσμος νοητός enthält nicht nur die Idee der Welt als einem einzigen, allumfassenden Lebewesen, sondern auch alle ihre wesentlichen Bestimmungen und Teile, d. h. auch alle Lebewesen, die im Weltlebewesen enthalten sind, sowie die ihnen zukommenden gemeinsamen Bestimmungen.

Für Schelling führt dies zu einer Interpretation der Platonischen Ideenlehre, nach der zu unterscheiden ist zwischen materialen und formalen Ideen, d. h. zwischen:

---

23 Schelling, »Timaeus«, S. 28f.
24 Schelling, »Timaeus«, S. 29.
25 Schelling, »Timaeus«, S. 30.

1. den Vorbildern der Gegenstände und
2. den formalen Bestimmungen, die vielen Gegenständen zukommen können.[26]

Das wirft Probleme auf für eine Interpretation der Ideenlehre gemäß der Erkenntnistheorie Kants. Mit Kant erklärt Schelling:»Insofern nämlich die ganze Natur, so wie sie uns erscheint, nicht nur ein Produkt unsrer *empirischen Receptivität*, sondern eigentlich ein Werk unsres Vorstellungsvermögens ist, insofern es reine ursprüngliche in sich selbst gegründete Formen (der Natur) enthält, *insofern* gehört die Welt in der Vorstellung 1m. höhern Vermögen, als der bloßen Sinnlichkeit an, u. die Natur wird als Typus einer höhern Welt dargestellt, welcher die reinen Geseze dieser Welt ausdrükt.«[27] Diese Transformation der Platonischen Ideenlehre in die Kantische Terminologie macht einige Besonderheiten deutlich. Von zentraler Bedeutung ist für Schelling offensichtlich der Naturbegriff. Die für Platon selbst stets wesentliche ethische und soziale bzw. politische Bedeutung der Ideenlehre wird von Schelling auf Naturphilosophie reduziert, wobei zu fragen bleibt, welche inhaltliche Füllung dieser Begriff beim frühen Schelling haben kann. Hier liegt es nahe, daß Schelling die Erscheinungswelt als solche mit der *Natur* identifiziert. Die moralische oder soziale Welt hätte dann zunächst eine bloß untergeordnete Funktion *innerhalb* der Natur. Die Ideen bilden die Gesetze dieser Erscheinungswelt; sie sind die Formen unseres Vorstellungsvermögens und erzeugen ihre Gesetzmäßigkeit. Insofern ist es für Schelling plausibel, wenn bei Platon – aber auch in der Zeit vor Platon – davon gesprochen wird, daß die sichtbare Welt »Typus« einer übersinnlichen Welt sei.

Bei Kant hätte Schelling ein differenziertes Bild der Ideenlehre studieren können. So bemerkt Kant in der *Kritik der reinen Vernunft*: »*Plato* bediente sich des Ausdrucks *Idee* so, daß man wohl sieht, er habe darunter etwas verstanden, was nicht allein niemals von den Sinnen entlehnt wird, sondern welches sogar die Begriffe des Verstandes (...) weit übersteigt, indem in der Erfahrung niemals etwas damit Congruirendes angetroffen wird. Die Ideen sind bei ihm Urbilder der Dinge selbst und nicht bloß Schlüssel zu mögli-

---

26 Vgl. Sandkaulen-Bock, Birgit, *Ausgang vom Unbedingten. Über den Anfang in der Philosophie Schellings*. Göttingen 1990. S. 20. Sandkaulen-Bock nennt diese Unterscheidung Schellings »interessant«, was sicher zutrifft, allerdings enthält sie für eine konsistente und konsequent Kantische Interpretation prinzipielle philosophische Schwierigkeiten. Schelling müßte die materialen Ideen auf formale zurückführen oder zumindest ihren Identitätspunkt angeben können, was ihm allerdings erst nach der Kenntnisnahme der Theorie Fichtes möglich sein wird. – Daß sich Schelling hier von der Platon-Interpretation Plessings absetzt, zeigt: Gloyna, Tanja, *Kosmos und System*, S. 180f.

27 Schelling, »Timaeus«, S. 31.

chen Erfahrungen, wie die Kategorien.«[28] Kant selbst unterscheidet die Platonischen Ideen von den Kategorien seines eigenen erkenntnistheoretischen Konzepts, ja, er warnt sogar vor einem überschwenglichen Gebrauch in Hinsicht auf die Erfahrung:»Er [Platon] dehnte seinen Begriff freilich auch auf spekulative Erkenntnisse aus, wenn sie nur rein und a priori gegeben waren, sogar über die Mathematik, ob diese gleich ihren Gegenstand nirgends anders, als in der *möglichen* Erfahrung hat. Hierin kann ich ihm nun nicht folgen, so wenig als in der mystischen Deduction dieser Ideen (. . .).«[29] Allein für die praktische Philosophie erkennt Kant die zentrale Bedeutung der Platonischen Ideenlehre an: Es kann keine mögliche Erfahrung gegen eine sittliche Idee geltend gemacht werden. Das Sollen kann niemals durch ein Sein widerlegt werden.[30]

Problematisch bei Schellings Platon-Interpretation ist die konstitutive Funktion der Ideen für die Werdewelt auch in materialer Hinsicht. Während sich die formale Konstituierung der Sinnenwelt durch die Verstandesbegriffe, der Werdewelt durch die Ideen, scheinbar mühelos auf das Platonische Denken übertragen läßt, ist eine materiale Konstituierung durch den Verstand bei Kant nicht vorgesehen. Vielmehr liefert die Anschauung das ganze Material der Erkenntnis. Hier entfernt sich Schelling in seiner Interpretation Platons deutlich von Kant. Schelling nimmt Platon in Schutz. Dieser habe erkannt, daß die Erkenntnisformen, die formalen Ideen, tatsächlich dem menschlichen Verstand entspringen. Die materialen Ideen sind in einem göttlichen Verstand präexistent, so daß die Ideenlehre nicht zur »Schwärmerei«[31] ausarte. »Schwärmerei«, das wäre eine Weltanschauung, welche die Weltgehalte ebenso wie die Erkenntnisformen ansähe, als wären sie durch den menschlichen Geist erzeugt. Es gäbe in einer solchen Weltanschauung keine unverfügbaren Gegenstände. Theorie und Praxis fielen ohne Gegensatz unmittelbar zusammen. Was sein sollte, wäre dadurch schon wirklich. Vor dieser Konsequenz schützt Schelling »seinen« Platon, indem er die Ideen, welche die konkreten Dinge material bestimmen, in den göttlichen Verstand verlegt. »Schwärmerei« fließe jedoch auch ein, wenn Platon so ausgelegt würde, als habe er unter den Ideen physisch existierende Vorbilder verstanden, während sie doch, so Schelling über Platon, gerade dadurch ausgezeichnet seien, daß sie nicht sinnlich wahrnehmbar und nur dem Denken allein zugänglich sind.

Platon habe indes angenommen,

---

28 Kant, Immanuel, KrV B 370, Akad.-Ausg. 3, S. 246.
29 Kant, Immanuel, KrV B 371, Anm., Akad.-Ausg. 3, S. 246, Anm.
30 Vgl. Kant, Immanuel, KrV B 374f., Akad.-Ausg. 3, S. 248f.
31 Schelling, »Timaeus«, S. 31.

1. »daß die Welt in Rüksicht auf ihre Gesezmäßigkeit Ausdruk einer höhern Gesezmäßigkeit sei.«
2. »daß jedem lebenden Wesen der Welt eine Idee zu Grunde liege, die den Charakter der ganzen Gattung enthalte, ohne daß sie jedoch durch eine einzelne Art von Wesen ganz erreicht werde.«[32]

Hier folgt Schelling erneut der Leitlinie Kants: »Ein Gewächs, ein Thier, die regelmäßige Anordnung des Weltbaues (vermuthlich also auch die ganze Naturordnung) zeigen deutlich, daß sie nur nach Ideen möglich sind; daß zwar kein einzelnes Geschöpf unter den einzelnen Bedingungen seines Daseins mit der Idee des Vollkommensten seiner Art congruire (so wenig wie der Mensch mit der Idee der Menschheit, die er sogar selbst als Urbild seiner Handlungen in der Seele trägt), daß gleichwohl jene Ideen im höchsten Verstande einzeln, unveränderlich, durchgängig bestimmt und die ursprünglichen Ursachen der Dinge sind, und nur das Ganze ihrer Verbindung im Weltall einzig und allein jener Idee völlig adäquat sei.«[33] Allerdings verbindet Kant seinen Begriff der Idee mit einem kritischen Vorbehalt, will er doch gerade prüfen, welchen Stellenwert Ideen – für Kant ein Begriff aus reinen Begriffen[34] und letztlich subsumiert der Gattung der *Vorstellungen* überhaupt – für den Erkenntnisprozeß besitzen. Zumindest billigt er ihnen keine, wie auch immer geartete, objektive Existenz zu. Für ihn sind sie dadurch charakterisiert, daß sie alle mögliche Erfahrung übersteigen.

Schelling schließt bei seiner Interpretation der Platonischen Ideenlehre jedoch an Kants *Kritik der Urteilskraft* an.[35] Eine Idee ist für Schelling »eine *Vorstellung* von der Zusammenstimmung einzelner reiner Geseze zu einem Ganzen«.[36] Auch für Schelling sind Ideen nichts anderes als Vorstellungen, hier bei Platon: die Vorstellung der Zusammenstimmung zu einem organisierten Ganzen, nämlich dem Weltlebewesen, als Werk einer Intelligenz. In diesem Organismus verhalten sich die Teile wie Zweck und Mittel. »Wir müßen bedenken, daß wir, nach der subjektiven Einrichtung unsres Erkenntnißvermögens, uns die Entstehung eines organisirten Wesens schlechterdings nicht anders denken können, als durch Caußalität eines Begriffs, einer Idee, die alles, was in dem Wesen enthalten ist, a priori bestimmen muß, daß, so wie die einzelne Teile des organisirten Wesens sich unter einander wechselseitig u. so das Ganze hervorbringen, umgekehrt die Idee des Ganzen wiederum als vorausgehende, u. a priori die Form u. die Teile in ihrer Har-

---

32 Schelling, »Timaeus«, S. 32.
33 Kant, Immanuel, KrV B 374f., Akad.-Ausg. 3, S. 248.
34 Vgl. Kant, Immanuel, KrV B 377, Akad.-Ausg. 3, S. 250.
35 Vgl. Bubner, Rüdiger, *Entdeckung und Aneignung Platons*, S. 29–31.
36 Schelling, »Timaeus«, S. 33.

monie bestimmend gedacht werden müssen.« Der Demiurg ist nach Schellings Interpretation eine Chiffre für eine Vermittlungsinstanz: Die reinen Gehalte der höchsten Intelligenz werden vom Demiurgen zur Schöpfung verwandt, er richtet den Weltentwurf apriorisch nach Zwecken aus, bezieht Mittel und Zwecke aufeinander, setzt Teil und Ganzes in ein harmonisches Verhältnis. Dieser Demiurg schöpft nach diesen Ideen und diesen Ideen gemäß, indem er die Form des Verstandes mit der Materie vereinigt. Schließlich teilt er dem Menschen diese Form des Verstandes mit. Platon hat, nach Schelling, »alle Begriffe in Bezug auf eine oberste Intelligenz, als aus der Form eines höchsten Verstandes, in dem das Ideal der Welt läge, abstammend betrachtet«. Daher »mußte er diese allgemeine Begriffe doch als *ursprüngliche* vor aller Erfahrung vorhandne Begriffe betrachten, die er nicht erst durch die Gegenstände der sinnlichen Anschauung entstanden seien, sondern diese selbst erst möglich gemacht haben, weil nur durch Caußalität schon vorhandner Begriffe die *einzelnen* Gegenstände der Welt so entstehen konnten, daß ein empirischer Verstand sie wieder in ihnen durch Vergleichung u. Abstraktion entdeken konnte.«[37] Schelling sieht bei Platon einen erkenntnistheoretischen Bogen, der ihm erklären kann, weshalb die Welt zweckgerichtet, geordnet und organisiert ist:
1. Empirische Erkenntnis lehrt, daß die Natur regelhaft und gesetzmäßig ist.
2. Regel und Gesetz lassen sich nicht empirisch erkennen.
3. Diese Begriffe müssen a priori, vor aller Erfahrung, vorhanden gewesen sein als Ingredienzen einer absoluten Intelligenz.[38]
4. Diese Begriffe, Ideen, müssen eine hervorbringende und ordnenden Funktion für die Welt besitzen, dies nicht nur im allgemeinen, sondern auch im besonderen, d. h. für das einzelne Ding.
5. Obwohl nur durch diese Ideen die Einzeldinge möglich sind, drücken sie sich doch in keinem Einzelding empirisch aus, sondern sind rein intellektuell zu erkennen, nicht empirisch wahrnehmbar.
6. Insofern sind die Ideen nicht durch Abstraktion von den Einzeldingen entstanden, sondern umgekehrt: Die Einzeldinge sind vielmehr nach Maßgabe der Ideen entstanden. Die Ideen entstehen gar nicht, sind »nichts *Entstandnes* u. nichts *Zerstörbares*, überhaupt nichts der Zeitform unterworfenes (. . .).«[39]

---

37 Schelling, »Timaeus«, S. 35.
38 Vgl.: Schelling, »Timaeus«, S. 37: »Überhaupt muß man bei der ganzen Untersuchung über die Platonische Ideenlehre immer das vor Augen behalten, daß Platon von ihnen immer als Ideen eines göttlichen Verstandes spricht, die nur durch intellektuelle Gemeinschaft des Menschen mit dem Ursprunge aller Wesen in seinem Verstande möglich geworden wären.«
39 Schelling, »Timaeus«, S. 37.

Damit ist für Schelling klar, daß eine »empirische Naturforschung«[40] – nach Platon, dem Schelling hier allerdings zustimmt – ihrem Gegenstand, der Natur, unangemessen bleiben muß. Auf empirischem Wege kann man nicht zu den reinen Verstandesformen gelangen, deren Ausdruck gerade in den empirischen Gestalten aufgesucht wird. Der erkenntnistheoretische Bogen – weg von der unzureichenden Empirie, hin zu den Ideen als Erkenntnis- und Seinsgrund, von den Ideen zurück zur Empirie – markiert dabei einen Idealismus, der bemüht ist, die wirklichen Gestalten der Natur durch ihre nicht physisch, sondern gedanklich existierenden Formen zu erklären und zu erkennen. Daher kann Schelling behaupten: »Der Schlüßel zur Erklärung der ganzen Platonischen Philosophie ist die Bemerkung, daß *er überall das subjektive auf's objektive überträgt*. Daher entstund bei Plato *der* (aber schon lange vor ihm vorhandne) Satz, daß *die sichtbare Welt nichts als ein Nachbild der unsichtbaren sei*.«[41]

Große Bedeutung mißt Schelling der Stelle Tim. 31ab zu. Platon läßt Timaios dort die Frage aufwerfen, ob der Demiurg tatsächlich nur *eine* Welt geschaffen habe oder mehrere, nur *einen* Himmel oder mehrere. Zunächst betont Schelling explizit, daß die Welt als Lebewesen (ζῷον) nur *eine* sein

---

40 Schelling, »Timaeus«, S. 34.

41 Schelling, »Timaeus«, S. 31. Hier ist die scharfe Kritik zu erwähnen, die Michael Franz (*Schellings Tübinger Platon-Studien* [Neue Studien zur Philosophie; 11] Göttingen 1996; S. 243–248) an den Positionen von Dieter Henrich (»Der Weg des spekulativen Idealismus«, S. 86f.) und Birgit Sandkaulen-Bock (*Ausgang vom Unbedingten,* S. 19–21) übt. Es geht bei diesem Satz Schellings, der – wegen der Emphase – schon als »Schlüßel«-Satz (Franz, Michael, a. a. O., S. 244) zu bezeichnen ist, um die Frage, ob er als methodische Grundbestimmung oder *hermeneutische Reflexion* interpretiert werden könnte. Wichtig für das Verständnis ist die Bedeutung des Wortes »übertragen«. Henrich und Sandkaulen-Bock verstehen Schelling so, als habe er gemeint, Plato expliziere seine Erkenntnistheorie (das Subjektive) nun in Begriffen und Chiffren einer Erzählung von der Weltentstehung (das Objektive), eine »übertragene« Redeweise. Franz interpretiert die »Übertragung« als den Vorgang, in dem »die sichtbare Welt im Lichte der idealen Welt, bzw. im Licht der Welt der Ideen« (Franz, Michael, a. a. O., S. 248) gesehen wird. Franz ist hier grundsätzlich beizutstimmen: Offensichtlich deutet ja Schelling seinen »Schlüßel«-Satz selbst, wenn er sagt, die sichtbare Welt (das Objektive) sei nichts anderes als ein Nachbild der unsichtbaren (das Subjektive). Die prädominierende Funktion der rein gedanklichen Welt für Erkenntnis und Sein der Werdewelt deutet Schelling als Übertragung, als Transformation des einen in das andere. Offensichtlich bekämpft er mit dem Begriff der Übertragung massiv eine Position, die der Ideenwelt Platons eine extramentale, objektive (physische) Existenz zubilligen möchte. Der Unterschied der Positionen, Henrich und Sandkaulen-Bock auf der einen Seite, Franz auf der anderen Seite, scheinen nicht so gravierend, daß die Schärfe der Kritik bei Franz gerechtfertigt wäre. Im Gegenteil: Sachlich gesehen behauptet Franz nichts anderes als die von ihm Kritisierten. (Vgl. dazu auch das Resümee bei: Gloyna, Tanja, *Kosmos und System,* 76ff.) – Vgl. dazu auch die analoge Stelle: Schelling, »Timaeus«, S. 38. – Vgl. ebenso: *Einleitung zu dem Entwurf eines Systems der Naturphilosophie* SW III, 271.

könne. Deshalb habe Platon auch nur von *einem* Vorbild dieses Weltlebewesens gesprochen. In diesem *einen* Urbild seien nach Platon alle Gattungen und Arten der Naturwesen enthalten, und zwar als »allgemeine Idee *aller*«[42]. Nun schließt Schelling (mit Platon) umgekehrt: »So wie es nur Eine Idee von Welt giebt, so konnte es auch nur eine sichtbare Welt geben.«[43] Es scheint Schelling plausibel zu sein, daß die Idee notwendig *eine* ist, wobei er die Plausibilität aus der Transzendentalphilosophie schöpft: »Denn nur die *Idee* der Welt dringt sich nothwendig unter der Form der *Einheit* auf, deßwegen, weil sie sich selbst eigentlich nur durch die im Vorstellungsvermögen gegründete Form der absoluten Einheit entsteht.«[44] Der Primat von Identität und Einheit der Welt in allen ihren Gestaltungen ist ihm nicht nur geläufig, sondern scheint ihm Grundbedingung aller weiteren Untersuchungen. Wegen der »Nachahmung« jenes vollkommenen Urbildes sei auch das Abbild, die Werdewelt, *eine*. In der Fülle der Weltgehalte regiert die Vernunft; sie ist die heimliche Gesetzgeberin; sie schließt das Differente prinzipiell immer schon zur Einheit zusammen.

Platon hat nach Schelling die apriorische und konstitutive Funktion der Vernunft erkannt: »Denn die Welt ist eigentlich nur als *Vorstellung in uns* – Einheit, deßwegen weil die subjektive Form der *Vernunft* überall auf absolute Einheit geht, u. also jeder Teil der Welt, den man als eine *besondre* Welt betrachten könnte, von der Vernunft, die unhintertreiblich aufs unbedingte geht, sogleich zur Vorstellung des ganzen geschlagen wird.«[45] Diese Beschreibung der Vernunft und ihrer Funktionsweise speist sich wiederum aus der Lektüre Kants. Bezeichnenderweise findet sich die einschlägige Stelle in der *Kritik der reinen Vernunft*: Kant expliziert sein System der kosmologischen Ideen und macht dazu zwei Bemerkungen: erstens, »daß die Idee der absoluten Totalität [bei Schelling: *absolute Einheit* als Ganzheit] nichts andres als die Exposition der *Erscheinungen* betreffe, (...). Es werden hier also Erscheinungen als gegeben betrachtet, und die Vernunft fordert die absolute Vollständigkeit der Bedingungen ihrer Möglichkeit, so fern diese eine Reihe ausmachen, mithin eine schlechthin vollständige Synthesis, (...). Zweitens ist es eigentlich nur das Unbedingte, was die Vernunft in dieser reihenweisen und zwar regressiv fortgesetzten Synthesis der Bedingungen sucht (...). Dieses *Unbedingte* ist nun jederzeit *in der absoluten Totalität der Reihe* (...) enthalten. Allein diese schlechthin vollendete Synthesis ist wiederum nur eine Idee; (...).«[46]

---

42 Schelling, »Timaeus«, S. 38.
43 Schelling, »Timaeus«, S. 38.
44 Schelling, »Timaeus«, S. 38.
45 Schelling, »Timaeus«, S. 38.
46 Kant, Immanuel, KrV B 443f., Akad.-Ausg. 3, S. 287.

Schellings Timaios-Interpretation erscheint hier wie eine Abbreviatur der Erkenntnistheorie Kants. Insbesondere Platons Begründung, daß das, was alle durch die Vernunft erkennbaren Lebewesen umfasse, nicht als zweites *neben* einem anderen sein dürfe,[47] deutet Schelling als »Verfahrungsart unsrer Vernunft« – nämlich umfassende Einheit, d. h. Totalität, zu fordern und zu suchen, in der alle Teile der Welt umschlossen wären. Die Teile der Welt müssen, so Schelling über Platons Theorie, in der allgemeinen und einheitlichen Idee der Welt enthalten sein. An einer späteren Stelle verweist Platon auf die vier Arten von Lebewesen, die der Demiurg erzeugt. Dies geschieht nach Maßgabe der Formen, welche die Vernunft in dem vorbildhaften Lebewesen erkennt.[48] Für Schelling ist dies ein Beweis, daß in der allgemeinen Idee der Welt bei Platon weitere Ideen enthalten sind, die Schelling als Gattungsbegriffe auffaßt. So ist die Mannigfaltigkeit selbst in der Ideenwelt vorgeformt.

Damit tritt Schelling einer Interpretationsrichtung entgegen, die für jedes Individuum eine eigene Idee fordert. »Allein Plato behauptet niemals, daß jedes Individuum in der Welt *seine eigne* individuelle Idee habe, sondern nur jeder besondern Gattung von Gegenständen gab er eine zu Grund liegende Idee, die ebendadurch aber weil sie Idee der Gattung wurde, auch jedem einzelnen Gegenstand (Individuum) als Idee zu Grund lag.«[49] Die von Schelling kritisierte Interpretationsrichtung dürfte bereits auf Aristoteles zurückgehen, der Platon vorwarf, er habe die Ideen als Ursachen der Einzeldinge begriffen, deren es folglich so viele geben müsse wie Einzeldinge – eine, nach Aristoteles, überflüssige Verdopplung der Welt: »Diejenigen aber, welche die Ideen als Ursache setzen, haben fürs erste, indem sie die Ursache dieser sinnlichen Dinge finden wollten, andere an Zahl ihnen gleiche hinzugebracht, (. . .).«[50] Die Ideen Platons sind für Aristoteles Dinge neben den

---

47 Platon, Tim. 31a.
48 Vgl. Platon, Tim. 39e.
49 Schelling, »Timaeus«, S. 39.
50 Vgl. Aristoteles, Met. 990b. – Dazu: Baier, Karl, *Die Einwände des Aristoteles gegen die Ideenlehre Platons* (unter Berücksichtigung des Metaphysikkommentars von Thomas von Aquin). Wien 1981; Mojsisch, Burkhard, »Aristoteles' Kritik an Platons Theorie der Ideen und die Dietrich von Freiberg berücksichtigende Kritik dieser Kritik seitens Bertholds von Moosburg«, in: *Dietrich von Freiberg. Neue Perspektiven seiner Philosophie, Theologie und Naturwissenschaft*. Freiberger Symposion: 10.–13. März 1997. (Hg.) Kandler, Karl-Hermann – Mojsisch, Burkhard – Stammkötter, Franz-Bernhard. (Bochumer Studien zur Philosophie; 28) Amsterdam/Philadelphia 1999, S. 267–281, insb. S. 267–275. Mojsisch kommt zu dem Urteil: »Ideen sind keine Dinge im Aristotelischen Sinne, Dinge, denen ihr allgemeines Wesen unmittelbar immanent ist; Ideen sind vielmehr das Unveränderliche, Eingestaltige, Ewige, das Maß für alles, was so sein will wie die Idee, was ihren Vollkommenheitsgrad aber nicht erreicht; die Ideen sind das wahre Sein, durch das alles zeitliche Sein der Welt des Werdens und Vergehens überhaupt erst ist; dieses Sein liegt nicht einfach vor, es ist allein dem Wissen

»eigentlichen« Dingen, weshalb diese Theorie kritikabel sei, denn durch eine bloße Verdopplung könne nichts erklärt werden.

Schelling identifiziert die Ideen jedenfalls mit den Gattungsbegriffen und verlegt sie daher ganz in die subjektive Komponente der Erkenntnis. Damit kann er einer Aristotelisierenden Kritik ausweichen, verfehlt aber Platons Ideenlehre, nach der die Ideen gerade das wesentliche Sein ausmachen, daher nicht nur subjektiv-begrifflich, sondern auch objektiv-existent sind, wenn auch nur dem Wissen allein zugänglich – ein Tribut an die Kantische Transzendentalphilosophie.

Platons Demiurg verfertigt das Weltall, indem er die Vernunft in der Seele, die Seele aber im Körper schafft. Zunächst beschreibt Platon die Mischung, Verbindung und Teilung der verschiedenartigen Elemente Feuer, Erde, Wasser und Luft für die Entstehung des Weltkörpers, dann die Mischung, Verbindung und Teilung des Verschiedenen, des Selben und des Seins für die Entstehung der Seele. Dabei ist für Platon klar, daß die Seele das ehrwürdigere und damit auch das ältere und leitende der beiden Momente ist. Die Mischung geschieht nach den Gesetzen der antiken Proportionenlehre. Nun besteht noch die Aufgabe, Weltkörper und Weltseele miteinander zu verknüpfen. Dies geschieht bei Platon durch Verbindung der jeweiligen Mitten miteinander.[51]

Während Schelling der antiken Proportionenlehre nur mäßiges Interesse entgegenbringt – »nun beschreibt er [Platon] ferner die verschiedne Proportionen, nach denen Gott die Welt baute, eine für uns nimmer verständliche Harmonia!«[52] – wendet er seine Aufmerksamkeit besonders dem nächsten Schritt der Platonischen Kosmogonie zu: Die Weltseele hat Anteil an der Verstandesform, die Schelling als das Produkt des Verstandes identifiziert. Λογισμός heißt für Schelling nicht Denken oder Erwägung, sondern dessen Produkt: – Verstandesform. Λογισμός und ἁρμονία repräsentieren daher die der intelligiblen Welt eigentümliche Form der Einheit, eine ganz im Sinne Kants geführte Überlegung zur Erkenntnistheorie. Besonderen Wert legt Schelling auf die Parallelität von Weltseele und menschlicher Vernunft. Diese zeige sich besonders in ihrer Wirksamkeit. Bei Weltseele und menschlicher Vernunft entstehe nämlich durch Beziehung auf etwas Sinnliches bloß

---

zugänglich, ist allgemeiner Gegenstand des Wissens und insofern eben nicht singuläres Ding, sondern universaler Wissensinhalt und darin Grund für das abbildhafte Sein der Phänomene der Werdewelt. Aristoteles' Vorwurf, Ideen seien Dinge neben Dingen, überflüssige Dinge einer überflüssigen Überwelt, trifft Platon jedoch nicht.« (a. a. O., S. 271)

51 Schelling hat den Sinn der Stelle *Tim.* 35a nicht vollständig erfaßt. Zunächst geht es Platon allein um die Entstehung der Weltseele aus den sie konstituierenden Bestandteilen des Seins, des Selbigen und des Anderen.

52 Schelling, »Timaeus«, S. 41.

Meinung und Glaube, δόξα καὶ πίστις, durch Beziehung auf das Übersinnliche jedoch Verstand und Wissenschaft, νοῦς καὶ ἐπιστήμη. »Das stimmt
nun ganz mit dem überein, was er von der menschlichen Seele sagt. Diese
nämlich erhält durch die sinnlichen Gegenstände nur δοξα. Die Weltseele
also insofern sie sich auf solche bezieht, kann auch nichts anders als δοξα
hervorbringen, durch Ideen aber erhält jene Wißenschaft, u. so erzeugt auch
diese insofern sie der Ideen teilhaftig ist, *Wißenschaft*.«[53] Sowohl für die
menschliche Vernunft als auch für die Weltseele gilt, daß nur die beständigen, unveränderlichen Gehalte der Ideen sicheres und unwandelbares Wissen hervorbringen, während sinnlich-physische Objekte nur zur wandelbaren Meinung und zum veränderlichen Für-wahr-Halten beitragen.

Bei Platon folgt nun die berühmte Passage, in der er seine Zeittheorie
entwickelt. Der Demiurg schaut sein Erzeugnis an: Die Welt ist bewegt und
lebendig, ein Schmuckstück, an dem sich die ewigen Götter freuen. Nur
scheint der Welt die Vergänglichkeit anzuhaften. Daher versucht der Demiurg, der selbst unvergänglich ist, auch seine Hervorbringung sich anzuäh-
neln, d. h. unvergänglich zu machen. Das Urbild, das dem Demiurgen zur
Vorlage dient, ist ewig.

Für Schelling entzündet sich hier die Frage nach der Bedeutung von *Existenz*. Zunächst unterscheidet er bei Platon zwei Formen von Existenz, reine
und physische. Die erste bezieht sich auf die unveränderlichen intelligiblen
Gegenstände, die zweite auf sinnliche oder physische Gegenstände. Das
liegt ganz im Fahrwasser des Interpretationsansatzes von Schelling, der darauf hinausläuft, bei Platon eine strikte Trennung von intelligibler und sinnlicher Welt zu konstatieren. Physische Existenz könne Platon dem Urbild
nicht zugesprochen haben, da die sinnliche Welt der Veränderlichkeit unterworfen ist. Problematisch ist für Schelling die Existenz nicht-physischer Gegenstände, z. B. die Existenz Gottes, dies nicht, weil er etwa nicht-physische
Existenz als solche für unmöglich hält. Denn für ihn ist klar, daß auch von
logischer Existenz gesprochen werden kann. So besitzen z. B. die Ideen –
nach Schelling – logische Existenz.

Nun sieht sich Schelling mit einer Interpretation konfrontiert, die besagt,
daß Platon offensichtlich eine weitere Form von Existenz einführt. Schelling
referiert diese Position so: »Aber Platon mußte doch eine 3te Art von Existenz – eine *reale*, aber doch *reine* Existenz annehmen, wie z. B. die Existenz
Gottes.«[54] Es geht folglich um den Status der Ideen. Wie bereits angedeutet,
favorisiert Schelling eine Auffassung, die den Ideen eine ideale Existenz,
oder wie er jetzt sagt, eine logische Existenz zubilligt. Damit zementiert er

---

53 Schelling, »Timaeus«, S. 42.
54 Schelling, »Timaeus«, S. 44.

die Trennung der physischen von der logischen, der sinnlichen von der übersinnlichen Welt. Auch darin folgt er Kant, wenn er bemerkt: »Der Begriff
der Existenz angewandt auf die Idee Gottes ist ein Abgrund für die menschliche Vernunft – sie überläßt sich entweder der ausschweifendsten Schwärmerei, oder sie geht keinen Schritt über die Schranken der Idee hinaus.«[55]
Zur Begründung führt Schelling an, daß die menschliche Vernunft keine
begriffliche Form für die Existenz von Ideen habe, daß folglich Existenz
bloß von sinnlichen Gegenständen prädiziert werden könne, die Vernunft
daher beschränkt sei und – »sich in den Schranken der Natur hält«[56]. Die
menschliche Vernunft ist für jeden übersinnlichen Begriff, wie etwa die Idee
oder spezieller: die Idee Gottes, unendlich zu klein.

Explizit erklärt Schelling dies für die Auffassung Platons: Existenz, wie
sie im Bereich der Sinnlichkeit und des Physischen begegnet, hat für die
Ideen keine Bedeutung und eine Anwendung auf Ideen und Ideale sei nicht
möglich. Schelling stützt sich dabei vermutlich auf eine Stelle aus dem Phaidon (80b1–3), in dem es bekanntlich um die Existenz der Seele geht. Platon
halte dort fest, daß die Seele bezüglich der Existenz einen ähnlichen Status
habe wie die Ideen. Schelling resümiert: »Er [Platon] kannte demnach keinen Begriff von Existenz, als der im *reinen* Denken liegt, einen Begriff, der
auf reale Gegenstände der übersinnlichen Welt, so gut als auf ideale paßt.
Man mag also immer so behutsam seyn, zu sagen, man könne nicht entscheiden, ob Platon nicht den Ideen eine Existenz von der Art zugeschrieben habe,
wie er sie Gott u. der menschlichen Seele (als Noumenon) zuschrieb, oder
ob er eine *bloß* logische Existenz ihnen zugeschrieben habe – aber man ist
dadurch um keinen Schritt weiter, denn beide Begriffe fallen zusammen –
es gibt einen Existirenden Gegenstand der übersinnlichen Welt, bei dem
man, in Rüksicht auf seine Existenz weiter kommen könnte, als bis zu einer
Existenz die – wieder *ideal* ist.«[57] Letztlich lassen sich die Formen von Existenz zurückführen auf diese zwei: reale oder ideale Existenz, wobei die
reale Existenz der Natur und der Sinnlichkeit, die ideale hingegen der intelligiblen Welt und den Ideen korreliert ist.

Von dem ewigen Urbild macht der Demiurg bei Platon ein möglichst vollkommenes Abbild. Dabei kann er diesem die Ewigkeit nicht vollkommen
verleihen, weil es als Abbild beweglich, d. h. veränderlich ist. Dennoch versucht der Demiurg das Unmögliche: Er macht von dem im Einen verbleibenden Ewigen ein ewiges in Zahlen fortschreitendes Abbild, ein Abbild,
das die menschliche Sprache mit dem Namen *Zeit* belegt.[58]

---

55 Schelling, »Timaeus«, S. 44.
56 Schelling, »Timaeus«, S. 44.
57 Schelling, »Timaeus«, S. 44f.
58 Platon, Tim. 37d–e. – Vgl. dazu: Poser, Hans, »Zeit und Ewigkeit. Zeitkonzepte als Ori-

Daß an dieser Stelle der Platonischen Kosmogonie die Entstehung der Zeit in das Zentrum der Betrachtung rückt, findet Schellings ungeteilte Aufmerksamkeit. Der Grund dafür liegt in der zur Erkenntnistheorie gewendeten Optik der Schellingschen Interpretation. »Die Welt ihrer materiellen Form nach kann unmöglich Bild der Ewigkeit seyn, diß kann nur eine *reine* Form seyn, wofür nun Plato die *Zeit* ebendadurch erklärt, daß er sie als Nachbild der *Ewigkeit* darstellt.«[59] Die Platonische Zeit wird von Schelling nicht als realer Bestandteil der Wirklichkeit gedeutet oder als kosmologische Zeit, als Zeit der Gestirne, die identisch ist mit den Umläufen der Planeten und der Umlaufbahn des Mondes, sondern als Form, als reine Form.[60] Damit weist Schelling einerseits auf eine gewisse Bedeutungsgleichheit des Bild- und des Form-Begriffs hin. Andererseits schließt er damit Platons Konzeption wiederum an die Transzendentalphilosophie Kants an. Zwar sieht Schelling in Platons Zeit-Konzeption keine reine Anschauungsform, jedoch immerhin eine reine Form, deren Reinheit gerade darin besteht, daß sie noch keine Anwendung gefunden hat auf die Erscheinungen. Dies ist dagegen die Sukzession, d. h. die endliche Zeit, die erst dann eintritt, wenn die an sich ewige Zeit auf Erscheinung appliziert wird: »Succeßion in der Zeit fangt nur mit dem Anfang eines Substratums an (. . .) u. insofern Zeit nur insofern Form unsrer Anschauung ist, als wir Succeßionen wahrnehmen, so kann man sagen, daß es keine Zeit gegeben habe, ehe die Welt oder irgendein Substratum vorhanden war.«[61] Schelling markiert klar seine eigene Position: Die Zeit ist die Form der Anschauung. Es muß etwas in der Anschauung gegeben sein, damit die Zeit in der Sukzession verfließen kann. Bevor die Welt oder irgendein ›Substrat‹ existierte, konnte es auch keine Zeit geben.

Schellings Argumentation schließt sich hier wiederum dicht an diejenige Kants an, erreicht aber die Reflexionstiefe der *Kritik der reinen Vernunft* nicht. So stellt Kant zwar in der *Transzendentalen Ästhetik* heraus, daß die Zeit nichts anderes sei als die reine Form der Anschauung, zieht aber erst in der *Transzendentalen Dialektik* Nutzen daraus. Insbesondere auf die Frage

---

entierungswissen«, in: *Das Rätsel der Zeit. Philosophische Analysen*. Freiburg/München 1993, S. 17–50.

59 Schelling, »Timaeus«, S. 45.

60 Schelling akzentuiert später in seiner Schrift *Von der Weltseele* die kosmologische Seite der Platonischen Zeitkonzeption: »Da dieses Principium es ist, wodurch allgemein die Unendlichkeit der Dinge als Ewigkeit und Gegenwart gesetzt ist, so ist es zugleich dasjenige, welches in der Zeit das Bleibende, in dem allesumschließenden Kreis der Ewigkeit gleichsam einzelne Kreise, nämlich die größeren und kleineren Perioden bildet, das die Jahre, Monate und Tage schmückt; und sollten wir nicht mit Platon übereinstimmen, dieses allesordnende und bessernde Princip die allgemeine und allseitige Weisheit und die königliche Seele des Ganzen zu nennen?« (Schelling, *Von der Weltseele* [1798], SW II, 370)

61 Schelling, »Timaeus«, S. 46.

nach einem Weltanfang antwortet er in der Folge der Auflösung der 1. Antinomie: »die Welt hat keinen ersten Anfang der Zeit und keine äußerste Gränze dem Raume nach. Denn im entgegengesetzten Falle würde sie durch die leere Zeit einer- und durch den leeren Raum andererseits begränzt sein. Da sie nun als Erscheinung keines von beiden an sich selbst sein kann, denn Erscheinung ist kein Ding an sich selbst, so müßte eine Wahrnehmung der Begränzung durch schlechthin leere Zeit oder leeren Raum möglich sein, durch welche diese Weltenden in einer möglichen Erfahrung gegeben wären. Eine solche Erfahrung aber, als völlig leer an Inhalt, ist unmöglich.«[62] Kant insistiert auf der Reduktion der Dinge auf Erscheinungen. Für sie gelten Raum und Zeit als reine Anschauungsformen. Ist kein Gehalt gegeben, ist es sinnlos, über dessen Form zu sprechen. Raum und Zeit sind Formen, die nur in Beziehung auf die Erscheinungen, oder wie Kant auch sagt, die nur in Beziehung auf mögliche Erfahrung Sinn machen. Eine leere Zeit ist ein in sich widersprüchlicher Gedanke. Sie kann weder vor allen Erscheinungen existieren noch wahrgenommen werden.

Schelling dürfte Kants Zeittheorie vor Augen gehabt haben, vor deren Hintergrund die Theorie Platons problematisch wird: »Allein Platon scheint ein bloßes εἶναι der Zeit zu kennen, das von unsrer Anschauung ganz unabhängig ist, u. bei dem von Succeßion gar nicht die Rede sein kann.«[63] Trotzdem bemüht sich Schelling, diese Textstelle für sich fruchtbar zu machen. Der Zeit kommt bei Platon ein Sein zu, das von der Anschauung unabhängig ist. Es muß sich mit ihr, so schließt Schelling, verhalten wie mit Idee und Ideat. Es muß bei Platon eine von aller Wahrnehmung getrennte Idee der Zeit geben, ohne alle Sukzession, eine reine, nicht-empirische Zeitform, in der nichts erscheint: die Ewigkeit. »Nun erhellt aber auch, was Platon oben unter *Ewigkeit* verstand. Nichts als die reine, auf Erscheinung noch nicht angewandte *Zeitform* in uns, die nur dann, wenn sie auf Erscheinung angewandt wird – eine Succeßion (...) kennt.«[64] Die Ewigkeit ist nichts anderes als die leere Zeit. Was für Kant noch ausschließlich als Widerspruch zu denken möglich war, scheint Schelling mit Platon plausibel machen zu können: Im wesentlichen Sinne seiend ist nur die Ewigkeit, die selbst wiederum nichts anderes ist als Zeit ohne Sukzession, Zeit ohne Erscheinung.

In diesem Sinne deutet er auch Platons Kritik am gewöhnlichen Sprachgebrauch. Dieser wies darauf hin, daß es in gewisser Hinsicht genau so widersinnig sei zu behaupten: das Gewordene *ist* ein Gewordenes oder das Werdende *ist* ein Werdendes wie das Nichtseiende *ist* ein Nichtseiendes.

62 Kant, Immanuel, KrV B 548f., Akad.-Ausg. 3, S. 356.
63 Schelling, »Timaeus«, S. 46.
64 Schelling, »Timaeus«, S. 46.

Hier, so Platons Auffassung, ist die gewöhnliche Sprache ungenau. Vom Seienden könne nur im Präsens angemessen gesprochen werden.[65] Das Sein, so interpretiert Schelling, prädiziere Platon stets dem Unwandelbaren und Unveränderlichen, niemals dem Vergänglichen oder Werdenden. Von der Zeit könne daher Platon sagen, daß sie *ist*, dann aber nur in dem Sinne, daß sie als unwandelbare und unveränderliche, d. h. als ewige *ist*. Ewig könne sie jedoch nur dann sein, wenn sie keinen Bezug zur Wahrnehmung, zum Bereich der Erscheinungen in ihrer Wandelbarkeit und Veränderlichkeit habe. Ewigkeit sei Zeit ohne Sukzession, Zeit ohne etwas, auf das sie angewandt würde, die Idee Zeit als leere Zeit. Erst mit der Weltentstehung beginne die Zeit zu fließen, werde zur Zeit der Erscheinungen, zur erscheinenden Zeit, zur Werdezeit der Werdewelt, während sie doch als Idee in unveränderlicher Ewigkeit verharre.

Erstaunlich wirkt die Tatsache, daß Schelling die Bedeutung der Zahlen bei Platon nicht erwähnt. Denn Platon sagt nicht nur, daß die Zeit ein ewiges Abbild der Ewigkeit sei, sondern fügt hinzu, sie sei ein *in Zahlen fortschreitendes Abbild*. Die Zahlenhaftigkeit der Zeit war gerade für Platon ein Garant für ihre Meßbarkeit. Nur wenn die Welt nach rationalen Kriterien aufgebaut ist, können Sternenbewegungen und Planetenbahnen zur Zeitmessung, aber auch zur Navigation benutzt werden. Anscheinend gewinnt Schelling diesem Aspekt der Zeittheorie Platons keine besondere Bedeutung ab. Das mag daran liegen, daß Schelling sich offenkundig am meisten für den Status der Ideen bei Platon interessiert: »Die ganze Stelle *über die Zeit* kann also zur Bestimmung des Sinns, den Plato mit der ousia der Ideen verband, dienen.«[66]

3.2 Die Elemente und die Materie

Das trifft auch auf die folgende Betrachtung der Elementenlehre Platons zu. Hier steht die Frage nach dem Status der Ideen im Zentrum. Platon erklärt, daß die Elemente – Feuer, Wasser, Luft und Erde – »Miturschen« seien. Primäre Ursache sei jedoch das, was Vernunft und Denkvermögen besitze. Das Unsichtbare und Nicht-Sinnliche und seine Folgen, das, was nur der Vernunft allein zugänglich ist, besitzen eine höhere Potenz, während die Elemente als Ursachen sichtbare Folgen hätten, sie kühlen, wärmen, verfestigen und verflüchtigen.[67] Schelling deutet diese Stelle erneut unter Rückgriff auf den *Philebos*: Of-

---

65 Platon, Tim. 38 ab.
66 Schelling, »Timaeus«, S. 47.
67 Platon, Tim. 46c–46e

fenbar ist er der Auffassung, Platon habe ἄπειρον mit Qualität und πέρας mit Quantität in Verbindung gebracht: »die Welt sei durch Verbindung der Elemente, insofern sie απειρα sind, d. h. insofern sie nur unter der Categorie der Qualität stehen, mit der Form des Verstandes, was er περας nennt, u. worunter er Quantität u. jede Bestimmung durch die reine Form des *Vorstellungs Vermögens* versteht, entstanden.«[68] Insgesamt bleibt diese Stelle dunkel, Aufklärung gewährt erst der Exkurs zum *Philebos*, den Schelling später einschiebt. Deutlich wird nur soviel, daß Schelling die Weltentstehung bei Platon denkt als eine Verbindung der Elemente mit der Verstandesform. Die Elemente stehen unter der Kategorie der Qualität, offensichtlich unterscheidet sich jedes Element von den anderen durch seine spezifischen Eigenschaften. Alle weiteren Bestimmungen, wie etwa die der Quantität, geschehen durch die Verstandesform. Zu der Dichotomie von Form und Materie tritt hier noch eine weitere hinzu: die zwischen Quantität und Qualität.

ἄπειρον	Materie	Elemente	Qualität
πέρας	Form	Form	Quantität

Diese beiden Komplexe müssen in der Weltentstehung verbunden sein. Schelling schließt daraus, daß bei Platon daneben noch eine dritte Komponente im Spiel ist. Wieder folgt Schelling dem *Philebos* und nennt sie αἰτία.[69] Platon läßt Sokrates dort tatsächlich in einem ähnlichen Zusammenhang erklären, daß neben dem Unbegrenzten und dem Begrenzten, das beides – vermischt und gemeinsam – vielfältig in den Dingen begegnet, auch noch eine ordnende und bestimmende *Ursache* angenommen werden müsse, die Jahre, Jahreszeiten und Monate, d. h. die Regelmäßigkeit der Naturphänomene hervorbringt. Diese *Ursache* werde zu Recht Weisheit und Vernunft (σοφία καὶ νοῦς) genannt.

Der Text Platons markiert hier eine deutliche Zäsur, die sich allerdings in Schellings Überlegungen nicht widerspiegelt. Platon beginnt um Tim. 48a einen neuen Argumentationsgang. Es solle nun das bisher Vorgetragene, das sich mit dem durch die Vernunft Hervorgebrachten beschäftigt habe, ergänzt werden um das, was durch die Notwendigkeit entsteht. Platon fordert, es müsse zurückgegangen werden, um einen zweiten Anfang zu machen. Schellings Darstellung des *Timaios* dagegen läuft kontinuierlich fort, ohne den zweiten Anfang der Argumentation selbst als Argument zu werten.

Schelling deutet Platon so, daß bei ihm die ursprünglichen Qualitäten der Materie, nämlich die Elemente, regellos und frei von Verstandestätigkeit seien. Erst die Form, d. h. der Verstand, verbinde die Materie mit der Ratio-

---

68 Schelling, »Timaeus«, S. 47.
69 Vgl. Platon, Phlb. 30c–e.

nalität, und zwar in einer Art transzendentaler Schöpfung. Dadurch rückt erneut die erkenntnistheoretische Interpretationslinie in den Vordergrund: Schelling faßt Platons *Timaios* nicht primär als Kosmologie oder Kosmogonie auf, sondern als eine Theorie der Welterkenntnis. Er erkennt bei Platon daher zwei Arten von Ursachen, eine regellose, materielle, elementare Art und eine tätige, vernünftige, formale Art. Dominierend allerdings sei die Verstandestätigkeit. Dazu bezieht sich Schelling darauf, daß Platon jetzt die Entstehung des sichtbaren Alls aus der Mischung von Notwendigkeit und Vernunft erklärt. Die Vernunft aber, so Platon, habe über die Notwendigkeit geherrscht, habe sie überredet, das, was entsteht, möglichst zum Besten zu führen.[70] Bei Schelling heißt das nun, die unveränderliche Verstandesform könne sich nicht nach der Materie, d. h. nach der blinden Notwendigkeit, richten, sondern umgekehrt, die Verstandesform müsse sich die Materie unterwerfen. In Platons Erzählung von der Entstehung des Alls erkennt Schelling also die konstitutive Funktion des Verstandes wieder, der sich nicht nach der Natur richtet, sondern umgekehrt, wie es bei Kant heißt, der Natur seine Regeln vorschreibt.[71]

Schelling wirft nun die Frage auf, was die Elemente seien. In welchem Verhältnis stehen sie zur Materie? Wie steht es um die Beharrlichkeit der Substanzen? Die ursprüngliche Materie, das hatte Schelling schon zu Beginn des Kommentars erklärt, werde von Platon als etwas Unsichtbares aufgefaßt,[72] als etwas Unruhiges, ohne Ordnung und Regelmäßigkeit, ohne Form.[73] Platons Neuanfang der Untersuchung unter dem Aspekt der Notwendigkeit stellt auch die Frage nach einem Substrat neu. Außer dem verstandesmäßigen Urbild und dem sinnlichen Nachbild ist nun auch ein Drittes gefordert, bei Platon das Aufnehmende, eine alles Werdende bergende Amme,[74] bei Schelling interpretierend übersetzt als die präexistierende Materie, als empirische Substanz.[75]

Dieses Konzept der Elemente machten bereits für Platon ein Problem,[76] denn sie bilden, so Platon, einen Kreislauf. Wasser wird durch Gefrieren zu Stein (Eis), verflüssigt wird es zu Wind und Luft, entzündet zu Feuer. Wird dieses gelöscht und verdichtet, geht es erneut in Luftgestalt über usw. Die Elemente erscheinen nie beharrlich, sondern stets im Prozeß des Gestaltwandels. Für Platon ergibt sich daraus auch die Frage, wie etwas mit einem be-

---

70 Vgl. Platon, Tim. 48a.
71 Vgl. Kant, KrV B XIII, Akad.-Ausg., III, 10.
72 Vgl. Schelling, »Timaeus«, S. 24.
73 Vgl. Schelling, »Timaeus«, S. 27.
74 Vgl. Platon, Tim. 49a
75 Vgl. Schelling, »Timaeus«, S. 53.
76 Vgl. Platon, Tim. 49a.

stimmten Namen bezeichnet werden kann, wenn es stets zu etwas wird, was es zuvor nicht war. Etwas, das stets im Übergang ist von einem Zustand in einen anderen, kann nicht mit einem trefflichen Namen belegt werden. An Stelle der substantiellen Bezeichnung solle, so Platon, die Beschaffenheit einer Sache ausgedrückt werden. Die Bezeichnung bezieht sich dann nicht auf eine zugrunde liegende Sache, sondern gibt nur ihre Beschaffenheit an, nicht: ›dies‹ dort ist Feuer, sondern es ist feurig, hat eine feurige Beschaffenheit.

Für Schelling zeigt diese Stelle erneut Platons Unterscheidung an zwischen der phänomenalen Wirklichkeit mit ihrem Prozeßcharakter und der intelligiblen Sphäre wesentlicher Formen, die nur durch Verstand und Nachdenken erreichbar und erkennbar ist. »Eben durch dies Betonen dieses *beständigen Kreislaufs* giebt Plato zu verstehen, daß den sichtbaren Elementen, so wie sie in einander laufen, *discrete*, von *einander wirklich verschiedene*, dabei aber immer noch empirische Stoffe die verschiedne *Formen* annahmen zu Grunde liegen. Denn wenn nicht solche Stoffe vorhanden wären, so könnte Plato nicht sagen, daß die Elemente in 1m. beständigen Kreislauf seien. Sonst wäre alles nur – Ein Element.«[77] Elemente benötigen den empirischen Stoff, eine beharrliche Substanz, deren jeweilige Erscheinungsform einem ständigen Wandel unterworfen ist. Schelling erkennt bei Platon drei Stufen:
1. die beharrliche Substanz, die allen wechselnden Akzidenzien zugrunde liegt,
2. die ursprünglichen, empirischen Formen, nämlich die Elemente, die in einem ständigen empirischen Wechsel begriffen sind,
3. die unveränderlichen reinen und intelligiblen Formen als Bestimmungen der empirischen Sphäre, die Ideen.[78]

Die bloße Auffassung der phänomenalen Wirklichkeit mit ihrem unaufhörlichen Wandel führt nicht, so Schelling, zu einer empirischen Erkenntnis. Hierzu ist nämlich ein Verstandesakt gefordert, der Stabilität, Rationalität und Regelhaftigkeit in den an sich regellosen Prozeß einträgt. Schelling plädiert daher – mit Platon und von Platons Text inspiriert – für eine empirische Naturforschung mit intelligiblen, d. h. spekulativen Mitteln.

Tatsächlich dürfte Platon selbst an eine Korrektur der Elementenlehre gedacht haben; zumindest spricht der Text des *Timaios* für eine solche Interpretation. Elemente, so der Duktus des erzählenden Timaios, sollten nicht vorschnell substantialisiert werden, da sie unter Umständen nur Eigenschaften bezeichnen: möglicherweise eine Kritik an der Atomistik des Demo-

---

77 Vgl. Schelling, »Timaeus«, S. 51.
78 Vgl. Schelling, »Timaeus«, S. 54.

krit.[79] Schellings Interpretation trifft insofern das Anliegen Platons, als daß Platon eine Genealogie der Elemente intendiert, die aufzeigt, wann die Bezeichnung eines Elementes oder Grundstoffes zutreffend ist. Eine spekulative Naturphilosophie mit dem Ziel, die empirischen Naturphänomene zu erklären, dürfte jedoch außerhalb des Platonischen Interesses liegen. Vielmehr betont Timaios mehrfach den Charakter seiner Ausführungen: Sie seien eine bloß »wahrscheinliche Rede«.[80]

Für Schelling jedenfalls sind die Elemente Grundformen an dem jeweiligen Stoff. Er betont, »daß sie eigentlich nicht der *Stoff* selbst, sondern *Formen, Bestimmungen* des Stoffs seien, die er von außen erhalten habe.«[81] Damit ergibt sich für Schelling eine Bestimmung der Materie als empirisches Substrat aller Formen, d. h. der Elemente. Da nun aber die Elemente gerade basale und empirische Erscheinungsformen sind, so kann das, was erscheint, das, was als Substrat der Erscheinung zugrunde liegt, selbst nicht Erscheinung sein: Die Materie ist unsichtbar, sichtbar ist ihre Erscheinung, zunächst in den vier Grundmodi der Elemente. Übertragen auf die Schöpfung bedeutet dies: »Er [Platon; Ch. A.] rechnet die Elemente zur *Form* der Welt, u. behauptet ganz richtig, daß wir nicht sagen können, wie die Materie vor der Weltschöpfung beschaffen gewesen, weil wir uns nichts, ohne die Form, die die Materie erst bei der Weltschöpfung erhielt, denken können. Durch diese Form ward nun die Materie erst *so* bestimmt, daß dadurch die Elemente sichtbar wurden, u. insofern sind die Elemente durch die intelligible Form entstanden, oder nach einem anderen Ausdruk, sie sind *Nachahmungen, Nachbilder* der intelligiblen Form, sie stellen die intelligible Form dar.«[82]

Platon konkretisiert seinen Grundgedanken, indem er in hypothetischer Weise, d. h. in der dem Timaios eigentümlichen *wahrscheinlichen Rede*, vom Feuer spricht: Außer dem wahrnehmbaren Feuer, so Platon, gibt es auch das Feuer an sich und für sich (πῦρ αὐτὸ ἐφ’ ἑαυτοῦ). Ersteres ist mit den Sinnen des Körpers wahrnehmbar, das andere ist eine bloß denkbare Form.[83] »Wenn Vernunft und richtige Meinung zwei verschiedene Arten sind, dann gibt es auf alle Fälle diese Dinge an sich, Formen, die sich von uns nicht wahrnehmen lassen, sondern nur gedacht werden; unterscheidet sich aber, wie es einigen scheint, richtige Meinung von der Vernunft in nichts, dann müssen wir alles, was wir vermittels des Körpers wahrnehmen, als höchst zuverlässig annehmen.«[84]

---

79 Weitere Nachweise zu dieser Überlegung: Platon-Ausgabe S. 89, Anm.
80 Platon, Tim. 29d, 48d.
81 Schelling, »Timaeus«, S. 56.
82 Schelling, »Timaeus«, S. 71.
83 Vgl. Platon, Tim. 51bc.
84 Platon, Tim. 51d. – Hier finden sich Spuren der Auseinandersetzung Platons mit der

Schelling stellt – von dieser Passage ausgehend – den Zusammenhang her zwischen der Elementen- und der Ideenlehre. Wenn Platon von der Idee des Feuers rede als rein intelligible Form des wahrnehmbaren Feuers, so zeige er damit an, daß für ihn die Elemente insgesamt intelligible Formen sind. »Unter den intelligiblen Elementen versteht er demnach nicht besondre, physisch-existirende intelligible Substanzen des Feuers, Waßers u.s.w. sondern er versteht darunter *Ideen* überhaupt, die reine *Verstandesform*, durch welche die Welt geordnet wurde.«[85] In einer dreischrittigen Einteilung gibt Schelling die Ingredienzen der Platonischen Kosmologie wieder, wie er sie Tim. 52a–c vorfindet. Es sind:

1. die reine unwandelbare Form aller existierenden Dinge;
2. die Erscheinung: Es erscheint die reine unwandelbare Form in den vielfältigen Erscheinungen, die wechseln, denn nur im Wechsel, so Schelling interpretierend, werde *Form* angetroffen;
3. die Substanz: Sie ist das Beharrliche, was allem Wechsel der Erscheinungen zugrunde liegt, selbst aber unwandelbar bleibt. Diese Substanz sei der Sinneswahrnehmung nicht zugänglich, »*fühlbar ohne Sinn* (Anschauung)«.[86]

Schellings Ausführungen über die Beharrlichkeit der Substanz bleiben unklar. Bei Platon jedenfalls ist das Dritte deutlich als χώρα bezeichnet, als Raum, der allem Bestehenden einen Platz gewährt, der sich der Sinneswahrnehmung entzieht, der nur durch unechte Erkenntnis, λογισμὸς νόθος[87], unzureichend erfaßt wird. Für Schelling wird daraus eine gelungene Beschreibung, eine zwar vorphilosophische, aber treffende Darstellung des Verstandesbegriffs der Substanz: »(...) er leitet also doch diesen Verstandesbegriff nicht aus der Erfarung her, u. drükte wenigstens das Phänomen sehr natürlich aus, das die Philosophie solange in Verlegenheit gesezt hat – das Gefühl einer allem Wechsel zu Grund liegenden Substanz, ohne doch jemals zu dieser hindurchdringen zu können, weil sie nämlich bloße Form des Verstandes ist, die wir in die Erscheinungen hineinlegen.«[88] Das Beharrliche jedenfalls, die Substanz, ist für Schelling mit dem Intelligiblen gleichzusetzen. Die Materie folglich muß der Wechsel sein an diesem Beharrlichen, unordentliche Bewegung vor der Weltschöpfung.[89]

Lehre des Protagoras, der behauptet hatte, Wahrheit sei allein auf sinnliche Erscheinung eingeschränkt. Vgl. dazu: Asmuth, Christoph, »Die Begründung falscher Rede: Platon und Protagoras«, in: »*Dichter lügen*«. (Philosophisch-literarische Reflexionen; 3). (Hg.) Schmitz-Emans, Monika – Röttgers, Kurt. Essen 2001, S. 89–106.

85 Schelling, »Timaeus«, S. 73.
86 Schelling, »Timaeus«, S. 74.
87 Platon, *Tim.* 52b.
88 Schelling, »Timaeus«, S. 74.
89 Schelling, »Timaeus«, S. 75.

3.3 Der Exkurs zum Philebos

Mit dem *Philebos*[90] erklärt Schelling das Verhältnis der Elemente und der Materie noch differenzierter. Die Materie ist ihm jetzt zunächst Urmaterie, damit identisch mit dem ἄπειρον. Sie ist für jede Form empfänglich, ist selbst aber ursprünglich formlos. Sie ist daher mit der Mutter zu vergleichen, wie Platon sagt, weil sie das bloß Aufnehmende sei. Das könne sie nur sein, wenn sie von allen jenen Formen frei sei, die sie von anderswo her aufnehmen solle.[91] Zugleich ist die Urmaterie Substanz, die, so formuliert Schelling, unveränderlich von Ewigkeit her durch Notwendigkeit existiert habe.[92] Das zweite ist, so konstatiert Schelling dem *Philebos* folgend, πέρας, für Schelling die allgemeine Form unter dem Primat der Einheit. Nun besteht nach Schelling die Materie bei Platon nicht aus den Formen, seien diese auch in ihrer basalen Ausprägung Elemente. »Die Elemente, insofern sie erscheinen, sind nichts als *Formen angewandt* auf die Materie; *Bestimmungen* des ursprünglichen Stoffs, die diesem Stoff nicht selbst eigentümlich sind, und die man daher mit diesem nicht verwechseln darf. In den Elementen erscheint also nicht die *Materie*, sondern die *Bestimmungen* der Materie durch eine ihr fremde Form, nicht der ursprüngliche Stoff, sondern *Formen*, die der Stoff erhalten hat, [...].«[93]

Es dürfte allerdings zunächst schwer fallen, hier Schellings Interpretation zu folgen. So ist bei Platon weder von Form noch von Einheit die Rede, sondern von verschiedenen Arten des Seienden. Zwei dieser Arten faßt er unter die Begriffe ἄπειρον und πέρας. Den kontinuierlich steigerbaren Qualitäten (ἄπειρον), z. B. Kälte und Wärme, setzt Platon diejenigen Entitäten entgegen, die er für meßbar und zählbar hält, diejenigen, die der Gleichheit oder Zweifachheit teilhaftig werden können (πέρας). Kälte und Wärme hält Platon nicht für in Zahlen meßbar. Sie sind daher einerseits unbegrenzt steigerbar oder verringerbar, andererseits haben sie keine Stufen, da sie kontinuierlich sind. Von der Materie, von der auch im *Timaios* schon nicht terminologisch die Rede war, spricht Platon hier gar nicht, so daß vollends der Zusammenhang von ἄπειρον und Materie ergänzungsbedürftig bleibt.

---

90 Der Exkurs zum *Philebos* bezieht sich auf die Stelle Phlb. 22c–30b.
91 Vgl. Platon, Tim. 50de sowie Schelling, »Timaeus«, S. 55: »Er [Platon; Ch. A] sagt nähmlich, so wie ein Künstler, der in eine weiche Maße verschiedne Formen drüken wolle, nicht schon zum voraus eine bestimmte Figur in ihr zurükläße, so sei es mit der Materie, die der Welt zu Grunde lag, bewandt. Hier ist doch wohl von *keiner* Materie die Rede, die überall keine Form besizt, sondern nur von 1r. Materie, die keine bestimmte, unwandelbare Form besizt, sondern *von* 1. *Materie* die *jeder* Form empfäng*lich* ist [...].« (Vgl. dazu Platon, Tim. 50e)
92 Schelling, »Timaeus«, S. 54.
93 Schelling, »Timaeus«, S. 59.

Daraus entsteht für Schelling ein Interpretations- und Erklärungsbedarf, den er vor allem durch den umfangreichen Diskurs zum *Philebos* zu decken versucht. Dieser Dialog Platons dürfte selbst zu den rätselhaftesten Dokumenten des griechischen Denkens zählen. Schelling wendet sich mit einer gewissen interpretatorischen Rücksichtslosigkeit den für seinen Fragezusammenhang wesentlichen Passagen zu. Daß der Dialog die zentrale Frage nach dem Verhältnis von Lust und Weisheit stellt, erwähnt er nur. Ebenso konstatiert er bloß, daß Lust irgendwie mit dem ἄπειρον zusammenhänge, ohne jedoch sein philosophisches Bemühen auf den Begriff der Lust zu richten. Dieses Verfahren dürfte jedoch eine zentrale Perspektive des Dialogs ausblenden, die nämlich, derzufolge Lust und natürlich auch Weisheit strenggenommen auf eine praktische Fragestellung hinweisen, die sich nicht in eine erkenntnistheoretische oder gar kosmogonische auflösen läßt.

Platons unter dem ἄπειρον subsumierte Entitäten – Wärme und Kälte – werden für Schelling zu Empfindungen, die er nach Kant dem Grundsatz der Qualität unterworfen sieht: Hier »sieht man ganz deutlich Spuren des Kantischen Grundsatzes der Qualität. Besonders drüken die lezten Worte deutlich genug die *Nothwendigkeit* aus mittelst welcher jede *Realität* in der Empfindung ins Unend*lich*e fort continuir*lich* wachsen u. abnehmen kann.«[94] Für Schelling sind Unbegrenztheit und Kontinuität konstitutive Bedingungen der Empfindung. Gibt es keinen absolut schwächsten und keinen absoluten stärksten Grad der Empfindung, so gibt es keine Mitte, keinen Anfang und kein Ende.

Wenn Platon dann später ausführt, daß alles, woran man sieht, daß es mehr oder weniger wird, daß alles, dem ›stark‹ und ›schwach‹ und ›sehr‹ zugeordnet werden kann, daß alles dies unter der Gattung (γένος) des Unbegrenzten zusammengestellt werden müßte, so interpretiert Schelling: »Man sieht also Plato versteht unter dem απειρον nichts mehr u. nichts weniger als die Categorie der *Realität*, u. er subsumirt unter diese Categorie alle Gegenstände, die und insofern sie in der Empfindung vorkommen.«[95]

---

94 Schelling, »Timaeus«, S. 60.
95 Schelling, »Timaeus«, S. 61. – Henrich wertet diese Interpretation Schellings wie folgt: »Indem Schelling Kants Kategorien in den γένη des Philebos wiedererkennt, bringt er aber in die Organisation von Kants Kategorienlehre zugleich auch eine Verschiebung. πέρας ist die allgemeine Einheitsform, der ἄπειρον als unbestimmte Mannigfaltigkeit entspricht, der aber als Kategorie nunmehr die der Qualität zugeordnet wird. Damit wird, ganz anders als in Kant selbst und vielleicht von Reinhold inspiriert, das Verhältnis der Kategorien als das der Vermittlung eines Grundgegensatzes gedeutet, der selbst durch die antithetische Relation der beiden Grundkategorien zueinander zu denken ist. Das κοινόν erweist sich dann als die erste Kategorie, durch die eine Vermittlung von Einheit und qualitativer Mannigfaltigkeit zustandekommt.« (Henrich, Dieter, »Der Weg des spekulativen Idealismus. Ein Resumé und eine Aufgabe«, in: *Hegel-Studien*. Beiheft 28: Jakob Zwillings Nachlaß. Eine Rekonstruktion.

Diese Interpretation ist in der Tat erstaunlich und nur verständlich, wenn man die Kantische Perspektive, aus der Schelling spricht, ausreichend berücksichtigt. Zu bedenken wäre, ob der Begriff der *Kategorie*, etwa im Sinne Kants, mit dem Begriff der *Gattung* (γένος) kongruiert. Dazu wäre zu klären, inwieweit eine transzendentallogische Betrachtung mit einer Gattungslehre in Übereinstimmung gebracht werden kann. Die Überlegungen Platons, wie sie aus dem *Sophistes* bekannt sind, gehen in eine andere Richtung, nämlich hin zu einer revidierten, weil dynamisierten Ideenlehre, in der die höchsten Gattungen voneinander verschieden, zugleich jedoch aneinander teilhaben.

Ein anderes Bedenken äußert Schelling selbst: Die Kategorie der Realität ist ein ganz allgemeiner Begriff. Auch das, was Platon unter der Gattung πέρας faßt, muß unter dieser Kategorie subsumiert werden können. Daraus folgt, daß Schelling ἄπειρον und πέρας nicht einander symmetrisch gegenüberstellen kann, wie dies der Text Platons nahelegt. Daher schreibt Schelling:»Als ob jener Begriff des απειρον nicht *weit* allgemeiner wäre, als ob Plato nicht auch Gegenstände, die d*ur*ch das περας bestimmt, also bereits d*ur*ch Quantität eingeschränkt sind, insofern darunter zählte, als daß sie ihre Realität niemals verlieren. Vielmehr ist ihm ja jeder Gegenstand απειρον τι, verbunden mit dem περας, d. h. *Realität durch Quantität bestimmt.*«[96] Alle Gegenstände müssen unter das ἄπειρον gerechnet werden, weil und insofern sie nämlich real sind. Also müssen auch diejenigen Gegenstände darunter gerechnet werden, die – im Gegensatz zum ἄπειρον – durch Zahl und Maß bestimmbar sind. Πέρας wird zur durch Quantität bestimmten Realität. Damit verliert πέρας jedoch den Charakter einer basalen Gattung. Dieser Charakter kommt bei Schelling allein dem ἄπειρον zu. Er votiert damit für eine Hierarchisierung und nicht für eine symmetrische Entgegensetzung der Begriffe.

Nach wie vor ist es das Ziel Schellings, das Verhältnis von ἄπειρον und Materie zu klären. Diesem Ziel dient die argumentative Interpretation des *Philebos*. Jetzt kann Schelling folgern, daß Platon nicht etwa die ungeordnete Urmaterie als ἄπειρον bezeichnet habe, sondern umgekehrt, daß er alle Materie, die Materie überhaupt, sei diese geordnet oder ungeordnet, unter ἄπειρον subsumierte. Das Textargument, das Schelling anbringt, ist allerdings schwach. Er bezieht sich auf Phlb. 23c, eine Stelle, an der Sokrates äußert, daß Gott von dem Seienden einiges als unbegrenzt gezeigt habe, anderes jedoch mit Grenze. Die Deutung Schellings lautet:»d. h. *alles* in der

---

(Hg.) Henrich, Dieter – Jamme, Christoph. Bonn 1986, S. 77–96; hier S. 87.) Αἰτία sei dann, so Henrich, eine weitere Kategorie, die Kategorie der Kausalität, die bewirke, daß die Vermittlung zustande gebracht werden müsse und nicht primär gegeben ist.

96 Schelling, »Timaeus«, S. 61.

Welt habe Gott (der Welturheber) als *Qualität* (Realität) bestimmt durch Quantität dargestellt, d. h. nicht, Gott habe die Welt aus der unordent*lich*-bewegten Materie u. den Ideen der Quantität hervorgebracht, sondern, (insofern alle Realität απειρον τι ist) habe Gott die Welt, ihrer *Materie* nach, *als* solcher, aus dem απειρον, u. ihrer *Form* nach, aus dem περας zusammengesetzt.«[97] Damit vermeidet Schelling den einfachen Dualismus von einander entgegenstehenden, sich gegenseitig ausschließenden Arten des Seienden, die jeweils unter άπειρον oder πέρας subsumiert würden. Jedes Seiende ist nach Schelling άπειρον, insofern es real ist, und πέρας seiner Form nach. Alles Seiende ist Qualität bestimmt durch Quantität.

Allerdings handelt sich Schelling damit erneut eine Schwierigkeit ein. Bei Platon tritt zu άπειρον und πέρας als Drittes noch das κοινόν hinzu, das Gemeinschaftliche. Tatsächlich scheint Schellings Interpretation mit dem Begriff der durch Quantität bestimmten Qualität dieses Dritte bereits erreicht zu haben. Auch die vierte Gattung Platons, die αἰτία, die Ursache des Werdens und Zusammenmischens, müßte in dieses Konzept integriert werden können. Dies erscheint unter der Voraussetzung der Schellingschen Leseweise ausgeschlossen, da άπειρον und πέρας gar nicht unabhängig voneinander existieren. In bezug άπειρον und πέρας löst Schelling dieses Problem, indem er auch κοινόν und αἰτία als Kategorien auffaßt. Sie sind für ihn allgemeine Weltbegriffe:»Diese Formen betrachtet nun Plato als Formen aller existirenden Dinge, u. demnach auch als Formen, unter denen man sich den Ursprung der Welt denken müße. To κοινον ist ihm demnach nicht nur die gegenwärtige Welt, sondern es ist ihm 1. *Begriff*, unter den die gegenwärtige Welt ihrer Materie u. ihrer Form nach subsumirt werden muß, το της αιτιας γενος ist ihm nicht nur die göttliche Caußalität bei der Weltanordnung, sondern *Begriff* der Causalität, unter dem *jene* Causalität steht.«[98]

Den Begriff des Weltbegriffs entlehnt Schelling der *Kritik der reinen Vernunft*. Platon zeigt nach Schelling,»daß diese Formen nicht nur Formen *unseres* Verstandes, sondern *allgemeine Weltbegriffe* seien aus denen sich das Daseyn der ganzen Welt erklären laßen müßte.« Kant spricht von den Weltbegriffen allerdings in klarer Abgrenzung von den Kategorien. Die Kategorien als *Formen unseres Verstandes* sind stets auf die Sinnlichkeit bezogen, während die Weltbegriffe, welche»die absolute Totalität in der Synthesis der Erscheinung betreffen«[99], alle mögliche Erfahrung übersteigen.[100]

97 Schelling, »Timaeus«, S. 62.
98 Schelling, »Timaeus«, S. 63.
99 Kant, KrV, B 434, Akad.-Ausg. III, 282.
100 Vgl., Kant, KrV, B 447, Akad.-Ausg. III, 289. Vgl. zur Kosmologie Kants: Falkenburg, Brigitte, *Kants Kosmologie. Die wissenschaftliche Revolution der Naturphilosophie im*

Schelling grenzt hier die beiden Arten des Begriffs nicht klar gegeneinander ab:[101] Der Begriff der Kausalität ist sowohl Verstandesbegriff als auch Weltbegriff, er bezieht sich sowohl auf die Empirie, d. h. auf mögliche Erfahrung, bezieht sich aber auch auf das Ganze der Welt, das niemals empirisch gegeben sein kann. Der Grund dafür liegt in der Ablehnung jener Zwei-Welten-Lehre, die Platon von vielen Kommentatoren und Interpreten zugerechnet wurde. Platon schließe, so Schelling zustimmend, von der Empirie auf die erfahrungsunabhängigen Begriffe, denn Platons Theorie beruhe auf der absoluten Einheit der sinnlichen und übersinnlichen Welt.[102] Mit Platon spricht sich Schelling hier gegen die Grundlagen des kritischen Projekts aus, das sich gerade die begründete Beschneidung des Wissens vom Übersinnlichen zum Ziel gesetzt hatte.

Mit dieser Überlegung löst Schelling das Interpretationsproblem: Es gehe Platon mit dem κοινόν gar nicht um eine tatsächliche Vermischung tatsächlicher Dinge oder tatsächlicher Substanzen, sondern um Begriffe, die nur im Vorstellungsvermögen voneinander zu trennen sind.[103] »Man sieht deutlich, daß Platon von nichts, als von subjektiven *Formen* redet, unter denen man sich die Welt vorstellt, daß er unter πέρας u. απειρον nichts als *bloß formale* Weltbegriffe, u. unter aitia nichts als einen Verstandesbegriff versteht, unter dem man sich die Verbindung dieser beiden im koinon, nach seiner Philosophie *objektiv*, denken müße.«[104]

Wie Kant identifiziert Schelling die Weltbegriffe mit den Ideen, bei Kant insbesondere mit den kosmologischen Ideen. Implizit geht es Schelling bei der Darstellung der Lehre von den vier Gattungen des Seienden um die Ideenlehre. Er verwahrt sich gegen eine Interpretation, die Platons Ideen substantialisiert und optiert für eine intelligible Sicht auf die Ideen. Sie sind

---

18. *Jahrhundert*. Frankfurt a. M. 2000; Asmuth, Christoph, »›... das sind Fragen, um die der Mathematiker gerne seine ganze Wissenschaft gäbe ...‹ – Kant und das Problem des Weltanfangs«, in: *Anfänge und Übergänge*. (Hg.) Schmitz-Emans, Monika – Röttgers, Kurt. vorauss. Essen 2003.

101 Vgl. auch die Parallel-Stelle: Schelling, »Timaeus«, S. 68: »Aus dem obigen erhellt schon, daß Plato behaupten will, diese 4. Formen seien als Begriffe zu betrachten, unter die man alles Daseyn in der Welt subsumiren kann, kurz sie seien als *Weltbegriffe*, nicht auf einzelne Gegenstände nur[,] sondern auf das ganze Universum zu beziehen.«

102 Vgl. Schelling, »Timaeus«, S. 63.

103 Vgl. Schelling, »Timaeus«, S. 70.

104 Schelling, »Timaeus«, S. 69. – In einer späteren Auslegung begreift Schelling das κοινόν als das Objekt überhaupt, das durch die ursprüngliche Handlungsweise des Geistes hervorgebracht werde. »Und so ist es sonnenklar erwiesen: das Objekt sey nicht etwas, was uns von außen, *als* ein solches, gegeben ist, sondern nur ein Produkt der ursprünglichen geistigen Selbstthätigkeit, die aus entgegengesetzten Thätigkeiten ein drittes Gemeinschaftliches (κοινόν bei Platon) schafft und hervorbringt.« (Schelling, *Abhandlungen zur Erläuterung des Idealismus der Wissenschaftslehre* [1796/97], SW I, 357)

wesentlich Begriffe. Gründe für eine substantialisierende Interpretation liegen nach Schelling in einer mangelnden Einsicht in die unterschiedlichen
Erkenntnisregionen, daß Platon nämlich den besonderen Erkenntnisweisen
auch besondere Erkenntnisobjekte hat zuordnen wollen, eben der auf Wahrnehmung sich gründenden *Meinung* die wandelbaren und werdenden, ent-
stehenden und vergehenden Objekte und der *Vernunft* die unwandelbaren
Ideen.[105] Die Meinung, δόξα, setzt Schelling dem Kantischen Begriff der
Erfahrung gleich. Die Ideen und ihre Erkenntnis müssen deshalb von der
Erfahrung unabhängig sein. Diese Erkenntnisweise ist reine Erkenntnis, die
Ideen sind »*Objekte*, die durchaus unsichtbar, u. schlechterdings nicht Ge-
genstände der sinnlichen Anschauung seyn können.«[106]

3.4 Die kommentierende Interpretation

Der »Timaeus«-Kommentar Schellings ist mehr als ein bloßes Exzerpt. Es
handelt sich auch nicht um einen Kommentar im eigentlichen Sinn. Vielmehr findet sich in diesem Text ein einzigartiges Dokument, das an einem
konkreten Text – und an ihm als Leitfaden entlang – versucht, eine konsistente Interpretation zu entwickeln, dies offenbar unter der Maßgabe, daß
Platons Dialog für die zeitgenössischen Fragestellungen Antworten oder
zumindest Beiträge zu einer Antwort liefern könnte. Die Fragestellung läßt
sich eindeutig als eine erkenntnistheoretische bestimmen. Sie ist dominiert
durch eine Kantische Begrifflichkeit. Schelling nimmt die idealistisch-
transzendentalphilosophische Perspektive affirmativ auf. Es ist ihm ein Anliegen, Platons Kosmogonie an das Kantische Projekt anzuschließen.[107]
Schellings Augenmerk gilt daher in erster Linie der Ideenlehre Platons. Sie
muß in die Rahmenbedingungen der Transzendentalphilosophie hineinpas-
sen. Anstoß nimmt Schelling dagegen an allen Versuchen, die Ideen zu sub-
stantialisieren. Zwei zentrale Argumente bietet Schelling dazu auf:

---

105 Vgl. Schelling, »Timaeus«, S. 23.
106 Schelling, »Timaeus«, S. 72.
107 Darauf weist hin: Krings, Hermann, »Genesis und Materie – Zur Bedeutung der ›Timaeus‹-Handschrift für Schellings Naturphilosophie«, in: *Schelling, F. W. J., »Timaeus.«
(1974).* (Hg.) Buchner, Hartmut. Stuttgart-Bad Cannstatt 1994, S. 117–155, hier insb. S. 121f.
Dort finden sich auch Hinweise auf Textstellen bei Schelling. Krings kommt zu der Wertung:
»Doch dem sicherlich auffälligen Gebrauch der kantischen Begriffe und Termini sowie der
Interpretation der platonischen Ideenlehre mit Hilfe transzendentalphilosophischer Konzepte
steht eine nicht minder starke Tendenz gegenüber, die kantische Begriffslehre zu platonisieren.
Ja, beim näheren Zusehen zeigt sich, daß Schelling stärker den transzendentalkritischen An-
satz Kants in den platonischen Denkzusammenhang lenkt als umgekehrt.« (a. a. O., S. 123)

1. führt die Substantialisierung der Ideen zu einer Zwei-Welten-Theorie und
2. unterläuft die Substantialisierung der Ideen ihrem Charakter als reinen Begriffen.

Darum argumentiert Schelling stets für eine Auffassung, nach der die Ideen Objekte des Vorstellungsvermögens und die Gattungen des Seienden Kategorien bzw. Weltbegriffe sind. Das stärkste Argument, das Schelling aufbietet, liegt aber darin, daß die dem Platonischen *Timaios* zugrundeliegende philosophische Position zutreffend ist. So bemerkt Schelling, daß die schon vor Platon vorhandene Lehre, die sichtbare Welt sei nichts anderes als Abbild und Nachahmung einer unsichtbaren, ihren philosophischen Grund habe »in uns selbst«[108], in einem aktiven und affirmativ zu bestätigenden Philosophieren. Hier verschiebt sich die Fragestellung – kantianisiert Schelling Platon oder platonisiert er Kant – in eine ganz andere Richtung: Die bloße Interpretationsperspektive enthält Momente eines transformierenden Verfahrens. Die Frage ist nicht mehr allein darauf gerichtet, was Platon gesagt hat und ob er damit recht gehabt habe, auch nicht darauf, ob der Kantischen Theorie insgesamt zuzustimmen sei, sondern vielmehr, ob sich bei Platon Elemente einer ›wahren‹ Philosophie finden lassen. Darin zeigt sich das ganz systematische Anliegen Schellings, das sich weder auf Platon noch auf Kant rein affirmativ bezieht.

Indem Schelling in einer Kantischen Terminologie spricht, könnte es naheliegen, darin eine Korrektur Platons zu erkennen. Das dürfte in einigen Fällen, die hier benannt sind, zutreffen. Andererseits verbirgt sich in Schellings Verfahren jedoch auch eine Korrektur Kants. Sie bezieht sich nicht nur darauf, daß Schelling mit Platon die Verstandes- oder Vernunftbegriffe in einen göttlichen Intellekt verlegt.[109] Vielmehr betrifft dies das ganze kritische Projekt. Bei Platon konnte Schelling erkennen, daß von den kosmologischen Ideen, seinen Weltbegriffen, den Gattungen des *Philebos*, sehr wohl positiver Gebrauch gemacht werden kann. Sie übersteigen zwar die Grenzen der menschlichen Erfahrung, sind aber nicht nur, wie für Kant, zu einem regulativen Gebrauch bestimmt, sondern – darüber hinausgehend – konstitutiv für eine nicht empirische, d. h. spekulative Naturauffassung. Die Begrenzung aller Verstandes- und Vernunfttätigkeit auf ihren Bezug zur Sinnlichkeit scheint Schelling nicht zufriedenzustellen. Das Interesse für Platons Ideenlehre dürfte ihm einen Weg gewiesen haben, der ihn aus den strengen

---

108 Schelling, »Timaeus«, S. 31.
109 Vgl. dazu: Krings, Hermann, »Genesis und Materie – Zur Bedeutung der ›Timaeus‹-Handschrift für Schellings Naturphilosophie«, S. 123: »Die reinen Begriffe der *menschlichen* Vernunft sind also nicht das wahre Apriori; dieses sind vielmehr die Ideen im *göttlichen* Verstand.«

Grenzen der Kantischen Philosophie hinaus- und zu einer spekulativen Philosophie hinführte.

Von entscheidender Bedeutung für die Analyse und Bewertung einer Interpretation ist nicht nur der positive Bezug auf den zugrundeliegenden Text. Von Bedeutung ist auch das Unverständnis oder der blinde Fleck im Gewahr-Werden der Gehalte. Bei Schelling betrifft das sicher den mathematischen Ansatz Platons. Schelling interessiert weder die antike Proportionenlehre, die für die Mischung der Weltbestandteile bedeutsam ist, noch Platons Polyeder-Theorie: Sie gehöre der mechanischen Erzeugung und dem bloß physischen Zusammenhang der Elemente an.[110] Dasselbe gilt für die Überlegung zu Platons Zeittheorie, bei deren Interpretation für Schelling der Zusammenhang von Zeit und Zahl überhaupt keine Rolle spielt. Gleiches läßt sich von Platons Theorie des Raumes sagen. Hier hätte sich – in der Perspektive Schellings – sicherlich die Frage nach den reinen Formen der Anschauung genau so stellen können, wie das Problem, wie ein Übergang von der erkenntnistheoretisch-idealistischen Fragestellung hin zu einer naturphilosophischen zu finden sei.

Ähnliche Defizite lassen sich auch erkennen, was die Form des Platonischen Dialogs betrifft. So läßt es Schelling unerwähnt, daß Platon der Erzählung des Timaios lediglich den Status einer *wahrscheinlichen Rede* zubilligen möchte.[111] Unerwähnt bleibt auch die Zäsur bei Tim. 74e: der Einsatz eines neuen Argumentationsganges als *zweiter Anfang*. Schellings Auffassung tendiert dazu, die dogmatischen Aussagen Platons von ihrem Kontext im Dialog zu isolieren. Dies gilt besonders von seiner Behandlung des *Philebos*. Hier bezeichnet Schelling zwar das Thema des Dialogs zutreffend als das der Bewertung von Lust und Vernunft, stellt aber keinen Zusammenhang her zur Fragestellung des *Timaios*. Es dominiert offensichtlich das systematische Anliegen, den Begriff der Materie bzw. des ἄπειρον zu klären. Die Überlegungen des *Philebos* werden daher aus ihrem Kontext genommen und in einen kosmologischen Horizont übertragen.

Insgesamt dürfte es kaum verwundern, wenn sich in Schellings späterem Denken immer wieder Spuren finden, die auf die frühe intensive und systematische Arbeit an Platons *Timaios* hinweisen.[112] Zwei Bereiche seien hier explizit genannt: Die Naturphilosophie und die Identitätsphilosophie. Bei der Naturphilosophie ist die Beschäftigung mit der Materie des Demiurgen sicherlich wegweisend gewesen. Gleiches gilt für die Ablehnung einer bloß

---

110 Schelling, »Timaeus«, S. 75.
111 Vgl. Platon, Tim. 29bc, 44cd, 48cd, ähnlich 51c–e.
112 Vgl. Bickmann, Claudia, »Schellings Identitätsform im Lichte der Dialektik Platons«, in: *Das antike Denken in der Philosophie Schellings.* (Hg.) Adolphi, Rainer – Jantzen, Jörg. (Schellingiana; 11) Stuttgart-Bad Cannstatt 2004, S. 147–196.

empirischen Naturforschung. Für die Identitätsphilosophie sind die Spuren schwieriger zu deuten. Der nächste Abschnitt wird sich daher nur kurz mit der Naturphilosophie, dafür aber intensiver mit der Identitätsphilosophie befassen, dies an der besonders geeignet erscheinenden Schrift *Bruno oder über das göttliche und natürliche Princip.*

3.5 Natur als Subjekt

Tatsächlich bestätigt die weitere Entwicklung des Schellingschen Denkens einige Momente seiner systematischen »Timaeus«-Interpretation.[113] Die intensiven Überlegungen Schellings zur Materie etwa münden wenige Jahre später in seiner Theorie der Materie-Konstruktion. Genau so deutlich erkennt man das Interesse des jungen Schelling für Fragen der Naturphilosophie. Viel von der Begeisterung Schellings für Platon beruht auf der Möglichkeit einer *spekulativen Physik.* Zwar taucht dieser Begriff im »Timaeus«-Kommentar nicht auf. Allerdings betont Schelling häufig, daß er an Platon gerade dessen apriorisches Verfahren schätze: »Es war eine große Idee Platos, die ihn leicht zur Begeisterung hinreißen konnte, daß er die Harmonie der Naturwesen, nicht nur untereinander sondern auch jedes einzelnen mit sich selbst, nicht auf dem Wege der empirischen Naturforschung, sondern in der Untersuchung der reinen Formen des Vorstellungsformen selbst suchen wollte.«[114]

Noch ist Schelling weit davon entfernt, die *Natur als Subjekt* aufzufassen – eine Formulierung, die bekanntlich von Schelling selbst stammt,[115] und

---

113 Zentral hier: Krings, Hermann, »Genesis und Materie – Zur Bedeutung der ›Timaeus‹-Handschrift für Schellings Naturphilosophie«, S. 117–155. Im einzelnen sollen hier die Details dieser Studie nicht wiederholt werden. – Ferner: Wieland, Wolfgang, »Die Anfänge der Philosophie Schellings und die Frage nach der Natur«, in: *Materialien zu Schellings philosophischen Anfängen.* (Hg.) Frank, Manfred – Kurz, Gerhard. Frankfurt a. M., S. 237–279; Baum, Manfred, »Die Anfänge der Schellingschen Naturphilosophie«, 95–112; Holz, Harald, »Das Platonische Syndrom beim jungen Schelling (Hintergrundtheoreme in der Ausbildung seines Naturbegriffs)«, in: ders., *Die Idee der Philosophie bei Schelling. Metaphysische Motive in seiner Frühphilosophie.* Freiburg/München 1977, S. 19–63.
114 Schelling, »Timaeus«, S. 34.
115 Schelling; *Einleitung zu dem Entwurf einer Philosophie der Natur,* SW III, 284ff. Natürlich kann man diesen Ausdruck »Natur als Subjekt« kritisieren: als transzendentalphilosophischen Unsinn, als logisch widersprüchlich, als vordergründig paradox. Vgl. dazu: Krings, Hermann, »Natur als Subjekt. Ein Grundzug der spekulativen Physik Schellings«, in: *Natur und Subjektivität. Zur Auseinandersetzung mit der Naturphilosophie des jungen Schelling.* (Hg.) Heckmann, Reinhard – Krings, Hermann – Meyer, Rudolf W. Stuttgart-Bad Cannstatt 1985, S. 111–128, insb. 111ff. – Schelling konnte einen ähnlichen Gedanken aber auch bei Jacobi lesen, der im Anhang an sein Spinoza-Buch (*Ueber die Lehre des Spinoza, in Briefen*

zwar aus einer kleinen Schrift mit dem barock anmutenden Titel: *Einleitung zu dem Ersten Entwurf einer Philosophie der Natur oder über den Begriff der speculativen Physik und die innere Organisation eines Systems dieser Wissenschaft* aus dem Jahre 1799. Dieser Ausdruck wendet sich mit Emphase gegen eine objektivierende, empirische Naturwissenschaft. Diese Wendung gegen eine bloß empirische Naturforschung hatte Schelling 1794 im »Timaeus«-Kommentar bei Platon gefunden. Und er konnte ihr mit dem Zeugnis Platons zustimmen. Allerdings sind seine späteren Äußerungen zur Natur angereichert durch ein intensives Studium der materialen empirischen Naturwissenschaften seiner Zeit, das ihm nicht nur einen Überblick über die aktuellen Fragen der Naturforschung einbrachte, sondern ihn bis ins Detail vertraut machte mit den wesentlichen Errungenschaften und Neuerungen. Im »Timaeus«-Kommentar scheint Schelling nur zu ahnen, daß ihn eine bloß empirische Sicht auf die Natur – trotz der rasanten Ausweitung an empirischen Kenntnissen – philosophisch nicht befriedigen würde.

Die *Ideen zu einer Philosophie der Natur* leitet Schelling 1797 mit einigen Überlegungen ein, die diese Haltung der Natur gegenüber als einen Grundzug bestätigen können, der seit dem »Timaeus«-Kommentar als Impuls zur Herausbildung einer eigenständigen Naturphilosophie implizit vorhanden ist. So meint Schelling beispielsweise, daß derjenige, der unmittelbar die Natur erkundet, der sie empirisch erforscht, genau so wenig bereit ist, die Natur philosophisch zu befragen, wie derjenige, der ihren Reichtum genießt. Eine, wenn nicht sogar die zentrale Frage der Philosophie wäre aber, wie die Natur überhaupt möglich sei. Naturforscher und Naturgenießer gehören zu den philosophisch Naiven: Sie distanzieren sich nicht von der Natur, sondern bleiben in ihr, sie sammeln und beobachten, was geschieht[116], sie staunen und bewundern die Natur – alles dies Formen eines bloß empirischen Verhaltens gegen die oder in der Natur.

Dem gegenüber steht der Philosoph. Seine Genese wird von Schelling idealhistorisch erklärt: Im philosophischen Naturzustand habe der Mensch in Einheit mit der Natur und mit sich selbst gelebt, eine Art Paradieszustand. Der Grund für den Auszug aus dem Naturzustand sei der Geist des Men-

---

an Herrn Moses Mendelssohn, Breslau ²1789, Beilage 1) einen Auszug gibt aus Giordano Bruno. Dort redet Jacobi vom »Subjekt der Natur«, der formlosen, aber schöpferischen Materie, ein Gedanke, den Schelling aufnehmen konnte. Allerdings muß der Subjekt-Begriff bei Jacobi noch in der alten Bedeutung als Substrat verstanden werden, nicht in einem erkenntnistheoretischen Sinne als das dem Objekt gegenüberstehende Erkennende. – Vgl.: Asmuth, Christoph, »Natur als Objekt – Natur als Subjekt. Der Wandel des Naturbegriffs bei Fichte und Schelling«, in: *Neuzeitliches Denken*. Festschrift für Hans Poser zum 65. Geburtstag. (Hg.) Abel, Günter – Engfer, Hans-Jürgen – Hubig, Christoph. Berlin/New York 2002, S. 305–321.

116 Vgl.: Schelling, *Einleitung zu dem Entwurf einer Philosophie der Natur*, SW III, 283.

schen. Ihm verdanke er das Streben nach Freiheit, das Streben danach, »sich den Fesseln der Natur und ihrer Vorsorge [zu] entwinden und dem ungewissen Schicksal seiner eigenen Kräfte [zu] überlassen.«[117] Ziel sei es, zurückzukehren in jenen ersten Zustand der Einheit, nun aber durch eigene Kraft, eigenes Verdienst, als »Sieger«.

Durch die erste Differenz des Menschen zur Natur entsteht die Reflexion: »von nun an trennt er was die Natur auf immer vereinigt hatte, trennt den Gegenstand von der Anschauung, den Begriff vom Bilde, endlich (indem er sein eigenes *Objekt* wird) sich selbst von sich selbst.«[118] Ursprünglich sei im Menschen ein Gleichgewicht zwischen seinen Kräften und seinem Bewußtsein, ein Gleichgewicht, das der Mensch durch Freiheit aufzuheben imstande sei, nur um es wiederzuerlangen.

Daraus läßt sich folgendes entnehmen:
1. Der Naturzustand des Menschen wird von Schelling durchgehend positiv bewertet. Dort ist der Mensch eins mit sich selbst und der Natur, ein – nach der Trennung – wiederherzustellender Zustand.
2. Einheit mit der Natur ist jeder Form von Differenz vorausgesetzt, sei diese jene zwischen Geist und Natur, sei sie die zwischen Einheit und Reflexion, sei sie die von Gegenstand und Anschauung.
3. Schelling sieht die Rolle der Reflexion durchaus nicht positiv. Sie ist für ihn ein Signum der Trennung, letztlich also etwas, das überwunden werden muß.
4. Philosophie ist ihm das Instrument der Rückkehr. Damit ist die Philosophie selbst der Akt, die Reflexion zu überwinden.

Schelling scheint, das zeigen die *Ideen zu einer Philosophie der Natur*, speziell durch Naturphänomene wie Magnetismus, Elektrizität, Galvanismus und chemische Prozesse zu weitergehenden Fragen angeregt worden zu sein. Eine bloß mechanistische Erklärung schien ihm nicht angemessen zu sein. Dies zeigt sich für Schelling am lebenden Organismus: »Die Organisation aber producirt *sich selbst*, entspringt *aus sich selbst*; jede einzelne Pflanze ist nur Produkt eines Individuums *ihrer* Art, und so producirt und reproducirt jede einzelne Organisation ins Unendliche fort nur *ihre Gattung*. Also schreitet keine Organisation *fort*, sondern kehrt ins Unendliche fort immer in sich *selbst* zurück. Eine Organisation als solche demnach ist weder *Ursache* noch *Wirkung* eines Dinges außer ihr, also nichts, was in den Zusammenhang des Mechanismus eingreift.«[119]

Die Unzufriedenheit Schellings mit der Naturforschung und Naturphilo-

---

117 Schelling, *Ideen zu einer Philosophie der Natur*, SW II, 12f.
118 Schelling, *Ideen zu einer Philosophie der Natur*, SW II, 13.
119 Schelling, *Ideen zu einer Philosophie der Natur*, SW II, 40.

sophie seiner Zeit beruht darauf, daß sie keinen Begriff haben entwickeln können von einem Zusammenhang von Geist und Natur. Dabei ist es für Schelling klar, daß es keine Reduktion auf eine der beiden Pole, Geist oder Natur, sinnvollerweise geben kann. Entweder entsteht daraus eine leere Reflexionsphilosophie, ein Idealismus ohne Gehalt, oder aber ein Realismus, der letztlich Empirismus oder Materialismus ist, eine Philosophie jedenfalls, die nicht erklären kann, was sie erklären soll. Gerade die organische Natur zeigt für Schelling die Lösung an, denn in ihr erkennt der menschliche Geist die sich selbst organisierende Materie. Weil aber Organisation, so Schelling, nur in bezug auf einen Geist vorstellbar sei, entstehe der Gedanke der »ursprünglichen Vereinigung des Geistes und der Materie«[120] im Organismus. Schelling erkennt in Platons Materieauffassung eine bloß einseitige Betrachtungsweise: »Plato noch stellte die Materie als ein anderes Gott gegenüber«,[121] was zuletzt in einen Dualismus münden könne. Schließlich müsse man konsequenterweise Geist und Natur als eins denken. Als Pate dafür stehen in seinem neu erworbenen Horizont Spinoza und Leibniz.[122] Diesen Gedanken feiert Schelling schließlich mit emphatischen Worten: »Solange ich selbst mit der Natur *identisch* bin, verstehe ich was eine lebendige Natur ist so gut, als ich mein eigenes Leben verstehe; begreife, wie dieses allgemeine Leben der Natur in den mannichfaltigsten Formen, in stufenmäßigen Entwicklungen, in allmählichen Annäherungen zur Freiheit sich offenbaret; sobald ich mich und mit mir alles Ideale von der Natur trenne, bleibt mir nichts übrig als ein todtes Objekt, und ich höre auf, zu begreifen, wie ein *Leben außer* mir möglich sey.«[123]

Bereits 1799 hat sich Schellings Position ins Systematische verwandelt. Schelling schwebt eine neuartige Verbindung von Ideellem und Reellem vor, die seiner Forderung 1797 in den *Ideen* entspricht: »Die Natur soll der sichtbare Geist, der Geist die unsichtbare Natur sein.«[124] Wie aber kann die Natur etwas anderes sein als ein Objekt? Schellings Antwort liegt in der Akzentuierung der Produktivität in der Natur: »Die Regelmäßigkeit in allen Bewegungen der Natur, die erhabene Geometrie z. B., welche in den Bewegungen der Himmelskörper ausgeübt wird, wird nicht daraus erklärt, daß die Natur die vollkommenste Geometrie, sondern umgekehrt daraus, daß die vollkom-

---

120 Schelling, *Ideen zu einer Philosophie der Natur*, SW II, 47.
121 Schelling, *Ideen zu einer Philosophie der Natur*, SW II, 20.
122 Vgl. Asmuth, Christoph, »Leibniz – Identität und Individualität im Denken F. W. J. Schellings«, in: *VII. Internationaler Leibniz-Kongreß* 10.–14.9.2001. Nihil sine ratione. Mensch, Natur und Technik im Wirken von G. W. Leibniz. Nachtragsband. (Hg.) Poser, Hans – Asmuth, Christoph – Goldenbaum, Ursula – Li, Wenchao. Berlin 2002, S. 135–141.
123 Schelling, *Ideen zu einer Philosophie der Natur*, SW II, 47f.
124 Schelling, *Ideen zu einer Philosophie der Natur*, SW II, 56.

menste Geometrie das Producirende der Natur ist, (. . .).«[125] Diese Formulierung enthält einen deutlichen Anklang an seine Auslegung des Platonischen
Timaios, dessen Theorie der Weltschöpfung gerade darin besteht, daß der
Demiurg das schlechthin Regellose in vollkommene Regelmäßigkeit verwandelt habe, dies aber dadurch, daß die Welt an der Verstandesform teilhat.
Bereits im »Timaeus-Kommentar« findet sich die Auffassung, daß das Begriffliche in die empirische Sphäre eingeschweißt sein muß.

Zugleich kommt Schelling zu einer begrifflichen Trennung von Welt und
Natur. Ist ihm die Welt der Inbegriff aller Erscheinungen, so ist der entscheidende Unterschied der Natur, daß sie kein bloßes Produkt, sondern daß sie
selbst produktiv ist. Schelling kann das beständige Übergehen der Natur von
der Produktion zum Produkt und vom Produkt zum erneuten Produzieren
als ein Schweben bezeichnen. Dieses Schweben kommt der Natur nicht äußerlich zu, sondern ist ihr wesentlich, ein Signum ihrer Geisthaftigkeit, ihrer
Beseeltheit. »Insofern wir das Ganze der Objekte nicht bloß als Produkt,
sondern nothwendig zugleich als produktiv setzen, erhebt es sich für uns zur
Natur, und nichts anderes, ist selbst im gemeinen Sprachgebrauch durch den
Begriff der Natur bezeichnet. Die *Natur* als bloßes Produkt (natura naturata)
nennen wir Natur als *Objekt*. Die *Natur als Produktivität* (natura naturans)
nennen wir *Natur als Subjekt* (auf diese allein geht alle Theorie).«[126]

3.6 Identitätsphilosophie: Die Platonrezeption im Bruno

3.6.1 Die Ideenlehre

Der Dialog *Bruno* ist als eine Hommage zu verstehen an den Philosophen,
Mathematiker und Mediziner, Naturforscher und Gedächtniskünstler Giordano Bruno aus Nola bei Neapel.[127] Schelling kannte Giordano Bruno
vornehmlich aus Jacobis Spinoza-Buch, dessen erste Beilage bekanntlich
einen übersetzten Auszug präsentiert aus *De la causa, principio e uno*.[128]

125 Schelling, *Einleitung zu dem Entwurf einer Philosophie der Natur*, SW III, 272.
126 Schelling, *Einleitung zu dem Entwurf einer Philosophie der Natur*, SW III, 284.
127 Vgl. zum folgenden: Beierwaltes, Werner, »Absolute Identität. Neuplatonische Implika-
tionen in Schellings ›Bruno‹«, in: ders., *Identität und Differenz*. Frankfurt a. M. 1980,
S. 204–240.
128 Jacobi, Friedrich Heinrich, »Beylage I« [1789], in: *Beylagen zu den Briefen über die
Lehre des Spinoza*, in: Friedrich Heinrich Jacobi. Werke. (Hg.) Roth, Friedrich – Köppen,
Friedrich. Bd. IV, 2, S. 5–18. Repr. Nachdr. Darmstadt 1980. Als weitere Quelle käme auch in
Frage: Fülleborn, Georg Gustav, *Beyträge zur Geschichte der Philosophie*. 3 Bde. 12 Stücke.
Jena 1791–1799. Bd. 2 (1796), S. 37–104, da Schellings Anspielungen näher an Giordano
Bruno zu liegen scheinen, als Jacobis Übersetzung zuläßt. – Vgl.: Otto, Stephan, »Das ›Sym-
bolum der wahren Philosophie‹. Die *nolana philosophia* und ihre Vermittlung durch Jacobi

Allerdings ist Jacobis Auszug gefärbt und an vielen Stellen irreführend. Es steht auch zu vermuten, daß die Wirkung, die Giordano Bruno im Deutschen Idealismus entwickelte, sicher auf diese Weise nicht zustande gekommen wäre, hätte nicht Jacobi die Philosophie Brunos in die Nähe von Spinoza gerückt, den Spinoza eines Spinoza-Bildes allerdings, das gleichfalls von Einseitigkeiten und Einschränkungen geprägt ist. Jacobi konzentriert sich in seinem Auszug auf den Dritten und Vierten Dialog, in dem es wesentlich um die Materie geht, die von Bruno gegenüber der Substanz aber auch gegenüber den Formen aufgewertet wird. Brunos spekulativer Materialismus ist zugleich eine Einheitslehre, neuplatonisch beeinflußt und massiv anti-aristotelisch. Bruno bezeichnet die Materie als etwas Göttliches, nicht nur als etwas bloß Passives, sondern als etwas Produktives, das aus sich heraus zur Hervorbringung in der Lage ist, als Identität von Akt und Potenz. Die Materie selbst ist formlos, eine für Schelling wichtige und an den *Timaios* erinnernde Formulierung.

In der Intention Jacobis dürfte es indes nicht gelegen haben, die jüngere Philosophengeneration zu einer affirmativen Rezeption von Spinoza und Bruno zu animieren. Im Gegenteil: Die philosophische Position der beiden Denker wurde von Jacobi pejorativ unter dem Etikett »Pantheismus« subsumiert, von dem Jacobi befürchtete, daß seine rationalistische Ausprägung jedes Gefühl für einen persönlichen Gott und seine Schöpfung auslöschen würde. Jacobi erblickte in Spinoza und Giordano Bruno die Protagonisten einer solchen »atheistischen« oder »nihilistischen« Philosophie. Indes war die Invektive gegen seine Zeitgenossen gerichtet, in erster Linie gegen Lessing und Mendelssohn, aber auch gegen Fichte und schließlich gegen Schelling.

Schelling entwickelt in seinem Dialog *Bruno* jedenfalls ein positives Bild des Nolaners, wenn er letztlich auch auf die Überlieferung durch Jacobi angewiesen bleibt. Seit der Edition der englischen Übersetzung des *Bruno* durch Michael G. Vater im Jahre 1984 ist darüber hinaus bekannt, in welchem Umfang Schelling in seiner Jenaer Zeit, insbesondere aber in seiner in Dialogform abgefaßten Schrift *Bruno oder über das göttliche und natürliche Princip der Dinge* auf Platon rekurriert.[129] Neben zwei weiteren wichtigen

an Schelling«, in: *Das antike Denken in der Philosophie Schellings.* (Hg.) Adolphi, Rainer – Jantzen, Jörg. (Schellingiana; 11) Stuttgart-Bad Cannstatt 2004, S. 545–578.

129 Schelling, F. W. J., *Bruno or On the Natural and the Divine Principle of Things* (1802). Edited and translated with an introduction by Michael G. Vater. (SUNY series in Hegelian studies) Albany, N. Y. 1984. – Ungewöhnlich ist daher die Mühe, die sich M. Franz macht, indem er 1996 erneut und im einzelnen nachweist, welche Zitate aus dem *Timaios* Platons in den *Bruno* Schellings eingeflossen sind – offensichtlich in Unkenntnis der Arbeiten von M. Vater. Letztlich gelangt M. Franz zu der sicher richtigen These, Schelling habe sich seiner philosophischen Anfänge erinnert und sich – vermutlich – seiner Notizen bei der Abfassung

Bezugspunkten, nämlich Spinoza und Leibniz, ist es unbestreitbar Platon, der wie eine Folie den Überlegungen Schellings zugrunde liegt.[130] Dabei ist es vornehmlich der *Timaios*, auf den Schelling zu rekurrieren scheint, genauer: Es ist der *Timaios* seines Kommentars aus dem Jahre 1794, der eine ungewohnte Präsenz erhält.[131] Das gibt schon der Titel der Schrift zu erkennen, mit dem Schelling explizit auf Tim. 68e anspielt,[132] eine Stelle, an der Platon von zwei Ursachen spricht, die es zu unterscheiden gelte, die notwendige und die göttliche.

Interessanter als dies ist der Beginn des *Bruno*: Wie auch im »Timaeus«-Kommentar, so unterscheidet Schelling – wie Platon selbst – zwischen verschiedenen Formen der Erkenntnis und den ihnen korrelierenden Arten von Erkenntnisgegenständen. Hier sind es allerdings drei Ebenen.[133] Die erste, weil niedrigste Ebene bildet die Welt der vergänglichen Dinge, die Welt der Gegenstände, die den Bedingungen der Zeit unterworfen ist. Dieser Welt korrespondiert die Erkenntnisweise mit bloß vergänglicher Gewißheit. Wie die wandelbaren Dinge so sind auch die Erkenntnisse wandelbar. Was gewiß ist, ist dies nur für einige Zeit, nicht auf Dauer. Stabilität und Verläßlichkeit eignet dieser niedrigsten Erkenntnisinstanz nicht. Wahrheit schließlich, mit der Schellings fiktive Unterredner einen absoluten Gewißheitsanspruch verbinden, kann dieser Instanz so wenig zukommen, wie der zweiten, darauf folgenden.

Jetzt rücken zwar Stabilität, Verläßlichkeit und Unwandelbarkeit der Erkenntnis in den Mittelpunkt, aber auf der Objektseite stehen noch immer die endlichen Dinge. Das, was von ihnen erkannt wird, transzendiert nun die Wahrnehmungsebene, die durch bloße Wandelbarkeit, d. h. durch endliche Zeitlichkeit charakterisiert ist. Hier gelten die Erkenntnisse für alle Zeit: eine unvergängliche Gewißheit, allerdings eine Gewißheit vergänglicher Dinge und für vergängliche Dinge. Was Schelling hier vor Augen hat, wird klar, wenn man sich dem Beispiel zuwendet, das er selbst gibt: »Denn wer der Menschen wird leugnen, daß einer jeden Wirkung ihre Ursache vorausgehe, und daß diese Gewißheit, ohne an den Gegenständen geprüft zu werden, unmittelbar durch die bloße Beziehung des endlichen Erkennens auf den Begriff des Erkennens, unzweifelhaft sey? Wenn aber derselbe

---

des *Bruno* bedient, dies insbesondere deshalb, weil er durch die Auseinandersetzung mit Fichte (nach 1800), die er gemeinsam mit Hegel betrieb, dazu angeregt worden sei.

130   Auf die neuplatonische Tradition, die in Schellings Text ihren Widerhall findet, weist hin: Beierwaltes, Werner, »Absolute Identität. Neuplatonische Implikationen in Schellings ›Bruno‹«, in: Philosophisches Jahrbuch 80 (1973), H. 2, S. 242–266.

131   Vgl. Franz, Michael, *Schellings Tübinger Platon-Studien*, S. 262–269.

132   Vgl. Schellings Anmerkung im *Bruno*, SW IV, 330.

133   Die Überlegungen Schellings zu den drei Instanzen der Erkenntnis ziehen sich durch den ganzen *Bruno* hindurch, hier insb.: SW IV, 219–222.

Satz außer der Beziehung auf das an sich Endliche keine Bedeutung hat, so ist es auch unmöglich, daß ihm Wahrheit zukomme.«[134] Dem Satz der Kausalität, so das Fazit Schellings, kann nur untergeordnete oder relative Wahrheit zugesprochen werden. Im »Timaeus«-Kommentar hatte Schelling den Satz der Kausalität als einen der beiden Hauptsätze aus dem Platonischen *Timaios* (28a) herauspräpariert: Alles, was entsteht, muß notwendig aus einer Ursache entstehen. Dort sicherte die Kausalität die Relation von Idee und Ideat. Hier wird der Kausalität überhaupt eine nur regionale Gültigkeit zugewiesen, sei sie die zwischen Naturdingen, sei sie die Kausalität aus Freiheit oder die zwischen Idee und Ideat: Kausalität – wie alle Begriffe des Verstandes – gehört zwar der Sphäre des apriorischen Erkenntnisanteils zu und ist deshalb für alle Zeit gültig, aber der Begriff der Kausalität bleibt doch stets bezogen auf die Wahrnehmung, ist deshalb nicht unabhängig von ihr, vielmehr verliert die Kausalität ohne das Material der Anschauung ihre Bedeutung.

Im *Bruno* wird diese Form der Erkenntnis noch durch eine weitere, dritte Instanz überschritten: durch eine Erkenntnis ohne Beziehung auf die Zeit mit ewiger Gewißheit des An-sich. Hier, im absoluten Wissen, gibt es absolute Wahrheit. »Wir werden also erst dann auf dem Gipfel der Wahrheit selbst angekommen seyn, und die Dinge sowohl mit Wahrheit erkennen als darstellen, nachdem wir mit unseren Gedanken zu dem unzeitlichen Daseyn der Dinge und den ewigen Begriffen derselben gelangt sind.«[135] Verbunden mit dem Begriff der Wahrheit ist jener der Urbildlichkeit. Das absolute Wissen der absoluten Wahrheit ist nicht nur erkenntnistheoretisch aufzufassen, sondern auch kosmologisch, so daß sich Schellings *Bruno* durchaus als eine transzendentalphilosophische Kosmologie lesen läßt. Die Wahrheit ist nicht nur die Gewißheit des wesentlichen Seins, des unverstellten An-sich der Dinge, sondern zugleich das Wissen um die Prinzipien, die als urbildliche Natur schöpferisch und hervorbringend ist (natura naturans). Die Urbildlichkeit ist aber gerade dort angesiedelt, wo die ewige, unwandelbare Wahrheit und Gewißheit herrschen: »(. . .) das Urbild jedes Geschöpfes muß gedacht werden als sich immer gleich und unwandelbar, ja sogar als ewig, sonach auf keine Weise der Zeit unterworfen und weder als entstanden noch als vergänglich.«[136]

Schematisch lassen sich die beiden Stufenmodelle im »Timaeus«-Kommentar und im *Bruno* wie folgt nebeneinanderstellen:

---

134 Schelling, *Bruno*, SW IV, 220.
135 Schelling, *Bruno*, SW IV, 221.
136 Schelling, *Bruno*, SW IV, 223.

»Timaeus«-Kommentar	Dinge	Werden		Sein/Identität
	Erkenntnisformen	Wahrneh-mung, doxa		Ideen
Bruno	Dinge	Endlichkeit	Unendlichkeit	Ewigkeit
	Erkenntnisgrade	vergängliche Gewißheit	unvergängliche Gewißheit ver-gänglicher Dinge	ewige Gewißheit des An-sich, abso-lutes Wissen

Die ersten Stufen des Erkenntnismodells korrespondieren in beiden Schriften miteinander. Die zweite und dritte Stufe im *Bruno* scheinen die zweite Stufe des »Timaeus«-Kommentars weiter zu differenzieren. Unendlichkeit und Ewigkeit unterscheiden sich im *Bruno* zunächst dadurch, daß die Unendlichkeit immer noch einen Bezug zur Endlichkeit aufweist, in dem sie einerseits die unvergängliche Seite des Vergänglichen herausstellt, andererseits aber schon rein begrifflich die Abwesenheit des Endlichen, damit aber den Bezug zum Endlichen thematisiert.[137] Das Ewige dagegen ist frei von allem Bezug zum Endlichen, – und später wird Schelling dann noch hinzufügen, das Ewige sei die Einheit und die Wahrheit des Endlichen und Unendlichen. Damit denkt Schelling nicht nur eine Überhöhung des Endlichen, das Endliches nur ist im Licht des Ewigen, sondern auch das vorausliegende Prinzip, das nicht nur Endliches und Unendliches, sondern auch Allgemeines und Besonderes, Begriff und Gegenstand eint: »Denn was kann wohl Herrlicheres und Vortrefflicheres gedacht werden als die Natur desjenigen, in welchem durch das Allgemeine auch das Besondere, durch den Begriff auch die Gegenstände gesetzt und bestimmt werden, so, daß in ihm selbst beides ungetrennt ist, und wie sehr hast du dich mit dieser Idee über die endliche Erkenntnis erschwungen, in welcher dieß alles getrennt ist, (...).«[138] Endlichkeit und Getrenntheit der Erkenntnissphären werden als Signum der niederen Instanzen ausgemacht. Die Ungetrenntheit liegt aller Trennung voraus. Zugleich besitzt sie genetische Kraft: Im Ewigen setzt das Allgemeine in Ungetrenntheit das Besondere, setzt der Begriff zugleich seinen Gegenstand – eine Anspielung auf die intellektuelle Anschauung, wie Schelling sie in Kants *Kritik der reinen Vernunft* gefunden hatte.[139]

Klar ist zudem, daß Schelling mit den jeweils höchsten Stufen der beiden Erkenntnismodelle eine Ideenlehre vorschlägt. Wie kommt aber die Differenzierung im *Bruno* zustande? Das mehr interpretative Verfahren des »Ti-

---

137 Darin ähnlich wie Hegels *schlechte Unendlichkeit*. Vgl. Hegel, *Wissenschaft der Logik* (1812/13), Akad.-Ausg. 11, 81.
138 Schelling, *Bruno*, SW IV, 241.
139 Vgl. zur Bedeutung der intellektuellen Anschauung bei Kant: Asmuth, Christoph, *Das Begreifen des Unbegreiflichen*, S. 69–73.

maeus«-Kommentars kreiste ständig um die Ideenlehre Platons. Eine wesentliche Richtlinie fand Schelling dabei in der kritischen Philosophie Kants, der er – in der Zeit der Abfassung des »Timaeus«-Kommentars – noch affirmativ gegenüberstand. In der Auseinandersetzung mit Fichte[140] und dessen sich noch weitgehend an Kant orientierenden Jenaer Wissenschaftslehre entwickelte Schelling eine eigene Form idealistischen Philosophierens. Hier dürfte die Antwort zu suchen sein auf die Frage nach dem differenzierten Stufenmodell. Ideen und Begriffe, die im Hinblick auf Platon noch undifferenziert blieben, werden nun – durch die Notwendigkeit einer Kritik der Kantisch-Fichtischen Transzendentalphilosophie – differenzierter aufgefaßt und umgewertet. Der Ternar: Anschauung, Begriff, Idee, der bei Kant nur unter dem Verdikt des An-sich stand, wird jetzt mit einer neuen Wertung versehen. Da ist zunächst der Bezug zur Zeitlichkeit: Die Wahrnehmung ist vergänglich, Begriffe sind unvergänglich, aber bezogen auf die vergängliche Wahrnehmung, allein die Ideen haben unzeitlichen, d. h. ewigen Charakter. Damit ist zugleich eine inhaltliche Wertung verbunden: Brachte noch bei Kant die Anschauung das ganze Material der Erkenntnis herbei, so sind es bei Schelling jetzt umgekehrt die Ideen, welche die Fülle der Wahrheit enthalten.

---

140 Zur Auseinandersetzung Schellings mit der Position Fichtes gibt es inzwischen eine reichhaltige Literatur. Genannt seien: Asmuth, Christoph, »Der Anfang und das Eine. Die Systemgestalt bei Fichte, Schelling und Hegel«, in: *Schelling. Zwischen Fichte und Hegel. Between Fichte and Hegel*. (Hg.) Asmuth, Christoph – Denker, Alfred – Vater, Michael. (Bochumer Studien zur Philosophie. 32) Amsterdam 2000, S. 403–417; Denker, Alfred, »Freiheit ist das höchste Gut des Menschen. Schellings erste Auseinandersetzung mit der Jenaer Wissenschaftslehre Fichtes«, S. 35–68; ders., »Three Men Standing over a dead Dog. The Absolute as fundamental problem of German Idealism«, in: *Schelling. Zwischen Fichte und Hegel*, S. 381–401; Görland, Ingtraud, *Die Entwicklung der Frühphilosophie Schellings in der Auseinandersetzung mit Fichte*. Frankfurt a. M. 1973; Holz, Harald, »Die Dialektik in den Frühschriften von Fichte und Schelling«, in: *Archiv für Geschichte der Philosophie* 52 (1970), S. 71–90; dass., in: *Materialien zu Schellings philosophischen Anfängen*. (Hg.) Frank, Manfred – Kurz, Gerhard. (suhrkamp taschenbuch wissenschaft. 139) Frankfurt a. M., S. 215–236; Jürgensen, Sven, »Schelling: absolutes Ich oder Selbstbewußtsein«, in: *Schellings Weg zur Freiheitsschrift. Legende und Wirklichkeit*. Akten der Fachtagung der Internationalen Schelling-Gesellschaft vom 14.–17. Oktober 1992. (Hg.) Baumgartner, Hans Michael – Jacobs, Wilhelm G. (Schellingiana. 5) Stuttgart-Bad Cannstatt 1996, S. 279–287; Kuhlmann, Hartmut, *Schellings früher Idealismus. Ein kritischer Versuch*. Stuttgart/Weimar 1993; Lauth, Reinhard, »Die erste philosophische Auseinandersetzung zwischen Fichte und Schelling 1795–1797«, in: *Zeitschrift für philosophische Forschung* 21 (1967), S. 341–367; Summerell, Orrin F., »Das Sich-Setzen der Freiheit. Zum Verhältnis Schelling-Fichte«, in: *Sein – Reflexion – Freiheit. Aspekte der Philosophie Johann Gottlieb Fichtes*. (Hg.) Asmuth, Christoph. (Bochumer Studien zur Philosophie. 25) Amsterdam/Philadelphia 1997, S. 69–78; Traub, Hartmut, »Schellings Einfluß auf die Wissenschaftslehre 1804. Oder: ›Manche Bücher sind nur zu lang geratene Briefe‹« in: *Schelling. Zwischen Fichte und Hegel*, S. 77–92; ders., (Hg.) *Schelling-Fichte Briefwechsel*, S. 15–117.

3.6.2 Schönheit und Vollkommenheit

Als ein Signum der Identitätsphilosphie darf es gelten, daß Schelling den Begriff der Schönheit nicht nur in seiner ästhetischen, sondern auch in seiner kosmologischen Dimension würdigt. Auch dies ist eine Reminiszenz an den frühen »Timaeus«-Kommentar. Den Gedanken: Schönheit sei eine Vollkommenheit, Mangel an Schönheit Unvollkommenheit, läßt Schelling den Anselmo als These in das Gespräch einführen. Dies nicht ohne Hintersinn; – denn an keinem transzendentalen Ausdruck ließe sich besser das Problem demonstrieren, wie denn ein absoluter Begriff mit der Sphäre der Sinnlichkeit überhaupt zusammenhängen könne. Scheint es bei dem Begriff der Wahrheit nur darum zu gehen, darauf zu beharren, nur das Ewige und Unzeitliche sei allein wahr, alles Zeitliche, Räumliche und Sinnliche dagegen unwahr, wahr nur in Relation zur wirklichen Wahrheit, so dürfte doch in bezug auf den Begriff der Schönheit die Frage differenzierter zu stellen sein: Entweder wäre nämlich die Sinnlichkeit, d. h. Räumlichkeit, Zeitlichkeit und Vergänglichkeit für die Schönheit selbst bedeutsam wie das Material für die Schönheit einer Statue nicht unerheblich sein mag, oder aber der Begriff der Schönheit fiele mit dem der Wahrheit zusammen, und zwar auf solche Weise, daß beide sich nicht einmal in ihrer Relation zu Anderem unterschieden. Eine Ästhetik ließe sich dann gegenüber einer Wahrheitslehre, sei diese epistemologisch oder praktisch, nicht als eigenständige Disziplin etablieren.

Betrachtet man dieses Problem auf dem Hintergrund der von Schelling zuvor entwickelten Ideenlehre, so ist mit der Frage nach dem Wesen der Schönheit also auch in eminenter Weise die Frage nach dem Zusammenhang von Idee und ihrer Erscheinung gestellt. Schellings Antwort fällt erwartungsgemäß aus: Wahre Schönheit ist frei von der Bedingtheit durch die Zeit; Schönheit kommt dem ewigen Begriff eines Dinges zu. In der Endlichkeit und Zeitlichkeit kann das Schöne nur in seiner Erscheinung erfahren werden, aber nur für den, der zuvor bereits das Schöne an sich angeschaut hat, wie es frei ist von Endlichkeit und Zeitlichkeit: »Diese, welche die Schönheit an und für sich selbst gesehen haben, sind auch gewohnt, ungestört von den Mängeln, welche der widerstrebenden Natur durch den Zwang der Ursachen aufgedrungen sind, in dem unvollkommenen Abdrucke das Urbild zu sehen, alles aber zu lieben, was sie an die vormalige Seligkeit des Anschauens erinnert.«[141] Klar wird nun: Idee und Erscheinung wohnt ein Moment der Einheit inne, sonst ließe sich kein auf endliche Weise schönes Werk als schönes Werk bezeichnen. Die Schönheit muß auch in der Erscheinung sie selbst sein. Idee und Erscheinung sind verschieden, denn die Erscheinung ist als Erscheinung nicht die Schönheit selbst, sondern Schönheit

---

141 Schelling, *Bruno*, SW IV, 226.

in depotenzierter Form. Klar wird auch, daß die Kausalität – der Zwang der Ursachen – der Grund ist für die Unvollkommenheit und Mangelhaftigkeit der sinnlich-endlichen Sphäre, eine Sphäre deterministischer Bestimmtheit. Zugleich ist die Kausalität auf diese Sphäre beschränkt. Kausalität als einem Verstandesbegriff korrespondiert die sinnliche Anschauung, nur für sie hat er Gültigkeit. Schließlich ist ebenso klar, daß den Ideen eine andere, spezielle Erkenntnisform entspricht: die intellektuelle Anschauung, in der – im Gegensatz zum Verstand – die »intellektualen Urbilder der Dinge«[142] geschaut werden.

Daraus ergibt sich dann als Resultat die Antwort Schellings: Wahrheit und Schönheit sind identisch. Im einzelnen bedeutet das:

1. Wahrheit ohne Schönheit ist genau so unmöglich wie Schönheit ohne Wahrheit: »Von dieser [untergeordneten und trügerischen Wahrheit der Erscheinung; Ch. A.] Wahrheit aber kann nicht einmal gesagt werden (...), daß sie der Schönheit untergeordnet sey, sondern vielmehr, daß sie gar nichts mit ihr gemein habe. Jene einzige hohe Wahrheit aber ist der Schönheit nicht zufällig, noch ist es diese jener, und wie die Wahrheit, die nicht Schönheit ist, auch nicht Wahrheit, so kann hinwiederum die Schönheit, welche nicht Wahrheit ist, auch nicht Schönheit seyn, (...).«[143] Das Auseinander von Wahrheit und Schönheit ist nachgerade das Signum, daß es sich um eine subalterne Erscheinung handelt, wobei die Differenz von Wahrheit und Schönheit zur Differenz der Wahrheit von sich selbst und zur Differenz der Schönheit von sich selbst wird und umgekehrt.

2. Sind Wahrheit und Schönheit auf diese Weise identische ewige Begriffe, so kann es auch keinen Unterschied geben zwischen Philosophie und Poesie; »denn wonach strebt jene als eben nach jener ewigen Wahrheit, die mit der Schönheit, diese aber nach jener ungeborenen und unsterblichen Schönheit, welche mit der Wahrheit eins und dasselbe ist?«[144]

3. Das, was alle Dinge schön und wahr macht, wird in ein und derselben Idee angeschaut: Nicht nur auf der begrifflichen Ebene sind Wahrheit und Schönheit identisch, sondern auch epistemologisch wird ihre Identität an allem, was schön und wahr ist, als Identisches geschaut. Insofern etwas als wahr erkannt wird, ist es schön, insofern es als schön angeschaut wird, ist es wahr. Diese identische ewige Idee von Wahrheit und Schönheit ist die Idee des Ewigen.

So identisch nun auch immer Wahrheit und Schönheit, Philosophie und Poesie sein mögen, so unterscheiden sich doch Wahres und Schönes sowie Phi-

---

142 Schelling, *Bruno*, SW IV, 226.
143 Schelling, *Bruno*, SW IV, 227.
144 Schelling, *Bruno*, SW IV, 227.

losophie und Poesie, dies zwar nicht in bezug auf ihre ewige Idee, aber doch insofern sie der endlichen Sphäre zugehören. Schelling macht dies wiederum fest am Prozeß der Kunstproduktion, die für ihn paradigmatisch ist für das Problem der Vermittlung des Endlichen, Unendlichen und Ewigen. Damit ein sinnliches Kunstwerk erscheinen kann, müssen die Bedingungen seines Hervorbringens geklärt sein. Ein Kunstwerk ist
– hervorgebracht
– singulär
– endlich
– sinnlich und schließlich
– individuell.

In der Idee der Schönheit, die in der ewigen Idee des Ewigen mit der Idee der Wahrheit verschmilzt, liegen diese Attribute zunächst nicht. Als Vermittlungsstufe erscheint bei Schelling nun das hervorbringende Individuum, damit zugleich ein ganz neues und – wie es scheint – ganz modernes Problem: das Problem der Individualität, hier zunächst als Problem der Individualität von Künstler und Kunstwerk. Man kann diese Fragestellung aber durchaus als exemplarisch ansehen für das Problem des Einzeldings überhaupt. Schelling führt auf der Basis seiner entwickelten Ideenlehre den Gedanken des künstlerischen Genies ein, und zwar um zu erklären, wie ein Kunstwerk möglich ist. Dabei drängt sich ihm das Problem der Individualität des künstlerischen Genies genau so auf wie das des individuellen und gerade darum singulären Kunstwerks: Wie läßt sich diese Individualität in Zusammenhang bringen mit der absoluten Einheit der Idee?

Die Formel für die Verbindung des Endlichen, Unendlichen und Ewigen lautet: Durch das Ewige ist das Endliche mit dem Unendlichen verknüpft. Daher muß Schelling auch das Problem der Individualität durch die Ideenlehre lösen: »Das Ewige demnach bezieht sich auf alle Dinge durch ihre ewigen Begriffe, auf das hervorbringende Individuum also durch den ewigen Begriff des Individuums, der in Gott und mit der Seele ebenso eins ist wie die Seele mit dem Leibe. (...) Diesen ewigen Begriff des Individuums also werden wir als das Hervorbringende eines Werkes ansehen, worin die höchste Schönheit dargestellt ist.«[145] Der ewige Begriff des Individuums ist nach zwei Seiten hin identisch; er ist einerseits in Gott eins, aber andererseits genau so eins mit der Seele. Die Seele wiederum ist eins mit dem Leib.

Transzendentaler Grund der Existenz des Individuellen ist die ewige Idee des Individuums – ein Baustein in der Theorie Schellings, der die Verbindung zwischen Ideenwelt und Sinnenwelt herstellen soll, ein Baustein, den

---

145 Schelling, *Bruno*, SW IV, 227.

Schelling der Monadologie Leibnizens entnimmt.[146] Tatsächlich benötigt Schellings Theorie ein solches Verbindungsstück – dies gerade in bezug auf die Kunst. Hier tritt das singuläre Werk in seiner Singularität in den Brennpunkt des philosophischen Interesses. Ist aber das Individuelle nicht das schlechthin Unaussagbare? Schellings Versuch, das Unaussagbare auszusagen, beschreitet hier im *Bruno* einen klassischen Lösungsweg: Wenn alle Dinge ihr wesentliches Sein in ihrem ewigen Begriff haben, so muß dies auch für das hervorbringende Individuum, also das konkrete künstlerische Genie gelten. Daraus folgt aber: Das konkrete Individuum ist seinem wesentlichen Sein nach gar nicht dieses Individuum, sondern die Idee des Individuums, ewiger Begriff des Individuums. Das anvisierte konkrete künstlerische Individuum hat sich also unter der Hand entindividualisiert. Die Frage nach der künstlerischen Hervorbringung, die sich für Schelling gerade an der Singularität des Schönen entzündete, ist in den Bereich des Absoluten zurückgenommen.

Die Hervorbringung des konkreten Schönen entwickelt Schelling an einem dreifachen Bezugsmodell. Der ewige Begriff des Individuums ist dabei das Vehikel. Wie alle ewigen Begriffe so ist auch er in Gott eins, mit sich und Gott identisch. Er ist aber auch mit der Seele eins, die verlebendigendes Prinzip ist. Die Seele wiederum ist eins mit dem Leib. Auf diesem Wege wird der ewige Begriff des Individuums zum konkreten Individuum, wird Teil der sicht-, hör- und fühlbaren Welt. Auf der anderen Seite stellt Schelling sicher, daß das Ewige nicht durch das sinnlich Schöne kontaminiert wird: Das, was dort als das Schöne erscheint, ist keineswegs die ewige Schönheit, sondern sie »wird nur durch das Ewige hervorgebracht, sofern es der ewige Begriff eines Individuums ist und sich auf dieses unmittelbar bezieht.«[147] Hier bricht wiederum die Distanz auf, die zwischen Ideenwelt und Sinnlichkeit liegt, eine Distanz, die sich letztlich zu einer Stufenfolge des Schönen nutzen läßt, nach der sich die Vollkommenheit der Hervorbringungen bemessen läßt: »Sehen wir daher nicht, daß, je vollkommener jener Begriff und gleichsam organischer, desto geschickter auch der Hervorbringende, andere Dinge als sich selbst darzustellen, ja sich ganz von seiner Individualität zu entfernen, dagegen je unvollkommener jener und einzelner, desto ungeschickter dieser, in noch so wechselnden Formen etwas anderes als sich selbst zu offenbaren?«[148]

Hier drängt sich unmittelbar die Frage auf, wie der Begriff des Individuums selbst vollkommener oder unvollkommener sein kann, wenn er doch

---

146 Vgl. Christoph Asmuth, Leibniz – Identität und Individualität im Denken F. W. J. Schellings, S. 135–141.
147 Schelling, *Bruno*, SW IV, 229.
148 Schelling, *Bruno*, SW IV, 229.

ein ewiger Begriff ist, der nach der einen Seite mit Gott, nach der anderen Seite mit der Seele identisch ist. Schelling verlagert das Problem der Individualität nun wieder in den Begriff; jenes Mehr oder Weniger zeichnet nicht das konkrete Individuum aus, sondern kommt dem Begriff des Individuums zu. Wie dies geschehen kann, läßt Schelling offen. Tatsächlich ist das Individuelle auch gar nicht das Ziel der Argumentation, sondern die Behauptung, daß das Wesentliche des Kunstwerks, das, was es vollkommen, d. h. schön macht, in seiner Entfernung vom Individuellen zu finden ist.

Durch den Theoriebaustein einer *Idee des Individuums* löst Schelling jedoch noch ein weiteres Problem: Wie ist die phänomenal offensichtliche Trennung von Poesie und Philosophie möglich, wo sie doch ursprünglich identisch sind? Vermittelst der Idee des Individuums – so argumentiert Schelling – bezieht sich das Schöne und Göttliche unmittelbar nur auf dieses hervorbringende Individuum.»Ist es daher nicht ferner begreiflich, daß diejenigen, welche geschickt sind schöne Werke hervorzubringen, die Idee der Schönheit und Wahrheit an und für sich selbst oft am wenigsten besitzen, eben weil sie von ihr besessen werden?«[149] Das Genie ist unbewußter Produzent künstlerischer Werke. Es erkennt nicht die ewige Idee der Schönheit und bringt – ihr gemäß – das vollkommene Kunstwerk hervor. Der Prozeß läuft in der umgekehrten Richtung: Der eigentliche Produzent des Kunstwerks ist und bleibt die ewige Idee. Unmittelbar eins mit der Idee des Individuums, bezieht sie sich ebenso unmittelbar auf das Genie, das produziert, ohne Wissen und Erkenntnis um das, was es produziert. Der Hervorbringende erkennt das Göttliche nicht:»Obgleich er aber nicht erkennt, übt er es doch von Natur aus, und offenbart, ohne es zu wissen, denen, die es verstehen, die verborgensten aller Geheimnisse, die Einheit des göttlichen und natürlichen Wesens und das Innere jener allerseligsten Natur, in welcher kein Gegensatz ist; (...).«[150] Das Genie ist der Natur verschwistert, einer Natur, die ebenfalls hervorbringend ist ohne Erkenntnis. Erst der Philosoph, der bei Schelling zum Kunstsachverständigen und Kunstwissenschaftler im strengen Sinne wird, vermag es, das im Sinnlichen hervorgebrachte Göttliche auf angemessene, d. h. auf göttliche Weise zu erkennen. Poesie und Philosophie unterscheiden sich daher als exoterische und esoterische Form der Erkenntnis. Die Poesie ist exoterisch, weil sie die Ideen nicht in ihrem Ansich darstellt, sondern in den Dingen, die Philosophie dagegen esoterisch, weil sie die Urbilder der Dinge, wie sie im Ewigen sind, erkennt. Damit korrespondiert die Poesie mit der Mythologie und die Philosophie mit den Mysterien. Philosophie und Mysterien sind durch ihre esoterische Form kei-

---

149 Schelling, *Bruno*, SW IV, 230f.
150 Schelling, *Bruno*, SW IV, 231.

ne Geheimlehren, sondern sind gleichwohl jedermann zugänglich, entziehen sich jedoch einer vorschnellen Aneignung durch die Schwierigkeit der intellektuellen Anschauung: »Und die Philosophie ist nothwendig ihrer Natur nach esoterisch, und braucht nicht geheim gehalten zu werden, sondern ist es durch sich selbst.«[151]

Schellings doppelter Aufweis ist damit abgeschlossen. Als Resultat ergibt sich die Identität von Wahrheit und Schönheit als Identität der einen ewigen Idee; zugleich bleibt die Differenz von Wahrheit und Schönheit bestehen, eine Differenz die nicht im Hinblick auf das Absolute, sondern nur in relativer Weise, nämlich im Hinblick auf das Endliche und Individuelle gültig ist. Dem ganzen Verfahren Schellings liegen aber Überlegungen zugrunde, die sich bereits im »Timaeus«-Kommentar als Bearbeitung und Interpretation des Platonischen Textes finden: Schönheit und Vollkommenheit gehören zusammen und kommen in besonderer Weise dem Bereich der Ideen zu. Diese sind die Urbilder aller Dinge und ihr Prinzip. Produktiv, d. h. konstitutiv für die Sinnenwelt sind die Ideen und der göttliche Verstand nicht, sondern sie benötigen eine vermittelnde Instanz, durch die hindurch die Ideen in den einzelnen Exemplaren wirksam sind. Hier wie auch im »Timaeus«-Kommentar kommt diese Funktion der Seele zu.

3.6.3 Schellings metaphorische Seelentheorie

Schelling entwickelt im *Bruno* einige Überlegungen zu einer Seelentheorie. Sie gibt sich, dem Gestus des Gesprächs entsprechend, antikisierend. Dazu bezieht er sich implizit auf Platon, allerdings nicht auf den *Timaios*, sondern auf den *Phaidon*. Das Grundmodell der Überlegungen Schellings besteht darin, daß die Seele eine Verbindung herstellt zwischen den Ideen und dem Körper: Der ewige Begriff des Individuums ist eins mit der Seele und die Seele ist eins mit dem Körper. Diese Einsicht schreibt im Gespräch die Figur des *Anselmo* bereits den antiken Mysterien zu. Dort sei die Einsicht entstanden, daß die Seele dem Göttlichen und Unwandelbaren ähnlich sei, der Körper aber dem Wandelbaren und Veränderlichen – eine Paraphrase eines Abschnitts aus dem *Phaidon*,[152] in der die klassische Position einer Mittelstellung der Seele formuliert wird: Die Seele ist zwischen den Ideen (des

---

151 Schelling, *Bruno*, SW IV, 231.

152 Vgl. *Phaid.* 78b–79e. Dazu zentral: Mojsisch, Burkhard, »Platon und seine Philosophie der Mittelposition des Menschen«, in: Homo Medietas. Aufsätze zu Religiosität, Literatur und Denkformen des Menschen vom Mittelalter bis in die Neuzeit. Festschrift für Alois Maria Haas. (Hg.) Brinker-von der Heyde, Claudia – Largier, Niklaus. Bern/Berlin/Frankfurt a. M./New York/Paris 1999, S. 575–584.

Schönen selbst, des Gleichen selbst, des Gerechten selbst, des Immer-Seienden usw.) und der Sphäre des Körperlichen angesiedelt, so daß sie sich entscheiden muß:»Neigt sie sich dem Vergänglichen zu, wird sie vollgestopft mit Irrtümern; wendet sie sich dem Unvergänglichen zu, erhält sie als Preis die Unsterblichkeit – zunächst approximativ, schließlich kompletiv.«[153] Daß Schelling an diese Theorie anknüpft, erscheint plausibel, wenn er sie ihrer bildhaften Ausdrucksweise entkleiden oder sie als solche kennzeichnen kann. Denn Schelling selbst legt eine Theorie nahe, nach der die Seele eine Mittelstellung einnimmt. Allerdings ist seine Theorie transzendentalphilosophisch gewendet: Der Begriff der Seele ist eine Metapher für die Aktivitäten der verschiedenen Bewußtseins- bzw. Anschauungsinstanzen. Da Schelling sich nun nicht explizit auf Platon und auch nicht explizit auf dessen *Phaidon* bezieht, kann er verschweigen, daß Platon den beiden Mit-Unterrednern des Sokrates, nämlich Simmias und Kebes, grundsätzliche Einwände gegen diese Theorie, insbesondere aber gegen die Schlußfolgerung formulieren läßt, nach der die Seele, wenn sie sich den Ideen zuwendet, unsterblich sei.[154] Er ist ebenfalls nicht genötigt, sich mit diesen Einwänden auseinanderzusetzen, denn seine Identitätsphilosophie setzt bereits voraus, daß Endliches und Unendliches im Ewigen und durch das Ewige vereint und eins sind.

In ähnlicher Weise bezieht sich Schelling auf die Anamnesislehre:»Die einzelnen Dinge nun hätten sich durch das, was an ihnen unterscheidbar und besonders wäre, von dem an und für sich selbst Gleichen abgesondert, obwohl sie an dem, wodurch sie sich selbst gleich und individuell sind, einen Abdruck und gleichsam ein Gepräge jenes schlechthin Untheilbaren mit in die Zeitlichkeit genommen. Da wir nun diese Aehnlichkeit der concreten Dinge mit dem an sich selbst Gleichen bemerken, und wahrnehmen, daß sie sich zwar bestreben jenem in der Einheit ähnlich zu seyn, aber diese Aehnlichkeit nicht ganz erreichen, so müssen wir das Urbild des an und für sich selbst Gleichen, schlechthin Untheilbaren, auf eine unzeitliche Weise, gleichsam vor der Geburt erkannt haben (...).«[155] Bezeichnenderweise betont Schelling, daß auch die Alten nur in uneigentlicher Rede von einer

---

153 Mojsisch, Burkhard,»Platon und seine Philosophie der Mittelposition des Menschen«, S. 580
154 Phaid. 84c–89a
155 Schelling, *Bruno*, SW IV, 233. Vgl. Phaid. 74e-75b:»Notwendig also kennen wir das Gleiche schon vor jener Zeit, als wir zuerst gleiches erblickend bemerkten, daß alles dergleichen strebe zu sein wie das Gleiche, aber doch dahinter zurückbleibe (...) Ehe wir also anfingen zu sehen oder zu hören oder die anderen Sinne zu gebrauchen, mußten wir schon irgendwoher die Erkenntnis bekommen haben des eigentlich Gleichen, was es ist, wenn wir doch das Gleiche in den Wahrnehmungen so auf jenes beziehen sollten, daß dergleichen alles zwar strebt zu sein wie jenes, aber doch immer schlechter ist.«

›Wiedererinnerung‹ gesprochen hätten. ›Wiedererinnerung‹ ist für Schelling nur eine Metapher Platons. Darin habe er den Gedanken ausgesprochen, daß die überindividuellen, unzeitlichen Gehalte in einer Sphäre jenseits von Sinnlichkeit und Vorstellung angesiedelt seien; jenes An-sich-selbst-Gleiche als Urbild aller sinnlich konkreten Dinge, das nicht selbst sinnlich konkret ist, kann nur auf unsinnliche Weise erkannt werden. Für diesen Bereich des Unsinnlichen steht in der uneigentlichen Rede das vorgeburtliche Sein der Seele. Diese Konstruktion rückt erneut Platon in die Nähe Kants, dessen Verstandesbegriffe ebenfalls strikt vom Bereich des bloß Sinnlichen getrennt, selbst unsinnlich sind. Man könnte formulieren, daß Schelling die Platonischen Ideen als apriorische Begriffe versteht, die vor aller Erfahrung in der Seele liegen, die vor aller Erfahrung (dem sinnlichen Leben) bekannt (geschaut) und gleichwohl für alles sinnliche Erkennen konstitutiv sind. ›Wiedererinnerung‹ ist – metaphorisch gesprochen – ein Prozeß der Reinigung, einer Reinigung der Seele von allem Sinnlich-Empirischen, was sie tauglich macht zur Erkenntnis des Wahren, Schönen und Guten. In die Sprache der Transzendentalphilosophie übersetzt heißt das: Erst durch Abstraktion und Reflexion, durch Abstraktion von allem Empirischen und Reflexion auf das dem Empirischen Zugrundeliegende gelangt man zu wahrer Einsicht in die Grundlagen des Wissens, zu den reinen Gehalten des Wahren, Schönen und Guten.[156] Und auch der Primat des Praktischen findet seine Entsprechung schon bei den Alten: Durch die Schau der Ideen gelange die Seele, so Schelling, zu höchster Seligkeit.

Hierin finde sich eine Entsprechung der Mysterien mit der Philosophie. Die Lehre der Mysterien ist nach Schelling die »erhabenste, heiligste und vortrefflichste, aus dem äußersten Alterthum überlieferte Philosophie gewesen, (...).«[157] Daher plädiert Schelling für eine historisch-sachliche Zuordnung: Wie sich die Mysterien zur Philosophie, so verhalte sich die Mythologie zur Poesie.

Altertum	Mysterien	Mythologie
Neuzeit	Philosophie	Poesie

---

156 In diesem Sinne formuliert Fichte im § 1 der *Grundlage der gesammten Wissenschaftslehre* die einzige Methode zur Erkenntnis der allem Bewußtsein zugrundeliegenden Tathandlung: »Bei der Darstellung dieser Thathandlung ist weniger zu befürchten, daß man sich etwa dabei dasjenige *nicht* denken werde, was man sich zu denken hat – dafür ist durch die Natur unsers Geistes schon gesorgt – als, daß man sich dabei denken werde, was man nicht zu denken hat. Dies macht eine *Reflexion* über dasjenige, was man etwa zunächst dafür halten könnte, und eine *Abstraktion*, von allem, was nicht wirklich dazu gehört, nothwendig.« Fichte, *Grundlage der gesammten Wissenschaftslehre*, GA I, 2, 255. – Fichtes Überlegungen zur Erkenntnis des Unerkennbaren, jedoch aller Erkenntnis Zugrundeliegendem sind stilbildend gewesen.

157 Schelling, *Bruno*, SW IV, 234.

In dieser Schlichtheit macht die Zuordnung Schellings aber mehr Schwierigkeiten, als daß sie Probleme löst, dies vor allem in bezug auf die Philosophie
Platons. So ließen sich möglicherweise diejenigen Passagen der Platonischen
Texte, die von der Seelenwanderung und der Wiedererinnerung sprechen, mit
etwas Gewalt dem Bereich der Mysterien zuschlagen, aber zahlreiche Mytho-
logeme müßten als Dichtung, als Poesie identifiziert werden, was bei der bekannten Dichterkritik Platons zu Schwierigkeiten führen dürfte. Überhaupt ist
die Mischung oder Ambivalenz von Philosophie und Mythologie nach Schellings Schema schwer auflösbar. Aber darauf ist Schellings Text auch nicht
ausgerichtet. Ebenso interessiert sich Schelling hier wenig für die Asymmetrie
von Erkennen und Hervorbringen. Denn Schönheit und Wahrheit werden
durch die Philosophie erkannt. In der Poesie werden weder Wahrheit noch
Schönheit erkannt; die Schönheit wird hervorgebracht. Schelling geht es indes
allein um das Verhältnis von Wahrheit und Schönheit, Wahrem und Schönem
und um das Verhältnis von Mysterium und Mythologie, von Philosophie und
Poesie. Hier muß ihre innere Einheit plausibel sein und zugleich ihre Trennung,
eine Trennung, in der die Superiorität der Philosophie aufgehoben ist.

3.6.4 Einheit – Bewußtseinsphilosophie und Kosmologie

Der Dialog *Bruno* ist seiner Thematik nach eine Schrift zur Kosmologie. Nicht
zuletzt der Untertitel *Über das göttliche und natürliche Princip der Dinge*
deutet ein kosmologisches Thema an. Charakteristisch für die sog. identitäts-
philosophische Phase Schellings, d. h. für die Zeit nach 1800, ist nicht nur die
Akzentuierung einer allen Differenzen vorausliegenden absoluten Einheit,
sondern ebenso die Gleichrangigkeit von Bewußtseinsphilosophie, d. h. Transzendentalphilosophie und Kosmologie, d. h. Naturphilosophie.[158] Dieser Versuch Schellings, diejenigen Teile seines Systems, die bereits vorlagen, nämlich
die Naturphilosophie und das System des transzendentalen Idealismus, nun als
integrale Bestandteile eines philosophischen Systems vorzustellen, schlägt
sich deutlich im *Bruno* nieder.[159] Er folgt darin der programmatischen Einlei-

---

158 Zur Entwicklung der Identitätsphilosophie vgl.: Jürgensen, Sven, »Schellings logisches
Prinzip: Der Unterschied in der Identität«, in: *Schelling. Zwischen Fichte und Hegel. Between
Fichte and Hegel.* (Hg.) Asmuth, Christoph – Denker, Alfred – Vater, Michael. (Bochumer
Studien zur Philosophie; 32) Amsterdam/Philadelphia 2000, S. 113–143; Vater, Michael G.,
»Intellectual Intuition in Schelling's Philosophy of Identity 1801–1804«, in: *Schelling. Zwi-
schen Fichte und Hegel. Between Fichte and Hegel.* (Hg.) Asmuth, Christoph – Denker, Alfred
– Vater, Michael. (Bochumer Studien zur Philosophie; 32) Amsterdam/Philadelphia 2000,
S. 213–234.
159 Zum Problem einer Entwicklung der Identitätsphilosophie und zu der Frage, ob dies
einen grundsätzlichen Neuansatz bedeutet, vgl.: Korten, Harald, »Vom Parallelismus von Na-

tung zur *Darstellung meines Systems der Philosophie.* Dort forderte er, »daß man das, was ich Naturphilosophie nenne, auch nur als Naturphilosophie, was ich System des transcendentalen Idealismus nenne, auch nur als System des Idealismus beurtheile, was aber mein System der Philosophie sey, aus dem Folgenden erfahren wolle; (. . .).«[160] Neben der Distanzierung, die Schelling bekanntlich bereits durch das Possessivpronomen im Titel der Schrift gegenüber Fichte andeutet, findet sich hier auch eine Problematik wieder, die seit Beginn der Neuzeit vor allem in der Zeit nach Kant immer wieder enorme Bedeutung gewonnen hat: Es ist das Verhältnis von Realismus und Idealismus. Seit Fichtes ersten Bemühungen um die Wissenschaftslehre ist dieses Verhältnis nicht mehr ein bloß antagonistisches und ausschließendes. Es ist die potenzierte Form der Frage nach der Realität der Außenwelt, eine Form, in der dieses Problem in ein historisch-philosophisches Gewand gekleidet ist, transformiert auf die Ebene einer Theorie, die auf einen Letztbegründungsanspruch pocht. Ähnlich der *Kritik der reinen Vernunft* Kants versucht Fichte zu zeigen, daß dieser Antagonismus aus einer bestimmten Argumentation heraus nicht zu lösen ist, daß aber gleichwohl eine Prävalenz des Idealismus besteht, die nicht in der Verdrängung des Realismus, sondern durch Einschluß des Realismus begründet ist.[161]

Das Verhältnis von Naturphilosophie und System des transzendentalen Idealismus entwickelt Schelling in einem vergleichbaren Rahmen. Seine Lösung erfährt das Problem bei Schelling jedoch nicht durch die Prävalenz des Idealismus, der, wie bei Fichte, stets einen Realismus in sich enthält. Den beiden entgegengesetzten »Weltansichten« ordnet Schelling eine Meta-Theorie vor, eben jene Theorie der Einheit, die nicht nur Subjekt und Objekt, Endliches und Unendliches vorgängig vereint, sondern auch Idealismus und Realismus,[162] Wissen und Kosmos, transzendentalen Idealismus und Naturphilosophie. Diese Einheit ist keine tote Sichselbstgleichheit, sondern wird von Schelling als lebendiger Quellpunkt aufgefaßt, der die Differenziertheit aller Weltgehalte, aller Bestimmungen und Formen genetisch aus sich entläßt.[163] Er liegt nicht nur aller Differenz voraus, sondern begründet sie zu-

---

tur- und Transzendentalphilosophie zur Identitätsphilosophie. Kontinuität oder Neuansatz in Schellings Philosophie? – Eine Problemskizze«, in: *Schellings Weg zur Freiheitsschrift: Legende und Wirklichkeit.* Akten der Fachtagung der Internationalen Schelling-Gesellschaft vom 14.–17. Oktober 1992. (Hg.) Baumgartner, Hans-Michael – Jacobs, Wilhelm G., Stuttgart-Bad Cannstatt 1996, S. 51–94.

160 Schelling, *Darstellung meines Systems der Philosophie,* SW IV, 110.

161 Vgl. zur Entwicklung von Idealismus und Realismus im Werk Fichtes: Asmuth, Christoph, *Das Begreifen des Unbegreiflichen,* S. 226–243.

162 Vgl.: Schelling, *Bruno,* SW IV, 253.

163 Vgl.: Schelling, *Fernere Darstellungen aus dem System der Philosophie,* SW IV, 412–423.

gleich, ist ihr Prinzip. Dies gelingt ihm durch das Argument, daß im Absoluten das Ideale zugleich real, das Reale zugleich ideal sei. Für den *Bruno*,
in dem eine kosmologische Thematik vorherrscht, heißt dies: bewußtseins-
philosophische Argumente lassen sich kosmologisch darstellen und umgekehrt.

Daher ist es nicht verwunderlich, daß sich auch im *Bruno* Ansätze einer
Wissenstheorie finden:»Das Wissen als Einheit des Denkens und Anschauens ist Bewußtsein.«[164] Das könnte, legt man die Transzendentalphilosophie
Kants zugrunde, zunächst einmal plausibel scheinen: Denken und Anschauung, Begriff und Sinnlichkeit müssen in Beziehung miteinander stehen, damit Wissen möglich wird. Schelling betont aber emphatisch die Einheit von
Denken und Anschauung, nicht nur die Übereinstimmung. Und wo liegt der
Unterschied von Wissen und Bewußtsein? Gibt es ein Wissen ohne Bewußtsein? Einheit faßt Schelling wiederum nicht als bloße Zusammenfügung
oder Verschmelzung von für sich gesehen disparaten Teilen, die dann in
einer Einheit nebeneinander bestehen könnten. Vielmehr geht es ihm um ein
Konzept organischer Einheit. In bezug auf das Wissen bedeutet das: Im
wirklichen, d. h. wahren Wissen, sind Denken und Anschauen nicht verschieden, ja, gerade darin besteht die Wahrheit des Wissens, daß im Akt des
Wissens Begriff und Anschauung zusammenfallen. Damit meint Schelling
die transzendentale Erkenntnistheorie Kants zu korrigieren, in der die beiden
Zweige der Erkenntnis, Anschauung und Begriff prinzipiell geschieden sei-
en und gerade die Synthese beider einer besonderen argumentativen Anstrengung bedürfe. Schelling kehrt die Ordnung um: In jedem Wissen sind
ursprünglich Denken und Anschauung vereint, und erst aus dieser Einheit
lassen sie sich genetisch erklären und ableiten und letztlich auch ihre Differenz begreifen.[165]

Wissen sei aber Bewußtsein. Darin geht das Wissen über die Anschauung
hinaus, in der etwas nur als gegeben erscheint, nicht aber als gedacht. Wird
aber etwas gewußt, ist das Objekt der Anschauung nicht bloß gegeben: Es
ist gleichermaßen intellektual wie sinnlich als das Kennzeichen wahren Wissens. Es ist nicht nur passiv, sondern auch hervorgebracht. Die Identität von
Denken und Anschauen in jedem Akt des Wissens macht das Bewußtsein
aus; in jedem Akt des Wissens, das bedeutet: Alle Wissensformen sind geprägt durch diese Einheit von Denken und Anschauen, auch und gerade jene

---

164 Schelling, *Bruno*, SW IV, 253.
165 Der Unterschied in der Konzeption beruht weniger auf einer grundsätzlichen Unvereinbarkeit: Es ist vielmehr eine Problem der Methodik. Geht Kants kritische Konzeption der
Frage nach den Möglichkeitsbedingungen nach, so sucht Schelling die systematische Deduktion. In dieser Hinsicht könnte man den Unterschied formulieren als den zwischen Kritik und
System, der eine umgekehrte Reihenfolge in der Deduktion bedingt.

Formen, die als Resultat ein endliches Wissen hervorbringen, das Wissen vom Sinnlich-Konkreten. Schellings Wissenstheorie sieht eine Stufung vor: Als Prinzip des empirischen Bewußtseins gilt ihm das absolute Bewußtsein, das wiederum in der Einheit besteht von Denken und Anschauen. Es begründet das empirische Bewußtsein. Letztlich ist die Einheit des Bewußtseins mit der Einheit des absoluten Bewußtseins nicht nur selbst wiederum identisch, sondern in dieser Identität genetisch vermittelt und durch das Absolute selbst eins.

Das Verhältnis von Bewußtseinseinheit und Einheit des absoluten Bewußtseins ist das von Begründetem und Grund. Das absolute Bewußtsein ist Grund des empirischen Bewußtseins. Aus dem Begründeten heraus läßt sich auf den Grund schließen, letztlich auf den Grund, der selbst unbegründet ist. Aus dem Bedingten heraus läßt sich auf das Unbedingte schließen, ein Gedankengang, der an Kant anschließend, über Kant hinausführend, bereits im »Timaeus«-Kommentar ausgedrückt ist und sich wie ein roter Faden durch die Schriften Schellings zieht. Hier jedenfalls vermittelt diese Argumentationskette die Einheit des empirischen und partikulären Wissens mit dem Absoluten selbst, und zwar durch einen Dreischritt:
1. Einheit im Wissen,
2. Einheit über dem Wissen, das Wissen begründend und schließlich
3. das Absolute selbst.

Daraus wird klar, daß sowohl die Einheit im Wissen als auch die Einheit über dem Wissen nur relative Einheit sind. Sie sind noch Vermittlungsstufen in bezug auf die Mannigfaltigkeit dessen, was sie vermitteln. Die diesen Vermittlungsstufen korrelierte Einheit, eine gleichfalls relative Einheit, ist die Einheit des Seins.[166] »Es ist aber kein Grund, die absolute Einheit vorzugsweise als Princip der einen von beiden relativen Einheiten zu betrachten, z. B. des Wissens, und in der auf diese Weise betrachteten Einheit die relativen Gegensätze aufzuheben, denn sie ist gleiches Princip beider, und entweder betrachtest du sie, auch in der Beziehung auf das Wissen an sich, so ist kein Grund, sie überhaupt auf diese Beziehung einzuschränken, oder du betrachtest sie nicht an sich, so ist gleicher Grund, sie in der Beziehung auf die entgegenstehende relative Einheit zu betrachten, welche ebenso reell und von gleicher Ursprünglichkeit ist mit dieser.«[167] Hier drückt sich die Korrelationalität des Ideellen und Reellen, des Idealismus und des Realismus aus. Selbst eine Beschränkung auf nur eine der beiden Seiten thematisiert die entgegenstehende zugleich mit. Ein System des Idealismus wird auf diese Weise zugleich Naturphilosophie sein müssen wie umgekehrt.

---

166 Vgl. Schelling, *Bruno*, SW IV, 255.
167 Schelling, *Bruno*, SW IV, 256.

Aber auch bei Schelling findet sich ein Gedanke, der, an Fichte erinnernd, die Prävalenz des Idealismus andeutet: Bereits in der *Darstellung meines Systems der Philosophie* hatte Schelling polemisch klargemacht, er halte Fichtes Philosophie bloß für einen subjektiven Idealismus, sein eigenes System hingegen für objektiven Idealismus[168] – eine Vorlage, die Hegel schließlich mit der Bezeichnung seines philosophischen Systems als eines absoluten Idealismus nur noch zu verlängern brauchte. Aber immerhin: Auch Schelling subsumiert seine Philosophie unter dem Etikett *Idealismus*. Sein Argument: »Da nun auf der Verschiebung oder relativen Trennung und Wiederherstellung jener Einheit, (. . .), alles dasjenige beruht, was insgemein für reell gehalten wird, jene Trennung selbst nur ideell und im Bewußtseyn gemacht wird, so siehst du, warum diese Lehre Idealismus ist, nicht weil sie das Reelle von dem Ideellen bestimmt, sondern weil sie den Gegensatz beider selbst bloß ideell seyn läßt.«[169] Die absolute Einheit selbst ist Einheit des Ideellen und Reellen, ihr Auseinanderfallen und Gegensatz ist nur für das Bewußtsein, d. h. nur ideell. Auf diese Weise entsteht ein immanentes System, in dem alle Gegensätze und alle Differenz nur für das Bewußtsein, ihre Einheit aber aller Gegensätzlichkeit und Differenz enthoben ist. In gewisser Hinsicht vereinigt Schelling durch diesen Systembau die Ansätze von Leibniz und Spinoza, die er immer wieder als Vorbilder und Vorläufer seines Philosophierens heranzieht.[170]

Wie ist es nun um die »kosmologische«, um die naturphilosophische Frage bestellt? Wie kommt es zur ›Abkunft der endlichen Dinge‹ aus dem Ewigen? Diese Frage ist im Rahmen einer Identitätstheorie derjenigen adäquat, welche die Vereinbarkeit der Identität mit jedweder Form von Differenz, sei diese auch bloß phänomenaler Natur, zu klären versucht: Wie ist Differenz möglich, wenn das aller Differenz vorausliegende Eine zugleich Prinzip sein soll? Schelling geht dieser Frage in immer neuen Anläufen nach. Im Ewigen selbst, in der absoluten Idee, kann keine Differenz angetroffen werden, gleichwohl, so Schelling, muß sie Einheit von Gegensätzen sein, jedoch ohne Gegensatz. »Denn auch diese Trennung [des Ewigen, Unendlichen und

---

168 Schelling, *Darstellung meines Systems der Philosophie*, SW IV, 109.

169 Schelling, *Bruno*, SW IV, 257.

170 Eine Untersuchung zur systematischen Bedeutung von Leibniz *und* Spinoza, d. h. von beiden Positionen und ihrem Wechselverhältnis, für die Herausbildung der *Identitätsphilosophie* ist bisher nicht geleistet worden. Was für die Bedeutung der einzelnen Positionen jeweils für sich seit langem bekannt und untersucht ist, gilt für den stets wechselnden Bezug der Positionen untereinander nicht. Schelling konnte diese Problematik bereits bei Jacobi studieren, der das Verhältnis von Idealismus und Realismus untersuchte, dies nicht nur im allgemeinen in *David Hume über den Glauben, oder Idealismus und Realismus*, sondern auch speziell in der VI. Beilage des Spinoza-Buches, in der Leibniz und Spinoza explizit entgegengestellt werden.

Endlichen; Ch. A.], zusammt dem, was mit ihr gesetzt wird, ist wieder begriffen in jener Idee, und wie das Einzelne auch die Kreise seines Daseyns erweitere, hält und faßt sie dennoch jene Ewigkeit, und keiner überschreitet den ehernen Ring, der um alle gelegt ist.«[171] Die ewige Idee ist sowohl alles umfassende Einheit als auch »heiliger Abgrund«[172]. In dieser ewigen und einen Idee muß alles gesetzt sein; muß auch alles gesetzt sein, was Trennung impliziert, allerdings in Ungetrenntheit. Zunächst sind im Absoluten, d. h. der ewigen einen Idee, das absolut Unendliche und das unendliche Endliche enthalten, und zwar als »Ein Ding«. Sie sind der Sache nach völlig eins, nur dem Begriff nach ewig verschieden, so daß sich auch Unendliches und Endliches verhalten wie Ideales und Reales. »Weil aber das Endliche, obschon reeller Weise dem Unendlichen völlig gleich, doch ideell nicht aufhört endlich zu seyn, so ist in jener Einheit gleichwohl auch wieder die Differenz aller Formen, nur in ihr selbst ungetrennt von der Indifferenz, insofern in Ansehung ihrer selbst nicht unterscheidbar, jedoch so enthalten, daß für sich selbst jedes aus ihr sich ein eignes Leben nehmen, und ideell, in ein unterschiedenes Daseyn übergehen kann.«[173] Hier überkreuzen sich die Momente: ideel, reell, endlich, unendlich, ewig, Differenz, Indifferenz, Einheit. Die ewige Einheit oder die eine ewige Idee oder das Absolute enthält in sich alles in Ungetrenntheit, alles, d. h. das Endliche wie es vom Unendlichen ungetrennt ist, jedoch ebenso die Getrenntheit, die Differenz aller Formen. Das Absolute ist die Einheit der Differenz und der Indifferenz, ist die Ununterschiedenheit der Unterschiedenheit und Ununterschiedenheit. Die Unterschiedenheit ist aber nur insofern der Ununterschiedenheit gleich, wie ihre Unterschiedenheit nur ideell ist. Oder besser: Unterschiedenheit ist niemals reell, weil sie nur im Ideellen möglich ist.

Wichtig ist: Die Unterschiede sind ideelle Unterschiede, Unterschiede in der Form, nicht im Wesen. Im Absoluten sind die Unterschiede bloß potentiell. Schelling sagt, das ganze Universum mit der Unendlichkeit seiner Gedanken schliefe dort wie in einem unendlich fruchtbaren Keim. Der Keim, das ist die Identität von Endlichem und Unendlichem, von Akt und Potenz, von Wesen und Form und von Ideellem und Reellem. Damit ist Schelling ganz nah bei Giordano Bruno, der diese Identität mit dem Namen »Materie« bezeichnete und behauptete, man müsse »die Materie als etwas Göttliches bezeichnen, auch als gütigste Urmutter, Erzeugerin und Gebärerin der natürlichen Dinge, ja als die ganze Natur selbst, soweit diese Substanz ist.«[174]

---

171 Schelling, *Bruno*, SW IV, 258.
172 Schelling, *Bruno*, SW IV, 258.
173 Schelling, *Bruno*, SW IV, 258.
174 Giordano Bruno, Über die Ursache, das Prinzip und das Eine. Stuttgart 1986, S. 124. Vgl. Jabobi, Friedrich Heinrich, »Beylage I [1789]«, in: *Beylagen zu den Briefen über die*

Die Theorie, daß das, was allen Formen zugrunde liegt, selbst ungeformt sein muß, die Urmaterie daher frei von aller Form sei, ist eine Theorie, die Giordano Bruno wie auch Schelling aus Platons *Timaios* herauslesen. Schelling bewegt sich auch weiterhin am Leitfaden seiner *Timaios*-Interpretation. Als Grund für die ideelle Endlichkeit des Endlichen gibt er nämlich ihre Unvollkommenheit an: Die Dinge »unterscheiden sich nur durch ihre Unvollkommenheiten und die Schranken, welche ihnen durch die Differenz des Wesens und der Form gesetzt sind; (...).«[175] Grund der Trennung ist die Unvollkommenheit, und die Unvollkommenheit ist ein Resultat der Nicht-Übereinstimmung von Wesen und Form.

Im »Timaeus«-Kommentar übersetzte Schelling καλόν mit vollkommen. Vollkommenheit ist – so sagt Schelling dort Platon interpretierend – Übereinstimmung mit Idealen, nämlich den unsinnlichen Ideen. Das Problem bestand darin, daß Sinnliches und Übersinnliches auseinander lagen, so daß auf diesem Hintergrund die Frage sinnvoll zu stellen ist, ob ein sinnliches Ideat mit der unsinnlichen Idee übereinstimmt. In einer Identitätstheorie ist das nicht länger möglich, denn das eine Absolute als das absolut Eine muß alles in sich einfassen, sowohl das Sinnliche als das Unsinnliche, das Endliche und das Unendliche. Trotzdem besteht hier Vollkommenheit in einer Übereinstimmung, bzw. Unvollkommenheit in einer Nicht-Übereinstimmung, in der Nicht-Übereinstimmung von Wesen und Form. Etwas Unvollkommenes ist sich selbst nicht angemessen, es ist als an sich Ewiges mit der Differenz von Wesen und Form kontaminiert, was nur in ideeller Rücksicht möglich ist, eine Differenz, die mit Endlichkeit zugleich auch die Zeitlichkeit des Endlichen erzeugt.

Damit ist diese Theorie zugleich eine Theorie der Perspektivität und eine Theorie der Freiheit: »So sind also alle in jener zeitlosen Endlichkeit, die bei dem Unendlichen ist, von Ewigkeit begriffenen Dinge unmittelbar durch ihr Seyn in den Ideen auch belebt, und mehr oder weniger des Zustandes fähig gemacht, durch welchen sie sich für sich selbst, aber nicht für das Ewige lossagen von jener und zu dem zeitlichen Daseyn gelangen.«[176] Die Perspektivität ist verbunden mit der Idealität aller Unterscheidungen bei gleichzeitiger wesentlicher Einheit in der Identität. Das zentrale Argument Schellings besteht allerdings im Begriff des Lebens: Die reale Aufgehobenheit der endlichen Dinge im Ewigen, in dem sie nicht als endliche, sondern als ewige Dinge, als Ideen sind, ist Grund ihrer Lebendig-

---

Lehre des Spinoza, in: Friedrich Heinrich Jacobi. Werke. (Hg.) Roth, Friedrich – Köppen, Friedrich. Bd. IV, 2, S. 5–18. Repr. Nachdr. Darmstadt 1980, S. 22: Die Materie lasse die Formen »aus ihrem Schooße hervorgehen«.
175 Schelling, *Bruno*, SW IV, 258.
176 Schelling, *Bruno*, SW IV, 259.

keit. Die metaphorische Vorstellung einer Weltseele, die selbst ewig und ursprünglich ist, bildet hier den argumentativen Hintergrund; eine Weltseele, welche die endlichen Dinge belebt, – eine Vorstellung, die Schelling bereits im »Timaeus«-Kommentar aus Platon exzerpiert hatte. Hier tritt der weiterführende Gedanke hinzu, daß die Produkte, die endlichen Dinge, aufgrund ihrer Lebendigkeit auch eine Unabhängigkeit von ihrem Prinzip besitzen müssen, die sie fähig macht, sich von ihrem Grund loszusagen: Freiheit als prinzipiierender Grund der Endlichkeit des Endlichen, Freiheit als Vermögen zur allein ideal aufzufassenden Unterscheidung des Endlichen vom Ewigen. Das Resultat ist nun aber nicht bloß die endliche Welt, sondern, folgt man dem »Timaeus«-Kommentar, ein vernunftbegabtes Weltlebewesen, das trotz seiner idealen Trennung vom Ewigen, von diesem niemals real getrennt sein kann, deshalb auch das Gepräge des Ewigen in sich trägt. So bildet sich in allem Einzelnen eine Einheit von Identität und Differenz. Schelling betont, »daß jedes Ding mit dem relativen Gegensatz des Endlichen und Unendlichen sich absondere von der Allheit, in dem aber, wodurch es beide vereint, das Gepräge und gleichsam ein Abbild des Ewigen an sich trage, denn weil die Einheit des Endlichen und Unendlichen, Reellen und Ideellen, in ihrer Vollkommenheit die ewige Form, und als Form zugleich das Wesen des Absoluten ist, so nimmt das Ding, wo es in ihm zu jener relativen Einheit kommt, einen Schein desjenigen mit sich, in welchem die Idee auch die Substanz, die Form das schlechthin Reelle ist.«[177]

Schelling entwickelt unter dem Titel einer Kosmologie eine plastische Auffassung der Dinge und ihrer Konstitution durch die Idealität. Seine Ontologie läßt die Dinge nicht in ihrer einfachen Gegebenheit, läßt sie nicht in ihrer gegebenen Einfachheit, läßt sie nicht in ihrem Selbstbestand:

– Die Dinge sind nicht schlechthin da, sondern sind Produkte eines komplexen Konstitutionszusammenhangs, dessen ideelle Komponenten vor allem in der Differenz bestehen.

– Die Dinge sind nicht in sich einfach, sondern durch die für sie konstitutive Differenz wesentlich von sich selbst verschieden: – das Zeichen ihrer Endlichkeit. Darin ähneln sie, so könnte man sagen, einer verwackelten Photographie, auf der das Urbild noch zu erkennen ist, erkennbar, jedoch verzerrt.

– Die Dinge bestehen nicht aus sich heraus. In sich sind sie mit dem Ewigen verbunden. Das Ewige ist ihnen implementiert, und es braucht nur die richtige, d. h. die differenzlose Perspektive, um die wesentliche Ureinheit in den Dingen auf differenzlose Weise zu erkennen.

---

177 Schelling, *Bruno*, SW IV, 260.

Schelling legt seinem Bruno eine weitere Argumentation in den Mund, welche die Abkunft der endlichen Dinge aus dem ewigen Einen auf neue und differenziertere Weise darlegen soll. Anknüpfend – wiederum – bei der Indifferenz von Anschauen und Denken, erklärt er sie, jene Indifferenz, nun als das, was in ihrem An-sich von aller Form frei ist, jedoch darum auch fähig sei, alle Formen aufzunehmen. Diese Ausdrucksweise bezieht sich – wie bereits erwähnt – auf *Tim.* 51a. Eine ähnliche Formulierung bietet auch der »Timaeus«-Kommentar: »Er [der letzte Stoff; Ch. A.] war als solches *formlos*, d. h. wie es Platon selbst erklärt, *jeder Form* empfänglich [...] keiner *nothwendigen*, ihm *ursprünglich eigenthümlichen* Form unterworfen.«[178] Bezog sich diese Stelle des »Timaeus«-Kommentars noch auf eine Art Ursubstrat oder Protomaterie, so handelt es sich im *Bruno* um die Ureinheit von Denken und Anschauen, welche die Funktion einer Urmaterie übernimmt: Sie selbst ungeworden, aller Zeitlichkeit und Kausalität enthoben, frei von Formen und Gestalten, ist frei für alle Formen und Gestalten, allerdings zugleich ›unsichtbar‹ als Folge ihrer Gestaltlosigkeit.

Seit Platon wird diese Urmaterie allegorisch als Mutter bezeichnet. Giordano Bruno tut dies; Schelling wiederholt es im »Timaeus«-Kommentar, und trägt schließlich die Metaphorik von Empfangen und Befruchten auch in den *Bruno* ein: »An und für sich nun aller Form und Gestalt ledig, ist es aller empfänglich, vom unendlichen Denken mit allen Formen und Verschiedenheiten der Dinge von Ewigkeit befruchtet, [...].«[179] An anderer Stelle nennt Schelling dieses Ursubstrat auch ›mütterliches Princip‹[180]. Das väterliche Prinzip dagegen ist das unendliche Denken oder, wie Schelling formuliert, der ›Begriff‹. Darin läßt sich noch ein ferner Nachklang der Kantischen Transzendentalphilosophie erkennen: in der konstitutiven Funktion des Verstandes für die Mannigfaltigkeit der Erfahrung.

Im Gegensatz zum »Timaeus«-Kommentar, der sich darin noch ganz Platon verpflichtet weiß, ist es für Schellings Bruno keineswegs länger geheimnisvoll, wie das ›mütterliche‹ Prinzip des ›väterlichen‹ teilhaftig wird oder wie die formlose und unsichtbare Urmaterie zu den intelligiblen Formen gelangt. Schelling weiß jetzt, daß das ›unendliche Denken‹, welches die Potentialität zur Mannigfaltigkeit mitbringt, vorgängig mit der absoluten Einheit verschmolzen ist. In dieser absoluten Einheit ist alle Mannigfaltigkeit ununterschieden enthalten. Sie enthält alles, aber eben deshalb ohne Unterschiedenheit, enthält daher auch das ›unendliche Denken‹, insofern es vom Anschauen und mit dem Anschauen zusammen von der absoluten Einheit nicht verschieden ist. Erst in ihrer Differenz geschieht die Inversion: Son-

---

178 Schelling, »Timaeus«, S. 58.
179 Schelling, *Bruno*, SW IV, 260.
180 Schelling, *Bruno*, SW IV, 261.

dern sich Denken und Anschauen in bezug auf ein Ding voneinander ab, wird die Idee in die Zeitlichkeit gezogen. Das ursprünglich Erste, die Idee, rückt an die letzte Stelle, ist jetzt Anschauen und Denken nachgeordnet, ist ein ›Drittes‹ geworden. Die Idee ›erscheint‹ dann als das Reale, das sie freilich nicht ist. Die Inversion trennt daher nicht nur Anschauung und Denken, sondern auch Reales und Ideales.

In dieser Argumentation Schellings spiegelt sich eine interessante und zugleich sublime Strategie, die das Ziel hat, der Kritischen Philosophie Kants den Status einer – freilich notwendigen – Inversion zuzuschreiben, um durch eine weitere Inversion, für die nun Schellings Philosophie eintritt, zur wahren Philosophie zu gelangen.[181] Damit kritisiert Schelling die Kritische Philosophie Kants, indem er ihr eine nur eingeschränkte Gültigkeit zumißt. Schelling reduziert Kants dreischrittige Konzeption der Erfahrung durch Anschauung, Verstand als Vermögen der Begriffe und Vernunft als Vermögen der Ideen auf empirische Erkenntnis, die durch Zeitlichkeit geprägt ist. Dies dürfte Kants Intention entsprechen. Schelling geht aber darüber hinaus. Für ihn ist die ewige Idee das erste, und in ihr mit ihr identisch Anschauung und Verstand, in ungetrennter Einheit. Die zeitlich-empirische Erkenntnis, um die es Kant ging, wird bei Schelling zu einem Derivat der ewigen intellektuellen Anschauung. Kants Kritische Philosophie, die mit dem Anspruch auftrat, Wende zu sein, wird von Schelling nun seinerseits gewendet: – Inversion der Inversion. Dies dürfte allerdings Kants Intention nicht mehr entsprechen, denn es unterwandert massiv den kritischen Charakter der *Kritik der reinen Vernunft*.

Diese Inversion der Inversion ist zugleich eine Rückwendung zu Platon. Schelling knüpft explizit an ihn an, wenn er Bruno sagen läßt: »Denn wie uns schon von den Alten überliefert worden ist, so ist das, was in Ansehung aller Dinge der Differenz empfänglich, das mütterliche Prinzip, der Begriff oder das unendliche Denken das väterliche, das Dritte aber, was aus beiden hervorgegangen ist, ist entstanden und hat die Art eines Entstandenen, der Natur aber beider gleich theilhaftig und in sich wieder Denken und Seyn auf vergängliche Weise verknüpfend, ahmt es die Realität täuschend nach, aus der es seinen Ursprung genommen, für sich selbst aber ist es nothwendig einzeln, einzeln indeß und dieses Bestimmte nur durch den relativen Gegensatz des Reellen und Ideellen, deren keines für sich, jedes aber durch das andere sterblich gemacht, auch das Ding selbst oder das Reale der Zeitlichkeit überliefert.«[182]

---

181 Eine ähnliche Strategie verfolgt beispielsweise auch Fichte. Vgl. dazu: Asmuth, Christoph, »Von der Kritik zur Metaphysik. Der transzendentalphilosophische Wendepunkt Kants und dessen Wende bei Fichte«, in: *Umbrüche. Historische Wendepunkte der Philosophie von der Antike bis zur Neuzeit*. Festschrift für Kurt Flasch zu seinem 70. Geburtstag. (Hg.) Kahnert, Klaus – Mojsisch, Burkhard. Amsterdam/Philadelphia 2001, S. 167–187.
182 Schelling, *Bruno*, SW IV, 261, vgl. *Tim.* 50c–e.

Zugespitzt läßt sich nun formulieren, daß Schelling nicht nur Kant einer weiteren Wende unterwirft, sondern auch, daß sich zwischen dem »Timaeus«-Kommentar und dem *Bruno* eine Inversion der Interpretationsrichtung vollzieht. Während der »Timaeus«-Kommentar noch Platons *Timaios* mit dem Instrumentarium der Transzendentalphilosophie Kants zu entschlüsseln versuchte, so ist es nun die Transzendentalphilosophie Kants selbst, die in einen platonisierenden Horizont eingeholt wird, einen Horizont, dem freilich die Interpretation des »Timaeus«-Kommentars zugrunde liegt: Anstelle eines kantianisierten Platon haben wir nun einen platonisierten Kant.

Diese einfache Gegenüberstellung würde das komplexe Geschehen jedoch nur verkürzt wiedergeben, denn neben dieser Inversion der Interpretationsrichtung sucht Schelling vor allem eine Distanzierung von Platon und Kant, wie übrigens auch von Spinoza und Leibniz. Er entwickelt eine eigenständige Ausprägung der Philosophie mit systematischem Charakter. Sein Ansatz läßt sich daher nicht einfach reduzieren auf die Konzeptionen anderer Denker, die dann unter den Chiffren ›Platon‹, ›Spinoza‹, ›Leibniz‹ oder ›Kant‹ die wesentlichen Elementen seines Philosophierens ausmachen sollten. Die Vertiefung und Intensivierung der eigenen Anstrengungen führen Schelling zu einer zunehmenden Emanzipation von Argumentationen anderer, vorhergegangener Denker. Schelling hat sich mit ihnen produktiv auseinandergesetzt. Daher verschwinden ihre Argumente nicht einfach, sondern werden transformiert in die eigene Gestalt des Philosophierens. Trotzdem wird man aber feststellen müssen, daß Schellings Umgang mit den philosophischen Größen seiner Vorzeit nicht den Grad an Freiheit erreicht, wie dies bei Hegel der Fall ist, und nicht den Grad an Unabhängigkeit, den Fichte für sich im Umgang mit der Philosophiegeschichte reklamiert. Daß Schellings Identitätsphilosophie nun in einem platonisierenden Gewand auftritt, kann daher nicht verwundern. Es ist Schellings distanzierter Umgang mit Platon, gewonnen aus einer intensiven Beschäftigung mit dessen Texten, ein Umgang, der es ihm nun ermöglicht, in der spielerischen Form des Dialogs seine eigenen Gedanken angereichert mit denen Platons vorzutragen.

Schelling hat – faßt man das bisher Dargestellte zusammen – eine allgemeine Kosmologie vorgetragen, welche die Frage beantworten sollte, wie es überhaupt zu endlichen Dingen kommt, wenn doch die absolute Einheit zugleich mit der Ewigkeit verbunden ist. Neben dieser prinzipiellen Frage, wie Vielheit möglich ist, wenn doch nur absolute Einheit wirklich ist, steht natürlich die Frage nach den Strukturen des Kosmos, nach den endlichen Dingen selbst, d. h. es entsteht die Frage nach einer speziellen Kosmologie. Schellings intensive Beschäftigung mit der Naturphilosophie, deren Ergebnisse er in zahlreichen Publikationen vorgelegt hatte, verlangten auch im Bruno differenziertere Auskünfte über das Wesen der endlichen Dinge. Die

Antwort, die Endlichkeit bestehe in der Differenz von Anschauung und Denken, Idealem und Realem oder Wesen und Form bleibt dagegen bloß formal und unbefriedigend. Schelling läßt seine Figur ›Bruno‹ diese spezielle Kosmologie in seinem langen Dialog entwickeln, indem er erneut auf Platons *Timaios* bzw. auch seinen eigenen »Timaeus«-Kommentar zurückgreift. Denn weiter und tiefer als der »Timaeus«-Kommentar in den *Timaios* eindringt, läßt sich Schelling auch hier nicht leiten, – was die These erhärtet, daß Schelling seine Aufzeichnungen zum *Timaios* zu Rate zog oder sich zumindest deutlich an seine Ausarbeitungen erinnerte.

An erster Stelle stehen bei Schelling die Gestirne und Weltkörper. Im »Timaeus«-Kommentar waren für Schelling Sterne und Planeten noch keiner besonderen Aufmerksamkeit wert. Er bemerkt zwar, daß Platon die Sterne als Götter bezeichnet. Anlaß zu weiteren Ausführungen bieten sie ihm nicht. Anders im *Bruno*. Hier stehen sie für Schelling auf der höchsten Stufe seiner Kosmologie. Sie drücken in vollkommenster Weise das Sein des Endlichen im Unendlichen aus. Sie sind

- dauernd und bleibend;
- Einheit in sich und zugleich Quell der Mannigfaltigkeit;
- Darstellung des gesamten Universums in sich;
- unendlicher Verwandlung fähig, darin einem Organismus analog;
- frei, unabhängig, losgelassen, selbstgenügsam, darin den Ideen analog,

Sie sind »mit Einem Wort selige Thiere und, verglichen mit sterblichen Menschen, unsterbliche Götter«.[183] An anderer Stelle betont Schelling, daß andere die vollkommeneren unter den endlichen Dingen Weltkörper genannt hätten, die »wir aber sinnige und verständige Thiere nennen wollen. Denn offenbar ist, daß ihnen ihre Zeit eingeboren und der unendliche Begriff als die Seele zugegeben sey, welche ihre Bewegungen lenkt und ordnet.«[184] Diese Bewertung der Sterne findet sich in Platons *Timaios* an drei verschiedenen Stellen. In *Tim.* 34ab läßt Platon den Timaios erzählen, wie der Himmel geschaffen wird. Der Demiurg verfertigt einen aus vollkommenen Körpern bestehenden vollkommenen Körper (d. i. eine Kugel), in deren Mitte er eine Seele setzt, die den ganzen Körper erfüllt und ihn von außen umschließt. Der Demiurg bildet einen im Kreis sich drehenden Kreis (die Kreisbewegung als vollkommene Bewegung): den Himmel. Dieser ist, so Platons Timaios, allein, d. h. einzig, vortrefflich, sich mit sich selbst zusammenschließend, selbstgenügsam.[185] Der Himmel sei daher ein seliger Gott. Und

183 Schelling, *Bruno*, SW IV, 262.
184 Schelling, *Bruno*, SW IV, 267. Vgl. *Tim.* 30bc.; Schelling, »Timaeus«, S. 29.
185 Auf diese Stelle spielt Schelling auch in der *Ferneren Darstellung* an, was die Vermutung erhärtet, daß Schelling sich um 1802 noch einmal mit dem *Timaios* oder seinen Aufzeich-

in *Tim.* 38e berichtet Platons Timaios, daß die Planeten durch ihre Bewegung zur Schaffung der Zeit beigetragen haben, eine Bewegung, die sie als beseelt charakterisiert. Platon bezeichnet sie deshalb als ›Lebewesen‹ (ζῷον). Schließlich spricht Platon (*Tim.* 40b) von den Fixsternen als ›göttlichen Lebewesen‹, welche sich ewig um sich selbst drehen, unwandelbar.

Keine dieser Stellen scheint in Schellings »Timaeus«-Kommentar eine besondere Aufmerksamkeit zu erfahren. Die zuletzt genannte (*Tim.* 40b) bleibt gänzlich unkommentiert. Erstaunlicherweise kehren die Überlegungen Platons in Schellings *Bruno* an dieser signifikanten Passage wieder, nun allerdings in konzentrierter Form. Die Unterschiede, die Platon zwischen Fixsternen und Planeten macht, fallen in Schellings *Bruno* fort. Dafür betont er deren Abbildcharakter und spricht ihnen eine hohe Stufe in der Hierarchie der Dinge zu, die sich aus der unmittelbaren Nähe zu den Ideen ergibt und ihnen einen göttlichen Rang verleiht.

In diesem Zusammenhang kommt Schelling auch auf den Raum zu sprechen. Er ist ihm »das ewig ruhige, nie bewegte Bild der Ewigkeit«[186], eine Formulierung, die unmittelbar an die berühmte Erklärung der Zeit im *Timaios* erinnert. Platon erklärt dort die Zeit als *bewegliches* Abbild der Ewigkeit und zieht eine Verbindung zu der Sukzession der Zahlen und der Ordnung des Himmels. Schelling erklärt den Raum als *unbewegtes* Abbild der Ewigkeit und die Zeit als »stets bewegtes, ewig frisches, harmonisch fließendes Bild«[187] des unendlichen Denkens.

Im Gegensatz zu Platon findet Schelling die Verknüpfung des Ewigen mit Raum und Zeit, die mit dem Ausdruck Bild oder Abbild bezeichnet wird, nicht hinreichend geklärt. Die Abbildungsrelation ist eine bloße Metapher für das Verhältnis des Ewigen zu seinem Abbild. Hier sind detailliertere Argumente erforderlich, um die Rationalität dieser Verknüpfung zu erklären. Über ein analogisches Verfahren kommt Schelling jedoch nicht hinaus, denn er bemerkt, der Raum sei nichts anderes als die Beziehung des Endlichen, Unendlichen und Ewigen auf das Endliche. Damit sei das Endliche »mit seinem Quadrat vervielfacht«[188]. Schelling deutet damit die Auseinanderfaltung des Endlich-Räumlichen in die drei Dimensionen an.

Das Rahmenprogramm seiner Kosmologie scheint Schellings *Bruno* dem Platonischen *Timaios* zu entnehmen, während die detaillierten Ausgestaltun-

---

nungen dazu auseinandergesetzt hat. Schelling bezieht sich direkt auf den *Timaios*: »Von dem Universum sagt Plato im Timäus, was wir auch von dem Weltkörper sagen: es bedarf nichts von außen, weil es alles in sich hat; es verliert nichts aus sich und nährt sich aus sich selbst (...).« (Schelling, *Fernere Darstellung aus dem System der Philosophie*, SW IV, 433f.)

186 Schelling, *Bruno*, SW IV, 263.
187 Schelling, *Bruno*, SW IV, 265.
188 Schelling, *Bruno*, SW IV, 263.

gen Schellings Position der Naturphilosophie widerspiegeln. Das betrifft die Ableitung der Geometrie des Raumes genau so wie die Deduktion der Ekliptik der Planetenbahnen, deren Wahrheit Schelling in der Kreisbewegung sieht[189]. So ist die Ekliptik Schein, das An-sich aber die Kreisbahn, die den Planeten aufgrund ihrer Vollkommenheit als vollkommene Bewegungsform zukommt und angemessen ist. Das betrifft die Himmelsrichtungen genauso wie Schellings Spekulationen über die Dichte und die Anzahl der Planeten.

Überhaupt sind die Hinweise im weiteren Verlauf des Dialoges *Bruno* spärlicher gestreut. Schelling folgt ganz dem Programm seiner eigenen Naturphilosophie. Einige Momente sollen hier nur noch kurz genannt werden, weil sich daran zeigt, wie Schelling den Gedanken des »Timaeus«-Kommentars im *Bruno* weiterverwendet. Wichtig im Zusammenhang mit der Kosmologie ist für Schelling das Platonische Bild, welches das Weltganze als Lebewesen bestimmt. Schelling nimmt das wieder auf. Die dem Kosmos zugrundeliegende Idee nennt er jetzt antikisierend »absolutes Thier.«[190] Es sei die vollkommene Identität von Endlichem und Unendlichem in Gott. Schelling schreibt die Analogie fort: Bei einem Tier, bei einem lebendigen Organismus, sei die Seele (das Bewegungsprinzip) in die einzelnen Glieder abgesondert, und nichts anderes als ein Ganzes. Auf diese Weise sei auch das Universum in unendliche Gestaltungen besondert, gleichwohl ein Universum, »damit es in der Vielheit eins und in der Unendlichkeit endlich wäre.«[191]

Letztlich ist es die Frage nach der Materie als Grundinstanz der Kosmologie, bei der sich Schelling nun entschieden von Platon absetzt: »Die wahre Idee der Materie ist frühzeitig verloren gegangen und zu jeder Zeit nur wenig bekannt gewesen. Sie ist die Einheit des göttlichen und natürlichen Princips selbst, schlechthin einfach also, unwandelbar, ewig. Die Nachfolgenden aber und schon Plato haben unter Materie das bloße Subjekt der natürlichen und unveränderlichen Dinge verstanden, dieses ist jedoch schlechthin

---

189 Schelling, *Bruno*, SW IV, 272: »Allein weil die Differenz nur für die Erscheinung, wahrhaft aber oder an sich keine sein sollte, so sind die himmlischen Geschöpfe durch eine wahrhaft göttliche Kunst gelehrt worden, den Lauf ihrer Bewegungen jetzt zu mäßigen und anzuhalten, jetzt ihren einwohnenden Triebe freier zu folgen, und, damit auf diese Art Zeiten und Räume wieder gleich würden, und die Entfernung, welche nur durch ihre Gleichheit mit der eingeborenen Zeit lebendig ist, nicht aufhörte lebendig zu seyn, in der größten Entfernung in derselben Zeit einen kleineren Bogen zurückzulegen, in welcher in der geringeren der größere Bogen zurückgelegt wird. Durch diese mehr als sterbliche Klugheit, welche in der Differenz selbst die Gleichheit bewahrt, geschieht es, daß die Gestirne, deren Bahnen in dem Schein zwar aufgehobene Kreislinien sind, doch wahrhaft und der Idee nach Cirkelbahnen beschreiben.«

190 Schelling, *Bruno*, SW IV, 275.

191 Schelling, *Bruno*, SW IV, 278.

nichts, was zum Princip gemacht werden könnte; (...).«[192] Entschieden argumentiert Schelling gegen die Verwechslung von Materie und Körper. Die Materie sei nicht sinnlich, sondern nur durch die Vernunft zu erkennen, was sich bereits daran zeigt, daß sie sowohl dem Organischen wie auch dem Unorganischen zugrunde liege, und zwar so, daß beide darin ungetrennt sind in ihrer Einheit. Die Materie ist also ein Einheitsbegriff, der zudem durch Ununterschiedenheit ausgezeichnet ist. »Die Materie an sich ist ohne alle Mannichfaltigkeit. Sie enthält alle Dinge, aber eben deßwegen ohne alle Unterscheidbarkeit, ungetrennt, gleichsam als eine unendliche in sich verschlossene Möglichkeit.«[193] Die Form dagegen trage die Unterschiede in die ewige Materie. Die Formen sind vergänglich, nur die Form aller Formen ist mit der Materie gleich ewig: die ewige Idee. Für Schelling ist die Materie die unendliche Möglichkeit aller Formen und Gestaltungen. In Anspielung auf Tim. 50b formuliert Schelling dann: »Die Materie begehre auf ähnliche Weise, wie das Weib des Mannes begehrt, der Form, und sey ihr brünstig zugethan; einige aber, weil absolut zwar betrachtet Materie und Form gänzlich ununterscheidbar sind, die Materie aber, sofern sie in dem Endlichen ausgedrückt und Leib wird, der Differenz empfänglich erscheint, im Unendlichen aber, oder sofern sie Seele wird, als Einheit, haben nach dem Vorgang der Pythagoreer, welche die Monas den Vater, die Dyas aber die Mutter der Zahlen genannt haben, die Form den Vater, die Materie aber die Mutter der Dinge genannt.«[194] Schelling erkennt den Zusammenhang des *Timaios* mit den Lehren der Pythagoreer und vermutet eine Übertragung dieser Zahlentheorie auf Materie und Form.

Unter dem Primat der Identitätsphilosophie versucht Schelling im *Bruno* eine Synthetisierung von Naturphilosophie und Transzendentalphilosophie. Die von ihm gewählte Form des Dialogs legt es nahe, den Unterrednern eine platonisierende Ästhetik und eine an Platon erinnernde Thematik und Ausdrucksweise in den Mund zu legen. Es darf aber bezweifelt werden, daß es seine Absicht war, die Überlegungen des »Timaeus«-Kommentars wieder aufzuwärmen. Elemente seiner frühen Beschäftigung mit Platon fließen in die Untersuchung mit ein. Sie bilden ein Implement in einem neuen Konzept, das ganz systematisch ausgerichtet ist.

---

192 Schelling, *Bruno*, SW IV, 310.
193 Schelling, *Bruno*, SW IV, 311.
194 Schelling, *Bruno*, SW IV, 313.

3.7 Timaios – *echt oder unecht?*

Im Jahr 1804 nimmt Schelling das Programm des *Bruno* wieder auf. Schelling schließt seine Vorrede zu *Philosophie und Religion* explizit an den *Bruno* an: Er habe schon bei der Abfassung des *Bruno* eine Reihe von Dialogen konzipiert. Äußere Umstände, so Schelling, hätten die Erscheinung von *Philosophie und Religion* – die Schrift, die er als folgenden Dialog geplant hatte – verzögert. Nun wolle er das ursprünglich Konzipierte nachreichen, allerdings müsse, äußeren Umständen geschuldet, dabei auf die – einzig angemessene – Dialogform verzichtet werden. Konzeption und Gehalt von *Philosophie und Religion* lassen indes eher vermuten, daß eine Auseinandersetzung mit C. A. Eschenmayer und dessen Schrift *Die Philosophie in ihrem Uebergang zur Nichtphilosophie* der eigentliche Anlaß und das Ziel Schellings gewesen ist.[195] Eschenmayer verlängert darin, und zwar mit Bezug auf Kant, Fichte und Schelling, die Transzendentalphilosophie und überhöht sie in einer Nichtphilosophie, dem Glauben, als deren höchster Stufe.[196]

Schelling entwirft in *Philosophie und Religion* eine neuplatonisch inspirierte Einheitsphilosophie. An ihrer Spitze steht das Absolute als absolut Ideal-Reales, das jedem diskursiven Zugang enthoben, einzig der intellektuellen Anschauung zugänglich ist. Dieses ist als das absolut Eine zunächst Grund des Kosmos, dann aber auch Grund der Seligkeit. Für Eschenmayer entsteht dadurch das Problem, wie es zur Vielheit sowohl der Verstandes- und Vernunftgehalte als auch der Welt habe kommen können.[197] Für Schelling macht es deshalb Sinn, auf eine neuplatonische Konzeption zurückzugreifen. Er begreift die radikale Differenz nun als Produkt der Freiheit. Im Absoluten ist der Möglichkeit nach die Differenz von Realem und Idealem enthalten, damit zugleich ein Gegenbild des Absoluten, welches aber nur

---

195 Vgl. zu *Philosophie und Religion*: Jantzen, Jörg, »Eschenmayer und Schelling. Die Philosophie in ihrem Übergang zur Nichtphilosophie«, in: *Religionsphilosophie und spekulative Theologie. Der Streit um die göttlichen Dinge.* (Hg.) Jaeschke, Walter. Hamburg 1994, S. 74–97; insb. S. 86–92.

196 Vgl. Eschenmayer, C. A., *Die Philosophie in ihrem Uebergang zur Nichtphilosophie.* Erlangen 1803, S. 29f. Eschenmayer bezieht sich dabei nicht nur auf die Potenzenlehre Platons (ebenda S. 26ff.), sondern auch direkt auf den *Bruno* (S. 62, S. 67–69).

197 Vgl. Eschenmayer, *Die Philosophie in ihrem Uebergang zur Nichtphilosophie*, S. 75f.: »Die Foderung war, eine ungetrübte ausser aller Differenz und Indifferenz befindliche Identität und alle Gegensätze wie Denken und Seyn, Endliches und Unendliches, als relative Modifikationen derselben darzustellen. Wir sahen aber, daß dies die Spekulation nicht vermochte, daß, wie sie es auch angreife, die Unbedingtheit der Differenz zu umgehen, sie sich immer in einen Zirkel verwickeln mußte, indem immer bey allen Wendungen das Bestimmende der Differenz als ein Selbstdifferiieren erschien, was mit der Integrität der absoluten Identität nicht vereinbar ist.« Eschenmayer verwickelt das Absolute der Philosophie selbst in einen Gegensatz, indem er ihr den Glauben entgegenstellt und voraussetzt.

durch Lossagung, durch einen Akt transzendentaler Freiheit, wirklich wird. Schelling konzipiert die Schöpfung als *Abfall*.[198] Im *Bruno*, zwei Jahre zuvor, konnte Schelling – noch ganz im Fahrwasser der Identitätsphilosophie – den Grund der Vielheit in der Einheit festlegen. Nun aber, vor die radikale Frage eines letzten Grundes für die Endlichkeit gestellt, muß er sich eines neuplatonischen Modells bedienen. Damit rückt auch die Freiheit in das Zentrum des Schellingschen Denkens. Das beruht, neben den impliziten Gründen in Schellings Theoriebildung, ebenfalls auf der Schrift Eschenmayers. Dieser hatte nämlich für die höchste Potenz, für den Glauben qua Nichtphilosophie, zugleich die *Seligkeit* reklamiert. Schelling sah sich nun zusätzlich gezwungen, die praktische Seite seiner Philosophie mit der kosmologischen zu verbinden.[199] Überhaupt scheint er 1804 den praktischen Teil seiner Philosophie für ein Desiderat zu halten, mit dessen Ausarbeitung er durch die Überlegungen in *Philosophie und Religion* gerade erst zu beginnen beabsichtigt.

Freiheit ist für ihn nun nicht mehr, wie etwa für Fichte, der Schlüssel zur Philosophie überhaupt, nicht mehr die höchste Form menschlicher Existenz, in der sich das Ich selbst faßt und bildet und die Menschheit in sich hervorbringt, dies zugleich als Ausdruck des bürgerlichen Selbstbewußtseins in einem Staat gleicher und freier Menschen. Für Schelling ist Freiheit dagegen »in ihrer Lossagung von der Nothwendigkeit (...) das wahre Nichts, und kann eben deshalb auch nichts als Bilder ihrer eignen Nichtigkeit, d. h. die sinnlichen und wirklichen Dinge, produciren. Der Grund des Abfalls, und insofern auch dieses Producirens, liegt nun nicht im Absoluten, er liegt lediglich im Realen, Angeschauten selbst, welches ganz als ein Selbständiges, Freies zu betrachten ist.«[200]

Auf diesem Hintergrund bewertet Schelling nun die Philosophie Platons, vor allem aber den *Timaios*, in neuer Weise. Schelling läßt durchblicken, er halte den Dialog nun für unecht.[201] Platon habe einen kontinuierlichen Über-

---

198 Vgl. zu Schellings Konzept von Einheit, Freiheit und Abfall in *Philosophie und Religion*: Asmuth, Christoph, *Das Begreifen des Unbegreiflichen*, S. 342–352.

199 Vgl. Schelling, *Philosophie und Religion*, SW VI, S. 17: Es geht Schelling um eine »Ethik, als die Anweisung zu einem seligen Leben«. Daraus folgt auch die folgende Selbsteinschätzung Schellings: »Ich werde nun versuchen, den Schleier von dieser Frage ganz hinwegzuheben, da auch die neueren Darstellungen [Schellings *Fernere Darstellungen aus dem System der Philosophie*, 1802; Ch. A.] in der *Zeitschrift [für speculative Physik*; Ch. A.] noch nicht bis zu demjenigen Gebiet (dem der praktischen Philosophie) fortgeführt worden sind, auf welchem allein die Auflösung vollständig gegeben werden kann.« (ebenda, S. 29)

200 Schelling, *Philosophie und Religion*, SW VI, S. 40.

201 Vgl. auch den Brief an Windischmann, der 1804 ein Exemplar seiner Timaios-Übersetzung (*Platons Timaeus, eine echte Urkunde wahrer Physik*. Übersetzt und erläutert. Hadamar 1804) an Schelling sandte. Schelling stellt die rhetorische Frage: »Aber was werden Sie denn

gang zwischen der Ideenwelt in ihrer göttlichen Vollkommenheit und dem erscheinenden All, nämlich der Sinnenwelt, dezidert widersprochen. Der *Timaios* aber habe »der Gottheit eine Materie, einen regel- und ordnungslosen Stoff unterlegt, der durch die von ihr ausgehende Wirkung mit den Urbildern der Dinge geschwängert, diese gebiert und eine gesetzmäßige Verfassung erhält.«[202] Dies sei eine »Vermählung des platonischen Intellektualismus mit den roheren, kosmologischen Begriffen, welche vor ihm geherrscht hatten, (. . .).«[203] Damit werde die wahre Lehre Platons entweiht, die sich vornehmlich im *Phaidon* und in der *Politeia* finde. Die *wahre Lehre* Platons findet Schelling nun in den Werken der Neuplatoniker. Sie hätten zweifelsohne erkannt, daß die Materie, so wie sie Platon angeblich konstruiert habe, für ihr System auszuschließen sei. Die Neuplatoniker erklärten die Materie für das Nichts, »und nannten sie das was nicht ist (οὐκ ὄν); ohne

---

sagen, wenn ich behaupte, daß der Timäus *kein* Werk des *Plato* ist?« (Schelling, F. W. J., *Briefe und Dokumente*. [Hg.] Fuhrmans, Horst. Bd. 3. Bonn 1974, S. 46) Vgl. auch: Krings, Hermann, »Genesis und Materie«, S. 119; S. 148–151. – Damit steht Schelling nicht allein. Auch F. Schlegel äußert zur selben Zeit erhebliche Zweifel an der Echtheit des *Timaios*: »Am wichtigsten aber für die Charakteristik der platonischen Philosophie ist die Prüfung der Echtheit des *Timäus*, da man aus diesem bisher die platonische Philosophie vollständig aufstellte und vortrug. Hier ist entschieden der größte Teil unecht, nur der *Eingang* ist von Plato, und vielleicht außer diesem noch andre kleinere Bruchstücke, zu denen man aber nachher Zusätze machte, bis das Werk zu seiner jetzigen Größe gedieh. Waren Speusipp und Xenocrates die ersten *Ergänzer*, so läßt sich ihre Absicht wohl erraten; sie wollten die Philosophie des Plato vollenden, weiter entwickeln und fortbilden, sie der populären Ansicht näherbringen. – Die späteren Zusätze aber enthalten mehr das *neuplatonische* System, sind ihrem innern Prinzip nach realistisch, pantheistisch; es finden sich Sätze aus der epikuräischen Moral, orientalische Beziehungen, wie diese bei den *Neuplatonikern* vorkommen, ja sogar die Quintessenz des Aristoteles darin. – Auch in der Sprache ist die Unechtheit unverkennbar.« (F. Schlegel, *Philosophie des Plato, in: Die Entwicklung der Philosophie in zwölf Büchern* [1804/05]. KFSA XII, 213. Inwieweit die These von der Unechtheit des Timaios auf gemeinsamen Überlegungen beruht, muß offenbleiben. – Zur Diskussion um den *Timaios* Platons und seinen pythagoreischen Quellen sowie um Timaios von Lokrien vgl.: Masciarelli, Pasqualino, »Zwischen Geschichte des Pantheismus und Theorie des Vorstellungsvermögens. Beiträge zum platonischen Pythagoreismus zur Zeit von Schellings frühen Schriften«, in: *Das antike Denken in der Philosophie Schellings*. (Hg.) Adolphi, Rainer – Jantzen, Jörg. (Schellingiana; 11) Stuttgart-Bad Cannstatt 2004, S. 237–273. Wichtig in diesem Beitrag sind insbesondere die Hinweise auf die Beschäftigung mit dem *Timaios* bei Reinhold und Bardili.

202 Schelling, *Philosophie und Religion*, SW VI, S. 36. – Ähnlich äußert sich Schelling auch noch 1806 in den *Aphorismen über Naturphilosophie*. Vgl. Schelling, SW VII, 192: »Insbesondere was die gewöhnliche Darstellung der platonischen Lehre über diesen Punkt betrifft, welcher zufolge auch Plato jene von Gott unabhängige Materie als wirklich vorausgesetzt, die erst durch den göttlichen Verstand zur Ordnung und Harmonie des sichtbaren Universum gebracht worden, so ist unbegreiflich, wie sich diese Darstellung bis auf die neuesten Zeiten hat erhalten können.«

203 Schelling, *Philosophie und Religion*, SW VI, S. 36f.

auch zwischen diesem und der Gottheit oder irgend einem Ausfluß derselben irgend eine direkte Beziehung oder ein reales Verhältnis zuzulassen; (...).«[204] Die wahre Lehre Platons spreche nicht von einer Schöpfung, unter der eine positive Hervorbringung aus dem Absoluten zu verstehen sei, sondern von einem Abfall vom Absoluten in die Welt der schlechten Sinnlichkeit.

Die Rahmenbedingungen des Schellingschen Denkens haben sich geändert. Das rein kosmologische Projekt, das noch seiner Naturphilosophie verpflichtet war, ist nun einer kosmogonischen Ethik gewichen. Die Materie, vormals ein zentraler Begriff in einer spekulativen Physik, wird nun ethisch aufgeladen: »Die Materie, das Nichts hat für sich durchaus keinen positiven Charakter; es nimmt ihn erst an und wird zum bösen Princip, nachdem der Abglanz des guten mit ihm in Conflict tritt.«[205] Platon wird zum Zeugen für diesen Abfall, allerdings nur, wenn man der wahrhaften Platonischen Lehre folgt. Besondere Bedeutung erhält für Schelling jetzt der *Phaidon*, den er, ganz traditionell, als Platons Seelenlehre interpretiert. Insbesondere der leibfeindlichen Interpretationsvariante kann Schelling nun viel abgewinnen. Durch Abfall, so referiert Schelling die Lehre Platons, sinken die Seelen von ihrer ursprünglichen Seligkeit herab, um im zeitlichen Universum wiedergeboren zu werden. »Hierauf gründet sich die praktische Lehre, welche darin bestand, das die Seele, das gefallene Göttliche im Menschen, so viel möglich von der Beziehung und Gemeinschaft des Leibes abgezogen und gereinigt werden müsse, um so, indem sie dem Sinnenleben absterbe, das absolute wieder zu gewinnen und der Anschauung des Urbildes wieder teilhaftig zu werden.«[206] Zugleich kann die Seelenlehre des *Phaidon*, in der Schellingschen Fassung, dann auf die christliche Lehre vom Sündenfall projiziert werden.

Platon wird den neuen Rahmenbedingungen angepaßt. Der *Timaios* kann nicht mehr in Schellings Bild der Platonischen Philosophie integriert wer-

---

204 Schelling, *Philosophie und Religion*, SW VI, S. 37.

205 Schelling, *Philosophie und Religion*, SW VI, S. 38. – Anders dagegen noch die Wertung im *Bruno*: Vgl. Schelling, *Bruno*, SW IV, 310.

206 Schelling, *Philosophie und Religion*, SW VI, S. 39. – Die positive Anerkenntnis des *Phaidon* und seiner Seelenlehre findet sich bereits in einem kurzen Aufsatz im *Kritischen Journal der Philosophie*, das Schelling und Hegel gemeinsam ab 1802 herausgaben. »›Die Reinigung, sagt Plato, besteht darin, die Seele so viel möglich von dem Leib abzusondern und zu gewöhnen, sich in sich selbst von allen Seiten aus dem Leib zu sammeln und zurückzuziehen und nach Vermögen in sich selbst zu wohnen. *Tod* heißt eine solche Lösung der Seele von dem Leib. Am meisten streben nach dieser Lösung *die wahrhaften Philosophierenden.*‹ In diesem Streben nach Reinigung begegnen sich also die Sittlichkeit und die Philosophie.« (Schelling, *Ueber das Verhältniß der Naturphilosophie zur Philosophie überhaupt*, SW V, 123) Schelling übersetzt die Stelle Phaid. 67c.

den. Bereits in der sogenannten identitätsphilosophischen Phase kündigte sich eine Dominanz des Einheitsbegriffs an, der gegenüber den differenzierten Inhalten prävaliert. Mit *Philosophie und Religion* schlägt Schelling ein ganz anderes Kapitel seines philosophischen Schaffens auf. Die Kosmologie und Naturphilosophie, die er beinahe zehn Jahre intensiv bearbeitet hat, verändert sich zu einer neuplatonisch inspirierten Lehre, die auf eine Verachtung der Sinnenwelt, des Leibes und der Materie hinausläuft. Vor diesem Hintergrund kann die Naturphilosophie Platons nur *unecht* sein. Platon steht jetzt für eine vorwiegend sittlich zugespitzte Lehre; die paradigmatischen Dialoge sind nun *Phaidon* und *Politeia*. Von einer von Kant inspirierten Deutung des *Timaios* ist Schelling nun weit entfernt. Vielmehr hat er den transzendentalphilosophischen Ansatz Kants und Fichtes weit hinter sich gelassen, – wenn er ihm denn jemals gefolgt ist.

Schellings Überlegungen zum *Timaios* provozierten schon früh Kritik, allerdings von ganz anderer Seite. Der junge August Böckh verwehrte sich im Namen einer erstarkenden Philologie gegen die Anmaßungen des Philosophen Schelling. August Böckh studierte bis 1805 in Halle zunächst Theologie, dann aber Klassische Philologie. 1805 hörte er Schleiermachers Vorträge über Hermeneutik und Kritik, über Ethik und über die Philosophie Platons. Auch Henrik Steffens lehrte zu dieser Zeit in Halle. Durch ihn lernte Böckh die Philosophie Schellings kennen, insbesondere auch die Naturphilosophie. Schleiermachers Platon-Übersetzungen kannte Böckh schon im Manuskript. Er rezensierte sie in den *Heidelberger Jahrbüchern.* 1807 veröffentlichte er einen Aufsatz mit dem Titel: *Ueber die Bildung der Weltseele im Timaios des Platon.*[207]

Böckh geht es vor allem um zweierlei: die Annahme einer bösen Weltseele und einer schlechten, gleichwohl ewigen Materie in Platons Timaios. Das erste richtet sich gegen Tennemann.[208] »Derjenige, welcher beweisen wollte,

---

207 Boeckh, August, »Ueber die Bildung der Weltseele im Timaios des Platon«, in: *August Boeckh's Reden, gehalten auf der Universität und in der Akademie der Wissenschaften zu Berlin (1859–1862), und Abhandlungen aus den Jahren 1807–1810 und 1863–1865.* (Hg.) Ascherson, Ferdinand. (*August Boeck's gesammelte Kleine Schriften.* Bd. 3) Leipzig 1866, S. 109–180. [Ursprünglich in: Studien, (Hg.) Daub, C. – Creuzer, F. Bd. 3, Heidelberg 1807.]

208 Vgl. Tennemann, Wilhelm Gottlieb, *System der Platonischen Philosophie*, Bd. 3, Leipzig 1794, S. 164–191: Tennemann führt dort über den *Timaios* aus: Die Weltmaterie ist ewig. Die Welt ist nämlich aus der Vereinigung von Stoff und Form hervorgegangen. Die Form kommt von Gott; die Materie kann nicht von Gott sein, da sie absolut geschieden ist von der Form. (175) Alle Formung und Bildung setzt aber etwas zu Formendes und zu Bildendes voraus, das schon vorhanden sein muß. Die Materie ist dieses Formlose, was den Raum erfüllt und sich im Raum bewegt und sich zunächst regellos, formlos bewegt. »Der Inbegriff aller ursprünglichen, *blos physischen Kräfte*, oder das Princip derselben ist die *böse Weltseele.*« Diese böse Weltseele ist Ursache chaotischer und übler Ereignisse im Weltverlauf. Sie ist der Inbegriff materieller Kräfte. (177)

die böse Weltseele sei wirklich nach Platon, müßte vor allen Dingen darthun, derselbe hätte auch der Materie, von welcher als dem bösen Princip die böse ausgehen müßte, wie von der Vernunft die gute, der Materie gleiche Realität mit dem weltbildenden Gott, ein eben so ewiges und zeitloses und in sich selbst unüberwindlich gegründetes Dasein dem Bösen alles Bösen zugestanden und nothwendig gefunden.«[209] Bei Platon, so Böckh, müßte es folglich eine ewige Materie geben. Das widerspreche jedoch seinen ethischen Philosophemen.[210] Böckh scheint die Theorie zu vertreten, Platon habe überhaupt der Materie keine Realität zugesprochen. Er verwehrt sich dagegen, Platon eine ewige Materie zu unterstellen. Als Vertreter der entgegengesetzten Auffassung, nämlich der, Platon habe eine solche ewige Materie angenommen, nennt Böckh Tennemann und Schelling.

Bei Schelling verweist er auf die Stelle in *Philosophie und Religion*. Böckh erkennt klar, daß Schelling in der Materie Platons ein böses Prinzip erblickt. »Ja und auch der ächte Musagete des Platonischen Chores in Deutschland macht den Timaeos weidlich herunter, daß er der Gottheit einen solchen regel- und gesetzlosen Stoff wie ein Baumaterial des Universums anmuthet.«[211] Er interpretiert Schelling ganz richtig, wenn er in der Konsequenz der Überlegungen zu dem Urteil kommt, Schelling habe Platons *Timaios* letztlich die Authentizität abgesprochen: »Der Leser möge nun selber versuchen, ob er vergebliche Mühe anwende dies anders zu nehmen als wie ein etwas hinter dem Berge haltendes Verdammungsurtheil über die Authenticität dieses Gespräches; ein Ausspruch, auf dessen Widerlegung sich wohl kein Philologe oder überhaupt niemand, dem Zeugniß noch nicht gar zum Spotte geworden ist, im Ernste einlassen möchte.« (126, Anm.)

Böckh behauptet später, Schelling hätte seine Zweifel zurückgenommen, und verweist dazu auf dessen Freiheitsschrift.[212] Schelling hat tatsächlich seine Auffassung gegenüber 1804 modifiziert, offensichtlich angeregt durch die Kritik von Böckh: »Möge es einst der treffliche Erklärer des Platon, oder noch früher der wackre Böckh aufhellen, der dazu schon durch seine Bemerkungen bei Gelegenheit der von ihm dargestellten Platonischen Harmonik und durch die Ankündigung seiner Ausgabe des Timäos die besten Hoffnun-

---

209 Boeckh, August, *Ueber die Bildung der Weltseele im Timaios des Platon*, S. 124f.
210 Vgl. Boeckh, August, *Ueber die Bildung der Weltseele im Timaios des Platon*, S. 125.
211 Boeckh, August, *Ueber die Bildung der Weltseele im Timaios des Platon*, S. 125.
212 Vgl. dazu Böckh, August, *De platonica corporis mundani fabrica conflati ex elementis geometrica ratione concinnatis*. Heidelberg 1809, ebenfalls nachgedruckt in: Boeckh, August, *Gesammelte Kleine Schriften*, Bd. 3, S. 249: »Qui unus adhuc dubitationem suam de Platonica Timaei origine patefecit, summus vir, F. W. I. Schellingius, is ob id reprehensus, candide nunc mutavit sententiam.« – Zur Freiheitsschrift grundlegend: Peetz, Siegbert, *Die Freiheit im Wissen. Eine Untersuchung zu Schellings Konzept der Rationalität*, Frankfurt a. M. 1995. Für den vorliegenden Zusammenhang wichtig: S. 141–144.

gen gegeben hat.«[213] Schelling stellt bereits am Beginn der Freiheitsschrift klar, daß er die erneute Revision seiner Philosophie an die veränderte Lehre in *Philosophie und Religion* anschließt. Das betrifft vor allen Dingen die thematische Veränderung: Es gehe ihm nun um die Freiheit des Willens, Gut und Böse, die Persönlichkeit.[214] Schellings Bemerkungen zu Platons *Timaios* stehen deshalb erneut im Zusammenhang mit seiner Lehre vom Abfall.

Eine Korrektur, wie Böckh meint, läßt sich in Schellings Text allerdings nicht finden. Vielmehr formuliert Schelling nur einen Vorbehalt, und der ist philologischer Natur: Es müsse ein Prinzip angenommen werden – so Schelling jetzt –, das zwar nicht in einer Materie zu suchen sei, aber doch ein böses Grundwesen sei, und daher scheint ihm »die Annahme eines solchen dennoch unvermeidlich, auch ganz richtig jene Auslegung der Platonischen Materie zu seyn, nach welcher ein ursprünglich Gott widerstrebendes und darum an sich böses Wesen ist. Solange dieser Theil der Platonischen Lehre im bisherigen Dunkel liegt, ist ein bestimmtes Urtheil über den angegebenen Punkt (...) unmöglich.«[215] Schelling verhält sich also abwartend in der philologischen Frage, verändert aber die prinzipielle Ausrichtung seiner Deutung nicht.

3.8 Schelling als Interpret Platons

Schelling hat Zeit seines Lebens Platon gelesen und Platon interpretiert. Erinnert sei hier nur an die Auseinandersetzung mit Platon in der *Philosophie der Mythologie*, insbesondere in der 14.–18. Vorlesung.[216] Hinzu tritt Schellings Auseinandersetzung mit Aristoteles,[217] – und mit dem Verhältnis der

---

213 Schelling, *Philosophische Untersuchungen über das Wesen der menschlichen Freiheit und die damit zusammenhängenden Gegenstände*, SW VII, 374. – Zur Bedeutung Platons in der Freiheitsschrift, vgl. Bubner, Rüdiger, »Platon im Denken Schellings«, S. 43f.
214 Vgl. Schelling, *Philosophische Untersuchungen über das Wesen der menschlichen Freiheit*, SW VII, 278.
215 Vgl. Schelling, *Philosophische Untersuchungen über das Wesen der menschlichen Freiheit*, SW VII, 374.
216 Vgl. Frigo, Gian Franco, »Die Rolle der Mythologie in der Spätphilosophie Schellings«, in: *Das antike Denken in der Philosophie Schellings*. (Hg.) Adolphi, Rainer – Jantzen, Jörg. (Schellingiana; 11) Stuttgart-Bad Cannstatt 2004, S. 275–303; Barbarić, Damir, »Schellings Platon-Interpretation in der *Darstellung der reinrationalen Philosophie*«, in: *Das antike Denken in der Philosophie Schellings*. (Hg.) Adolphi, Rainer – Jantzen, Jörg. (Schellingiana; 11) Stuttgart-Bad Cannstatt 2004, S. 77–145.
217 Vgl. Leinkauf, Thomas, *Schelling als Interpret der philosophischen Tradition. Zur Rezeption und Transformation von Platon, Plotin, Aristoteles und Kant*. (Münsteraner Philosophische Schriften; 5) Münster 1998, S. 44–157; Denker, Alfred, »Schelling und Aristoteles«, in: *Platonismus im Deutschen Idealismus. Die platonische Tradition in der klassischen deut-*

beiden antiken Denker untereinander. Diese Seite der Philosophie Schellings zeigt einen ganz neuen, ganz anderen Bereich der Platon-Rezeption. Sie steht bei Schelling unter den Vorzeichen eines zunehmenden Interesses an der philologischen Argumentation einerseits und einer grundsätzlichen Wandlung der systematischen Konzeption andererseits. Den Weg Schellings weiter nachzuzeichnen ist ein lohnendes Unterfangen, zumal viele Materialien erst jetzt den Weg in die Öffentlichkeit finden. Das vorliegende Buch wäre aber ein anderes, es wäre ein Schelling-Buch geworden. Ziel der Untersuchung ist es jedoch, die Platon-Lektüre Schellings unter den Leitbegriffen von Interpretation und Transformation exemplarisch darzustellen, nicht aber eine vollständige entwicklungsgeschichtliche Darstellung zu geben.

Schelling als Interpret Platons – das Bild zeigt einen Denker, der sich von den Gedanken Platons hat anregen lassen, eine eigene Ausprägung der Philosophie zu entwickeln. Der »Timaeus«-Kommentar ist noch ein interpretierendes Exzerpt, vermischt bereits mit Ansätzen der Transzendentalphilosophie und Ahnungen einer künftigen spekulativen Physik. Beeindruckender als der Text selbst ist die Nachdrücklichkeit und Insistenz, mit der die Themen des *Timaios* und des *Philebos* in späteren Schriften wiederkehren. In gewisser Hinsicht bilden die Texte ein Grundgerüst für die späteren philosophischen Entwicklungen Schellings. Sie sind aber auch nicht mehr. Schelling bediente sich zahlreicher anderer anregender Quellen. Bis in das erste Jahrzehnt des 19. Jahrhunderts sind dies vor allem Leibniz, Spinoza und Fichte.

Dabei schwankt Schellings Zuwendung zu Platon zwischen einem interpretierenden Interesse, transformierender Aneignung, und verschmelzender Assimilation. In einigen Schriften, wie an bestimmten Passagen des *Bruno*, bedarf es eines entwicklungsgeschichtlichen Vorgehens, um zu erkennen, daß im Hintergrund des Textes eine Auseinandersetzung mit der Kosmologie Platons liegt. Schellings Denken hat von Beginn an die Tendenz, das historisch Fremde in die eigene Gedankenwelt zu importieren. Das betrifft nicht nur Platon, sondern auch Fichte, Spinoza und Leibniz, später auch Giordano Bruno, Jakob Böhme und viele andere mehr. Dabei ist es eine Frage der Perspektive, ob man dieses Vorgehen für einen Eklektizismus hält oder für eine besondere Form des offenen Denkens. Eduard von Hartmann beschrieb die Form, in der Schelling seine Philosophie entwickelte, mit dem Gestus des nachgeborenen Philosophiehistorikers wie folgt:»*Schelling* war der erste hervorragende Philosoph unter den neueren, der eine einigermaßen ausreichende Kenntnis von den großen Vorgängern besaß, die z. B. einem *Kant* und *Fichte* ganz fehlte. Er verdankt diese Kenntnis, abgesehen von den zeitgenössischen Philosophen und der Lektüre *Platons* fast ausschliesslich

---

Jacobi, (...). *Schelling* ist einer von jenen Denkern ohne eigenes Rückgrat, die sich wie eine Schlingpflanze an andere anlehnen und an ihnen empordenken, nicht so sehr durch kritische Verarbeitung, als durch phantasiemässige Befruchtung, Umgestaltung und Verschmelzung.«[218]

Tatsächlich zeigt sich bei Schelling exemplarisch, wie die ursprünglich Platonischen Gedanken durch Interpretation und Transformation sich ins Eigene wandeln. Dabei spielen seine systematischen Interessen, zunächst vornehmlich die Naturphilosophie, eine entscheidende Rolle. Wichtig ist die Beobachtung, daß Schelling die Distanz zu den Texten Platons nach und nach verliert; sieht man auf die antikisierenden Schriften um 1802: sogar bewußt aufgibt! Der »Timaeus«-Kommentar ist noch geprägt durch die distanzierte Haltung eines interpretierenden Kommentars. Der potentielle Leser, zunächst natürlich Schelling selbst, weiß bei der Lektüre, was der Autor sich selbst zuschreibt, was den Texten Platons. Von vornherein ist klar, was Gegenstand der Schrift ist.

Schelling ändert das schon bei seinen ersten Publikationen. Jetzt verwendet er nur noch Bruchstücke aus Platons Dialogen. Sie bilden Implikate in seinem eigenen Gedankengebäude. Schelling nutzt die Analogie. Naturprozesse, philosophische Begriffe und Platonische Kosmologie bilden ein Konglomerat disparater, bei Schelling aber systematisch zusammengewirkter Elemente, die sich – nach der Vorstellung Schellings – gegenseitig erhellen sollen.

Später ist es bei Schelling auch die Selbsteinschätzung eines philosophischen Schriftstellers, die ihn dazu veranlaßt, die Distanz zu den Dialogen Platons aufzugeben. Er experimentiert mit verschiedenen Textformen, vom System bis zum Aphorismus, unter anderem auch mit der Dialogform. Das zeigt ihn auf dieser Seite im Fahrwasser der Romantiker. Das Dialogisieren war von der theoretischen Forderung bis zur schriftstellerischen Anwendung ein beliebter Topos. Natürlich hatten die Dialoge Platons dabei eine Vorbildfunktion, insbesondere in ihrer Vermischung von philosophischen und literarischen Momenten. Platons Philosophie verschwindet in der neuen Darstellungsform und ist gleichwohl stets subkutan anwesend. Schelling macht es nicht mehr explizit, wenn er sich auf Platon bezieht: besser, wenn er platonisierend spricht.

Hegel sollte später nur abschätzige Bemerkungen übrig haben für die romantische Affinität zum Literaten Platon. Ihm ist die schwärmerische Verehrung fremd, genau so wie die Forderung nach dem ironischen Stil. Platon gegenwärtig zu machen konfligiert mit seinem Geschichtsbewußtsein. Er konzentriert sein ganzes Nachdenken auf die begrifflich allgemeine Seite. Er sucht nicht den Mythologen Platon, nicht den Schriftsteller, sondern den streng wissenschaftlichen Philosophen.

---

218 Hartmann, Eduard von, *Schelling's philosophisches System*. Leipzig 1897, S. 3.

4. Platon als antiker Dialektiker: Hegel

Daß Hegel ein bedeutender Interpret Platons war, muß nicht eigens betont werden. Seit Hegels Zeiten datiert indes der Streit über Zuverlässigkeit und Zulässigkeit seiner Auslegung. Und dies nicht ohne Grund. Hegel bewegt sich mit großer Selbstverständlichkeit im Zwiespalt zwischen Interpretation und Transformation. Wenn die Philosophiegeschichte mehr ist als ein bloßes Referat von Meinungen früherer Philosophen, dann müsse auch in der seit der Antike so einflußreichen Philosophie Platons Wahrheit, d. h. spekulative Substanz, enthalten sein, die es zu systematischer Einheit und Klarheit zu erheben gelte. In Hegels Interpretation der Philosophie Platons spricht sich in größter Klarheit der Anspruch einer auf Systematik angelegten Philosophiegeschichte aus. Die theoretischen Hintergründe dieser Position sollen an einer späteren Stelle noch ausführlich dargestellt und geprüft werden.

In zahlreichen Arbeiten wird diskutiert, in welchem Verhältnis die spekulative Philosophie Hegels zum Werk Platons steht. Dabei rückt vor allem die Spätphilosophie Platons in den Mittelpunkt. Das ist in Hegels Werk selbst angelegt. In seiner *Geschichte der Philosophie* geht Hegel mit besonderer Aufmerksamkeit auf das Spätwerk Platons ein. Dort sei seine Dialektik am reinsten ausformuliert. Wichtig sind für Hegel vor allem die Dialoge *Sophistes*, *Parmenides* und *Philebos*, während – im Gegensatz zum frühen Schelling – der *Timaios* nur eine untergeordnete Rolle spielt.

Stärker noch als bei Schelling wirft das Verfahren Hegels die Frage auf, ob seine Interpretation berechtigt ist. Damit allerdings ist zugleich eine eigenständige Platon-Interpretation gefordert, auf die dann Hegels Interpretation abgebildet werden könnte. Erst durch den Kontrast mit einer adäquaten Platon-Interpretation könnte festgestellt werden, inwieweit Hegel durch Platon inspiriert wurde, inwieweit er Platon mißversteht oder inwieweit er Platon verbiegt, um ihn in sein eigenes System einzupassen. Das ist nun in umfangreichen Studien geleistet worden, am eindringlichsten vielleicht von Klaus Düsing in seinem gründlichen Buch über *Hegel und die Geschichte der Philosophie*[1] sowie in zahlreichen seiner Aufsätze. Hier, in der vorlie-

---

1 Düsing, Klaus, *Hegel und die Geschichte der Philosophie. Ontologie und Dialektik in Antike und Neuzeit.* (Erträge der Forschung; 206) Darmstadt 1983. Dort findet sich auch ein instruktiver Literaturbericht (S. 55–68); ferner: ders., »Formen der Dialektik bei Plato und Hegel«, in: *Hegel und die antike Dialektik.* (Hg.) Riedel, Manfred. Frankfurt a. M. 1990, S. 169–191; ders., »Ästhetischer Platonismus bei Hölderlin und Hegel«, in: *Homburg v. d.*

genden Untersuchung, wird es vor allem darauf ankommen müssen, das Wie der Interpretation Hegels sowie die systematischen Ergebnisse seiner Arbeit herauszustellen.

Der Rahmen, in den Hegel die Philosophie Platons einspannt, ist zweifach: Einerseits betrachtet er Platon seiner philosophischen Herkunft nach als Schüler und Freund des Sokrates. Andererseits fragt er nach der Verbindung der Platonischen Philosophie mit der christlichen Religion. Darin ist bereits eine interpretatorische Spannung enthalten, zugleich aber auch ein Konstrukt. In bezug auf die christliche Religion beruht dieses Konstrukt auf der Voraussetzung einer Entwicklung, die das Christentum als eine historisch-logische Folge antiker, insbesondere aber platonischer Gedanken vorführt.».. . die christliche Religion, (. . .), ist zu dieser Organisation des Vernünftigen, zu diesem Reiche des Übersinnlichen geworden durch den großen Anfang, den Platon schon gemacht hatte.«[2] Die Entdeckung des Übersinnlichen ist für Hegel aber eine Tat des Sokrates. Dieser entdeckte das Prinzip,»daß das Wesen im Bewußtsein, Wesen des Bewußtseins sei«.[3] Zwischen diesen beiden Polen ist die Philosophie des *welthistorischen Individuums*[4] Platon eingespannt. Insbesondere die Anbindung der Platonischen Philosophie an das Christentum dürfte heute kaum mehr plausibel sein. Aber auch die Kenntnis, die Hegel unhinterfragt von der Person Platons zu haben scheint, ist genau besehen eine Fiktion, projiziert über einen historischen Abgrund hinweg. Man wird sich fragen müssen, inwiefern tatsächlich eine Kontinuität zwischen Sokrates und Platon anzunehmen ist. Ebenso ist nicht ohne weiteres klar, inwieweit die Person des Sokrates eine literarische Figur ist, der man einen eigenständigen philosophischen Ansatz außerhalb der Reflexion Platons zubilligen könnte. Hier wäre eine differenziertere Argumentation notwendig, welche die verschiedenen historischen Quellen, Dichtung und Wahrheit, im einzelnen philologisch bewertet.[5]

Höhe in der deutschen Geistesgeschichte. (Hg.) Jamme, Christoph – Pöggeler, Otto. Stuttgart 1981, S. 101–117.

2 Hegel, Werke 19, S. 12. – Als Leittext soll der aus verschiedenen Fassungen kompilierte Text von Michelet gelten. Dieser hat nicht nur den Vorteil, in weiten Teilen als Lesetext zu gelten, sondern er bringt auch eine Reihe von Details aus den nicht oder noch nicht edierten Fassungen bzw. Nachschriften. An einigen Stellen wird auf andere Textfassungen zurückgegriffen, insbesondere auf die Nachschrift *Griesheim*. – Zu den verschieden Fassungen von Hegels *Vorlesungen über die Geschichte der Philosophie* vgl. Köhler, Dietmar,»Hegels Vorlesungen über die Geschichte der Philosophie. Anmerkungen zur Editionsproblematik«, in: *Hegel-Studien* 33 (1998), 53–83.

3 Hegel, Werke 19, S. 11.

4 a. a. O., S. 11.

5 Vgl. Gigon, Olof, *Sokrates. Sein Bild in Dichtung und Geschichte*. Bern [1]1947; 1979; Lacey, A. R.,»Our Knowledge of Socrates«, in: *The Philosophy of Socrates. A Collection of Critical Essays*. Bd. 1, New York 1971; Montuori, M., *Socrates. Physiology of a Myth*. Amsterdam 1981.

Dieser Rahmen jedenfalls bildet zugleich die Verbindung zu Hegels Gesamtkonzeption der Philosophiegeschichtsschreibung, die sich, wie sich an späterer Stelle zeigen wird, aus systematischen Interessen speist. Insofern sind sie der Philosophie Platons zunächst äußerlich. Aber Hegel formuliert Platons philosophische Innovation auch unter einer inneren Perspektive: Im Gegensatz zu jedem einseitigen Idealismus, der durch die Reflexion auf das Selbstbewußtsein in den Gegensatz von Denken und Sein gerät, habe Platon die *eine* Realität des Gedankens zum Ausdruck gebracht. Für ihn, Platon, sei das Absolute im Gedanken und alle Realität der Gedanke.[6] Platon habe folglich die Einheit von Realität und Denken im Denken behauptet. Hegel erkennt, daß bei Platon das Denken mehr ist als nur eine statische Form, in welcher der vielfältige Gehalt zusammengefaßt werde; vielmehr sei der Gedanke bei Platon jene Bewegung, die Begriff und Realität zur Einheit zusammenschließt, mit Hegels Worten *Wissenschaft* als *Idee eines wissenschaftlichen Ganzen*. Das impliziert die Annahme, daß Platon eine solche Bewegung nicht nur des Denkens, sondern auch des gedachten Gehalts intendiert habe. Darüber hinaus erfordert es, daß Platon schließlich auch ein organisches Zusammenwachsen aller Wissenszweige und -bewegungen als System vorgeschwebt habe.

Obwohl Hegel die Augen nicht vor der ästhetischen Seite der Platonischen Dialoge verschließt, stößt er sich doch an der Form der Platonischen Philosophie. So betont er zwar, die Platonischen Dialoge gehörten zu dem Schönsten, was aus der Antike überliefert sei. Trotzdem seien sie dem Gehalt, nämlich dem wissenschaftlichen System der Philosophie nicht angemessen: Sie seien – mit einem Wort – unwissenschaftlich, vor-wissenschaftlich. Hegels Urteil ist differenziert und deutlich von der Auseinandersetzung mit dem Ansatz Schleiermachers geprägt. Eine rein philologische Erforschung der Dialoge ist für Hegel in bezug auf die Philosophie nicht nur überflüssig, sondern schädlich. In welchen anderen Beziehungen auch immer einer solchen philologischen Untersuchung Sinn und Bedeutung zukommen kann und muß, so hat sie für Hegel doch keinen Platz in der Philosophie. Ebenso geht ihm Schleiermachers Betonung des Literarischen zu weit. Für Hegel ist es gerade von entscheidender Bedeutung, das Philosophische aus seiner bloß historischen Gestalt, sei diese auch literarisch gefaßt, zu befreien und es für sich selbst zum Ausdruck zu bringen.

Mehr noch: Das restaurative Verhalten zur Philosophie und ihrer Geschichte ist für Hegel selbst nicht philosophisch. Deshalb betont er, daß die Philosophie nicht zu Platon zurückkehren könne, so als sei sie die eigentlich wahre Philosophie, da sie nicht Philosophie der Gegenwart und nicht Philosophie für die Gegenwart sei. Hegel vermutet hinter dieser restaurativen

---

6 Vgl. Hegel, Werke 19, S. 11.

Tendenz nichts anderes als eine unstatthafte Simplifizierung oder eine schwärmerische Verehrung der Antike, die sich nicht an der Gegenwart und ihren Bedürfnissen messen lassen will, damit aber verfehlt, was sie als Philosophie nicht verfehlen darf: – die Beziehung auf Wahrheit. Trotzdem sei Platons Philosophie nicht einfach Vergangenheit. Es finde sich nämlich bei ihm die Idee der spekulativen Philosophie, und über diese könne man bei Platon etwas lernen. Es muß deshalb gefragt werden, so Hegel, welches das Wahre in Platons Philosophie sei und was, auf der anderen Seite, dem bloß Historischen zugehöre. Ewige Gegenwart des Spekulativen und unwesentliche Vergangenheit – beide durchkreuzen sich in der Platonischen Philosophie. Beides zu trennen und das Philosophische herauszufiltern ist Aufgabe eines Denkens, das sich seiner Gegenwärtigkeit bewußt ist: »Man muß darüber stehen, d. h. das Bedürfnis des denkenden Geistes unserer Zeit kennen oder vielmehr dies Bedürfnis haben.«[7]

4.1 Das Problem des Historischen in der Philosophie Platons

Das Historische an der Platonischen Philosophie ist – so Hegel in bezug auf seine Zeitgenossen – überbewertet worden. Daraus resultieren Probleme, die teils philologischer, teils ästhetisch-literarischer Natur sind und die den Blick auf die systematische Entwicklung der Platonischen Philosophie verstellen. Damit ist dann die Aufgabe einer kritischen Sichtung verbunden. Hegel geht in sechs Schritten vor:[8]
1) die Mischform der Darstellung;
2) die Mischung von Esoterischem und Exoterischem;
3) das Fiktionale: Platon spricht nicht in eigener Person;
4) der Eklektizismusvorwurf;
5) spezielle Probleme der Dialogform;
6) die mythischen Darstellungen.

1) Was zunächst die Mischform der Darstellung betrifft, so hebt Hegel darauf ab, daß in den Dialogen verschiedene Formen der Darstellung vorgeführt werden, jedoch die eigentlich der spekulativen Philosophie angemessene Darstellungsform nicht durchgängig angetroffen wird. Wir haben, so Hegel,

---

7 Hegel, Werke 19, S. 20.
8 Die Argumentation Hegels erscheint im Duktus der Ausgabe von Michelet an einigen Stellen redundant. Da auf einige Details, die diese Ausgabe präsentiert, nicht verzichtet werden kann, wird die Dialogform als Darstellungsform Platons in Hegels Text zweimal diskutiert, jedoch zweimal unter verschiedenen Aspekten. Diese sollen auch im folgenden zum Ausdruck kommen.

»nur« die Dialoge, jedoch kein Werk in rein philosophischer Darstellungsweise. In dieser Perspektive betrachtet Hegel den Dialog überhaupt und weist darauf hin, daß die Dialogform niemals der reinen Philosophie entsprechen kann, sie nie als solche auszudrücken vermag.[9] Das liegt nach Hegel daran, daß der wesentliche Gehalt der Philosophie, das »absolute Wesen«, zum Teil durch Mittel der Vorstellung dargestellt wird. Dadurch wird das rein begriffliche Denken mit der auf Sinnlichkeit bezogenen Vorstellung kontaminiert, so daß es nicht als es selbst vorkommt, sondern in einer anderen, ihm nicht angemessenen Gestalt. Hegel meint damit, »daß darin eigentliches Philosophieren über das absolute Wesen und das Vorstellen desselben mannigfaltig vermischt ist.«[10] Diese Vermischung thematisiert Hegel detaillierter, wenn er auf die speziellen Probleme der Dialektik eingeht, in der es um die Selbstbewegung der reinen Begriffe geht. Auch hier mischt Platon, so Hegel, Vorstellungsgehalte ein – ein ambivalentes Verfahren. Die reinen Begriffe werden bei Platon *einerseits*, so das Urteil Hegels, aus den Vorstellungen entwickelt, so daß diese Herkunft präsent bleibt, auch dann, wenn im Feld der reinen Logik argumentiert wird. Die Erleichterung für das Erkennen, die darin besteht, von dem gegebenen Sinnlichen auszugehen, wird in der Entwicklung des reinen Denkens zur Beschwernis. Dort muß jede Erinnerung daran getilgt werden. *Andererseits* ist die Bewegung des Logischen keine abgetrennte Sphäre, der etwa das Sinnliche und die Vorstellung als eine andere entgegenstünde, sondern deren Wahrheit.[11]

2) Eine Hypothese Tennemanns[12] zieht Hegels besondere Aufmerksamkeit auf sich: die Hypothese einer esoterischen Philosophie, die den unausgesprochenen Hintergrund der Platonischen Philosophie bilden soll. Hegel beschreibt damit eine Problematik, die – aus der Antike stammend – sich bis zu den Arbeiten der sog. Tübinger Schule zieht,[13] die bekanntlich die These einer ungeschriebenen Lehre Platons starkgemacht hat.[14] Problematisch ist

---

9 Vgl. Fries, Thomas, *Dialog der Aufklärung. Shaftesbury, Rousseau, Solger.* Tübingen/Basel 1993, S. 166–172. – Fries gibt eine Darstellung von Hegels Auffassung über die Dialogform.

10 Hegel, Werke 19, S. 21.

11 Hegel, Werke 19, S. 62.

12 Auf Tennemann und seine Arbeiten zu Platon ist Hegel nicht gut zu sprechen. Hegels Urteil: »Das Wichtigste in der Platonischen Philosophie ist bei Tennemann gerade gar nicht aufgefaßt, – einiges als dürre ontologische Bestimmungen zusammengetragen. Es ist geistlos, zu sehen beim Platon, ob was für sie abfällt.« (Hegel, Werke 19, S. 66).

13 Vgl. dazu: Tigestedt, Eugene Napoleon, »The Decline and Fall of the Neoplatonic Interpretation of Plato. An Outline and Some Observations«, in: *Commentationes Humanorum Litterarum* 52 (1974), S. 3–108; zu Hegel insb. S. 68f.

14 Gaiser, Konrad, *Platons ungeschriebene Lehre.* Stuttgart 1963; ders. (Hg.) Das *Platon-*

diese These, weil sie sich nur indirekt aufweisen läßt: Naturgemäß fehlen dazu direkte schriftliche Zeugnisse. Gleichwohl ist diese These mit starken philologischen Argumenten belegt. Für Hegel, der sich dabei ausschließlich auf Tennemann bezieht, ist eine solche Meinung über die Philosophie von großer Naivität geprägt:»Wie einfältig! Das sieht so aus, als sei der Philosoph im Besitz seiner Gedanken wie der äußerlichen Dinge. Die Gedanken aber sind ganz etwas anderes. Die philosophische Idee besitzt umgekehrt den Menschen. Wenn Philosophen sich über philosophische Gegenstände explizieren, so müssen sie sich nach ihren Ideen richten; sie können sie nicht in der Tasche behalten. Spricht man auch mit einigen äußerlich, so ist die Idee immer darin enthalten, wenn die Sache nur Inhalt hat.«[15]

Hegel argumentiert vom Standpunkt der systematischen Philosophie aus gegen bloß philologische Bedenken. Dazu rekurriert er auf die Natur des Gedankens, der von einem äußerlichen Gegenstand nämlich kategorial verschieden sei. Er betont die Eigengesetzlichkeit des philosophischen Gehalts. Man hat nicht Gedanken, sondern Gedanken haben den Menschen. Philosophie ist nicht willkürlich ausgedacht, sondern gehorcht, wenn sie substantiell ist, der Logik ihres Gehalts. Das philosophische Sprechen geschieht, dies sieht auch Hegel, stets in äußerlichen Rücksichten; es muß sich in die jeweilige Redesituation einpassen. Gleichwohl kann die Substanz des Gedankens davon nicht tangiert sein. Er muß sich seiner eigenen Logik gemäß aussprechen. Platons Philosophie daher für etwas bloß Exoterisches zu halten zeugt von einem mangelnden Wissen über das, was ein philosophischer Gedanke ist. Hegel unterminiert damit die These, Platon habe das Eigentliche zurückgehalten und eine bloße Hülle geliefert, die von der esoterischen Seite der Philosophie nichts mitteilte. Für den philosophischen Gedanken ist es nach

---

bild. Zehn Beiträge zum Platonverständnis. Hildesheim 1969; ders.,»Plato's enigmatic lecture ›On the Good‹«, in: *Phronesis* 25 (1980), S. 5–37; Krämer, Hans-Joachim, *Arete bei Platon und Aristoteles. Zum Wesen und zur Geschichte der platonischen Ontologie.* Heidelberg 1959; ders.,»Über den Zusammenhang von Prinzipienlehre und Dialektik bei Platon«, in: *Philologus* 110 (1966), S. 35–70; ders., *Der Ursprung der Geistmetaphysik.* Amsterdam ²1967; ders., *Platonismus und hellenistische Philosophie.* Berlin 1972; ders.,»Neues zum Streit um Platons Prinzipienlehre«, in. *Philosophische Rundschau* 27 (1980), S. 1–38; *Platone e i fondamenti della metafisica.* Milano 1982. Ferner: Watson, G., *Plato's Unwritten Teaching.* Dublin 1973; Szlezák, Thomas A.,»Dialogform und Esoterik. Zur Deutung des platonischen Dialogs Phaidros«, in: *Museum Helveticum* 35 (1978), S. 18–32; ders., *Platon und die Schriftlichkeit der Philosophie. Interpretationen zu den frühen und mittleren Dialogen.* Berlin/New York 1985; »Platons ›undemokratische‹ Gespräche«, in: *Perspektiven der Philosophie* 13 (1987), S. 347–368; ders., *Platon lesen.* Stuttgart-Bad Cannstatt 1993; ders.,»Gespräche unter Ungleichen. Zur Struktur und Zielsetzung der platonischen Dialoge«, in: *Literarische Formen der Philosophie.* (Hg.) Gabriel, G. – Schildknecht, Chr. Stuttgart 1993, S. 40–61; Reale, Giovanni, *Zu einer neuen Interpretation Platons.* Paderborn u. a. 1993.

15 Hegel, Werke 19, S. 21.

Hegel nicht entscheidend, ob er in esoterischer oder exoterischer Form mitgeteilt wird: Wenn er mitgeteilt wird, dann zeigt er sich auch als das, was er ist. Und er ist stets esoterisch: Denn die Idee selbst ist nicht einfach schlechthin da, sondern es bedarf der *Arbeit des Begriffs*, sie zu erringen und darzustellen. Daß die Philosophie selbst in Esoterik und Exoterik auseinanderfallen könnte, ist ihr äußerlich. Daß ein Philosoph philosophiert, ohne daß sich darin der philosophische Gedanke ausspräche, ist für Hegel ein triviales Mißverständnis, das der Unkenntnis der Sache entspringt. »Es ist das Esoterische der Platonischen Philosophie, das andere ist das Exoterische; aber das ist schlechter Unterschied. Man muß nicht etwa den Unterschied machen, als ob Platon zwei solche Philosophien hätte: eine für die Welt, für die Leute; die andere, das Innere, aufgespart für Vertraute. Das Esoterische ist das Spekulative, das geschrieben und gedruckt ist und doch ein Verborgenes bleibt für die, die nicht das Interesse haben, sich anzustrengen. Ein Geheimnis ist es nicht, und doch verborgen.«[16]

3) Zu den geringsten Schwierigkeiten zählt nach Hegel, daß Platon in seinen Dialogen nicht selbst sprechend in Erscheinung tritt. Das Motiv, hier ein Problem zu erblicken, könnte nach Hegel nur darin bestehen, daß der Anschein entstünde, Platon referiere bloß die Meinung Dritter, eine bloß historische Darstellung von Meinungen der Zeit Platons und seiner Vorgänger, etwa des Sokrates. Hegel vertritt indes die wohl auf die Mehrzahl der Dialoge unstrittig zutreffende These, daß die Platonische Philosophie eindeutig zu identifizieren sei. Hegels Argument ist auch hier nicht historisch: Die Dialoge bestehen nicht aus einer Aneinanderreihung von Monologen, in denen jeder Dialogteilnehmer seine Meinung vorstellt, indem er sie abgibt und sie ungeprüft stehenbleibt. Vielmehr arbeitet der Platonische Dialog die aufgefaßten Meinungen durch, prüft die einzelnen Argumentationsschritte. »(. . .) die Verschiedenheit der Meinungen, die vorkommt, ist untersucht; es ergibt ein Resultat als das Wahre; oder die ganze Bewegung des Erkennens, wenn das Resultat negativ ist, ist es, die Platon angehört.«[17] Es gibt nach Hegel ein Resultat, sei dieses positiv, das Wahre, oder negativ, endend in einer Aporie. Daß es aber überhaupt ein Resultat gibt, zeigt die Bewegung des Gedankens an. Die ursprünglichen Meinungen, von denen der Dialog ausgeht, werden deshalb durchgearbeitet, bleiben nicht bei ihrer Ausgangsposition, sondern gewinnen eine Beziehung auf die Wahrheit. Dieser Prozeß selbst aber ist, so Hegel, die Leistung Platons.

---

16 Hegel, Werke 19, S. 76f.
17 Hegel, Werke 19, S. 22.

4) Hierher gehört auch der Vorwurf, Platons Philosophie sei eklektisch: Er habe sich bei den Philosophien der Vorsokratiker, der Eleaten, der Pythagoräer bedient und deren Positionen in seinen Dialogen nur dargestellt. Der Inhalt sei daher von den Vorgängern Platons und nicht von Platon selbst; dieser habe nur die Form dargestellt. Neben den Argumenten, die Hegel gegen die These anführt, Platons Stimme sei im Konzert der Dialogpartner nicht zu identifizieren, stellt er eine weitere wichtige Überlegung an: Die Philosophie als ein Prozeß, in dem die Wahrheit sich herausbildet, könne nicht anders verfahren, als stufenweise vergangene Positionen in sich einzuschmelzen. Eine vorausgegangene Philosophie wird also nicht nur abgelöst, sondern das, was an ihr wahr und wirklich Philosophie ist, wird in den Bau einer neuen philosophischen Form substantiell eingehen. »Die vorhergehenden Philosophien verschwinden, nicht weil sie widerlegt sind, sondern in ihm.«[18] Hier ist nicht Auflösung und Destruktion, sondern systembildende Konstruktion als Muster des philosophischen Fortschritts! Das Vorausgegangene ist in Platons Philosophie daher eben nicht verschwunden, »sie [die Philosophie Platons] bildet vielmehr den Knoten in dem diese abstrakten einseitigen Prinzipien jetzt auf konkrete Weise wahrhaft vereinigt sind.«[19] Es handelt sich daher nicht um einen pejorativ verstandenen Eklektizismus, wenn Platon Meinungen und Auffassungen ihm vorausliegender Positionen zu Wort kommen läßt, sondern es ist die innere Seite der Philosophie selbst, die sich darin zum Ausdruck bringt. In der Erkenntnis, daß eine Position einseitig sei, besteht bereits der Beginn einer systembildenden Konstruktion. Das Konkrete, das bei Hegel stets bestimmt ist durch die durchdrungene Einheit unterschiedener Momente, kündigt sich in der Einseitigkeit einer Position bereits an. Wie in einem Knoten sind die als einseitig erkannten Bestimmungen nun zu einem neuen Gebilde verknüpft, einem Gebilde, das mehr ist als seine Bestandteile. Diese Bestimmungen erhalten dadurch »dann allerdings die Gestalt der Einseitigkeit gegen das folgende Höhere; dies vernichtet sie aber nicht, läßt sie auch nicht liegen, sondern nimmt sie auf als Momente seines höheren und tieferen Prinzips.«[20]

5) Die Dialogform schließlich bildet für Hegel die eigentliche Schwierigkeit mit der Philosophie Platons.[21] Zwar könne man auf der einen Seite aus den

---

18 Hegel, Werke 19, S. 67.

19 Hegel, Werke 19, S. 23. Vgl. zum Begriff des Knotens auch: »Einleitung« in das Kolleg 1825/26, in: *G. W. F. Hegel, Vorlesungen über die Geschichte der Philosophie 1: Einleitung. Orientalische Philosophie.* (Hg.) Jaeschke, Walter. (Philosophische Bibliothek; 439) Hamburg 1993, S. 230.

20 Hegel, Werke 19, S. 23.

21 Vgl. dazu die instruktive Arbeit von: Fries, Thomas, *Dialog der Aufklärung. Shaftesbury, Rousseau, Solger.* Tübingen/Basel 1993, S. 165–175.

Dialogen das Platonische »System« der Philosophie vollkommen erkennen,[22] andererseits jedoch ist die Dialogform dem begrifflichen Gehalt der Philosophie unangemessen. Mangel der Form ist in der Philosophie zugleich Mangel der Sache: »Die Idee war noch frisch, neu; zur wissenschaftlichen systematischen Darstellung ist diese erst bei Aristoteles gediehen. Dieser Mangel Platons ist dann auch Mangel in Ansehung der konkreten Bestimmung der Idee selbst.«[23]

Hegel wertet die Dialogform jedoch nicht undifferenziert ab gegenüber einer begrifflich-spekulativen Darstellungsform. Er erkennt den Charakter der Dialoge als »Kunstwerk«.[24] Die Dialogform ist schön und anziehend. Die Handlung spielt jeweils vor antiken Kulissen. Der Leser wird hineingerissen in die Atmosphäre des antiken Athen, eine Atmosphäre der ›Urbanität‹[25], für Hegel eine Form bürgerlicher Freiheit, in der sich die ›Personen gegenseitig als vernünftige und denkende Wesen akzeptieren. Zu den Vorteilen der Dialogform zählt Hegel auch die Tatsache, daß nicht Platon selbst redet: »Es sind lauter andere Personen, denen Platon seine Gedanken in den Mund legt, so daß er selbst nie namentlich auftritt und damit alles Thetische, Behauptende, Dogmatisierende völlig abwälzt (...). Bei Platon ist alles ganz objektiv und plastisch; es ist Kunst, es weit von sich zu entfernen, oft in die dritte, vierte Person hinauszuschieben.«[26]

Allerdings liegt schon in Hegels Beschreibung der Dialogform als Kunstform eine Kritik zugrunde. Obwohl die Kunst nach Hegel eine hochgeschätzte kulturelle Form ausmacht, so ist sie doch nicht die höchste Form geistiger Potenz. Dies ist allein der Philosophie als spekulativer Wissenschaft vorbehalten. So ist das Kunstwerk immer etwas Einzelnes, Singuläres. »Die Philosophie ist nicht so etwas Einzelnes als ein Kunstwerk (...). Die Erfindung des Künstlers ist der Gedanke seines Ganzen und die verständige Anwendung der vorgefundenen und bereiteten Mittel; (...). Aber die Philosophie hat zum Grunde *einen* Gedanken, *ein* Wesen, (...).«[27] Die Philosophie prozediert im Medium des Allgemeinen, das sich in sich selbst konkretisiert, und ist darum kategorial von der Kunst unterschieden. Platons Versuch, die Philosophie mit den Mitteln der Kunst auszudrücken, muß des-

---

22 Vgl. Hegel, Werke 19, S. 25.
23 Hegel, Werke 19, S. 27.
24 Vgl. Hegel, Werke 19, S. 24.
25 Vgl. Hegel, Werke 19, S. 25: »Im Ton der Darstellung des persönlichen Verhaltens der Unterredungen herrscht die edelste (attische) Urbanität gebildeter Menschen.« Urbanität gilt Hegel als Ausdruck der persönlichen Freiheit der einzelnen Person, indem dem Anderen sein Recht zugestanden wird, seine eigene Meinung zu äußern, was zwar in bezug auf die Gesellschaft ein Fortschritt sein mag, nicht aber – wie Hegel betont – für die Philosophie.
26 Hegel, Werke 19, S. 24f.
27 Hegel, Werke 19, S. 23.

halb notwendigerweise hinter der begrifflichen Form als Form der reinen
Philosophie zurückbleiben.

Platons Dialoge sind nach Hegel nicht mit der Konversation zu vergleichen. Es werde nicht im Plauderton über philosophische Fragen gesprochen;
der Dialog entstehe nicht zufällig, und sein Programm sei nicht beliebig.
Bisweilen erwecke jedoch die Anlage und der Anfang eines Dialogs diesen
Anschein. Dann knüpft der Dialog an einer unwesentlichen Frage an, aber
nur, um dann konsequent in eine philosophische Untersuchung zu münden,
der eine innere Notwendigkeit der Aufeinanderfolge von Argumenten zu
eigen sei: »– im Platon ist im ganzen schöner konsequenter dialektischer
Fortgang.«[28] Trotzdem lastet Hegel dem Platonischen Dialog eine gravierende Unbestimmtheit an. In der Regel erscheine Sokrates als der Fragende, der
aber doch die Fäden in der Hand behält, indem er Ergebnisse formuliert,
Schlußfolgerungen zieht, auf Probleme aufmerksam macht. Die Frage ist
darin etwas Äußerliches. Die dadurch erreichte Verteilung der Rede auf verschiedene Personen macht die Sache lebendig, erzeugt aber auch den Eindruck, die Entwicklung des Dialogs hänge von der Willkür der beteiligten
Unterredner ab: »Der Dialog hat den Nachteil, daß der Fortgang von der
Willkür herzukommen scheint; das Gefühl am Ende des Dialogs ist, daß die
Sache auch anders hätte werden können.«[29] Daß sich dieser Anschein auch
bei den Platonischen Dialogen einstellt, bemerkt Hegel explizit. Jedoch ist
dieser Anschein durchkreuzt durch das Verhältnis des Fragenden zum Befragten. Weil dem Befragten nur ein geringer Spielraum zugestanden wird
– er kann häufig nur bejahen oder verneinen –, werde die Willkür eingeschränkt. In der Figur des Sokrates zeigt sich die Notwendigkeit der Argumentation, da er die lenkende Funktion im Dialog übernimmt. »Wie beim
Abhören des Katechismus die Antworten vorgeschrieben, so im Dialog dasselbe; denn der Autor läßt den Antworter sprechen, was er (der Autor) will.
Die Frage ist so auf die Spitze gestellt, daß nur ganz einfache Antwort möglich ist. Das ist das Schöne und Große dieser dialogischen Kunst, die zugleich unbefangen und einfach erscheint.«[30] Die Dialogform bildet nach Hegel also eine Schnittfläche, auf der sich Willkür und Notwendigkeit in der
Argumentation schneiden. Die Kunst Platons bestehe – nach Hegel – somit
darin, den gesteuerten Argumentationsprozeß durch die Leichtigkeit der
Darstellung lebendig und anschaulich zu machen. Dabei vermeide Platon
den Anschein, er habe dogmatische Festsetzungen treffen wollen.

Das Mangelhafte dieser Form, das Hegel schon in der Charakterisierung
der Dialogform als Kunstwerk aufweisen wollte, zeigt sich für ihn auch da-

---

28 Hegel, Werke 19, S. 26.
29 Hegel, Werke 19, S. 26.
30 Hegel, Werke 19, S. 26.

rin, daß das Philosophische nicht als solches zur Sprache kommt. Hegel fordert vielmehr, daß die Philosophie sich als Wissenschaft ausprägt, d. h., daß sie in der Sphäre des Begriffs prozediert. Bei Platon, so stellt Hegel fest, ist die Philosophie mit »gewöhnlichen Vorstellungen der Bildung überhaupt«[31] kontaminiert. Hier fließt etwas in die Philosophie ein, das für Hegel nicht am rechten Platz ist: das Sinnliche, das Mythische, Lokalkolorit, theologische Auffassungen, Kosmogonien, lebensweltliche Meinungen und Vorurteile, seien diese moralischer, physischer oder metaphysischer Natur. Hegel hielt gerade das Zu-sich-Kommen des Geistes in der ihm angemessenen Form für die Errungenschaft seiner Zeit und insbesondere seiner Philosophie. Der gemeine Menschenverstand mit seiner an der Sinnlichkeit orientierten Auffassung der Welt ist für ihn nur von regionaler Bedeutung, während sich der ganze Bereich des Kulturellen, des Staates, der Kunst, der Religion, der Philosophie nur in der ihnen eigentümlichen Form erschließt, nämlich als Wissenschaft. Die Philosophie als wissenschaftliches System ist ihm dabei der Höhe- und Kulminationspunkt geistiger Selbstbewegung. Er kann nur im spekulativen Erkennen erfaßt und durchdrungen werden.

Allerdings ist die Zeit Hegels bereits damit beschäftigt, die monumentale Form eines alles in sich einschlingenden philosophischen Systems auf massive Weise zu unterminieren. Gerade die von Hegel am stärksten bekämpften Formen erweisen sich dabei als ungemein produktiv: Man denke an das fragmentarische Schreiben der frühen Romantiker oder etwa den Aufbruch in eine Philosophie des Unbewußten, des Unbegreiflichen, das Nachdenken über das Irrationale. Die Vorboten eines scientifischen Zeitalters, das sich am Paradigma der Physik orientiert, lassen sich zur Zeit Hegels genauso auffinden wie etwa eine politische Philosophie, deren Ziel nicht mehr nur Darstellung von Möglichkeit und Wirklichkeit des Staates ist, sondern die politische Aktion.

6) Hegel jedenfalls hält an der wissenschaftlichen Form der Philosophie fest, unter der er die systematische Selbstbewegung des Begriffs versteht, ein In-sich-Vertiefen der Idee in sich selbst. Dem steht bei Platon, so sieht es Hegel, vor allem die Behandlung des Mythischen entgegen. Die mythische Darstellung ist für Hegel eine besondere Weise, in der sich Vorstellung und begrifflich-spekulatives Denken mischen, ohne zu einer klaren Form zu gelangen: »Eine wesentliche Verschiedenheit der Elemente in der Darstellung der Platonischen Philosophie in seinen Dialogen ist, daß die bloße Vorstellung vom Wesen und das begreifende Erkennen desselben (in Weise der Vorstellung und spekulativ zu sprechen) dann überhaupt selbst in einer ungebundeneren Weise vermischt ist, besonders in jener Weise zu einer mythi-

---

31 Hegel, Werke 19, S. 27.

schen Darstellung fortzugehen, (...).«[32] Hegel ist weit davon entfernt, das
Mythische etwa als störend oder als falsch zu betrachten. Im Gegenteil: Es
ist für ihn eine wichtige Form, in welcher der Begriff mit Anschauung aufgeladen wird. Gerade dieses Verfahren ist am Beginn der Wissenschaft ›notwendig‹. »Die Mythe gehört zur Pädagogie des Menschengeschlechts. Ist
der Begriff erwachsen, so bedarf er derselben nicht mehr.«[33] So erkennt Hegel in Platon einen anfänglichen Denker, dem zwar die Totalität der Entwicklung fehle, der aber ungemein innovativ gewesen sei. Er habe sich dem
Geist selbst zugewandt, indem für ihn das Absolute selbst allein gedanklich
zu erfassen gewesen sei. Ferner habe er den Geist im Begriff durchdrungen.
Aber: »das Erkennen, das in Platon erschien, realisierte sich noch nicht in
ihm zu dem Ganzen.«[34] Platon habe die Philosophie fortgebildet. Er habe sie
auf die Stufe einer Wissenschaft gehoben. Einzig an der durchdrungenen
wissenschaftlichen Form habe es ihm gemangelt. Diese jedoch bilde erst den
Grundgedanken fort zum Ganzen eines wissenschaftlichen Systems. Platon
habe das Wesen der Philosophie ausgesprochen, indem er sie bestimmt als
das Wahre in der Form des Begriffs. Nur die begriffliche Durchdringung als
System sei ihm nicht gelungen und habe ihm nicht gelingen können, weil er
ein anfänglicher Denker gewesen sei.

Für Hegel steht Platon damit nicht allein. Hegel vergleicht die Platonische
Philosophie mit derjenigen des Jakob Böhme: »Platon spricht mythisch in
der Absicht eine philosophische Idee anzugeben; auch andere haben mythisch gesprochen, und ebenso drückt Jakob Böhme das Reinspekulative in
lauter christlich religiösen Formen aus.«[35]

Hegels Kritik gilt deshalb auch mehr seinen eigenen Zeitgenossen, die
Platon zwar emphatisch loben, aber nicht um seiner Dialektik willen, die
Platon »in seinem abstrakten und trocknen *Parmenides*« geleistet habe, sondern weil er wundevolle Mythen erzählt habe. Zwar mache es diese Form
leichter, »den allgemeinen Gedanken zu fassen und ihn in solcher schönen
Gestalt an sich kommen zu lassen.«[36] Der Mythos sei aber auch nur in der
Lage, den allgemeinen Gedanken zu übermitteln, nicht jedoch die Philosophie. So sei das Mythische nicht nur »überflüssiger Schmuck«, den man bei
der philosophischen Lektüre außer Acht lassen könne, sondern führe auch
zu dem Mißverständnis, »als ob Mythen Philosophie seien«.[37] Es könne dar-

---

32 Hegel, Werke 19, S. 27.
33 Hegel, Werke 19, S. 30.
34 Hegel, Werke 19, S. 27.
35 Hegel, »Manuskript 1825/26«, in: *G. W. F. Hegel, Vorlesungen über die Geschichte der
Philosophie 1: Einleitung. Orientalische Philosophie.* (Hg.) Jaeschke, Walter. (Philosophische
Bibliothek; 439) Hamburg 1993, S. 262.
36 Hegel, »Manuskript 1820«, S. 77.
37 Hegel, »Manuskript 1820«, S. 77; vgl. ebenso: Hegel, »Kolleg 1823/24«, ebenda, S. 181.

über hinaus der Anschein entstehen, als habe Platon sein Unvermögen verbergen wollen, die Philosophie in ihrem eigenen Element, nämlich in der Form des Denkens, darzustellen. Dagegen macht Hegel geltend, daß das Mythische für Platon nicht die Funktion des Verbergens, sondern des Darstellens hat. Im Mythos enthüllt sich die Wahrheit, sie ist nicht durch den Mythos verborgen.

Für Hegel ist das Mythische – wie auch das Symbol[38] – durch seinen Differenzcharakter geprägt: Der Mythos hat eine Bedeutung, die gesondert aufzuschlüsseln ist. Das Mythische soll verwandelt werden in eine begriffliche Form. Und dies ist zugleich sein Mangel, wenn der Mythos in der Philosophie auftritt. Es »liegt darin das Eingeständnis, daß die Bedeutung[,] der eigentliche Gehalt, und dieser Gehalt nur in seiner wahrhaften Weise ist, insofern er der sinnlichen Gestaltung und endlichen Verhältnisse entkleidet und in die Weise des *Gedankens* herausgehoben wird.«[39] Der Mangel besteht für Hegel nicht einfach darin, daß die Differenz zwischen sinnlicher Einkleidung und intellektuellem Gehalt bestehen bleibt, sondern daß die Bedeutung des Mythos ausgesprochen werden will. Es ist das Nicht-Explizite, das explizit werden soll. Hegel implementiert seinem Begriff des Mythos ein inneres τέλος, das in der Diskursivität des Gedankens bestehen soll: »Die Mythologie (…) bedarf einer *Erklärung*, (…).«[40] Diese Erklärung verlangt eine Übersetzungsleistung der endlichen, sinnlichen Erzählung in die intellektuelle Sphäre des Gedankens. Mit den Mythen, die Platon verwendet, verschlüsselt er nicht, so Hegels Auffassung, einen zuvor diskursiv erkannten Inhalt, sondern es handle sich um eine unvollkommene Form, in der sich die Philosophie ausspricht: Es ist nicht der reine Gedanke, sondern kontaminiert etwas, das ihm fremd ist: das Sinnliche und Bildliche.

Aus der Inkongruenz von Gehalt und Form ergibt sich für Platon, so schließt Hegel, ein besonderer Druck, der insbesondere für eine zeitgenössische Interpretation Schwierigkeiten bereite, indem darin der Keim für Mißverständnisse verschiedener Art grundgelegt ist. Hegel nennt zwei:

1) Vorstellung des Wesens und Begriff des Wesens sind miteinander vermischt. Nun geschieht es bei Platon, daß der Begriff sich von der Vorstellung trennt, indem er sich selbst als Begriff faßt und die Vorstellung des Wesens sich gegenüberstellt. Unausgesprochen bleibt dabei, so Hegel, daß allein der Begriff das Wesen ist. Es ergeben sich zwei Redeweisen über das Wesen, die miteinander unvereinbar sind: Das Wesen wird einerseits im Begriff ge-

---

38 Vgl. Hegel, »Manuskript 1820«, S. 78.
39 Hegel, »Manuskript 1820«, S. 79.
40 ebenda.

faßt, andererseits im Mythischen als noch unbegriffenes Wesen. Damit erklärt Hegel, daß Platon zwar von Gott spricht als absolutem Wesen der Dinge, dann aber wieder – gemäß der sinnlichen Vorstellung – von Göttern, die in der Menschenwelt wirken.

2) Andererseits erklärt Hegel damit den Befund, daß Mythen bei Platon des öfteren an die Stelle von weiteren Argumenten treten, sie aber nicht ersetzen können. Hegel hält dies für einen Mangel; offensichtlich habe Platon zwar in die richtige Richtung gedacht, aber die Wahrheit nicht vollständig begrifflich durchdrungen. So begibt sich der Gedanke auf Umwege, bildet »Mythen, selbstgebildete Bewegungen der Vorstellung oder aus der sinnlichen Vorstellung aufgenommene Erzählungen.«[41]

Nach Hegel ist Platons Vorgehen in der Geschichte seiner Auslegung immer wieder Quelle von Mißverständnissen geworden. Im Hellenismus, insbesondere im Neuplatonismus, sei Platons Lehre überbewertet worden. Den Neuplatonikern wird zur Allegorie, was nur Beiwerk sein kann. Sie stilisieren die Mythen zu philosophischen Theorien. Sie verkehren den Mangel an Begriff in die eigentliche Vollkommenheit. Anders bewertet Hegel das Bemühen seiner Zeitgenossen, wobei er insbesondere auf Tennemann anspielt. Das, was bei Platon nur gemäß der Vorstellung ausgedrückt sei, werde nun umgekehrt für real gehalten. Seelenwanderung, Wiedererinnerungslehre, Erschaffung der Welt vermittelst Dämonen usw. würden ihnen zu den wichtigen Positionen Platons, während sie das Begriffliche, das Spekulative oder die Dialektik für fruchtlose Bemühungen hielten.

Es bleibt für Hegel also die zentrale Aufgabe bestehen, mythische Darstellung und Philosophie voneinander zu trennen: »Die mythische Form der Platonischen Dialoge macht das Anziehende dieser Schriften aus, aber es ist eine Quelle von Mißverständnissen; es ist schon eins, wenn man diese Mythen für das Vortrefflichste hält.«[42] Die Entscheidungskompetenz kann nicht einer historisch-philologischen Untersuchung anheim fallen. Sie könnte nur isolierte Theoriestücke oder Mythen herausgreifen, ohne eine systematische Absicht Platons zu artikulieren. Mehr als bei anderen Philosophen ist bei Platon, so Hegel, die Philosophie selbst gefordert. »Es ist unsere Sache, zu entscheiden, was Spekulation, was Vorstellung ist.«[43] In Hegels Interpretation des Dialogcharakters bei Platon zeigt sich das Selbstbewußtsein einer sich selbst als systematische Wissenschaft begreifenden Philosophie gegenüber einer – zwar seit Jahrhunderten geübten, jedoch noch in den Anfängen stehenden – Philologie. Sie hat ihre Macht über den Wortlaut noch nicht ausgespielt; die Prüfung der Authentizität und die Rekonstruktion von Tex-

---

41 Hegel, Werke 19, S. 28.
42 Hegel, Werke 19, S. 29.
43 Hegel, Werke 19, S. 30.

ten hatte noch nicht jene Glaubwürdigkeit erreicht, die der Philologie ein eigenes Gegengewicht gegen die Philosophie hätte verleihen können. Hegels Kritik ist in dieser Frage kurzsichtig: Er räumt noch der Philosophie allein jene Kraft ein, über die Texte Platons dekretorisch zu verfügen. Die Jahrzehnte nach Hegel sollten die Philologie zur Blüte bringen, nicht zuletzt auch an der Berliner Universität, der Wirkungsstätte Hegels, und sie sollte dort im wesentlichen verbunden sein mit dem Namen von August Böckh, Professor der Beredsamkeit und klassischen Literatur.

Für Hegel jedenfalls gilt noch der ungebrochene Anspruch der Philosophie auf die Texte Platons. Bei aller sonstigen Sensibilität für die Ausdifferenzierung von Wissensformen mag dies überraschen. Es zeigt sich jedoch darin eine grundsätzliche Spannung. Ohne ein konstruktives Verfahren hinsichtlich philosophischer Texte, besonders der Philosophiegeschichte, wird es keinen sinnvollen Zugang zum Philosophischen geben. Nur der Philosoph »weiß, was Platon wollte.«[44] Die exegetischen Methoden, die seit Jahrhunderten an den Texten der Heiligen Schrift geübt und geschärft worden waren und nun auf die Philosophie Platons angewandt wurden, erfüllen nach Hegel nicht ihren Zweck. Die Philosophie, und zwar die gegenwärtige, die in ihrer Aufmerksamkeit auf ihre Zeit gerichtet ist, muß zur Richterin werden über das vergangene Denken. Fraglich bleibt dabei zunächst, wie – philosophisch – in der Philosophiegeschichte mehr enthalten sein soll, als der gegenwärtige Denker in seiner Beschäftigung mit einer philosophischen Philosophiegeschichte in sie hineingelegt hat. Einen Eigenbestand etwa der Platonischen *Philosophie* gegenüber aller folgenden kann Hegel nicht wirklich einräumen. In der Philosophiegeschichte läßt sich der Philosoph nicht überraschen. Die Wahrheit, der er teilhaftig geworden ist, die nicht er besitzt, sondern die ihn besitzt – um Hegels Worte zu gebrauchen –, ist nur *eine*; sie gewinnt sich im Prozeß der Geschichte des Gedankens selbst. Wie ein in sich selbst verschlungenes Band bildet sie ein Textil, das an jeder Stelle nichts anderes ist als dieses Band und doch stets in neuer Form, in höherer Komplexität: Die Kette von Knotenpunkten, welche die vormaligen – einseitigen Positionen – in ihrer Wahrheit darstellen, ist nicht außerhalb ihres Prozesses, sondern liegt in ihr als ihr notwendiges Fortschreiten. Folgt man Hegel, dürfte es schwer fallen zu begründen, daß man aus der Geschichte der Philosophie etwas lernen könne. Damit ist nicht jene schlechte Didaktik gemeint, die das Verständnis für ein gegenwärtiges Problem mit der Darstellung seiner Geschichte beginnt. Diese Form der Didaktik lehnt Hegel strikt ab.[45] Vielmehr ist hier ein substantielles Lernen gemeint, das Neues, bisher

---

44 Hegel, Werke 19, S. 31.
45 Vgl. Hegel, Werke 19, S. 20: »Wie in der Pädagogik das Bestreben ist, die Menschen zu erziehen, um sie vor der Welt zu verwahren, d. h. sie in einem Kreise – z. B. des Comptoirs,

nicht Gedachtes aus der Geschichte des Denkens nun erneut zu denken versucht. Die substantielle Überraschung, etwas zu finden, was nicht schon immer im Horizont einer bereits durchdachten und durchdrungenen Wahrheit liegt, ist mit Hegel nicht möglich. Hegel rechnet nicht mit dem ganz Fremden in der Geschichte der Philosophie; er hält sie vielmehr für ein Kontinuum, aus dem deshalb nichts, was auch immer nur Substanz hat, verloren geht. Damit verliert er allerdings die Offenheit, die eine lebendige Auseinandersetzung mit dem Gewesenen im Horizont eines vergegenwärtigenden und gegenwartsbezogenen Denkens erst garantiert.

4.2 Ideenlehre

Für Hegel ist das Denken Platons nicht metaphysisch. Diese Feststellung mag zunächst überraschen angesichts der Tatsache, daß Platon heute weithin als Erzvater aller metaphysischen Philosophie gilt. Die Auffassung Hegels hängt wesentlich an der Ablehnung einer Zwei-Welten-Lehre, sie hängt an seiner Interpretation der Ideenlehre.[46] Die Ideen bei Platon sind für Hegel zunächst nichts anderes als das *an sich Allgemeine*. Damit unterscheidet Platon nach Hegel zwei fundamentale Bereiche, nämlich den Bereich der sinnlichen Welt, dem die Vorstellung als Erkenntnisweise korrespondiert, und die übersinnliche Welt, der das Denken als Erkenntnisweise korrespondiert. Die entscheidende Frage betrifft das Verhältnis der beiden Bereiche oder ›Welten‹. Eine Zwei-Welten-Lehre etwa müßte behaupten, daß jede der beiden Welten etwas für sich ist, abgetrennt von der jeweils anderen, jede mit jeweils eigenen Prinzipien. Dies liefe letztlich auf einen Weltdualismus hinaus. Die eine Welt wäre auf die andere Welt nicht zu reduzieren. In Hegels Auffassung wäre eine solche ›übersinnliche‹ Welt metaphysisch: Sie wäre eine Welt hinter oder jenseits der Welt. Nicht so Hegels Interpretation der Platonischen Ideenlehre: »Er erkennt nur das Allgemeine, die Idee, das Gute als das Wesenhafte. Durch die Darstellung seiner Ideen hat Platon die Intellektualwelt eröffnet. Sie ist nicht jenseits der Wirklichkeit, im Himmel, an einem anderen Ort, sondern sie ist wirkliche Welt; (...): das Ideelle ist der Wirklichkeit nähergebracht, nicht metaphysisch.«[47] Das sinnlich Existierende sei daher für Platon nicht das Wahre und nicht das Wirkliche, sondern

---

idyllisch des Bohnenpflanzens – zu erhalten, in dem sie von der Welt nichts wissen, keine Notiz von ihr nehmen, so ist in der Philosophie zurückgegangen worden zum religiösen Glauben, so zur Platonischen Philosophie.«

46 Vgl. zum folgenden: Beierwaltes, Werner, »Distanz und Nähe der Geschichte: Hegel und Platon«, *Giornale di Metafisica* NS. 17 (1995), S. 5–28.

47 Hegel, Werke 19, S. 39.

die Idee als das wesentliche Sein. Diese Idee sei das ›bestimmte Allgemeine‹, das ›mit sich Identische‹, ›konkret in sich‹. »Diese Idee des Plato ist so ein Ruhendes, eine allgemeine Anschauung des Göttlichen, des Schönen, des Wahren, des Guten.«[48] Bei Platon findet Hegel folglich einen Begriff der Idee, den er selbst – grundsätzlich – teilt, der aber einiger wesentlicher Ergänzungen bedarf.

Hegel sieht die Konsequenz eines hypostasierten Begriffs der Idee und versucht sie zu vermeiden. Bei Platon scheint ihm das schon vorgebildet: Die »rein logische Bewegung scheint uns sonst leicht für sich zu sein, ein eigenes Land, welches ein anderes neben ihm hat, das ebenso auch gilt. Aber indem sie dort [in Platons Dialektik, Ch. A.] zusammengebracht werden, so erscheint das Spekulative erst in seiner Wahrheit, daß es nämlich die einzige Wahrheit ist, – die Verwandlung des sinnlichen Meinens in das Denken.«[49] Sowohl die Möglichkeit von Einheit in der intelligiblen Welt als auch eine Beziehung zwischen den Bereichen des Intelligiblen und des Sinnlichen liegen im Ineinander beider Bereiche begründet. Die geistige Welt ist nicht die jenseitige, sondern die wirkliche, in der die sinnliche eingelassen ist.[50] Platon hat demnach die Welt nicht verdoppelt, indem er die sinnlichen Dinge durch ihre Ideen übersteigerte, sondern der Kosmos des Gedankens ist die einzige wirkliche Welt und die Sinnlichkeit ist ihr sichtbarer Bodensatz.

Hegel ist der Auffassung, daß die Ideenlehre Platons in dreifacher Weise grundlegend falsch rezipiert wird. Diese Mißverständnisse sind alle philosophischer Natur, denn sie beruhen auf philosophischen Prämissen. Hegel systematisiert sie wie folgt:
1) Das formale Denken hält nur das Sinnliche für real;
2) die Produkte des Denkens sind nicht real;
3) Ideen sind nur für das unmittelbare Bewußtsein.

Durch das formale Denken charakterisiert Hegel eine realistisch-empiristische Position. Ihre zentrale Behauptung liegt darin, daß nur die Vorstellung wahr sei, da sich Vorstellungen – in welcher Weise auch immer – letztlich auf Sinnlichkeit beziehen. Für diese Position erschöpft sich nach Hegel das Sein im Sinnlichen. Wenn also Platon von Ideen spricht und sie als das Allgemeine kennzeichnet, das zugleich das wesentliche Sein ist, so kritisiert diese Position daran zunächst die Hypostasierung einer Eigenschaft. Ideen seien demnach Eigenschaften von Dingen, die nun für etwas an sich Existie-

---

48 Hegel, »Manuskript 1820«, S. 104.
49 Hegel, Werke 19, S. 62.
50 Vgl. Hegel, Werke 19, S. 111: »Die ewige Welt (...) ist die Wirklichkeit, nicht drüben, nicht jenseits, sondern die gegenwärtige wirkliche Welt in ihrer Wahrheit betrachtet, nicht wie sie dem Gehör, Gesicht usf. in die Sinne fällt.«

rendes gehalten würden, das zudem auch noch Prinzipiencharakter besitzen solle. In der konsequenten Weiterführung gelange eine solche Position dann zu der Auffassung, die Ideen seien selbst eine Art von Dingen – eine sinnliche Interpretation der Ideenlehre nach Maßgabe der Sinnenwelt. Diese quasi-dinglichen Ideen seien in einer außerweltlichen Vernunft, in der Vernunft eines transzendenten Schöpfergottes, und hätten dort die Funktion von Vorbildern. Damit bildeten sie eine zweite Welt neben oder hinter der für real gehaltenen, ursprünglichen, sinnlichen Welt. Hegels Kritik an einer solchen Auffassung richtet sich nicht allein auf die Prämisse; seine ganze Philosophie spricht diese Kritik aus. Es sind vor allem zwei Konsequenzen für die Philosophie Platons, die Hegel aufführt: Da ist einerseits die Quasi-Dinglichkeit der Ideen, eine Vorstellung des Geistigen, die ihre Herkunft aus einer reduzierten dinglich-sinnlichen Philosophie nicht verleugnet und auf die Ideenlehre Platons überträgt. Andererseits, und das scheint Hegel gravierender, setzt diese weiterführende Interpretation der Ideenlehre ein transzendentes Subjekt voraus, dessen Gegenstand die Ideen sind. Dieses Subjekt liegt nun nicht nur außerhalb des Bewußtseins, es ist nach Hegel sogar das ›Andere des Bewußtseins‹, eine auf ewig uneinholbare, Ideen produzierende göttliche Vernunft – eine ›metaphysische‹ Vorstellung von den Ideen.

Die umgekehrte Auffassung der Ideenlehre verlegt die Ideen zwar in unser Bewußtsein, aber als Bewußtseinsinhalte werden sie, so Hegel, der äußeren Realität entgegengesetzt. Sie werden selbst nur – wie Hegel mit Anklang an Kant formuliert – zu bloßen Idealen, »welche entweder unserer Vernunft notwendig, ihre Erzeugungen aber keine Realität haben, oder etwas, das nicht erreicht werden könne«.[51] Hegel erkennt hier dieselbe Argumentationsstrategie: Die Ideen werden in einem Bereich angesiedelt, welcher der Welt transzendent ist. Ideen gehören für beide Positionen nicht zur Welt: »Wie dort das Jenseits ein außerweltliches Vorstellen ist, so ist es hier unsere Vernunft, als ein solches Jenseits der Realität.«[52] Transzendente Ideen erzeugen aber in jeder Theorie ein Problem: Weil sie jenseits der Realität angesiedelt sind, muß es fraglich bleiben, wie sie in eine Weltimmanenz eingebunden werden können. Im ersten Fall werden sie irrelevant, im anderen irreal.[53]

---

51 Hegel, Werke 19, S. 41.
52 Hegel, Werke 19, S. 41.
53 An anderer, früherer Stelle äußert sich Hegel kritischer gegenüber Platons Ideenlehre: »In der alten Philosophie scheint die Idee nicht als Totalität, weil sie nicht zu dieser Negativität kommt und das Moment der Einzelheit, Wirklichkeit nicht an ihr setzt. Die Wirklichkeit bleibt so draußen, unbeachtet. So ist es mit den Platonischen Ideen, die die Wirklichkeit zur Seite liegen lassen.« (Hegel, »Kolleg 1820/21«, in: G. W. F. Hegel, Vorlesungen über die Geschichte der Philosophie 1: Einleitung. Orientalische Philosophie. [Hg.] Jaeschke, Walter. [Philosophische Bibliothek; 439] Hamburg 1993, S. 101.) Für Hegel liegt hier der Mangel der Plato-

Im dritten Fall sind die Ideen nur etwas für das unmittelbare Bewußtsein; sie sind dann intelligible Formen der Anschauung, unmittelbar im Bewußtsein sich zeigende ästhetische Ideen. Im Visier Hegels ist eine ästhetische Theorie, etwa nach dem Paradigma der Schellingschen Ästhetik aus der Jenaer Zeit, in deren Zentrum das Genie steht: In ihm tritt die Idee unmittelbar heraus. Das Genie soll in einer intellektuellen Anschauung des Absoluten in seiner konkreten und individuellen Form habhaft werden. Für Hegel ist das keine prinzipiell falsche Auffassung von der Kunstproduktion. Sie scheint ihm das Problem nur verkürzt darzustellen. Die Voraussetzung, die Ideen würden im Bewußtsein geschaut werden können, unterstellt ihnen den Charakter der Einfachheit und Unmittelbarkeit. Nun haben die Ideen in der Tat diesen Charakter der Einfachheit und Unmittelbarkeit: »Sie sind nicht unmittelbar im Bewußtsein, sondern sie sind im Erkennen. Sie sind nur insofern Anschauungen oder unmittelbar, daß sie das als Resultat in seine Einfachheit zusammengefaßte Erkennen sind; oder die unmittelbare Anschauung ist nur das Moment ihrer Einfachheit.«[54] Sie sind aber ebenfalls Gehalte für das Erkennen; sie geben sich nicht – wie in einem spontanen Akt – dem Bewußtsein. Es ist zur Erkenntnis der Ideen eine bildende und vernünftige Erkenntnistätigkeit erforderlich. Darum sind sie nicht unmittelbar ästhetisch.

Hegels Interpretation der Ideenlehre Platons bewegt sich in den Bahnen seiner eigenen Theorie. Die intellektuelle Welt verschwindet nicht in einem dunklen Jenseits, in dem sie zwar etwas sein mögen, aber nicht für uns. Eine dogmatische Position möchte Hegel den Platonischen Texten nicht unterlegen. So fällt auch Platon nicht hinter die Kantische Kritik zurück. Dogmatische Metaphysik, so Hegels Auffassung, läßt sich mit Platon nicht betreiben. Weder sind die Ideen transmundane Entitäten noch sind sie die Gedanken einer außerweltlichen Gottheit. Sie sind vielmehr gerade auch für Platon wesentliche Elemente der Subjektivität, daher nicht bloß willkürlich erdachte Konstrukte ohne Realität, sondern notwendige Gehalte. Sie sind das wesentliche Sein selbst, das sich weder durch Abstraktion aus der Sinnlichkeit erschließen läßt noch dem menschlichen Erkennen von außen zudiktiert wird. Sie sind die in sich selbst bewegte vitale Kraft des Denkens selbst, allgemein und durch den Prozeß des Zu-sich-selbst-Kommens zugleich in der Bewegung auf ihre Konkretion.

---

nischen Ideenlehre darin, daß die Ideen das allein Positive sind. Hegel fordert eine innere Negativität, welche die allgemeine Idee zu einer besonderen Gestalt weiterentwickelt. So erscheinen ihm Idee und Wirklichkeit getrennt, damit das Potential der Ideen zur Erklärung der Wirklichkeit nur gering. Eine Zwei-Welten-Lehre folgt daraus auch in dieser früheren Auffassung nicht.

54 Hegel, Werke 19, S. 41.

Die Idee gewinnt Platon aus dem Bereich der Vorstellung. Dieser erscheint das Sinnliche als das Reale. »Wir nehmen so das Äußerliche, Sinnliche, Reale im Gegensatz zum Ideellen. Dies aber ist das Allerrealste, das allein Reale; und daß es das einzig Reale ist, ist die Einsicht Platons: Das Allgemeine ist das Ideelle, das Wahre ist das Allgemeine, der Gedanke bestimmt gegen das Sinnliche.«[55] Darin liegt zunächst die Einsicht Platons, daß das Sinnliche oder das Unmittelbare, die uns umgebende Dingwelt, nicht die Wahrheit ist, denn sie ist der Veränderung unterworfen: die Sinnen- und Dingwelt ist eine Welt des Werdens, des Entstehens und Vergehens. Es ist eine endliche Welt. Hegel denkt daher, »daß die Platonische Dialektik den Zweck hat, die endlichen Vorstellungen der Menschen zu verwirren und aufzulösen, um das Bedürfnis der Wissenschaft, diese Richtung auf das, was ist, in ihrem Bewußtsein hervorzubringen,«[56] sie zur Einsicht in die Realität des Ideellen zu führen.

Das Allgemeine qua Idee ist nun aber nicht losgelöst vom Einzelnen. Die Ideen bilden für Platon, so Hegel, keinen Kosmos für sich, sondern sind das Allgemeine im Einzelnen. Zunächst sei dieses Allgemeine bei Platon abstrakt. Nach Hegels eigener Theorie kommt es darauf an, daß das Allgemeine sich in sich selbst besondert, konkret wird. Die Platonische Idee ist dieses Allgemeine, das Hegel nun mit dem dynamischen Konzept der Gattung verbinden kann. Das Allgemeine ist demnach kein abstraktes Merkmal, das äußerlich vom Einzelnen abgezogen wird. Dies ist ein Verfahren einzig des reflektierenden Verstandes, »der meint, Gattung sei nur dies, daß das Äußerliche für uns zum Merkmal, zur Bequemlichkeit zusammengefaßt sei – sie sei ein Zusammenfassen von gleichen Bestimmungen, von mehreren Einzelnen, gemacht durch unsere Reflexion –, so haben wir allerdings das Allgemeine in ganz äußerer Form.«[57] Der Verstand ist nicht fähig, einen intensiven Begriff der Idee, qua Gattung zu bilden, dies ist der Wissenschaft vorbehalten, der Vernunft.

Platons Ideenlehre birgt für Hegel den Keim für eine Entwicklung der Philosophie als Wissenschaft. Sie ist aber auch nur der Anfang dieser Entwicklung und nicht mehr als eine Gestalt ganz am Beginn. Hegel erblickt darin eine Einseitigkeit, die in der Nichtentwicklung besteht. Das kennzeichnet die Philosophie Platons als eine geschichtliche Form, die letztlich aufgehoben wird in weitere höhere Formen. Der Mangel an Entwicklung ist eine innere Einseitigkeit; sie bezieht sich nicht allein auf das Verhältnis zu der anderen bestimmenden Philosophie seiner Zeit, nämlich der Sophistik. Es ist die innere Unbeweglichkeit und Entwicklungslosigkeit der Ideenlehre

---

55 Hegel, Werke 19, S. 62.
56 Hegel, Werke 19, S. 64.
57 Hegel, Werke 19, S. 62f.

selbst, die Hegel zu dieser Auffassung veranlaßt. »Diesen Mangel der Entwicklung sehen wir nicht bloß durch die Vergleichung, sondern dasselbe muß dann hervortreten als seine eigene Bestimmtheit. Was zunächst als ein Unbefangenes erschien, erscheint so notwendig als Schranke der Einseitigkeit. In der Platonischen Philosophie ist die Idee in ihrer Allgemeinheit aufgetreten; die unbewegte Idee als das ewige Gute, das Schöne. Diese unbewegte Idee hat das Prinzip der Bewegung der Subjektivität noch nicht in sich.«[58] Ob diese Einschätzung der Ideenlehre zutreffend ist, muß sich an Hegels Interpretation des *Sophistes* zeigen, in dem Platon seine Theorie der höchsten Gattungen ausführt, in der insbesondere die Bewegung, d. h. auch die Bewegung der höchsten Gattungen eine entscheidende Rolle spielt.

4.3 Hegels Interpretation des Timaios – die Naturphilosophie

Schellings Auseinandersetzung mit der Philosophie Platons begann in Tübingen mit dem *Timaios*.[59] Es ist nicht bekannt, ob Schelling und Hegel sich während ihrer gemeinsamen Zeiten in Tübingen oder Jena über den *Timaios* ausgetauscht haben. Trotzdem dürfte es von einigem Interesse sein, Unterschiede und Ähnlichkeiten in der Art und Weise ihrer Interpretation zu untersuchen. Dabei muß jedoch zunächst auf eine Schwierigkeit hingewiesen werden: Schellings Text zum *Timaios* entstammt noch der Tübinger Zeit. Hegels Interpretationen zum *Timaios* entstanden viel später, nämlich in den 20er Jahren in der Berliner Zeit. Hegel hatte dort bereits ein System, das in seinen Durchbildungen sicher nicht als durchweg einheitlich beschrieben werden kann, aber doch als ein einheitlicher Ausgangspunkt dasteht. Bei Schelling ist es umgekehrt: Seine Interpretation des *Timaios* steht am Anfang. Ein System hat er nicht, aber er beginnt systematisch zu denken. Hegels Interpretation ist demgegenüber von einer dreißigjährigen Gedankenarbeit infiltriert. Hegels Urteil hat einen festen Standpunkt.

Für Hegel ist klar: Die naturphilosophischen Details sind ohne Belang, »allein auf das Nähere, Spezielle können wir uns nicht einlassen; es hat indes auch wenig Interesse.«[60] Hegel urteilt: Eine Naturphilosophie im ei-

---

58 Hegel, »Kolleg 1820/21«, in: *G. W. F. Hegel, Vorlesungen über die Geschichte der Philosophie 1: Einleitung. Orientalische Philosophie.* (Hg.) Jaeschke, Walter. (Philosophische Bibliothek; 439) Hamburg 1993, S. 55f.

59 Zu Hegels langjähriger Beschäftigung mit dem Platonischen *Timaios* und zur Entwicklung der Kosmologie vgl.: Baum, Manfred, »Kosmologie und Dialektik bei Platon und Hegel«, in: *Hegel und die antike Dialektik.* (Hg.) Riedel, Manfred. Frankfurt a. M. 1990, S. 192–224.

60 Hegel, Werke 19, S. 86.

gentlichen Sinne habe Platon nicht ausarbeiten können.[61] Dazu fehle ihm
die Einsicht in das Prinzip, daß die Natur zugleich Geist sei. Hegel ist davon überzeugt, daß der *Timaios* im Kern eine pythagoreische Schrift ist,
etwa eine Umarbeitung oder ein Auszug. »(...) es fehlt nicht an einzelnen
tiefen Blicken, welche sich aber nicht dem Prinzip verdanken, sondern für
sich als glücklichere Gedanken dastehen.«[62] Allerdings traut er Platon eigene Impulse zu. Hegel weiß, daß die Schwierigkeit des Textes zwei objektive Gründe hat: Erstens gilt das, was er von Platon insgesamt behauptet,
hier in besonderer Weise: Vorstellung und begriffliche Philosophie liegen
einer undurchsichtigen Gemengelage vor. Zweitens behauptet Hegel, daß
Platon von der Sache selbst, d. h. von der Natur, nur unzureichende Kenntnisse hatte.

Eine weitere Schwierigkeit des *Timaios* besteht nach Hegel im mehrfa-
chen Anfang, z. B. Tim. 74e. Darin unterscheidet sich Hegels Interpretation
von derjenigen Schellings, welcher der Form des Dialogs keine besondere
Aufmerksamkeit schenkt. In Hegels Perspektive erscheint dieser formale
Aspekt nicht als ein *zweiter Anfang*, sondern als eine *Rückkehr zum Anfang*.
In dieser Formulierung scheint Hegel bereits sein eigenes System in der
Philosophie Platons zu spiegeln. Denn Hegel beschreibt sein System als eine
Bewegung zurück in sich selbst, als Bewegung zurück zum Anfang.

Hegels *Timaios*-Interpretation ist im wesentlichen theologisch bestimmt,
weniger kosmologisch. Wichtig ist für ihn deshalb die Stelle, an der Platon
erklärt, die Gottheit sei ohne Neid und habe die Welt sich selbst ähnlich
schaffen wollen. Hegel zufolge ist hier die Gottheit noch nicht weiter bestimmt. Begrifflich folgt die Neidlosigkeit der Gottheit aus ihrer Gutheit.
Eine weitere Bestimmung Gottes etwa als gütig oder als Subjektivität ist
nach Hegel damit nicht zugleich gegeben. »Daß Gott keinen Neid habe, ist
allerdings ein großer, schöner, wahrhafter, naiver Gedanke.«[63] Hegel erkennt, daß sich Platon damit gegen frühere Gottesvorstellungen absetzt, die
Gott als rachsüchtigen, kriegerischen und neidischen bestimmt haben. Interessanter als dieser Vergleich der Position Platons mit seiner Vorzeit und zu-

---

61 Vgl. dagegen die Bemühungen Hösles eine Übereinstimmung zwischen Hegels und Platons Naturphilosophie nachzuweisen Hösle kommt zu dem Schluß, »daß nicht nur der Gedanke einer Naturphilosophie Platon und Hegel als den wohl bedeutendsten Vertretern des objektiven Idealismus gemeinsam ist, sondern auch die konkrete Durchführung einer solchen trotz
des zeitlichen Abstandes von mehr als zwei Jahrtausenden bis in Einzelheiten einander entspricht.« (Hösle, Vittorio, »Hegels ›Naturphilosophie‹ und Platons ›Timaios‹ – ein Strukturvergleich«, in: *Philosophia naturalis* 21 (1984), S. 64–100; abgedruckt in: ders., *Philosophiegeschichte und objektiver Idealismus*. München 1996, S. 37–74; hier S. 39)
62 Hegel, »Kolleg 1823/24«, in: *G. W. F. Hegel, Vorlesungen über die Geschichte der Philosophie 1: Einleitung. Orientalische Philosophie*, S. 156.
63 Hegel, Werke 19, S. 87.

gleich vielsagend ist der Vergleich mit den zeitgenössischen Gottesvorstellungen. Dabei scheint es für Hegel unproblematisch, den Platonischen Gedanken in seine Gegenwart zu transformieren. Der neidische Gott ist für Hegel jener Gott, der sich verschließt gegen die Erkenntnis, der sich nicht offenbart, ein abwesender Gott. Es ist leicht, hier eine Invektive Hegels zu erblicken gegen die kalte Gottesvorstellung, die er einigen Aufklärungspositionen zuschreibt. Einer solche Position hält Hegel die Gegenfrage vor: »Denn warum sollte er sich nicht offenbaren, wenn wir einigen Ernst machen wollten mit Gott? Ein Licht verliert nichts, wenn anderes angezündet wird; (. . .).«[64] Der neidlose Gott ist der erkennbare Gott. »Wird uns die Erkenntnis Gottes verwehrt, so daß wir nur Endliches erkennen, das Unendliche nicht erreichen, so wäre er neidisch, oder Gott ist dann ein leerer Name.«[65] Aller Sinn für die geistige Welt müßte an dieser Schwelle scheitern. Alles rein Begriffliche fiele unter die Unerkennbarkeit des Absoluten. Es bliebe nur das Interesse für die sinnliche Welt, und Gott wäre nichts als deren leerer Spiegel, ohne eine eigentümliche Stellung.

Dieser Gott findet, so referiert Hegel den Platonischen Dialog, das Sichtbare vor. Diese Vorfindlichkeit und Gegebenheit des Sinnlichen ist für Hegel ein mythischer Ausdruck. Nach seiner Auffassung kann das Sinnliche nicht in derselben Weise real und gegeben sein wie das Intelligible. Liegt die Realität in der geistigen Welt, so kann nicht zugleich auch das Sinnliche schlechthin gegeben sein, sondern es müßte in irgendeiner Weise auf das Übersinnliche reduzierbar sein. Mit einem Wort: Platon behaupte mit der Vorfindlichkeit des Sinnlichen etwas gänzlich Unplatonisches. Hegel erklärt diese Unzulänglichkeit mit dem Problem des Anfangs. Anfangen könne man nur mit etwas Unmittelbaren. Das Sinnliche sei ein Unmittelbares, das aus diesem Grunde am Anfang stehen könne. Das könne allerdings bloß heuristische Bedeutung haben, es sei dies nicht als eine theoretische Konzeption zu werten, sondern als ein *mythischer Ausdruck*. Dieser Verdacht erhält nach Hegel weitere Nahrung: Das Sichtbare befindet sich in chaotischer Bewegung, aus der es durch die Tätigkeit des Demiurgen in Ordnung versetzt wird. Die Gottheit, so moniert Hegel, sei hier zu einem Handwerker verkommen. »Diese Verhältnisse sind aber nicht Philosopheme, Dogmen des Platon, es ist ihm nicht Ernst damit; dieses ist nur nach der Vorstellung gesprochen, solche Ausdrücke haben keinen philosophischen Gehalt.«[66]

Auch dies ist ein Problem des Anfangs. Von welchem Begriff auch immer die Philosophie ihren systematischen Anfang nimmt, ein solcher anfänglicher

---

64 Hegel, Werke 19, S. 88.
65 Hegel, Werke 19, S. 88.
66 Hegel, Werke 19, S. 88.

Begriff ist wesentlich unbestimmt, wesentlich unter-bestimmt. Ihm mangeln Bestimmung und Konkretion, die er erst gewinnt im Prozeß seiner Bewegung zurück in sich selbst. Am Anfang ist er leer; Gott also, wie ihn Platon hier als Demiurgen einführt, ist ein leerer Begriff; die mythische Redeweise verdeckt nur den Mangel, daß sich über diesen Gott nichts sagen läßt. Erst die Entwicklung des Platonischen Gedankenganges kann über die Leerheit dieses Anfangs hinausgehen. Platons Idee eines *erzeugten Gottes* beseitigt diesen Mangel des Anfangs.[67] Hegel sieht darin eine immanente Entwicklung des Gedankens selbst, darin kongruent mit den Überlegungen zu Beginn seiner eigenen *Logik*.[68] Die Präsentation der Philosophie Platons erfolge daher nicht nach Belieben, sondern am inneren Leitfaden der Wahrheit, und dies mit dem methodischen Bewußtsein davon. Das Erste, sei dies nun Gott, wie bei Platon, oder das Sein, wie bei Hegel, könne am Anfang nur in seiner Unmittelbarkeit und Unbestimmtheit dargestellt werden: »(. . .) der erste Gott ist noch unbestimmt. Wir müssen mit Bewußtsein diesen Weg nehmen, mit Bewußtsein, daß das Erste, es sei Sein oder Gott, unbestimmt ist. Dieser erzeugte Gott ist erst das Wahrhafte; jener erste ist ein Wort, – angefangen nach der Weise der reinen Vorstellung zu sprechen, als bloße Hypothesis, Voraussetzung der Vorstellung. Als Gott nur das Gute war, war er nur Name, (. . .).«[69]

Hegel interessiert sich vor allem für die Formen der Vermittlung. Der Platonische Gott habe überlegt, daß von dem Sinnlichen das Unverständige nicht schöner sei als das mit Verstand begabte. Daher habe er das Sinnliche, die Körper, mit dem Verstand vereinen wollen. Körper und Verstand seien zwei Extreme, die nur durch ein Mittleres zusammengeschlossen werden könnten: die Seele als das Band der beiden Extreme.[70] Die Welt sei auf diese Weise ein beseeltes und verständiges Tier geworden.

---

67 Vgl. Platon, Tim. 34b

68 Vgl.: Womit muß der Anfang der Wissenschaft gemacht werden?, in: Hegel, Akad.-Ausg. 11, 33–40. – Dazu: Asmuth, Christoph, »Hegel und der Anfang der Wissenschaft«, in: *Die Grenzen der Sprache. Sprachimmanenz – Sprachtranszendenz.* (Hg.) Asmuth, Christoph – Glauner, Friedrich – Mojsisch, Burkhard. Amsterdam 1999, S. 175–202; ders., »Anfang und Form der Philosophie. Überlegungen zu Fichte, Schelling und Hegel«, in: *Schelling: Zwischen Fichte und Hegel.* (Hg.) Asmuth, Christoph – Denker, Alfred – Vater, Michael. Amsterdam 2000, S. 403–417.

69 Hegel, Werke 19, S. 93f.

70 Vgl. dazu auch die ganze ähnliche Formulierung bei Schelling: »Denn ganz allgemein können zwei Dinge, wie Plato im Timäus sagt, ohne ein Drittes nicht bestehen, und das schönste Band ist dasjenige, welches sich selbst und das Verbundene auf das Beste zu eins macht, so daß sich das Erste zu dem Zweiten wie dieses zu dem Mittleren verhält.« (Schelling, *Ideen zu einer Philosophie der Natur*, I, 2, 180) – Dazu: Jantzen, Jörg, »Der Ausdruck des Unbedingten. Schellings Systementwürfe«, in: ders. (Hg.), *Die Realität des Wissens und das wirkliche Dasein. Erkenntnisbegründung und Philosophie des Tragischen beim frühen Schelling* (Schellingiana; 10) Stuttgart-Bad Cannstatt 1998, S. 1–35; insb. S. 7f.

Eine weitere Vermittlung sei erforderlich, wenn es um die körperlichen Wesen selbst gehe. Auf naive Weise führe Platon als Extreme *Feuer* und *Erde* ein, wiederum rein mythische Darstellungen. In der Vermittlung der beiden Elemente erkennt Hegel jedoch das Prinzip der Vermittlung selbst. Platon erkläre nämlich, daß die Vermittlung zweier Extreme nicht möglich sei ohne ein Band, das sie miteinander verbinde. Ein solches Band sei dann am schönsten, wenn es sich selbst und das Verbundene, so weit wie möglich zu einem mache. Bereits die *Differenzschrift* (1801) weist auf diese Textstelle hin, und auch dort geht es um die Identität, allerdings noch ganz im Fahrwasser Schellings, ohne Betonung der Negativität:»Plato drükt die reelle Entgegensetzung durch die absolute Identität so aus: das wahrhaft schöne Band ist das, welches sich selbst und die verbundnen Eins macht.«[71] Mit diesem Band, heißt es jetzt, sei nichts anderes beschrieben als das Wesen der Subjektivität.»Das Band ist das Subjektive, Individuelle, die Macht; es greift übers Andere und macht sich mit ihm identisch.«[72] Das Band ist nicht ein Drittes außer den beiden Extremen, die es zusammenbindet. Es ist von anderer Natur. Es ist die Vermittlung selbst. Das exemplifiziert Hegel an Platons Proportionenlehre. Die Vermittlung ist in der Proportionenlehre die Mitte, die sich in ein gleiches Verhältnis setzt zu den Extremen. Die Mitte ist dann, so referiert Hegel Platon, zu den Extremen geworden, die Extreme zur Mitte, beide aber in der Mitte dasselbe. Wenn sie dasselbe geworden seien, seien sie eins. Die Mitte, die nichts anderes ist als die Vermittlung, ist die Einheit der Entgegengesetzten.

Platons Proportionenlehre, die Schelling gar nicht interessierte, wird bei Hegel enorm aufgewertet. Für Hegel zeigt sich in ihr das Wesen der Vermittlung überhaupt. Platon habe hier über den Vernunftschluß gesprochen, die absolute Form. Im Vernunftschluß, im Gegensatz zum Schließen des Verstandes, werden die Entgegengesetzten auf höchste Weise geeint, jedoch nicht ohne die Negation des Entgegensetzens durchlaufen zu haben. Es ist die Subjektivität selbst, die sich realisiert in der ihr entgegengesetzten Welt, um in diesem Entgegengesetzten zu sich selbst zu kommen.»Dies ist mit anderen Worten die Natur Gottes. Wird Gott zum Subjekt gemacht, so ist es dies, daß er seinen Sohn, die Welt erzeugt, sich realisiert in dieser Realität, die als Anderes erscheint, aber darin identisch mit sich bleibt, den Abfall vernichtet und sich in dem Anderen nur mit sich selbst zusammenschließt; so ist er erst Geist.«[73] Was Hegel hier an einem christlich-theologischen Programm verdeutlicht, ist die – für Hegel – ubiquitäre Gültigkeit des geistigen Handelns. Es ist die Form, in der sich dieses geistige Handeln seine Gehalte aneignet, nicht wie in der Natur durch Inkorporation und

---

71 Hegel, Akad.-Ausg. Bd. 4, 65.
72 Hegel, Werke 19, S. 88f.
73 Hegel, Werke 19, S. 91.

Auflösung des Anzueignenden, das ein Anderes ist, sondern durch ein Sich-Entäußern und Sich-Gewinnen. Der Gehalt, das Andere, auf das der Geist sich richtet, ist ihm zutiefst verwandt, es ist selbst geistig: das Andere des Geistes ist er selbst. Die Mitte ist Subjekt. Es ist die Identität der Unterschiedenen, aber nicht als Konglomerat. So kann Hegel sagen, »daß Gott ein Schluß ist, der sich mit sich selbst zusammenschließt«[74] – ein Schluß allerdings, der Gott zu einem lebendigen Gott macht, einem Gott, der sich durch die Unterschiede hindurch in sich selbst realisiert. Gott ist ein lebendiger geistiger Prozeß.

Hegel hat sich mit dieser Interpretation weit von Platons Text entfernt. Die Proportionenlehre ist für ihn kein Teil der pythagoreischen Mathematik, sondern der zentrale Punkt einer spekulativen Dialektik. In diese sind seine Bemerkungen über die christliche Trinitätslehre eingelassen. Hegel behauptet nun keinen historischen Zusammenhang zwischen beiden, etwa dergestalt, daß sich die Platonischen Überlegungen durch den Neuplatonismus entwickelt hätten, um dann bei der Ausbildung der Trinitätstheorie wirksam zu werden. Seine Auffassung zielt vielmehr darauf, daß Platon eine Grundlage aller geistigen Prozesse aufgedeckt habe, die bis in Hegels Zeit Gültigkeit beanspruchen dürfe und damit auch einer Interpretation der Trinitätstheorie entspräche, wie sie Hegel selbst vorschlägt. Platon hat also nicht nur die intellektuelle Welt überhaupt eröffnet, indem er das Eigengewicht des Geistigen gegenüber dem bloß Sinnlichen hervorgehoben habe; vielmehr habe er auch die Prozeßhaftigkeit und die ihr zugrundeliegende Logik erfaßt. Es ist die Vernunft selbst, die sich im Schluß mit sich selbst zusammenschließt. Dies ist ihre selbständige Form. Dies ist ihr universales Prinzip. In Hegels Augen kann es daher nicht verwundern, daß die Überlegungen Platons bereits die Grundlagen der christlichen Trinitätsspekulation antizipieren, auch dann, wenn diese erst durch die Philosophie Hegels zu ihrer expliziten Deutung gekommen sind.[75] »Das Wahre hat bei Platon also dieselbe Bestimmung als die Dreieinigkeit.«[76]

In der sinnlichen Welt geschieht diese Vermittlung nach Platon grundsätzlich auf andere Weise. Hier könne es nicht nur eine Mitte, es müsse zwei Mitten geben. Auch hier handelt es sich bei Platon um eine Anwendung der

---

74 Hegel, Werke 19, S. 91.

75 »Diese Formen haben seit Platon ein paar tausend Jahre brachgelegen; in die christliche Religion sind sie nicht als Gedanken übergegangen, ja man hat sie sogar als mit Unrecht hinübergenommene Ansichten betrachtet, bis man in neueren Zeiten angefangen hat, zu begreifen, daß Begriff, Natur und Gott in diesen Bestimmungen enthalten sind.« Hegel, Werke 19, S. 91.

76 Hegel, Werke 19, S. 95. Hegel schränkt jedoch ein: Platon habe diesen Gott noch in der Vorstellung gesucht und nicht, wie Hegel selbst, im Gedanken.

Proportionenlehre. Die doppelte Mitte erzeugt nun nach Hegel statt der Drei-
die Vierzahl. Die sei ein »(...) wichtiger Gedanke; statt Drei haben wir im
Natürlichen Vier, die Mitte ist gedoppelt ...«[77] Hegel denkt dabei an die drei
Dimensionen, die durch vier geometrische Instanzen gebildet werden:
Punkt, Linie, Fläche, Körper. Der Körper enthält alle Instanzen und ist daher
das Prinzip der sinnlichen Welt. Hegel stellt nun die durch die doppelte Mitte
erzeugte Proportion der durch die einfache Mitte erzeugten Proportion gegenüber wie Sinnenwelt und Intellektualwelt, so daß der Sinnenwelt die
Vierzahl, der Intellektualwelt jedoch die Dreizahl entspricht.

Hegels Interpretation überfrachtet den Text Platons mit einem Anspruch,
den er nicht erfüllen kann. Platon geht es hier um die Konstitution der Sinnenwelt. Die Mathematik spielt dabei eine entscheidende Rolle. Sie erklärt
die Regelmäßigkeit und Schönheit der natürlichen Welt und die Rolle des
Menschen in ihr: Der Mensch kann mit gutem Grund den Sternen trauen,
wenn er sich aufs freie Meer begibt, denn der Kosmos ist durch die unveränderliche Mathematik, d. h. durch die Proportionenlehre, konstituiert. Das
rationale Vorgehen des Demiurgen bei der Erschaffung des Kosmos garantiert eine rationale Welt, in der sich das rationale Wesen Mensch orientieren
kann. Da die Sinnenwelt wie der ganze Kosmos dreidimensional ist, reicht
die ›zweidimensionale‹ Proportionenlehre mit nur einer Mitte nicht aus. Es
bedarf einer ›dreidimensionalen‹ Proportionenlehre mit zwei Mitten. Deshalb vermutet auch die Mehrheit der Kommentatoren, daß es sich bei diesen
Proportionen um Verhältnisse von Kubikzahlen handelt. Hegels Interpretation scheint dagegen auf den Unterschied von Sinnen- und Intellektualwelt
fixiert zu sein. Unerklärlich bleibt bei Hegel dann jedoch, was für eine Bedeutung die Zweidimensionalität für die Intellektualwelt haben sollte. Während Platons Überlegung dahin geht, daß die einfache Proportion mit nur
einer Mitte der Komplexität der Sinnenwelt unangemessen ist, zieht Hegel
die einfache Proportion vor, gerade weil sie nur eine Mitte hat: Sie ist ihm
das Signum des Vernünftigen: »Die Ursache, daß das, was im vernünftigen
Schluß nur Dreiheit ist, in der Natur zur Vierheit übergeht, liegt im Natürlichen, indem nämlich das, was im Gedanken unmittelbar eins ist, in der Natur
auseinandertritt. Die Mitte nämlich als Gegensatz ist eine gedoppelte.«[78]

Platons Demiurg verfertigt die Welt als Kugel. Hegel erkennt darin den
Vorzug, den die Eleaten und Pythagoreer der Kugelgestalt gaben. Diese Welt-
Kugel sei nach Platon vollkommen glatt, bemerkt Hegel. Sie habe deshalb
keinen Unterschied gegen Anderes. Tatsächlich spricht Platon davon, daß die
Welt-Kugel sich selbst genügt. Alles an ihr zeigt die Merkmale der Vollkom-

---

77 Hegel, Werke 19, S. 91.
78 Hegel, Werke 19, S. 92.

menheit: kugelförmige Gestalt, kreisförmige Bewegung, ganz gleichartig, ganz selbstgenügsam, autark. Darin ist für Hegel der Gedanke enthalten, daß es für diese Kugel kein Anderes außer ihm gibt, zu dem es ein Differenzverhältnis haben könnte. Darin zeigt sich, daß diese Welt-Kugel unendlich ist, denn das Endliche sei gerade dadurch endlich, daß es durch etwas Äußeres begrenzt wird. Dieses Äußere gibt es für die Welt-Kugel nicht. Alle Differenz ist in ihr. Darin ist sie – wie Hegel betont – wie die Idee:»In der Idee ist auch die Bestimmung, das Begrenzen, Unterscheiden, das Anderssein, aber zugleich aufgelöst, enthalten, gehalten in dem Einen; so ist es ein Unterschied, wodurch keine Endlichkeit entsteht, sondern zugleich aufgehoben ist. Die Endlichkeit ist so im Unendlichen selbst; – dies ist ein großer Gedanke.«[79] Platons Welt-Kugel wird in Hegels Interpretation zur Idee, welche die Einheit immanenter Unterschiedenheit ist. Die Welt-Kugel ist keine indifferente Unendlichkeit, sondern ist bestimmt und begrenzt, jedoch so, daß sie keinen Bezug hat zu etwas außerhalb ihrer, weil sie alles ist, was ist.

Platon läßt den Timaios erzählen, wie Gott den aus vollkommenen Körpern gestalteten Körper der Welt nun mit der Seele verbindet, indem er sie in die Mitte setzt, von der aus sie das Ganze durchdringt und den Körper auch von außen her umgibt. Auf diese Weise entsteht ein kreisender Kreis als Himmel, der einzig und einsam ist, jedoch keinen Mangel leidet, weil er in sich vollkommen ist und sich mit sich selbst zusammenschließt. Gott erzeugt auf diese Weise einen seligen Gott. In der Erzählung des Timaios taucht die Welt-Seele erst an einer späten Stelle auf, einer Stelle, die ihrer Natur, so Platon, nicht angemessen ist. Dies beruht, wie Platon bemerkt, auf der Zufälligkeit der Erzählung. Der Sache nach sei die Seele vorrangig, der Körper nachrangig, denn die Seele sei die Herrscherin des Körpers. Was aber beherrsche, sei früher als das Beherrschte.

Aus dieser Passage folgert Hegel:

1. Die Materie ist in Platons *Timaios* nichts Erstes. Das ›Anundfürsichseiende‹ sei vielmehr die Einheit von Seele und Körper. Hegel wendet damit eine Interpretation ab, die zu der Auffassung kommt, Platon habe die Materie für etwas Selbständiges angesehen.

2. Daß Platon die unsachgemäße Aufeinanderfolge seiner Gedanken durch eine Zufälligkeit der Erzählung begründet, schreibt Hegel der *Naivität* Platons zu, der die Logik des Anfangs noch nicht zu reflektieren vermochte. Denn der Anfang muß in einem Unmittelbaren gesucht werden, wie etwa dem Körperlichen.

3. Gott ist die Identität entgegengesetzter Momente: bei Platon Welt-Kugel und Welt-Seele, als Resultat einer Bewegung.

---

79 Hegel, Werke 19, S. 93.

Unerwähnt bleibt, und dies sowohl bei der zusammenfassenden Wiedergabe der Textstelle als auch bei der darauffolgenden Interpretation, daß Platon ein kosmologisches Projekt verfolgt.[80] Die Welt-Seele erklärt bei Platon zunächst die Sternenbewegung. Überhaupt ist die Seele bei Platon Bewegungsprinzip, die Welt-Seele folglich universales Bewegungsprinzip. So durchdringt die Weltseele das Ganze der Welt und umschließt sie. Der kreisende Kreis dieser Welt-Seele ist die Schale der Himmelskörper, die sich um die Welt-Kugel drehen. Darum heißt es bei Platon, daß die Welt-Seele einen einigen und einzigen Himmel (οὐρανός) bilde. Bei Hegel ist dieser Akzent zugunsten einer Interpretation gewichen, die auf den Vermittlungscharakter des Resultats zielt: ein erzeugter (bei Hegel »geborener«) Gott, der als Identität der entgegengesetzten Momente von Welt-Körper und Weltseele firmiert.

Das betrifft auch die Mischung der Welt-Seele aus verschiedenen Bestandteilen. Für Hegel ist dies eine der wichtigsten Stellen bei Platon, weil sie für ihn Platons Philosophie als Theorie der Subjektivität charakterisiert. Zunächst zur Darstellung Hegels: Aus dem Ungeteilten und stets sich gleich Bleibenden einerseits und dem in sich Geteilten und Körperlichen andererseits hat der Gott ein Drittes geschaffen aus beiden, vereint zur Mitte, das zugleich die Natur des Sich-selbst-Gleichen und des Anderen, des Ungeteilten und Geteilten hat. Für Hegel sind dies adäquate Bestimmungen: Das Sich-selbst-Gleiche ist das Ungeteilte, das Identische (ταὐτόν); das Andere ist das Ungeteilte, Nicht-Identische (τὸ ἕτερον). Das Andere bestimmt Hegel als das Geteilte, aber als das in sich Geteilte, das Viele. Es ist daher ein Anderes, aber nicht das Andere eines Anderen, sondern das »Andere an ihm selbst«.[81] In Platons *Timaios* wird nichts weiter darüber gesagt, was das für ein Begriff des Anderen ist, der hier Verwendung findet. Hegels Interpretation dieses Begriffs aber ist, zumindest was den *Sophistes* betrifft, zweifelhaft. An entsprechender Stelle wird daher darauf zurückzukommen sein. Hegel jedenfalls sieht an dieser Passage des *Timaios*, daß Platon die abstrakten Bestimmungen von Identität und Nicht-Identität in einer Weise verwendet, die er selbst, Hegel, präferiert. »Sagen wir: ›Gott, das Absolute, ist die Identität des Identischen und Nicht-Identischen‹, so hat man über Barbarei, Scholastik gesprochen. Die Leute, die so darüber sprechen, können den Platon hoch rühmen, und doch hat er das Wahre ebenso bestimmt.«[82] So ergibt sich für Hegel eine Trias von Bestimmungen. Sie besteht aus dem Selben

---

80 Hegel deutet nur an einer Stelle kurz an, daß er diesen kosmologischen Zusammenhang wahrgenommen hat, nämlich: Hegel, Werke 19, S. 96, in Anspielung auf die *Harmonia mundi* Keplers sowie Hegel, Werke 19, S. 98.
81 Hegel, Werke 19, S. 94.
82 Hegel, Werke 19, S. 94f.

(Identität), dem Anderen (Differenz) und der Seele (der Subjektivität als Identität der Identität und Nicht-Identität). Die Seele ist nun nach Hegels Interpretation bei Platon nichts Drittes neben dem Selben und dem Anderen, sondern sie ist dasjenige, was die Entgegengesetzten in einer Idee vereint: Es ist als Drittes nichts anderes als die Einheit der Entgegengesetzten.

Der Text Platons bietet ein differenzierteres Bild. Die Mischung der Weltseele aus den sie konstituierenden Bestandteilen gehört zu den schwierigsten und rätselhaftesten Stellen des Platonischen Werkes. Deutungen gibt es seit jeher viele[83] – bis zu jener These, nach der Platon absichtlich dunkel gesprochen habe, um seine Lehre den Nichteingeweihten vorzuenthalten.[84] Die Mischungsverhältnisse jedenfalls sind komplizierter, als Hegel sie darstellt. Folgt man allein dem Wortlaut, so wird man drei verschiedene Mischungsvorgänge konstatieren müssen, deren Resultate in einer letzten Mischung zusammengefügt werden:

– unteilbares und teilbares Sein (οὐσία) zu einem mittleren Sein;
– unteilbares und teilbares Selbiges (ταὐτόν) zu einem mittlerem Selbigen;
– unteilbares und teilbares Verschiedenes (θάτερον) zu einem mittleren Verschiedenen.

In der letzten, vierten Mischung werden dann mittleres Sein, mittleres Selbiges und mittleres Verschiedenes zusammengemischt. Das Teilbare wird dabei jeweils dem Bereich des Körperlichen zugeordnet. Die Weltseele ist demzufolge vor allem ein Mittleres zwischen den Bereichen des unteilbaren Intelligiblen und dem teilbaren Körperlichen. Fraglich bleibt:

1. ob der Bereich des Teilbaren »Abbild« des Unteilbaren ist;[85]
2. inwieweit hier logisch-kategoriale und ontologische Bestimmungen in der Mischung durcheinander gehen: Sein, Selbiges, Verschiedenes, Teilbares, Unteilbares, Intelligibles, Körperliches;[86]
3. ob die Bestandteile als »Elemente« (στοιχεῖα) zu verstehen sind analog den physischen Elementen.[87]

---

83 Bei Proklos findet sich eine Systematik der verschiedenen Interpretationsrichtungen: 1) Die Seele sei Zahl; 2) die Seele sei ein geometrisches Gebilde; 3) die Seele als der Natur zugehörig, gebildet aus der vorkosmischen irrationalen und der göttlichen Seele; 4) die Seele als Mittleres zwischen Geist (νοῦς) und Wahrnehmung (αἴσθησις); 5) die Seele als Synthese zweier Arten von Vernunft (νόες). Vgl. Proklos, In Plat. Tim. II, 153f. – Vgl. Dörrie, Heinrich – Baltes, Matthias (Hg.), *Der Platonismus in der Antike. Grundlagen – System – Entwicklung.* Bd. 4. Stuttgart-Bad Cannstatt 1996, S. 277–280

84 Vgl.: Gaiser, Konrad, *Platons ungeschriebene Lehre.* Studien zur systematischen und geschichtlichen Begründung der Wissenschaften in der Platonischen Schule. Stuttgart ²1968, S. 41

85 Vgl. Dörrie, *Der Platonismus in der Antike*, S. 267.

86 Vgl. Gaiser, *Platons ungeschriebene Lehre*, S. 43.

87 Vgl. Aristoteles, De an. I, 2, 404b.

Schwerer wiegt noch, daß sich diese Stelle in Platons *Timaios* philosophisch schwer deuten läßt. Hegels subjektivitätstheoretische Interpretation der Weltseele dürfte jedenfalls Platons Text nicht gerecht werden. Hegel identifiziert beispielsweise das Geteilte mit dem Verschiedenen. Daher verschwinden bei Hegel die drei ersten basalen Mischungen. Ihm geht es vielmehr um die zentrale dialektische Frage nach dem Verhältnis von Identität und Nichtidentität, von Selbigem und Verschiedenem. Für Hegel fügen sich dort die abstrakten Bestimmungen zur Einheit. Bei Platon mischen sich explizit nur die bereits gemischten, eben mittleren Entitäten zu einer neuen mittleren Entität. Hegel weist der Seele als Subjektivität demgegenüber keine Mittelstellung zu. Sie ist für Hegel vielmehr das Vermittelnde schlechthin, daß alle Gegensätze in sich einschließt: Identität der Identität und Nichtidentität – »Gott, das Absolute«.[88]

Hegel interpretiert weiter, daß der Gott diese Einheit durch einen Gewaltakt bewerkstelligt habe. Platons Timaios betont nämlich, so referiert Hegel, daß die Natur des Anderen nur schwer zu vermischen sei und mit Gewalt dem Selben hinzugefügt werden müsse. Hegel erkennt darin die »Gewalt des Begriffs, der das Viele, Außereinander, idealisiert und als Ideelles setzt. Das ist eben die Gewalt, die dem Verstande angetan wird, wenn man ihm so etwas proponiert.«[89] Hegel scheint weniger den Gehalt der Begriffe zu betonen als vielmehr die besondere Vermittlungsleistung der Vernunft. Die Macht der Vernunft gegenüber dem Verstand erscheint dem Verstand als Gewalt, – als Gewalt, welche die Entgegengesetzten zusammenzwingt. Entgegengesetzt sind die Entgegengesetzten jedoch durch die trennende Tätigkeit des Verstandes, so daß sich darin letztlich die Gewalt der Vernunft gegenüber dem trennenden Verstand zeigt. Fraglich bleibt, wiederum im Blick auf den *Sophistes*, warum die Natur des Anderen, des Verschiedenen, von Platons Timaios als ›schwer mischbar‹ bezeichnet wird, hieß es doch im *Sophistes*, daß gerade die Gattung des Verschiedenen durch alles hindurchgehe.[90] Hegel jedenfalls stellt die Frage nach der Gewalt, die notwendig ist, um das Andere mit dem Selben zu vereinigen, nicht in bezug auf das Andere, sondern ausschließlich auf die Vermittlungsleistung der Vernunft. Deshalb rückt auch der Gehalt des Anderen nicht in den Blick. Hegel scheint sich

---

88 Vgl. dagegen die Interpretation von Halfwassen, Jens, »Idee, Dialektik und Transzendenz. Zur Platondeutung Hegels und Schellings am Beispiel ihrer Deutung des *Timaios*«, in: *Platon in der abendländischen Geistesgeschichte. Neue Forschungen zum Platonismus.* (Hg.) Kobusch, Theo – Mojsisch, Burkhard. Darmstadt 1997, S. 193–209.

89 Hegel, Werke 19, S. 95.

90 Vgl. Platon, *Soph.* 259ab. Hegel weist selbst darauf hin: Platon komme im *Sophistes* zu dem Resultat, »daß das Sein und das Andere durch alles und durcheinander hindurchgeht.« (Werke 19, S. 75)

jedenfalls darüber im klaren zu sein, daß das Andere das In-sich-selbst-Ver-
schiedene ist, das Nicht-Identische, das aus diesem Grunde vom Verstand
dem Identischen entgegengesetzt wird.

Das Resultat dieser Vermittlung, die Seele, vermischt nun der Gott, so
referiert Hegel, mit dem Wesen (οὐσία), indem er aus allen Dreien Eins
macht, und zerteilt das Ganze wieder in Teile, so viele notwendig sind. Hegel
erschließt daraus die Auffassung Platons, nach der die sichtbare Welt und
die Substanz der Seele dasselbe sind. »Und dies *eine* Ganze ist nun erst die
jetzt systematisierte Substanz, die wahrhafte Materie oder Wesen, der absolute Stoff, der in sich geteilt ist (eine bleibende und untrennbare Einheit des
Einen und des Vielen); es muß nach keiner anderen gefragt werden.«[91] Die
zunehmende Komplexität der Vermittlungsstufen führt nach Hegel nicht zu
einem fragilen Gebilde. Es handelt sich für ihn nicht um eine Rezeptur zur
Erschaffung der Welt, dessen Resultat sich ebenso in seine Bestandteile auflösen ließe. Der Vermittlungsprozeß ist für Hegel vielmehr die Struktur einer
begrifflichen Genese, deren Komplexität nachgerade für ihre Konkretion
bürgt. Aus dem anfänglichen Unmittelbaren der Protomaterie entwickelt
sich – logisch – die gereifte Subjektivität (Seele), die der Welt nicht als ein
Anderes entgegensteht, sondern in ihre Substanz eingegangen ist, eine Substanz, die nichts anderes als der Weltgehalt ist.

Diese gewordene Subjektivität habe Platon, so Hegel, weiter geteilt, und
zwar nach pythagoreischen Vorstellungen. Hegel folgt hier, seinem eigenen
Bekenntnis nach, der historischen Arbeit von August Böckh, die er aus den
Studien von Carl Daub und Friedrich Creuzer kennt.[92] Die Proportionenlehre, wie sie Platon hier entwickelt, ist für Hegel von bloß historischer Bedeutung. Daß er sie trotzdem hier wiedergibt, zeugt aber von seinem Sensorium
für die historische Seite der Philosophie. Allein dem spekulativen Ziel der
Interpretation darf die historische Seite nicht geopfert werden. Gleichwohl
muß Hegel darauf aufmerksam machen, daß dies nur die rein historische
Seite der Platonischen Philosophie betrifft, daß es ihm im strengen Sinne
nur um die Fortentwicklung der spekulativen Philosophie zu tun ist. Diese
ist, Hegel zufolge, aus dem *Timaios* nur im allgemeinen zu entnehmen: Seele
oder Geist sind das umfassende Prinzip; erst innerhalb des Geistes kann es
»Körper« geben: »Der Geist ist das Durchdringende, Mitte der Kugel, die

---

91 Hegel, Werke 19, S. 95.
92 Vgl.: Boeckh, August, »Ueber die Bildung der Weltseele im Timäos des Platon«, in:
Studien. (Hg.) Daub, Carl – Creuzer, Friedrich. Bd. 3 (1807), S. 1–89. – August Böckh (1785–
1867) folgt 1810 einem Ruf an die neu eingerichtete Berliner Universität als Professor der
Beredsamkeit und klassischen Literatur. Hier wirkte er bis zu seinem Tode. Fünfmal wurde
er zum Rektor der Universität gewählt. Böckh war also ein Kollege Hegels an der Berliner
Universität.

Ausdehnung und das Umschließende; das Körperliche ist innerhalb seiner; – d. h. es ist ihm ebensosehr entgegengesetzt, seine Differenz, wie es er selbst ist.«[93] Die Körper, die Weltkörper, Himmelskörper im besonderen, die ganze Körperlichkeit der Welt ist für Hegel nicht einfach gegeben. Die Objektivität der Körperwelt ist gerade konstituiert durch eine allumfassende Subjektivität. Nur ›innerhalb‹ des Geistes kann es daher etwas geben, das als Körper angesprochen werden kann. Die Bedingungen für die Körperlichkeit sind geistiger Natur. Die Objektivität der Körperlichkeit ist immer schon durch die ubiquitäre Subjektivität eingeholt. So ist die Seele nichts anderes als der Körper; gleichwohl ist dieser der Seele entgegengesetzt. Mit Blick auf die Substanz der Welt muß ihre Indifferenz behauptet werden. Innerhalb der Welt unterscheiden sich jedoch Körper und Geist fundamental.

Die Metapher Platons, nach der die Seele die Welt ›regiert‹, sagt nach Hegel genau dies: Die Subjektivität ist Prinzip, die Körperlichkeit nur innerhalb ihrer möglich. »Die Seele ist dasselbe wie das sichtbare Universum; es sind dieselben Momente, die ihre Realität ausmachen. (Gott als absolute Substanz sieht nichts als sich selbst.)«[94] Für die absolute Substanz ist alles absolute Substanz. Die Unterschiedenheit der mannigfaltigen Weltgegenstände beschreibe Platon, so Hegel weiter, durch das In-sich-Reflektieren der Subjektivität. Die Seele wendet sich ihren ihr immanenten Bestandteilen zu, dem Sich-selbst-Gleichen, dem Verschiedenen, und bringt so in sich Ungleiches und Gleiches, Besonderes und Allgemeines hervor.

Hegel interessiert sich – wie Schelling – für die Genese der Zeit im Platonischen *Timaios*. Zugleich bildet diese Genese für Hegel einen Übergang in Platons *Timaios*: Die Beschreibung der idealen Sphäre, in der die begriffliche, logische Welt entsteht, die Idee, ist nun durch das Hervortreten der Idee des Ganzen beendet. Nun geht es nicht mehr um die Welt in der Perspektive ihrer inneren Logik, sondern um ihre Sinnlichkeit. Die Idee ist das Wesen der Welt als eines seligen Gottes. Platons Beschreibung bisher sei ›nur‹ in der Sphäre des Wesens verblieben. »Es war bisher nur das Wesen des Sinnlichen, nicht die Welt als sinnliche noch hervorgetreten.«[95] Die Welt aber ist wesentlich sinnlich. So kann es beim Wesen des Sinnlichen nicht bleiben, die Welt muß sich vielmehr als Sinnliche zeigen. Bei Platon selbst allerdings entsteht die vorbildliche Welt bereits durch eine Verbindung von Welt-Seele und Welt-Körper, die der Demiurg als ein ewiges Lebewesen erzeugt. Keineswegs läßt sich aus Platons Text erschließen, es handle sich dabei um ein ›nur‹ ideales Gebilde, dessen Wesen ausschließlich in Gedanken zu erfassen sei. Von diesem ewigen Bild schafft nun der Demiurg ein

---

93 Hegel, Werke 19, S. 98.
94 Hegel, Werke 19, S. 98.
95 Hegel, Werke 19, S. 99.

bewegliches Abbild, indem er den Himmel ordnet. Das Abbild selbst ist ein in Zahlen fortschreitendes ebenfalls ewiges Abbild. Das Verhältnis von Idee und Welt entspricht daher, so Hegel, bei Platon dem Verhältnis von Urbild und Abbild. Die Idee sei das Muster, allein dem Gedanken zugänglich, sich selbst vollständig gleich. Die Sinnlichkeit tritt ein durch die Entzweiung der Idee von sich selbst. Der in sich selige Gott – als Wesen der Welt – setzt sich das Weltganze selbst entgegen. Auch dies ist eine subjektivitätstheoretische Lesart der Platonischen Kosmogonie. Sie folgt aus der Annahme, die Weltseele sei das Subjekt als alleinige Substanz. Vorgestellt als ein handelnder Gott, bewirkt diese Substanz die Trennung von sich selbst, um sich mit sich selbst wiederum zu vereinen. Dies ist nach Hegel gerade das Wesen der Subjektivität. Die wirkliche Welt ist nicht überhaupt etwas Anderes als das ursprüngliche Subjekt, sondern *ihr* Anderes, ein Anderes, das vom Ursprünglichen herstammt, von ihm gesetzt ist, von ihm entgegengesetzt ist. Auf diese Weise transformiert Hegel die Urbild-Abbild-Theorie Platons und ihren metaphorischen Kern in eine Sprache der Subjektivität mit ihren christlich-metaphysischen Implikationen.

Das Interesse Hegels an Platons Theorie der Zeit speist sich aus der Frage nach dem Status der Zeit. Das epistemologische Modell der Transzendentalphilosophie Kants und Fichtes konkurriert in der Perspektive Hegels mit einem physikalisch-ontologischen Modell. Hegel gibt sich entschieden:»Die Zeit ist ideell, wie der Raum, – die gegenständliche Weise des Geistigen; es ist Raum, Zeit nichts Sinnliches, – die unmittelbare Weise, wie der Geist in der gegenständlichen Welt hervortritt, die sinnliche unsinnliche.«[96] Hier zeigt sich erneut, daß Hegel in der Platonischen Philosophie eigene Positionen wiederfindet. So heißt es in der *Enzyclopädie* (1827):»Die Zeit, als die negative Einheit des Außersichseins, ist gleichfalls ein schlechthin Abstractes, Ideelles. – Sie ist das Seyn, das, indem es *ist, nicht* ist, und indem es *nicht* ist, *ist*; (. . .). Die Zeit ist wie der Raum, eine *reine* Form der *Sinnlichkeit* oder des *Anschauens*, das unsinnliche Sinnliche – aber wie diesen, so geht auch die Zeit dieser Unterschied der Objectivität und eines gegen dieselbe subjectiven Bewußtseyns nichts an.«[97] Hegels Theorie der Zeit basiert auf der transzendentalphilosophischen Theorie Kants: Die Zeit ist eine reine Form der Anschauung. Damit gehört sie nicht den Dingen selbst an, sondern ist etwas Geistiges, Ideelles. Die Zeit wie auch der Raum sind daher nichts Sinnliches, aber stets auf das Sinnliche bezogen, wie die Form auf ihren Gehalt: Zeit ist das sinnliche Unsinnliche oder das unsinnliche Sinnliche.[98] Die Zeit ist für Hegel das abstrakte Außerei-

---

96 Hegel, Werke 19, S. 100.

97 Hegel, Akad.-Ausg. Bd. 19: *Enzyklopädie der philosophischen Wissenschaften: 1827*, S. 192.

98 Problematisch ist die letzthin veröffentlichte Interpretation der Zeit-Theorie Hegels

nandersein, aber nicht als dessen vermittlungslose Gleichgültigkeit, wie es der Raum ist, sondern als dessen negative Einheit. Das Negative macht, daß aus dem Nebeneinander des Raums nun ein Verschwindendes wird, etwas, dessen Sein in seiner Flüchtigkeit besteht. In dieser Negativität gibt es noch keinen Unterschied wirklicher Objekte *in* der Zeit. Die Zeit ist noch ganz abstrakt, ganz kontinuierlich.

In dieser Abstraktheit offenbart der Raum seine Verwandtschaft mit dem anfänglichen Sein der Logik, die Zeit aber mit dem Werden, Entstehen und Vergehen. Die Zeit ist das »*angeschaute* Werden«. Noch eine weitere Bestimmung erbt Hegels Theorie von Raum und Zeit aus der Kantischen Vernunftkritik: Zwar lassen sich Raum und Zeit nicht in die Korrelationalität von Bewußtsein und Bewußtem hineinziehen, weil sie selbst als solche nicht vorgestellt werden können, gleichwohl könnte, so Hegel, der Raum als abstrakte Objektivität, die Zeit als abstrakte Subjektivität bezeichnet werden. So bezieht sich die Zeit auf den inneren Sinn, wie sich der Raum auf den äußeren.

Die Vorstellung deutet das Sein in der Zeit in einer nur vorläufigen, bildhaften Weise: Sie sieht, daß alles, was entsteht oder vergeht, *in* der Zeit entsteht und vergeht. So bildet sie sich den Begriff einer leeren Zeit, einer Zeit, in der nichts entsteht und vergeht. Die Vorstellung durchschaut nicht den Charakter der Zeit als einer Abstraktion. Daher kann sie mit einem Zeitbegriff operieren, der vorauszusetzen scheint, die leere Zeit oder die Zeit überhaupt sei etwas für sich, abgesondert von dem, was in der Zeit entsteht oder vergeht. »(. . .) die Zeit selbst ist dies *Werden*, Entstehen und Vergehen, (. . .).«[99] Das Endlich-Wirkliche ist dagegen auf komplexe Weise mit der Zeit verschränkt. Es ist, wie Hegel sagt, sowohl verschieden als auch identisch mit der Zeit. Das Endlich-Wirkliche ist beschränkt. Es ist einer Negation unterworfen, die es zu einem Endlichen macht, einer Negation allerdings, die es nicht aus sich hat, sondern die ihm äußerlich ist, die macht, daß seinem Sein widersprochen wird, daß es vergeht. »Die Abstraktion dieser Aeußerlichkeit ist die Zeit selbst.«[100] Die Endlichkeit des Endlichen beruht daher

---

durch Neuser, Wolfgang, »III Die Naturphilosophie (245–376)«, in: *Hegels ›Enzyklopädie der philosophischen Wissenschaften‹ (1830)*. Ein Kommentar zum Grundriß von Hermann Drüe, Annemarie Gethmann-Siefert, Christa Hackenesch, Walter Jaeschke, Wolfgang Neuser und Herbert Schnädelbach. (Hegels Philosophie. Kommentare zu den Hauptwerken herausgegeben von Herbert Schnädelbach; 3) Frankfurt a. M. 2000, S. 139–205; hier insb. S. 157–161. Neuser zufolge hält Hegel Raum und Zeit für eine »objektive Entität«. Außerdem sei es für Hegel klar, daß »die Zeit keine Form der Anschauung im Sinne eines subjektiven Bewußtseins [sei], sondern sie ist eine Realität in der Natur.« (a. a. O., S. 158).

99 Hegel, Akad.-Ausg. Bd. 19: *Enzyklopädie der philosophischen Wissenschaften: 1827*, S. 193.

100 Hegel, Akad.-Ausg. Bd. 19: *Enzyklopädie der philosophischen Wissenschaften: 1827*, S. 193.

auf der Äußerlichkeit der Negation, dies im Gegensatz zum Begriff, dessen
Negativität darin besteht, daß ihm die Negation immanent, daß er selbst
Negation der Negation ist. Für das Endliche bildet die Zeit, die nichts anderes ist als die Äußerlichkeit dieser Negation, die Macht über sein Sein. Der
Begriff ist der Zeit nicht unterworfen, vielmehr die Zeit ihm. Einzig das
Natürliche, insofern es endlich ist, ist der Zeitlichkeit unterworfen. »(...)
das Wahre dagegen, die Idee, der Geist, ist *ewig*. – Der Begriff der Ewigkeit
muß aber nicht negativ so gefaßt werden, daß sie Abstraction von der Zeit
sey oder außerhalb derselben gleichsam existire; ohnehin nicht in dem Sinn,
als ob die Ewigkeit *nach* der Zeit komme; so würde die Ewigkeit zur Zukunft, zu einem Momente der Zeit, gemacht.«[101]

Bei Platon erkennt Hegel nun eine Beziehung zwischen Ewigkeit und
Zeit, eine Beziehung, die Platon als Urbild-Abbild-Beziehung begreift. Das,
was sich *in* der Zeit verändert, das Endlich-Wirkliche in seiner primären
Bedeutung, sind die Gestirne, speziell die Sonne und die Planeten, so daß
die Himmelsbewegung die Zahlen der Zeit in besonderer Weise repräsentiert. Die Bewegung der Gestirne bilden die »realen Momente der Zeit,«[102]
so daß diese von Hegel als das wahre Bild der Ewigkeit bezeichnet werden.

Nach dieser Betrachtung schließt Hegel die Interpretation des Materie-
Begriffs in Platons *Timaios* an. Das ist insofern problematisch, als daß Hegel
hier nicht nur in Platons Text selbst einen großen Sprung macht. Daß die
Erzählung des Timaios ein zweites Mal beginnt, macht für Hegel kein Problem, denn er vermutet dabei keinen inhaltlichen Neubeginn der Argumentation, sondern ein allmähliches Zu-sich-Kommen des Gehalts: »Merkwürdig ist dies öftere Anfangen von vorne; es liegt nicht darin, daß der *Timaios*
ein Aggregat ist, sondern es ist die innerliche Notwendigkeit. Man muß vom
Abstrakten anfangen, um zum Wahren, zum Konkreten zu kommen, und
dies tritt erst später ein; hat man dies nun, so hat es wieder den Schein und
die Form eines Anfanges, besonders in der losen Weise Platons.«[103] Der Neuanfang in Platons *Timaios* ist folglich keine inhaltliche Zäsur, sondern ein
notwendiger Schritt in der Entwicklung des Gehalts. Darin zeigt sich erneut,
daß Hegel überhaupt, wie er es vorausschickte, die literarische Gestaltung
des Dialogs gegenüber seinem spekulativen Gehalt unwichtig erscheint.
Statt dessen ist es die eigene Philosophie, hier die Naturphilosophie, die
durch den Platonischen Text hindurchscheinen muß. Die Passage zwischen
38d und 48e findet daher in Hegels Interpretation keine Beachtung. Aus der
Perspektive seiner Naturphilosophie wird der Übergang zur Materie ver-

---

101 Hegel, Akad.-Ausg. Bd. 19: *Enzyklopädie der philosophischen Wissenschaften: 1827*,
S. 193.
102 Hegel, Werke 19, S. 100.
103 Hegel, Werke 19, S. 103.

ständlich: Aus den abstrakten Bestimmungen, Raum und Zeit entwickelt Hegel dort – vermittelst der weiteren Bestimmungen Ort und Bewegung – den Begriff der Materie:»Dies *Vergehen* und *Sich-wiedererzeugen* des Raums in Zeit und der Zeit in Raum, daß die Zeit sich räumlich als Ort, aber diese gleichgültige Räumlichkeit ebenso unmittelbar *zeitlich* gesetzt wird, – ist die *Bewegung*; – ein Werden, das aber selbst eben so sehr *unmittelbar identische daseyende* Einheit beider, *die Materie*, ist.«[104] Hier ist ein Übergang der idealen Bestimmungen von Raum und Zeit zur realen Bestimmung der Materie. Die Materie, so referiert Hegel den Text Platons, bilde dabei ein drittes Moment der Werdewelt. Die Ewigkeit sei die Sphäre des Sich-selbst-Gleichen, während alles, was der Zeit zugehört, zusätzlich zum Prinzip des Sich-selbst-Gleichen auch dem Prinzip des Anderen unterworfen sei.[105] Hierin erscheinen nun die drei Momente. Hegel isoliert sie daher folgendermaßen:
1. das Entstandene;
2. der Ort, das »Worin« der Erzeugung;
3. das »Wovon« das Erzeugte sein Urbild hat.[106]

Platon bezeichnet die »Materie«, das »Worin« als Gebärmutter (μήτρα). Sie ist das aufnehmende Prinzip für den Vater (πατήρ), der das »Wovon« der Erzeugung repräsentiert. Das Erzeugte ist der Nachkomme (ἔϰγονος). Hegel identifiziert nun das aufnehmende Prinzip mit der Amme (τιθήνη) aus 49a. »Dies Prinzip ist das Formlose, das aller Form empfänglich ist, das allgemeine Wesen alles unterschieden Erscheinenden. Es ist die schlechte passive Materie, das, was wir unter Materie verstehen, wenn wir davon sprechen. Die Materie ist hier das relativ Substantielle, das Bestehen überhaupt, äußerliches Dasein, – ist das nur Fürsichsein.«[107] Die Bestimmungen der Materie, die Hegel bei Platon vorfindet, begegnen auch in der Enzyklopädie. Die Unterschiedenheit des Erscheinenden macht deren Einzelheit aus. Das Prinzip dieser Einzelheit ist die Materie. Sie selbst ist frei von aller Form, empfängt alle Formen und macht das nun Geformte zu einem einzelnen. Hegel spricht hier von einem Moment der »abstracten *Vereinzelung*«,[108] das die Negativität der Materie ausdrückt und das sie aus ihrer Herkunft aus der Identität von Zeit und Raum ererbt. Aber die Materie

---

104 Hegel, Akad.-Ausg. Bd. 19: *Enzyklopädie der philosophischen Wissenschaften: 1827,* S. 196.
105 Hegel bezieht sich damit auf: Tim. 48e–50a
106 Hegel bezieht sich damit auf: Tim. 50cd: das »Was« wird, das »Worin« es wird, das »Woher« es nachgebildet wird.
107 Hegel, Werke 19, S. 101.
108 Hegel, Akad.-Ausg. Bd. 19: *Enzyklopädie der philosophischen Wissenschaften: 1827,* S. 196.

ist gerade nicht das Einzelne, sondern als dessen Prinzip ein abstraktes Für-sich-Sein. Sie ist gerade dasjenige, das nicht konkret ist, jedoch allem, was auch erscheinen mag, als dessen Bestehen zugerechnet wird als sein Bestehen überhaupt. Letztlich ist auch der Raum in Hegels Interpretation bei Platon ideell. Dies entspricht nun Platons Text keineswegs, liegt aber in der Deutungslinie Hegels. Raum und Zeit erscheinen im subjektivitätstheoretischen Ansatz Hegels als Anschauungsformen. Ihnen kommt keine physikalische Realität zu. So findet Hegel sie auch bei Platon. Nur ihre logische Aufeinanderfolge ist bei Platon noch nicht geklärt. Die Zeit erscheint als erste Bedingung einer erscheinenden sinnlichen Welt. Die Materie ist das Allgemeine dieser Welt, deren Prinzip nicht nur die Identität, sondern ebenso die Differenz ist, die Differenz, die auf der einen Seite die Unruhe und Verschiedenheit, die Mannigfaltigkeit, in die Welt einträgt, auf der anderen Seite aber die Entzweiung der Welt mit sich selbst begründet. Die abstrakte Grundlage ihres Bestehens ist die Materie. Die Räumlichkeit, insbesondere die Platonischen Figuren und Körper, sind sodann nichts anderes als erste, einfache Bestimmungen der Materie, so daß zwischen die Materie auf der einen Seite und die konkrete Erzeugung auf der anderen Seite der Raum als Mitte eingeschoben ist. Hegel interpretiert damit eine Stelle bei Platon offensichtlich gegen ihren ursprünglichen Sinn. Platon geht es mit dem in 48e einsetzenden Neuanfang der Argumentation vor allem um die Elementenlehre. In 52d stellt Platon fest, daß Seiendes, Raum und Werden für eine Elementenlehre bereits vorausgesetzt sind, da diese drei sogar früher seien als der Himmel. Dieser Ternar wird von Hegel übersetzt: »α) Materie, β) Raum, γ) Erzeugung: Der Raum ist das ideelle Wesen dieser erscheinenden Welt, welche die Positivität und Negativität vereint, und seine Bestimmtheiten sind die Figuren.«[109]

Die weiteren Ausführungen Platons rubriziert Hegel unter die kuriosen Einfälle eines noch kindlichen Geistes, der sich der materialen Wissenschaften der Natur noch nicht habe bemächtigen können. Dies entspricht Hegels Auffassung, nach der es darauf ankommt, im *Timaios* die wesentlichen Seiten der Philosophie aufzusuchen: »In der Philosophie ist es genug, wenn man das Prinzip jener Philosophie kennt. So ist es nun auch bei höheren Philosophien. Im ›Timaios‹ (. . .) findet sich eine ganze Physiologie. Die Platonische Philosophie genügt aber nicht, um das Lebendige in seiner Gliederung zu erkennen.«[110]

---

109 Hegel, Werke 19, S. 101.
110 Hegel, »Kolleg 1820/21«, in: *G. W. F. Hegel, Vorlesungen über die Geschichte der Philosophie 1: Einleitung. Orientalische Philosophie.* (Hg.) Jaeschke, Walter. (Philosophische Bibliothek; 439) Hamburg 1993, S. 54.

4.4 Platons Dialektik

Das Herzstück der Darstellung Hegels – und sicherlich seine folgenreichste Deutung – besteht in seiner Auseinandersetzung mit der späten Dialektik Platons.[111] Hier ist Hegel der erste, der sich in der Neuzeit diesen oft als hermetisch gedeuteten Dialogen mit aller Ernsthaftigkeit zuwendet und ihnen einen Platz in der philosophischen Tradition zu sichern versucht. Es sind die Dialoge *Sophistes*, *Philebos* und *Parmenides*.

Hegel schließt sich mit seinem Begriff der Dialektik an denjenigen Platons an[112] – eine historisch sicherlich richtige Beobachtung, weist doch der Begriff *Dialektik* eine wechselvolle Geschichte auf. Damit ergänzt und korrigiert Hegel zugleich den Kantischen Begriff der Dialektik. Kant kennt die Dialektik der »Alten« und bezeichnet sie als eine »Logik des Scheins«, als eine »sophistische Kunst, seiner Unwissenheit, ja auch seinen vorsetzlichen Blendwerken den Anstrich der Wahrheit zu geben, daß man die Methode der Gründlichkeit, welche die Logik überhaupt vorschreibt, nachahmte und ihre Topik zur Beschönigung jedes leeren Vorgehens benutzte.«[113] Darin stimmt ihm Hegel zu: Das formelle Verstandesdenken kenne entweder nur einen schlechten Gebrauch der Dialektik, der darin besteht, die Vorstellungen zu unterminieren und die Begriffe zu verwirren, ein Gebrauch, der als Kunstfertigkeit mit der antiken Sophistik zu vergleichen sei. Platon jedenfalls verweise oft auf diesen Begriff der Dialektik, wenn er die Sophisten anprangere. Oder aber der Verstand kenne nur einen negativen Gebrauch der Dialektik. Dann seien die Resultate stets negativ, d. h. der Schein, der sich durch den Gebrauch der formalen Logik einstellt, wird entlarvt. Etwas Positives ergibt sich dadurch jedoch nicht. Hier ist etwa die Ansicht Kants anzusiedeln, der die »Benennung der Dialektik lieber als eine *Kritik des dialektischen Scheins*« in die Logik einordnen möchte. Insbesondere setzt Kant die transzendentale Dialektik von einer »Logik des Scheins« ab: »Es giebt also eine natürliche und unvermeidliche Dialektik der reinen Vernunft, nicht ei-

---

111 Vgl. insbesondere: Gadamer, Hans-Georg, »Hegel und die antike Dialektik«, in: ders., *Hegels Dialektik. Fünf hermeneutische Studien.* Tübingen 1971, S. 7–30. – Zur Entwicklung der Dialektik Hegels immer noch grundlegend: Düsing, Klaus, »Identität und Widerspruch. Untersuchungen zur Entwicklungsgeschichte der Dialektik Hegels«, in: *Giornale di Metafisica* NS. 6 (1984), S. 315–358.

112 Vgl. Griswold, Charles, »Reflections on ›Dialectic‹ in Plato and Hegel«, in: *International Philosophical Quarterly* 22 (1982), S. 115–130; Heintel, Erich, »Hegel und Platon«, in: ders., *Grundriss der Dialektik: ein Beitrag zu ihrer fundamentalphilosophischen Bedeutung. Bd. 1: Zwischen Wissenschaftstheorie und Theologie.* (Grundrisse Bd. 4) Darmstadt 1984, S. 234–293; ferner: Baron, Roger, »Dialectique et humanism chez Plato e Hegel«, in: *Giornale di Metafisica* 20 (1965), S. 142–149.

113 Kant, KrV, Akad.-Ausg. III, 81; B 85f.

ne, in die sich etwa ein Stümper durch Mangel an Kenntnissen selbst verwickelt, oder die irgend ein Sophist, um vernünftige Leute zu verwirren,
künstlich ersonnen hat, sondern die der menschlichen Vernunft unhintertreiblich anhängt und selbst, nachdem wir ihr Blendwerk aufgedeckt haben,
dennoch nicht aufhören wird ihr vorzugaukeln und sie unablässig in augenblickliche Verirrungen zu stoßen, die jederzeit gehoben zu werden bedürfen.«[114] Fast bis in die Formulierungen hinein hält sich Hegel an die Überlegungen Kants: Die schlechte Dialektik verwirrt die Begriffe; wer dies systematisch betreibt, ist ein Sophist; diese Dialektik ist *künstlich*, bzw. eine
Kunst; in der Philosophie, sei es in der Transzendentalphilosophie bei Kant
oder in der Philosophie qua Wissenschaft, hat diese Dialektik nichts zu suchen. Beide stimmen darin überein, daß es eine höhere Form von Dialektik
gibt, der Notwendigkeit und philosophische Gediegenheit zukommt. Hegel
erkennt ausdrücklich an anderer Stelle die Leistung der Antinomienlehre
Kants an.[115] Sie sei für immer ein wichtiger Teil der Philosophie, notwendig
für die Ablösung der dogmatischen Metaphysik, ein wirklicher Beginn der
neueren Philosophie.[116] Allerdings: »Bey ihrem grossen Verdienste aber ist
ihre Darstellung sehr unvollkommen; theils in sich selbst gehindert und ver-
schroben, theils schief in Ansehung des Resultats.«[117] Hegel moniert vor
allem zweierlei:

1. Die Auflösung der Antinomien geschieht nur in subjektiver Rücksicht. Der
   Schein eines Widerspruchs bleibe indes bestehen: – ein notwendiger Schein
   für das Bewußtsein. Dagegen müsse es darum gehen, so betont Hegel, die
   Einseitigkeit der Bestimmungen zugunsten ihrer Wahrheit aufzuheben.
   Nicht jede für sich aufgefaßt, sondern in ihrer komplexen Beziehung in und
   füreinander entwickeln sich die Momente zu ihrem wahren Gehalt.
2. Diese Form der Dialektik mit ihrer unbefriedigenden, weil bloß subjektiven Auflösung der Antinomien müsse einer positiven Dialektik weichen,
   die nicht nur regional auf die Antinomien anzuwenden sei, sondern auf das

---

114 Kant, KrV, Akad.-Ausg. III, 237; B 354f.

115 Vgl. zur Hegels Rezeption der Kantischen Antinomienlehre und dessen Weiterentwicklung zur dialektischen Methode: Düsing, Klaus, *Hegel und die Geschichte der Philosophie*,
S. 240–242.

116 Vgl. Schnädelbach, Herbert, »Philosophie als spekulative Wissenschaft«, in: *Hegels
›Enzyklopädie der philosophischen Wissenschaften‹ (1830)*. Ein Kommentar zum Grundriß
von Hermann Drüe, Annemarie Gethmann-Siefert, Christa Hackenesch, Walter Jaeschke,
Wolfgang Neuser und Herbert Schnädelbach. (Hegels Philosophie. Kommentare zu den
Hauptwerken herausgegeben von Herbert Schnädelbach; 3) Frankfurt a. M. 2000, S. 21–86;
hier S. 46. – Die Beurteilung dieser Passage durch Schnädelbach wertet die Kritik Hegels
etwas zu milde, ist doch Hegels Ton ruppig und seine Kritik letztlich auf das Prinzipielle
gerichtet: – Sie ist Kritik am transzendentalen Vorbehalt schlechthin, ein etwa seit *Glauben
und Wissen* (1802) wiederkehrendes Thema der Hegelschen Kantkritik.

117 Hegel, *Wissenschaft der Logik*, Akad.-Ausg. Bd. 8, S. 114.

ganze begriffliche Geschehen der Philosophie.[118] Der Mangel Kants liege
also zugleich in der Beschränkung auf die konkrete Sphäre der kosmologischen Antinomien.
3. Letztlich kritisiert Hegel das Programm einer Kritik der Vernunft selbst:
daß die Vernunft die Beschränkung durch die sinnliche Wahrnehmung
nicht aufheben dürfe. »Diese Auflösung läßt den Inhalt der Antinomien
selbst auf der Seite liegen, sie erreicht die Natur des Begriffs nicht, der
wesentlich die Einheit entgegengesetzter ist, deren jedes, für sich isolirt,
nichtig und an ihm selbst nur das Uebergehen in Anderes ist, (...).«[119]

Bereits Platon hat, dieser Kritik Hegels zufolge, die Struktur des philosophischen Wissens tiefer durchdrungen als Kant. Denn seine Dialektik ist nicht
den Restriktionen und Einseitigkeiten des Verstandes unterworfen, sondern
ist positive Dialektik, ausgerichtet auf die Selbstbewegung des Begriffs, der
stets Einheit von Unterschiedenen sei. »Aber der Begriff der wahrhaften
Dialektik ist, daß sie die notwendige Bewegung der reinen Begriffe aufzeigt,
nicht als ob sie dieselben dadurch in Nichts auflöste, sondern eben das Resultat ist, daß sie die Bewegung sind und (das Resultat einfach ausgedrückt)
das Allgemeine eben Einheit solcher entgegengesetzten Begriffe. Das vollkommene Bewußtsein über diese Natur der Dialektik finden wir nun zwar
nicht bei Platon, aber sie selbst, nämlich das absolute Wesen auf diese Weise
in reinen Begriffen erkannt, und die Darstellung der Bewegung dieser Begriffe.«[120] Eindeutig weist Hegel der Philosophie Platons die Fähigkeit zur
dialektischen Bewegung zu.[121] Allerdings unterscheidet Hegel die dialekti-

---

118 Vgl. Hegel, Wissenschaft der Logik, Akad.-Ausg. Bd. 8, 115 – Dazu neuerdings: Schnädelbach, Herbert, »Philosophie als spekulative Wissenschaft«, in: *Hegels ›Enzyklopädie der
philosophischen Wissenschaften‹ (1830)*, S. 21–86; hier insb. S. 42–74.
119 Hegel, Wissenschaft der Logik, Akad.-Ausg. Bd. 8, S. 120.
120 Hegel, Werke 19, S. 62.
121 Darin unterscheidet sich die Selbstbewertung Hegels von der Bewertung Schnädelbachs,
der urteilt: »Daß die Erfahrung eine ›dialektische Bewegung‹ ist, hat bei Hegel den genaueren
Sinn, daß in ihr Widersprüche im Spiel sind. ›Dialektik‹ bedeutet nicht wie bei Platon die
Kunst der sachgerechten Unterredung (grch. διαλεγεσθαι: sich unterreden), sondern Hegel
schließt sich hier an Kants ›transzendentale Dialektik‹ der KrV an, der zufolge sich die Vernunft angesichts bestimmter Fragen notwendig in Widersprüche verwickelt.« (Schnädelbach,
Herbert, »Philosophie als spekulative Wissenschaft«, in: *Hegels ›Enzyklopädie der philosophischen Wissenschaften‹ (1830)*, S. 21–86; hier insb. S. 43.) Daß Hegels Selbstbewertung
berechtigt ist, zeigte sich bereits in seiner Kritik der Kantischen *Dialektik*. Deutlicher wird
dies noch, wenn sich bei der Hegelschen Interpretation der Platonischen *Dialektik* zeigen wird,
daß Hegel seinen Anschluß an Platon aus den Texten begründen kann, mehr noch dann, wenn,
wie sich am Sophistes zeigen läßt, das Sich-Unterreden selbst einer jener Gehalte ist, die in
die Bewegung der Begriffe integriert ist, daher *dialektisch* auch im Sinne der Hegelschen
Auffassung genannt werden kann.

sche Bewegung bei Platon von dem höheren Bewußtsein dieser dialektischen Bewegung. So erkenne Platon zwar das Absolute vermittelst der reinen Begriffe, aber dieses Erkennen hat sich selbst noch nicht begrifflich durchdrungen. So erreiche Platon eine dialektische Darstellung der Philosophie, er könne sie jedoch nicht rechtfertigen.

Das zeigt sich für Hegel beispielsweise daran, daß Platons Dialektik häufig nur auf zwei, wenngleich wesentliche Momente reduziert bleibt:

1. Die Dialektik löst das Besondere auf. Dies geschieht durch Konfundierung der Vorstellung. Die Widersprüche, welche die sinnlich-dinglich-endliche Sphäre ausmachen, werden durch die Dialektik aufgespürt und dem Verstand zu Bewußtsein gebracht. »(...) dies geschieht dadurch, daß aufgezeigt wird seine Endlichkeit, die Negation, die in ihm vorhanden ist, daß es nicht in der Tat ist, was es ist, sondern in sein Gegenteil übergeht, daß es eine Grenze hat, eine Negation seiner, die ihm wesentlich ist.«[122]

2. Durch diese Bewegung des Gedankens, die anläßlich der widersprüchlichen und besonderten Endlichkeit entspringt, bringt die Dialektik das Allgemeine hervor. Dieses ist im Gegensatz zum Endlichen unsterblich, unveränderlich: das Unendliche.

Diese niedere Form der Dialektik – Auflösung des Besonderen und Hervorbringung des Allgemeinen – reicht für die Philosophie nicht hin. Sie bleibt beschränkt durch einen Rahmen, den Hegel bereits an Kant kritisierte. »Die Dialektik, um das Besondere aufzulösen und so das Allgemeine zu produzieren, ist noch nicht die wahrhafte Dialektik, noch nicht in ihrer wahrhaften Richtung; es ist eine Dialektik, die Platon gemeinschaftlich hat mit den Sophisten, die sehr gut verstanden haben, das Besondere aufzulösen.«[123] Überhaupt ist die niedere Dialektik, so wie sie auch von den Sophisten betrieben wurde, eine Methode des Verstandes, der sich an den Gegensätzen und Widersprüchen aufreibt und nur im abstrakt Allgemeinen sich beruhigt. Aber auch die Unterredungskunst des Sokrates geschieht auf diese Weise: »Zwekke, Vorstellungen, Meinungen der Individuen werden verwirrt, um Bedürfnis nach Erkenntnis zu erwecken.«[124] Es geht um die individuellen Vorstellungen der Individuen und eben nicht um den reinen Gedanken. Dies ist für Hegel der Grund, warum viele insbesondere der frühen ›sokratischen‹ Dialoge in einer Aporie enden. Sie sind ein Ausdruck der Verwirrung, in die der Verstand gerät, wenn er sich auf die Widersprüche des sinnlich Vorgestellten einläßt.

---

122 Hegel, Werke 19, S. 64.
123 Hegel, Werke 19, S. 65.
124 Hegel, Werke 19, S. 69.

Es fehlt dabei die Selbstbestimmung des Allgemeinen, die durch die ›Auflösung des Widerspruchs‹ geschieht. Während die niedere Dialektik letztlich mit einem negativen Resultat zufrieden sein muß – das Besondere ist aufgelöst, das abstrakte Allgemeine ist nichts anderes als ein unendlicher Mangel an Bestimmtheit –, ist es nun die Aufgabe der höheren spekulativen Dialektik, die Gegensätze substantiell zu beseitigen und zu vereinen. Ihr Resultat ist daher nicht negativ, sondern affirmativ, ihr Allgemeines nicht abstrakt, sondern bestimmt und konkret, nicht als Bewegung des Verstandes, sondern als eine der Vernunft, nicht als ein äußeres Geschehen in der Trennung von Form und Gehalt, sondern als immanentes Bestimmen seiner selbst: »So ist das Allgemeine bestimmt als das, welches die Widersprüche, die Gegensätze in sich auflöst, in sich aufgelöst hat, mithin als das Konkrete, als das in sich Konkrete. Die Dialektik in dieser höheren Bestimmung ist die eigentlich Platonische.«[125]

4.4.1 Sophistes

Hegels Interpretation des *Sophistes* hat erst im 20. Jahrhundert größere Beachtung gefunden. Das ist offensichtlich eine Folge seiner zunehmenden Aufmerksamkeit auf die Spätphilosophie Platons insgesamt. Hegel interessiert am *Sophistes* vor allem zweierlei: die Bewegung der Begriffe in Platons Theorie der höchsten Gattungen und das Verhältnis von Sein und Nichtsein als Korrektur der eleatischen Philosophie.

Die höchsten Gattungen – nach Hegel reine Begriffe, Ideen: »εἴδη, Arten; denn die Ideen sind in der Tat nichts anderes«[126] – nennt Hegel: ›Bewegung‹, ›Ruhe‹, ›Sichselbstgleichheit‹, ›Anderssein‹, ›Sein‹, ›Nichts‹. Hegels Interpretation setzt ein mit 246a: – die γιγαντομαχία zwischen den Materialisten und den Ideenfreunden. Platon habe aufzeigen wollen, so Hegel, daß eine einseitige Identifikation des wahrhaften Seins zu unauflösbaren Aporien führt, daß eine einseitige Betrachtung des sinnlichen Seins genauso unzureichend sei wie eine statische Ideenlehre. In der Lesart Hegels bedeutet dies, daß Platon bei der abstrakten Bestimmung der Idee als einer abstrakten Allgemeinheit nicht habe stehenbleiben können. Es muß zu einer Kritik dieser Form von Ideenlehre kommen. Diese Kritik erfährt Hegels besondere Aufmerksamkeit. Die Argumente Platons gegen den Materialismus interessieren Hegel indes nicht. Er konzentriert seine Auslegung einzig auf die Auseinandersetzung Platons mit den ›Ideenfreunden‹, die das wahrhafte Sein ausschließlich in die Ideen setzen. Hier sieht Hegel bei Platon, daß die statische

---

125 Hegel, Werke 19, S. 65.
126 Hegel, Werke 19, S. 69.

Ideenlehre von einer basalen Trennung ausgeht: Der Bereich der Ideen sei
unkörperlich, einzig intellektuell zugänglich, unveränderlich, in stetiger Ruhe, der Bereich des Sinnlichen dagegen körperlich, veränderlich, in unabläs-
siger Bewegung. Zu der Werdewelt setzen sie die Bestimmungen von Akti-
vität und Passivität als Modi der Bewegung.[127] Platons Einwand gegen diese
Form der Ideenlehre erkennt Hegel in der Überlegung, »daß Bewegung, Leben, Seele und Denken (φρόνεσις) nicht abgesprochen werden können, daß
der νοῦς nirgends und in keinem sein könnte, wenn es [das wahrhaft Seiende; Ch. A.] unbewegt ist.«[128] Hier korrigiert Hegel das pauschale Urteil, das
er in der *Einleitung* des *Kollegs von 1820/21* über die Ideenlehre Platons
gefällt hatte, daß nämlich der Mangel der Platonischen Ideenlehre in ihrer
immanenten Einseitigkeit bestehe, daß sie nämlich eine Bewegung der Ideen
nicht zulasse.[129]

Tatsächlich beruht die Überlegung Platons auf der Disjunktion von Tun
und Leiden (πάσχειν καὶ ποεῖν). Dieser Disjunktion korreliert Platon eine
weitere, nämlich die von Erkennen und Erkanntwerden (γιγνώσκειν καὶ
γιγνώσκεσθαί).[130] Sowohl Tun als auch Leiden sind Modi der Bewegung.
Den Ideen muß nun in besonderer Weise das Erkanntwerden zukommen,
folglich ein Leiden, folglich ein Bewegtwerden. Die Ideen – das wahrhaft
Seiende – können also nicht in absoluter Unbeweglichkeit verharren; es
muß teilhaben an der Bewegung, insofern es nämlich erkannt wird und
erkennt. Platon betont,[131] daß dem wahrhaften Sein nicht nur die passi-
vische Seite zugesprochen werden muß, weil es nämlich erkannt wird,
sondern auch die aktivische: Dem wahrhaft Seienden müsse auch Bewegung, Leben, Seele und Vernunft zukommen, damit es lebt und denkt. Hier
deutet sich eine gänzlich veränderte Ideenlehre an, die nicht nur die klare
Trennung von Werdewelt und Ideenwelt aufhebt, sondern den Ideen zugleich Intelligibilität zuspricht. Sie verlieren damit ihren objektiven Charakter.

Hegel betont, daß sich die im *Sophistes* von Platon entwickelte Dialektik
gegen zwei Positionen richtet, nämlich einerseits gegen die niedere Dialektik, andererseits aber gegen die spezielle Dialektik der Eleaten, insbesondere
gegen den Satz des Parmenides, demzufolge nur das Sein ist, das Nichtsein
jedoch nicht ist.

---

127 Vgl. *Soph.* 248c.
128 Hegel, Werke 19, S. 70. Vgl. *Soph.* 249b
129 Vgl.: Hegel, »Kolleg 1820/21«, in: *G. W. F. Hegel, Vorlesungen über die Geschichte der
Philosophie 1: Einleitung. Orientalische Philosophie.* (Hg.) Jaeschke, Walter. (Philosophische
Bibliothek; 439) Hamburg 1993, S. 55.
130 Vgl. *Soph.* 248d.
131 Vgl. *Soph.* 248e.

1) Die niedere Dialektik sieht Hegel personifiziert in dem Sophisten[132] Protagoras.[133] Dessen Position gibt Hegel so wieder: »Es ist nichts an und für sich; bitter ist nichts Objektives; was einigen bitter, ist für andere süß; ebenso ist groß, klein usf. relativ; das Große ist unter anderen Umständen klein, das Kleine groß; ebenso Mehr oder Weniger. So ist keine Bestimmung fest.«[134] Gegen diese Position argumentiere Platon im Sophistes. Er unterscheide dazu die dialektische Bewegung der Begriffe von der einfachen Vorstellung, nach der die Entgegengesetzten stets getrennt bleiben müssen. Identifiziert der Verstand ein Ding, so weiß er nach Hegel, daß dieses Ding eines ist. Davon unterscheidet der Verstand die Verschiedenheit von Eigenschaften und Vielheit seiner Teile. So kann man zwar sagen, dieses Ding ist zugleich Vieles und Eines, es ist aber Vieles und Eines in verschiedenen Rücksichten. Für Hegel ist dies eine wichtige Feststellung. Die niedere Dialektik treibt nämlich den Verstand in die Verwirrung und folgert das Zugleich der Bestimmungen ohne ihre substantielle Einheit, die erst der Vernunft gelingen kann. »So geht das Vorstellen und Reden von einem herüber und hinüber zum anderen. Dies Herüber- und Hinübergehen, mit Bewußtsein angestellt, so ist es leere Dialektik, die die Gegensätze nicht vereinigt und nicht zur Einheit kommt.«[135]

Auf dieser Folie der Problemkonstitution siedelt Hegel die Innovation Platons an. Sie wird in ihrer Motivation erst verständlich, wenn die Zumutung der Sophistik völlig ausgelotet ist, vor allem die Provokation durch Protagoras. Dabei geht Hegel hier nicht weiter auf die Philosophie des Protagoras ein, referiert nur dessen Relativismus, wie Hegel ihn aus Platons Schriften zu rekonstruieren meint. An anderer Stelle würdigt Hegel jedoch die Leistung des Protagoras,[136] insbesondere den Homo-mensura Satz, den Hegel an den Anfang einer Entwicklung hin zu einer differenzierten Theorie der Subjektivität stellt. Den Relativismus des Protagoras hält Hegel indes für eine Trivialität. Er gehört für Hegel in die Frühzeit der Entwicklung der Philosophie und hat für ihn etwas Kindliches an sich.[137]

---

132 Vgl. Hegel, »Kolleg 1820/21«, in: *G. W. F. Hegel, Vorlesungen über die Geschichte der Philosophie 1: Einleitung. Orientalische Philosophie.* (Hg.) Jaeschke, Walter. (Philosophische Bibliothek; 439) Hamburg 1993, S. 56: »Der Platonischen Philosophie stehen (...) die Sophisten gegenüber; bei ihnen ist das Prinzip der Subjektivität, welches aber eben, weil es für sich der Idee gegenübersteht, ein schlechtes Prinzip ist.«
133 Vgl. zum Verhältnis Platons zu Protagoras: Asmuth, Christoph, »Die Begründung falscher Rede. Platon und Protagoras«, S. 89–106.
134 Hegel, Werke 19, S. 71.
135 Hegel, Werke 19, S. 71.
136 Hegel, Werke 18, S. 428–434.
137 Dabei stützt sich Hegel vornehmlich auf Sextus Empiricus *Adverus mathematicos* und auf Platons *Theaitetos*, den Hegel sonst nicht zu schätzen scheint und dessen Zusammenhang mit dem *Sophistes* er offensichtlich nicht erkennt.

Problematischer wertet Hegel die auf der Philosophie des Parmenides fußende Sophistik, die forderte, nur das Sein sei, das Nichtsein jedoch gar nicht. Platon zustimmend formuliert Hegel:»Da das Negative gar nicht ist, sondern nur das Seiende, so gibt es nichts Falsches; alles ist; was nicht ist, wissen, empfinden wir nicht; alles Seiende ist wahr.«[138] Die Bedeutung dieses Satzes macht Hegel klar. Er impliziert zugleich das Nichtsein von Laster und Verbrechen. Hegel sieht, daß sich Platons Text gegen diese Sophistik wendet.

Dem stellt Hegel seine eigene Auffassung an die Seite, die sich bis in den Text Platons hinein ausdehnt, indem Hegel in den Text eingreift. In der Literatur ist das Verfahren Hegels ausreichend beschrieben,[139] so daß hier nur eine summarische Darstellung gegeben werden soll. Es sind zwei gravierende Veränderungen gegenüber Platon:

1. Der relativistische Vorbehalt – »Gültigkeit mit Rücksicht auf Etwas« – wird von Hegel getilgt. Das Sichselbstgleiche und das Andere sind nicht in je verschiedener Rücksicht verschieden und dasselbe, sondern »in ein und derselben Rücksicht; nach derselben Seite, daß das Eine ihnen geschehen ist (d. h. demselben zu sein ein Anderes, und dem anderen zu sein Dasselbe), wird auch die andere Bestimmung an ihnen aufgezeigt.«[140] Die stets angeführte Referenzstelle bei Platon (259cd) spricht eindeutig davon, daß es sinnvoll sei, etwas in einer Hinsicht als Selbiges und in anderer Hinsicht als Verschiedenes zu setzen; und daß es dagegen sinnlos sei, vom Selbigen ohne Angabe einer Hinsicht zu behaupten, es sei zugleich das Verschiedene und das Verschiedene das Selbige. Dies täten nur diejenigen, die ihre Freude daran hätten, Widersprechendes zu behaupten. Überhaupt sei das keine Unterredung, die auf Wahrheit gerichtet ist. Sie werde bisweilen von noch ganz jungen Menschen versucht, die gerade erst anfingen, Philosophie zu treiben. Mit einem Wort: Platon argumentiert für eine Position, die der Position Hegels entgegengesetzt ist.

2. Die zweite Veränderung betrifft die Natur des Verschiedenen (θάτερον). Das Andere ist für Hegel »das Andere als solches, – nicht von irgend etwas. (...), das Andere ist τὸ ἕτερον, das Andere an ihm selbst, das Viele oder das Nicht-Identische, Gegensatz, Unterschied.«[141] Damit entschließt sich Hegel gegen eine explizite Formulierung bei Platon. In 255d betont Platon, daß vom Verschiedenen (Anderen) nur gesprochen werden kann als von

---

138 Hegel, Werke 19, S. 73.
139 Zuerst: Heyder, C. L. W., *Kritische Darstellung und Vergleichung der Methoden Aristotelischer und Hegelscher Dialektik*. Bd. 1, Erlangen 1845, S. 99f. – Intensiv diskutiert bei: Düsing, Klaus, *Hegel und die Geschichte der Philosophie*, S. 91–96.
140 Hegel, Werke 19, S. 72.
141 Hegel, Werke 19, S. 94.

einem Anderen verschiedenen. Das Verschiedene impliziert immer eine zweistellige Relation: Verschieden von etwas Anderem. Dagegen ist das Selbige immer Selbiges mit sich selbst und, insofern auch das Verschiedene ›Gemeinschaft‹ hat mit dem Selbigen, ist auch das Verschiedene vermittelst des Selbigen dasselbe mit sich selbst, aufgrund seiner eigenen Natur als Verschiedenem aber verschieden vom Selbigen. Das derart interpretierte ›Andere‹ wandert nun in die Dialektik ein. »(. . .) das Andere ist das Nichtidentische, und dies Dasselbe ist ebenso das Andere, und zwar in ein und derselben Rücksicht.«[142]

Folgendes Resümee läßt sich ziehen: Hegel erkennt klar, in welchem Zusammenhang die Ausführungen in Platons *Sophistes* stehen. Insbesondere macht er den Protagoras namhaft und damit das Problem des Relativismus und die Frage nach der falschen Rede. Bedeutsam ist, daß Hegel Platons Bemühen erkennt, einen positiven Begriff des Nichtseins zu finden: Das Nichtsein sei bei Platon nichts anderes als das Verschiedene. Damit rückt Hegel Platons Begriff des Nichtseins von einer ontologischen in eine logische Sphäre. Hegel bettet die Platonische Argumentation in diesen Kontext ein, unterschiebt ihr jedoch einen eigenen Begriff von Dialektik, der, im Gegensatz zu Platon, vom Begriff der Identität und vom Begriff des Seins dominiert wird. Für Platon ergibt sich dagegen ein Geflecht gleichberechtigter Begriffe. Weder der Begriff der Einheit noch der des Seins gewinnen Dominanz – eine Offenheit der Dialektik, die Hegels Philosophie fremd bleibt.

4.4.2 Philebos

Zu den zentralen dialektischen Dialogen zählt Hegel auch den *Philebos*. Bevor daher der *Parmenides* im Mittelpunkt steht, kurz einige Worte zu Hegels Interpretation des *Philebos*, die allein schon deshalb angebracht scheinen, da auch Schelling in seinem *Timaeus*-Kommentar auf einige Stellen des *Philebos* eingegangen ist. Es sind dieselben Stellen, die auch Hegel interessieren. Hegel entwickelt zwei wichtige Gedanken am Platonischen Text.

Zunächst wendet sich Hegel der Dialektik von Endlichem und Unendlichem zu. Hegel mißt hier der Platonischen Begriffsbildung große Bedeutung bei, nach der das Unendliche (ἄπειρον) zugleich das Unbestimmte, das Endliche (πέρας) zugleich das Bestimmte ist. Darin steckt für Hegel eine gewisse Provokation. »Für die Reflexion ist das Unendliche das Vor-

---

142 Hegel, Werke 19, S. 75.

nehme, Höchste; aber das Unendliche ist eben das Unbestimmte an sich überhaupt.«[143] Die ›Reflexion‹ und mit ihr die philosophische Tradition bestimmt das Unendliche als das Höhere gegenüber dem Endlichen. Diese Überlegung lag noch der Identitätstheorie Schellings zugrunde, der zufolge es keinen Übergang geben kann zwischen dem Endlichen und dem Unendlichen, das Unendliche folglich unendlich getrennt ist von dem Endlichen, sich niemals in das Endliche verwandelt. Hegel nähert sich der Platonischen Theorie auf anderem Wege. Das Unendliche sei das Unbestimmte. Er vermutet bei Platon hinter dem Begriff des Unendlichen eine ›schlechte‹ Unendlichkeit, eine Unendlichkeit mit pejorativem Charakter. Der Mangel dieses Unendlichen liegt in einem unendlichen Mangel an Bestimmung: Es ist nur unendlich durch diesen Mangel an Bestimmung. Hegel weiß, daß diese pejorative Bestimmung des ›Unendlichen‹ in der Antike gebräuchlich war. Das ἄπειρον kann das Gestaltlose, das Chaotische, Maßlose sein, etwas, vor dem man sich ängstigt, weil es konturlos ist. In Hegels Diktion könnte man sagen, diesem Unendlichen fehle es an Negation, um bestimmt sein zu können.

Hegels Ausführungen liegt aber eine komplexere Interpretation des *Philebos* zugrunde:»Πέρας, die Grenze, ist das Schlechtere, wie es scheint, als das ἄπειρον. Alte Philosophen bestimmten es auch so. Bei Platon ist es umgekehrt; es wird dargetan, daß das πέρας das Wahre sei. Das Unbegrenzte ist noch abstrakt, höher ist das Begrenzte, das Sichselbstbestimmende, Begrenzende. Vergnügen ist das Unbegrenzte (ἀπέραντον), das sich nicht bestimmt; nur der νοῦς ist das tätige Bestimmen. Das Unendliche ist das Unbestimmte, was eines Mehr oder Weniger fähig ist, was intensiver sein kann oder nicht, (...). Das Endliche ist dagegen die Grenze, die Proportion, das Maß, – die immanente freie Bestimmung, mit der und in der Freiheit bleibt, sich die Freiheit zugleich Existenz gibt.«[144] Hegel spielt hier auf eine ganze Reihe von Textstellen im Philebos an, insbesondere 24a–25b, welche die Unterscheidung von ἄπειρον und πέρας enthält. Tatsächlich bringt Platon das ἄπειρον in Verbindung mit der kontinuierlichen Quantitabilität von bestimmten Eigenschaften, z. B. warm und kalt, wärmer und kälter. Alles, was ein Mehr und Weniger kennt, wird von Platon der Gattung des Unbegrenzten zugeschlagen (25d). Πέρας wird all jenem zugeordnet, das durch Symmetrie und zahlenmäßige Übereinstimmung gekennzeichnet ist (25de), durch Maß und Zahl (25a). Lust und Unlust, Hegel: Vergnügen, gehören der Gattung des Unbegrenzten zu (27e). Die Vernunft (νοῦς) wird aber nicht dem Begrenzten zugeordnet, sondern einer weiteren Gattung, nämlich der der Ursache (αἰτία) (31a). Hegel zieht beides zusammen: πέρας und αἰτία als ver-

---

143 Hegel, Werke 19, S. 77.
144 Hegel, Werke 19, S. 77f.

nünftiges Sichselbstbestimmen, was bei Platon getrennt ist: »Die Weisheit
ist, als das πέρας, die wahrhafte Ursache, woraus das Vorzügliche entstehe;
dieses Maß und Ziel Setzende ist der Zweck an und für sich selbst und das
Zweckbestimmende.«[145]

Hegels Interpretation bestimmt πέρας als νοῦς und νοῦς als Subjektivität, als eine freie sich selbst Zwecke setzende Vernunft, die sich in sich zu
dem bestimmt, was sie ist und sein soll. Damit nimmt Hegel diesen Exkurs
aus dem *Philebos* ganz aus seinem Kontext heraus. Die kosmologischen
Komponenten spielen für ihn keine Rolle; Lust und Unlust sind ganz integriert in ein Konzept moderner – christlich geprägter – Sittlichkeit, das sich
nicht mehr auflösen läßt in eine antike Auffassung der Lust. Bei Hegel wird
die Lust zur schlechten unterbestimmten Unendlichkeit, die erst in der bestimmten, begrenzten, sich selbst bestimmenden Sittlichkeit zu ihrer wahren
Existenz kommt. Bei Platon scheint die Lust als ein Element einer sowohl
kosmischen als politisch-sozialen Wirklichkeit, als ein Element von vieren.
Dabei ist der Begriff der Freiheit wohl am wenigsten in Platons Text zu
integrieren. Für Hegel ist er dagegen eine zentrale Charakteristik des sich
selbst bestimmenden νοῦς.

Hegel kennt – und das ist der zweite wichtige Bezugspunkt – Platons
Lehre aus dem *Philebos*, nach der es vier Gattungen zu unterscheiden gilt:
1. das Unbegrenzte, 2. das Begrenzte, 3. das Gemischte, 4. die Ursache.
Während diese vier Gattungen jedoch bei Platon – wie auch schon im *Sophistes* – hierarchisch nicht geordnet sind, bringt Hegel sie in die Ordnung
seiner eigenen Systematik. Das Gemischte ist für Hegel nun nicht das Identische des Unendlichen qua Unbegrenzten und Endlichen qua Begrenzten,
sondern es ist das Besondere, das Individuelle. Die Rolle der Identität reser-
viert Hegel für die Ursache qua Vernunft, »die Einheit der Unterschiedenen,
die Subjektivität, Macht, Gewalt über die Gegensätze, das die Kraft hat, die
Gegensätze in sich zu ertragen«,[146] letztlich das Absolute als Einheit des
Endlichen und Unendlichen. So werden Endliches und Unendliches zu Momenten einer absoluten Vernunft, während das Gemischte zur Bestimmung
der Individualität herabsinkt – eine Hierarchisierung die in Platons Text
nicht angelegt ist, gleichwohl aber in der Tendenz der Hegelschen System-
entwicklung liegt.

---

145 Hegel, Werke 19, S. 78.
146 Hegel, Werke 19, S. 79.

4.4.3 Das dialektische Hauptwerk: Parmenides

Neben der Interpretation des *Sophistes* beansprucht Hegels Auseinandersetzung mit dem *Parmenides* seit jeher wohl die größte Aufmerksamkeit.[147]
Hegels Ausführungen zeigen eine große Eigenständigkeit und Originalität.
Sie haben deshalb immer wieder Anlaß gegeben für weiterführende Überlegungen. Insbesondere seine Lesart des *Parmenides* zeigt beide Momente
eines Aneignungsprozesses: Interpretation und Transformation. Bekanntlich
optierte Hegel zunächst für eine skeptische Lesart des Parmenides.[148] Der
Skeptizismus übernimmt für Hegel eine höchst wichtige Funktion der Philosophie und ist keinesfalls – wie heute bisweilen zu hören – eine zu elimi-
nierende Form des philosophischen Denkens. Innerhalb der Philosophie und
nicht gegen sie agiert nach Hegel ein philosophisch domestizierter, gleichwohl radikalisierter Skeptizismus. Er läutert die isolierten Sätze des Verstandes und bringt sie zur Vernunft. »Dieser platonische Skepticismus geht nicht
auf ein *Zweifeln* an diesen Wahrheiten des Verstandes, der die Dinge als
mannichfaltig, als Ganze, die aus Theilen bestehen, ein Entstehen und Vergehen, eine Vielheit, Aehnlichkeit u.s.w. erkennt, und dergleichen objective
Behauptungen macht, sondern auf ein gänzliches Negiren aller Wahrheit
eines solchen Erkennens.«[149]

Später ändert sich Hegels Auffassung des *Parmenides*, nicht zuletzt unter
den veränderten Rahmenbedingungen seines Systems und der durchgeführten Bestimmung des Denkens durch die Negativität. Erstaunlich ist dabei,
daß Hegel aus der Kenntnis der Philosophie des Proklos heraus argumentiert.[150] Das zeigt einerseits, daß Hegel über Kenntnisse der Philosophiegeschichte verfügte, die zu seiner Zeit eher selten gewesen sein dürften. Mehr
noch ist es seine Wertung, die überrascht. Hegel zählt mit zu den ersten
Philosophiehistorikern, die im Neuplatonismus mehr sehen als eine Verfalls-

---

147 Vgl. Trienes, Rudie, *Das Problem der Dialektik in Platons ›Parmenides‹ unter Berücksichtigung von Hegels Interpretation*. Frankfurt 1989

148 Hegel, Verhältniß des Skepticismus zur Philosophie, Darstellung seiner verschiedenen
Modificationen, und Vergleichung des neuesten mit dem alten, Akad.-Ausg. 4, 206–209. –
Vgl.: Düsing, Klaus, *Hegel und die Geschichte der Philosophie*, S. 68–74; Maluschke, G.,
Kritik und absolute Methode in Hegels Dialektik. (Hegel-Studien Beiheft 13) Bonn 1974. –
Eine Verwandlung Platonischer Gedanken in die Entwicklung der Dialektik Hegels erkennt:
Trienes, Rudie, »Die Dialektik des Einen und Vielen. Hegels Logik von 1804/05 im Vergleich
zu Platons ›Parmenides‹«, in: *Perspektiven der Philosophie*. Neues Jahrbuch 20 (1994),
S. 179–197.

149 Hegel, Akad.-Ausg. 4, 207.

150 Vgl. vor allem: Beierwaltes, Werner, *Platonismus und Idealismus*. Frankfurt a. M. 1972,
insb. S. 154–187; Halfwassen, Jens, *Hegel und der spätantike Neuplatonismus. Untersuchungen zur Metaphysik des Einen und des Nous in Hegels spekulativer und geschichtlicher Deutung*. Bonn 1999.

erscheinung der antiken Philosophie, mehr als bloßen Mystizismus, mehr als apokryphe Schwärmerei.[151] Deutlich schließt Hegel Proklos an Platons *Parmenides* an. Im *Parmenides* habe Proklos das Wesen des Absoluten gefunden. »Bei Platon treten diese reinen Begriffe unbefangen auf, gleichsam ohne weitere Bedeutung, als sie unmittelbar haben. ›Einheit, Vielheit, Sein‹ usf., dabei denken wir eben diese unmittelbare Einheit, Vielheit. Wir bestimmen sie etwa als allgemeine Begriffe, die in unserem Denken sind; aber für Proklos haben sie eine höhere Bedeutung, sie sind Ausdruck des absoluten Wesens.«[152] Nach Hegels Überzeugung setzt Proklos den Platonischen *Parmenides* fort. Diese Fortsetzung ist, so sieht es Hegel, zwar eine Veränderung gegenüber dem Platonischen Gedanken, aber auch ein Prozeß, der sichtbar werden läßt, was in jenem Gedanken Platons liegt, mit dem die Dialektik beginnt. »Indessen sehen die Neuplatoniker, besonders Proklos, gerade diese Ausführung im *Parmenides* für die wahrhafte Theologie an, für die wahrhafte Enthüllung aller Mysterien des göttlichen Wesens. Und sie kann für nichts anderes genommen werden.«[153]

Der Rahmenhandlung folgend begreift Hegel die dialektischen Ausführungen im *Parmenides* als Übungen. Sie seien notwendig, um sich von der Macht der Sinneseindrücke zu befreien und zum reinen Denken zu gelangen. Dabei sei es, so referiert Hegel, nicht ausreichend, bei den bloß positiven Bestimmungen des Denkens stehen zu bleiben. Gerade die Figur des Parmenides sei es, der Platon die Einsicht in den Mund lege, es gehe darum, ebenfalls zu prüfen, was folge, wenn das Gegenteil dieser Bestimmungen vorausgesetzt werde. Hegel erkennt in dieser Form der Dialektik, daß das Eine ins Viele und das Viele ins Eine umschlägt, dies durch eine Bewegung des Denkens. Dabei handle es sich nicht um einen äußerlichen Vorgang, nicht um eine Metamorphose, sondern darum, daß die Bestimmungen zum Anderen ihrer selbst werden. Weitere Bestimmungen, um die es Platon geht, benennt Hegel als ›Identität‹ und ›Nichtidentität‹, ›Ruhe‹ und ›Bewegung‹, ›Entstehen‹ und ›Vergehen‹, ›Sein‹ und ›Nichts‹. Auch sie sollen das Andere ihrer selbst werden.

Das Resultat des *Parmenides* könne als sonderbar erscheinen, so Hegels Einschätzung.[154] Damit spielt Hegel auf den Schluß des Dialoges an, an dem Platon den Parmenides sagen läßt, daß, ob das Eine sei oder nicht sei, es selbst und das Andere (Hegel: und die anderen Ideen), für sich als auch in

---

151 Insbesondere tadelt Hegel die Einschätzung Tiedemanns, für den Proklos nichts als »neuplatonische Schwärmereien« vorgebracht habe. (Hegel, Werke 19, S. 82)
152 Hegel, Werke 19, S. 469.
153 Hegel, Werke 19, S. 82.
154 Vgl. dazu: Wiehl, R., »Platos Ontologie in Hegels Logik des Seins«, in: *Hegel-Studien* 3 (1965), S. 157–180; ferner: Beierwaltes, Werner, »Distanz und Nähe der Geschichte: Hegel und Platon«, S. 5–28; Düsing, Klaus, *Hegel und die Geschichte der Philosophie*, S. 74–96.

Beziehung zueinander, alles in bezug auf alles sei und nicht sei, erscheine und nicht erscheine. In der Tat ist dieser Satz merkwürdig, wenn er denn die Schlußfolgerung oder das Resultat des Dialoges wiedergeben sollte, denn er bestimmt nichts: Alles kann in jeder Hinsicht alles sein oder auch nicht sein, erscheinen oder auch nicht erscheinen, ob das Eine nun ist oder nicht ist, ob es es selbst ist oder das Andere.

Für Hegel zeigt das die Eigentümlichkeit der reinen spekulativen Dialektik auf. Eines und Vieles gehen ineinander über. Als Beispiel dient Hegel das Werden, eine Kategorie seiner Seinslogik: »Im Werden ist Sein und Nichtsein; das Wahrhafte beider ist das Werden, es ist die Einheit beider als untrennbar und doch auch als Unterschiedener; denn Sein ist nicht Werden und Nichtsein auch nicht.«[155] Nun könnte man schließen, so urteilt Hegel, daß es sich bei dieser Form der Dialektik entweder bloß um einfache Abstraktionen handle, die zwar das Wesen der Dinge, aber nur das Wesen der sinnlichen Dinge ausdrücken, oder aber um einfache Wesenheiten, die nur gedacht, nicht aber real sind. In beiden Fällen fallen das Wesen der Dinge und das Wesen Gottes auseinander. Hegels eigener Theorie und auch seiner Interpretation des Neuplatonismus zufolge ist Gott aber nichts anderes als das »absolute Wesen aller Dinge.«[156] Dies zeigt sich allerdings weder dem sinnlichen Bewußtsein noch dem Verstand, sondern einzig dem Denken, für das Denken und Gedachtes identisch sind. Es ist ein in sich selbst sich denkendes Denken als eine absolute Tätigkeit. Daher können, nach Hegel, das Wesen der Welt und das Wesen Gottes nicht auseinanderfallen. Und auch Platon habe dies nicht anders gesehen, wenn er es auch nicht explizit habe darstellen können. Platon habe es mit Worten nicht ausgesprochen, die Sache aber sei vorhanden: »(...) nun ist diese Reflexion-in-sich, das Geistige, der Begriff, in der Spekulation des Platon vorhanden. Denn die Einheit des Vielen und Einen usf. ist eben diese Individualität in der Differenz, dies Insichzurückgekehrtsein in seinem Gegenteile, dies Gegenteil, das in sich selbst ist. Das Wesen der Welt ist wesentlich diese in sich zurückkehrende Bewegung des Insichzurückgekehrten.«[157] Häufig, wie etwa im *Timaios*, wenn Platon nicht auf die Weise des Denkens begrifflich prozediere, sondern gemäß der sinnlichen Vorstellung, scheinen das Wesen der Welt und das Wesen Gottes indes verschieden zu sein. Darum zieht Hegel die reine Dialektik im *Parmenides* vor. Allerdings betont Hegel die Unvollkommenheit der Platonischen Bemühungen: Die Strenge der Dialektik von Einem und Vielen sei im *Parmenides* nicht durchgängig anzutreffen. Außerdem fehle ein Zusammenhang der abstrakten Bestimmungen mit den konkreten Ideen von Schönheit,

---

155 Hegel, Werke 19, S. 82.
156 Hegel, Werke 19, S. 82.
157 Hegel, Werke 19, S. 84.

Wahrheit und Sittlichkeit – mit einem Wort: Hegel bemängelt, daß die Philosophie Platons es noch nicht bis zum System gebracht habe.

4.5 Philosophie des Geistes – Politeia

Ein kurzer Blick auf die Interpretation der *Politeia* soll im folgenden Hegels Auffassung der Philosophie Platons abrunden – dies besonders im Hinblick auf die Deutung Schleiermachers. Hegels Ziel gilt der Rehabilitierung des Textes und das in zweifacher Hinsicht: Einerseits versucht er aufzuzeigen, daß die *Politeia* einen ebenso substantiellen Beitrag zum wissenschaftlichen Philosophieren bildet wie die dialektischen Dialoge oder die Naturphilosophie; andererseits bemüht er sich darum, den utopistischen Charakter des Idealstaates in ein anderes Licht zu rücken. Die Lehre der *Politeia* solle nicht durch diese Etikettierung ins Phantastische oder bloß Illusionäre gedrängt werden. Vielmehr sei Platons Projekt zutiefst einer inneren Rationalität verpflichtet.

Platons Anknüpfung an die Frage nach der Gerechtigkeit führt für Hegel ins Zentrum der Staatsphilosophie.[158] Für Hegel ist es klar, daß sich Gerechtigkeit nicht beschränken läßt auf die Tugend des Einzelnen, sondern sich nur im Staat verwirklichen läßt. Dahin deutet er die Überlegung Platons, zunächst die Gerechtigkeit an einem großen Gegenstand, nämlich dem Staat, zu prüfen, bevor man dieselbe Untersuchung an einem kleineren Gegenstand, nämlich dem Einzelnen, durchführe, so wie man auch die große Buchstabenschrift besser entziffern könne als eine kleine und entfernte. Platon selbst, so Hegel, habe damit den Zusammenhang angedeutet zwischen der gerechten Moral des Einzelnen und der Sitte des Staates: »Was Platon bloß für eine größere Leichtigkeit ausgibt, ist in der Tat vielmehr die Natur der Sache. Denn die Gerechtigkeit in ihrer Realität und Wahrheit ist allein im Staate.«[159] Damit hätte Platon die Grundüberzeugung der Hegelschen Staatsphilosophie vorweggenommen, allerdings noch in großer Unbestimmtheit. Denn die abgesonderten und partikularen Einzelnen sind nach Hegels Platoninterpretation für sich unfähig zur Gerechtigkeit. Die Einzelnen prägen in ihrer beschränkten Rationalität nur ein partikulares Selbstbewußtsein aus, während erst die Organisation des Staates den Geist als ganzen zu realisieren vermag. Das Mittel des Staates, den Geist zu realisieren, ist das Gesetz als ein Akt der vernünftigen Freiheit. Die bloß willkürliche Freiheit des Einzel-

---

158 Vgl zum folgenden: Peperzak, Adriaan Theodoor, »Hegel's Philosophy of Right and Plato's *Politeia*«, in: *Platonic Transformations with and after Hegel, Heidegger, and Levinas.* Lanham 1997, S. 19–56.
159 Hegel, Werke 19, S. 107.

nen muß durch die Macht des Staates beschränkt werden, sollen sich denn Sittlichkeit und Gerechtigkeit, d. h. letztlich die Vernunft selbst im Staat ausprägen. »Die Gerechtigkeit schließt allein in sich, daß der Gerechte nur als sittliches Mitglied des Staates existiere. Die Gerechtigkeit ist nun nach Platon, daß der substantielle Geist Wirklichkeit habe und wie diese Wirklichkeit beschaffen sei. Platon zeigt das praktische Wesen am Staate zuerst auf, und dann, daß es dasselbe am Einzelnen ist.«[160]

Dementsprechend kann z. B. der Naturzustand nichts anderes sein als *das absolute Unrecht des Geistes*. Der Naturzustand ist für Hegel eine Fiktion, notwendig bloß zur Konstruktion eines realen Begriffs des Staates, in dem der Geist wirklich wird. Dadurch kann Hegel alle Reste einer Historisierung dieser Konstruktion über Bord werfen: Der Naturzustand ist kein erstes Ingredienz einer Idealgeschichte, sondern die abgesonderte Form des Geistes, die Form, in der er gar nicht real ist. »Der Krieg aller gegen alle ist der wahre Naturzustand, wie Hobbes sehr richtig bemerkt hat. Dieses Ansich oder der nicht reale Begriff des Geistes ist zugleich der einzelne Mensch; (...).«[161] Die Sozialität ist dem Menschen wesentlich. Der Einzelne, abgelöst vom Ganzen, ist ein sittliches Unwesen. Erst indem die Staatlichkeit eintritt, der Einzelne folglich durch sich über sich hinaus kommt zur Wirklichkeit des Ganzen, läßt sich überhaupt von Sittlichkeit reden. So ist jene verbreitete Ansicht nach Hegel unzutreffend, nach welcher der Einzelne der Allgemeinheit nicht nur entgegentritt, sondern substantiell von ihr verschieden sei, »als ob der Einzelne an und für sich wäre, so wie er einmal ist, als ob das Allgemeine ihn nicht zu dem machte, was er in Wahrheit ist.«[162]

Für Hegel spricht sich in Platons *Staat* die Einsicht aus, daß das Allgemeine, d. h. das Staatsgebilde, den Primat besitzt vor dem Einzelnen. Daher rührt auch Hegels Polemik gegen den schlichten Naturrechtsgedanken, der den Staat nur denken kann als Mittel für die Zwecke der einzelnen Person. Hier liege geradezu der Grundzweck im Recht des Einzelnen. Gegen diese Auffassung des Naturrechts instrumentalisiert Hegel die Staatsphilosophie Platons. Darin sei nun nicht bloß von einem abstrakten Allgemeinen die Rede, was ohnehin nur eine technokratische Diktatur hervorbringen kann ohne innere Seele. Vielmehr fordert Platon nach den Worten Hegels, daß der Einzelne das Allgemeine zu seinem Zweck machen solle, »daß der Einzelne für den Staat wolle, handle, lebe und genieße, so daß er seine zweite Natur, seine Gewohnheit und seine Sitte sei.«[163] Die Kritik Hegels richtet sich auf ein Konzept, daß den Einzelnen als Einzelnen abtrennt von seiner ihm we-

160 Hegel, Werke 19, S. 115.
161 Hegel, Werke 19, S. 108.
162 Hegel, Werke 19, S. 108.
163 Hegel, Werke 19, S. 108.

sentlichen Allgemeinheit, eine Allgemeinheit, die nicht nur der Staat ist, sondern Geist. Der Mensch weist aufgrund seiner Geistigkeit über sich als Einzelnen hinaus und erfüllt sich erst, wenn der Geist real, wenn die Allgemeinheit sich im Staat realisiert. Damit ist der Staat nichts dem Menschen Äußerliches, sondern sein innerstes Anliegen. Individuum und Gemeinschaft sind unabtrennbar voneinander.

Eben in dieser Auffassung bestehe Platons Erkenntnis in der Staatsphilosophie. Geteilt und unterschieden in differente Glieder erweist sich das Ganze doch als ein funktionsfähiger Organismus, der zugleich der immanente Zweck des Ganzen sei. Platon hat damit, so das Urteil Hegels, das wesentliche Moment des Staates erkannt und ausgesprochen: die Unabtrennbarkeit von Einzelnem und seiner Allgemeinheit. Allerdings, und damit verbindet Hegel zugleich die Historisierung der Position Platons, habe diese Konstruktion noch den Mangel, daß sie die Idee nicht zuerst als solche aufgestellt habe, um dann die Notwendigkeit ihrer Realisierung aufzuweisen. Hegel faßt Platons *Staat* auf wie eine Rezeptur zur Herstellung eines gerechten Gemeinwesens. In dieser Rezeptur sind dann rein ideale, begriffliche Konstrukte und das Moment ihrer Realisation unausgesprochen miteinander verknüpft. Hegel möchte sie unterscheiden: Es solle aufgezeigt werden, daß notwendig das Ideale real werden müsse, und der Weg, auf dem dies zu geschehen habe. Außerdem erkennt Hegel, daß Platon in der Konstitution des Staates die individuelle Freiheit, ja, das Individuelle überhaupt herabsetzt und absichtsvoll aus der Organisation des Staates verbannt. Platon betrachte nur, »wie die Organisation des Staates die beste sei, nicht wie die subjektive Individualität.«[164] Aus diesem Grund sei, so Hegel, in Platons Staat nicht nur das Privateigentum, sondern auch die Institution der Ehe aufgehoben. In der Ehe sei nämlich geregelt, daß eine Person einer anderen bleibend angehört. Sie bildet damit ein »sittliches Verhältnis, innerhalb der natürlichen Sittlichkeit, ausschließend gegen Anderes; es ist zwar Sittlichkeit, aber eine solche, die dem Individuum als Einzelheit zugehört.«[165] Hegel vermutet, daß die Unterordnung des Individuellen unter das Allgemeine und seine notwendigen Interessen Platon zu seiner Theorie der ›Weibergemeinschaft‹ geführt habe. Dabei sei es offenbar Platons Überlegung gewesen, dadurch Haß und Zwietracht prinzipiell zu vermeiden. »Er hatte wohl erkannt, daß das Verderben des griechischen Lebens davon hergekommen ist, daß die Individuen als solche ihre Zwecke, ihre Neigungen, Interessen geltend zu machen anfingen, Interessen, die über den gemeinsamen Geist Meister geworden sind.«[166] Im Gegensatz zu Schleiermachers Überlegungen zur

164 Hegel, Werke 19, S. 124.
165 Hegel, Werke 19, S. 126.
166 Hegel, Werke 19, S. 129.

Politeia bleibt Hegels Blick neutral. Die Vorstellungen Platons über das Zusammenleben und die Gleichstellung von Mann und Frau, zur Destruktion der Familienstruktur und der Zuchtwahl, lösen in seiner Interpretation keinen moralischen oder sittlichen Protest aus. Er erklärt vielmehr, weshalb Platon eine solche Lösung vorschlagen konnte, und stellt Vermutungen darüber an, was das Problem gewesen sein mochte, auf das Platons Staatsentwurf reagiert.

Das ideale Moment des Platonischen Staatsentwurfs, meint Hegel, sei stets Zielscheibe des Spottes geworden, allerdings zu Unrecht. Es läge dem nämlich eine oberflächliche Sichtweise zugrunde, die das Verhältnis von Idee und Wirklichkeit grob mißverstehe. Der Kern der Kritik bestehe stets darin, daß man behaupte, die Menschen seien zu schlecht für das Ideal. So höre man allenthalben, daß die Platonische Republik »allerdings vortrefflich wäre – in dem Sinne, daß sie wohl gedacht werden könne im Kopfe, (...) daß sie auch ausführbar sei, aber unter der Bedingung nur, daß die Menschen vortrefflich sind, – wie vielleicht im Monde; daß sie aber nicht ausführbar sei für die Menschen, wie sie einmal auf Erden sind (man müsse die Menschen nehmen, wie sie sind, das Ideal kann man wegen der Schlechtigkeit der Menschen nicht ins Dasein bringen), und daß daher so ein Ideal doch sehr müßig sei.«[167] Eine ganze Reihe allgemeiner Vorurteile gegen Platons *Staat*, die Hegel entkräften will!

Es sind vor allem drei Verhältnisse des Ideals zur Wirklichkeit, die Hegel seiner Analyse zugrunde legt:
1. Die realen Einzelnen sind zu schlecht, um für das Ideal zu taugen.
2. Das Ideal ist zu schlecht, weil es nicht für die schlechten Einzelnen taugt.
3. Das Ideale ist wirklich, die wahrhafte Wirklichkeit erschöpft sich jedoch nicht in der oberflächlichen Schlechtigkeit des Einzelnen, sondern zeigt die Substantialität des Allgemeinen auf.

Mit aller Schärfe reagiert Hegel auf das Argument, ein idealer Staat brauche allein vortreffliche Menschen. Er kritisiert bereits die Vorstellung eines idealen Menschen und situiert ihn historisch als Errungenschaft des Christentums. Unter staatstheoretischen Prämissen kann ein solchermaßen vortrefflicher Mensch aber nicht die Grundlage bilden, um die Konstitution eines Staates, sei dies auch ein Idealstaat, zu erklären. Für Hegel ist bereits die Vorstellung einer Menge von vortrefflichen und idealen Menschen eine Absurdität, die nur einer kleinbürgerlichen und kurzsichtigen Moral entspringen kann. »Wenn wir es in Mönchen oder in Quäkern oder dergleichen frommen Leuten realisiert finden, so könnte ein Haufen solcher tristen Geschöpfe

---

167 Hegel, Werke 19, S. 109.

kein Volk ausmachen, sowenig als Läuse (Parasitenpflanzen) für sich existieren könnten, [sondern; Ch. A.] nur auf einem organischen Körper.«[168] Das Hauptgewicht der Kritik liegt hier weniger, wie es vielleicht scheinen könnte, auf der parasitären Existenz, sondern auf dem Verhältnis von Idealität und Wirklichkeit. Wenn sich der Einzelne allein der Perfektionierung der eigenen Person hingibt, wie etwa Mönch oder Quäker im Beispiel Hegels, die sich einzig mit ihren eigenen Sünden beschäftigen, dann verschwindet das Allgemeine und die Anforderungen, dieses Allgemeine zu realisieren. In dieser Perspektive – diesem Hinblicken auf die partikulare Existenz, die gemessen wird an der persönlichen moralischen Vollkommenheit – muß der Idealstaat scheitern. Bereits darin aber, daß ein solches Ideal persönlicher Vollkommenheit aufgestellt wird, kündigt sich die Defizienz dieses Ideals an. Wie in einem Spiegel führt das schlechte Ideal nämlich die negative Seite mit sich und akzentuiert sie: Die Fehler, Laster, Verderbtheiten, Schwachheiten, die überall sind, wo Menschen leben, erhalten eine ungeheure Wichtigkeit, wenn sie gemessen werden am Ideal persönlicher Vollkommenheit. »Das Laster ist nur dieses, wenn sie ihm [dem Menschen; Ch. A.] wesentlich sind, und das Verderben dieses, sie für etwas Wesentliches zu halten.«[169] Damit ist nach Hegel kein Staat zu machen, sondern nur schlechte Moral. Und: »Platon predigt keine Moral, (...).«[170]

Andererseits ist es nach Hegel ebenso als ein Mangel des Ideals zu betrachten, wenn es für die Existenz zu gut ist. Es ist dieselbe Inkongruenz des Allgemeinen und des Einzelnen, die Hegel hierin erkennt. Das Allgemeine wird zwar als vernünftig anerkannt, aber das Vernünftige ist gerade das Unwirkliche, dasjenige, dem der Einzelne nie angemessen ist. Während in der ersten Perspektive das Allgemeine ganz aus dem Blickfeld geriet, weil der Fokus auf dem Einzelnen lag, dessen Unvollkommenheit substantiell war, so ist es hier das Allgemeine, das abgesondert betrachtet wird vom Einzelnen. Dadurch aber wird es unwirklich. Es ist entfernt und entfremdet vom Leben der Einzelnen.

Hegels Theorie fordert aber gerade die Einheit des Allgemeinen und des Einzelnen: Es ist seine Einsicht, daß das Wirkliche vernünftig, und das Vernünftige wirklich sei. »Wenn ein Ideal überhaupt in sich Wahrheit hat durch die Idee, durch den Begriff, so ist es keine Chimäre, ist wahrhaft; und ein solches Ideal ist nichts Müßiges, nichts Kraftloses, sondern ist das Wirkliche. Das wahrhafte Ideal *soll* nicht wirklich sein, sondern *ist* wirklich und allein das Wirkliche.«[171]

---

168 Hegel, Werke 19, S. 109.
169 Hegel, Werke 19, S. 110.
170 Hegel, Werke 19, S. 115.
171 Hegel, Werke 19, S. 110.

Man hat oft eingewandt, daß in Hegels Diktum, nach dem das Vernünftige wirklich sei, eine ungeheure Übersteigerung der menschlichen Vernunft zu erblicken sei, eine Anmaßung der Philosophie und ein überzogener Logozentrismus. Man hat oft gemeint, in Hegels Diktum, nach dem das Wirkliche vernünftig sei, spreche sich ein politischer Positivismus aus, eine unkritische Anerkennung des preußischen Staates, eine Affirmation staatlicher Macht und deren Legitimation gegen die Ansprüche des Einzelnen. Tatsächlich ist es richtig, daß nach einem Jahrhundert des Totalitarismus Hegels Lösung des Problems von Idealität und Realität des Staates, von Rationalität und Freiheit kritisch zu überdenken ist, besonders deshalb, weil die naiven Entgegensetzungen Hegels heute komplexen Bewertungsstrategien gewichen sind, die sich nicht auf die Frage reduzieren lassen, ob und wie einem Idealstaat Realität zukommen kann. Hegels Auffassung mag zu stark von einem naiven Vernunftoptimismus geprägt sein, der zwar anerkennt, daß es schlechte und tyrannische Staaten gibt, aber der Überzeugung den Vorzug gibt, nach der das Schlechte schließlich an sich selbst zugrunde gehen muß, weil es wesentlich unwahr ist. Daß allerdings Hegels Auffassung auf eine bloße Affirmation der preußischen Staatsräson hinauslaufe, ist mit seiner Theorie nicht nur nicht zu vereinbaren, sondern läuft ihr direkt zuwider.

Hegel ist es vielmehr klar, daß alles darauf ankommt, was man unter der wahren Wirklichkeit versteht. Nach Hegel ist das *gemeine Leben* zwar wirklich, hat aber nur die Wirklichkeit der Erscheinungswelt.»Menschen werden immer lasterhaft, verderbt sein; das ist nicht die Idee. An der Oberfläche balgen sich die Leidenschaften herum; das ist nicht die Wirklichkeit der Substanz. Das Zeitliche, Vergängliche existiert wohl, kann einem wohl Not genug machen, aber dessenungeachtet ist es keine wahrhafte Wirklichkeit, wie auch nicht die Partikularität des Subjekts, seine Wünsche, Neigungen.«[172] Das Wesen einer Sache ist nach Hegel nicht etwas Weiteres neben ihr oder über ihr. Vielmehr ist es die Sache selbst in ihrer Wahrheit betrachtet.

Die Kritik, Hegel habe das Individuelle und Partikuläre gering geschätzt, ist doppelbödig. Die individuelle Existenz substantiell mit allen Leidenschaften, allen Schlechtigkeiten und Abgründen zu belasten, die Verantwortung für alle Kontingenz im Individuum aufzusuchen, stellt den Einzelnen unter einen ungeheuren Druck, dem er niemals gewachsen sein kann. Er wird unglücklich. Hegel hat diese Konsequenz gesehen. Das Allgemeine entlastet den Einzelnen. Was dieser wollen muß, ist: die Einheit von Allgemeinem und Einzelnem in seiner Person anzustreben. Dazu muß er nicht die Verantwortung für seine ganze Existenz auf sich nehmen. Es muß ihm primär um die Sittlichkeit gehen, nicht um die individuelle Moral.

---

172 Hegel, Werke 19, S. 111.

Ganz gemäß dieser Überlegungen deutet Hegel Platons Staatsentwurf. Er habe darin die griechische Sittlichkeit in ihrer Substantialität, das griechische Staatsleben überhaupt dargestellt. Das ist durchaus nichts Abstraktes: Platons *Politeia* enthalte keine abgehobenen Konstrukte über einen utopischen Staat, sondern beschreibe die Substanz seiner, d. h. der griechisch-antiken Welt.»(. . .) und dies konnte nichts anderes sein als das Wahrhafte der Welt, worin er lebte, dieses *einen* Geistes, der in ihm so gut lebendig gewesen ist wie in Griechenland.«[173] Damit drückt Hegel zugleich aus, daß eine Staatsverfassung einem Volk bzw. einem Zeitalter angemessen sein muß. Die Konstitution eines Staates ist nichts für sich Bestehendes, was eine bloße Abstraktion gäbe, sondern ist substantiell verwiesen auf das Volk, dessen Konstitution sie bildet. Der lebendige Geist muß sie erfüllen, sagt Hegel. »Es kann darum gar nicht gesagt werden, daß eine wahrhafte Konstitution für jedes Volk passe; und es ist allerdings der Fall, daß für die Menschen, wie sie sind, z. B. wie sie Irokesen, Russen, Franzosen sind, nicht jede tauglich ist. Denn das Volk fällt in die Geschichte.«[174] Allerdings hält Hegel an dem Konzept einer wahrhaften oder wesentlichen Staatskonstitution fest. Sie ist es, auf die sich ein Staat hinentwickeln muß, wenn er denn nicht untergehen will. Die Stufen, die ein Staatsgebilde jedoch in der Zeit durchschreiten muß, sind je verschieden und in ihrer Verschiedenartigkeit bestimmt durch das Volk, das den Staat bildet. »Deswegen ist es wesentlich, zu wissen, was die wahre Konstitution ist; denn was ihr widerstreitet, hat keinen Bestand, keine Wahrheit, es hebt sich auf.«[175]

Hegels Theorie der Staatsentwicklung sieht einerseits eine Trennung von Staatskonstitution und Geschichte vor: Was die wahre Konstitution des Staates ist, gilt unabhängig von der Zeit und läßt sich auch unabhängig von der Zeit erkennen. Andererseits fällt die Entwicklung des Staates, seine Durchsetzung oder sein Niedergang in die Geschichte. Das Zeitlose ragt so in die Geschichte hinein, als Orientierungspunkt oder als Brechungspunkt. Es ist der Maßstab für den klugen Regenten oder den Philosophen, der eine kluge oder schlechte Regierung beurteilt. Einerseits zeigt sich Hegels Ansicht vom Staat insofern als modern, als daß für ihn eine Pluralität von Staatskonstitutionen im Horizont der Vernunft möglich ist. Andererseits zeugt dies von großer Naivität, die wohl nur im engen Umkreis der alten Geschichte Europas möglich war, in der die Industrialisierung und die ausdifferenzierte Organisation und Institutionalisierung der Staaten erst in ihren Anfängen war.

Für die Beurteilung der Platonischen *Politeia* hat diese Trennung von Geschichte und Wahrheit und ihrer substantiellen Einheit im Prozeß der Aus-

---

173 Hegel, Werke 19, S. 111.
174 Hegel, Werke 19, S. 112.
175 Hegel, Werke 19, S. 113.

bildung von Staaten den Vorteil, daß Hegel auf der einen Seite das Historische bei Platon herausstreichen kann, ohne ihm – auf der anderen Seite –
gänzlich den Anspruch auf Wahrheit abzusprechen. Das Historische betrifft
die griechische Sittlichkeit, die sich vor allem in der Aufopferung der individuellen Freiheit für das Leben des Staates ausspricht. Damit ist keimhaft
die Idee des Staates selbst genannt: Der Primat des Allgemeininteresses vor
dem Partikularinteresse. Die weitere Entwicklung sieht Hegel vor allem in
der Entwicklung der persönlichen Freiheit im Gebiet des Allgemeinen, nicht
gegen es. Die griechische Kultur beruhte zwar, so Hegels Argument, auf der
Freiheit, was z. B. die Person des Sokrates zeige; zugleich habe Griechenland diese Freiheit nicht auszuhalten vermocht.[176] So kann Hegel erklären,
daß die Demokratie für die griechische Antike eine große Gefahr und für
Athen ein Verderben gewesen sei. Denn die individuelle Freiheit sei in der
Antike nur als Gegenprinzip gegen die Staatlichkeit aufgetreten. Anders in
der christlichen Welt:»In modernen Staaten ist Freiheit des Gewissens; jedes Individuum kann fordern, für seine Interessen sich ergehen zu können;
dies ist aber aus der Platonischen Idee ausgeschlossen.«[177] Hegel sieht also
das totalitäre Moment im Staatsentwurf Platons, korreliert es aber der spezifischen Sittlichkeit der griechischen Antike, rechtfertigt es als Grundprin-
zip des Staates überhaupt und erkennt die Notwendigkeit, es mit dem Prinzip
der Freiheit zu amalgamieren, dies nicht nur als hinzutretendes Element,
sondern als substantiellen Fortschritt, – individuelle Freiheit als Grundprin-
zip in der Konstitution des Staates, ohne die ein moderner Staat zugrunde
gehen müßte. Darin ist Platons Staatskonstitution unvollkommen:»Denn
wenn die Vernunft die allgemeine Macht ist, diese aber wesentlich geistig,
so gehört zum Geistigen die subjektive Freiheit; (...).«[178]

4.6 Hegel als Interpret Platons

Hegels Interpretation der Philosophie Platons begreift sich als substantieller
Teil der Philosophie selbst. Dabei transformiert Hegel die Platonische Gedankenwelt in seine eigene. Allerdings verfestigt er gleichzeitig die historische Distanz. Diese Gegenläufigkeit entspringt einer reflektierten methodischen Kontrolle. Hegel distanziert sich von der Philosophie Platons, indem
er sie in sein eigenes System integriert, ohne sie dafür zu verbrauchen. Diese
Gegenläufigkeit mit ihren impliziten Spannungsmomenten schreitet fort anhand einer an organischen Prozessen angelehnten Vorstellung von Entwick-

---

176 Vgl. Hegel, Werke 19, S. 123.
177 Hegel, Werke 19, S. 114.
178 Hegel, Werke 19, S. 123.

lung, die es ihm möglich macht, Distanz und konstruktive Nähe miteinander zu verbinden.

Platon wird nicht vollständig für das eigene System vereinnahmt, sondern bleibt eine anfängliche historische Gestalt, ein Keim, aus dem sich erst das Ganze eines philosophischen Systems entwickeln soll. Darum steht Hegel den Versuchen der Romantiker, vor allem wohl den Anstrengungen Schlegels, aber auch denen Schellings und Solgers, skeptisch gegenüber. »Wenn die *neuste Zeit* gleichfalls wieder aufgerufen wird zum Standpunkt einer *alten Philosophie* zurückzukehren, wie man insbesondere die *Platonische* Philosophie dazu, näher als Rettungsmittel, um aus allen Verwicklungen der folgenden Zeit herauszukommen, so ist solche Rückkehr nicht jene unbefangene Erscheinung des ersten Wieder-Einlernens (. . .).«[179] Die Rückkehr ist unmöglich, der Weg zum Ursprung systematisch verstellt, die Vorstellung einer Art Heideggerschen Anfänglichkeit für Hegel ganz widersinnig: »Deswegen leben wohl *die Platonische, Aristotelische* usf. Philosophie immer und gegenwärtig; aber in der Gestalt und Stufe, auf der die Platonische, Aristotelische Philosophie war, ist die Philosophie nicht mehr. Es kann deswegen heutigentags keine *Platoniker, Aristoteliker* (. . .) mehr geben.«[180]

Insgesamt ist Hegels Interpretation als großer Entwurf zu werten. Es spricht für die Kraft seines spekulativen Denkens, die Integration des antiken Denkens in die eigene Gedankenwelt durchgeführt zu haben, ohne die Differenzen zu nivellieren. Seine Einsicht – über die engen Grenzen der Platon-Interpretation hinaus – ist neu und radikal; sein Hauptargument besteht darin, daß die bloße historische Zeit in ihrem kontingenten Verfließen, nicht identisch sein kann mit der Zeit des philosophischen Gedankens. Die bloß historischen Unterschiede bleiben marginal gegenüber den gewaltigen Umbrüchen des Denkens, welches nur im Vollzug und im Nachvollzug wirklich und mächtig ist, ein Vollzug, der die Philosophie selbst ist. So schließen sich Interpretation und Transformation, Differenz und Identität bei Hegel noch ein letztes Mal zusammen. Die Unterschiede, die das Denken in seinen geschichtlichen Räumen erzeugt, bleiben in ihrer Radikalität erhalten und

---

179 Hegel, »Manuskript 1820«, in: *G. W. F. Hegel, Vorlesungen über die Geschichte der Philosophie 1: Einleitung. Orientalische Philosophie.* (Hg.) Jaeschke, Walter. (Philosophische Bibliothek; 439) Hamburg 1993, S. 50f. Hegel denkt hier offenkundig über die Neugründung der Platonischen Akademie nach. Im *Kolleg 1823/24* nennt er sie explizit: »Solche Versuche der Auflebung werden uns wohl auch vorkommen, z. B. im 15. Jahrhundert, wo eine neue Epoche für die Philosophie aufgegangen ist. Man [hat] in dieser Zeit die alten Philosophen studiert. Selbst ein Medice, Cosmus Medici, stiftete eine Akademie für die platonische Philosophie.« (Hegel, »Kolleg 1823/24«, in: *G. W. F. Hegel, Vorlesungen über die Geschichte der Philosophie 1: Einleitung. Orientalische Philosophie.* (Hg.) Jaeschke, Walter. (Philosophische Bibliothek; 439) Hamburg 1993, S. 160.
180 Hegel, »Manuskript 1820«, S. 49.

sichtbar, gerade weil sie einen Rahmen haben, der sie miteinander in Beziehung setzt. Das Licht des systematischen Denkens kann noch einmal alle Formen des Gewesenen beleuchten und sie in ihren scharfen Konturen sichtbar machen und voneinander abgrenzen.

Die Folgezeit hat mit dieser Auffassung brechen müssen. Das vernunftoptimistische Paradigma Hegels infiltrierte zunächst eine ganze Generation von Philosophiehistorikern. Seine Interpretationen entwickelten dadurch große Wirkung. Gleichzeitig damit begann die Erosion. Die Fülle des zutage tretenden Materials, die ideologische Inanspruchnahme des Gewesenen und die Partikularisierung des Vernünftigen verhinderten es nachhaltig, eine objektive Darstellung des Denkens in seinen historischen Gestalten vorzulegen oder anzustreben, die zugleich eine Selbstauslegung des Absoluten zu sein beanspruchen kann. Gleichwohl enthalten Ambition und reflexive Durchdringung der philosophiegeschichtlichen Konzeption Hegels eine bis heute wirksame Provokation: Es handelt sich um eine radikale Lösung des Problems der Philosophie und ihrer Geschichte.

5. Platon als philosophischer Künstler: Schleiermacher

Schleiermachers Einfluß auf das philosophische Platon-Bild seiner Zeit ist gar nicht zu überschätzen:[1] Seine durch F. Schlegel wesentlich angeregte Beschäftigung mit Platon wirkt ungebrochen fort bis in die heutige Zeit – und wird bis jetzt kontrovers diskutiert.[2] Daß er durch seine monumentale Übersetzungsleistung eine prägende Wirkung nicht nur auf die sprachliche Fassung der Platonischen Philosophie in Deutschland hatte, muß nicht einmal eigens erwähnt werden. Dennoch kontrastiert mit diesem Befund die bisweilen geäußerte Vermutung, daß sich Schleiermacher einer Transformation des Platonischen Denkens in die eigene Theorie mehr oder minder verschlossen habe.[3] Das mag

---

1 Vgl. die berühmte Rezension von Boeckh, August, »Kritik der Uebersetzung des Platon von Schleiermacher«, in: *Heidelbergische Jahrbücher der Literatur für Philologie* 1 (1808), abgedruckt in: ders., *August Boeckh's gesammelte kleine Schriften.* Bd. 7: Kritiken. (Hg.) Ascherson, Ferdinand – Eichholtz, Paul. Leipzig 1872, S. 1–38.

2 Vgl. Krämer, H. J., »Fichte, Schlegel und der Infinitismus in der Platondeutung«, in: *Deutsche Vierteljahrsschrift für Literatur- und Geisteswissenschaften* 62 (1988), S. 59–81; Walther, Gerrit, »Le Shakespeare de la prose grecque. Platon et sa philosophie dans la ›critique‹ de Friedrich Schlegel«, in: *La naissance du paradigme herméneutique. Schleiermacher, Humboldt, Boeckh, Droysen.* (Hg.) Laks, A. – Neschke, Ada. Lille 1990, S. 185–223; Bubner, Rüdiger, »Entdeckung und Aneignung Platons«, S. 37–42; Kobusch, Theo, »Die Dialogische Philosophie Platons (nach Schlegel, Schleiermacher und Solger)«, in: *Platon in der abendländischen Geistesgeschichte.* (Hg.) Kobusch, Theo – Mojsisch, Burkhard. Darmstadt 1997, S. 210–225.

3 Die Forschung urteilt hier ambivalent. Für G. Scholtz »besteht kein Streit über die Tatsache, daß, wie bei Hegel, so mehr noch bei Schleiermacher sich Platon-Interpretation und eigenes Philosophieren durchdringen«. Er zeigt dies nachdrücklich am Beispiel der Interpretation des *Sophistes*. (Scholtz, Gunter, »Platonische Dialektik. Schleiermachers Interpretation und Rezeption von Platons Ideenlehre«, in: ders., *Ethik und Hermeneutik*. Frankfurt a. M. 1995, S. 258–285; hier S. 258) Dagegen argumentiert A. Arndt. Er hält einen bestimmenden Einfluß Platons auf die Entwicklung Schleiermachers für nicht wahrscheinlich: »Bei aller Verehrung des Platon, die Schleiermacher auch sonst bezeugt, läßt sich ein solcher Einfluß jedoch entwicklungsgeschichtlich nicht belegen.« (Arndt, Andreas, »Schleiermacher und Platon«, in: *Schleiermacher, Friedrich Daniel Ernst, Über die Philosophie Platons.* (Hg.) Steiner, Peter M. (Philosophische Bibliothek; Bd. 486) Hamburg 1996, S. VII–XXII; hier S. VII) Er sieht in der eigenständigen Entwicklung des Schleiermacherschen Denkens eher einen Aristotelischen Einfluß. (a. a. O., S. XXII) – Vgl. ferner: Kroker, Paul, *Die Tugendlehre Schleiermachers mit spezieller Berücksichtigung der Tugendlehre Platos.* Diss. Erlangen 1889. Kroker setzt den Einfluß Platons auf die Entwicklung der Sittenlehre Platons als gegeben voraus;

vielfältige Gründe haben. Nicht von der Hand zu weisen ist allerdings die Überlegung, daß sich für Schleiermacher gerade aufgrund seiner intensiven, philologisch-hermeneutischen Beschäftigung mit dem Werk Platons der Versuch einer naiven identifizierenden, affirmativen, transformierenden Lektüre wie von selbst verbot. Demgegenüber ist bei ihm – und das gilt für die Einleitungen zu den Platon-Übersetzungen in gesteigertem Maße – eine gewisse Vorsicht und Zurückhaltung festzustellen, was allerdings auch in der Entstehungsgeschichte der Übersetzung begründet ist: Erst dem letzten Band der Übersetzungen sollte eine *Charakteristik des Plato* beigegeben werden, die eine Platon-*Interpretation* bieten sollte. Schleiermachers Selbstverständnis jedenfalls wertet Platon als eine singuläre Erscheinung im Kosmos seiner Bildung: Es gebe »keinen Schriftsteller der so auf mich gewürkt und mich in das Allerheiligste nicht nur der Philosophie sondern der Menschen überhaupt so eingeweiht hätte, als dieser göttliche Mann.«[4]

5.1 Friedrich Schlegel und das gemeinsame Übersetzungsprojekt

Die ursprüngliche Anregung zu einer Übersetzung des gesamten Platon stammte wohl von Friedrich Schlegel.[5] Das belegt nicht nur ein Selbstzeugnis Schleiermachers,[6] sondern ebenso die innere Dynamik des gemeinsamen Projektes: Es hat das offenbart bereits ein oberflächlicher Blick – etwas

---

Vorsmann, Norbert, *Die Bedeutung des Platonismus für den Aufbau der Erziehungstheorie bei Schleiermacher und Herbart.* Ratingen bei Düsseldorf 1968, insb. S. 23–120.

4 Schleiermacher an Brinckmann vom 9.6.1800, Brief 883, KGA V, 4, 82.

5 Vgl. zur gesamten Entstehungsgeschichte der Platon-Übersetzung: Dilthey, Wilhelm, *Die Jugendgeschichte Hegels und andere Abhandlungen zur Geschichte des Deutschen Idealismus* (Hg.) Nohl, Hermann, in: ders., Gesammelte Werke Bd. 4, Stuttgart/Göttingen ⁶1990, S. 366–368; ders., »Schleiermachers Übersetzung des Plato [Vortrag in der Berliner Akademie der Wissenschaften]«, in: ders., *Leben Schleiermachers.* Bd. 1. (Hg.) Mulert, Hermann. Berlin/Leipzig ²1922, S. 645–674; Zurlinden, Luise, *Gedanken Platons in der deutschen Romantik.* (Untersuchungen zur neueren Sprach- und Literatur-Geschichte; N. F., H. 8) Leipzig 1910, S. 75–82; Birkner, Hans-Joachim, »[Historische Einführung zu: *Zum Platon* (1988)]«, in: *Schleiermacher,* KGA I, 3, S. XCVI–CVI; Zovko, Jure, *Verstehen und Nichtverstehen bei Friedrich Schlegel. Zur Entstehung und Bedeutung seiner hermeneutischen Kritik.* (Spekulation und Erfahrung; II, 18) Stuttgart-Bad Cannstatt 1990, S. 61–80; Arndt, Andreas, »Schleiermacher und Platon«, in: *Schleiermacher, Friedrich Ernst Daniel, Über die Philosophie Platons,* S. VII–XXII.

6 Brief von Schleiermacher an August Böckh v. 18.6.1808, in: Dilthey, Wilhelm, *Leben Schleiermachers.* (Hg.) Mulert, Hermann. ²Berlin/Leipzig 1922, S. 683: »Es muß schon Ao. 1798 gewesen sein, als Fr. Schlegel in unsern philosophierenden Unterhaltungen, in denen Plato nicht selten vorkam, zuerst ganz flüchtig den Gedanken äußerte, daß es notwendig wäre, in dem dermaligen Zustand der Philosophie den Platon recht geltend zu machen, und ihn deshalb vollständig zu übersetzen.«

Paradigmatisches: Hochfliegende gemeinsame Pläne der Anfangszeit mit publizistischen Blütenträumen kommen in der wirklichen Arbeit ins Straucheln bis schließlich die Last und – dies ist nicht immer der Fall – der Ertrag bei nur einem hängenbleiben. Dem Anstifter und Anreger – in diesem Fall ist es Friedrich Schlegel – fehlen letztlich Kraft und Durchhaltevermögen; seine anfängliche Begeisterung erweist sich schnell als illusionär.

Erste Pläne zu einer Übersetzung des Platon stammen wohl aus der Zeit, in der beide in Berlin eine gemeinsame Wohnung teilten (1798/99). Voller Enthusiasmus schreibt Schleiermacher an Henriette Herz über die gemeinsamen Pläne:»Schlegel schrieb mir kurz vor meinem letzten Berlin von einem großen Coup den er noch vorhätte mit mir und das ist denn nichts geringeres als den Platon übersetzen.« Aber Schleiermacher weiß, was auf ihn zukommt. Er schätzt die Arbeit realistisch ein, wenn er auch nicht ahnt, welche Schwierigkeiten er zusätzlich meistern muß.»Ach! Es ist eine göttliche Idee, und ich glaube wol daß es wenige so gut können werden als wir, aber eher als in einigen Jahren wage ich doch nicht es zu unternehmen, und dann muß es so frei von jeder äußern Abhängigkeit unternommen werden als je ein Werk ward und Jahre die darüber hingehen müssen nichts geachtet werden. Doch das ist ein Geheimniß und liegt noch sehr weit.«[7] Darüber hinaus sorgt sich Schleiermacher darum, daß ihm die spärlichen philologischen Mittel seiner Zeit zur Verfügung stehen.»Wir werden überhaupt Alles haben müßen, was nur zu haben ist: denn man wird uns gewaltig auf dem Dach sizen.«[8] Sie verabreden eine Form der gegenseitigen Kritik. Die erarbeiteten Texte sollen einander zugesandt werden mit möglichst breitem Rand für Bemerkungen, Zusätze und Korrekturen. Große Bedeutung kommt dabei der Erkenntnis des Ganzen zu: Es war Aufgabe Schlegels, einen Plan des ganzen Platon zu entwickeln, seine Philosophie zu antizipieren, was sich bis in die Anordnung der einzelnen Dialoge im Übersetzungswerk niederschlagen sollte.

Wie sich das gemeinsame Projekt genau entwickelt, läßt sich nur in Umrissen rekonstruieren. Schlegel war inzwischen in Jena, Schleiermacher in Berlin, so daß nur ein schriftlicher Austausch zwischen beiden möglich war, was das Vorhaben zusätzlich erschwerte. Die meisten Briefe Schlegels sind erhalten, einige Schleiermachers dagegen verloren. So erscheint Schlegel als der aktivere Teil des jungen Unternehmens. Dies könnte aber eine Täuschung sein. Jedenfalls ist es Schlegel, der in kurzer Zeit bereits einen Verleger präsentieren kann: Karl Friedrich Ernst Frommann, mit dem Schlegel im Frühjahr 1800 einen Vertrag abschließt. Und so tritt Schlegel auch seinem Freund gegenüber. Offenbar im Sinne Frommanns teilt Schlegel Schleiermacher mit, was er in bezug auf die Verlagsankündigung bereits in die Wege

---

7 Schleiermacher an H. Herz vom 29.4.1799, Brief Nr. 640, KGA V, 3, 101.
8 Schleiermacher an Schlegel vom 10.7.1800, Brief Nr. 910, KGA V, 4, 149.

geleitet hat: »Bey der jetzigen Ankündigung will ich mich lieber allein nennen; zwey Namen das ist den Leuten schon viel zu bunt und macht sie kopfscheu, (...).«[9]

Prinzipiell scheinen beide sich darin einig, wie das gemeinsame Projekt auch gemeinsam zu bearbeiten sei. Sie verabreden eine Aufteilung der zu übersetzenden Dialoge. Ein Arbeitsplan Schlegels soll dazu dienen und darüber hinaus die Richtung weisen zu einer historisch-systematischen Ordnung der Dialoge. Schlegel: »Ich denke das Werk mit einer Einleitung über das Studium des Plato zu beginnen, die ich selbst machen wollte, und wenn es dereinst vollendet ist, wieder mit einer Charakteristik des Plato zu beschließen, die ich Dir zu überlassen gedachte.«[10] Schlegel hat eine systematische Einteilung im Sinn mit dem projektierten Titel *Über das Studium des Plato*. Seiner Ankündigung im *Intelligenzblatt der Allgemeinen Literatur-Zeitung* zufolge plante Schlegel darin zu zeigen, daß es besonders jetzt, nach dem Auftreten der Wissenschaftslehre Fichtes, angezeigt sei, das Werk Platons neu zu lesen und zu bewerten. Insbesondere dachte Schlegel an eine Propädeutik der Philosophie, die sich durch die Philosophie selbst, worunter er offenbar eine transformierte Wissenschaftslehre verstand, in den Abschluß der Philosophie verwandeln ließe.[11]

Eine erste Enttäuschung stellt sich bei Schleiermacher ein, als Schlegel ankündigt, er wolle den einleitenden Aufsatz *Über das Studium des Plato* nun doch nicht an den Anfang der Übersetzungen stellen, sondern an deren Ende. Gleichzeitig vermittelt Schlegel seinem Freund den Eindruck, als sei der geplante Text zumindest konzeptionell vorhanden: »Die Hauptideen dazu habe ich.«[12] Schleiermacher ist darüber gar nicht begeistert. Er hält da-

---

9 F. Schlegel an Schleiermacher, Brief Nr. 816, KGA V, 3, 431f.

10 F. Schlegel an Schleiermacher vom 10.3.1800, Brief 808, KGA V, 3, 412.

11 Vgl. Schlegel, Ankündigung der Übersetzung des Plato, KFSA III, 334. – In der *Jenaischen Allgemeinen Litteratur-Zeitung* Nr. 43 vom 25. März 1800 konnte man die vollmundige Ankündigung lesen: »Ich habe mich entschlossen, eine genaue und vollständige *Übersetzung der sämtlichen Werke des Plato* herauszugeben, von welcher der erste Band zur Ostermesse 1801 im Verlage des Hn. *Frommann* erscheinen wird. Warum ich es überhaupt und besonders jetzt, nach der Erfindung und Aufstellung der Wissenschaftslehre, für nützlich ja für notwendig halte, das Studium dieses großen Autors, mit welchem das der Philosophie am schicklichsten angefangen und am würdigsten beschlossen wird, allgemeiner zu verbreiten, werde ich in einer besondern Abhandlung, welche das ganze Werk eröffnen soll, zu entwickeln suchen. Daß es auf dem Punkte der Ausbildung, welchem die deutsche Sprache sich jetzt zu nähern anfängt, möglich sei, diese schwere Aufgabe der Übersetzungskunst aufzulösen, wird am besten durch die Tat selbst gezeigt werden. Ich darf also nichts mehr sagen, als daß ich durch die Erklärung des Gedankenganges und Zusammenhanges nicht nur den Foderungen des Philologen und den Erwartungen des Philosophen Genüge zu leisten hoffe, sondern auch durch begleitende Anmerkungen für das Bedürfnis der Laien sorgen werde.«

12 F. Schlegel an Schleiermacher Anfang Juli 1800, Brief 903, KGA V, 4, 122.

gegen, daß es der Übersetzung überhaupt dienlich sei, wenn sie durch einen Aufsatz eingeleitet wird, der in Grundzügen darüber unterrichtet, wozu das Unternehmen angefangen wurde, welchen philosophischen Sinn es machen und was Platon überhaupt für die Zeit bedeuten könne. Schleiermacher mahnt die Einhaltung der in der Ankündigung gemachten Zusagen an. Schließlich fordert er von Schlegel, daß dieser seine Hauptideen doch auch aufschreiben möge, »denn wenn Du es nicht machst müßen wir eben desto mehr Dialogen bringen.«[13] Schleiermacher äußert seine Bitte offensichtlich mehrmals.[14] Hinzu gesellt sich ein systematisches Bedürfnis. Bevor er mit der Übersetzung irgendeines Dialoges beginnt, möchte Schleiermacher Klarheit über das Ganze. Das ist nicht nur eine Frage, die aus der Art und Weise des wissenschaftlichen oder literarischen Arbeitens oder persönlichen Vorliebe entspringt, sondern hat – wie Schleiermachers spätere Überlegungen zur Hermeneutik zeigen – fundamentalen Charakter.[15] Schleiermacher scheint die kritischen Reflexionen Schlegels über die Grundlagen der Hermeneutik nicht nur aufgenommen zu haben, sondern ist sogar bereit, sie gegen die Intervention Schlegels durchzusetzen.

Schlegel speist seinen Freund mit wechselnden Überlegungen ab.[16] Er möchte unterscheiden zwischen den eleatischen (Parmenides), den antisophistischen (Protagoras) und Platonischen (Phaidros, Symposion, Phaidon, Philebos) Dialogen.[17] Diese Überlegungen enthalten nicht mehr als eine Reihenfolge der zu übersetzenden Dialoge, jedenfalls nicht das, was Schleiermacher erwartet, einen Überblick über das ganze Übersetzungswerk. Dementsprechend ungehalten reagiert er auf die schleppende Preisgabe von Informationen. »Mit dem Plato lieber Freund«, schreibt er an Schlegel, »hast Du mich gar sehr provisorisch abgespeist, und meine Wißbegierde mehr erregt als befriedigt denn es ist mir vor der Hand nicht möglich aus diesem Fragment der Reihe den Exponenten zu finden. Deine Hypothesen Masse wohnt doch wahrscheinlich in Chiffren in Deinen Papieren[;] hättest Du mir diese nur mit ein Paar erläuternden Zeilen schiken können, so würdest Du mich glüklich gemacht haben; (. . .).«[18] Schlegel vertröstet den Freund auf seine *Hypothesen*, die alles wichtige enthalten sollen, am wichtigsten jedoch

---

13 Schleiermacher an F. Schlegel vom 10.7.1800, Brief 910, KGA V, 4, 149.

14 Vgl. Schleiermacher an F. Schlegel vom 8.8.1800, Brief 928, KGA V, 4, 188; Schleiermacher an F. Schlegel vom 12.9.1800, Brief 949, KGA V, 4, 258.

15 Vgl. Schleiermacher, »Hermeneutik und Kritik mit besonderer Beziehung auf das Neue Testament«, in: *Schleiermacher, Hermeneutik und Kritik*. (Hg.) Frank, Manfred. Frankfurt a. M. [1]1977; [7]1999, S. 97ff.

16 Vgl. F. Schlegel an Schleiermacher von Anfang August 1800, Brief 922, KGA V, 4, 181; F. Schlegel an Schleiermacher von Anfang September 1800, Brief 942, KGA V, 4, 244.

17 Vgl. F. Schlegel an Schleiermacher vom 7.7.1800, Brief 907, KGA V, 4, 132.

18 Schleiermacher an F. Schlegel vom 12.9.1800, Brief 949, KGA V, 4, 257.

einen Plan für die Übersetzungen. Allerdings sendet Schlegel seine *Hypothesen* nicht an Schleiermacher, sondern erklärt zunächst seine Präferenzen für den *Parmenides, Protagoras* und *Timaios*. Schleiermacher entscheidet sich daraufhin für *Phaidros, Politikos* und *Sophistes,* »welche doch auch artige Nußknacker sind.«[19]

Die Vorstellungen der beiden selbsternannten Platonübersetzer über das weitere Vorgehen klaffen immer weiter auseinander. Während der eine, Schleiermacher, zunächst Überblick, Zusammenhang und philologische Hilfsmittel fordert, mahnt der andere, Schlegel, bereits die fertige Übersetzung an. Anläßlich einer geplanten (aber nicht stattfinden sollenden) Reise Schleiermachers nach Jena im Herbst 1800 bittet Schlegel, Schleiermacher möge doch seine Übersetzung des *Phaidros* als Diskussionsmaterial mitbringen. Schleiermachers Reaktion offenbart den ganzen Unterschied zwischen den beiden: »Das ist mir einmal eine wunderliche Idee daß ich den Phädrus nur gleich übersetzen und so Gott will gleich mitbringen soll. Wenn ich auch Zeit hätte so wäre das doch gar nicht in meinem Stil. Erst mußt Du mir Dein System ordentlich mittheilen, dann muß ich in Bezug auf dasselbe Plato soviel nöthig durchlesen dann haben wir noch viel über die Uebersezungstheorie mit einander abzumachen, und dann erst könnte ich anfangen zu übersezen.«[20] Schleiermachers Argumente sind – wie wir heute rückblickend wissen – sehr ernst zu nehmen. Daß seine Übersetzungen jetzt noch große Beachtung finden, liegt nicht an seiner genialen Begabung oder etwa an seiner besonderen Einfühlung in die griechische Sprache, sondern beruht offenkundig auf theoretischer Reflexion über das Übersetzen und – vor allem – auf harter und unausgesetzter Arbeit an den Texten Platons.

Dagegen wirken Schlegels Einlassungen naiv und oberflächlich: »Ich muß Dir auch einmal Vorwürfe machen (. . .) über den Platon,« schreibt er an Schleiermacher, »das sind nur leere Ausreden. Du wolltest Dir ja die Ordnung Phaedrus, Parmenides, Protagoras wenigstens provisorisch gefallen lassen und so war das nächste, gleich an die Uebersetzung zu gehen, wenn noch zu Ostern etwas daraus werden soll. Wahrhaftig ich glaube dasmal werde ich eher mit dem Parmenides fertig wie Du mit Deinem Pensum. – Ueber die Art der Uebersetzung etc können wir wohl vor der Arbeit selbst nicht viel abreden; (. . .).«[21] Daß eine Übersetzung mehr ist als das Ersetzen einer Sprache durch eine andere, daß sie vielmehr die Kenntnis des Gesamtwerks voraussetzt, daß sie weitgehende philologische Voraussetzung hat und Vorbereitungen benötigt, die letztlich aus der komplexen Kenntnis der Sprache selbst stammen, ist Schlegel nicht bewußt; zumindest äußert er es nicht.

---

19 Schleiermacher an F. Schlegel vom 12.9.1800, Brief 949, KGA V, 4, 258.
20 Schleiermacher an F. Schlegel vom 20.10.1800, Brief 968, KGA V, 968.
21 F. Schlegel an Schleiermacher von Mitte November 1800, Brief 977, KGA 317f.

Er drängt auf die schnelle Fertigstellung der Übersetzung, nicht zuletzt deshalb, weil er in Jena unter drückenden Geldsorgen litt. An großen Vorarbeiten ist Schlegel jedenfalls nicht interessiert; er will schnelle Resultate. Wahrscheinlich Anfang Dezember 1800 übersendet Schlegel seine *Hypothese* an Schleiermacher.[22] Es handelt sich dabei um einige Manuskriptseiten – einen Bogen – vornehmlich zur Chronologie und Anordnung der Dialoge sowie zu Fragen der Echtheit. Getragen wird der ganze Text von der Auffassung Schlegels, etwas Außerordentliches zur Platon-Forschung und -Interpretation und damit zur Philosophie selbst beizutragen: »Da hast Du nun den ganzen Complexus von Hypothesen! Was wirst Du armer Freund damit machen, d. h. wo willst Du Zeit finden, den Plato ganz zu lesen, wenn auch nur einmal? So bald Du das thust, bin ich Deiner Beystimmung so wie der jedes anderen der den Plato wirklich verstehen will so ziemlich gewiß; (...).«[23] Noch einmal drängt Schlegel, Schleiermacher den *Phaidros* jetzt schnell zu übersetzen: »An dem guten Beyspiel löblicher Thätigkeit das ich Dir heute gebe erbaue Dich, lieber Freund und mache, fange an zu machen und mache fertig den *Phaedrus*.«[24]

Schleiermacher war zur ›Beystimmung‹ ganz und gar nicht geneigt. Vielmehr dürfte ihm spätestens bei der Lektüre der Schlegelschen *Hypothesen*[25] klar geworden sein, daß die gemeinsame Übersetzung des Platon unter keinem guten Stern stand. Schlegel gibt zunächst drei »Grundsätze der ersten Ordnung«, in denen er einen Zusammenhang zwischen den meisten Dialogen postuliert, eine »ursprüngliche absichtliche Beziehung.« Er unterscheidet erneut drei Zyklen von Dialogen, jetzt allerdings zeitlich geordnet. In jedem Zyklus gibt es einen Übergangsdialog, der den ursprünglichen Zweck übersteigt und auf den nächsten Zyklus verweist. Als unecht stuft Schlegel die Briefe, die *Apologie* und die *Nomoi* ein. Die erste Periode bilden u. a. Phaidros, Parmenides, Protagoras. Sie teilen gemeinsam den »Charakter der Jugendlichkeit«. Der Übergangsdialog ist der *Phaidon*. Die zweite Periode ist charakterisiert durch Unergründlichkeit. Platon scheine mit sich selbst zu kämpfen. Er könne nicht zur Vollendung gelangen. Die Dialoge seien daher »oft seltsam, verworren, zerdrückt, grämlich, unverständlich.« Dementsprechend findet Schlegel zwei unterschiedliche Reihen, eine sokratische *(Euthydemos, Lysias, Hippias major)* und eine idealische *(Theaitetos, Sophistes, Politikos)*. Der Übergangsdialog ist das *Symposion*. Die dritte Peri-

---

22 Vgl. zum folgenden: Walther, Gerrit, »Le Shakespeare de la prose grecque Platon et sa philosophie dans la ›Critique‹ de Friedrich Schlegel«, S. 185–223.
23 F. Schlegel an Schleiermacher vom 8.12.1800, Brief 993, KGA 350.
24 F. Schlegel an Schleiermacher vom 8.12.1800, Brief 993, KGA 351.
25 Der Text findet sich abgedruckt in: F. Schlegel an Schleiermacher vom 8.12.1800, Brief 993, KGA 353–359; F. Schlegel, Philosophische Lehrjahre. Grundsätze zum Werk Platons, KFSA XVIII, 526–530.

ode trägt den »Charakter der höchsten Vollendung, Klarheit, Fülle, Leichtigkeit – leicht zu bestimmen und unfehlbar zu fühlen.« Schlegel ordnet dieser Periode die Dialoge *Menon, Gorgias, Kratylos, Laches, Charmides, Alkibiades I, Philebos, Politeia, Timaios*. Schlegel bezeichnet den *Philebos* als ersten Übergangsdialog, den *Timaios* als dritten. Am Schluß stehen die »Grundsätze zweiter Ordnung«: Schlegel erinnert daran, daß die Aufmerksamkeit auch auf die ›Nebenabsichten‹ Platons zu richten sei. Er erkennt es nachgerade als ein Zeichen ihrer Echtheit: Wo keine Ansätze zu einer ›Nebenabsicht‹ zu finden sind, handelt es sich möglicherweise um unechte Dialoge. Ferner ist Schlegel der Auffassung, daß die von ihm aufgewiesene Ordnung der Dialoge erkennbar werden läßt, daß Platon in jeder Periode eine bestimmte ›Lieblingsidee‹ entwickelt habe. Schließlich enthält Schlegels Text noch einige Bemerkungen zu den einzelnen Dialogen, z. B. daß der *Timaios* direkt an die *Politeia* anschließe, daß der *Timaios* unvollendet geblieben sei, daß die *Nomoi* unecht seien usw.

Mitte März ist Schleiermacher mit seiner Übersetzung des *Phaidros* fertig. Er schickt das Manuskript samt Anmerkungen zu Schlegel. »Bist Du über den Charakter der Uebersetzung im Ganzen in meinen Grundsätzen so ändere wo es Dir nöthig scheint im Ausdruk ohne erst zu fragen. Sollte Dir aber eine andere Idee vorschweben, so wäre es wol zum Besten des gemeinschaftlichen heiligen Werkes nöthig daß wir uns ohne Rüksicht auf diese oder eine andere Masse erst hierüber verständigten Und sage mir dann Deine Meinung. Eben so muß ich Dich bitten wo Du mich im Verdacht hast den Sinn zu verfehlt zu haben mir Deine Vorschläge zuvor mitzutheilen denn ich glaube überall reiflich nachgedacht zu haben und daß mir nicht leicht ein möglicher anderer Sinn entgangen sein wird.«[26] Im Juni 1801 ist auch Schleiermachers Übersetzung des *Protagoras* fertig und an Schlegel geliefert. Damit hat Schleiermacher seinen zugesagten Anteil am ersten Band der geplanten Übersetzung erfüllt. Schleiermacher geht davon aus, daß jetzt der verabredete gemeinsame Korrekturprozeß beginnen kann. Allerdings kann das Ergebnis Schleiermacher nicht zufrieden stellen. Schlegel hat weder seinen Teil der Übersetzung noch die Einleitung zu Papier gebracht. Außerdem sind Schlegels Korrekturen nicht nach Schleiermachers Vorstellung. Überhaupt ist Schleiermacher auf Schlegels Vorgehen nicht gut zu sprechen. An den Bruder, August Wilhelm Schlegel, schreibt Schleiermacher anklagend, daß ihm Friedrich Schlegels *Hypothesen* keineswegs ausreichten oder gar die allgemeinen Studien, die für Schleiermacher Grundlage der Übersetzung sein sollten, substituieren könnten. »Noch dazu ist das was er mir davon mitgetheilt hat so obenhin und ohne Detail daß sich nicht einmal etwas gründliches darüber sagen läßt. Laßen Sie Sich einmal den Bogen den er mir geschickt hat zeigen und urtheilen Sie dann selbst, und

---

26 Schleiermacher an F. Schlegel vom 14.3.1801, Brief 1030, KGA V, 5, 69.

besehen Sie Sich hernach wenn Sie herkommen meine Studien dagegen. Dem sei aber wie ihm wolle; wenn er sich mit diesen allgemeinen Studien ein ganzes Jahr lang und darüber begnügen wollte, so hätte er nicht zwei Messen fälschlicherweise einen Band versprechen und mich nicht unnöthigerweise treiben müßen. Mit dem Phädrus ist er sehr schlecht umgegangen und ich kann ihm schon aus den 2 Bogen die ich gelesen habe die unverantwortlichsten Nachläßigkeiten nachweisen, nicht nur Druckfehler und handgreifliche Schreibfehler sondern mehrere Stellen wo er mich offenbar verbessern und andere wo er wenigstens große Bedenklichkeiten erst hätte äußern sollen. Die große Genauigkeit mit der er ihn gelesen haben will, wird nur darin bestehen, daß er keine Griechen hat stehn lassen ohne ihn in einen Hellenen zu verwandeln.«[27]

Schleiermacher versucht, die Drucklegung dieses Manuskriptes zunächst aufzuhalten, weil er notwendige Korrekturen anbringen will. Schlegel seinerseits erfährt von Schleiermachers Unzufriedenheit. Die Freundschaft der beiden befindet sich in einer Krise, die Arbeit an der gemeinsamen Übersetzung droht zu scheitern. Schlegel stellt Schleiermacher zur Rede. Ihm gefällt nicht, daß Schleiermacher bei August Wilhelm Klage gegen ihn führt.[28] Außerdem hält er nach wie vor seine *Hypothesen* für eine bedeutende Errungenschaft; für ihn ist es »der erste und bedeutendste Schritt (...) um das Verstehen des Plato möglich zu machen.«[29] Schleiermachers Skrupel scheinen für Schlegel ein Hauptgrund zu sein, daß das Projekt keine Fortschritte macht: »Uebrigens fehlt es mir nicht an Satanisken in Menge über dieses ewige Vonneuemmachen in Dir, wodurch denn das Fertigwerden worauf Du in Vergleich meiner altsündigen Unfertigkeit so stolz bist, ganz luftig fantastisch und chimärisch wird.«[30] Schlegel selbst kennt indes solche Skrupel nicht. Er ist auch nicht weiter verlegen, Schleiermacher um weitere Hilfe zu bitten: »Auch würde ich es als eine köstliche Gabe betrachten wenn Du einiges auch nur ganz rhapsodisch aufschreiben wolltest, was nach Deiner Meinung über das Verhältniß des Plato zur jetzigen Bildung und Philosophie pp gesagt werden [sollte]; ich traue Dir darin mehr Suada zu wie mir, aber freilich muß ich unverschämt genug sein es als Geschenk zu freiem Gebrauch zu begehren wegen der Einheit des Ganzen.«[31]

---

27 Schleiermacher an A. W. Schlegel vom 17.9.1801, Brief 1097, KGA V, 5, 207. – Wahrscheinlich handelt es sich bei Schleiermachers Hinweis auf eigene Studien zum Platon um das Manuskript *Zum Platon*, das in KGA I, 3, 343–375 abgedruckt ist. Die Notizen Schleiermachers gewähren einen kleinen Einblick in die Werkstatt des Übersetzers und zeigen seine umfassende und ausdauernde Beschäftigung mit Platon.
28 Vgl. F. Schlegel an Schleiermacher vom 26.10.1801, Brief 1115, KGA V, 5, 232f.
29 F. Schlegel an Schleiermacher vom 26.10.1801, Brief 1115, KGA V, 5, 232.
30 F. Schlegel an Schleiermacher vom 16.11.1801, Brief 1122, KGA V,5, 260f.
31 F. Schlegel an Schleiermacher vom 16.11.1801, Brief 1122, KGA V,5, 259.

Aber nicht nur diese Meinungsverschiedenheiten, welche die Deutung und Bearbeitung der Dialoge angeht, belasten das gemeinsame Vorhaben. Schlegel verläßt auch das Konzept des ›Symphilosophierens‹, das am Anfang des gemeinsamen Übersetzungsprojektes stand. Jetzt fordert er von Schleiermacher die Erlaubnis, seine Übersetzung des *Parmenides* ohne gemeinschaftliche Korrektur direkt an den Verleger zu schicken. Schlegel fragt:»Verlangst Du auch die *Uebersetzung* nicht bloß die Einleitung des Parmenides vor dem Druck zu sehen?«[32] Das muß Schleiermacher sehr irritiert haben. Es bestärkt ihn überdies, die gemeinsame Verantwortung für das Übersetzungsprojekt aufzugeben. Seit April 1801 äußert sich Schleiermacher skeptisch darüber, ob er als Herausgeber des Projektes genannt werden will. Er spricht es Schlegel gegenüber klar aus: Er vermißt bei Schlegel Ordnung und Stetigkeit der Arbeit.»Du treibst den gewohnten Wechsel zwischen eilfertigen Anstalten und langen Zögerungen, zuversichtlichen Verheißungen an den Verleger und leeren Vertröstungen (...). Und mit der Gemeinschaft will es auch nicht viel sagen. Auf meine Thätigkeit nimmst Du keine Rüksicht: keine Zeile Erwiederung auf Alles was ich schon gegen Dich geäußert habe, kein Schatten eines Urtheils über alles was Du nun schon seit länger als einem Monat von mir in Händen hast (...).«[33] In der Mitte 1801 zieht Schleiermacher seine Mitherausgeberschaft zurück. Schlegel scheint die Argumente seines Freundes nicht verstanden zu haben. Er glaubt, daß Schleiermacher noch immer verstimmt ist über die Ankündigung, die Schlegel als alleinigen Herausgeber nennt. Schleiermacher ist indes der Auffassung, daß das Unternehmen zum Scheitern verurteilt ist. Er glaubt nicht mehr, daß es überhaupt zur Publikation der Übersetzung kommt. Und sollte es wider Erwarten doch gelingen, so möchte er die Verantwortung für die Texte Schlegels nicht mehr übernehmen.

Schleiermacher liefert jedenfalls seinen Teil der Übersetzungen ab, da der Verleger auf eine Veröffentlichung zur Jubilatemesse im April drängt. Es handelt sich um den *Phaidros* in korrigierter Druckfassung und den *Protagoras*. Sie liegen im März 1802 vor. Aber Schlegel kann weder den *Parmenides* noch den *Phaidon* fertigstellen. Der Verleger, Frommann, verlängert den Termin noch zweimal, bis das Projekt im Mai 1803 endgültig aufgegeben werden muß. Bis auf die Einleitungen zu seinen beiden Dialogen hat Schlegel in den vier Jahren der gemeinsamen Arbeit am Platon nichts zu Papier gebracht.[34] Schlegels Eingeständnis wirkt deshalb authentisch:»Das

---

32 F. Schlegel an Schleiermacher vom 26.10.1801, Brief 1115, KGA V, 5, 232.
33 Schleiermacher an F. Schlegel vom 27. April 1801, Brief 1051, KGA V, 5, 108.
34 Es existiert ein Bericht von Karl Wilhelm Ferdinand Solger vom April 1803 über eine Übersetzung Schlegels:»Schade, daß Fr. Schlegel die Übersetzung des Plato nicht fortsetzt. Ich habe den größten Theil des Phaidros in dieser Übersetzung, und finde ihn köstlich. Die

Uebersetzen ist wohl eigentlich nicht sehr meine Stärke. Ich habe keine rechte Neigung dazu; ich sehe dies besonders daraus, daß es vornämlich die Schwierigkeit und auch die Rücksicht auf einen materiellen Sachcommentar ist, was sie bestimmt.«[35] Schlegel zieht sich als Übersetzer und Herausgeber zurück. Schleiermacher bleibt nichts anderes als den Vertrag mit Frommann zu lösen. Dieser war seinerseits von Schlegel enttäuscht, ungehalten[36] und zugleich sicher, daß ihm ein wichtiges Publikationsprojekt entgangen war.

---

reine und göttliche Ideenwelt des Plato wird in diesem krystallenen Spiegel herrlich zurückgeworfen.« (*Solger's nachgelassene Schriften und Briefwechsel*. [Hg.] Tieck, Ludwig – Raumer, Friedrich von. 2 Bde. Leipzig 1826, Bd. 1, S. 98) Es scheint sich bei Solgers Aussage um eine Verwechselung zu handeln. Tatsächlich hatte Schlegel niemals vor, den *Phaidros* zu übersetzen. Es kann sich bei Solgers Text eigentlich nur um die Übersetzung Schleiermachers handeln. Solger und Schleiermacher lernten sich erst später in Berlin kennen, wahrscheinlich erst 1807 durch den Verleger Reimer, der ebenfalls Solgers Sophokles-Übersetzung herausgebracht hatte. Anlaß eines Aufeinandertreffens der beiden späteren Freunde war eine Gruppe von ›brandenburgischen Patrioten‹, die in Reimers Sommerwohnung in Tiergarten des öfteren zusammenkamen. (Fricke, Hermann, *K. W. F. Solger, Ein brandenburgisch-berlinisches Gelehrtenleben an der Wende vom 18. zum 19. Jahrhundert*. Berlin ²1972, S. 56f.) – Zu Solger ist die Literatur spärlich: Heller, J., *Solgers Philosophie der ironischen Dialektik*. Berlin 1928; Wilbolz, R., *Der philosophische Dialog als literarisches Kunstwerk. Untersuchungen über Solgers ›Philosophische Dialoge‹*. Bern 1952; Fricke, Hermann, »Karl W. F. Solgers Weg zur Universität Berlin. Mit unbekannten Briefen«, in: *Der Bär von Berlin. Jahrbuch des Vereins für die Geschichte Berlins* 10 (1961), S. 55–87; ders., *K. W. F. Solger, Ein brandenburgisch-berlinisches Gelehrtenleben an der Wende vom 18. zum 19. Jahrhundert*. Berlin ²1972; Fries, Thomas, *Dialog der Aufklärung*, S. 175–215 (mit weitergehender Bibliographie im Anhang); Kobusch, Theo, »Platon nach Schlegel, Schleiermacher und Solger«, S. 222–225; Schulte, Paul, *Solgers Schönheitslehre im Zusammenhang des Deutschen Idealismus. Kant, Schiller, W. v. Humboldt, Schelling, Solger, Schleiermacher, Hegel*. Diss. Kassel 2001. – Ferner gibt es ein Zeugnis von C. H. J. Windischmann, dem ersten Herausgeber der ›Philosophischen Vorlesungen‹, dem zu entnehmen ist, daß ihm die Übersetzung des *Phaidon* und des *Eutyphron* vollständig vorlagen. [Vgl.: *Friedrich Schlegels philosophische Vorlesungen aus den Jahren 1804–1806. Nebst Fragmenten vorzüglich philosophisch-theologischen Inhalts*. (Hg.) Windischmann, C. H. J. 2 Bde. Bonn 1836–1837, Bd. 1, S. 510] Inzwischen hat aber H. Patsch nachgewiesen, daß auch die Übersetzung des Eutyphron nicht von Schlegel stammt, sondern von Friedrich Ast [Vgl.: Patsch, H., »Friedrich Asts ›Eutyphron‹-Übersetzung im Nachlaß Friedrich Schlegels. Ein Beitrag zur Platon-Rezeption in der Frühromantik«, in: *Jahrbuch des Freien deutschen Hochstifts* 1988, S. 112–127; ebenfalls: Zovko, Jure, *Verstehen und Nichtverstehen bei Friedrich Schlegel*, S. 65, Anm. 145], so daß davon auszugehen ist, daß Schlegel mit seinen Übersetzungsbemühungen nicht weit gekommen ist.

35 F. Schlegel an Schleiermacher vom 5. Mai 1803, Briefe 3, 341.

36 »(...) unsre GeduldPrüfungen sollen noch nicht geendigt seyn. Er [F. Schlegel; Ch. A.] hat kein Manuskript fertig und bis izt ist weder die Einleitung, noch der Parmenides, noch der Phaedon vollendet. Könte er noch, so sagt er, drey Wochen ruhig arbeiten, so wäre alles geschehen, aber er könne nicht länger warten, er müße nun endlich reisen, und hatte durchaus hier zur Messe seyn müßen. Er hat mir natürlich viel Gründe angeführt, die zum theil Grund haben mögen und die ich glauben muß. Er wird Ihnen auch schreiben. Ich hatte bey meinem Abgangs zum Druck eingerichtet und rechnete auf deßen ungestörten Fortgang. Gestern habe

Schleiermacher war allerdings entschlossen, die begonnene Übersetzung auch allein fortzuführen. Im Juli gibt es Verhandlungen mit dem Freund und Verleger Georg Andreas Reimer, und im November 1803 konnte man im *Intelligenzblatt der Allgemeinen Literatur-Zeitung* Schleiermachers Ankündigung der Platon-Übersetzung lesen: »Vor nunmehr drey Jahren verhieß Fr. Schlegel den Freunden der Philosophie eine vollständige und reichlich ausgestattete Übersetzung der Schriften des Platon. Wiewohl damals nicht öffentlich genannt, und von seiner durch Umstände beschleunigten Ankündigung in der Ferne nicht wissend, sollte dennoch und wollte, einer alten Verabredung gemäß, ich sein Gehülfe seyn an diesem Werke. Welche Ursachen die Erscheinung desselben immer hingehalten, gehört nicht hieher; sondern nur dieses, daß jetzt fast zu gleicher Zeit auf der einen Seite der Verleger, durch immer neue Verzögerung nicht mit Unrecht ermüdet, sich zurückgezogen, auf der andern sich Friedr. Schlegel sich überzeugt hat, er werde in den nächsten Jahren das Geschäft des Übersetzens nicht so eifrig und ausdauernd betreiben können, als dem Fortgange des Unternehmens nothwendig wäre. Solchergestalt von den Verbündeten verlassen, vermag ich dennoch nicht das Werk zu verlassen, sondern finde mich auf alle Weise gedrungen, es auch allein zu wagen.«[37]

In der Romantikforschung gibt es schon früh eine Auseinandersetzung über den Anteil, den Schlegel bzw. Schleiermacher am Zustandekommen des Projekts und dem philologisch-hermeneutischen Hintergrund gehabt haben.[38] Insbesondere die Grundlegung – so die Verteidiger Schlegels vor allem gegen das Schleiermacher-Bild Diltheys[39] – sei eine Sache Schlegels gewesen. Schleier-

---

ich indes alles suspendirt; denn ehe ich nicht das ganze Manuscript in Händen habe, drucke ich kein Bladt. Nehmen Sie diesen letzten Auffenthalt zu allem schon vorangegangenen, und Sie werden denken koennen, wie mich dies decontenancirt hat.« Frommann an Schleiermacher vom 21.5.1802, Brief 1234, KGA V, 5, 427.

37 Schleiermacher, in: *Intelligenzblatt der Allgemeinen Literatur-Zeitung* 1803, Nr. 212, Sp. 1732f.

38 Vgl. Körner, Josef, »Friedrich Schlegels ›Philosophie der Philologie‹« [enthält zugleich eine Edition von Schlegel-Texten], in: *Logos* 17 (1928), H. 1, S. 1–72. – Daran anschließend: Zovko, Jure, *Verstehen und Nichtverstehen bei Friedrich Schlegel*, S. 61–84.

39 Diltheys Wertung schlägt eindeutig zuungunsten Schlegels aus: »Wie griff er [Schlegel; Ch. A.] aber fehl, wenn er den Parmenides vor den Protagoras stellte, den Theages als echt ansah, dagegen die Gesetze und die Apologie verwarf! Und bei erneuter Lektüre geriet er geradezu ins Bodenlose. Hauptdialoge I: Phädrus, Parmenides, Protagoras; II: Theätet, Gorgias, Sophistes, Politikus; III. Republik, Philebus, Timäus und Kritias. Außer der Reihe zu Epoche I Phädon, zu Epoche II Kratylus, unbestimmt Symposion. Aber vom Parmenides die Hälfte verloren, der Philebus unvollendet oder ebenfalls verstümmelt, Gorgias und Kratylus unvollständig, der Timäus in der zweiten größeren Hälfte neuplatonisch, Meno Euthydem unecht! Von dem außerordentlich fruchtbaren kritischen Mittel, das im aristotelischen Kanon der platonischen Dialoge liegt, hatte er noch keine Ahnung. Auch die innere Konstruktion des platonischen Dialogs, wie sie Schleiermacher entdeckt hat, kannte er noch nicht. Daher er die hierauf gegründete Einteilung der platonischen Werke ebenfalls noch nicht besaß. Seine Kritik

macher sei ihm darin erst gefolgt.[40] Tatsächlich wird man sich das ganze Projekt als eine konkrete Wechselwirkung vorstellen müssen. Da sind Schlegels Pläne, eher Visionen als projektierte Abläufe, und Schleiermachers konkrete Arbeit mit den Texten. Indem Schlegel seine eigenen Prinzipien – Symphilosophieren, Verständnis der Teile aus dem Ganzen, entwicklungsgeschichtlicher genetischer Ansatz – selbst konterkariert, dürften sie Schleiermacher um so wichtiger geworden sein: Er äußert Schlegel gegenüber immer wieder das Erfordernis einer praxisbezogenen Theorie der Übersetzung sowie einer klaren Vorstellung von der Platonischen Entwicklung, um auf deren Hintergrund die Übersetzung in Angriff zu nehmen. Die Auseinandersetzung mit Schlegel über die Platon-Übersetzung, die sowohl für Schleiermacher als auch für Schlegel mit Sorgen und Anstrengungen verlaufen ist, dürfte die Intensität und auch die Ausrichtung der Hermeneutik Schleiermachers mitbestimmt haben.[41] Man wird also einerseits zustimmen können, daß Schleiermachers Ansatz den Überlegungen Schlegels folgte. Andererseits wird man anerkennen müssen, daß Schleiermachers spätere Hermeneutik durch die konkrete Arbeit mit den Texten Platons – und natürlich der Bibel – an entscheidender Schärfe gewinnt.[42] Die konkrete Seite ist es schließlich, welche die Nachdrücklichkeit rechtfertigt, mit der Schleiermachers – und nicht Schlegels – Theorie für die ›hermeneutische Wende‹ am Beginn des 19. Jahrhunderts steht.[43] Schlegels Verdienst ist und bleibt die Initialzündung und – gleich wichtig – sein Zutrauen, daß sich das gewaltige Projekt in Kürze realisieren ließe, eine Hoffnung, die bereits

---

ist auf Sand gebaut und daher in beständiger Schiebung.« (Dilthey, Wilhelm, *Gesammelte Schriften*, Bd. 4, S. 365) Alles dies habe Schleiermacher – so die Schlußfolgerung Diltheys – besser gemacht, soweit es die Mittel seiner Zeit zugelassen hätten. Dabei muß auch Dilthey zugeben, daß Schleiermacher sich geirrt hat, vor allem in bezug auf die Chronologie. Insgesamt schätzt Dilthey das solide, kohärente und kontrollierte Arbeiten Schleiermachers höher als Schlegels sprunghafte, assoziative Methode. Man könnte Dilthey beipflichten, wäre da nicht die Einsicht, daß ohne Kreativität in einem höheren Sinne keine Forschung möglich ist. Diese Form von Innovation hat aber das Recht zum Irrtum, wenn sie den Mut dazu hat, und sollte geschützt sein vor der nachträglichen Besserwisserei. Denn ohne sie wäre ›Fortschritt‹ ein mühsamer, wenn nicht aussichtsloser Prozeß.

40 Vgl. a. a. O., S. 6–10.

41 Vgl. Virmond, Wolfgang, »Der fiktive Autor. Schleiermachers technische Interpretation der platonischen Dialoge (1804) als Vorstufe seiner Hallenser Hermeneutik (1805)«, in: *Archivio di Filosofia* 52 (1984), S. 225–232. Im Licht der Entwicklung der Hermeneutik sieht Virmond in der Platon Übersetzung und vor allem in den Einleitungen ein »Exempel einer von hermeneutischem Bewußtsein bestimmten Interpretation« (a. a. O., S. 226).

42 Vgl. dazu: Neschke-Hentschke, Ada, »Matériaux pour une approche philologique de l'herméneutique de Schleiermacher«, in: *La naissance du paradigme herméneutique. Schleiermacher, Humboldt, Boeckh, Droysen.* (Hg.) Neschke-Hentschke, Ada – Laks, André. Lille 1990, S. 29–67; vgl. insb. die instruktive Gegenüberstellung von Platonübersetzung und Entwicklung der Hermeneutik bei Schleiermacher (S. 46f.).

43 Vgl. dagegen das Resümee von: Arndt, Andreas, »Schleiermacher und Platon«, S. XIIf.

manche unmöglich erscheinende wissenschaftliche Unternehmung über Jahre am Leben erhalten hat.

5.2 Schleiermachers Überlegungen zur Übersetzung

An die Stelle eines Erkenntnisoptimismus, der mit der Platonischen Philosophie zwar ringt, jedoch auf einem Boden, der schon immer dogmatisch abgesteckt ist, rückt bei Schleiermacher jene Vorsicht, welche die andere Seite eines historisch-philologischen Vorgehens ist. Dies ist schon in der Auseinandersetzung mit Schlegel zu erkennen, dessen Vorschläge von Schleiermacher stets sorgfältig geprüft und auf ihre philologische Stimmigkeit sowohl in bezug auf das Einzelne wie auch das Ganze der Dialoge geprüft wurden. Anschaulich zeigt sich Schleiermachers Vorsicht und Wachsamkeit an einer Anspielung auf eine berühmte Kantische Sentenz, die sich in aller Munde fand und eine einfache hermeneutische Prämisse ausdrückte, mit der sich tatsächlich alle methodischen Vorbehalte gegenüber einem historischen Autor in den Wind schlagen ließen. So bemerkt Kant in der *Kritik der reinen Vernunft* über Platon: »Ich merke nur an, daß es gar nichts Ungewöhnliches sei, sowohl im gemeinen Gespräche als in Schriften durch Vergleichung der Gedanken, welche ein Verfasser über seinen Gegenstand äußert, ihn sogar besser zu verstehen, als er sich selbst verstand, indem er seinen Begriff nicht genugsam bestimmte und dadurch bisweilen seiner eigenen Absicht entgegen redete oder auch dachte.«[44] Schleiermacher kann dieser Maxime nicht zustimmen, setzt sie doch voraus, schon verstanden zu haben, was ein Autor dachte, um ihn dann besser zu verstehen, als er sich selbst verstehen konnte – ein zirkuläres Verfahren. Schleiermacher stößt sich indes weniger an diesem methodischen Mangel als an dem sich darin aussprechenden ungeprüften Vorurteil. Schließlich gelangt er zu dem Resümee: »So daß jene Zufriedenheit etwas unreif zu sein scheint, welche behauptet, wir könnten den Platon jetzt schon besser verstehen, als er sich selbst verstanden habe, und daß man belächeln kann, wie sie den Platon, welcher auf das Bewußtsein des Nichtwissens einen solchen Wert legt, so unplatonisch suchen will.«[45] Gegen die einseitige Festsetzung einer Platonischen Dogma-

---

44 Kant, KrV, B 370, Akad.-Ausg. III, 246.
45 Schleiermacher, Friedrich Daniel Ernst, *Über die Philosophie Platons.* (Hg.) Steiner, Peter M. (Philosophische Bibliothek; Bd. 486) Hamburg 1996, S. 29. – Im folgenden werden die Einleitungen zur Platon-Übersetzung Schleiermachers nach dieser Ausgabe zitiert, obwohl die Ausgabe grobe, ärgerliche und zum Teil völlig unverständliche Fehler enthält, die an der Zuverlässigkeit der Textwiedergabe ernsthafte Zweifel aufkommen lassen. Eine adäquate kritische Ausgabe bleibt daher ein Desiderat der Forschung.

tik beharrt Schleiermacher auf der Offenheit des Dialogischen. So präsentiert er die Schriften Platons, um damit »durch die unmittelbare genauere
Kenntnis derselben allein jedem eine eigne, sei es nun ganz neue oder wenigstens vollständigere, Ansicht von des Mannes Geist und Lehre möglich
zu machen.«[46] Sein Ziel ist es, Platon auch »als philosophischen Künstler«
zu etablieren.

Damit formuliert Schleiermacher eine gewichtige These, die ihn in Kontraposition bringt vornehmlich zur Auffassung Hegels. Die Philosophie Platons als Kunst, seine Dialoge auch als Kunstwerke aufzufassen, ist eine bis
dahin nie dagewesene Interpretationshypothese. Sie verdankt sich der romantischen Verschmelzung von Poesie und Philosophie, so wie sie von
Schlegel und Schelling bereits vorgedacht war. Schleiermacher appliziert sie
auf die Philosophie Platons und gewinnt eine produktive Ausgangsbasis.
Nietzsche sollte später seine ganze Verachtung für den platonisch-sokratisch-christlich-protestantischen Komplex auf diese These richten. So spottete er: »Im Verhältnis zu Platon bin ich ein gründlicher Skeptiker und war
stets ausser Stande, in die Bewunderung des *Artisten* Plato, die unter Gelehrten herkömmlich ist, einzustimmen. (. . .) Dass der Platonische Dialog,
diese entsetzliche selbstgefällige und kindliche Art der Dialektik, als Reiz
wirken könne, dazu muss man nie gute Franzosen gelesen haben; (. . .). Plato
ist langweilig.«[47]

Schleiermachers Interpretationsmaxime optiert – im Gegensatz sowohl
zur affirmativen Auffassung Hegels wie auch zur ablehnenden Nietzsches –
für einen offenen Blick auf die Schriften Platons und deren spezielle Probleme.[48] Es ist daher klar, daß Schleiermachers Übersetzung sowie seine
dazugehörigen Einleitungen immer auch im Zusammenhang mit seiner Hermeneutik gelesen wurden.[49] Tatsächlich breitet die Einleitung zur Übersetzung, die dem 1. Band vorangestellt ist, im wesentlichen hermeneutische
Probleme aus. Sie stellt dem Leser frei, eine eigene Interpretation der Dialoge zu versuchen und gibt keine vorgefertigte Dogmatik der Platonischen
Philosophie. Insbesondere sind es drei Fragekomplexe, auf die Schleiermacher eingeht:

---

46 Schleiermacher, Platon S. 28.
47 Nietzsche, Friedrich, *Götzen-Dämmerung*, in: Kritische Studienausgabe. (Hg.) Colli,
Giorgio – Montinari, Mazzino. München/Berlin/New York 1967–77. Bd. 6, S. 155.
48 Vgl. zum folgenden auch: Neschke-Hentschke, Ada, »Le texte de Platon entre Friedrich
August Wolf (1759–1824) et Friedrich Schleiermacher (1767–1834)«, in: *La naissance du
paradigme herméneutique. Schleiermacher, Humboldt, Boeckh, Droysen.* (Hg.) Neschke-
Hentschke, Ada – Laks, André. Lille 1990, S. 262–276; speziell Schleiermacher S. 262–276.
49 Vgl. z. B. Virmond, W., »Der fiktive Autor. Schleiermachers technische Interpretation
der platonischen Dialoge (1804) als Vorstufe seiner Hallenser Hermeneutik (1805)«,
S. 225–232.

- die Platonischen Dialoge als organisches Ganzes;
- Ablehnung einer ›ungeschriebenen Lehre‹;
- Datierung, Echtheit und relative Chronologie der Dialoge.

5.3 Die Platonischen Dialoge als organisches Ganzes

Eine der Prämissen, unter denen Schleiermachers Projekt einer Übersetzung der Platonischen Dialoge steht, ist die Hypothese, es handle sich bei den Schriften Platons um ein Ganzes, dessen Teile, die Dialoge, aufeinander bezogen und miteinander verwoben sind. Schleiermacher ahnt und fühlt die »große Absichtlichkeit in der Zusammensetzung seiner Schriften« und fordert dazu auf, dieser inneren Zweckgerichtetheit und Rationalität der Platonischen Dialoge Gerechtigkeit widerfahren zu lassen.[50] Dahinter liegt die Vorstellung, bei den Schriften Platons handle es sich um ein organisches Ganzes, in dem sich die Teile wie Glieder zum Ganzen eines Körpers verhalten. Schleiermacher schlägt ein ›organologisches Denkmodell‹[51] vor, das sich zudem am Paradigma des Wachstums orientiert. Platons Philosophie sei nicht nur in sich organisch strukturiert, sondern entwickle sich auch genetisch aus keimhaften Anfängen – dem *Phaidros* – zur vollendeten Reife der *Politeia* und des *Timaios*.

Für Schleiermacher gibt es prinzipiell zwei Grundformen der philosophischen Mitteilung. Beide Formen bilden eine Typologie: – das System und das Fragment. Das *System* besitzt für ihn eine innere Architektur, die auf einer festen Basis gründet und die Gewähr dafür gibt, daß das philosophische Gebäude »Festigkeit und Ordnung« besitzt. Das System philosophisch nachzuvollziehen gelingt leicht, denn nach Vorgabe der inneren Struktur lassen sich die einzelnen Teile im Ganzen und das Ganze in seinen Teilen auffinden. Damit ist für Schleiermacher nicht zugleich die Wahrheit des Systems erwiesen. Ein solches System könnte auch nach der Beliebigkeit seines Schöpfers gebaut sein, wäre zwar kohärent, besäße aber keinen sinnvollen Bezug zur Wirklichkeit. Dem gegenüber steht das philosophische *Fragment*, das gar keinen Anspruch macht auf das große Ganze, sondern sich nur ein Detailproblem vornimmt. Den Horizont des Ganzen, zu dem es ein Teil sein könnte, nimmt das Fragment nicht in den Blick. In diesen Überlegungen spiegelt sich Schleiermachers grundsätzliche Skepsis dem Systemgedanken gegenüber, wie sie sich bereits schon in der frühen populären Schrift *Über die Religion. Reden an die Gebildeten unter ihren Verächtern*

---

50 Schleiermacher, Platon 29.
51 Virmond, Wolfgang, »Der fiktive Autor«, S. 229.

(1799) findet.[52] Man könnte hier auch auf Friedrich Schlegels Auffassung hinweisen, derzufolge es gleich tödlich für den Geist sei, »ein System zu haben und kein System zu haben.«[53]

Beide Formen des philosophischen Arbeitens seien, so Schleiermacher, bei Platon nicht aufzufinden. Da aber der Leser der Dialoge, zumal wenn er philosophisch vorgebildet ist, eine dieser Grundformen erwarte, entstünden daraus verstellende Vorurteile über den Status der Platonischen Dialoge: »Wer nun durch die Hilfsmittel, welche diese Methoden darzubieten scheinen, verwöhnt ist, der muß im Platon alles wunderlich und entweder leer oder geheimnisvoll finden.«[54]

Nach Schleiermacher kannte Platon nicht nur die Einteilung der Philosophie in verschiedene Disziplinen (Dialektik, Ethik, Naturlehre), er selbst habe sie vielmehr in die Philosophie eingeführt, ein Faktum, das Platon geradezu als Systematiker par excellence auszeichne.[55] Davon hebe sich jedoch die Form der Dialoge deutlich ab, die nie nur einer Disziplin zuzuordnen sei. Der Inhalt der Dialoge und die einzelnen Teile des Systems lassen sich bei Platon nicht aufeinander abbilden. Deshalb könne der Eindruck entstehen, Platons Philosophie sei bloß fragmentarisch, und das Ganze zu den Teilen habe ihm nicht vorgeschwebt.

Beide Auffassungen kann Schleiermacher nicht teilen: Für ihn ist Platon kein Systematiker in dem Sinne, daß jeder Dialog einem Systemteil, einer Disziplin zuzuordnen sei, dessen Problemgehalt gerade zu bearbeiten sei; darum aber auch kein fragmentarischer Denker, denn in jedem Dialog sei das Ganze intendiert, nicht nur ein Detail, alle Dialoge zusammen daher kein Stückwerk, sondern ein organisches Ganzes. Deshalb sei die Auffassung zurückzuweisen, »daß es vergeblich sei, in seinen Schriften irgend etwas

---

52 Schleiermacher; *Über die Region. Reden an die Gebildeten unter ihren Verächtern.* Berlin 1799 S. 64; Schleiermacher, KGA I, 2, 217.

53 Schlegel, Friedrich, »Athenäums-Fragment (1798)«, Nr. 53; KFSA I, 2, 173. – Vgl. zur gesamten Problematik: Scholtz, Gunter, *Die Philosophie Schleiermachers.* (Erträge der Forschung; 217) Darmstadt 1984, S. 64–78.

54 Schleiermacher, Platon 31.

55 Vgl. zu dieser Einteilung: Schleiermacher, Grundlinien einer Kritik der bisherigen Sittenlehre, KGA I, 4, 49–66; zu Platon S. 63f.; ferner: Scholtz, Gunter, *Die Philosophie Schleiermachers.* Darmstadt 1984, S. 95. – Vgl. dazu die Ausführungen Gadamers zu Schleiermachers *Geschichte der Philosophie*: »Prüft man nun das Platon-Kapitel in Schleiermachers Konzept zur Geschichte der Philosophie, so fällt auf, daß er von der akademischen Einteilung der Philosophie in Dialektik, Physik und Ethik ausgeht. Auch wenn diese Einteilung aus der Akademie stammt, ist sie doch offenkundig unplatonisch. Mit welcher Kunst hat Platon in seinem Dialog ›Timaios‹ das, was Aristoteles Physik nannte, in die große Diskussion um den rechten Staat hineinverwoben!« (Gadamer, Hans-Georg, »Schleiermacher als Platoniker«, in: *Kleine Schriften* III. Tübingen 1972, S. 141–149; hier S. 145.) Schleiermacher hat allerdings diese Einteilung schon in der *Einleitung* Platon selbst zugeschlagen.

Ganzes, ja auch nur die ersten Grundzüge einer sich selbst gleichen und durch alles hindurchgehenden philosophischen Denkart und Lehre aufzusuchen, vielmehr schwanke alles darin, kaum irgend etwas stehe in fester Beziehung mit dem übrigen, vielmehr widerstreite häufig eines dem andern, weil er nämlich mehr ein übermütiger Dialektiker sei, als ein folgerechter Philosoph (. . .).«[56]

Zu diesem Komplex möglicher und wirklicher Vorurteile gehört auch die Einschätzung, die Dialogform verunklare Platons ursprüngliche Einsicht, zumindest – so könnte eingewandt werden – wäre es besser gewesen, er hätte auf die literarische Formierung seines Stoffes verzichtet. Es ist die Einschätzung, »seine dialogische Form sei nur eine ziemlich unnütze mehr verwirrende als aufklärende Umgebung der ganz gemeinen Art seine Gedanken darzulegen, und welche also nur von einem, der den Platon gar nicht versteht, kann aufgeworfen werden.«[57]

Schleiermachers Position läßt zweierlei deutlich werden: *Einerseits* nämlich rückt er dadurch, daß er auf der Bedeutsamkeit der Dialogform insistiert, in eine Kontraposition zu Hegel, der gerade das Dialogische ins Dogmatische auflösen wollte, wenn er auch die künstlerisch-literarische Bedeutung der Dialoge durchaus anerkennt, sie jedoch gegen die philosophische Seite abwertet. *Andererseits* weist Schleiermachers Argument ins Methodologische. Vom Inhalt, der in den Dialogen verhandelt wird, ganz abgesehen ist das Votum für den Dialog eine philosophische Entscheidung. Diese Entscheidung zuungunsten Platons revidieren zu wollen heißt aber, auf ein Vorurteil zu setzen statt zu prüfen, inwieweit gerade das Dialogische das originär Platonische ausmacht. Schleiermacher plädiert dafür, den Dialog nicht nur als eine beliebige Form anzusehen, die einem Inhalt gegeben werden kann oder nicht, sondern betrachtet ihn als substantiell. Das organische Ganze ist daher nicht auf der dogmatischen Ebene situiert als eine zusammenhängende Lehre Platons, die sich in allen seinen Schriften aufweisen lassen muß, sondern ebenso als Verbindung des Inhalts mit der Dialogform.

5.4 Die Ablehnung einer ›ungeschriebenen Lehre‹

Diese innere Verbindung interpoliert Schleiermacher durch die Vorgabe des *Phaidros* und der sog. Kritik Platons an der Schriftlichkeit. Dabei bezieht er sich auf die berühmte Stelle am Ende des Dialogs (275d): Sokrates erklärt die Mangelhaftigkeit belehrender Ausführungen, wenn sie niedergeschrie-

---

56 Schleiermacher, Platon 31f.
57 Schleiermacher, Platon 32.

ben werden. Sie seien dann aus ihrem ursprünglichen Kontext herausgerückt, nicht mehr auf einen bestimmten Adressaten zugeschnitten, darüber hinaus letztlich fixiert und unflexibel, der Interpretation bedürftig, gegen Kritik nicht unmittelbar zu verteidigen. Sie seien dem Abbildhaften zuzurechnen, das stets den Charakter des Unwahren habe. Dagegen sei die Mündlichkeit als wahre Quelle der Weisheit anzusehen. Im direkten Gespräch sei Nachfrage, Prüfung und Korrektur möglich, damit auch Lehren und Lernen in adäquater Weise.

Schleiermacher erkennt die Bedeutung dieser Stelle für die Interpretation der Schriften Platons. Und er zieht gerade nicht die Konsequenz, daß damit eine Entwertung der Platonischen Dialoge selbst einhergehe. Denn insofern sie schriftlich niedergelegt sind, müßte für sie dasselbe Verdikt gelten, das Sokrates gegenüber der Schriftlichkeit insgesamt ausspricht: Ein Dialog wäre dann ebenfalls eine abbildhafte Rede im Medium des Unwahren. Schleiermacher betont dagegen die Bedeutung des Dialogischen als Gegenstück der Schriftlichkeit. So besteht für ihn der zentrale Kritikpunkt Platons in der Ungewißheit, »ob auch die Seele des Lesers selbsttätig nachgebildet und sich also in Wahrheit angeeignet habe, oder ob ihr nur mit dem scheinbaren Verständnis der Worte und Buchstaben eine leere Einbildung gekommen sei, als wisse sie, was sie doch nicht weiß. Darum sei es Torheit, viel hierauf zu bauen, und rechter Verlaß sei nur auf den mündlichen lebendigen Unterricht.«[58] Schleiermacher versteht diese Stelle im *Phaidros* also nicht so, daß Platon hier die grundsätzliche Untauglichkeit der Schrift, seine philosophischen Lehren mitzuteilen, ausspricht, sondern nur die Unmöglichkeit zur Überprüfung des Lernerfolgs beim Schüler. So erzeugt die Schriftlichkeit nicht prinzipiell Unwahrheit. Aus der Trennung von Schrift und Autor folge vielmehr nur eine Entkopplung von Intention und Wirkung. Aus der unmittelbaren Kommunikation wird mittelbare Medialität. Die Kommunikation – z. B. zwischen Lehrer und Schüler – bleibt in der Kontrolle der Gesprächsteilnehmer, während die Schrift unabhängig von ihrem Autor rezipiert werden kann – hier kann Wahres gedacht werden oder aber Unwahres, ohne die Prüfung durch die Wechselwirkung eines Gesprächs zwischen Autor und Rezipient. Daher bleibt die Unsicherheit, ob eine adäquate Rezeption erfolgt ist.

Die Mündlichkeit, insbesondere das lebendige Gespräch, hat – so referiert Schleiermacher Platons Ansicht – den Vorteil, »daß hier der Lehrende in einer gegenwärtigen und lebendigen Wechselwirkung stehe mit dem Lernenden, und jeden Augenblick wissen könne, was dieser begriffen, und so der Tätigkeit seines Verstandes nachhelfen, wo es fehlt; daß dieser Vorteil

---

58 Schleiermacher, Platon 39.

wirklich erreicht werde, beruht, wie Jeder einsieht, auf der Form des Gesprächs, welche ein lebendiger Unterricht notwendig haben muß.«[59]

Ziel der Dialogform bei Platon sei es daher – so Schleiermachers Resümee –, das lebendige Gespräch nachzuahmen. Der Dialog sei daher nichts anderes als die Erinnerung an den zuvor erhaltenen Unterricht. Dabei bezieht er sich auf die Lehren Fichtes. So spricht Schleiermacher von der ›Selbsttätigkeit des Denkens‹[60], die Platon als Ziel seiner philosophischen Bemühungen angesehen habe. ›Selbsttätigkeit des Denkens‹ ist ein Terminus, der an Fichtes erste Wissenschaftslehre erinnert. Dort hatte Fichte die Tätigkeit des Ich als obersten Grundsatz der Philosophie eingeführt. Tätigkeit als Tathandlung war für Fichte die einzige Substanz. Dies spricht sich ebenso in der Formulierung Schleiermachers aus, es sei Platon durch die Dialogform und der mit ihr einhergehenden fehlenden eindeutigen Dogmatik um die ›Erzeugung der Idee‹ durch den Leser gegangen – ebenfalls eine Grundüberzeugung der Philosophie Fichtes.

Diese grundsätzliche Betonung der Tätigkeit des Subjekts fließt nun in Schleiermachers Interpretation der Platonischen Dialoge ein. Es sei Platons Intention gewesen, dieser Selbsttätigkeit des Denkens in seinen Dialogen Geltung zu verschaffen. Es»muß dieses ihm die Hauptsache gewesen sein, jede Untersuchung von Anfang an so zu führen und darauf zu berechnen, daß der Leser entweder zur eignen inneren Erzeugung der beabsichtigten Idee, oder dazu gezwungen werde, daß er sich dem Gefühle, nichts gefunden und nichts verstanden zu haben, auf das allerbestimmteste übergeben muß.«[61]

Schleiermacher erklärt damit zweierlei: Einerseits kann er zeigen, aus welchem Grund Platon sich für die Dialogform entschieden hat, nämlich um der Selbsttätigkeit des Denkens einen adäquaten Ausdruck zu geben. Andererseits ergibt sich daraus eine Interpretationshypothese, die ihm eine angemessene Deutung der aporetischen Dialoge möglich machen kann, besteht ihr Zweck doch darin, das Wissen vom Nichtwissen zu erzeugen. Wenn ein Dialog daher nicht mit einem fixen Resultat endet, muß es die Aufgabe des Rezipienten sein, das Resultat zu suchen. Schleiermacher zählt vier Techniken auf, derer sich Platon bedient, um dieses Ziel zu erreichen:

---

59 Schleiermacher, Platon 39f. – In der Einleitung zum *Phaidros* fügt Schleiermacher ein weiteres Argument hinzu, weshalb diese Stelle nicht gegen die Schriftlichkeit der Dialoge spricht. Da es sich beim *Phaidros* um einen frühen Dialog handle, spreche daraus die Begeisterung des Platon für die Art und Weise, in der Sokrates lehre, als Rechtfertigung nämlich »des Sokrates über sein Nichtschreiben, und als Begeisterung von seiner Lehrart, welcher in Schriften ähnlich zu werden Platon damals noch verzweifelte.« (Schleiermacher, Platon, 86)

60 Vgl. Schleiermacher, Platon, 40.

61 Schleiermacher, Platon, 41.

1. Damit sich der Rezipient nicht mit einem vorschnellen Urteil zufrieden gibt, spricht Platon das Ende der Untersuchung nicht eigens aus. So ist das Resultat nur implizit gegeben. Das Nichtwissen kann nicht Nichtwissen, das Vorurteil kann nicht Vorurteil bleiben, wenn der Text selbst zu keinem dogmatischen Ergebnis kommt. Der Leser muß sich selbst auf die Suche machen.
2. Platon läßt den Rezipienten sich in Widersprüche verwickeln. Erst die intendierte Idee kann das Rätsel lösen. Der Rätseltext des Dialogs enthält also die Aufforderung, die versteckte Idee zu rekonstruieren.
3. Platon bediene sich aber auch gelegentlich einer Kollagetechnik, indem er Argumentationsschichten übereinanderlege. Dadurch werde die eigentliche Argumentation wie mit einem Schleier bedeckt, »wie mit einer angewachsenen Haut überkleidet«.[62] Erst durch größere Aufmerksamkeit gelinge es, die wirkliche Bedeutung herauszupräparieren.
4. Schließlich gebe Platon bisweilen nur die Abbreviatur. Das Ganze müsse dann vom Rezipienten antizipiert werden.

In diesem Sinne meint Schleiermacher die Rede von einer esoterischen Lehre bei Platon erklären zu können. Es sei dort nicht strenggenommen von einer Geheimlehre die Rede: Platon hat nichts für sich behalten und für die wenigen Eingeweihten. Er war sich – so Schleiermacher – nur bewußt, daß sich lebendige philosophische Gedanken nicht einfach in die Schriftlichkeit fassen lassen. Sie bedürfen vielmehr des wirklichen Gesprächs als den Ort, an dem sie im Austausch von Argumenten ursprünglich beheimatet sind. Schleiermacher kennt die antike Überlieferung einer ungeschriebenen Lehre, daß »sich die Meinung gebildet, als sei in den Schriften des Platon seine eigentliche Weisheit gar nicht, oder nur in geheimen schwer aufzufindenden Andeutungen enthalten.«[63] Dagegen macht er geltend, daß diese Vorstellung vom Wirken Platons ›ganz unbestimmt‹ sei. Insbesondere macht Schleiermacher auf die Konsequenzen aufmerksam, die diese Interpretationsmaxime hat: Sie setzt den Inhalt der tatsächlich vorhandenen Schriften Platons herab zu einer bloßen Propädeutik und sucht den eigentlichen Platon in einer geheimen Lehre, die man jedoch nicht besitzt. Darin ist ein immanentes Problem enthalten, das sich ohne geschichtliche Nachweise nicht lösen läßt. Das Geheime bleibt aber, weil es geheim ist, der historischen Forschung entzogen. Das Esoterische, weil bloß mündlich vorgetragen, findet sich nur noch in Spuren, d. h. in aller Unbestimmtheit und Vagheit. Aber auch dann, wenn sich Spuren einer geheimen Lehre in Platons Werken finden ließen, degradiere man die Dialoge und reduziere sie auf einen Text ohne besonde-

---

62 Schleiermacher, Platon, 42.
63 Schleiermacher, Platon, 33.

ren Wert, einen Text, der nur deshalb wichtig ist, weil sich jene Spuren darin auffinden ließen. Ihr Eigenbestand wäre gefährdet, Platon nicht Dialogkünstler, sondern Rätselschmied.

Darüber hinaus ist es nach Schleiermacher erforderlich zu prüfen, in welchem Sinne der Unterschied von esoterischem und exoterischem Sprechen und Schreiben bei Platon vorliege und welche Bedeutung dies habe. Es sei gewissermaßen selbstverständlich, daß für den einen dies schwer aufzufassen sei, für den anderen das; einmal sei es aus politischen Gründen nicht opportun, die eigenen Lehren vor dem ganzen Volk auszubreiten, mal sei es der Inhalt selbst, dessen populäre Verbreitung unmöglich sei. So ist das ›Geheimnis‹ nur relativ, je nach Rezipient und historischem Umfeld, nicht aber an und für sich, »in so fern das geheime und schwer zu findende nur beziehungsweise so ist, und es für irgend einen überall etwas geheimes und schwer zu findendes geben kann, ist das Ganze nur ein Gewebe von Mißverständnissen und verwirrten Vorstellungen, (...).«[64]

Schleiermacher gibt also zwei Argumente gegen die Annahme einer ungeschriebenen Lehre: Einerseits sei eine Interpretation mit einer großen Hypothek belastet, wenn sie von der Prämisse einer Geheimlehre ausgehe. Der erwartete Ertrag müsse notgedrungen dürftig und abstrakt ausfallen, wäre in jedem Fall nur durch Indizien gestützt und wertete das, was nicht vorliegt, höher als das, was von den Schriften Platons überliefert sei. Andererseits sei es dann ebenso notwendig, historisch zu prüfen, in welchem Sinne Platon eine Geheimlehre zugerechnet werden dürfe. Hier sei es vor allem eine Frage der Rücksicht, unter der in einer historischen Dimension davon gesprochen werden könne. Insgesamt paßt die Bedeutung einer esoterischen Philosophie bei Platon nicht in Schleiermachers romantisches Bild eines Künstler-Philosophen, dessen Philosophie sich nur in einem Kunstwerk, nur im Dialog, aussprechen kann, – dessen Philosophie eben genau so Poesie ist.

Gegen Schleiermachers Überlegungen zur sog. ungeschriebenen Lehre sind schwere Vorwürfe erhoben worden.[65] Einige Philosophiehistoriker haben sogar ein eigenes Wort erfunden, das alle Positionen pejorativ bezeichnen soll, die Schleiermachers Auffassung folgen: ›Schleiermacherianismus‹. Bei nüchterner Betrachtung erweisen sie Schleiermacher zuviel der Ehre. Es handelt sich bei der Schärfe der Vorwürfe bloß um eine Gegenreaktion.

---

64 Schleiermacher, Platon 34.

65 Zur neueren Literatur: Hoffmann, Michael – Perger, Mischa von, »Neues zu Platons ›ungeschriebener Lehre‹«, in: *Philosophische Rundschau* 43 (1996), S. 97–132. – Vgl.: Steiner, Peter M., »Zur Kontroverse um Schleiermachers Platon«, in: *Schleiermacher, Friedrich Ernst Daniel, Über die Philosophie Platons. Geschichte der Philosophie. Vorlesungen über Sokrates und Platon (zwischen 1819 und 1823). Die Einleitungen zur Übersetzung des Platon (1804–1828).* (Hg.) Steiner, Peter M. (Philosophische Bibliothek; 486) Hamburg 1996, S. XXIII–XLIV.

Denn die Vertreter einer ›ungeschriebenen Lehre‹ fühlen sich in der Verteidigungsposition, und dies seit ihrem ersten Auftreten. Sie stecken nämlich in der unangenehmen Lage, dasjenige, wofür und womit sie argumentieren, gar nicht zu besitzen, gehen sie doch davon aus, daß Platon die wesentlichen Momente seiner Lehre eben nicht schriftlich festgehalten hat, weshalb man sie auch nicht vorweisen kann. Sie strengen also einen Indizienprozeß an, bei dem es sich als sehr hinderlich erweist, daß die indirekten Textzeugnisse nicht eben zahlreich und die Verläßlichkeit ihrer Aussagen über die Länge der Zeit hinweg zwangsläufig fraglich bleiben muß. Ein objektiver Gradmesser für die Überschätzung der eigenen Position ist die Tatsache, daß nur ein kleiner Teil der vorhandenen Literatur über die ›ungeschriebenen Lehre‹ tatsächlich dem Inhalt dieser Lehre gewidmet ist. Die meisten Autoren schreiben Texte apologetischer oder polemischer Natur. Das liegt darüber hinaus auch daran, daß die Rekonstruktion einer ›ungeschrieben Lehre‹ inhaltlich – strenger gefaßt: philosophisch – ohne nennenswerte Relevanz bleibt. Hans-Georg Gadamer hat das in seiner gewohnt charmanten Art als ›skeletthafte Magerkeit‹[66] bezeichnet: »Wenn Philosophie sich nur verstehen läßt, indem man den Aufbau ihres Gegenstandes mitdenkend selber vollzieht, müssen wir von dem uns Bekannten der sokratischen Gesprächskunst aus dem idealen Ziele nachgehen, die indirekte Überlieferung – wenn ich ein solches Bild gebrauchen darf – mit lebendigem Fleisch zu umkleiden, dies klappernde Skelett sozusagen füllig zu machen. Wenn ich das Bild einen Augenblick festhalten darf: Es ist doch für jedermann klar, daß das Skelett von dem lebendigen Wesen nur eine sehr begrenzte Anschauung vermittelt. So dürfte es auch bei der philosophischen Lehre Platons sein, daß das rekonstruierbare Skelett nicht das Wesentliche seiner Lehre ist.«[67] Gadamer rückt daher auch ein in die Phalanx der Feinde einer ungeschriebenen Lehre,[68] obwohl er strenggenommen ein Verfechter des Kompromisses ist.

Tatsächlich ist davon auszugehen, daß sich Platons ungeschriebene Lehre mit dem Inhalt seiner Dialoge gar nicht widerspricht. Gadamers Vorschlag ist deshalb mehr als nur plausibel: Ohne die überlieferten Dialoge können wir uns »keinen Vers auf die indirekte Überlieferung machen. Auch wenn es

---

66 Gadamer, Hans-Georg, »Platons ungeschriebene Dialektik«, in: *Idee und Zahl. Studien zur platonischen Philosophie.* (Hg.) Gadamer, Hans-Georg – Schadewaldt, Wolfgang. (Abhandlungen der Heidelberger Akademie der Wissenschaften. Philosophisch-historische Klasse; Jg. 1968, 2. Abh.) Heidelberg 1968, S. 9–30; hier: S. 9.

67 Gadamer, Hans-Georg, »Platons ungeschriebene Dialektik«, S. 12.

68 In der ersten Reihe der Feinde stand zweifellos G. Vlastos, der sich durch seine kritische Rezension von H.-J. Krämers *Arete bei Platon und Aristoteles* als Zielscheibe der Tübinger Schule unentbehrlich gemacht hatte. (Vgl. Vlastos, Gregory, »On Plato's Oral Doctrine«, in: *Gnomon* 41 [1963], S. 641–655; ebenfalls in: *Platonic Studies.* Princeton 1973, ²1981, S. 379–398.)

sich um Lehren wie die von den Idealzahlen handelt, von denen wir nur aus der indirekten Überlieferung wissen, ist daran festzuhalten, daß aus den angeführten methodischen Gründen der Weg über die Dialoge der Königsweg zum Verständnis Platons bleibt.«[69]

Es ist hier nicht der Ort, die Diskussion um Platons ungeschriebene Lehre zu diskutieren und im einzelnen zu bewerten. Es sei nur zweierlei angemerkt:

1. Der Verlauf der Diskussion scheint zumindest eins zu klären: Es geht anscheinend weniger um den philosophischen Sachgehalt der ungeschriebenen Lehre, denn der wird kaum jemals ernsthaft bestritten. Es geht vielmehr um die Bewertung, die mit dem Anspruch einer geheimen Lehre Platons verbunden ist, nämlich die eigentliche Dogmatik der Platonischen Philosophie zu präsentieren. Thomas A. Szlezák, einer der Apologeten der ungeschriebenen Lehre, spricht von »weitverbreiteten irrationalen Ängsten wegen einer ›Abwertung‹ der Dialoge durch die esoterische Platonauslegung«.[70] Glaubt man den Bekenntnissen der Verteidiger, so liegt das nicht in ihrer Absicht. Und damit könnte es gut sein! Allerdings ist nicht erkennbar, wie die Vertreter der ungeschriebenen Lehre mit denen einer Dialogizität der Platonischen Philosophie[71] übereinkommen sollten, behaupten doch die ersteren, daß Platon insgeheim Klartext gesprochen hat, während die zweiten die essentielle Bedeutung der Dialogform für die Philosophie Platons hervorheben. Die Schlichtung des Streites kann dabei nicht im Vordergrund stehen; vielmehr muß durch die Reflexion auf die methodischen Grundlagen geprüft werden, welche philosophischen Sachfragen davon berührt sind und welche philosophische Zielsetzung mit der Interpretation forciert wird. Daran mißt sich die Valenz einer Interpretation, nicht aber an einer fragwürdigen Wahrheit, die durch nichts anderes gerechtfertigt werden könnte als durch die Übereinstimmung mit dem ›wirklichen‹ Platon.

2. In bezug auf Schlegel und Schleiermacher muß dasselbe gelten wie für Platon: Es handelt sich in beiden Fällen um geschichtliche Erscheinungen. Wertungen über ihre philosophischen und philologischen Anstrengungen müssen *historisch* begründet werden und dürfen nicht einfach einem naiven Gegenwartsinteresse gehorchen. Dabei ist es zunächst gleichgültig, ob Schleiermacher ein ›richtiges‹ Platonbild verbreitete. Es gilt zunächst, historisch zu rekonstruieren, wie dieses Bild zustande gekommen ist und auf

---

69 a. a. O., S. 13.

70 Szlezák, Thomas Alexander, *Platon und die Schriftlichkeit der Philosophie. Interpretationen zu den frühen und mittleren Dialogen.* Berlin/New York 1985, S. 18f, Anm 19.

71 Vgl. dazu vor allem: Kobusch, Theo, Platon nach Schlegel, Schleiermacher und Solger, S. 210–225.

welchen – philosophisch-systematischen – Voraussetzungen es beruht.
Letztlich muß auch bedacht werden, welche – philosophisch-systematischen – Voraussetzungen einem Schleiermacherbild zugrunde liegen,
wenn es denn in einer gegenwärtigen Diskussion eine Rolle spielen soll.

5.5 Die Frage der Datierung

Mit seiner Forderung, Platons Dialoge als organisches Ganzes aufzufassen,
stellt Schleiermacher auch eine hermeneutische Prämisse auf, die darauf
hinausläuft, das Werk Platons in eine Entwicklungsgeschichte zu integrieren. Die These, Platon sei ein Ganzes, setzt die zeitliche Entwicklung seines
Denkens voraus. Seine Schriften sind gewachsen aus einem allem zugrundeliegenden Keim. Das ist zugleich die tiefere, historische Begründung für
einen inneren Zusammenhang der Dialoge. Mit der Datierung der einzelnen
Schriften in einer relativen Chronologie will Schleiermacher deshalb mehr,
als etwa nur die zeitliche Aufeinanderfolge der Dialoge zu klären. Es dürfte
zunächst auch nicht einmal seine ursprüngliche Idee gewesen sein, eine relative Chronologie zu erstellen. Vielmehr entsteht das Bedürfnis dazu erst
durch die als unausweichlich begriffene Notwendigkeit, das innere Wachstum der Schriften Platons zu erklären. Daher plädiert Schleiermacher dafür,
»daß man die auch ohne Zerstückelung schon so, wie sie gewöhnlich erscheinen, sehr kläglich durcheinander geworfenen Glieder, nämlich nicht
die einzelnen Meinungen etwa, sondern die einzelnen Werke in ihren natürlichen Zusammenhang herstelle, wie sie sich als immer vollständigere Darstellung seiner Ideen nach und nach entwickelt haben, damit, indem jedes
Gespräch nicht nur als ein Ganzes für sich, sondern auch in seinem Zusammenhang mit den übrigen begriffen wird, auch er selbst endlich als Philosoph und Künstler verstanden werde.«[72]
    Schleiermacher argumentiert mit einer intuitiven Vorstellung vom orga-
nischen Wachstum. Das Werk Platons müsse sein wie ein Organismus, in
dem alle Teile nur durch das Ganze sind, das Ganze mehr ist als seine Teile
und die Teile in ihrer Aufeinanderfolge das Ganze zum Vorschein bringen.
Im Hintergrund seiner Überlegungen liegt Schleiermachers Überzeugung,
Platon sei ein philosophischer Künstler, seine Dialoge daher zumindest auch
Kunstwerk, ein Gesamtkunstwerk in zeitlicher Entwicklung auseinandergelegt. Damit ersetzt er ältere Einteilungsversuche. Explizit bezieht er sich auf
antike (Thrasyllos, Aristophanes, Serranus, Diogenes) sowie neuzeitliche
Versuche (Johann August Eberhard, W. G. Tennemann), die er insgesamt für

---

72 Schleiermacher, Platon 38f.

212 Platon als philosophischer Künstler: Schleiermacher

unzureichend hält, weil sie bloß äußere, im besten Falle historische Argumente beibringen. Schleiermacher fordert dagegen eine »innere Betrachtung der Platonischen Werke«[73].

Schleiermachers Überlegungen zur Anordnung der Dialoge waren – aus heutiger Perspektive geurteilt – ein Fehlschlag. Bereits vor der Mitte des 19. Jahrhunderts war klar, daß sich wesentliche Annahmen Schleiermachers nicht nur nicht belegen lassen würden, sondern daß sie vielmehr zu diesem Zeitpunkt schon als widerlegt gelten durften.[74] Schleiermacher ordnete die Dialoge in drei Gruppen, die jeweils drei Entwicklungsphasen der Philosophie Platons entsprechen sollten. Die Gruppe der frühesten Dialoge bildeten *Phaidros, Protagoras, Parmenides*. Besonders der *Phaidros* war es, der den Anstoß gab, Schleiermachers Ordnung zu revidieren. War er noch für Schleiermacher – und auch für Schlegel – eine Keimzelle der gesamten Platonischen Philosophie, so wurde er in den 30er Jahren aus dem Kreis der Frühdialoge eliminiert. Die mittlere Gruppe bildeten bei Schleiermacher *Theaitetos, Sophistes, Politikos, Phaidon, Philebos*, die Gruppe der späten schließlich *Politeia, Timaios, Kritias*.

Für Schleiermacher spricht für diese Gruppierung der frühen Dialoge, daß viele spätere auf sie als die vorhergehenden verwiesen, schließlich aber und von besonderer Bedeutung: ihr innerer Gehalt, den Schleiermacher als Ahnungen Platons bezeichnet von »der Dialektik als der Technik der Philosophie, von den Ideen als ihrem eigentlichen Gegenstande, also von der Möglichkeit und den Bedingungen des Wissens«.[75] Ferner erkennt Schleiermacher ihren »ganz eigentümlichen Charakter der Jugendlichkeit«. Er exemplifiziert dieses Argument am *Phaidros*. Für dessen Jugendlichkeit spreche zunächst der Gesamteindruck: der festliche Charakter der Reden, die Heldenhaftigkeit in der Darstellung, wie Sokrates nämlich seinen Gegner und auch seine eigene Rede übertrifft und widerlegt, die ungetrübte Bewunderung für die Philosophie, die Schlagfertigkeit der Polemik und die »echt sokratisch erhabene Verachtung alles Schreibens und alles rednerischen Redens.«[76] Neben diesen positiven Attributen der ›Jugendlichkeit‹ findet Schleiermacher aber auch einige Unausgeglichenheiten, die ihm ebenfalls dafür sprechen, den *Phaidros* an die erste Stelle der Chronologie zu setzen: die ›Üppigkeit der Beiwerke‹, der ›unmäßige Gebrauch des Feierli-

---

73 Schleiermacher, Platon 49.

74 K. F. Hermann kritisierte die Anordnung Schleiermachers und die ihr zugrundeliegende Prämisse eines organischen Ganzen (*Geschichte und System der Platonischen Philosophie*, Bd. 1, Heidelberg 1839). Vgl. dazu: Arndt, Andreas, »Schleiermacher und Platon«, S. XXI; Scholtz, Gunter, Die Philosophie Schleiermachers, S. 97.

75 Schleiermacher, Platon 67.

76 Schleiermacher, Platon, 82.

chen‹, eine ›gewisse Unbeholfenheit in den Übergängen‹. Schließlich sei der *Phaidros* eine allgemeine Lobpreisung auf den ›philosophischen Trieb‹ und sein Organ, nämlich die ›Dialektik‹.[77]

Insgesamt bilden die frühen Dialoge, so Schleiermacher, den ›elementarischen Teil der platonischen Werke‹. Die zweite Gruppe der mittleren Dialoge unterscheidet sich von der ersten dadurch, daß sie von der Anwendbarkeit dieser Prinzipien sprächen, und zwar in bezug auf materiale Disziplinen. Schleiermacher denkt dabei an Ethik und Physik. Er diagnostiziert bei den Dialogen dieser Gruppe eine ›fast schwere Künstlichkeit‹, die sich sowohl im Aufbau der einzelnen Dialoge als auch in ihrem Zusammenhang untereinander feststellen ließe. Der dritten Gruppe, den ›konstruktiven Dialogen‹, spricht Schleiermacher die Eigenschaft zu, daß ›sie allein eine objektive wissenschaftliche Darstellung enthalten‹[78]. Sie bilden die entwickelte Gestalt der Philosophie Platons.

Vehement tritt Schleiermacher der Auffassung entgegen, zwischen die Dialoge der dritten Gruppe könnte Platon noch andere Dialoge eingeschoben haben. Damit wäre für Schleiermacher die organische Entwicklung unterbrochen, eine zuvor gewesene Phase in einer späteren Phase wiederaufgetaucht. Vielmehr seien die Dialoge der dritten Phase selbst ein ›nicht zu vereinzelndes Ganzes‹[79]. Schleiermachers Argument besteht hier in der immanenten Verwandtschaft der einzelnen Dialoge. Der *Politikos* sei die Vorbereitung des *Staates*, der *Sophistes* die Vorbereitung des *Timaios*, *Sophistes* und *Politikos* – durch immanente Verweise und Personal – jedoch miteinander tief verbunden, so daß sinnvoll nur die Anordnung denkbar sei, daß auf das Ganze von *Sophistes* und *Politikos* das Ganze von *Timaios* und *Staat* habe folgen können. Daß auch diese Auffassung heute nicht mehr vertreten werden kann, muß nicht eigens erwähnt werden. Es spricht auch nur oberflächlich gegen Schleiermachers Interpretation. Wichtiger sind die Kriterien, die Schleiermacher entwickelt. Sie sind nämlich sowohl für die Datierung als auch als Kategorien seiner Interpretation bedeutsam.

Weitere Kriterien erachtet Schleiermacher für notwendig, um zu einer exakteren Einschätzung zu kommen. So schwebt ihm zwar eine relative Chronologie der ›Hauptdialoge‹ vor, die durch die Einteilung in die drei Entwicklungsphasen gegeben ist. Sie kann aber – so Schleiermacher – nur eine ungefähre Basis bilden für die Einordnung der übrigen Schriften des Platonischen Corpus. Die Verbindung der Dialoge untereinander bedarf weiterer Überlegungen.

Im Sinne seiner organologischen Metaphern ist es z. B. der Begriff der

---

77 Vgl. Schleiermacher, Platon, 129.
78 Vgl. Schleiermacher, Platon, 63.
79 Schleiermacher, Platon, 64.

›Verwandtschaft‹[80], der die Verknüpfung der Dialoge untereinander anzeigen soll. Schleiermacher zählt hier drei Kriterien auf, nach denen die Texte Platons einen größeren oder geringeren Grad an Verwandtschaft aufweisen sollen:
– die Besonderheit der Sprache eines Dialogs;
– die Kriterien des Inhalts: Konsistenz und Bedeutsamkeit;
– die Form und Komposition des Ganzen.

Eine Untersuchung der sprachlichen Eigentümlichkeiten ist für Schleiermacher unerläßlich. Darin kündigt sich ein philologisches Interesse an, daß sich nicht mehr über die sprachliche Gestalt eines Textes erhebt. Vielmehr zielen Schleiermachers Bemühungen auf eine wesentliche Komponente des historischen Textverständnisses: Es ist nicht ausreichend, einen antiken Text auf seinen Inhalt hin zu befragen. Die Textgestalt selbst muß in den Blick genommen werden. Schleiermacher mißtraut dem faktisch Vorliegenden. Er ist sich dessen bewußt, daß durch die Zeit große Unwägbarkeiten in bezug auf die Authentizität des einzelnen Wortes entstanden sind. Er rechnet mit nachträglichen Redaktionen und Fälschungen. Er rechnet damit, daß Produkte aus der Akademie oder der Sokratik einem authentischen Dialog zum Verwechseln ähnlich sein können, so daß schon die Generationen nach Platon nicht mehr gewußt haben dürften, was Platon zuzurechnen ist und was anderen Autoren, – seien diese Schüler oder Nachahmer. Daher gewinnen für Schleiermacher die Texte des Aristoteles große Bedeutung, deren Hinweise viele Schriften Platons als echt bezeugen. So wichtig indes die Sprache für Schleiermacher zu sein scheint, eine zweifelsfreie Aussage über den Verwandtschaftsgrad der Dialoge untereinander kann er ihr allein nicht abgewinnen. Vielmehr bleibt es für Schleiermacher problematisch, die sprachliche Gestalt zum Ausgangspunkt einer kritischen Sichtung der Dialoge zu nehmen. Man könne anhand der Sprache einseitig fast nichts entscheiden – so Schleiermachers Resümee: »denn manches Gefühl, welches keine bestimmten Belege beibringt, sondern sich mehr auf einen allgemeinen Eindruck beruft, zeigt eben dadurch, daß es schon mehr von der Komposition abhängt, als von der Sprache allein.«[81]

Ähnlich ist aber auch Schleiermachers Auffassung bezüglich des *Inhalts* der Dialoge, wenn man nach dem Inhalt allein auf die Echtheit eines Textes schließen wollte. Schleiermacher erwägt zunächst ein *Konsistenzkriterium*. Nichts, was als Platonisch gelten wolle, dürfe den als authentisch eingestuften Werken widersprechen. Aber ein solches Konsistenzkriterium liefe der Absicht Schleiermachers entgegen, Platon entwicklungsgeschichtlich zu in-

---

80 Vgl. Schleiermacher, Platon, 55.
81 Schleiermacher, Platon, 56.

terpretieren. Konsistenz als Grundannahme würde Platon »eines Rechtes berauben, dessen sich jeder andere erfreut, nämlich seine Gedanken zu berichtigen oder zu vertauschen, auch nachdem er sie schon öffentlich geäußert, (...).« Platon könnte keine Entwicklungsgeschichte haben, denn man müßte annehmen, »daß er vom Antritt seiner lehrenden Laufbahn, und noch früher, immer so gedacht habe wie hernach.«[82] Konsistenz als Kriterium ist Schleiermacher zu statisch, um einem lebendigen, organischen Prozeß wie dem einer künstlerisch-philosophischen Bildung angemessen zu sein. Ähnlich skeptisch steht Schleiermacher dem *Bedeutsamkeitskriterium* gegenüber. Jedes echte Platonische Werk müsse von derselben Beschaffenheit und Größe sein, eben von jener Bedeutsamkeit, die seinem Autor entspricht. Schleiermachers Einwand richtet sich nun nicht darauf, daß dies einer entwicklungsgeschichtlichen Interpretationsmaxime widerspräche, sondern ist lebenspraktisch motiviert: Platon als Schriftsteller – dies in Analogie zu den Schriftstellern unter Schleiermachers Zeitgenossen – habe möglicherweise auch Gelegenheitsarbeiten und Studien verfaßt, welche die Bedeutsamkeit der ausgereiften Werke nicht hätten erreichen können, und Platon habe dies vielleicht auch gar nicht gewollt. Daher lautet Schleiermachers Resümee hier ebenso: »Offenbar gibt es in unserer Platonischen Sammlung mehrere Stücke, welche nur unter diesem Gesichtspunkt dem Platon könnten zugeschrieben werden, und von solchen aus der Geringfügigkeit des Inhalts oder aus einzelnen Abweichungen in der Behandlung desselben entscheiden zu wollen, ob sie ihm angehören oder nicht, möchte nach dieser Analogie sehr mißlich sein.«[83]

Als drittes Kriterium führt Schleiermacher *Form* und *Komposition* an. Dahinter verbirgt sich wiederum die Tendenz Schleiermachers, gegenüber der Insistenz auf der Bedeutung des Details das Ganze geltend zu machen, nicht die Analyse, sondern die Synthese. Form und Komposition beziehen sich auf das Ganze eines Platonischen Werks. Damit ist die Form nicht isoliert zu betrachten von der Sprache oder dem Inhalt, sondern ist dasjenige, was mehr ist als die Summe dieser Teile und zugleich nicht ohne sie.

Schleiermacher unterscheidet innere und äußere Form. Zur äußeren Form gehört für ihn die Dialogtechnik Platons und die Individualisierung des Personals. Daß die Dialogform von den Werken Platons unabtrennbar ist, scheint eine Selbstverständlichkeit. Daß sie für Platon einen Ausweg bereitet aus den Mißlichkeiten der Schriftlichkeit, hat Schleiermacher auseinandergelegt, als er die Hypothese diskutierte, Platon habe eine eigenständige ›geheime Lehre‹ vertreten. Die Individualisierung des Personals und der Umstände – »jene mimische und dramatische Zutat, welche Personen und Um-

---

82 Schleiermacher, Platon, 57.
83 Schleiermacher, Platon, 58.

stände und nach allgemeinen Geständnis so viel Schönheit und Anmut in die Dialoge Platons ausströmt«[84] – rechnet Schleiermacher dem Künstler Platon an. Wichtiger ist für ihn jedoch die innere Form: erzwungene Selbsterzeugung der Idee im Leser, das Wiederaufnehmen und Neubeginnen der Untersuchung, die Gesprächsentwicklung in der Ungezwungenheit einer lockeren Gesprächsatmosphäre, wobei der eigentliche Zweck und Inhalt des Gesprächs zunächst verborgen bleibt: die Dialektik der Begriffe. In diesem Kriterienkatalog – in Verbindung mit den übrigen Kriterien der Sprache und des Inhalts – erkennt Schleiermacher ein probates Mittel, um einen Dialog als echt einzustufen und ihm zugleich in der Reihe der Dialoge seinen entwicklungsgeschichtlichen Platz zuzuweisen. Schleiermachers Resümee lautet deshalb: »(...) je vollkommener in einem Gespräche, welches sich schon durch seine Sprache empfiehlt, und welches offenbar Platonische Gegenstände behandelt, diese Form sich ausgeprägt findet, um desto sicherer ist es nicht nur echt, sondern weil alle jene Künste auf das frühere zurück und auf das weitere hindeuten, muß es auch um desto leichter werden zu bestimmen, welchem Hauptgespräch es angehört oder zwischen welchen es liegt, und in welcher Gegend der Entwicklung platonischer Philosophie es einen aufhellenden Punkt abgeben kann.«[85]

Schleiermachers Interpretationsmaxime ist ein Konstrukt. Es steht unter der Prämisse der organischen Entwicklung und der Einheit von künstlerischer und philosophischer Existenz. Es gibt sich dadurch als ein Produkt des romantischen Aufbruchs zu erkennen. Das ist keine neue Einsicht; es ist so oder anders häufig schon festgestellt worden. Es ist nur die Frage, ob dieses Konstrukt damit zugleich wertlos geworden ist, wenn seine historische Bedingtheit in den Blick genommen wird. In vielen Hinsichten bringt Schleiermacher für seine Zeit Neues und bisher nicht Dagewesenes. Das betrifft sowohl die Rolle der Sprache, den entwicklungsgeschichtlichen Ansatz sowie den Versuch, das Werk Platons als synthetisches Ganzes anzusehen. Schleiermachers Perspektive sperrt sich gegen jede bloß partikulare oder analytische Position. Sie setzt vielmehr die Antizipation des Ganzen voraus, auf dessen Hintergrund dann das einzelne Detail zu diskutieren wäre. Diese Antizipation ist ein subjektives Moment, das sich einer objektivierenden Tendenz zur Detailanalyse widersetzt. Schleiermacher spricht oft vom Gefühl oder von der Ahnung des Ganzen, der Komposition, des Stils.

Darin lassen sich zwei unterschiedliche Momente erkennen: Einerseits ist Schleiermachers Interpretation ästhetisch bestimmt, damit nicht bloß philosophisch oder philologisch orientiert. Wie ein Kunstwerk läßt sich auch ein Platonischer Dialog nicht einfach aus seinen Bestandteilen konstruieren,

---

84 Schleiermacher, Platon, 59.
85 Schleiermacher, Platon, 60.

sondern setzt die Empfindung des Ganzen voraus. Andererseits findet sich darin ein Motiv, das Schleiermacher der Wissenschaftslehre Fichtes entnommen haben dürfte: Es handelt sich um die Bedeutung des Vollzugs der Philosophie, von der Fichte sagte, sie sei kein toter Hausrat, den man mit sich herumschleppen könne, sondern lebendiger Besitz, und dies nur für den, der in der Philosophie tätig sei und handle – tathandle. Diesem Ansatz gemäß besteht die Aufgabe darin, die lebendige Seite der Philosophie Platons ins rechte Licht zu rücken, d. h. die Aufmerksamkeit auf die innere Form zu richten, durch die der eigenständige Gehalt der Dialoge nicht anders denn durch *Selbsttätigkeit* aufzufassen sei.

Insgesamt spricht sich Schleiermacher für eine subjektive Interpretation aus, und zwar in einer doppelten Hinsicht. Zunächst plädiert er für die Antizipation des Ganzen, Gefühl und Ahnung; beides setzt eine Bestimmung des Subjekts voraus. Es handelt sich dabei um eine Perspektive auf das historische Objekt, die eine systematische Intention impliziert. Gerade bei Platon und seinen Dialogen muß es zweifelhaft erscheinen, ob wir das ›Ganze‹ überhaupt kennen können, ob wir jemals ausreichende Kenntnis haben können, um in jedem Falle Echtes und Unechtes voneinander zu scheiden. Das ›Ganze‹ ist eine Transformation, ebenso wie die ›Entwicklung‹ und ihre Geschichte in den Dialogen. Wenn dann diese Transformation auch noch in den eigenen Vollzug umschlagen soll, wird die Bedeutung des philosophisch-gegenwärtigen Subjekts vollends deutlich. Es werden nicht nur gegenwärtige Kategorien als Schlüssel der Lektüre vorgeschlagen, sondern deren Einlösung zugleich in das systematische Philosophieren selbst verlegt. Damit erhält Schleiermacher die Distanz zum historischen Platon auf der einen Seite aufrecht, nur um diese Distanz selbst andererseits in das vollziehende Subjekt zu verlagern. So wird diese Äußerlichkeit im Verhältnis des Lesers – oder allgemeiner: des Rezipienten – zu den Dialogen Platons ins Innere gewendet. Dort trägt es – ganz im Sinne der Wissenschaftslehre Fichtes – dazu bei, den Selbstdenker an dem ihm fremden Stoff zu schulen, in ihm dieselbe Idee zu erzeugen, die bereits Platon bei Abfassung seines Dialogs vorschwebte. In der Differenz zwischen Leser und Dialog bildet der Vollzug eine Brücke der Identität.

Bei Schleiermacher sind diese Momente implizit. Er drückt sie nicht als solche aus. Die Bedeutung des Subjekts ist erst der Anfang einer Konstitutionstheorie der Philosophiegeschichte, hier in der Hinwendung an die Philosophie Platons.

Im folgenden sollen noch einige Überlegungen Schleiermachers zu den Dialogen Platons untersucht werden. Es handelt sich um Exemplifikationen. Zugleich können die Interpretationsmaximen Schleiermachers daran in ihrer Funktionalität geprüft werden, nicht ohne dabei zu bedenken, daß sich die ›Einleitungen‹ Schleiermachers zu seinen Dialogen zeitlich bis zum Ende der 20er Jahre des 19. Jahrhunderts erstrecken, die Anfänge seiner Übersetzungen, damit auch die grundsätzlichen Vorüberlegungen zu dem Projekt am Ende schon ein Vierteljahrhundert zurücklagen.

5.6 Die Dialoge

5.6.1 Der Parmenides

Der *Parmenides* ist der rätselhafteste unter den Platonischen Dialogen und wird auch von Schleiermacher so empfunden. Aber Schleiermacher bietet eine Deutung an, eine Deutung allerdings, die nicht zugleich die Lösung aller, ja, nicht einmal der meisten Textprobleme ist. Er dürfte diese Lösung von Schlegel übernommen haben, der sie nach 1800 verschiedentlich in Briefen an Schleiermacher skizziert hatte. Im Februar 1802 berichtet Schlegel von der Niederschrift einer Einleitung zum *Parmenides*:»Folgendes habe ich unterdessen beobachtet, vermuthet, ausgedacht und herausgebracht. Vom *Parmenides* fehlt nur der Schluß, oder richtiger wohl die ganze lezte Hälfte des Werks. Das zeigt sich deutlich aus dem Vergleich der dialektischen Massen über das ἕv mit der Anlage des Ganzen im prooimion. So schließt Plato nicht, am wenigsten wenn er so angefangen hat. Es ist als ob der Phaedrus etwa mit der ersten Gegenrede des Sokrates gegen den Lysias schlösse. Ganz genau ist der Vergleich nicht, aber er macht deutlich, und hätten wir den Parmenides ganz, so möchten wir ihn dem Phaedrus sehr ähnlich finden. Sichtbar ists noch jetzt, daß er eben so sehr wie dieser auf die *Methode* ging, das ἕv und εἶδος pp sind wie dort Liebe, Besonnenheit und Wahnsinn. – So machen die drei wieder ein großes Ganzes Phaedrus Parmenides und Protagoras.«[86]

---

86 F. Schlegel an Schleiermacher vom 25.2.1802, Brief 1170, KGA I, 5, 332. – Die Einleitung Schlegels zu seiner geplanten Übersetzung des *Parmenides* ist vorhanden und abgedruckt in: KFSA XVIII, 531–534. Eine parallele Lektüre beider Texte zeigt, daß Schleiermacher mit ganz anderen Argumenten zu ähnlichen Schlußfolgerung kommt. Schlegel führt analog zu Schleiermacher drei formale Grundüberzeugungen an: 1) der *Parmenides* ist unvollständig, 2) er zählt zu den Frühdialogen, 3) er findet im Protagoras sein Komplement. Im Gegensatz zu Schleiermacher bemüht sich aber Schlegel, den Inhalt des Parmenides samt seiner Probleme zu neutralisieren. Nach Schlegel hat man nämlich »diesen dialektischen Versuch als eine Art von philosophischer Parodie zu betrachten. (...) Parmenides muß sich selbst widerlegen, in der Manier seines Schülers Zenon.« (Schlegel, *Einleitungen zu Parmenides und Phädon*, KFSA XVIII, 531f.) Dem Inhalt bleibt bei Schlegel daher einzig eine kritische Funktion. Der eigentlich dogmatische Teil ist ihm zufolge verloren gegangen. Und Schlegel spekuliert ohne Angabe genauerer Gründe:»Ein solcher Gegensatz ist der des Ganzen und der Theile, und der der Gemeinschaft und der Absonderung. Diese (...) Begriffe näher zu erörtern, das könnte leicht der Gegenstand des verlornen Theils des Parmenides gewesen sein, (...).« (a. a. O.,

Der erste Schritt einer auflösenden Deutung geschieht bei Schleiermacher durch die Datierung. Er rückt den *Parmenides* in die Nähe seiner ›Frühdialoge‹ *Phaidros* und *Protagoras*. Schleiermacher argumentiert, daß der *Parmenides* gemeinsam mit dem *Protagoras* aus der Keimzelle des *Phaidros* ›herausfließe‹. Während der *Protagoras* die philosophische Mitteilung thematisiere, sei es im *Parmenides* die philosophische Forschung. Das Verhältnis von Forschung und Mitteilung spiegle sich also in der Dialogkonstellation *Parmenides* und *Protagoras* wider und weise damit auf ihren gemeinsamen Ursprung hin. Gegen eine spätere Datierung, insbesondere nach den Dialogen *Theaitetos*, *Menon* und *Sophistes*, führt Schleiermacher vor allem an, daß Platon dann bereits weitergehende Kenntnisse besessen hätte, der *Parmenides* damit zu einem künstlichen Rätsel gemacht würde: »welche unselige Mühe dann für den der besseres zu tun weiß, Rätsel aufzugeben, die keine mehr sind, und was früher deutlich gesagt war, späterhin mit vergeblicher Dunkelheit zu wiederholen?«[87]

Auf dem Hintergrund dieser frühen chronologischen Einordnung und der Nähe zu *Phaidros* und *Protagoras* ist nun auch für Schleiermacher der Inhalt des *Parmenides* zu bestimmen. Der Dialog handelt für Schleiermacher von der Natur und von der Erkennbarkeit der Dinge, und zwar unter dem zentralen Aspekt der Forschung.[88] Wie auch Kant versteht Schleiermacher unter Erkenntnis immer einen Erkenntnisfortschritt. Forschung kann also nicht durch Analyse bereits vorhandener Erkenntnisse entstehen, sondern muß synthetisch, durch Erweiterung oder, wie Schleiermacher sich platonisierend ausdrückt, durch *Gemeinschaft* zustande kommen. Der erste Teil des *Parmenides*, die sog. Einleitung, behandle daher auch, so Schleiermachers Überzeugung, die Stabilität der Begriffe in bezug auf ihre Gegenstände. Allerdings bediene sich Platon dabei einer für ihn üblichen Methode: Er zeige, welche Probleme es aufwerfe, wenn die Begriffe als etwas Abgetrenntes und Für-sich-Seiendes betrachtet werden. Dabei gehe es Platon nicht um die Ideenlehre, nicht um den Status der Ideen in ihrer Beziehung zur Welt des Werdens und Wandels. Vielmehr stehe die Frage im Zentrum seiner Überlegungen, »welche Art von Sein oder Realität den Begriffen außer den Erscheinungen, an denen wir ihrer wahrnehmen müsse zugeschrieben werden.«[89] Indem Platon überhaupt Begriffe und deren Funktionsweisen zum

---

S. 533) – Schleiermacher scheint sich erst im Spätherbst 1802 der Auffassung F. Schlegels angeschlossen zu haben. Am 3.12.1802 antwortet F. Schlegel auf einen verlorengegangenen Brief Schleiermachers: »Daß Du den Parmenides nun auch für ein Bruchstück erkennst, ist mir unendlich lieb.« Schleiermacher, Briefe, 3, 329.
87 Schleiermacher, Platon, 146.
88 Vgl. Schleiermacher, Platon 130f.
89 Schleiermacher, Platon, 133.

Thema des Dialogs mache, seien seine Überlegungen von größerer Allgemeinheit, die Ideen daher nur der besondere Fall eines Begriffs. Die Schwierigkeiten, die sich bezüglich der Begriffe ergeben, haben nur eine propädeutische Bedeutung für eine Ideenlehre. Eine Lösung sei hier, im *Parmenides*, auch gar nicht angestrebt, vielmehr nur eine Aufdeckung immanenter Probleme. Zu diesem Zweck habe Platon eine Einteilung der Begriffe vorgenommen in:

a) urbildliche (sittliche) Begriffe;
b) physikalische Begriffe (scheinbar von Naturdingen abstrahiert);
c) Begriffe für Teile oder Wirkungen von natürlichen Ganzen;
d) Begriffe für Relationen.

Hinter der Frage nach der Beziehung von Begriff und Welt liegt nach Schleiermachers Auffassung die *höchste philosophische Aufgabe*, nämlich jene, die ursprüngliche Einheit von Denken und Sein zu finden. Hier bleibt Schleiermachers Konzeption der Philosophie Platons tatsächlich ganz nah bei den philosophischen Entwürfen seiner Zeit. Ähnlich lasen Schelling, Hegel und Hölderlin, insbesondere aber auch F. Schlegel und Novalis das Problempotential der Transzendentalphilosophie Kants und deren Weiterentwicklung bei Fichte. Dabei ließen sie ganz außer Acht, daß der Standpunkt der Transzendentalphilosophie und ihr kritisches Anliegen sich gerade darin manifestierte, daß für sie nur ein Ausgang vom endlichen Wissen möglich war, damit gerade nicht von einer Einheit von Sein und Denken.

Schleiermachers Formulierung schließt sich an das Denken der Frühromantiker, aber auch an das der Vertreter der absoluten Metaphysik an, wenn er von Platon sagt, es sei ihm um die ursprüngliche Einheit von Sein und Denken gegangen, eine Einheit, aus der sich die unmittelbare Verbindung von intelligibler und sinnlicher Welt ableiten lassen sollte. Einheit des Prinzips, Synthesis von Intelligiblem und Empirischem, Verbindung von Theorie und Praxis, das Eingewobensein des Idealischen in das Reale – dies sind die Elemente einer systematischen Transformation der Platonischen Ideenlehre durch Schleiermacher. Archetypisch stellt sich dies für ihn bereits im *Phaidros* dar. Die dort von Platon ausgebreitete Anamnesis-Lehre verspreche auf mythische Weise, die Kluft von Idee und Wirklichkeit zu schließen und beschreibe auf nicht diskursivem Niveau die ursprüngliche Verbindung und Einheit der Momente.

Der *Parmenides* verlagere dagegen das Gewicht auf die wissenschaftlich-argumentative Seite. Deshalb verwundere es nicht, so Schleiermacher, wenn im zweiten Teil des Dialogs die *Einheit* selbst in den Mittelpunkt rücke, denn die Einheit sei gerade die Form der Begriffe. Damit habe Platon nicht ein beliebiges Beispiel aufgegriffen, sondern die Sache selbst – zumindest ihrer Form nach – in den Mittelpunkt gerückt: die Einheit in ihrer Einheit und

Unterschiedenheit von der Einheit von Anderem. Das Thema des Dialogs ist für Schleiermacher strenggenommen jedoch das Sein.[90] Diese Gewichtung entspricht seiner Auffassung, nach der Platon eine Philosophie des Seins vertreten habe. Hier jedoch ist für Schleiermacher die Philosophie des Seins überlagert durch den formalen Aspekt der begrifflichen Einheit. Sie werde entsprechend den verschiedenen Verhältnissen der Begriffe untereinander und gemäß der Einteilung der Begriffe diskutiert.

Besondere Emphase legt Schleiermacher auf den Beginn einer Entwicklung der Dialektik in modernem Sinn. Es handle sich beim *Parmenides* um den »in der Philosophie ältesten[n] Versuch durch Verknüpfung von Gegensätzen Erkenntnis zu konstruieren. Nur Wenige mögen das Alter dieser Methode geahndet haben, und werden vielleicht an diesem kleinen manchem was unter uns erschienen ist so ähnlichen Versuch den großen dialektischen und spekulativen Geist eher erkennen als an vielen eigentlich größeren Darstellungen des Platon.«[91] Diese Bemerkung Schleiermachers macht klar, daß der *Parmenides* für ihn nicht zu den zentralen Dialogen, zu den *großen* Dialogen, gehört. Sie macht aber auch klar, daß Schleiermacher ein besonderer Begriff von *Dialektik* vorschwebt, der in der Zeit der Abfassung im Jahre 1805 keineswegs gebräuchlich war. Es ist vor allem die Zusammenstellung mehrerer Momente, die Schleiermachers Dialektikbegriff kennzeichnet. Da ist zunächst die Auffassung zu nennen, es handle sich bei der *Dialektik* um eine Methode und nicht um eine bestimmte Form logischer Dogmatik. Ferner ist der Gedanke neu, die Dialektik bestehe darin, durch Verknüpfung von Entgegengesetzten zu Erkenntnissen zu gelangen. Zumindest geht sie über das Kantische Konzept einer transzendentalen Dialektik hinaus, deren Zweck bloß *kritisch* war. Schließlich ist die Verbindung dieser Momente mit dem Platonischen *Parmenides* singulär.

In der *Wissenschaft der Logik* argumentiert Hegel ganz parallel: Unter dem Aspekt der Methode diskutiert Hegel dort den Begriff *Dialektik* erstmals in seiner spezifischen Verwendungsweise. Hegel weist darauf hin, daß in der spekulativen Logik Inhalt und Methode identisch sein müssen – ein notwendiges Attribut des absoluten Wissens, »denn es ist der Inhalt in sich selbst, *die Dialektik, die er an sich selbst hat*, welche ihn fortbewegt.«[92] Hegel betont zugleich, daß es seiner Dialektik darum gehe, das Entgegengesetzte in der Einheit zu fassen.[93] Und er verbindet seine Gedanken mit dem Platonischen *Parmenides*. Allerdings konnte Schleiermacher diese prominente Textstelle nicht kennen, denn Hegel verfaßte sie erst Jahre nach

---

90 Vgl. Schleiermacher, Platon, 135.
91 Schleiermacher, Platon, 137.
92 Hegel, *Wissenschaft der Logik* (1812/13), Gesammelte Werke 11, 25.
93 Vgl. Hegel, *Wissenschaft der Logik* (1812/13), Gesammelte Werke 11, 27.

Schleiermachers Platon-Übersetzungen, in den Jahren 1812/13, als Schleiermacher schon selbst mit Vorlesungen über seine eigene *Dialektik* befaßt war. Insgesamt scheidet Hegel daher aus als Kandidat für Schleiermachers Behauptung, es sei eine moderne Dialektik aufgetreten, deren Wurzeln sich bis zu Platons *Parmenides* zurückverfolgen ließen. Es könnte also eher die umgekehrte These vertreten werden.

Anders ist es mit Schellings *Vorlesungen über die Methode des akademischen Studiums* aus dem Jahre 1803. Sie könnten sehr wohl Stoff für Schleiermachers Überlegungen gewesen sein und haben sicher auch Hegels Auffassung wesentlich beeinflußt. Es ist für Schelling eine neue Wendung. Bisher hatte er bei *Dialektik* stets Kants *transzendentale Dialektik* vor Augen gehabt, deren bloß kritische Stoßrichtung er zwar kritisierte, an dessen Stelle er aber keinen neuen Dialektikbegriff setzen konnte oder wollte. In den Vorlesungen von 1803 ändert sich das: Dialektik ist für Schelling zunächst *nicht* Logik:»Versteht man aber unter Logik eine rein formale, sich den Inhalt oder die Materie des Wissens entgegensetzende Wissenschaft, so wäre diese an sich eine der Philosophie direkt entgegengesetzte Scienz, (...).«[94] Dialektik bezeichnet nun die *Kunstseite* der Philosophie.»Ohne dialektische Kunst ist keine wissenschaftliche Philosophie! Schon ihre Absicht, alles als eins darzustellen und in Formen, die ursprünglich dem Reflex angehören, dennoch das Urwissen auszudrücken, ist Beweis davon. Es ist dieses Verhältniß der Speculation zur Reflexion, worauf alle Dialektik beruht.«[95] Der Dialektik kommt eine besondere darstellende Funktion zu, in der das Allgemeine und das Besondere verknüpft werden zu einem Absoluten, zu einem wahren Einen, das in einer bloß endlichen Form dargestellt, in sie hineingebildet werden kann. Das Absolute als ewige In-Eins-Bildung hat sein erscheinendes Analogon in der Einbildungskraft,[96] deren Produkt die Dialektik ist. Sie überschreitet den Verstand, der Erscheinung und Idee trennt und bei ihrem Widerspruch stehen bleibt, und dringt zu deren substantieller Einheit durch.

Diese Form von Dialektik könnte Schleiermacher vorgeschwebt haben, denn sie bezeichnet die Form der Philosophie und ist gleichermaßen von der formalen Logik wie von der transzendentalen Dialektik Kants unterschieden. Auf der anderen Seite handelt diese Dialektik davon, Erscheinung und

---

94 Schelling, GW, I, 5, S. 269.
95 Schelling, GW, I, 5, S. 267.
96 Vgl. dazu: Summerell, Orrin F., »Einbildungskraft und Vernunft: Die Widerspiegelung der absoluten Identität in Schellings Philosophie der Kunst«, in: *Schelling. Zwischen Fichte und Hegel. Between Fichte and Hegel.* (Hg.) Asmuth, Christoph – Denker, Alfred – Vater, Michael. (Bochumer Studien zur Philosophie; 32), Amsterdam/Philadelphia 2000, S. 179–212.

Idee in eins zu bilden, hat daher eine verbindende Funktion. Schleiermacher scheint vorsichtig ausdrücken zu wollen, daß der neuesten Systembildung seiner Zeit – nämlich Schellings Identitätsphilosophie, die von enormer Attraktivität war für die Romantiker – unerkannt eine Form von Dialektik zugrunde liegt, die sich bis auf den Platonischen *Parmenides* zurückführen läßt. Mittelbar ist dies daher eine Werbung für die Philosophie Platons, für seine Aktualität, wenn Schleiermacher dessen Anliegen bis in die avanciertesten Theoriebildungen seiner Gegenwart verlängern kann.

Die Rätselhaftigkeit des Dialogs versucht Schleiermacher durch verschiedene Begründungen zu erklären. So schenkt er einer Stelle besondere Aufmerksamkeit, die seit dem Neuplatonismus und seiner Rezeption im Mittelalter nahezu vergessen war. Es ist der Begriff des Augenblicks (ἐξαίφνης). Für Platon ist der Augenblick ein Übergang ohne Übergang. Exemplarisch zeigt sich für ihn darin eine Vermittlung von Bewegung und Ruhe. Schleiermacher übersetzt:»Denn das Augenblickliche scheint dergleichen etwas anzudeuten, daß von ihm aus etwas übergeht in eins von beiden. Denn aus der Ruhe geht nichts noch während des Ruhens über noch aus der Bewegung während des Bewegt-Seins, sondern dieses wunderbare Wesen, der Augenblick, liegt zwischen der Bewegung und der Ruhe als außer aller Zeit seiend, (. . .).«[97] Schleiermacher findet diesen Gedanken ›merkwürdig‹. Er sieht in ihm eine »Frucht der eigentümlichen Art«, wie sie für Schleiermacher aus dem Grundcharakter seines Philosophierens erwächst. Dieser Begriff ist keineswegs abschreckend aufgrund etwa mystischer Konnotationen. Das ist für ihn kein Ergebnis der Verwechslung von Denken und Erkennen, sondern gehört zur Verbindung von Spekulation und Dialektik. Die Aufmerksamkeit, die Schleiermacher dem Begriff des Augenblicks widmet, weist voraus auf Kierkegaard, für den das Ewige in die Zeit hineinbricht im Augenblick, – eine Wendung in die existentielle Frage eines auf sich zurückgeworfenen Selbst.[98]

Einen weiteren Erklärungsgrund für die Dunkelheit des Dialogs sieht Schleiermacher in fehlenden Referenzen. Insbesondere die Schrift des Zenon, auf die sich der Dialog bezieht, fehlt. Zwar könne man, so die Überlegung Schleiermachers, die Grundzüge der Zenonischen Schrift erahnen, sei jedoch auf Hypothesen verwiesen, nicht auf Überlieferung. Ähnlich empfindet Schleiermacher die Beziehung des Dialogs *Parmenides* zur historischen Person Parmenides. Seine Rekonstruktion versucht die Bedeutung, die Parmenides in der Perspektive Platons hat, entsprechend zu würdigen. Dabei stoßen ihm einige

---

97 Platon, Parmenides, 156de.
98 Vgl. Kierkegaard, Søren, *Der Begriff Angst*. Übersetzt, mit einer Einleitung und Kommentar hrsg. von Rochol, Hans. (Philosophische Bibliothek; 340), Hamburg 1984, insb. S. 87–101.

Bedenken auf, die er zu entkräften versucht, etwa die, ob sich nicht die Parmenides-Figur im Dialog selbst kritisiere, weil sie sich in Widersprüche verstricke, und ob Platon damit nicht eine Kritik am historischen Parmenides in Szene setze. Ein Blick Schleiermachers auf den inhaltlichen Einfluß der eleatischen Philosophie auf die Entwicklung der Ideenlehre läßt es ihm nicht sinnvoll erscheinen, daß Platon eine Fundamentalkritik an Parmenides habe zum Ausdruck bringen wollen. Dabei entgeht ihm allerdings die andernorts, nämlich im *Sophistes*, geäußerte Kritik, die Platon zu einer Selbstkorrektur zwingt: Gegen das Gebot des Parmenides, so Platon dort, müsse geprüft werden, ob nicht auch Nichtseiendes in gewisser Hinsicht sei.[99]

Neben der Frage nach der Authentizität des Gesprächs, bei der Schleiermacher ebenfalls eine nicht-fiktionale Lösung vorzieht, ist es für ihn vor allem die äußere Form, die ihn zu der Überlegung veranlaßt, die Dunkelheit des Dialogs in einer weiteren Hinsicht zu reflektieren. Schleiermachers Vermutung, die einzig hypothetischen Charakter haben kann, läuft darauf hinaus, einen Schluß zu postulieren, der dem Dialog ein dogmatisches oder aber doch methodisches Ende beschert hätte. Schleiermacher überlegt, ob die Undurchschaubarkeit des Dialogs und seines Inhalts nicht einem fehlenden Schluß geschuldet ist. Dabei hält er es für unwahrscheinlich, daß der Schluß durch äußere Ereignisse verloren gegangen sein könnte,[100] für wahrscheinlicher indes, daß Platon gezwungen war, die Abfassung des Dialogs zu unterbrechen, etwa durch die Flucht nach Megara, die durch den Tod des Sokrates veranlaßt war, oder durch weitere Reiseunternehmungen, und daß er zu einem späteren Zeitpunkt den Schluß nicht mehr hinzufügen wollte, weil er systematisch bereits über den Problemstand hinausgegangen war.

Die frühe Datierung des Dialogs führt Schleiermacher zu einer Wertung, welche die Dialektik des Einen und Vielen herabstuft zu einer noch unvollkommenen Suche. So ist der Gehalt des Dialogs nur eine Zwischenstation auf dem Weg der Platonischen Ausbildung.

5.6.2 *Der* Theaitetos

Schleiermacher inszeniert den *Theaitetos* als Nebenstück und Pendant zum *Gorgias*, parallel zur Paarbildung *Parmenides-Protagoras*. Für Schleiermacher zeigt sich darin gerade die systematische Arbeitsweise und der innere

---

99 Platon, Sophistes, 241d.

100 »Wie ein solcher Schluß nun, wenn er dagewesen wäre, könnte verloren gegangen sein, läßt sich schwer mutmaßen: denn wer sich durch soviel mühseliges hindurchgearbeitet wird sich wahrlich nicht versagt haben auch das wenige erfreuliche noch hinzuzufügen.« Schleiermacher, Platon, S. 144.

Plan der organischen Entwicklung im Platonischen Denken. Der *Theaitetos* strebe mehr eine Klärung des Wissens, der *Gorgias*, deutlich praktisch orientiert, eine Klärung der Kunst (τέχνη) an. Dieser Befund spiegelt sich auch in den Überlegungen Schleiermachers zur Datierung des Dialogs. Die im *Theaitet* selbst erwähnten historischen Eckpunkte, die Schlacht bei Korinth, sowie die erwähnten historischen Personen, lassen für ihn nur grobe Vermutungen zu. Schleiermacher jedenfalls wertet das Faktum dieser Schlacht nicht als Anhaltspunkt für eine Datierung, während heutige Überlegungen dahin gehen, in dieser Stelle des *Theaitetos* eine der ganz wenigen überlieferten historischen Ereignisse zu erkennen, die eine absolute Datierung erlauben. Gewöhnlich wird sie identifiziert als Schlacht gegen die Thebaner im Jahre 369 v. Chr., die bei Xenophon (*Hellenika*, VII, 1, 15–22) erwähnt wird. Dabei bleibt allerdings zu bedenken, daß in dieser Zeit einer böotischen Expansion zahlreiche kleinere Gemetzel an der Tagesordnung waren. Die griechischen Städte hatten mit militärischen und konstitutionellen Krisen zu kämpfen. Sparta hatte seine Macht 370 v. Chr. nahezu vollständig eingebüßt. Das Machtvakuum und verschiedene Begehrlichkeiten ließen einen dauerhaften Frieden unter den Städten, geschweige denn eine dauerhafte Ordnung zwischen ihnen nicht zu.

Für Schleiermacher jedenfalls gehört der *Theaitet* zu der mittleren Reihe von Dialogen. Seiner Auffassung nach folgt er dem *Parmenides* und bereitet, was aus den Rahmengesprächen selbst hervorgeht, den *Sophistes* vor: »So kommen auch ohne besondere Erwähnung desselben anderwärts mehrere von den im ›Parmenides‹ durchgeführten Gegensätzen wieder vor, zum Teil mit Erläuterungen begleitet über das, was dort in möglicher Kürze kahl hingestellt worden. So daß sich auf alle Weise hierdurch die Stellung des ›Theaitetos‹ zwischen dem ›Parmenides‹ und ›Sophistes‹ rechtfertigt.«[101] Heute werden alle drei Dialoge der späten Phase zugerechnet, wobei selbst eine relative Chronologie innerhalb dieser Dialoge nicht einheitlich festgelegt wird.[102]

Insgesamt lobt Schleiermacher die Komposition des Ganzen: »Wunderbar kunstvoll ist, wenn man diese einzelnen Hauptglieder gegen einander hält, die gleichförmig durchgeführte Bauart des Ganzen und der einzelnen Teile.«[103] Er muß dem Dialog mit viel Sympathie gegenübergestanden haben. Die Mehrheit der Forscher ist allerdings anderer Ansicht. Der Dialog zerfalle in ungleich lange und heterogene Teile.[104]

---

101 Vgl. Schleiermacher, Platon, 202.
102 Vgl. die Zusammenfassung bei: Brandwood, Leonard, »Stylometry and chronology«, in: *The Cambridge Companion to Plato*. (Hg.) Kraut, Richard. Cambridge 1992, S. 90–120.
103 Schleiermacher, Platon, 199.
104 Vgl. dazu: Wilamowitz-Moellendorff, Ulrich von, *Platon. Sein Leben und seine Werke*,

Der Hauptzweck des *Theaitet* besteht nach Schleiermacher darin zu zeigen, »daß keine Wissenschaft kann gefunden werden, wenn man nicht das Wahre und das Sein von dem Wahrgenommenen und dem Wahrnehmbaren oder Erscheinenden gänzlich trennen will.«[105] Schleiermacher insistiert auf der Trennung des wahrhaften Seins von der Erscheinung. Wissenschaft sei nur möglich in der Hinwendung zur Idee, was für ihn gleichzeitig verbunden ist mit der Abwendung vom Ideat. Darin besteht nach Schleiermacher auch das kritische Potential: Wie der *Gorgias* die philosophische, d. h. sophistische Auffassung zurückweise, derzufolge in der Lust auch das Gute aufzufinden sei, so der *Theaitet* jene Erkenntnistheorie, nach der das Wissen in der sinnlichen Wahrnehmung gründe. Die Kombination von *Theaitetos* und *Gorgias* legt es Schleiermacher nahe, hinter der Kritik Platons einen Komplex moralisch-religiöser Dekadenz zu vermuten. Denn ein Anhänger jener sophistischen Lehre müsse auch die Erkenntnis auf die Lust beziehen, eine moralisch bedenkliche Entwicklung, »so wie der, welcher nur die Lust sucht, auf eine dem inneren Gefühl selbst widersprechende Zerstörung jeder Gemeinschaft hinarbeite, so auch wer statt des Wissens sich mit den sinnlichen Eindrücken begnügt, keine Gemeinschaft finden könne mit den Göttern, sondern in den engen Grenzen seines persönlichen Bewußtseins eingeschlossen und abgesondert bleibe.«[106]

Schleiermacher konstruiert eine Folie, von der sich der Platonische *Theaitetos* bewußt distanzieren soll. Unschwer läßt sich darin das Lokalkolorit des beginnenden 19. Jahrhunderts wiedererkennen, daß die klare Trennung von Lust und Moral, von Sinnlichkeit und wahrem Sein als christliches Erbe mit sich führte. Interessant ist darin nicht dieses Faktum selbst, sondern die Schwierigkeiten, die sich für die Interpretation ergeben. Je deutlicher die Trennung der beiden Sphären akzentuiert wird, desto größer muß das Problem werden, die beiden Bereiche zu synthetisieren. Eine Abwertung und Aussonderung von Lust und sinnlicher Wahrnehmung und die Behauptung einer reinen Sphäre der Idealität kann zwar das Gemüt erheben, enthält aber kein Erklärungspotential.

Für Schleiermacher rückt dagegen die Verbindung des Praktischen und Theoretischen in den Mittelpunkt seiner Überlegungen, wobei er den Akzent des *Theaitet* im Theoretischen erkennt. Die Wahrnehmung sei als Quelle und Ort der Erkenntnis untauglich. So wie die Lust im Übergang der Extreme zu finden sei, so bestehe auch die Wahrnehmung in einem ständigen Fluß, in dem sich nichts festhalten, nichts fixieren lasse. Darin erkennt Schleiermacher die systematische Verbindung der Herakliteischen Flußlehre und des

---

2 Bde., Berlin 1919–20, Bd. I, S. 514–516; ferner: Rehn, Rudolf, *Der logos der Seele. Wesen, Aufgabe und Bedeutung der Sprache in der platonischen Philosophie.* Hamburg 1982, S. 42f.
 105 Schleiermacher, Platon, 194.
 106 Schleiermacher, Platon, 195.

Protagoreischen Gedankens, daß der Mensch das Maß der Dinge sei.[107] Das Sein sei ins Werden aufgelöst, das Wissen in Wahrnehmung. Der Platonische Sokrates steigere noch die Argumentation: Die Wahrnehmungslehre des Protagoras erhält Unterstützung; sie wird so stark gemacht wie irgend möglich. Erst diese perfektionierte Wahrnehmungs- und Erkenntnislehre werde nun von Sokrates widerlegt. Platon finde darin einen Widerspruch, daß die jeweils individuelle Meinung zum Kriterium der Wahrheit gemacht werde. Das ist für Schleiermacher jenes abgesonderte, gemeinschaftslose Bewußtsein, auf das die Erkenntnis durch Protagoras eingeschränkt werden solle. Der Satz: »Wie es jedem erscheint, so ist es ihm«, beschreibe einen performativen Widerspruch, denn der Satz selbst solle ja allgemein gültig sein und nicht nur für ein Individuum, für das es so ist, wie es ihm erscheint. Ferner, so referiert Schleiermacher, möchte das in Anbetracht eines Zustandes wohl gelten können, nicht aber in bezug auf das Nützliche und Zukünftige. Hier schenke man z. B. der begründeten Erkenntnis eines Arztes viel größeres Vertrauen. Seine Erkenntnis sei also höher einzuschätzen als die individuelle Wahrnehmung, z. B. des Krankheitszustandes.

Ähnlich interpretiert Schleiermacher die Herakliteische Flußlehre, die im *Theaitet* eine Fusion eingeht mit der Wahrnehmungstheorie des Protagoras. Ihr zentrales Argument gibt Schleiermacher so wieder: »in seiner Schärfe genommen können ihm zufolge weder zum Subjekt ein Prädikat, noch zum Prädikat ein Subjekt gefunden und gefügt werden, weil eben während des Findens und Fügens keines mehr dasselbige ist, und auf diese Art, was irgend einer Erkenntnis oder Aussage nur ähnlich ist, zerstört wird.«[108] Für

107 Zur Figur des Protagoras im Platonischen *Theaetetus* vgl.: Buccellato, Manlio, *La ›retorica‹ sofistica negli scritti di Platone: III. Il »Teeteto« e la dottrina protagorea del pan'alethé*. In: Rivista critica della Filosofia 7 (1952), S. 431–446; Runciman, W. G., *Plato's later Epistemology*. Cambridge 1962, insb. S. 13–26; Mejer, Jørgen, »Plato, Protagoras and the Heracliteans. Some suggestions concerning Theatetus 151D-186E«, in: *Classica et Mediaevalia* 29 (1968), S. 40–60; Bernsen, Niels Ole, »Protagoras' Homo-Mensura-Thesis«, in: *Classica et mediaevalia* 30 (1969), S. 109–144, insb. 113–128; Cole, A. Thomas, »The relativism of Protagoras«, in: *Yale Classical Studies* 22 (1972), S. 19–45; Rehn, Rudolf, *Der logos der Seele*, S. 41–89; Babut, Daniel, »Platon et Protagoras: L'»Apologie« du sophiste dans le Théététe et son role dans le dialogue«, in: *Revue des études anciennes* 84 (1982), S. 49–86; Matthen, Mohan, »Perception, Relativism, an Truth: Reflections on Plato's *Theaetetus* 152–160«, in: *Dialogue* 24 (1985), S. 33–58; Romilly, Jacqueline de, *Les Grands Sophistes dans L'Athènes de Periclès*. Paris 1988, S. 140–146; Heitsch, Ernst, *Überlegungen Platons im Theaetet*. (Abhandlungen der Akademie der Wissenschaften und der Literatur. Geistes- und Sozialwissenschaftliche Klasse, 1988, Nr. 9) Stuttgart 1988, S. 74–107; Bühler, Axel, »Protagoras: Wahrnehmung und Wahrheit«, in: *Allgemeine Zeitschrift für Philosophie* 14 (1989), H. 3, S. 15–34; neuerdings: Heidemann, Dietmar H: »Der Relativismus in Platons Protagoras-Kritik«, in: *Méthexis* 13 (2000), S. 17–38.
108 Schleiermacher, Platon, 197.

Schleiermacher ist die Tendenz des Dialoges klar ersichtlich: Das Wahrnehmen ist untauglich, das wahre Sein zu erkennen, ja, nach der Fluß- und
Wahrnehmungslehre des herakliteischen Protagoras sei selbst die Wahrnehmung unmöglich, denn das Subjekt sei selbst etwas, das nicht festzuhalten
sei und nichts festzuhalten vermöge, ein unruhiger Faktor, der ruhiges, kla-
res und dauerhaftes Wissen verunmögliche.

Es müsse vielmehr um eine andere Art der Erkenntnis gehen. Sokrates
zeige nämlich, »wie das Wahrnehmen selbst gehörig betrachtet auf eine dem
Wesen und Entstehung nach gänzlich davon verschiedene Tätigkeit hindeu-
te, und wie, wenn man nur davon anfange, den Gedanken des Seins festzuhalten, alsdann sich zeige, daß das Wahrnehmen nicht einmal zum Sein gelange, (. . .).«[109] Das, was für Schleiermacher hinter der erkenntniskritischen
Haltung des Dialogs liegt, ist eine Philosophie der Seinserkenntnis, welche
für Platon als exklusiver Zugang zur Wahrheit zu gelten habe. Daß dies nicht
explizit wird, rechnet Schleiermacher der *indirekten Darstellungsform* zu.
Sie bestehe darin, daß von den Ideen und vom Sein abstrahiert werde, und
vom Besonderen, von der Wahrnehmung und von der Vorstellung die Rede
sei. Schleiermacher vermißt also die ausgearbeitete Ideenlehre, wie er sie
aus der *Politeia* kennt, und die er für die authentische und gültige Ausformung des Platonischen Philosophierens hält. Er meint, mit dem *Theaitet*
eine erste Vorstufe davon in Händen zu halten. Er glaubt, daß sich die im
Theaitet vorfindenden Keime letztlich zu einer Ideenlehre verdichten und
organisch entwickeln müßten. Die *indirekte Darstellungsform* ist ein Zeichen dieser noch suchenden und fragenden Phase in der philosophischen
Entwicklung Platons.

Zentral ist für Schleiermacher der Begriff der *Vorstellung*, der ihm im
Theaitet noch ganz unzulänglich ausgeprägt erscheint. Platon habe nämlich
in einem weiteren Versuch, die Bestimmung des Wissens zu finden, die Antwort durchgespielt, Wissen sei richtige Vorstellung, sei aber an dem Problem
gescheitert, was falsche Vorstellung sei, »ein Versuch, den Sokrates doch am
Ende für unbefriedigend erklärt, weil doch die falsche Vorstellung zuletzt
auf einem unbegreiflichen Verkennen der Erkenntnis beruhe, woraus er
schließt, diese müsse vor jener gefunden werden.«[110] Schleiermacher kommt
zu dem Resultat, daß es Platon insbesondere darum gegangen sei hervorzuheben, daß Wahrheit und Irrtum, daß wahr und falsch sich gar nicht symmetrisch zueinander verhalten. Sie liegen nicht auf einem Niveau. Die reine
Erkenntnis könne man nur besitzen oder nicht besitzen. Nach Schleiermacher ist es Platon um einen Prozeß der Ausläuterung gegangen, einen Pro-

---

109 Schleiermacher, Platon, 197.
110 Schleiermacher, Platon, 198.

zeß, in dem das Falsche verworfen und das Wahre als solches hervorgehoben und anerkannt werden müsse.[111] Die auf Sinnlichkeit basierende Vorstellung sei niemals tauglich, reine Erkenntnis hervorzubringen. Daher habe der Platonische Sokrates den Satz verworfen, nach dem Wissen nichts anderes sei als richtige Vorstellung.[112]

Schließlich scheitere auch ein letzter Versuch: Erkenntnis sei mit Erklärung verbundene richtige Vorstellung. Die Spekulation über das Verhältnis von Teil und Ganzem beschließt einen aporetischen Dialog. Die Erklärung sei nämlich eine Erklärung aus den Bestandteilen. Deshalb muß die Frage geprüft werden, wie sich die Teile zum Ganzen verhalten und was das Ganze ist in bezug auf seine Teile. Diese Untersuchung bezeichnet Schleiermacher als *nur beiläufig*. Er scheint der Auffassung zu sein, daß auch der letzte Versuch, die Erkenntnis zu bestimmen, scheitern muß, solange die Beziehung auf die stets mit Sinnlichkeit kontaminierte Vorstellung nicht gänzlich aufgegeben wird.

Der Zweck des ganzen Dialogs erfüllt sich nach Schleiermacher in seinem Scheitern an der Frage nach der Bestimmung wahrer Erkenntnis, solange ein Erkenntnisbegriff Verwendung findet, dessen Bezug zur Sinnlichkeit wesentlich ist. Wahre Erkenntnis beziehe sich jedoch auf das Sein, das sich in den Ideen ausspreche, nicht aber in der sinnlichen Erscheinung. Diese Konzentration auf die Ideenlehre, die bereits aus seiner relativen Chronologie folgt, schränkt Schleiermachers Aufmerksamkeit auf Neues und bisher nicht Dagewesenes ein. Daher apostrophiert er wichtige Gedanken Platons als bloß beiläufig, so etwa die Überlegungen zur falschen Behauptung (bei Schleiermacher ›falsche Vorstellung‹) oder etwa die Theorie von Teil und Ganzem.

Platon sucht indes im *Theaitet* nicht mehr nach der Ideenlehre, sondern nach ihrer Korrektur. Er fragt nicht nach der strikten Trennung und Absonderung des idealen Seins von der erscheinenden Wirklichkeit, sondern nach deren Verbindung und Gemeinschaft. Er untersucht nicht nur die Möglichkeit von wahren Erkenntnissätzen, sondern ebenso die Möglichkeit falscher Sätze, denn nur dann, wenn falsche Sätze möglich sind, ist auch die Sprache selbst möglich und mit ihr die Philosophie.

---

111 Vgl. dazu: Asmuth, Christoph, »Die Begründung falscher Rede. Platon und Protagoras«, S. 89–106.
112 Vgl. dazu: Rehn, Rudolf, *Der logos der Seele*; Bostock, David, *Plato's* Theaetetus. Oxford 1988; Heitsch, Ernst, *Überlegungen Platons im Theaetet*; Burnyeat, Myles, *The Theaetetus of Plato. With a translation of Plato's Theaetetus by M. J. Levett*. Indianapolis/Cambridge 1990; Dorter, Kenneth, »Levels of Knowledge in the Theaetetus«, in: *The Review of Metaphysics* 44 (1990), No. 2, S. 343–373.

5.6.3 Der Sophistes

Mit dem *Sophistes* habe man den innersten Kern der indirekten Darstellungsweise Platons vor sich, urteilt Schleiermacher.[113] Überhaupt ist er der Ansicht, daß der *Sophistes* im Werk Platons eine besondere, weil besonders herausragende Stellung einnimmt, handle er doch – trenne man Wesentliches vom Unwesentlichen – vom Sein selbst als dem höchsten Gegenstand der Philosophie.

Es sind vor allem zwei große thematische Blöcke, die Schleiermacher voneinander abgrenzt und jeweils für sich bewertet wissen möchte: Einerseits den Versuch einer Bestimmung des Sophisten, vornehmlich das Verfahren der Begriffsbestimmung selbst; andererseits jedoch Platons Theorie der höchsten Gattungen, insbesondere aber das Verhältnis von Seiendem und Nichtseiendem. Beide Blöcke verhielten sich wie Schale und Kern, wie Außen und Innen. Dementsprechend wertet Schleiermacher auch die Schale, d. h. die Begriffsbestimmung des Sophisten, gegenüber dem Kern, der eigentlichen Dialektik, ab.

Daß es Platon nicht um eine inhaltliche Bestimmung des Sophisten gegangen sei, leuchte ein, wenn man bedenkt, auf welche Weise Platon bereits an anderen Stellen über die Sophistik geschrieben und geurteilt habe. Der *Sophistes* füge dem inhaltlich nichts hinzu. Daher sei sein einziger Zweck – was diese Seite betrifft – darin zu sehen, das Platonische Verfahren der Begriffsbestimmung selbst, die Dihairetik, in das Zentrum der Aufmerksamkeit zu rücken. Unverkennbar spöttisch wende sich Platon den Sophisten zu. Er habe zwar an verschiedenen Stellen ernsthafte Dihairesen aufgestellt. Hier trete das Verfahren aber in den Dienst der scherzhaften Widerlegung der Sophisten, sei deshalb selbst nur zum Scherz in den Dialog eingeflochten. Ja, Platon habe das Verfahren selbst verspottet, »indem er eben aus der Menge der Versuche beweiset, daß man nie das Wesen der Sache erreicht, sondern nur einzelne Merkmale aufgegriffen habe, wie er dann auch zuletzt, wo der Gegenstand recht aufgefaßt wird, nicht vom Allgemeinen, sondern von einer bestimmten Anschauung ausgeht.«[114] Tatsächlich gibt Platon nach *Soph.* 264d eine letzte abschließende Begriffszergliederung, um den Sophisten zu bestimmen. Aber der Dialog endet damit erfolgreich und nicht aporetisch. Der Sophist wird bestimmt, die Dihairese wird fortgesetzt, wo sie zunächst unterbrochen wurde, weil sich die Frage nach dem Begriff »Trugbild« (phántasma) ergab, eine Frage, welche die Untersuchung erst auf die Bedeutung des ›Falschen‹ führte, dies insbesondere für die Erkenntnis und das Sprechen in Sätzen. Es muß deshalb fraglich erscheinen, ob Schleierma-

---

113 Vgl. Schleiermacher, Platon, S. 250.
114 Vgl. Schleiermacher, Platon, S. 246.

chers Ansicht zutreffend ist. Er steht damit jedenfalls nicht allein.[115] Gewichtige Gründe sprechen indes dagegen, zumindest jedoch das, was Platon selbst über die dihairetische Methode und ihre Bedeutung sagt.[116] Stets hebt Platon die Wichtigkeit der Begriffsbestimmung hervor. Sie ist ihm ein zentrales Anliegen. Und für die verschiedenen Versuche, den Sophisten mittels einer Dihairese zu bestimmen, hat es in der Forschung gute Antworten gegeben, z. B. die, Platon habe dadurch versucht, den verschiedenen Spielarten der Sophistik gerecht zu werden,[117] oder jene, nach der es Platon darum gegangen sei, das, was bei jedem Sophisten anzutreffen sei, zum Ausdruck zu bringen. Der Sophist jedoch sei, nach Platons eigenen Worten, ein schlaues und schwer zu fangendes Tier, sein Begriff daher schwer zu ermitteln. Eine Dihairese könne daher nicht das ganze gesuchte Wesen des Sophisten auf Anhieb festlegen, weshalb Platon seine Protagonisten verschiedene Versuche unternehmen läßt. So einfach, wie Schleiermacher es vorschlägt, läßt sich der Teil des *Sophistes*, der sich mit den Begriffsbestimmungen beschäftigt, nicht gegen den dialektischen Teil der Theorie der höchsten Gattungen ausspielen.

Tatsächlich mildert Schleiermacher sein Urteil beträchtlich ab. Ihm kommt es darauf an, bei Platon den Zusammenhang von Äußerem und Innerem, den Zusammenhang der Methode, nämlich verläßliche Begriffserklärungen zu finden, mit der indirekten Darstellung höchster Dialektik aufzuweisen. Die inhaltliche Beziehung erkennt er im Begriff der Falschheit. Die Darstellung des Sophisten sei nicht möglich, ohne den Begriff der Falschheit zu untersuchen und damit das Leben in der Falschheit, zu der die Sophisten tendieren, in der ganzen Distanz zum einzig wahren Erkennen zu charakterisieren. Dabei bleibt es für Schleiermacher evident, daß die Sophisten jene verachtenswerten Wortverdreher bleiben, als die sie anfangs dargestellt sind, dies auch dann, wenn die 6. Dihairese die Nähe von Sophist und Philosoph nahelegt[118] und Platon damit zuzugeben scheint, daß auch der Sophist etwas zum Nutzen seiner Anhänger unternehmen könne.

Der innere Teil des *Sophistes* ist schließlich der Frage nach dem Nichtseienden und seinem Korrelat, dem Seienden, gewidmet. Platon habe diese

---

115 Gauß, Hermann, *Philosophischer Handkommentar zu den Dialogen Platons in drei Teilen*. Bern 1952–1961, Bd. III,1: 1960, S. 190. – Gauß' Resultat: »Nach unserer Auffassung ist die Dichotomie eine rein episodische Erscheinung in der platonischen Spätphilosophie.« (S. 190). Vgl. dagegen: Wichmann, Ottomar, Platon. *Ideelle Gesamtdarstellung und Studienwerk*. Darmstadt 1966, S. 387–390, Anm. 164. – Wichmann sieht in der Dihairetik einen starken Anteil an Ironie, weshalb die Dihairetik nicht als systematischer Schlußpunkt der Bemühungen Platons um seine Dialektik anzusehen sei.

116 Vgl. Rehn, Rudolf, Der logos der Seele, S. 99.

117 Z. B. Cornford, F. M., *Plato's Theory of Knowledge*. London 1935, S. 173.

118 Vgl. Schleiermacher, Platon, S. 247f.

Untersuchung direkt angeschlossen an das Problem der Falschheit: »Denn mit der Frage, ob es Falsches geben könne in Reden und Vorstellung, hebt er an, rein aufgelöset in die ob Nichtseiendes irgendwie sei, und ihm etwas beigelegt, oder das Nichtsein von etwas könne ausgesagt werden.«[119] Mit der Frage nach dem Nichtseienden beginne dieser Teil, mit der Beantwortung der Frage ende er, so daß man, so folgert Schleiermacher, annehmen könne, daß das Nichtseiende und die Falschheit das eigentliche Thema des Dialogs sei. Allerdings wendet er dagegen ein, daß diese Hypothese »das innerste Heiligtum der Philosophie« verstelle, nämlich die Philosophie des Seins. Keineswegs sei nämlich bei Platon in gleicher Weise vom Seienden wie vom Nichtseienden die Rede. Für ihn sei »das Sein besser und herrlicher (...) als das Nichtsein.«[120] Während der Untersuchung des Nichtseienden entwickle Platon seine Lehre von den höchsten Gattungen, nach der die Begriffe Gemeinschaft miteinander haben, um Erkenntnis möglich zu machen. Dieses Geflecht von Begriffen sei zugleich oberste Bedingung für »alles wirkliche Denken und Leben der Wissenschaft (...), und es eröffnet sich auf das bestimmteste die Anschauung von dem Leben des Seienden und von dem notwendigen Eins- und Ineinandersein des Seins und des Erkennens. Größeres aber als diese gibt es nirgends auf dem Gebiete der Philosophie (...).«[121]

Schleiermacher votiert nicht ohne Emphase für Platons Philosophie des Seins, welche sich, nach seiner Auffassung, gerade in der Theorie der höchsten Gattungen niedergeschlagen habe. Platon habe zunächst die Position kritisiert, nach der das Sein in einer leeren Einheit bestehe, dann diejenige, die bei bloßen Gegensätzen stehen bleibe. Erst die Einsicht in das lebendige Sein, in dem sich alle Gegensätze durchdringen, ermögliche einen Begriff der Erkenntnis, welcher der korrelationalen Bedingtheit von Ruhe und Bewegung, Stehendem und Fließendem, Beharren und Werden Rechnung trage. Dies gerade sei der Begriff des höchsten Seins als der Durchdringung jener Gegensätze.

Von diesem höchsten Sein steige Platons Darstellung nun herab in die Sphäre der Gegensätze, exemplarisch repräsentiert durch den Gegensatz von Ruhe und Bewegung. Ziel Platons sei es aufzuzeigen, daß einerseits Einheit und Verschiedenheit konstitutiv sind für die Gemeinschaft des Seienden, andererseits aber die Verschiedenheit nichts anderes ist als das gesuchte Nichtseiende. Das Resultat der Überlegungen Schleiermachers besteht darin, daß es für das Seiende selbst kein Entgegengesetztes geben kann, da das Verschiedene nichts anderes sei als Nichtseiendes. Damit restituiert sich im Bereich des Verschiedenen und der Gegensätze nämlich das Seiende als Eines über allem Verschiedenen und Entgegengesetzten.

---

119 Schleiermacher, Platon, S. 248.
120 Schleiermacher, Platon, S. 248.
121 Schleiermacher, Platon, S. 249.

Für Schleiermacher bildet Platons Philosophie ein hierarchisches System, an dessen Spitze der Seinsbegriff steht. Erst in einer darunter liegenden Sphäre finden sich Gegensätze, vornehmlich der exemplarische Gegensatz von Ruhe und Bewegung. Der Begriff des Seins werde von Platon so gedacht, daß er die Gegensätze transzendiert. Dabei steht das Sein nicht außerhalb des in den Gegensätzen sich ausprägenden Seienden, sondern ist deren durchgängiges Substrat: Ein Absolutes, das über alle Gegensätze erhaben ist, jedoch in allem Verschiedenen und Gegensätzlichen nichts anderes ist als dieses selbst. Es geht durch das Verschiedene hindurch und bleibt doch bei sich. Durch die Identifizierung des Nichtseienden mit dem Verschiedenen wird einerseits die immanente Paradoxie des Nichtseienden durchbrochen. Andererseits kann die Platonische Theorie der höchsten Gattungen in die Systematik Einheit und Unterschiedenheit eingepaßt werden. Einerseits ist alles relationale Seiende verwiesen auf das wesentliche Sein als sein wahres Sein, andererseits soll es auch davon unterschieden gedacht werden. Dazu muß Schleiermacher den Bereich des wesentlichen Seins vom relationalen Seienden trennen: »(...) in der Art wie das wesentliche Sein und das Sein in einem anderen Sinne, durch Gemeinschaft nämlich, und so auch das ursprünglich Seiende, und das Sein im Gebiete der Gegensätze, in der Art sage ich wie diese hier aus einander gehalten sind findet man den Schlüssel zu allem (...).«[122] Jedenfalls versucht Schleiermacher Werden, Bewegung und Relation vom wesentlichen Sein, dem Bereich der Ideen, fernzuhalten.

Zwei Bezugspunkte werden dadurch besonders deutlich: Es zeigt sich darin nämlich die Nähe der Konzeption Schleiermachers zur Identitätsphilosophie Schellings. Schelling hatte gerade durch die terminologische Fassung der Einheit als Indifferenz deutlich zu machen versucht, wie das Absolute als absolute Einheit nicht dem Unterschiedenen entgegengesetzt ist, sondern es konstituiert. Daß Schleiermacher der Identitätsphilosophie Schellings positiv gegenüberstand, läßt sich aus einigen Zeugnissen ablesen.[123] Ferner weist diese Interpretation des Platonischen *Sophistes* voraus auf Schleiermachers Position in den verschiedenen Versionen seiner *Dialektik* ab 1811.[124]

Schwierig ist Schleiermachers Position gegenüber dem Text Platons insbesondere wegen der Hierarchisierung der höchsten Gattungen. Bei Platon erscheinen die μέγιστα γένη als notwendig korrelationales, wenn auch nicht

---

122 Schleiermacher, Platon, S. 256.
123 Vgl.: *Aus Schleiermachers Leben. In Briefen.* (Hg.) Jonas, Ludwig – Dilthey, Wilhelm. 4 Bde. Berlin 1860–1863. Nachdr. Berlin/New York 1974, Bd. 4, S. 579–593. – Zur Gesamtthematik: Süskind, Hermann, *Der Einfluß Schellings auf die Entwicklung von Schleiermachers System.* Tübingen 1909.
124 Vgl. Scholtz, Gunter, Die Philosophie Schleiermachers, S. 108f.

vollständiges Geflecht von Begriffen. Weder läßt sich bei Platon eine hier-
archische Differenz festmachen zwischen dem Seienden und dem Nichtseienden qua Verschiedenen, noch lassen sich etwa Ruhe und Bewegung der
Empirie, Identität und Differenz dagegen dem rein Begrifflichen zuordnen.[125] Vielmehr läßt sich Platons *Sophistes* als notwendige Korrektur der
Ideenlehre verstehen. Die starre Trennung in zwei entgegengesetzte Sphären, diejenige der Ideen als das wesentliche Sein, unbewegt, ewig in Ruhe,
und diejenige der Ideate, die durch Bewegung gekennzeichnet sind, durch
ewiges Werden, durch Entstehen und Vergehen, ließ für den Platon der mittleren Dialoge eine bloß metaphorische Vermittlung zu: Teilhabe. Platon
wirft im *Sophistes* das Problem auf, wie es sich mit den Ideen verhält, wenn
sie erkannt werden, denn erkannt zu werden, heißt bewegt zu werden. Das
Erkennen ist ein Tun, folglich ist das Erkannte diesem Tun gegenüber ein
Leiden. Was aber etwas erleidet, sei dies auch das Erkannt-Werden, kann
nicht vollständig ruhen. Dem wesentlichen Sein, den Ideen, kann aber das
Erkannt-Werden nicht abgehen, da sie gerade konstitutiv sind für alles Erkennen.[126]

Darin besteht Platons Kritik an den Ideenfreunden. Die ›Ideenfreunde‹
behaupten eine Lehre, die von der Existenz gewisser allein denkbarer, nicht
körperlicher, nicht sichtbarer unveränderlicher Ideen ausgeht. Diese Ideen
sind das wahrhaft Seiende. Die Körper der Materialisten sind dagegen für
sie nur unwesentliche und unbedeutende Gegenstände, welche die ›Ideenfreunde‹ kleinreden und sagen, daß ihnen das wahre Sein überhaupt nicht
zukommt, sondern nur ein abhängiges, unwahres Sein, ein Sein zweiter Ordnung. Das Charakteristikum dieser körperlichen Gegenstände ist die Bewegung. Sie sind einem ständigen Werden unterworfen, einem unaufhörlichen
Entstehen und Vergehen. Ihre Existenz ist nur von begrenzter Dauer. Die
Ideen dagegen sind unwandelbar und ewig, unveränderlich; sie entstehen
nicht, vergehen nicht, sind für immer unbeweglich. Der *Theaitet* bereitete
bereits die Kritik an den Ideenfreunden, also die partielle ›Selbstkorrektur‹[127] Platons, im *Sophistes* vor: Vom Bereich der Ideen kann das Erkennen

---

125 Vgl. Scholtz, Gunter, »Schleiermachers Interpretation und Rezeption von Platons Ideenlehre«, in: ders., *Ethik und Hermeneutik. Schleiermachers Grundlegung der Geisteswissenschaften*. Frankfurt a. M. 1995, S. 258–285.

126 Platon, *Soph.* 248d–249a.

127 Inwieweit die Kritik an den ›Ideenfreunden‹ eine Selbstkritik bedeutet, ist umstritten.
So kommt Rudolf Rehn zu der Ansicht, daß der kritisierte strenge Dualismus von Wahrneh-
mung und Denken bei Platon selbst, etwa im *Phaidon* oder im *Theaetetus* nicht zu finden sei.
»Anders verhält es sich jedoch mit dem, was die ›Ideenfreunde‹ über das Verhältnis zwischen
Sein und Werden sagen. Zweifellos ist auch der ›mittlere‹ Platon der Ansicht, daß ›in der Tat
Bewegung (...) dem wahrhaft Seienden gar nicht eigne‹ (*Soph.* 248e–249a). Erst der ›späte‹
Platon erkennt, daß Sein und Werden unlösbar miteinander verbunden sind. Die Kritik an den

nicht ausgeschlossen werden, folglich muß auch dort Bewegung angenommen werden, d. h. Relationen unter den Ideen.

Die Kritik an den ›Ideenfreunden‹ muß auch Schleiermachers Aufmerksamkeit erregen. Das Problem, das sich für seine Darstellung ergibt, liegt wiederum in der relativen Chronologie und der entwicklungsgeschichtlichen Methodik seiner Interpretation. Sollte nämlich die Kritik an den ›Ideenfreunden‹ eine, wenn auch moderate Selbstkritik bedeuten, geriete seine relative Chronologie ins Wanken: Platon wäre dann von einer Ideenlehre im klassischen Zuschnitt ausgegangen, allerdings noch unentfaltet, ohne Differenzierung in verschiedene Wissensgebiete oder Disziplinen und ohne entwickelte Dialektik. Danach hätte Platon einsehen müssen, daß seine Ideenlehre prinzipielle Mängel aufweist, um dann wieder zurückzukehren zur ursprünglichen Form, etwa in der *Politeia*.

Schleiermacher münzt daher die Kritik an den ›Ideenfreunden‹ auf Parmenides, allgemeiner auf die Eleaten:»Was sollen wir nämlich sagen von jenen (. . .) Freunden des Ideellen, welche sich ein Werden setzen außerhalb des Seins und getrennt von ihm, und den Menschen als mit beiden Gemeinschaft habend? Nicht zu verwundern wäre es, wenn Mancher auf den Gedanken käme, Platon meinte hier sich selbst und seine eigene Lehre; und daß er auch diese wieder in den schlimmen Gegensatz verwickle, in welchem das Seiende nicht kann gefunden werden, (. . .). Allein wenn nun der Gegensatz in dieser Lehre sollte aufgehoben werden, so müßte das Auseinandersein des Seins und Werdens aufgehoben werden, und so wäre Platon von einer offenbar falschen Darstellung seiner eigenen Lehre ausgegangen. (. . .) Nun setzt Parmenides ein solches Werden und eine Welt des Scheins getrennt von dem Sein ihm entgegen (. . .).«[128] Die Kritik an den ›Ideenfreunden‹ läuft also nach Schleiermacher auf eine Kritik des Parmenides heraus oder zumindest auf eine Kritik an dessen Schülern. Für Schleiermacher ist der *Parmenides* jedenfalls der Gipfel des Antisophistischen in Platon und ein Höhepunkt seiner indirekten Darstellungsform.

5.6.4 Der Philebos

Schleiermachers Übersetzungsprojekt rückt den *Philebos* weit an den Schluß, allerdings noch vor die *Politeia* und den *Timaios*. Er folgt unmittelbar der Übersetzung des *Phaidon*. Das geschieht aus gutem Grund. Schleiermacher ist nämlich der Überzeugung, der *Philebos* sei der letzte Dialog,

---

›Ideenfreunden‹ ist also *zum Teil* durchaus als Selbstkritik zu verstehen.« Rehn (Anm. 17), S. 113.
128 Schleiermacher, Platon, S. 252.

der sich einer indirekten Darstellungsform bedient. *Politeia* und *Timaios* besitzen nach seiner Auffassung eine direkte, dogmatische Form. Mit dem *Philebos* kommt also eine Phase des Platonischen Philosophierens an ihr definitives Ende, ein abschließender Dialog. Insbesondere leitet der *Philebos* die *Politeia* ein:»Nämlich der ausdrücklich angekündigte minder allgemeine Gegenstand, die Bestimmung des Guten für den Menschen ist die besondere Grundlage der Bücher vom ›Staat‹, weil nur nach festgesetzter Unterordnung der Lust die Idee eines wahrhaft gemeinsamen Lebens kann aufgestellt werden, sonst aber bloß den gegenseitigen Kampf des Eigennutzes übrig bleibt zu vermitteln. Daher denn die Bücher vom ›Staate‹ sehr natürlich eben hiemit wieder beginnen.«[129] Die Unterordnung der Lust unter die Vernunft, das Rahmenthema des *Philebos*, bringt Schleiermacher in Verbindung mit gesellschaftsphilosophischen Fragestellung der *Politeia*. Damit wird die Frage nach der Lust aus den engen Grenzen einer privatistischen Moral in den Kontext des menschlichen Zusammenlebens versetzt, d. h. in eine sittliche Dimension. Platon habe also argumentieren wollen, so Schleiermacher, daß die Zügelung der Lust und der Begierden und ihre Unterordnung unter die Rationalität des Staates zu den Existenzbedingungen einer Gesellschaft gehören.

Insgesamt sieht Schleiermacher beim *Philebos*, daß das Dialogische zurücktritt. Es werde hier zu etwas bloß Formalem. Schleiermacher erklärt dies durch die relative Chronologie, durch die Nähe zu *Politeia* und *Timaios*, denjenigen Dialogen, in denen Platon seine Lehre in direkter Darstellungsweise niederlegt:»Der eigentlich dialogische Charakter, wie wir ihn bei Platon zu finden gewohnt sind, tritt nicht recht hervor, das Gespräch macht sich nicht von selbst, wie denn auch schon die Entstehung des Gegenstandes hinter die Bühne geschoben wird, (...); kurz man sieht ganz deutlich, daß hier bei dem Übergange zu den eigentlich darstellenden Werken das Dialogische dem Platon anfängt, nur eine äußere Form zu sein, (...).«[130]

Auf der anderen Seite konstatiert Schleiermacher eine innere Nähe des *Philebos* zum *Sophistes*. Er macht dies zunächst an der äußeren Form fest: Wie auch im *Sophistes* werde ein Problem aufgeworfen, hier das von Lust und Vernunft und ihrer Ordnung. Mit der eindeutigen Lösung des Problems ende der Dialog. Allerdings schiebe Platon in die Argumentation ein heterogenes Problemfeld ein, das nur locker mit dem ursprünglichen Thema zusammenhänge. Es handelt sich um die Lehre von den vier Begriffen: das

---

129 Schleiermacher, Platon, S. 310. – Schleiermacher verwirft die gegenteilige Auffassung, der *Philebos* verteidige Positionen, die bereits zuvor im *Staat* ausgebreitet worden waren, entschieden:»nur nicht als ob die Bücher vom ›Staat‹ schon früher niedergeschrieben worden, und hier sollten verteidiget werden.« (a. a. O., S. 311)
130 Schleiermacher, Platon, S. 312.

Unbestimmte, das Bestimmte, das Gemischte und die mischende Ursache. Es handelt sich um die Lehre von ἄπειρον, πέρας, κοινόν, αἰτία, auf die bereits der junge Schelling seine Aufmerksamkeit richtete. Schleiermacher beobachtet richtig, daß diese Lehre von den vier Begriffen eingeführt wird, indem sie locker mit der vorhergehenden Passage verknüpft wird. Dort ging es um das gemischte Leben, jenes Leben, in dem Lust und Vernunft gemeinsam und zusammen sind. Deshalb untersuche Platon nun die Gattungen, unter die Lust, Vernunft und die Mischung beider falle. Er weist auf die explizite Untersuchung hin, in der sich bestätigt findet, daß die Lust unter die Gattung des Unbestimmten gehört (27e–28a).

Schleiermacher erkennt hierin eine besondere Verwandtschaft mit dem *Sophistes*, denn auch im *Philebos* sei die Lehre von den Gattungen als das eigentliche Zentrum anzusehen. »Nämlich wie dort von der Vorstellung ausgehend das notwendige Ineinander des Fließenden und des Stehenden in der Erkenntnis gezeigt wird, und eben desselbengleichen das notwendige Ineinander des Seins und Erkennens in demjenigen, welches das Höchste und Ursprüngliche ist: eben so wird hier, von demselben Punkt ausgehend, die Art und Weise des gewordenen Seins näher untersucht, und der Ursprung dessen was in ihm das fließende und das beharrliche«.[131] Die Parallele liegt für Schleiermacher in dem Ineinander des Entgegengesetzten, einerseits im Bereich der Erkenntnis, andererseits im Bereich des Seins. Im *Sophistes* treten Ruhe und Bewegung zusammen, damit Erkenntnis möglich wird. Diese Erkenntnis ist wesentlich Vorstellungserkenntnis. Sie hat ihren Grund in einer übergeordneten Identität, der Identität von Erkennen und Sein. Im *Philebos* geht es dagegen um das gewordene Sein, und es wird gefragt, was der Ursprung von Ruhe und Bewegung im Bereich des Seienden ist.

Die Interpretation Schleiermachers zielt darauf, den Begriff des Unbestimmten mit dem des Nichtseienden zu korrelieren, damit zugleich auch begrifflich eine Brücke zu schlagen zwischen der Terminologie im *Philebos* und der im *Sophistes*. Das mag auf den ersten Blick überraschen. Seine Überlegungen lassen sich folgendermaßen rekonstruieren: Abstrahiert man von allem Formalen in der Vorstellung, bleibt nur etwas gänzlich Unbestimmtes übrig: die reine Materie, der bloße Stoff zur Vorstellung. Dieses Unbestimmte, diese reine Materie, läßt nur ein Mehr oder Weniger der Wahrnehmung zu. Es sei das schlechthin Mannigfaltige, das, was sich niemals gleich verhält, das absolut Zerstreute, das schlechthin in sich Verschiedene »und also eigentlich nicht seiende.«[132] Damit ist die Terminologie des *Sophistes* erreicht, der den Begriff des Unbestimmten als der des Nichtseienden identifiziert. Zudem ist eine weitere inhaltliche Füllung hinzugekom-

---

131 Schleiermacher, Platon, S. 305.
132 Schleiermacher, Platon, S. 306.

men: Das Unbestimmte ist die Materie. Dadurch gewinnt Schleiermacher eine Polarität der Begriffe: Auf der einen Seite figurieren Nichtseiendes, Unbestimmtes und Materie sowie die Lust, auf der anderen dagegen Seiendes, Bestimmtes und Form sowie die Vernunft. Beide Reihen stehen sich nach Schleiermachers Auffassung indes nicht symmetrisch gegenüber, sondern seien von Platon hierarchisch geordnet: Seiendes habe den Primat vor dem Nichtseienden, Bestimmtes vor dem Unbestimmten, Form vor der Materie, Vernunft vor der Lust, dies auch dann, wenn eins ohne das andere nicht möglich wäre, handle es sich doch um konstitutive Elemente des Vorstellens und Seins, nur noch transzendiert von der ursprünglichen Identität von Erkennen und Sein, dem wesentlichen Sein der Idee selbst.

Warum hat Platon dies nicht klar zum Ausdruck gebracht? Schleiermacher versucht zwei Antworten: Einerseits werde dieselbe Sache, allerdings jedoch von einer anderen Seite betrachtet, was für Platon eine veränderte Terminologie erfordert habe; andererseits habe sich Platon bereits auf dem Weg zum *Timaios* befunden. Darum habe sich Platon der Begrifflichkeit der Pythagoräer bedient. Unter dem Bestimmten müsse man sich nämlich die Zahlen denken als Mittelglied zwischen dem Einen und der Vielheit, beides – Vielheit und Zahlen – als die beiden Quellen des endlichen Seins, deren wahre Ursache allerdings nur die göttliche Vernunft sein kann.

Schwierigkeiten macht die Deutung Schleiermachers allerorten. Schon die Übersetzung von »ἄπειρον« durch »das Unbestimmte« dürfte zu ernsthaften Problemen führen. Die meisten Übersetzer, wie übrigens auch Schleiermacher selbst seit der zweiten Auflage seiner Übersetzung, wählen für das Deutsche den Begriff »das Unbegrenzte«. Schleiermachers Argumentation, es bliebe nur das Unbestimmte übrig, wenn von der Vorstellung jede Form, d. h. jede Bestimmtheit abstrahiert werde, kann mit dem Begriff des Unbegrenzten nicht analog geführt werden. Der Begriff des Bestimmten gehört dem Bereich des Begrifflichen zu, während der des Unbegrenzten sowohl auf etwas Begriffliches wie auch auf etwas Kosmologisches oder Ontologisches bezogen werden könnte. Jedenfalls scheitert Schleiermachers Interpretation, wenn Platon erklärt, zum *Unbegrenzten* gehöre das Wärmere und Kältere, weil es sich kontinuierlich steigern oder vermindern lasse, ohne durch ein absolutes Maximum oder Minimum eingeschränkt zu sein. Hier macht der Begriff des Unbestimmten anstelle des Unbegrenzten keinen Sinn.

Ferner ist gegen die Identifizierung des Nichtseienden als Verschiedenen, so wie Platon es im *Sophistes* vorstellt, mit dem Unbestimmten des *Philebos* einzuwenden, daß Platon unter dem Verschiedenen im *Sophistes* nicht das in sich selbst Verschiedene subsumiert, sondern stets das Verschiedene von einem Anderen. So ist dort zwar das Selbe immer dasselbe mit sich selbst, und alles, was mit dem Selben Gemeinschaft hat, ist durch das Selbe dasselbe mit sich selbst. Anders das Verschiedene: Es ist stets verschieden von etwas, und was Gemeinschaft hat mit dem Verschiedenen, ist deshalb verschieden von anderem. Das Selbe markiert eine einstellige Relation, das Verschiedene eine zweistellige. Schleiermacher behandelt unterdessen das Verschiedene als einstellige Relation, wenn er behauptet, daß das Unbestimmte als Verschiedenes in sich verschieden ist, also verschieden von sich selbst, so daß es eigentlich Nichtseiendes sei.

Insgesamt wird man zu dem Urteil kommen müssen, daß Schleiermacher der Platonischen Theorie der Gattungen einen eigenen Sinn unterschiebt. Besonders auffällig ist die Hierarchisierung der Gattungen. Sie läßt sich mit dem Platonischen Text nicht in Einklang bringen und beruht auf der Hypothese Schleiermachers, daß die Ideenlehre in der klassischen Ausformung, wie er sie etwa in der *Politeia* erkannte, sowohl das Ziel einer organischen Entwicklung als auch das letzte Wort Platons in dieser Frage gewesen sei.

5.6.5 *Der* Staat

Schleiermachers Bewertung der *Politeia* ist ambivalent. Einerseits bildet sie für ihn neben dem *Timaios* das Ziel der Platonischen Entwicklungsgeschichte; andererseits erkennt er, daß die dialogische, szenische, die kunstvolle und ironische Seite zurücktritt zugunsten einer direkten Darstellung der Platonischen Dogmatik. Während das erste Moment die Interpretationshypothese Schleiermachers zu bestätigen scheint, dürfte das zweite Moment den ›Romantiker‹ Schleiermacher, der die wesentliche und organische Einheit von Poesie und Philosophie in den Texten Platons wiedergefunden zu haben glaubte, enttäuscht haben.

Schleiermachers Interpretation ist von einem Grundproblem motiviert. Dazu bildet er eine starke These aus: Es gehe in den zehn Büchern des Staates nämlich vor allem um die Gerechtigkeit als persönliche Tugend, weniger um die beste Einrichtung des Staates. Schleiermacher orientiert sich an den Überlegungen im 2. Buch. Dort sagt Platon in Analogie zu den Buchstaben, die auch besser erkennbar, je größer sie geschrieben sind, daß wohl auch die Gerechtigkeit in dem größeren Gegenstand, nämlich dem Staat, besser zu erkennen sei als in einem kleineren Gegenstand, dem einzelnen Menschen. Deshalb, so Schleiermachers Schluß, habe die Rede des Sokrates illustrative Funktion, aber keine konstitutive. Platon habe nur zeigen wollen, was Gerechtigkeit sei, nicht aber, wie ein konkreter Staat funktionieren müsse, wenn er denn gerecht genannt werden soll.[133] Dazu gehört nach Schleiermacher ebenso das Eingeständnis Platons am Schluß des 9. Buchs, ein solcher Staat finde sich nicht auf der Erde, sondern nur im Denken als ein Vor- und

---

133 Vgl. Platon, Resp. 368d-369d.

Musterbild für den, der einen wirklichen Staat verbessern, d. h. gerechter machen wolle.[134] Schleiermachers Überlegungen bewegen sich also in die entgegengesetzte Richtung wie diejenigen Hegels. Dabei ist es bemerkenswert, daß sich beide auf dieselbe zentrale Textpassage stützen, aber zu Schlüssen kommen, die unterschiedlicher kaum sein könnten. Es liegt deshalb die Vermutung nahe, daß sich diese Differenz aus systematischen Interessen speist. Bei Hegel dürften diese in seiner eigen Staats- und Geschichtsphilosophie zu finden sein sowie in einer affirmativen Hinwendung zur *Politeia* insgesamt.

Hinter Schleiermachers Interpretation liegt indes der Versuch, Platons Gedanken über den gerechten Staat auf den Status eines Beispiels zurückzuschneiden. So sehr nämlich Schleiermacher Platons Konzept einer Ethisierung der Philosophie unterstützt, ja, selbst noch lobende Worte findet für den Primat der Ethik vor der Naturphilosophie, so sehr kritisiert er den Staatsentwurf Platons in einigen Teilen gerade wegen eines Mangels an ethischen Prinzipien. Die Naturphilosophie des *Timaios* schließt sich nämlich für Schleiermacher unmittelbar an die *Politeia* an. »Aus der nachgewiesenen Verflechtung erhellt demnach, daß auch in dieser neuen Reihe das ethische Element die Oberhand hat, indem die Naturwissenschaften selbst durch die an ihre Spitze gestellte Idee des Guten ethisiert ist, und also die Weltbildung als göttliche Handlungsweise das Urbild abgibt, (. . .).«[135]

Aber die ›Ethisierung‹ findet nach Schleiermacher ihre Grenze, wenn zur Durchsetzung der Gerechtigkeit die ›Weibergemeinschaft‹ gefordert wird. Zwar sieht er bei Platon einen Weg vorgezeichnet, den auch das Christentum später eingeschlagen habe, nämlich die ›Gleichheit der Geschlechter‹, d. h. die Forderung nach gleichen Rechten und Pflichten für Frauen und Männer im idealen Staat. Allerdings habe Platon dafür entgegengesetzte Argumente angeführt: »Vielmehr sind sowohl die Gründe, von denen er ausgeht, als die Folgerungen, die er entwickelt, von der Art, daß aus dem Standpunkte des Christentums auf das lebhafteste dagegen protestiert werden muß.«[136] Platon habe nämlich nicht auf die Gleichheit der Vernunft für alle Menschen hingewiesen, wie es – nach Auffassung Schleiermachers – Position des Christentums sei, sondern auf das Tierreich. »Wie nun ferner von der größeren Gleichheit der Geschlechter aus die christliche Sitte den reinsten Begriff der Ehe und die vollkommenste Gestaltung des Hauswesens ins Leben gerufen hat: so hat den Platon seine Ansicht von dieser Gleichheit zu einer völligen Zerstörung von beiden verleitet, und dies ist es was jeder unserer Zeitgenossen von gesundem Sinn gern bis auf die letzte Spur aus diesem Werke ver-

---

134 Vgl. Platon, Resp. 592ab; Resp. 540d.
135 Schleiermacher, Platon, S. 386.
136 Schleiermacher, Platon, S. 359.

löschen möchte.«[137] Nach Schleiermacher zeigt sich darin eine gänzlich verfehlte sittliche Ordnung, mit der es auch niemals zu einem wirklichen Ge-
meinwesen habe kommen können. Überhaupt scheint ihm eine solche Kom-
mune nur für wenige Personen zu einem funktionierenden Verband zu taugen,»wie auch die Platonische nur sein sollte, und wie sie auch neuerlich in
Amerika auf den sehr ähnlichen Grundsatz gemeinschaftlichen Erwerbes
und einer von der zartesten Kindheit an gemeinschaftlichen Erziehung, nur
eine kleine Gemeinde hat zu Stande gebracht werden können.«[138] Eine große
bürgerliche Gesellschaft könne indes nur gebildet werden durch das ›abge-
schlossene Hauswesen als ausgebildete organische Einheit‹.

Ein gleichermaßen sittlicher Protest Schleiermachers entzündet sich an
der Auffassung Platons von der interpersonalen Liebe. Sie scheint Schleiermacher ganz auf den sinnlichen Reiz beschränkt, während er – sich hier ganz
auf christlichem Boden meinend – gerade das geistige Element als den eigentlichen Kern der Liebe zwischen Mann und Frau erkennt. Schleiermacher zeigt, daß er eine solche Auffassung gründlich verabscheut: »(...) ich
möchte sagen hier konzentriert sich alles verfehlte der hellenischen Geistes-
entwicklung, und es zeigt sich deutlich das Unvermögen dieser Natur zu
einer befriedigenden Gestaltung ethischer Verhältnisse.«[139] Vollends unverständlich ist Schleiermacher, daß Platon nicht nur der ›Knabenliebe‹ Tole-
ranz entgegenbringt – weil sich auch darin der Reiz der Schönheit auswirke
–, sondern daß er sogar vorschlägt, der Lohn der Tapferkeit könne in der
Begünstigung dieser ›Neigungen‹ bestehen, »so daß das Bestreben sich bür-
gerlich hervorzutun durch die Aussicht das Schönste aus beiden Geschlech-
tern zur Beute zu erlangen genährt werden darf, und daß auf solche Weise
zum Gemeinnützigen und Guten gespornt werden zu können, noch zu den
Vorzügen der edleren Naturen gehört, wovor unser sittlicher Rigorismus mit
Recht zurückschreckt.«[140]

Schleiermacher fühlt sich von Platons Gesellschaftsvorstellung und der
in ihr implizierten Sittlichkeit provoziert. Er argumentiert nicht mit der historischen Differenz zu einer längst vergangenen Epoche. Er betrachtet die
klassische Antike Griechenlands nicht mit den Augen eines Ethnologen.
Sein Interesse an der Integrität Platons bleibt indes ungebrochen. Schleiermachers Ausweg besteht in der Depotenzierung des Platonischen Staatsentwurfs. Es handle sich bloß um ein Beispiel, das zwar eine verfehlte sittliche
Vorstellung vom Staat aufzeigt, nicht aber Platons Auffassung von der Sittlichkeit des Einzelnen überhaupt desavouiert. Hegels Deutung enthält sich

137 Schleiermacher, Platon, S. 359.
138 Schleiermacher, Platon, S. 361.
139 Schleiermacher, Platon, S. 359.
140 Schleiermacher, Platon, S. 360.

ganz einer ethischen Bewertung und fragt allein, warum Platon eine solche Lösung vorschlägt. Hegel schrickt nicht vor der Zumutung einer familienlosen Gesellschaftsordnung zurück. Er empfindet kein Grauen bei der Vorstellung, Fortpflanzung und Sexualität seien einzig dem Zweck des Staates unterzuordnen. Er begreift den Mangel an individueller Freiheit vielmehr als Signum einer sich entwickelnden, aber noch nicht vollständig entwickelten Gesellschaftsform, in der allerdings das Element der wahren Staatskonstitution idealiter enthalten ist. Schleiermacher ist dagegen der Person Platons näher. Das Unbegreifliche und Ungeheuerliche, das aus den Texten Platons spricht, muß Schleiermacher deshalb auf ein Maß zurückdrängen, das einen Bürger am Beginn des 19. Jahrhunderts nicht zu irritieren vermag. Es darf nicht verschwiegen, aber es soll marginalisiert werden. Es darf die moralische Institution, welche die Texte Platons bilden, nicht erschüttern.

Ein weiteres Motiv ist in der entwicklungsgeschichtlichen Darstellung begründet. Mehrfach kommt Schleiermacher auf den *Philebos* zu sprechen, der nach Schleiermachers Auffassung der *Politeia* unmittelbar voranging, der *Philebos*, »welcher überhaupt, aus diesem Standpunkt angesehen, als der rechte unmittelbare Vorhof unseres Werkes erscheint.«[141] Dafür spricht für Schleiermacher vor allem, daß nun in den Gleichnissen klar die Hierarchie der Ideen Ausdruck findet, an deren Spitze die Idee des Guten firmiert. Entwicklungsgeschichtlich formuliert bedeutet dies, daß sich erst in der *Politeia* die vollgültige Ausprägung der Ideenlehre findet. Was aber *Sophistes* und *Philebos* dazu beibringen, kann nur eine Zwischenstufe sein auf dem Weg zur entwickelten Form. Platon gebe, so erklärt Schleiermacher, ein Bild vom Wesen der Philosophie »in einer ziemlich gedrängten Verhandlung, worin er so weit auf die Prinzipien zurückgehend als er mußte, um nicht geradezu sich selbst zu zitieren, doch sichtlich alles voraussetzt, was wir aus den Gesprächen kennen, als deren Kern der ›Sophist‹ anzusehen ist.«[142]

Daher sieht Schleiermacher in der *Politeia* eine Fortführung der Seinslehre, die er auch schon im *Sophistes* und – in anderer Wendung – im *Philebos* ausgedrückt fand. Allerdings sind es, seiner Interpretation zufolge, wieder nur Andeutungen, die sich hier finden: Die Idee des Guten sei in der Theorie Platons nämlich nichts anderes als ein Ausdruck der Identität von Sein und Bewußtsein. Einerseits nämlich verleihe die Idee des Guten, gleichsam durch ein ausfließendes geistiges Licht, den Begriffen, d. i. dem erkennbaren Wesen der Dinge, Wahrheit. Anderseits liegt die Idee des Guten auch der Möglichkeit der Vernunfterkenntnis zugrunde. Die Idee des Guten ist insofern auch das wahre Wesen der Vernunft. Das bloß Wahrnehmbare aber sei daher »der ewig unruhige Fluß des Nichtseienden, wofern nicht durch die

---

141 Schleiermacher, Platon, S. 372.
142 Schleiermacher, Platon, S. 362.

lebendige Einwirkung der Idee des Guten dieser Fluß festgehalten, und es
so erst etwas würde, (...).«[143]

5.7 Schleiermacher als Interpret Platons

Schleiermachers Platon-Interpretation ist einer der ersten Gesamtentwürfe,
der sich zugleich um seine methodischen Voraussetzungen bemüht. Allerdings schlägt seine Interpretation – nach heutigen Maßstäben – fehl. Das
dürfte insgesamt kaum überraschen. Eine Rechtfertigung einzelner von
Schleiermacher vertretener Positionen würde heute ohnehin niemandem
einfallen. Größeres Gewicht – vor allem in methodologischer Hinsicht –
dürfte indes die Kluft haben, die sich in Schleiermachers Verfahren findet.
Einerseits mißt er nämlich der historisch argumentierenden Rekonstruktion
große Bedeutung zu, andererseits kann er kaum verbergen, daß ihm eine
historische Distanzierung nicht genügt. Sein Interesse an Platon ist substantiell und philosophisch. Die Form des Dialogs, der Schleiermacher so große
Aufmerksamkeit schenkt, die ästhetische Perspektive, in der Platon das Dia-
loggeschehen inszeniert und seine Inhalte ausbreitet, ist auch in Schleiermachers Denken keine bloße Nebensache. Die Verbindung von Poesie und Philosophie verweist auf das romantische Umfeld, insbesondere auf die Diskussionen mit Friedrich Schlegel, die Auffassung von der Identität von Sein und
Denken auf die Identitätsphilosophie Schellings, die Rolle des Dialogs auf
die Entwicklung der Dialektik Schleiermachers. Bereits die Namensgebung
dieser philosophischen Grunddisziplin ist mehr Platon verpflichtet als etwa
Kant oder Hegel,[144] wenn Schleiermacher sich auch gelegentlich distanziert
gegenüber der Dialogik Platons äußert.

Im Gegensatz zur Interpretation Hegels betont und verteidigt Schleiermacher die Rolle des Dialogs. Er ist der erste, der den systematischen Zusammenhang zwischen der Form und dem Gehalt der Platonischen Dialoge mit
aller Klarheit herausstellt. Seine in Zusammenhang mit Schlegel entwickelte
und an den Übersetzungen gereifte Vorstellung vom Werk Platons als einem
organischen Ganzen, hat ganze Generationen von Forschern geprägt. Es
mag uns Heutigen erscheinen, als sei dies unserem Bild von der griechischen
Antike unangemessen. Uns scheint die Antike, und die griechische zumal,
fragmentarisch und fremd. Schleiermacher fühlte sich ihr nah und verbunden. Man sollte aber nicht übersehen, daß Schleiermachers hermeneutisches
Konzept, sei es auch an einem unzureichenden Bild der Antike gewonnen,

---

143 Schleiermacher, Platon, S. 364.
144 Vgl. dazu Frank, Manfred, »Einleitung« zu: *Friedrich Schleiermacher, Dialektik.* (Hg.)
Frank, Manfred. 2 Bde., Frankfurt a. M. 2001, S. 26–34.

sich für viele Generationen als fruchtbar erwiesen hat gerade für die Interpretation von Autoren der Neuzeit. Das betrifft vor allem Schleiermachers organologischen Ansatz, der in vielfältigen Varianten eine Entwicklungsgeschichte ermöglicht hat.

Für Schleiermachers Interpretation Platons bedeutet das, daß Schleiermacher zunächst alle dogmatischen Zusammenschnürungen in ihre Grenzen weist. Daß seine Überlegungen auf die romantische Vorliebe für das Nicht-Systematische und Ästhetische verweisen, muß nicht eigens betont werden. In vielen Details geht Schleiermacher nicht mehr mit dem gegenwärtigen Forschungsstand konform. Das ist nicht überraschend, schmälert jedoch nicht sein wesentliches Verdienst: ein nicht dogmatisches Platonbild inauguriert zu haben, das sich vorschnellen Simplifizierungen entzieht, gleichzeitig aber den Sinn öffnet für einen Platon als philosophischen Künstler.

6. Platon als Vorläufer Kants: Schopenhauer

Schopenhauer als einen wichtigen Interpreten Platons – hier neben Schelling, Hegel und Schleiermacher – aufgezählt zu finden, könnte verwundern. Einerseits zählt Schopenhauer kaum unter die klassischen Platon-Interpreten seiner Zeit. Als Philologe ist er nicht in Erscheinung getreten. So gibt es von ihm wenig zusammenhängende Gedanken etwa über einen bestimmten Platonischen Dialog. Andererseits ist die Philosophie Schopenhauers selbst häufig mit dem Vorurteil des Populären, des Abseitigen, Verschrobenen belegt. Gelegentlich hört man Zweifel daran, ob sein Werk – und dessen Interpreten – überhaupt der genuinen Philosophie zuzuschlagen sei und nicht bloß dem Feuilleton. Schließlich darf man zu Recht feststellen, daß Platon und Schopenhauer – will man denn einen solchen erhobenen und beurteilenden Standpunkt einnehmen – unterschiedlicher kaum sein könnten. Das betrifft ihre Auffassung vom Staat und von der Kunst genau so wie die von der Vernunft.[1]

Tatsächlich liegt die Begründung für die Aufnahme Schopenhauers in die Reihe der Platon-Interpretationen des vorliegenden Buches allein darin, daß seine Auffassung quer liegt zu denen der anderen. Schopenhauers Überlegungen scheinen keinem intensiven, jahrelangen Platonstudium entsprungen zu sein. Trotzdem sind sie originell. Es handelt sich um eine eigenständige Interpretation und um eine Transformation in das eigene philosophische Konzept. Deshalb steht auch *Die Welt als Wille und Vorstellung* im Zentrum der Darstellung, hier vor allem das 2. und 3. Buch, in denen es um Schopenhauers Begriff der *Platonischen Idee* geht. Aus den verstreuten Bemerkungen an anderen Stellen seiner Werke läßt sich dann ein – wenn auch lückenhaftes – Bild seiner Auffassung von der Platonischen Ideenlehre gewinnen. Stärker noch als Hegel entfremdet Schopenhauer die Ideenlehre Platons seiner ursprünglichen historischen Situierung.

6.1 Die Welt als Wille und Vorstellung

»›Die Welt ist meine Vorstellung‹ – dies ist die Wahrheit, welche in Beziehung auf jedes lebende und erkennende Wesen gilt; (. . .)«.[2] Mit diesem er-

---

1 Vgl. Zint, Hans, »Schopenhauer und Platon«, in: *Jahrbuch der Schopenhauer-Gesellschaft* 14 (1927), S. 17–41; insb. S. 20–29.
2 Schopenhauer, Arthur, *Die Welt als Wille und Vorstellung*. Arthur Schopenhauer, Zürcher

sten Satz seines Hauptwerkes *Die Welt als Wille und Vorstellung* knüpft Schopenhauer – wie er explizit festgestellt wissen will – an die Philosophie Kants an.[3] Die Welt ist meine Vorstellung, das bedeutet: Jeder Weltgehalt, den ich erkenne, ist ein Vorstellungsgehalt. Er läßt sich nicht unabhängig von den Gesetzen der Vorstellung erkennen. Diese Gesetze sind Formen, unter die der Gehalt gebracht wird, Formen, die nicht im Gehalt selbst liegen, sondern der subjektiven Seite der Erkenntnis zugehören. Wie Kant zählt auch Schopenhauer Raum und Zeit zu den formalen Bedingungen der Erkenntnis. Hinzu tritt bei Schopenhauer die Kausalität, welche die Kategorien im Kantischen Sinne ersetzt. Hier hat der Satz vom Grund seinen Ort. Der Satz vom Grund, d. h. die Kausalität, dominiert die Welt, insofern sie Vorstellung ist.

Der Gegensatz von Anschauung und Vorstellung, der bei Kant noch konstitutiv war für die Erkenntnis, wird von Schopenhauer nivelliert. Jede Anschauung ist intellektuell,[4] d. h. jede ist bestimmt durch Kausalität, Raum und Zeit. Die Sinnlichkeit erklärt Schopenhauer durch die Empfindung. Der Leib ist das unmittelbare Objekt, denn die Anschauung aller anderen Objekte ist durch ihn, den Leib, vermittelt.

Unsere Sinnesorgane verschaffen uns ein Bild der Welt. Dieses Bild trägt den Charakter der Notwendigkeit. Alles, was auf den Leib wirkt, verhält sich wie Grund zur Folge. Empfindung ist eine Wirkung, d. h. etwas Bewirktes. Der Verstand konstituiert den Grund dieser Wirkung. Er ist das Objekt der Vorstellung.»(. . .) so verwandelt der Verstand mit *einem* Schlage, durch eine einzige, einfache Funktion die dumpfe, nichtssagende Empfindung in Anschauung. Was das Auge, das Ohr, die Hand empfindet, ist nicht die Anschauung: es sind bloße Data. Erst indem der Verstand von der Wirkung auf die Ursache übergeht, steht die Welt da, (. . .).«[5]

Ausgabe. Bd. 1 u. 2, Zürich 1977, S. 29. Vgl. zum folgenden auch: Asmuth, Christoph, »Musik als Metaphysik. Platonische Idee, Kunst und Musik bei Arthur Schopenhauer«, in: *Philosophischer Gedanke und musikalischer Klang. Zum Wechselverhältnis von Musik und Philosophie.* (Hg.) Asmuth, Christoph – Scholtz, Gunter – Stammkötter, Franz-Bernhard, Frankfurt a. M./New York 1999, S. 111–125.

3 Vgl. zum Verhältnis Schopenhauers zu Kant insbesondere in bezug auf die theoretische Philosophie: Welsen, Peter, *Schopenhauers Theorie des Subjekts. Ihre transzendentalphilosophischen, anthropologischen und naturmetaphysischen Grundlagen.* Würzburg 1995; Zöller, Günter, »The Turn From Idealism: Arthur Schopenhauer«, in: *The Columbia History of Philosophy.* (Hg.) Popkin, R. New York 1999, S. 542–546. – Zu Schopenhauers Hauptwerk s.: Malter, Rudolf, *Arthur Schopenhauer. Transzendentalphilosophie und Metaphysik des Willens.* Stuttgart-Bad Cannstatt 1991; dazu: Zöller, Günter, »Schopenhauer und das Problem der Metaphysik. Kritische Überlegungen zu Rudolf Malters Deutung«, in: *Schopenhauer-Jahrbuch* 77 (1996), S. 51–63; ferner: Schaefer, Alfred, *Probleme Schopenhauers.* Berlin 1984.

4 Schopenhauer, *Die Welt als Wille und Vorstellung,* S. 39.

5 Schopenhauer, *Die Welt als Wille und Vorstellung,* S. 39.

Die Welt ist, insofern sie vorgestellt wird, nichts anderes als ein komplexes Netz von Ursachen und Wirkungen, unterworfen der Notwendigkeit, der Kausalität. Dies betrifft nicht nur die physikalischen, so etwa die kosmologischen Prozesse, sondern ebenso das menschliche Handeln. Diese Kausalität macht die Welt tauglich, Gegenstand der Wissenschaft und der Forschung zu sein.

Die Objekte der Vorstellung ziehen nach dem Gesetz der Kausalität vor dem Subjekt vorbei. Es hat kein Interesse an den Gegenständen, die es erkennt, und was es erkennt, ist bloß die Oberfläche und nicht das Wesen, das Innere der Dinge. Schopenhauer unterscheidet streng zwischen *Erklärung* und *Bedeutung*.[6] Die Welt als Vorstellung kann erklärt werden. Es ist die Aufgabe der Wissenschaft, Erklärungen zu finden, d. h. die kausalen Zusammenhänge aufzudecken. Damit haben die Gegenstände jedoch noch keine Bedeutung. Das Subjekt steht der Welt gleichgültig gegenüber. Um zu erklären, daß die Objekte Bedeutung haben, muß die Welt noch mehr sein als bloße Vorstellung. Insbesondere in bezug auf den Leib konstatiert Schopenhauer dieses Unbehagen der Theorie. Der Leib ist als Vorstellung das unmittelbare Objekt, das universelle Medium, das die Welt zur Vorstellung eines Subjekts werden läßt. Er ist daher ein Objekt unter Objekten. Darin erschöpft sich die Leiblichkeit jedoch nicht. Der Leib ist primär mein Leib. Er ist nicht nur unmittelbares Objekt, sondern auch Trieb, Drang, Mangel und Bedürftigkeit. In Schopenhauers philosophischer Terminologie heißt das *Wille*. Im Leib stellt sich der Wille unmittelbar dar. »Der Willensakt und die Aktion des Leibes sind nicht zwei objektiv erkannte verschiedene Zustände, die das Band der Kausalität verknüpft, stehn nicht im Verhältniß der Ursache und Wirkung; sondern sie sind Eines und das Selbe, nur auf zwei gänzlich verschiedene Weisen gegeben: ein Mal ganz unmittelbar und ein Mal in der Anschauung für den Verstand.«[7]

Erst in der Reflexion treten Wollen und Tun auseinander. »Jeder wahre, ächte, unmittelbare Akt des Willens ist sofort und unmittelbar auch erscheinender Akt des Leibes (. . .).«[8] Der Wille ist ein dunkler Drang. Erst im Menschen kommt er sich zu Bewußtsein. Daher ist es nicht das intellektuelle Vermögen des Menschen, das einen Willen besitzt, mit dem es Entscheidungen trifft. Schopenhauers Konzept setzt den umgekehrten Akzent. Der Wille ist das universale Prinzip des Lebens, das sich im Menschen – als der höchsten Stufe seiner Erscheinung – einen Verstand geschaffen hat. Dieser Verstand dient dem an sich verborgenen Willen zur Durchsetzung: Der Wille

---

6 Schopenhauer, *Die Welt als Wille und Vorstellung*, S. 141.
7 Schopenhauer, *Die Welt als Wille und Vorstellung*, S. 143.
8 Schopenhauer, *Die Welt als Wille und Vorstellung*, S. 144.

will leben. Das Bewußtsein ist ein unwesentliches Epiphänomen des alles unterströmenden Willens.

Dieser Wille ist das Ding-an-sich, das innere Wesen der Welt. Die Vorstellungen sind bloß Erscheinungen dieses Willens oder, wie sich Schopenhauer ausdrückt, Objektivationen. Der Wille selbst ist nicht individuell; er wird es erst – nicht zeitlich, sondern logisch – durch Raum und Zeit.[9] Denn der Wille ist den Gesetzen der Erscheinung nicht unterworfen: Er ist grundlos, d. h. frei, ohne Vielheit und in diesem Sinne Einer. »Der Wille als Ding an sich liegt, (...), außerhalb des Gebietes des Satzes vom Grunde in allen seinen Gestaltungen, und ist folglich schlechthin grundlos, obwohl jede seiner Erscheinungen durchaus dem Satz vom Grunde unterworfen ist: er ist ferner frei von aller *Vielheit*, obwohl seine Erscheinungen in Zeit und Raum unzählige sind: er selbst ist Einer: jedoch nicht wie ein Objekt Eines ist, dessen Einheit nur im Gegensatz der möglichen Vielheit erkannt wird: noch auch wie ein Begriff Eins ist, der nur durch Abstraktion von der Vielheit entstanden ist: sondern er ist Eines als das, was außer Zeit und Raum, dem *principio individuationis*, d. i. der Möglichkeit der Vielheit, liegt.«[10]

Schließlich will dieser Wille nichts Bestimmtes, er richtet sich auf keinen Zweck. Er strebt, sagt Schopenhauer, um des Strebens willen, sein Streben ist sein Wesen; kein Ziel setzt dem Willen ein Ende.[11] »Wollen und Streben ist sein Wesen, einem unlöschbaren Durst gänzlich zu vergleichen.«[12] In den Erscheinungen des Willens, in seinen Objektivationen, zeigt sich der Wille partikularisiert. Immer will der Wille, will leben. Aber seine Erscheinungen hemmen sich gegenseitig, streiten und kämpfen um die lebenswichtigen Ressourcen. So sehr der Wille als Ding an sich Einer ist, so sehr befindet er sich andererseits mit sich selbst im Widerstreit. »So sehn wir«, sagt Schopenhauer über die Welt als Erscheinung des Willens, »in der Natur überall Streit, Kampf und Wechsel des Sieges, und werden eben darin weiterhin die dem Willen wesentliche Entzweiung mit sich selbst deutlicher erkennen.«[13] Für den Einzelnen besteht das Leben aus Wollen, Trieb und Streben, denn er ist Erscheinung des Willens. Die Ziel- und Grundlosigkeit des Willens erzeugt im Menschen Schmerz, Bedürftigkeit und Mangel, denn eine Befriedigung seines Wollens und seines Strebens ist unmöglich. Das verwandelt sein Leben in unheilbares Leiden.

Der Wille ist das Ding-an-sich und als solches Eines. Ihm entgegengesetzt ist die Welt der Vorstellung, in welcher der Wille erscheint. Die Teile der

---

9 Vgl. Schopenhauer, *Die Welt als Wille und Vorstellung*, S. 157.
10 Schopenhauer, *Die Welt als Wille und Vorstellung*, S. 158.
11 Vgl. Schopenhauer, *Die Welt als Wille und Vorstellung*, S. 386.
12 Schopenhauer, *Die Welt als Wille und Vorstellung*, S. 390.
13 Schopenhauer, *Die Welt als Wille und Vorstellung*, S. 197.

Welt sind »die Objektität des Willens, welches demnach besagt: der Objekt, d. i. Vorstellung, gewordene Wille.«[14] Nun erscheint der Wille nicht auf solche Weise, daß er zerteilt und aufgeteilt wäre unter alles einzelne, daß dem einzelnen also nur ein Bruchstück des Willens zukäme. Vielmehr ist der unteilbare Wille in allem einzelnen ganz. Durch eine kontemplative Anschauung ist es dem Menschen möglich, den Willen zu erkennen. Nur ist der auf diese Weise erkannte Wille nicht der Wille als Ding-an-sich, sondern er ist die Idee, die erkannt wird, das Wesen des Einzeldings, die ewige Form, die außerhalb von Raum und Zeit steht, außerhalb folglich der Sphäre der Individualität.[15] Schopenhauer nennt diese Idee *Platonische Idee*.[16]

6.2 Platonische Idee – Platon und Kant

Die unendlichen Formen und Gestalten des Willens in der Welt sind nach Schopenhauer hierarchisch geordnet. Sie bilden Stufen der Objektivation des Willens, die – nach Schopenhauer – nichts anderes sind als die Platonischen Ideen, darin in etwa vergleichbar der Schellingschen Potenzenlehre. In diesen Stufen erkennt man »Plato's Ideen wieder, sofern nämlich jene Stufen eben die bestimmten Species, oder die ursprünglichen, nicht wechselnden Formen und Eigenschaften aller natürlichen, sowohl unorganischen, als organischen Körper, wie auch die nach Naturgesetzen sich offenbarenden allgemeinen Kräfte sind.«[17] Unschwer finden sich hier zunächst drei grobe Einteilungen dieser Stufen, nämlich:
1. die allgemeinen Naturkräfte,
2. die konstanten Formen und Eigenschaften der *anorganischen Natur* und schließlich
3. die bestimmten Species, d. h. die konstanten Arten der *organischen Natur*.[18]

An anderer Stelle teilt Schopenhauer die Grundabstufungen der Idee etwas anders ein: 1. Mineralreich, 2. Pflanzenreich, 3. Tierreich, 4. Menschen. Die

---

14 Schopenhauer, *Die Welt als Wille und Vorstellung*, S. 221.
15 Schopenhauer, *Die Welt als Wille und Vorstellung*, S. 177.
16 Insgesamt geht Schopenhauer – wie viele andere Denker auch – mit Vorläuferschaften ganz generös um: »Es würde hier der Anführungen gar kein Ende seyn, wenn man zeigen wollte, wie alle Philosophen vor Kant von der Vernunft im Ganzen in meinem Sinn geredet haben, wenn sie gleich nicht mit vollkommener Bestimmtheit und Deutlichkeit das Wesen derselben, durch Zurückführung auf einen Punkt, zu erklären wußten.« (Schopenhauer, *Die Welt als Wille und Vorstellung*, S. 635)
17 Schopenhauer, *Die Welt als Wille und Vorstellung*, S. 221.
18 Schopenhauers Stufenmodell ist deshalb starr und unbeweglich. Eine *Entstehung der Arten* ist nach seinem Modell nicht zu denken.

höchste Stufe der Objektivation des Willens ist nämlich der Mensch. Er unterscheidet sich unter anderem darin von den vorhergehenden Stufen, daß bei ihm der Charakter der Gattung vom Charakter des Individuums verschieden ist.[19] Es ist geradezu das Kennzeichen der höheren Stufen der Objektivation, daß in ihnen die Individualität hervortritt. Das betrifft in besonderer Weise den Menschen, gilt aber auch schon von den höheren Arten der Tiere. Beim Menschen zeigt sich die Individualität in der Physiognomie, die Ausdruck der Persönlichkeit, Ausdruck eines individuellen Charakters ist. Tiere – selbst auf den höchsten Stufen – weisen nur begrenzt Individualphysiognomien auf.[20] Die Idee der Menschheit tritt also in jedem Individuum in anderer Gestalt hervor. Es zeigt sich in jedem konkreten Menschen eine besondere Seite der Idee der Menschheit, und dies in unendlich vielfältiger Weise.

Idee ist für Schopenhauer »die bestimmte Species, oder die ursprünglichen, nicht wechselnden Eigenschaften aller natürlichen, sowohl unorganischen, als organischen Körper, wie auch die nach Naturgesetzen sich offenbarenden allgemeinen Kräfte.«[21] Das Verhältnis der Ideen zu den Ideaten denkt Schopenhauer analog zu dem von Allgemeinem und Individuellem, zu dem von Vorbild und Nachbild. Das Individuelle ist ein Produkt der Vorstellung, die gemäß dem *principium individuationis* durch Raum, Zeit und Kausalität die Vereinzelung und Verendlichung bewirkt. Die Idee ist als das allgemeine Vorbild weder Raum noch Zeit, noch der Kausalität unterworfen. Sie entsteht und vergeht nicht. Ihr kommt, so Schopenhauer, weder Vielheit noch Wechsel, noch Vergänglichkeit zu. Der Satz vom Grunde habe für die Idee so wenig Bedeutung wie für den unergründlichen Willen.

Hierdurch rückt nun die Platonische Idee ganz in die Nähe des Kantischen Ding-an-sich. Denn das Ding-an-sich füllt Schopenhauer mit dem unergründlichen Weltwillen, dessen Objektivationen sich gerade in den Ideen, species, finden. Diese Interpretation mit ihrer Annäherung von Ding-an-sich und Idee mag erstaunen, da es sich bei Kant um heterogene Theorieteile handelt. Es ist sicherlich nicht unsinnig, Platon und Kant in einer gewissen Hinsicht Ähnlichkeit zuzusprechen, wenn dies auch davon abhängt, welche Hinsicht man wählt. Nicht ohne Grund spricht Kant selbst in der *Kritik der reinen Vernunft* von den Ideen und nimmt dabei explizit Bezug auf Platon.

Zwei Hinsichten sind hier zu unterscheiden, um Schopenhauers Interpretation bzw. Transformation bewerten zu können:
1. Es muß gefragt werden, was für einen Begriff von *Idee* Kant selbst vorschlägt und welche Funktion dieser Begriff erfüllen soll;

---

19 Vgl. Schopenhauer, *Die Welt als Wille und Vorstellung*, S. 285.
20 Vgl. Schopenhauer, *Die Welt als Wille und Vorstellung*, S. 179.
21 Schopenhauer, *Die Welt als Wille und Vorstellung*, S. 221.

2. für Schopenhauers Interpretation ist ebenso die Frage von großer Bedeutung, wie Kant selbst seinen Begriff von *Idee* mit demjenigen Platons verbindet.

1. An einer zentralen Stelle der *Kritik der reinen Vernunft*, nämlich zu Beginn der *Transzendentalen Dialektik*, äußert sich Kant explizit zu beiden Hinsichten. Am Ende des Abschnitts *Von den Ideen überhaupt* gibt Kant eine bedeutende Einteilung, eine ›Stufenleiter‹, wie Kant sagt, mit dem Ziel, den Ausdruck *Idee* näher zu bestimmen. Schematisch läßt sich diese Einteilung so verdeutlichen:[22]

Vorstellung → Idee

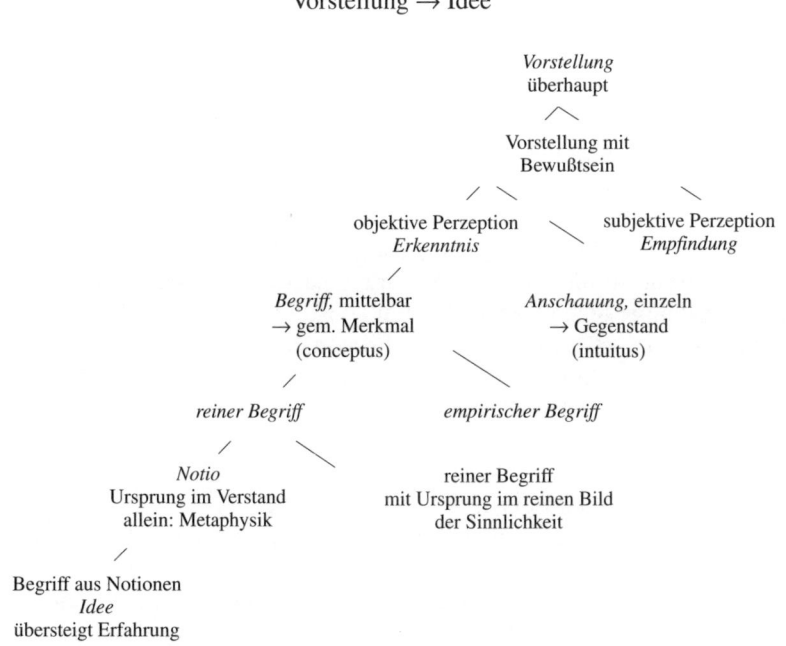

Vorstellung
überhaupt

Vorstellung mit
Bewußtsein

objektive Perzeption   subjektive Perzeption
Erkenntnis   *Empfindung*

Begriff, mittelbar   *Anschauung*, einzeln
→ gem. Merkmal   → Gegenstand
(conceptus)   (intuitus)

reiner Begriff   *empirischer Begriff*

Notio   reiner Begriff
Ursprung im Verstand   mit Ursprung im reinen Bild
allein: Metaphysik   der Sinnlichkeit

Begriff aus Notionen
Idee
übersteigt Erfahrung

---

22 Der Text lautet genau: »Hier ist eine Stufenleiter derselben [Vorstellungsarten; Ch. A.]. Die Gattung ist *Vorstellung* überhaupt (repraesentatio). Unter ihr steht die Vorstellung mit Bewußtsein (perceptio). Eine *Perception*, die sich lediglich auf das Subject, als die Modification seines Zustandes bezieht, ist *Empfindung* (sensatio), eine objective Perception ist *Erkenntniß* (cognitio). Diese ist entweder *Anschauung* oder *Begriff* (intuitus vel conceptus). Jene bezieht sich unmittelbar auf den Gegenstand und ist einzeln, dieser mittelbar, vermittelst eines Merkmals, was mehreren Dingen gemein sein kann. Der Begriff ist entweder ein *empirischer* oder *reiner Begriff*, und der reine Begriff, so fern er lediglich im Verstande seinen Ursprung hat (nicht im reinen Bilde der Sinnlichkeit), heißt Notio. Ein Begriff aus Notionen, der die Möglichkeit der Erfahrung übersteigt, ist die *Idee*, oder der Vernunftbegriff.« Kant, KrV, B 376f., Akad.-Ausg. III, 249f.

Eine analoge Einteilung findet sich auch in der Jäsche-Logik.[23] Beiden Texten ist eindeutig zu entnehmen, daß die oberste Gattung die Vorstellung ist. Die Idee, welche am Ende des Baumes zuunterst steht, ist daher nichts anderes als eine weiter spezifizierte Vorstellung, in jedem Fall aber – Vorstellung. Innerhalb der Kantischen Theorie gibt es daher keinen Grund, Ding-an-sich und Idee in unmittelbare Nähe zu rücken. Sie sind vielmehr am weitesten voneinander entfernt, wenn man sich denn dieser bildhaften Terminologie Schopenhauers bedienen möchte: Die Erkenntnistheorie Kants reduziert die Dingwelt auf eine Erscheinungswelt, ohne daß der Sphäre der Dinge dabei ein ontologischer Rest bliebe. Das Ding-an-sich ist daher in der Theorie Kants ein bloßer Grenzbegriff ohne ontische Realität. Erfahrung beruht auf der Erscheinung. Die Idee ist gleichsam ein Antagonist des Ding-an-sich. Denn für Kant ist die Idee ein Begriff, deren Gegenstand in der Erfahrung nicht vorkommt und nicht vorkommen kann. »Die Vernunftbegriffe oder Ideen können gar nicht auf wirkliche Gegenstände führen, weil diese alle in einer möglichen Erfahrung enthalten sein müssen. Aber sie dienen doch dazu, durch Vernunft, in Ansehung der Erfahrung und des Gebrauchs der Regeln derselben in der größten Vollkommenheit, den Verstand zu leiten (...).«[24] Das Ding-an-sich kann niemals Gegenstand einer möglichen Erfahrung werden; die Idee kann niemals auf wirkliche Gegenstände führen. Wenn die Idee schon nicht zum konstitutiven Prinzip der Erfahrung tauglich ist, so doch zum regulativen Prinzip des Verstandesgebrauchs.[25] In dieser Funktion unterscheidet sich die Idee vom Ding-an-sich, das für die Erfahrung überhaupt keine Funktion besitzt. Es bleibt ein leerer Grenzbegriff.

2. Kant schließt seinen Begriff der Idee an Platon an, ja, er gibt in der *Kritik der reinen Vernunft* eine explizite historische Anknüpfung an Platon, ein bei Kant sonst seltenes Verfahren. Idee bedeute bei Platon zum einen das, was nicht nur die Sinnlichkeit, sondern auch den Verstand übersteigt. »Die Ideen sind bei ihm Urbilder der Dinge selbst und nicht bloß Schlüssel zu möglichen Erfahrungen, wie die Kategorien [des Aristoteles, Ch. A.].«[26] Sie entstammten, so Kant, der höchsten Vernunft, an der die Menschen ursprünglich teilhatten. Diese ursprünglichen Kenntnisse hätten die Menschen nun

---

23 Vgl. *Immanuel Kants Logik. Ein Handbuch zu Vorlesungen.* (Hg.) Jäsche, Gottlob Benjamin, A 139–143; Akad.-Ausg. IX, 91–94.

24 *Immanuel Kants Logik. Ein Handbuch zu Vorlesungen.* (Hg.) Jäsche, Gottlob Benjamin, A 141, Anm. 2; Akad.-Ausg. IX, 92.

25 Dieser transzendentale Vorbehalt Kants findet seine Kritik bereits bei Hegel: Vgl. *Glauben und Wissen*, in: *Jenaer Kritische Schriften. Gesammelte Werke 4*, S. 335.

26 Kant, KrV, B 370, Akad.-Ausg. III, 246.

verloren. Die Anamnesis qua Philosophie habe daher die Aufgabe, das Verlorene aus den verdunkelten Ideen wiederherzustellen. Kant erkennt hierin ein Bedürfnis nach Metaphysik, das dem Menschen durch seine Natur gegeben ist. Der Mensch will über die bloße Erfahrung und die Fesselung an die Sinnlichkeit hinausgehen, will aus dem Endlichen zum Unendlichen, vom Bedingten zum Unbedingten fortschreiten. Hier liege für Platon ein Feld der Erkenntnis, dem niemals ein sinnlicher Gegenstand angemessen sein kann. Darum wirft Kant Platon vor, er habe seine Ideenlehre auf die spekulative Philosophie ausgedehnt, was aber – dem Programm der *Kritik der reinen Vernunft* gemäß – unstatthaft sei. »Er dehnte seinen Begriff freilich auch auf spekulative Erkenntnisse aus, wenn sie nur rein und völlig a priori gegeben waren, sogar über die Mathematik, ob diese gleich ihren Gegenstand nirgend anders, als in der *möglichen* Erfahrung hat.«[27] Für die praktische Philosophie erkennt Kant die große Bedeutung der Idee an: »Plato fand seine Ideen vorzüglich in allem, was praktisch ist, d. i. auf Freiheit beruht, welche ihrerseits unter Erkenntnissen steht, die ein eigenthümliches Product der Vernunft sind. Wer die Begriffe der Tugend aus Erfahrung schöpfen wollte (. . .), der würde aus der Tugend ein nach Zeit und Umständen wandelbares, zu keiner Regel brauchbares, zweideutiges Unding machen. Dagegen wird ein jeder inne, daß, wenn ihm jemand als Muster der Tugend vorgestellt wird, er doch immer das wahre Original bloß in seinem Kopfe habe (. . .). Dieses ist aber die Idee der Tugend, in Ansehung deren alle mögliche Gegenstände der Erfahrung zwar als Beispiele (. . .), aber nicht als Urbilder Dienste thun.«[28]

Nach Schopenhauers Auffassung liegen das Ding-an-sich Kants und die Platonischen Ideen dicht beieinander. Nach Kants Auffassung, so wie er sie in der *Kritik der reinen Vernunft* darlegte, dürfte zumindest die Ideenlehre Platons nicht unmittelbar in der Philosophie Kants aufgehen, wenn man denn auf das Selbstzeugnis Kants wert legt. Schopenhauers Ansatz synthetisiert beide Konzepte mit erheblichem äußeren Druck: »Ist uns nun der Wille das *Ding an sich*, die *Idee* aber die unmittelbare Objektität des Willens auf einer bestimmten Stufe; so finden wir Kants Ding an sich und Plato's Idee, die ihm allein das ὄντως ὄν ist, diese beiden großen dunklen Paradoxen, der beiden größten Philosophen des Occidents, – zwar nicht als identisch, aber doch als sehr nahe verwandt und nur durch eine einzige Bestimmung unterschieden.«[29]

Was für Argumente kann Schopenhauer für seine überraschende Behauptung beibringen? Seine Rekonstruktion der Transzendentalphilosophie

---

27 Kant, KrV, B 371, Akad.-Ausg. III, 246.
28 Kant, KrV, B 371f., Akad.-Ausg. III, 247.
29 Schopenhauer, *Die Welt als Wille und Vorstellung*, S. 222.

Kants fokussiert Schopenhauer ganz auf die Reduktion der Dinge-an-sich auf Erscheinungen. Die Idealität von Raum, Zeit und Kausalität bei Kant führe dazu, daß Entstehen und Vergehen nur den Erscheinungen, nicht aber den Dingen-an-sich zugesprochen werden dürften. Die gesamte Erfahrung beziehe sich deshalb bei Kant auf Erscheinungen. Alle Gesetze und Formen des Bewußtseins erstreckten sich einzig auf die Erscheinung, und insofern wir unser eigenes Selbst betrachten, ist auch dieses Selbst für uns nichts anderes als Erscheinung. Die Platonische Ideenlehre – und darin besteht für Schopenhauer eine erste bedeutende Ähnlichkeit – reduziere ebenfalls die sinnliche Welt auf Erscheinungen. Sie seien in einem ewigen Werden begriffen ohne wahrhaftes, d. h. unveränderliches Sein. Diese Gegenstände der Sinnenwelt seien für Platon daher auch nicht Objekt einer Erkenntnis im eigentlichen Sinne, sondern bloß eines durch Empfindung verursachten Dafürhaltens. Die Ideen dagegen seien unwandelbar, ewig, frei von Vielheit. Dabei geht Schopenhauers Argumentation sehr weit: Sie geht über Platons und Kants Konzeption hinaus. Kant stellt für Schopenhauer »die selbe Wahrheit dar, die schon Platon unermüdlich wiederholt und in seiner Sprache meistens so ausdrückt: diese, den Sinnen erscheinende Welt habe kein wahres Seyn, sondern nur ein unaufhörliches Werden, sie sei, und sei auch nicht, und ihre Auffassung sei nicht sowohl eine Erkenntniß, als ein Wahn.«[30] In Schopenhauers Interpretation sind die Konzeptionen Platons und Kants nur von negativem Wert, darin allerdings gleich. Sie beschreiben die Werdewelt, welche die Welt ist, in der wir leben, als bloßen Schein und unsere Auffassung dieser Welt als Wahngebilde. Damit sind die Dinge-an-sich nicht nur reduziert auf Erscheinung, sondern darüber hinaus noch auf bloßen Schein, der nichts ergibt als Täuschung. Schopenhauer denunziert die Welt. Sie ist ihm fade und trist, letztlich nicht wert, sich für sie zu interessieren. Platon und Kant dagegen wollten die Welt und ihre Gesetze bestimmen. Sie wollten erklären, wie man die Welt und was man von ihr erkennen kann.

Schopenhauer faßt die Ähnlichkeit der beiden Konzepte unter drei Aspekten zusammen:

1. »Es ist offenbar und bedarf keiner weitern Nachweisung, daß der innere Sinn beider Lehren ganz der selbe ist, daß beide die sichtbare Welt für eine Erscheinung erklären, die an sich nichtig ist und nur durch das in ihr sich Ausdrückende (dem einen das Ding an sich, dem Andern die Idee) Bedeutung und geborgte Realität hat; (. . .).«[31] Die Ähnlichkeit besteht also Schopenhauer zufolge in dem Konzept der Erscheinung, in die eine andere Realität, sei diese Ding-an-sich oder Idee, aufgegangen ist.

---

30 Schopenhauer, *Die Welt als Wille und Vorstellung*, S. 516.
31 Schopenhauer, *Die Welt als Wille und Vorstellung*, S. 224.

2. Eine weitere fundamentale Ähnlichkeit folgt daraus: Für beide sei die Erscheinungswelt durch Entstehen und Vergehen, d. h. durch Zeitlichkeit und Vergänglichkeit geprägt, während Ding-an-sich und Ideenwelt von Zeitlichkeit prinzipiell frei sind.

3. »Um Kants Ausdruck dem Platonischen noch näher zu bringen, könnte man auch sagen: Zeit, Raum und Kausalität sind diejenigen Einrichtungen unseres Intellekts, vermöge deren das eigentlich allein vorhandne *eine* Wesen jeglicher Art sich uns darstellt als eine Vielheit gleichartiger, stets von Neuem entstehender und vergehender Wesen, in endloser Succession.«[32] Ebenso wird die *eine* Idee Platons in der Erscheinungswelt in eine Vielheit von Gestaltungen gebrochen.

Schließlich wehrt Schopenhauer eine bestimmte Interpretation ab, die Platons Ideenlehre und Kants kritische Transzendentalphilosophie vergleicht, indem sie Kants Verstandesbegriffe qua Kategorien in Beziehung setzt mit den Ideen Platons. Der Vergleichspunkt bestünde hier in der Apriorizität der reinen Begriffe in Kants Theorie einerseits und der Anamnesislehre Platons andererseits. Begriffe und Ideen hätten so eine dem empirischen Leben logisch vorausliegende Qualität. Für Schopenhauer sind diese beiden Lehren jedoch völlig entgegengesetzt. Er macht geltend, daß diese Begriffe bei Kant konstitutive Formen der individuellen Erkenntnis seien, während Platon die Bedeutung solcher Formen für die Ideenerkenntnis negiert.

Bei aller Ähnlichkeit unterscheidet Schopenhauer jedoch auch das Ding-an-sich Kants von Platons Konzeption der Ideen. Bezugspunkt ist für Schopenhauer die eigene Theorie. Kant habe mit seiner Erkenntnistheorie einen ›Fehler‹[33] gemacht, als er vom Ding-an-sich sprach. Nach Kants Auffassung sollte sich das Ding-an-sich dadurch auszeichnen, daß es frei sei von allen Erkenntnis- und Anschauungsformen. Hier hätte Kant als zentrale Form das ›Objekt-für-ein-Subjekt-seyn‹ hinzuzählen müssen. Daß nämlich das Ding-an-sich niemals Objekt sein kann für ein Subjekt, ist die erste Forderung, die Kant hätte aufstellen müssen. Denn darin besteht die Grundform aller Erscheinung: Sie erscheint für jemanden, für ein Subjekt. Was folglich per definitionem nicht erscheint, sondern aller Erscheinung zugrunde liegt, kann nicht Objekt sein. Kant hätte also mit Nachdruck dem Ding-an-sich das Objekt-Sein absprechen müssen. »Die Platonische Idee hingegen ist nothwendig Objekt, ein Erkanntes, eine Vorstellung, und eben dadurch, aber auch nur dadurch, vom Ding an sich verschieden.«[34]

---

32 Schopenhauer, *Die Welt als Wille und Vorstellung*, S. 225.
33 Vgl. Schopenhauer, *Die Welt als Wille und Vorstellung*, S. 227f.
34 Schopenhauer, *Die Welt als Wille und Vorstellung*, S. 228. – Man erkennt in Schopenhauers Interpretation noch deutlich die Kantische Verwendung des Begriffes ›Idee‹ als eine Vorstellung, die hier auf Platon – unstatthafter Weise – übertragen wird.

Hinter Schopenhauers besonderem Verständnis der Ideenlehre liegt ein Interesse seiner eigenen Theorie. Die Idee ist für ihn eine Vermittlungsinstanz zwischen dem unerkennbaren Ding-an-sich, dem dunklen Willen, und der Erscheinungswelt. So ist die Idee einerseits frei von Kausalität; sie ist, wie Schopenhauer sagt, dem Satz vom Grunde nicht unterworfen. Andererseits ist sie trotzdem Objekt, d. h. prinzipiell erkennbar. Indem die Kausalität – als Form der Erscheinung – auf die Idee Anwendung findet, verwandelt sie die von aller Vielheit freie Idee in die Mannigfaltigkeit der Erscheinung: »Das einzelne, in Gemäßheit des Satzes vom Grunde erscheinende Ding ist also nur eine unmittelbare Objektivation des Dinges an sich (welches der Wille ist), zwischen welchem und ihm noch die Idee steht, als die alleinige unmittelbare Objektität des Willens, indem sie keine andere dem Erkennen als solchem eigene Form angenommen hat, als die der Vorstellung überhaupt, d. i. des Objektseyns für ein Subjekt. Daher ist auch sie allein die möglichst *adäquate Objektität* des Willens oder Dinges an sich, ist selbst das ganze Ding an sich, nur unter der Form der Vorstellung: und hierin liegt der Grund der großen Uebereinstimmung zwischen Plato und Kant, obgleich, der größten Strenge nach, Das, wovon beide reden, nicht das Selbe ist.«[35]

Schopenhauer kann diesen Gedanken auch in die Form eines subjektiven Argumentationsganges verwandeln, der sich nicht an den unterschiedlichen Objekten, sondern an den Erkenntnisweisen orientiert. Es ist für Schopenhauer die Individualität des Menschen, hervorgerufen durch die prinzipielle Leiblichkeit, auf deren Affektionen alle Anschauung verwiesen ist, die macht, daß wir nicht nur individuell erkennen, sondern unser Erkennen zugleich der Kausalität unterworfen ist. Ohne die Individualität, was nach Schopenhauer allerdings unmöglich ist, könnten wir die Ideen erkennen, wie sie frei wären von der Mannigfaltigkeit ihrer Ideate, frei von Zeitlichkeit und Vergänglichkeit, als eine Stufenleiter der Objektivationen des reinen Willens. So wie die Kausalität, so ist auch die Zeit eine durch die Individualität (d. h. durch die Leiblichkeit) erzeugte Form. »Die Zeit ist bloß die vertheilte und zerstückelte Ansicht, welche ein individuelles Wesen von den Ideen hat, die außer der Zeit, mithin *ewig* sind: daher sagt Plato, die Zeit sei das bewegte Bild der Ewigkeit: αιωνος εικων κινητη ὁ χρονος.«[36]

---

35 Schopenhauer, *Die Welt als Wille und Vorstellung*, S. 228.
36 Schopenhauer, *Die Welt als Wille und Vorstellung*, S. 229. – Hierbei handelt es sich natürlich um kein Platon-Zitat. Man könnte höchstens von einer Anspielung sprechen, die der Textstelle Tim. 37d gelten könnte. Allerdings betont Platons Timaios, daß der Demiurg ein ewiges in Zahlen fortschreitendes Abbild der Ewigkeit geschaffen habe. Im Gegensatz zu Schopenhauer handelt Platon von der kosmologischen Zeit, die in ewiger Zirkularität fortschreitet, und nicht von Anschauungsformen, die alle Erscheinungen verendlichen.

Diese Engführung von Kants kritischer Philosophie und Platons Ideenlehre ist ein originaler Bestand der Philosophie Schopenhauers, und außerhalb ihrer dürfte diese Engführung wohl kaum auf Plausibilität Anspruch machen.[37] Schopenhauer verschmilzt beide Theorien zu einer gänzlich neuen Auffassung. Von einer Interpretation kann hier nicht die Rede sein, besser von einer Transformation, bei der das zu Transformierende bereits stark zurechtgelegt ist. Das beginnt mit dem Begriff des *Dings-an-sich*, das Schopenhauer mit dem unerkennbaren Willen identifiziert. Man muß nicht erst fragen, wie Schopenhauer selbst zu einer solchen Erkenntnis von einem unerkennbaren Willen kommt, um zu konstatieren, daß es sich bei seiner Konzeption nicht um Transzendentalphilosophie handelt und daß auch seine Interpretation bzw. Transformation der Vernunftkritik Kants nicht transzendentalphilosophisch genannt werden kann. Es sind vor allem drei wesentliche Punkte, welche die interpretierende Transformation der Theorien von Kant und Platon charakterisieren:

1. Das Ding-an-sich qua Willen wird von Schopenhauer ontologisiert. Er behandelt es wie etwas Wirkliches, ein Wirkliches allerdings, das allem Wirklichen unerkennbar zugrunde liegt und das niemals unmittelbar Objekt werden kann für ein Subjekt. Aber es bleibt für ihn ein Wirkliches, das in der Erscheinung erscheint. Für die Transzendentalphilosophie kann das Ding-an-sich dagegen nur ein Grenzbegriff sein, ein Begriff, dem deshalb nicht Realität zukommt, sondern der nur in einer theoretisch-begrifflichen Konstellation Sinn macht. Daher kann es nicht heißen: Es *gibt* ein Ding-an-sich, sondern nur: Zu den Möglichkeitsbedingungen der Erkenntnis gehört auch eine Quelle der Empfindungen, die mit dem Begriff *Ding-an-sich* belegt wird. Möglichkeitsbedingungen haben aber keinen ontologischen Status. Unter diesem Aspekt läßt sich der transzendentalphilosophische Ansatz Kants daher nicht mit der Ideenlehre Platons vergleichen.[38]

2. Auch die Weise, in der Platon von der Erscheinung spricht, läßt sich nicht mit derjenigen Kants vergleichen. Die Ideen konstituieren bei Platon die Wirklichkeit, und zwar nicht allein formal, sondern ebenso inhaltlich. Die Erscheinung ist daher in einem metaphysisch-epistemologischen Sinne abhängig von der Idee. Bei Kant ist die Reduktion der Dinge-an-sich auf Erscheinungen zunächst allein in kritischer Hinsicht aufzufassen. Das Ding-an-sich ist nicht konstitutiv für die Erscheinung, sondern die Wechselbe-

---

37 Das dürfte auch für weitere Versuche Schopenhauers gelten, Platon und Kant in bezug auf die wesentliche Einheit ihrer Lehren zu vergleichen, etwa in: Schopenhauer, *Preisschrift über die Grundlage der Moral*, S. 218–220.

38 Vgl. Mojsisch, Burkhard, »Verbindung und Einheit bei Platon und Kant – mit metatheoretischen Reflexionen«, in: *Prudentia und Contemplatio. Ethik und Metaphysik im Mittelalter.* Festschrift für Georg Wieland zum 65. Geburtstag. (Hg.) Brachtendorf, Johannes. Paderborn/München/Wien/Zürich 2002, S. 160–169, insb. S. 164.

ziehung von diskursiv-spontanem Verstand und unmittelbar-rezeptiver Anschauung. Der Verstand richtet sich einzig auf Erscheinungen. Ein ›überschwenglicher‹ Gebrauch ist – durch die Vernunftkritik – ausgeschlossen.
3. Kant zumindest unterscheidet – wie gezeigt – prinzipiell zwischen Idee und Ding-an-sich. Schopenhauer unterwandert diese interne Unterscheidung bei Kant und verändert damit die ganze Systemarchitektur. Dazu gehört auch, daß Schopenhauer die Kausalität mit unter die Anschauungsformen zählt, was zur Folge hätte, daß die Leistungen des Verstandes und die Rezeptivität der Sinnlichkeit bei Schopenhauer nicht ausreichend unterschieden sein würden. Der Zusammenhang der Kategorien mit den Urteilsformen wäre damit ebenso gestört wie die Unmittelbarkeit der Anschauung. In der Anschauung könnte bereits geurteilt werden, eine Konsequenz, welche die Kantische Kritik bereits an ihrem Beginn unterminierte.

Letztlich bildet der Wille, das Ding-an-sich, eine Art Weltsubstanz, die in einem doppelten Formierungsprozeß zur Erscheinung kommt. In adäquater Objektität tritt der Wille als Idee in unmittelbarer Weise in die Vorstellung. Logisch später liegt die Erscheinung, welche die Idee in mittelbarer Objektität repräsentiert. Dieses zweistufige Schema erklärt die Konstituierung der Erscheinung in einem objektivistischen Gedankengang. Es handelt sich daher bei Schopenhauer nicht um Bewußtseinsphilosophie, sondern um einen universalen Voluntarismus mit psychologischer Zuspitzung.

6.3 Platonische Idee und Kunst

Schopenhauer hat seinem Publikum einen engen Käfig gebaut – eine bewußte Inszenierung. Ausweglos scheint der Einzelne in seiner Erscheinungswelt gefangen zu sein: geplagt von unerfüllbaren Begierden, verwiesen auf eine oberflächliche Welt, in deren Untergrund es gärt und brodelt. So bringt der Mensch sein Leben in Mühsal und Leid dahin. Aber Schopenhauer offeriert eine elitäre Alternative: »Der (...) mögliche, aber nur als Ausnahme zu betrachtende Uebergang von der gemeinen Erkenntnis einzelner Dinge zur Erkenntniß der Idee geschieht plötzlich, indem die Erkenntniß sich vom Dienste des Willens losreißt, eben dadurch das Subjekt aufhört ein bloß individuelles zu seyn und jetzt reines, willenloses Subjekt der Erkenntniß ist, welches nicht mehr, dem Satze vom Grunde gemäß, den Relationen nachgeht; sondern in fester Kontemplation des dargebotenen Objekts, außer seinem Zusammenhange mit irgend andern, ruht und darin aufgeht.«[39]

---

39 Schopenhauer, *Die Welt als Wille und Vorstellung*, S. 231.

Die von Schopenhauer vorgeführte Erkenntnisart hat folgende Merkmale:
1. Sie markiert einen Ausnahmezustand.
2. Sie ist durch Plötzlichkeit gekennzeichnet.
3. Sie geschieht durch Losreißung von der Herrschaft des Willens.
4. Sie unterliegt nicht den Gesetzen der Kausalität.
5. Sie vollzieht sich im reinen Subjekt.
6. Sie ist objektzentriert, ohne Relationalität.
7. Sie geschieht kontemplativ, nicht diskursiv.

Unverkennbar trägt die Ideenerkenntnis ihre Erbschaft aus der *intellektuellen Anschauung* mit sich. Die Ideenerkenntnis dringt zum An-sich der Dinge vor. Dabei transzendiert sie den Bereich der Kausalität, der alle Erkenntnisse zu endlichen Erkenntnissen macht. Alle Relationen sind getilgt, einzig das Absolute selbst tritt hervor. Ort dieser Erkenntnisart ist das reine Subjekt, nicht empirisch, nicht endlich, ohne Gegensatz gegen das Objekt. In seinem Objekt, der Idee, geht das reine Subjekt vielmehr in kontemplativer, gleichwohl intellektueller, d. h. nicht sinnlicher Schau auf: – als Subjekt-Objekt, »so, daß es ist, als ob der Gegenstand allein dawäre, ohne Jemanden, der ihn wahrnimmt, und man also nicht mehr den Anschauenden von der Anschauung trennen kann, sondern Beide Eines geworden sind, indem das ganze Bewußtseyn von einem einzigen anschaulichen Bilde gänzlich erfüllt und eingenommen ist; (...).«[40] Soweit könnte eine Konzeption Schellings aus den frühen Jahren des 19. Jahrhunderts ebenfalls gegangen sein. Allerdings enthält Schopenhauers Ideenerkenntnis eine psychologische Wendung: Bedingung ist ein Akt der Befreiung vom alles beherrschenden Willen, ein Akt, der sich individuell vollzieht und als persönliches Erlebnis den Charakter der Plötzlichkeit[41] besitzt. Für das Individuum ist diese nicht-individuelle Erkenntnisart eine Ausnahme: Schopenhauer beschreibt sie als eine Art mystischer Schau. Die Beziehungen der Dinge, wie sie die Welt uns darbietet, auf den im Einzelnen individuierten Willen müssen vernichtet werden. Sowohl die Vielfältigkeit der individuellen Objekte als auch die abstrakte Einheit der Verstandesbegriffe verlieren in der Ideenerkenntnis ihre Gültigkeit. Es bleibt der ›klare Spiegel des Objekts‹. Was diese Objekte, die Ideen, dann noch sein können, ist ein schwieriges Problem, dem sich auch Schopenhauer

---

40 Schopenhauer, *Die Welt als Wille und Vorstellung*, S. 232.
41 Man ist hier geneigt, an den Begriff des Augenblicks (τὸ ἐξαίφνης) zu denken. Allerdings ist er dann bei Schopenhauer frei von theologischen Implikationen, ganz im Gegensatz zur Diskussion, die nach Kierkegaards *Begriff Angst* einsetzte und – ermuntert durch Heideggers Zeit-Spekulationen – im säkularen Gewandt das theologisch gedeutete Einbrechen Gottes in die Endlichkeit noch einmal aufbereitet. Vgl. Theunissen, Michael, »Art. Augenblick«, in: *Historisches Wörterbuch der Philosophie*. Bd. 1, Sp. 649f., der die Geschichte des Begriffs ›Augenblick‹ auf Platon und vor allem Kierkegaard reduziert.

nur durch weitere Umschreibungen zu nähern vermag. Die Idee sei die ewige Form. Mit einem Schlag – in der plötzlich eintretenden Ideenerkenntnis – werde »das Ding zur Idee seiner Gattung und das anschauende Individuum zum reinen Subjekt des Erkennens. Das Individuum als solches erkennt nur einzelne Dinge; das reine Subjekt des Erkennens nur Ideen.«[42] Dies sei ein Prozeß des Selbsterhebens, ein sich Losreißen von den Gesetzen der Kausalität, eine Verwandlung des in die Endlichkeit verstrickten Selbsts zu einem leidensunfähigen, vom Willen befreiten *reinen Subjekt*, für welches das Individuelle keine Bedeutung hat. Wer zur Erkenntnis der Ideen gelangt, erfährt dabei in Unmittelbarkeit das Grundgerüst der Welt *als Vorstellung*, das An-sich der Einzeldinge. »Die einzelnen Dinge aller Zeiten und Räume sind nichts, als die durch den Satz vom Grunde vervielfältigten und dadurch in ihrer reinen Objektität getrübten Ideen.«[43]

Aus dieser Theorie fließt für Schopenhauer die Einsicht, daß das individuelle, zeitlich-räumliche Dasein des Menschen und seiner Welt nicht nur Erscheinung, sondern bloßer Schein sei. Gegenüber der ewigen Idee ist das ›Gedränge der Begebenheiten‹ zum Unwesentlichen zusammengeschrumpft, bedeutungslos geworden. Es gehört insgesamt zu den kontingenten Erscheinungsformen der Idee, die bald so, bald so ausfallen. Die vielfältigen und individuellen Willensäußerungen des Menschen, sein Leiden, sein Schmerz, seine Kultur und Unkultur sind der Idee selbst gleichgültig. Daher kann die Geschichte angesichts der Idee nur eine bloß akzidentelle Bedeutung haben.

Die Theorie Schopenhauers ist mit schwerwiegenden Problemen behaftet. Das wichtigste und mit Blick auf die Rezeption der Platonischen Ideenlehre wohl gravierendste Problem besteht in der Differenz von individueller Erkenntnisart und Ideenerkenntnis bzw. in der Differenz von Individuum und reinem Subjekt. Galt das Ideenwissen bei Platon noch als besondere Fertigkeit des Philosophen, der durch die Dialektik zu seinem Wissen kommt, ist die Theorie Schopenhauers auf einen elitären Geniekult festgelegt, der seine Wurzeln in der Romantik hat.[44] Hier wendet sich der Psychologismus Schopenhauers in einen Individualismus der Kunstproduktion und -rezeption. So wie nämlich der Satz vom Grunde, folglich die Kausalität, das An-sich des Willens und seiner Objektität, die Ideen, individualisiert als Objekte und Personen, so ist letztlich auch das Genie aus der Menge heraus-

42 Schopenhauer, *Die Welt als Wille und Vorstellung*, S. 233.

43 Schopenhauer, *Die Welt als Wille und Vorstellung*, S. 233.

44 Vgl. dazu: Hübscher, Arthur, »Das Genie bei Schopenhauer«, in: *Zeitschrift für Ästhetik und allgemeine Kunstwissenschaft* 18 (1973), S. 103–126; Schmidt, Jochen, *Die Geschichte des Genie-Gedankens in der deutschen Literatur, Philosophie und Politik 1750–1945*. 2 Bde. Darmstadt 1985, Bd. 1, S. 467–476.

gehoben, durch seine nicht-individuelle Ideenschau als besonderes Individuum gekennzeichnet. Darin ist das Genie ein lebendes Paradoxon: Einerseits ist es ein Individuum, gerade weil es sich von allen anderen Menschen unterscheidet; es unterscheidet sich aber von allen anderen Menschen gerade durch seine entindividualisierte Form der Erkenntnis. Für den normalen Menschen bleibt dort nicht viel:»Der gewöhnliche Mensch, diese Fabrikwaare der Natur, wie sie solche täglich zu Tausenden hervorbringt, ist, (...), einer in jedem Sinn völlig uninteressirten Betrachtung, welches die eigentliche Beschaulichkeit ist, wenigstens durchaus nicht anhaltend fähig: er kann seine Aufmerksamkeit auf die Dinge nur insofern richten, als sie irgend eine, wenn auch nur sehr mittelbare Beziehung auf seinen Willen haben. (...) Daher wird er schnell mit Allem fertig, mit Kunstwerken, schönen Naturgegenständen und dem eigentlich überall bedeutsamen Anblick des Lebens in allen seinen Scenen.«[45]

Dagegen steht das Genie in der Konzeption Schopenhauers für einen Menschentypus der wahren Kontemplation. Das Genie entzieht sich der Herrschaft der Kausalität, er sieht das An-sich der Dinge, ihre Idee; er entzieht sich der Macht des Willens. Dabei entwickelt er Züge, die seit Platons Höhlengleichnis zu den Attributen des Philosophen gehören:»Der Geniale dagegen, dessen Erkenntnißkraft, durch ihr Uebergewicht, sich dem Dienste seines Willens, auf einen Theil seiner Zeit, entzieht, verweilt bei der Betrachtung des Lebens selbst, strebt die Idee jedes Dinges zu erfassen, nicht dessen Relationen zu andern Dingen: darüber vernachlässigt er häufig die Betrachtung seines eigenen Weges im Leben, und geht solchen daher meistens ungeschickt genug.«[46] Dieses ›Thales-Syndrom‹, das Schopenhauer dem Genialen nachsagt, formuliert Platon in ähnlicher Weise vom Philosophen:»Sokrates. Wie nun? Scheint es dir verwunderlich, wenn einer, der von den göttlichen Anschauungen her in das menschliche Jammertal herabkommt, haltungslos ist und sich recht lächerlich ausnimmt, wenn er, noch ungetrübten Blickes und noch nicht wieder genügend an die hiesige Finsternis gewöhnt, sich genötigt sieht in Gerichtshöfen oder anderswo um die Schatten der Gerechtigkeit zu streiten oder um die Kunstgebilde, deren Schatten sie sind, und sich in einen Wettkampf einzulassen mit der Auffassungsweise dieser Dinge von seiten solcher Leute, die niemals die Gerechtigkeit an sich geschaut haben?«[47] Die Schau der Ideen macht blind für die Verstrickungen der Werdewelt. Trotzdem unterscheiden sich Schopenhauer und Platon in einem wesentlichen Punkt: Für Schopenhauer ist der Geniale

---

45 Schopenhauer, *Die Welt als Wille und Vorstellung*, S. 242.
46 Schopenhauer, *Die Welt als Wille und Vorstellung*, S. 242.
47 Platon, Pol. 517de.

in erster Hinsicht ein Künstler, der in der Hervorbringung des Kunstwerkes die Gegenwart der Idee besitzt; für Platon ist er Philosoph.[48]
Dies führt zu einer neuen Konzeption der Ästhetik.[49] Schopenhauer stellt fest:»Indem wir einen Gegenstand *schön* nennen, sprechen wir dadurch aus, daß er Objekt unserer ästhetischen Betrachtung ist, welches zweierlei in sich schließt, einerseits nämlich, daß sein Anblick uns *objektiv* macht, d. h. daß wir in der Betrachtung desselben nicht mehr unserer als Individuen, sondern als reinen willenlosen Subjekts des Erkennens uns bewußt sind; und andererseits, daß wir im Gegenstand nicht das einzelne Ding, sondern eine Idee erkennen, welches nur geschehen kann, sofern unsere Betrachtung des Gegenstandes nicht dem Satz vom Grunde hingegeben ist, (...).«[50]
Die ästhetische Betrachtung ist für Schopenhauer der einzige Weg, aus der durch strenge Kausalität gekennzeichneten Vorstellungswelt herauszutreten. Der Betrachter erreicht in einer kontemplativen Schau einen Status der Erkenntnis, der den Menschen einerseits unabhängig macht vom Willen und der ihn andererseits jenseits der Vorstellungswelt noch erkenntnisfähig sein läßt. Willenlos – das bedeutet, daß der ästhetisch Betrachtende jedes individuelle Interesse an seinem Gegenstand verloren hat; er empfindet ein *interesseloses Wohlgefallen*. Und der Gegenstand der ästhetischen Betrachtung ist die Idee, die Platonische Idee, und in der höchsten Form: die Idee der Menschheit. Damit kommt auch Schopenhauers Bewunderung für Platon an ein Ende. Denn Platons Konzeption der Kunst kann mit derjenigen Schopenhauers nicht kongruieren. Schopenhauer führt zwei wesentliche Unterschiede an. Erstens ist der Künstler bei Platon ein Nachbildner einzelner Dinge, seien diese durch den Gott oder durch einen Handwerker gefertigt, seien es Naturdinge oder Artefakte. Schopenhauer beruft sich auf das 10. Buch der Politeia.[51] Schopenhauers zweite Unterscheidung bezieht sich auf die Dichterkritik Platons: Die Bestimmung der Kunst als Nachbildung von Einzeldingen sei»die Quelle eines der größten und anerkanntesten Feh-

---

48 Damit greift Schopenhauer viele Momente der Kunstphilosophie Schellings auf. Es ist hier gerade das Spannungsfeld, das von der Individualität des Hervorbringenden und des Hervorgebrachten sowie der Objektivität der Idee gebildet wird. Bei Schopenhauer einseitig zugunsten der Objektivität entschieden, sieht dies J. Schmidt (*Die Geschichte des Genie-Gedankens*, S. 469), während doch das Genie, wenn auch von Schopenhauer nirgends explizit zugegeben, ein durch die paradoxe Eigenschaft geprägt ist, zugleich individuell zu sein und individuelle Kunstwerke hervorzubringen, letztlich aber entindividualisiert zu erkennen. Vgl. zu Schelling: Asmuth, Christoph,»Leibniz – Identität und Individualität im Denken F. W. J. Schellings«, S. 135–141; insb. S. 140f.
49 Vgl. Pöggeler, Otto,»Schopenhauer und das Wesen der Kunst«, in: *Zeitschrift für philosophische Forschung* 14 (1960), S. 353–389.
50 Schopenhauer, *Die Welt als Wille und Vorstellung*, S. 267f.
51 Pol. 598a–d.

ler jenes großen Mannes (...), nämlich seine Geringschätzung und Verwerfung der Kunst, besonders der Poesie: sein falsches Urtheil über diese knüpft er unmittelbar an die angeführte Stelle.«[52]

6.4 Schopenhauers Interpretation des Höhlengleichnisses

Das Höhlengleichnis ist für Schopenhauer die wichtigste Stelle aller Werke Platons,[53] eine schöne Allegorie, die ein »höchst abstraktes Dogma« ausdrücke.[54] Tatsächlich identifiziert Schopenhauer die dem Willen unterworfene Welt mit der Welt der Menschen, die in Platons Höhlengleichnis in der Höhle festgebunden sind, »daß sie auch den Kopf nicht drehn könnten, und nichts sähen, als beim Lichte eines hinter ihnen brennenden Feuers, an der Wand ihnen gegenüber, die Schattenbilder wirklicher Dinge, welche zwischen ihnen und dem Feuer vorübergeführt würden, und auch sogar von einander, ja jeder von sich selbst, eben nur die Schatten auf jener Wand. Ihre Weisheit wäre, die aus Erfahrung erlernte Reihenfolge jener Schatten vorher zu sagen.«[55] An anderer Stelle beschreibt er das Höhlengleichnis wie folgt: Platon habe gesagt, »die Menschen, in einer finstern Höhle festgekettet, sähen weder das ächte ursprüngliche Licht, noch die wirklichen Dinge, sondern nur das dürftige Licht des Feuers in der Höhle und die Schatten wirklicher Dinge, die hinter ihrem Rücken an diesem Feuer vorüberziehen: sie meinten jedoch, die Schatten seien die Realität, und die Bestimmung der Succession dieser Schatten sei die wahre Weisheit.«[56] Die Beschreibung aus dem Höhlengleichnis dient Schopenhauer einzig dazu, das Jammertal der Höhle zu charakterisieren: Die Welt, wie sie dem Willen unterworfen ist, der den Menschen zu einem Handlanger degradiert, der wollen muß, was der unergründliche Weltwille in ihm will. Ein düsteres Leben, dahingebracht in irrationaler Triebhaftigkeit, die sich mit der scheinbaren Rationalität nur notdürftig kaschiert. Die Realität der Höhlenwelt ist nicht nur Erscheinung, sondern Schein, eine Welt des Wahns. Von einem Aufstieg heraus aus der

---

52 Schopenhauer, *Die Welt als Wille und Vorstellung*, S. 271. – Schopenhauer dachte wohl vornehmlich an die damit zusammenhängende Stelle: Platon, Pol. 598d-601b. Ebenso wird in bezug auf die Rolle der Musik klar, daß sich Schopenhauers Konzeption trotz seiner Berufung auf Platon deutlich von Platon unterscheidet. Darauf weist hin: Neymeyr, Barbara, *Ästhetische Autonomie als Abnormität. Kritische Analysen zu Schopenhauers Ästhetik im Horizont seiner Willensmetaphysik*, Berlin/New York 1996, S. 338ff. – Vgl. auch Asmuth, Christoph, »Musik als Metaphysik. Platonische Idee, Kunst und Musik bei Arthur Schopenhauer«, S. 111–125.
53 Schopenhauer, *Die Welt als Wille und Vorstellung*, S. 516.
54 Schopenhauer, *Die Welt als Wille und Vorstellung*, S. 304.
55 Schopenhauer, *Die Welt als Wille und Vorstellung*, S. 224.
56 Schopenhauer, *Die Welt als Wille und Vorstellung*, S. 516.

Höhle zum Tageslicht und seinem Prinzip, der Sonne, der Idee des Guten, ist nicht die Rede. Das ist insofern charakteristisch, als daß Schopenhauers Theorie einen argumentativ gestützten Übergang zwischen einer Lebensweise, die vollständig dem Willen unterworfen ist, und einer, die einen partiellen Ausbruch – in der Kunst, als Genie oder Betrachter – zuläßt, nicht kennt. Es gibt diesen Übergang nicht, und so bleibt Schopenhauers Metaphysik deskriptiv und bescheidet sich darin, bloß aufzuzeigen, daß es eine solche Lebensweise der Kunst und für die Kunst als Ausnahme gibt, aber nicht, warum.

An anderer Stelle kommt Schopenhauer auf die entgegengesetzte Bewegung des Höhlengleichnisses zurück:»Diejenigen, welche außerhalb der Höhle das wahre Sonnenlicht und die wirklich seienden Dinge (die Ideen) geschaut haben, können nachmals in der Höhle, weil ihre Augen der Dunkelheit entwöhnt sind, nicht mehr sehn, die Schattenbilder da unten nicht mehr recht erkennen, und werden deshalb, bei ihren Mißgriffen, von den Andern verspottet, die nie aus dieser Höhle und von diesen Schattenbildern fortkamen.«[57] Schopenhauer führt dies nicht nur an als Beleg für das ›Thales-Syndrom‹. Vielmehr begründet er damit seine These, daß Genie und Wahnsinn »eine Seite haben, wo sie an einander gränzen«.[58] Damit ist eine Interpretation des Höhlengleichnisses verbunden, die den Philosophen einerseits in die Nähe des Genies und andererseits in die Nähe des Wahnsinns rückt. Für Platon indes ist der Weltzugang des Dichters und des Philosophen nicht nur verschieden, sondern auch von verschiedenem Rang. Man muß die Dichterkritik, die Platon an einigen Stellen gibt, nicht im einzelnen überbewerten, wenn man feststellt, daß einzig der Philosoph über einen privilegierten Zugang zum wesentlichen Sein verfügt. In diesem Sinne spricht Platon im *Phaidros* von der Dichtung, daß sie ohne den ›Wahnsinn der Musen‹ nicht entstehen könne.[59] Für Schopenhauer handelt es sich bei dem Wahnsinn des Genies um etwas Krankes; zumindest unterscheidet sich das wahnsinnige Genie vom Gesunden. Deshalb sucht Schopenhauer das Genie auch in den einschlägigen Anstalten:»theils muß ich andererseits erwähnen, bei häufiger Besuchung der Irrenhäuser, einzelne Subjekte von unverkennbar großen Anlagen gefunden zu haben, deren Genialität deutlich durch den Wahnsinn durchblickte, welcher hier aber völlig die Oberhand erhalten hatte.«[60] Schopenhauer kennt den Wahnsinn als ein klinisches Phänomen; der Dichter Platons dagegen ergibt sich den durch die Musen bewirkten kultischen Verzückungen (μανία). Hier ist wohl eher an systematisch herbeige-

57 Schopenhauer, *Die Welt als Wille und Vorstellung*, S. 245f.
58 Schopenhauer, *Die Welt als Wille und Vorstellung*, S. 245.
59 Phaidr. 245a
60 Schopenhauer, *Die Welt als Wille und Vorstellung*, S. 246.

führte Trancezustände zu denken als an eine zu isolierende, auffällig gewordene, geistesgestörte Person, die sich den Spielregeln einer modernen Gesellschaft nicht unterwerfen will oder kann.

6.5 Schopenhauer als Interpret Platons

Schopenhauers Platon-Bild ist verkürzt. Es ist zugeschnitten auf eine bestimmte Ansicht der Ideenlehre, die es Schopenhauer ermöglicht, die Ideenlehre wesentlich ästhetisch zu bestimmen. Dabei interessiert ihn die ethische und politische Dimension der Ideenlehre genau so wenig wie die erkenntnistheoretische Problematik, die mit der Annahme einer Ideenwelt einher gehen könnte. Daß zudem die Privilegisierung und Individualisierung des Zugangs zu den Ideen dem dialogischen Denken Platons widerspricht und die Plötzlichkeit der Ideenschau problematisch ist für die Fragen nach Geltung- und Wahrheitsanspruch der Erkenntnis, blendet Schopenhauer aus. Dabei wird eine Entwicklung Platons, wie sie etwa Schleiermacher vorschwebte, gar nicht erst in Erwägung gezogen.[61]

Es handelt sich also um eine weitgehende Transformation des Platonischen Denkens. Schopenhauer geht dabei nahezu idealtypisch vor: Ein bestimmter Bereich der Philosophie Platons wird isoliert und aus seinem Zusammenhang genommen, weil er sich dazu eignet, in Schopenhauers Konzept aufgenommen zu werden, und weil Schopenhauer darin Verwandtes wiedererkennt. Die historische Distanz bleibt erhalten. Schopenhauer braucht sie, denn er inszeniert Platon als Zeugen und Leumund für die eigene Position. Platon hat ähnlich gedacht wie Kant; beide waren sie auf dem richtigen Weg zur Wahrheit. Schopenhauers Schritt über beide hinaus erscheint dann als eine notwendige Korrektur und Ergänzung. Schopenhauer fühlt sich berechtigt, auf den großen Vorläufer Platon auf- und weiterzubauen. Sein Platon-Bild entpuppt sich dabei als Konstrukt. Es scheint daher eher einem Vorurteil über die Ideenlehre zu entstammen als einem gründlichen Studium.

Von besonderem Interesse ist dabei, daß in einer heutigen Interpretation Schopenhauer und Platon, was ihre jeweilige Antworten auf zentrale Sachfragen angeht, ganz unterschiedlichen Denkfiguren zugeordnet würden. Das betrifft die Staatsphilosophie genau so wie die Ästhetik oder aber die Rolle der Intellektualität. Diese muß auch eine Rolle spielen in bezug auf die Ideenlehre. Ist die Intellektualität ein Epiphänomen der menschlichen Exi-

---

61 Zu einer ähnlichen Bewertung kommt auch Hans Zint (in: »Schopenhauer und Platon«, S. 32): »Selbst hier [in der Kunst; Ch. A.], wo Platon und Schopenhauer einander am nächsten zu berühren scheinen, sind ihre Systeme durch eine tiefe Kluft getrennt.«

stenz, so hat eine ethisch ausgerichtete Ideenlehre auf diesem Hintergrund keine Relevanz. Platons Vorstellung von der Idee als Richtschnur des Handelns läuft in Schopenhauers Auffassung eines alles bestimmenden, aber irrationalen Willen völlig ins Leere. Schopenhauers Interpretation der Platonischen Ideenlehre ist daher von Gewalttätigkeit nicht frei. Er eignet sich an, was ihm passend scheint. Unter einer Metaperspektive wird zu untersuchen sein, unter welchen Bedingungen dieser transformierende Zugriff auf Platon statthaft sein und welche Aussagekraft eine Transformation besitzen kann – hier etwa für Platon oder für die Theorie Schopenhauers. Neben dieser normativen Frage muß aber auch untersucht werden, wie eine Transformation überhaupt geschieht. Erst daran wird sich entscheiden können, in welchem Zusammenhang und in welcher Perspektive eine transformierende Aneignung theoretisch sinnvoll ist.

7. Interpretation – Transformation

Die Platoninterpretationen, die Gegenstand dieser Untersuchung waren, zeigten ein vielfältiges Gesicht. Sie lieferten disparates Material. Und sie verhielten sich der Platonischen Philosophie gegenüber nicht neutral. Es scheint, als erforderte die engagierte Interpretation mehr als nur historische Sorgfalt, mehr als nur eine wohlwollende Haltung gegenüber dem Text oder die Rekonstruktion eines geschichtlichen Hintergrundes. Schon die Wahl des Gegenstandes: eines Platonischen Dialogs, einer Gruppe von Dialogen oder des Gesamtwerks bedarf einer rechtfertigenden Überlegung, so etwa zur relativen Chronologie. Kein Autor konnte sich der Frage entziehen, wie er Echtes von Unechtem, Wesentliches von Unwesentlichem scheiden will. Allerorten ergaben sich neue Probleme, Probleme der Einordnung, der Systematisierung. Es brach die Frage auf, ob nicht der ein oder andere Platonische Text Lücken aufweist oder gar ganze Textpassagen fehlen. Eine Interpretation, die sich ihres Textes nicht ganz sicher ist, die vielleicht eher skeptisch bleibt, ob ihre Textgrundlage authentisch ist, braucht ein absicherndes Verfahren, braucht die methodologische Reflexion, braucht Phantasie, um das Vermißte zu erschließen, das Fehlende zu ergänzen, das Zusammenhanglose zu verbinden.

Das Material fordert bereits eine umfassende Interpretation; die Umstände, unter denen die Texte überliefert wurden, zerstören die Illusion, als könne der bloße Wortlaut bereits geben, was sich erst dem deutenden Nachvollzug erschließt: die *Philosophie* Platons. Die Objektivität des historisch Gegebenen ist fraglich, dies zumindest dann, wenn der Textbestand in das Spiel der Interpretation gerät. Letztlich muß es aber um eine Form von Objektivität und Allgemeinheit zu tun sein; zur bloßen Beliebigkeit will sich keine Interpretation herabzwingen lassen. Die Deutung sucht ihr Fundament in den Aussagen des Textes, an dem sie sich festhält; ein Text jedoch, für dessen Objektivität sie sich zunächst zu entscheiden hat – durch eine vorausgesetzte Interpretation – oder durch ein Vorverständnis des Ganzen, wie es etwa Schleiermacher forderte, als er sich an Übersetzung und Interpretation machte.

Implizit erahnt man die Kämpfe, die mit der Interpretation der Platonischen Schriften ausgetragen werden sollten und mußten. Im Hintergrund liegen noch die schweren Vorwürfe gegen das Platonische Philosophieren und dessen Nähe zum Mystizismus und zur ›Schwärmerei‹. Einer im besten Sinne aufgeklärten Position konnte sich Platon nur mit großen Korrekturen nähern. Zu vieles im Werk Platons gehörte zu dem, was die Aufklärungsphi-

losophie überwinden wollte: ein mythisches Weltbild, das Hypostasieren der
Ideen, die Anerkennung eines positiven Jenseits. Wer am Beginn des
19. Jahrhunderts eine affirmative Deutung der Platonischen Philosophie versuchen wollte, mußte sich diesem Fahrwasser entziehen und gleichzeitig den
rationalen Standards seiner Zeit genüge tun. Das zeigt sich beispielsweise
in Schellings anfänglicher Platonlektüre, deren positives Resultat gerade in
der Angleichung an Kants Transzendentalphilosophie bestehen sollte. Die
Möglichkeit, das Platonische Denken mit dem eigenen zur Deckung zu bringen, gehört zu den Bedingungen engagierter Lektüre.

Dabei ist es nicht unerheblich, daß alle Entwürfe sich zumindest in der
Bewertung einig sind: Die Platonischen Dialoge verfahren argumentativ. Alle Deutungen wenden sich gegen das bloß Mythische, versperren sich dem
bloß Fiktionalen oder gar Utopistischen. Daraus resultiert eine prinzipielle
Ambivalenz: Einerseits lädt Platon zum argumentativen Nachvollzug ein,
andererseits entzieht er sich simplen Kategorisierungen, z. B. durch die Dialogform, durch Ironisierung und Ästhetisierung des Arguments, aber auch
durch die Schwierigkeiten, die aus der historischen Verschiedenartigkeit erwachsen. Platon läßt sich nicht – dafür sprechen sich alle Interpreten in großer Einhelligkeit aus – einfach und ohne weiteres verstehen. Man benötigt
einen Schlüssel, der es ermöglicht, die scheinbare Hermetik seiner Texte
aufzulösen. Es bedarf einer Dekodierung,[1] – und es muß die Frage beantwortet werden, wie die ursprüngliche Kodierung zustande gekommen ist.
Darauf verweisen die Interpreten, wenn sie diskutieren, ob den Platonischen
Texten nicht etwa eine Geheimlehre zugrunde liege, die es durch die Oberfläche der Texte hindurch zu rekonstruieren gelte. Diese Ambivalenz – argumentativer Text, scheinbare Hermetik – fordert jedenfalls geradezu die
Intelligenz und Potenz einer Deutung.

Die Beschäftigung mit Platon drängt die Autoren ins Eigene. Ihre Lektüre
stellt sie vor die Aufgabe, ihr eigenes Denken zu artikulieren, teils mit Platon, teils gegen ihn. Es erscheint ihnen insgesamt unmöglich zu sein, gegenüber Platon eine unentschiedene oder neutrale Haltung einzunehmen. Platon
ist nicht jener Urvater der Philosophie, dessen Theorie man sich bereits sicher glaubt. Vielmehr muß Platon durch eigene Anstrengung und Arbeit neu
in Besitz genommen werden. Er muß der alten Deutung und ihren hoheitli-
chen Ansprüchen entrissen werden. In jedem Fall aber ist die Interpretation

---

1 Vgl. Gloyna, Tanja, *Kosmos und System*, S. 176: Schelling sei es um die »Entschlüsselung der Botschaft Platons« gegangen. Nach Thomas Alexander Szlezák ist dies ein Kennzeichen des ›Schleiermacherianismus‹, der »schleiermacherianischen Traditionslinie«. Ihre Vertreter »suchen Platons eigentliche Botschaft ausschließlich im, oder genauer: hinter dem Text,
als verschlüsselte Mitteilung (...).« (Szlezák, Thomas Alexander, »Gespräche unter Ungleichen«, S. 58)

durch transformierende Elemente bereichert, denn das eigene Denken steht
mit auf dem Spiel. Am häufigsten ist dabei die affirmative Haltung: Ursprünglich Platonische Gedanken wandern in die eigene Gedankenwelt ein,
verändern sich in der neuen argumentativen Situation, lassen schließlich ihren antiken Ursprung kaum noch erkennen. Selbst der Autor erinnert sich
nicht mehr daran, daß die Quelle seiner Überlegungen in einer anderen historischen Welt liegt. Dies ist insbesondere bei Schelling der Fall, dessen
intensive Auseinandersetzung mit Platon schon in die früheste Phase seiner
intellektuellen Entwicklung fällt. Sie führt ihn von Platon fort, wieder zu
ihm hin, je nachdem, welcher Stern an seinem Philosophenhimmel gerade
aufgegangen ist. Dabei wandert manches Platonische Element in Schellings
philosophische Schreibwerkstatt ein, ohne daß ihm auffiele, daß einige der
experimentellen Werkstücke noch von der Herkunft aus der Platonischen
Philosophie erzählen.

Eine andere affirmative Strategie zeigt sich, wenn der Umgang mit Platon
durch Projektionen gekennzeichnet ist. Das Eigene entwickelt sich nicht nur
an dem fremden Gedanken, sondern umgekehrt: das Eigene kehrt zurück in
das ursprünglich Platonische und läßt sich dort überraschend auffinden. Die
Entdeckung Hegels, der Platon als ersten wissenschaftlichen Philosophen
und Begründer einer Philosophie des Subjekts feiert, ist nicht nur eine Transformation Platonischer Gedanken in die Systematik Hegels, sondern ebenso
umgekehrt: die Projektion Hegelscher Spekulation in die Platonische Philosophie. Es scheint, als seien beide Bewegungen, Transformation und Projektion, aufeinander verwiesen. Sie deuten auf ein konstruktives Element im
Interpretationsgeschehen hin. Und es könnte sein, daß Hegel dieses komplexe Geschehen in gewisser Weise durchschaut hat, allerdings in einer anderen
theoretischen Konstellation: als Selbstbewegung des Denkens durch die Geschichte der Philosophie hindurch.

Man mag diese Einmischung des Eigenen als Verfälschung denunzieren
oder als Verfremdung destruieren. Man mag die Fehler auflisten und das
noch nicht Durchdrungene und Übersehene als mangelhaft geißeln. Man
mag philologische Pannen, falsche Übersetzungen, fehlende Textkenntnisse
monieren: Die Akkumulation des Wissens, gesammelt in über zweihundert
Jahren philologischer Platon-Forschung, ermöglicht jederzeit vielfältige
Kritik an den tappenden Versuchen der Vorgänger. Indes: Der erhobene Ton
einer solchen Kritik ist unangemessen, zumal dann, wenn man anerkennt,
daß auch die Platon-Interpretation eine Geschichte hat. Vielmehr sollte man
sich über die Motivation jener Denker nicht täuschen: Die Interpreten handeln aus einer engagierten Position heraus. Es gibt für sie gar nicht die Möglichkeit, sich neutral zu verhalten. Zu wichtig ist ihnen der Stoff, zu heilig
der Platonische Aufschwung zu den Ideen, zu hart der Kampf, um Platon
aus den Händen der vermeintlichen Apologeten oder Kritiker einer mysti-

schen oder christlich-dogmatischen Auslegungstradition zu befreien; zu nah ist ihnen, was sie als Projekt Platons begreifen; erstaunlich, wie selbst Schleiermacher, dessen Überlegungen ihn am weitesten zu hermeneutischen Reflexionen treiben, die historische Distanz verliert, wenn Platons sittliche Vorstellungen gegen seine eigenen moralischen Überzeugungen verstoßen.

Das Engagement ist dabei nicht nur als Streit um die richtige Platon-Interpretation zu verstehen. Es handelt sich vielmehr um eine Selbstversicherung im Angesicht dieser als autoritativ verstandenen Texte. Platon ist zwar nicht aller Kritik enthoben, aber besser ist es allemal ihn auf der eigenen Seite zu wissen. Die Motive, denen folgend Platon zum Vertreter der eigenen Sache wird, sind durchaus verschieden. Das Interesse Hegels für den Subjektivismus der Ideenlehre speist sich aus anderen Quellen als die Vorliebe Schleiermachers für das Dialogische, Ethische und Ästhetische.

Dabei ist das Interesse einerseits auf die idealistische Position Platons gerichtet. Bereits Schelling erkennt eine strukturelle und gedankliche Nähe der Kantischen Vernunftkritik zur Platonischen Ideenlehre. Streng historisch läßt sich – aus heutiger Perspektive – diese Nähe nicht oder nur sehr bedingt aufweisen. Um eine idealistische oder gar absolut-idealische Philosophie zu etablieren, war es jedoch von großer Wichtigkeit, den *Platon* der Ideenlehre für sich reklamieren zu können, und zwar in demselben Maße wie die kritische Philosophie Kants. So konnte Kants metaphysikkritisches Programm durch gezielte Entgrenzung und Einmischung platonischer Elemente leicht in eine absolute Metaphysik gewendet werden. Andererseits speist sich das Interesse an der Position Platons aber genauso aus der Anerkennung seiner sittlichen und moralischen Überzeugungen. Das Sokratische in den Schriften Platons macht eine Annäherung leicht. Der Primat des Praktischen, die Unterwanderung aller vorschnellen Dogmatik, die Verhinderung einer ideologischen Orthodoxie, alles dies machte Platon zu einem Zeitgenossen.

Es ist gar nicht zu übersehen, daß sich die verschiedenen Platon-Interpretationen nicht zur Deckung bringen lassen. Das liegt unter anderem an der unterschiedlichen Akzentuierung. Schelling scheint in seiner kosmologisch-erkenntnistheoretischen Lesweise eingeschränkt auf ein Platon-Bild, das wesentlich vom *Timaios* her zu rekonstruieren ist. Auf wiederum andere Weise läßt sich die Deutung Hegels als Extrempunkt beschreiben, an dem sich fast alle Interpretationsansätze mehr oder minder stark brechen. Seine Entkleidung des Gedankens von der Dialogform dürfte die Kontraposition zur Auffassung Schleiermachers bilden. Aber auch inhaltlich faßt Hegel z. B. das Problem des Nichtseienden in grundsätzlich anderer Weise als Schleiermacher: Bildet Hegel darin die Grundposition seiner Logik ab, welche die Identität von Sein und Nichts ausdrückt, so versucht Schleiermacher, die althergebrachte Auffassung von der Ideenlehre auch im *Sophistes* aufrecht zu erhalten, eine Auffassung, nach der das wesentliche Sein von allem

Nichtseienden abgetrennt und rein zu denken sei. Die Interpretationen können nicht nebeneinander bestehen bleiben. Sie widersprechen sich. Die unterschiedliche Kontextuierung desselben Textcorpus, die Transformation in die eigene Gedankenwelt und die Projektion der eigenen Gedanken in die Welt Platons werfen Gräben auf. Das Unvereinbare tritt hervor.

Man könnte hier auf das Bild verweisen, daß derselbe Stein nacheinander sowohl zu einem antiken Tempel wie auch zu einer romanischen Kirche oder einer mittelalterlichen Burganlage gehören kann, je nachdem wie die Baumeister in den verschiedenen Zeiten Verwendung fanden für jenen Stein. Aber ganz so verhält es sich nicht. Argumentationen lassen sich nicht einfach aus dem Zusammenhang brechen wie ein Stein aus einer Mauer. Argumente verlieren ihre Funktion, weil sie sensible und komplexe Strukturen benötigen, in die sie eingebettet sind. Dazu gehört zunächst und ganz abstrakt die Sprache, konkreter: bestimmte Formen von Logik und Dialektik, Grundüberzeugungen über die Rationalität der Welt, Rationalitätsformen, Reflexionen über die Valenz dieser Strukturen, ferner die sozialen und gesellschaftlichen Rahmenbedingungen, die Formen der Mitteilung, Schulung und Bildung, schließlich die Frage nach den Medien, in denen Argumente mitgeteilt und präsentiert werden können. Um im Bild zu bleiben, könnte man sagen, daß es nur ein einziges Bauwerk gibt, und einen Stein herauszubrechen, um ihn an anderer Stelle weiterzuverwenden, bedeutete gleichzeitig, das Gebäude zu verändern. Es läßt sich kein Element isolieren, ohne daß die Unschuld der historischen Verhältnisse verloren geht.

Ähnlich dürfte es sich mit den unterschiedlichen Platoninterpretationen verhalten. Sie weisen durch ihre Widersprüchlichkeit, durch die aufwendige Arbeit, durch die Anstrengung der Interpretation bereits darauf hin, daß sich die Transformation in das eigene Philosophieren nicht ohne Verlust realisieren läßt. Gleichzeitig sind es Hegel und Schleiermacher, die den Versuch unternehmen, ihr historisches Vorgehen rational zu untermauern. Es bedarf eines theoretischen Rahmens, um Transformationen aus dem Strom bloß individueller Selbstfindungsprozesse zu retten und als allgemeines Geschehen, nämlich als die Sache des Denkens selbst aufzufassen. Oder aber die historische Distanz muß als solche fixiert werden, um in ihr das interpretatorische Geschehen als kreativen Akt, als positive Neuschöpfung fassen zu können. In jedem Fall aber wird die Philosophie Platons nicht einfach hingenommen und aufgefaßt. Es bedarf einer vitalisierenden Interpretation, die nicht nur die bloße Bedeutung entschlüsselt, sondern ebenso in der Lage ist, Platon in das eigene lebendige Philosophieren eindringen zu lassen.

7.1 Platoninterpretation exemplarisch

Bisher waren die Platoninterpretationen am Beginn des 19. Jahrhunderts der Gegenstand der Untersuchung – eine historische Untersuchung zur Rezeptionsgeschichte des antiken Denkens. Die Perspektive hat sich nun geändert: Deutung und Verwandlung des Platonischen Denkens sind jetzt nur noch ein Beispiel, Beispiel für ein grundlegendes Verhältnis von Philosophie und Philosophiegeschichte. Diese Wandlung der Perspektive liegt in der Sache selbst. Die Anstrengungen, welche die betrachteten Autoren unternahmen, ein eigenes Platonbild zu schaffen, Widersprüchlichkeiten zu beseitigen und Kongruenzen aufzuzeigen mit dem eigenen Denken, ließen die Bedingungen in den Blick geraten, unter denen Platon überhaupt Gegenstand einer affirmativen Interpretation werden konnte. Erst die Möglichkeit einer Transformation macht aus der neutralen Kenntnisnahme ein interessiertes Deutungsgeschehen; aus der gleichgültigen Lektüre wird die engagierte Auseinandersetzung. Das Resultat ist nicht nur an einer kohärenten Interpretation ablesbar, sondern ebenso an der systematischen Arbeit, in die das Vergangene eingedrungen ist, ohne noch als solches erkennbar zu sein.

Die Reflexion auf das Spannungsfeld von Interpretation und Transformation, die das Resultat des historischen Teils ausmachte, erweitert sich zur Selbstreflexion: Die Untersuchung ist selbst in das Spannungsfeld von Interpretation und Transformation eingebunden. Nur scheinbar konnte der erste Teil die objektive Perspektive einer nur historischen Betrachtung aufrechterhalten. Dazu mußte sie davon Abstand nehmen, auf die eigenen Voraussetzungen, seien diese methodischer oder philosophischer Art, zu reflektieren. Sie lagen außerhalb. Innerhalb indes lag die Beobachtung eines komplexen Geschehens, das durch rezeptive und konstruktive Elemente ausgezeichnet war. Der Standpunkt, aus dem die Beobachtung angestellt wurde, konnte nicht selbst beobachtet werden. Dabei liegt die Vermutung nahe, daß es sich strukturell um ähnliche Prozesse handelt. So wie Fichte, Schelling, Hegel, Schleiermacher und Schopenhauer sich Platon zuwandten, so wendet sich diese Untersuchung Fichtes, Schellings, Hegels, Schleiermachers und Schopenhauers Platoninterpretation zu.

Wie auch für die Platon-Interpretation dieser Autoren gilt hier, daß schon allein die Auswahl der Texte einer Legitimation bedarf. Mehr noch: Die Diskussion um das Platonische Werk konnte schon zu jener Zeit mehr oder minder als abgeschlossen gelten. Die Frage nach der Echtheit einzelner Dialoge blieb zwar noch offen, im großen und ganzen war man sich zumindest einig, welche Texte als echt anzusehen seien.

Es ergibt sich also eine metatheoretische Reflexion über ein exemplarisches Feld von Interpretationen. Ihr Ziel ist die Selbstversicherung des interpretativen Geschehens im Zusammenhang systematischer und historischer Momente. Diese Selbstversicherung kann nur dann mit allgemeinem Anspruch prozedieren, wenn sie sich ihren ihr eigentümlichen Verfahrensweisen zuwendet. Es muß also um eine Theorie gehen, die für die Philosophiegeschichte im weiteren Sinne grundlegend ist, dies unter besonderer Berücksichtigung zweier Grundmodi: Interpretation – Transformation. Dabei müssen vor allem die konstruktiven Elemente im Interpretationsgeschehen im Mittelpunkt stehen. Es soll dabei die Frage beantwortet werden, wie überhaupt ein historischer Text zum Gegenstand einer philosophischen Interpretation bzw. einer Transformation werden kann. Es wird sich zeigen, daß dabei auf unabdingbare Möglichkeitsbedingungen zurückgegangen werden muß. Es muß geklärt werden, wie ein Objekt für die philosophische Interpretation überhaupt zustande kommt und wie es in den Zusammenhang einer philosophiegeschichtlichen Erörterung gestellt werden kann. Schließlich zielt die Darstellung darauf, die Potenz der Deutung vom bloßen Stoff abzuheben. Es ist dies der Primat der Interpretation vor dem Interpretierten, der Perspektive vor dem Objekt.[2]

7.2 Philosophiegeschichte als Problem

Ein beliebtes Vorurteil ließe sich so formulieren:»In der Geschichte der Philosophie wimmelt es von klugen Theorien. Oft geben sie nur Antworten auf fachinterne Fragen, die zu stellen keinem vernünftigen Menschen in den Sinn gekommen wären. Deshalb wirken solche Entwürfe im Licht der alltäglichen Überzeugungen skurril und weltfremd.«[3] Diese lässig formulierte Einschätzung von Bedeutung und Gehalt der Philosophiegeschichte offenbart einen wahren und einen zugleich problematischen Kern. Tatsächlich ist die Forderung richtig, die Philosophie und ihre Geschichte dürften sich nicht

---

2 Darin teilt die vorliegende Arbeit die Absicht der Interpretationsphilosophie: Seine Vertreter, insbesondere Günter Abel, gehen von der grundlegenden Bedeutung interpretativer Prozesse für das Selbst-, Welt- und Fremdverständnis aus. (Vgl. Abel, Günter,»Interpretationsphilosophie«, in: *Allgemeine Zeitschrift für Philosophie* 13 (1988), S. 79–86; ders.,»Interpretations-Welten«, in: *Philosophisches Jahrbuch* 96 (1989), S. 1–19; ders.,»Zeichen und Interpretation«, in: *Zur Philosophie des Zeichens*. (Hg.) Borsche, Tilman – Stegmaier, Werner. Berlin/New York 1992; ders., *Interpretationswelten. Gegenwartsphilosophie jenseits von Essentialismus und Relativismus*. Frankfurt a. M. 1993; ²1995; ders., *Sprache, Zeichen, Interpretation*. Frankfurt a. M. 1999) Allerdings geht es Abels Interpretationsphilosophie zunächst um den Grundcharakter der Interpretativität, der als vorbewußter und vorbegifflicher Prozeß bedacht werden müsse. (Vgl. Abel, Günter, *Sprache, Zeichen, Interpretation*, S. 28f.) Der Interpretationsbegriff ist dagegen in der vorliegenden Untersuchung stark eingegrenzt und bezieht sich auf eine bestimmte – nämlich philosophische – Form der ›deutenden Aneignung‹ (›Interpretation₃‹).

3 Riek, Anna, in:»Sachbuch in der Frankfurter Rundschau«, 13.10.1999, S. 23.

zu weit von unseren alltäglichen Erfahrungen entfernen; sie dürften den Boden unserer Intuitionen und prädiskursiven Einschätzungen nicht gänzlich verlassen, da ihre Probleme sonst zu Skurrilitäten herabsänken, zu begrifflichen Spitzfindigkeiten. Gleichzeitig erscheint die Philosophiegeschichte – dies ist der Kern dieses Vorurteils – als ein unerschöpfliches Reservoir voller abseitiger, weltfremder und abstrakter Gedanken, denen man sich vielleicht in gewissen Mußestunden hingeben könne, nicht aber in der Zeit, in welcher der Philosoph mit ernster Absicht nach Welt- und Selbstverständnis fragt. Mit einem Wort: Es besteht der Verdacht, die Philosophiegeschichte sei – ganz oder teilweise – irrelevant.

Gerne rekurriert man hier auf ein skurriles Problem etwa der mittelalterlichen Philosophie, die bekanntlich reich ist an Haarspaltereien, etwa jenes, das sich um die Frage dreht, was geschehen muß, wenn eine Maus an einer Hostie knabbert, nachdem diese bereits in den Leib Christi verwandelt wurde. Der Aufbau einer *Quaestio* schreibt den Weg der Behandlung einer solchen Frage genau vor; es gilt, das Für und Wider vorzubringen und schließlich eine Antwort zu determinieren. Analoge philosophische Probleme finden sich zuhauf, etwa, was mit einer Spinne geschehen soll, die in einen Kelch mit gewandeltem Wein gefallen ist. Vorderhand ist dies in der Tat einer jener skurrilen, inkriminierten Fragestellungen; an unserer alltäglichen Erfahrung laufen sie gänzlich vorbei; man hat keine intuitive Vorstellung, wie man ein solches Problem lösen könnte, ja, man hat noch nicht einmal einen intuitiven Zugang zu dem *Problem* selbst. Zumindest denkt man, daß solcherlei Probleme ihren Platz in der Theologie hätten und nicht in der Philosophie, insofern man unter Philosophie eine aktive, fragende, argumentierende und prüfende Orientierung in der Welt versteht. Warum also sollte sich ein vernünftiger Mensch, ein Philosoph qua Philosophiehistoriker, mit dieser Frage abgeben.

Eine Betrachtungsweise, die nur die Skurrilität der Fragestellung fokussiert, übersieht die theoretische Brisanz des Beispiels. Natürlich ging es den mittelalterlichen Philosophen nicht nur um das Seelenheil einer Maus oder einer Spinne. Es ging ihnen um eine philosophische Theorie, um deren Gültigkeit und deren Geltungsbereich, letztlich sogar um die Reichweite menschlicher Vernunft überhaupt, um die *Grenzen der Vernunft*. Im Hintergrund des Beispiels liegt nämlich der Streit um die christliche Abendmahlslehre in der zweiten Hälfte des 11. Jahrhunderts, der von Lanfrank gegen Berengar von Tours geführt wurde. Schwierigkeiten brachte die Eucharistielehre vor allem deshalb mit sich, weil sie der Aristotelischen Theorie von Substanz und Akzidens widerspricht, nach der die Substanz beharrt, während die Akzidentien wechseln. Die christlich-katholische Abendmahlslehre fordert das genaue Gegenteil: die Akzidentien bleiben, während die Substanzen wechseln – Transsubstantiation. Berengar machte diesen Widerspruch geltend und warb für eine rationale Erklärung der Eucharistie, d. h. für eine solche, die den Argumentationsstandard der Aristotelischen Philosophie nicht außer Kraft setzt, sondern fruchtbar macht. Man mag den theologischen Implikationen, die an die Substanzenlehre des Aristoteles herangetragen werden, zutiefst skeptisch gegenüberstehen und wird doch einsehen müssen, daß mehr auf dem Spiel steht als eine Rationalisierung religiösen Brauchtums.

Lanfrank jedenfalls unterzog den Substanzbegriff selbst einer grundsätzlichen Kritik und stellte dadurch die Grundlage der Aristotelischen Philosophie in Frage. Damit stand jedoch gleichzeitig die wissenschaftliche Vernunft, deren Paradigma die Aristotelische Philosophie war, zur Disposition. Der Grammatiker und Dialektiker (d. h. Logiker) Berengar andererseits bestand auf einer durchgängigen Anwendbarkeit von Logik und Philosophie. Einen magischen Zauber, der prinzipiell ein Geheimnis und deshalb nicht durch den Menschen zu verstehen ist, sollte es ihm zufolge nicht geben. Dementsprechend lautet auch die Kritik Lanfranks, Berengar habe den Versuch unternommen, Dinge zu verstehen, die nicht verstanden werden können.[4] Natürlich hatte der Streit lebenspraktische Folgen. Berengars Lehre wurde im Jahr 1050 von einem Konzil in Rom als ketzerisch verurteilt, wobei Berengar das Glück besaß, im frühen Mittelalter zu leben: Außer der Tatsache, daß er 27 Jahre nach der Verurteilung seiner Lehre ein Dokument unterschreiben mußte, in dem er bestätigte, an die Transsubstantiation zu glauben, blieb er – so weit man weiß – unbehelligt und starb fast 90jährig an Altersschwäche.

Hinter dem Beispiel jener an Hostien knabbernden Mäuse verbirgt sich also ein Streit um die aufklärerischen Kompetenzen der wissenschaftlichen Rationalität, ein Streit um den Geltungsanspruch der Vernunft, ein Streit, der mit dem geistigen Leben und der geistigen Existenz der Menschen verknüpft war, die ihn führten. Dieses Beispiel soll zeigen, daß die Philosophiegeschichte bisweilen komplexere Problemfelder beschreibt, als sie alltäglich vorkommen. Oft verbirgt der Gesprächszusammenhang und die kulturelle Eingebundenheit den roten Faden, durch den, könnte man ihn finden, selbst ein skurriles Problem Bedeutung erhielte und zu einem Beitrag im Kontext philosophischer Auseinandersetzungen würde.[5] Und die Frage nach der aufklärerischen Vernunft, ihren Möglichkeiten und ihrer Grenze ist eine zentra-

---

4 Vgl.: Berengar von Tours, *De corpore et sanguine Domini*, Migne PL 150, Sp. 427.

5 Das Verfahren selbst allerdings, Theorien, Intuitionen und rationale Argumente durch zugespitzte Beispiele auf den Prüfstand zu stellen, ist auch heute noch ein beliebtes Instrument. Nicht zuletzt die vielen ethischen Diskussionen, die sich zwischen moralischen Intuitionen, rechtlichen Lösungen und rationalen Argumenten bewegen, nutzen das auf Messers Schneide gestellte Beispiel als Sollbruchstelle, wobei fraglich bleibt, ob unter welchen Bedingungen sich diese Methode tatsächlich argumentativ rechtfertigen läßt.

le Frage, mit der sich die Vernunft selbst befragt. In ihrer Geschichte findet sie deshalb Antworten, denen die Ambivalenz der Frage eingewebt ist. Die Klage über ein Übergewicht der Philosophiegeschichte ist schon alt. Hieß es zuerst nur einfach, wer Selbstdenker sein wolle, solle sich nicht auf die Geschichte der Philosophie werfen, wie es etwa Fichte formulierte, so gewinnt nach dem Siegeszug des Historismus die Klage einen ganz anderen Akzent. Viktor Kraft formulierte am Beginn des 20. Jahrhunderts anklagend: »So besteht nun ein großer Teil der Philosophie, wie sie öffentlich gelehrt wird, in Übersichten ihrer eigenen Vergangenheit. Und diese bieten nun fast ausnahmslos dieses selbe Bild. Denker um Denker erscheinen auf der Bühne, jeder wird in liebevoll mitgehender Darstellung vorgeführt, man stellt sich ganz auf seinen Standpunkt, baut Metaphysik mit dem Metaphysiker, wird skeptisch mit dem Skeptiker und kritisch mit dem Kritizisten, und wenn die Fülle der Gestalten vorüber gewandelt ist, so steht nicht ein Bau da, groß und gewaltig, an dem sie alle gearbeitet haben, sondern es bleibt nur die Erinnerung ihres Zwiespalts und ihrer Unvereinbarkeit und ihrer verwirrenden Fülle.«[6] Neben der Vorstellung, das Resultat der Philosophiegeschichte könnte eine große Synthese alles Gedachten sein, liegt im Hintergrund noch eine unifizierende Wertung, nämlich die, daß Vereinbarkeit besser sei als Unvereinbarkeit, Eintracht besser als Zwietracht, Harmonie besser als Disharmonie. Diese Präsumtion bedarf einer Rechtfertigung, denn zumindest phänomenal läßt sich kaum von der Hand weisen, daß auch der Streit, insbesondere der zwischen Gegenpositionen, die sich nicht unmittelbar miteinander vereinbaren lassen, produktive Kräfte freisetzt. Angesichts seiner Voreinstellungen bleibt für Viktor Kraft nur das resignative Resultat, die Philosophiegeschichte bleibe ›natürlich‹ »immer ohne sachlichen Ertrag.«[7] Interessanterweise moniert Kraft nicht nur eine Überfrachtung der systematischen Philosophie durch die Philosophiegeschichte, sondern zugleich auch einen Mangel an Historismus.[8] Ihm geht die Philosophiegeschichte, wenn sie denn betrieben wird, noch nicht weit genug. Sie verfahre, gemessen am ›historischen Geist‹, noch nicht einmal wirklich ›historisch‹,

---

6 Kraft, Viktor, »Philosophie und Geschichte der Philosophie«, in: *Zeitschrift für Philosophie und philosophische Kritik* 157 (1915), S. 4–20; hier S. 5. – Diese Einsicht ist merkwürdig und vielleicht richtig, daß die historische Philosophiegeschichte, insbesondere der Historismus, zum Konservativismus neigt. Diese Vermutung teilt auch: Schnädelbach, Herbert, »Zur Dialektik der historischen Vernunft«, in: *Wandel des Vernunftbegriffs*, S. 30f.

7 a. a. O., S. 7.

8 Ähnlich klagte später auch Walter E. Ehrhardt über die »zunehmende Überlagerung des Philosophierens durch die Bemühung um die Philosophiegeschichte«, wobei er das Verschwinden des systematischen Denkens selbst genau so moniert wie das einer ernsthaft betriebenen Philosophiegeschichte. (Ehrhardt, Walter E., *Philosophiegeschichte und geschichtlicher Skeptizismus*, S. 18.)

da sich die Dogmatik der einzelnen Philosophien einmische. Sie bleibe ein ›Zwitterding‹, unentschieden zwischen Philosophiegeschichte und Philosophie.[9]

In der Gegenwart nimmt sich die Analyse ähnlich aus. So bemerkt Jürgen Mittelstraß:»Philosophisches Wissen scheint, wenn man die Zahl historischer Studien mit derjenigen systematischer Studien vergleicht, im wesentlichen historisches Wissen zu sein, und einer besonderen systematischen Begründung scheint es dabei nicht zu bedürfen. Wo Philosophie überwiegend Geschichte der Philosophie ist, der Philosophiebegriff der philosophischen Forschung also weitgehend identisch ist mit dem Philosophiebegriff der Philosophiegeschichtsschreibung, entfällt vermeintlich der Zwang, diese Orientierung eigens zu rechtfertigen oder in ihr ein systematisches Interesse am Werke zu sehen.«[10] Dieser Diagnose ist in drei Hinsichten zu widersprechen:

1. Was die Quantitäten historischer und systematischer Arbeiten und ihr Verhältnis betrifft, so dürfte sich das Verhältnis seit geraumer Zeit umgekehrt haben. Das Gewicht der historischen Forschung ist in Deutschland seit den 80er Jahren kontinuierlich zugunsten systematischer Bestrebungen zurückgegangen. Die Rolle, welche die deutsche Philosophiegeschichtsschreibung vormals in wichtigen Bereichen innehatte und die sie zu einem Aushängeschild machte, kann sie seitdem nicht mehr spielen, und sie wird sie nicht mehr spielen können, weil die Strukturen, die sie getragen haben, nicht mehr existieren und es einer enormen Anstrengung bedürfte, einen Neubeginn zu versuchen. Italien, Frankreich, England und die USA haben in der Erforschung der antiken, mittelalterlichen, der Renaissance- und Aufklärungsphilosophie deutschen Philosophiehistorikern in den meisten Fällen längst den Rang abgelaufen. Qualifizierte, d. h. international ausgewiesene Hochschullehrer z. B. für antike Philosophie finden sich selbst an einigen Großinstituten nicht mehr. Und selbst die Vermittlung der Philosophie des deutschen Idealismus und des 19. Jahrhunderts in Deutschland findet in den Seminarräumen immer weniger statt. Daß es an einigen Stellen gebündelte Anstrengungen gibt, philosophiegeschichtliche Forschung zu etablieren oder zu erhalten, kann nicht darüber hinwegtäuschen, daß die Philosophiegeschichte ein Stiefkind der systematischen Philosophie ist.[11]

9 a. a. O., S. 19.
10 Mittelstraß, Jürgen,»Gründegeschichten und Wirkungsgeschichten. Bausteine zu einer konstruktiven Theorie der Wissenschafts- und Philosophiegeschichte«, in: *Vernunft und Lebenspraxis. Philosophische Studien zu den Bedingungen einer rationalen Kultur.* Für Friedrich Kambartel. (Hg.) Demmerling, Christoph – Gabriel, Gottfried – Rentsch, Thomas. Frankfurt a. M. 1995, S. 10–31, hier S. 25.
11 Vgl. zu diesem Befund: Flasch, Kurt,»Was heißt es: einen philosophischen Text historisch lesen?«, in: *Bochumer Philosophisches Jahrbuch für Antike und Gegenwart* 1 (1996), S. 1–22; insb. S. 3–5. Schneider, Ulrich Johannes,»Ein ›Dilemma tiefster Schwierigkeiten‹:

2. Ebensowenig dürfte der Beobachtung beizupflichten sein, philosophiegeschichtliche Forschung werde in Deutschland mit einem ungebrochenen Selbstverständnis durchgeführt. Spätestens seit dem Historismus und verstärkt seit dem Beginn des 20. Jahrhunderts macht sich eine Legitimationskrise der Philosophiegeschichte breit, die sich heute beinahe zur tödlichen Krankheit auszuwachsen droht. Kein Philosophiehistoriker, der etwas auf sich hält, versäumt es, sein Tun mit apologetischem Gestus zu rechtfertigen. Das zeugt nicht von methodologischer Naivität und satter Selbstgenügsamkeit, sondern vom Identitätsverlust und Resignation eines Faches, dem geradezu sein Wert für die Wissenschaft massiv bestritten wird.[12]

3. Die meisten der derzeit erscheinenden Arbeiten sind indes weder nur historisch noch gänzlich systematisch ausgerichtet; in verschiedenen Graden sind sie mehr das eine, mehr das andere. Dieser Befund unterstützt die integrale Auffassung von der Philosophie und ihrer Geschichte und spricht für eine Sonderrolle der Philosophiegeschichte im Gegensatz zur Geschichte einzelner Wissenschaften. Es kann also gar nicht darum gehen, einen ›richtigen‹ Umgang mit der Philosophiegeschichte allererst herbeizuführen. Es findet sich allenthalben systematisch geleitete philosophiehistorische Forschung, und es kann einzig darum gehen, die Krise unter der Leitfrage – Wahrheit oder Geschichtlichkeit? – als Legitimationskrise zu begreifen und nicht als Krise der Praxis selbst.[13]

Die Frage nach der Bedeutung der Philosophiegeschichte stellt sich daher vor allem in argumentativer Hinsicht.[14] Einige Forderungen gehen so weit, nicht nur die Bedeutung der Philosophiegeschichte herabmindern zu wollen

---

die Theorie der Philosophiegeschichte im 20. Jahrhundert«, in: *Philosophiegeschichte und Hermeneutik.* (Hg.) Caysa, Volker – Eichler, Klaus-Dieter. Leipzig 1996, S. 46–69. Schneider kommt zu dem Resümee, der Philosophiegeschichtsschreibung werde »kaum eigener Wert beigemessen, allenfalls kommt ihr ein kritisches Interesse an der Revision ererbter Schemata entgegen.« (a. a. O., S. 68)

12 Vgl. dazu: Schneider, Ulrich Johannes, »Ein ›Dilemma tiefster Schwierigkeiten‹: die Theorie der Philosophiegeschichte im 20. Jahrhundert«, S. 46–69.

13 Zu dieser Diskussion: Puntel, Lorenz B., »Zur Situation der *deutschen* Philosophie der Gegenwart. Eine kritische Betrachtung«, in: *Information Philosophie* 22 (1994), H. 1, S. 20–30; »Antworten an Lorenz B. Puntel«, in: *Information Philosophie* 22 (1994), H. 3, S. 38–44.

14 Zur Geschichte einer Theorie der Philosophiegeschichte sei auf folgende Positionen verwiesen: Stenzel, Julius, »Zum Problem der Philosophiegeschichte. Ein methodologischer Versuch«, in: *Kant-Studien* 26 (1921), S. 416–453; Windelband, Wilhelm, »Was ist Philosophie? (Über Begriff und Geschichte der Philosophie)«, in: ders., *Präludien. Aufsätze und Reden zur Philosophie und ihrer Geschichte.* Bd. 1. Tübingen 1924, S. 1–54; Hartmann, Nicolai, »Der philosophische Gedanke und seine Geschichte«, in: ders., *Kleinere Schriften. Bd. II: Abhandlungen zur Philosophie-Geschichte.* Berlin 1957, 1–48.

oder ihre Erscheinung in der akademischen Landschaft zu marginalisieren, sie wollen die Philosophiegeschichte tendentiell zum Verschwinden bringen. Das Argument, das dann angeführt wird, heißt: die historisch vergangene Philosophie sei irrelevant für gegenwärtige Fragestellungen. Es ist dies eine Position, die in ihrer Radikalität heute nur von wenigen vertreten wird, und man wird nicht ohne Ironie feststellen dürfen, daß die Vorstellung von einer Philosophie ohne Philosophiegeschichte selbst historisch geworden ist, stammt doch ihre radikale Variante samt ihrer theoretischen Begründung aus dem logischen Positivismus des beginnenden 20. Jahrhunderts und verweist auf ein Klima, in dem bestimmte Formen einer dogmatischen Metaphysik noch wirksam genug waren, um Novizen der Philosophie zu erschrecken.

Vielmehr ist es Konsens, daß die Philosophiegeschichte ein substantieller Bestandteil der Philosophie ist und dies auch bleiben sollte.[15] Es gibt eine Reihe von Bemühungen namhafter Philosophen, die explizit für eine philosophische Philosophiegeschichte plädieren und gute Argumente dafür beibringen. Allerdings zeichnen sich zwei große Argumentationsblöcke ab, welche die Bedeutung der Philosophiegeschichte für die Philosophie beschneiden. Die erste besteht in verschiedenen Varianten der »Steinbruch«-Methode, die zweite in der radikalen Historisierung. Es lassen sich dabei folgende grundsätzliche Positionen finden:[16]

---

15 Gelegentlich kommen Thesen dieser Art und deren Rechtfertigung ziemlich bunt daher. Für die Begründung der – allgemeiner Beipflichtung gewissen – Behauptung, Philosophiegeschichte sei nur philosophisch zu betreiben, umschifft etwa Wolfgang Bartuschat die historistische Wende des 19. Jahrhunderts, oder – wenn man will – er ignoriert sie einfach. Dazu stellt er eine weitere – allgemeiner Beipflichtung gar nicht gewisse – These auf: »Philosophische Systeme früherer Zeiten sind an ihnen selbst ernst zu nehmen, weil sie, anders als die Zeiten, nicht vergangen sind, also nicht nur historische Bedeutung haben.« (Bartuschat, Wolfgang, »Thesen zum Verhältnis von Philosophie und Philosophiegeschichte«, in: *Philosophie der Gegenwart – Gegenwart der Philosophie.* (Hg.) Schnädelbach, Herbert – Keil, Geert. Hamburg 1993, S. 97–100; hier S. 98) Insgesamt schlägt eine Skepsis gegenüber der systematischen Philosophie durch. Bartuschat räumt ein, daß systematisches Philosophieren ohne Geschichte durchaus möglich ist. Aber er spekuliert darüber, daß es wohl einen nur psychologischen Grund dafür gibt, daß sich die systematischen Philosophie gegenüber der Geschichte ihres Problems zurückhält: »Denn das Wissen um das, was schon geleistet worden ist, würde den eigenen Versuch nicht selten erübrigen.« (a. a. O., S. 99) Systematisches Philosophieren besteht – Bartuschat folgend – zum größten Teil aus aufgewärmter Historie und wäre durch Philosophiegeschichte sicher leicht zu ersetzen. Wie das zur Begründung der ursprünglichen These taugen soll, bleibt indes fraglich.

16 Es sind verschiedene Vorschläge zu einer Typologie der Philosophiegeschichtsschreibung gemacht worden. Sie überschneiden sich teilweise mit der vorliegenden oder ergänzen sie: Vgl. Rorty, Richard, »The historiography of philosophy: four genres«, in: *Philosophy in history.* (Hg.) Rorty, Richard. Cambridge 1984, S. 49–75; Beelmann, Axel, *Theoretische Philosophiegeschichte. Grundsätzliche Probleme einer philosophischen Geschichte der Philosophie.* Basel 2001.

1. Die Philosophiegeschichte trägt nichts zur Lösung gegenwärtiger Probleme bei. Deshalb ist sie irrelevant. Über ein bloßes Archivwissen hinaus ist dort nichts Interessantes für die systematische Philosophie zu finden.[17]
2. Die Philosophiegeschichte ist nur insofern relevant, wie sie etwas zur Lösung gegenwärtiger Probleme beiträgt. Die Geschichte der Philosophie sollte deshalb nur in soweit konsultiert werden, wie sie benötigt wird. Darüber hinaus ist eine Beschäftigung mit ihr bloße Liebhaberei.
3. Die Philosophiegeschichte ist nur von mittelbarer Relevanz, da sie nur im Hinblick auf die Lösung gegenwärtiger Probleme betrieben werden sollte. So sollte eine Beschäftigung mit der Philosophiegeschichte prinzipiell stattfinden, aber nicht als Selbstzweck, sondern als Mittel für ein gegenwärtiges Philosophieren.
4. Die Philosophiegeschichte ist auch dann relevant, wenn sie nicht unmittelbar zu Lösungen gegenwärtiger Probleme beiträgt. Sie erklärt nämlich den Weg, den die Probleme genommen haben, seien diese nun gelöst worden oder nicht oder einfach verschwunden. Die Kenntnis des Weges sei aber wichtig, um vor Irrtümern zu bewahren oder um nicht aus Unkenntnis durch bereits gelöste Probleme irritiert zu werden.
5. Angesichts der historischen Distanz bleibt dem Philosophiehistoriker nur die resignative Funktion eines Konservators. Gegen den Fortschritt der Zeit bereitet er auf, was vergangen ist: die Gedanken der Menschen, deren lebendige Interessen mit den Menschen, die sie hatten, uneinholbar verloren sind. Er kann ihre Realität und Objektivität nicht zurückholen. Er weiß nicht, was vergangenes Denken bedeutet, er versucht nur zu erklären und auf einer rekonstruierten Folie zu rekonstruieren, was sich in seiner vollen Gültigkeit längst aufgelöst hat.

Alle diese Positionen sind verwandt. Sie besetzen ein Spektrum von gänzlicher Ablehnung einer Relevanz der Philosophiegeschichte bis hin zu einem problemgeschichtlichen Ansatz. Dabei ist die Ablehnung der Relevanz durch zwei Extreme gekennzeichnet: Einerseits bildet sich eine ignorante Haltung gegenüber der Philosophiegeschichte aus. Gegenüber dem Gegenwärtigen und seinen Problemen spielt das Historische keine oder nur eine subalterne Rolle. Es findet sich darin eine Überheblichkeit des Neuen gegenüber dem Alten. Sie folgt der ungerechtfertigten, weil unbedachten Vor-

---

17 Pauschal betrachtet kann man diese Position der frühen analytischen Philosophie zusprechen wie auch dem logischen Positivismus, bei denen eine gegenwartsbezogene Problemlösung mit einer Abwendung von der als metaphysisch verstandenen Tradition einhergeht. Vgl. dazu: Makkreel, Rudolf A., »Philosophiegeschichte in Beziehung zu Geistes- und Wirkungsgeschichte«, in: *Philosophie der Gegenwart – Gegenwart der Philosophie*. (Hg.) Schnädelbach, Herbert – Keil, Geert. Hamburg 1993, S. 77–95; insb. S. 77–79.

aussetzung, das Neue sei stets besser als das Alte. Dieser Supremat des Neuen kann sich sowohl auf eine vorgebliche Aktualität berufen als auch darauf, ein Problem im Horizont des Neuen besser durchdrungen zu haben. Hier ist es nicht hilfreich, jeden Fortschritt, jede neue Wendung eines Problems, jede neue Fragestellung vor dem Hintergrund des Alten generell zu kritisieren. Vielmehr muß es darum gehen, ungerechtfertigte Vorannahmen, z. B. die eines linearen Fortschritts in der Philosophie, zu hinterfragen. Eine neue Fragestellung ist nicht allein deshalb ›besser‹, weil sie neu ist. Sie ist auch nicht deshalb ›besser‹, weil sie viel diskutiert wird. Hier ist eine Prüfung erforderlich, ob es berechtigt ist, eine Fragestellung auf neue Weise zu diskutieren – dies auch vor dem Hintergrund bereits geführter Debatten, die gegebenenfalls nachzuschlagen wären in der Philosophiegeschichte.

Andererseits bildet sich eine skeptische Haltung gegenüber der hermeneutischen Leistungsfähigkeit der Philosophiegeschichte überhaupt aus. Die Ablehnung einer Relevanz des Historischen setzt noch voraus, daß das Abgelehnte prinzipiell verstanden werden kann, denn es wird ja gerade abgelehnt, weil es für irrelevant erachtet wird. Anders argumentiert ein radikaler Historismus[18]: Er geht davon aus, daß das Verständnis des Historischen nur eingeschränkt möglich ist, so daß eine Bewertung dieser Art ausgeschlossen bleibt. Einen philosophischen Autor einer vergangenen Epoche zu ›verstehen‹, ist dann ein unmögliches Unterfangen. Es können höchstens Texte untersucht werden, es können Theorieelemente im Kontext der Sozialgeschichte analysiert werden, aber von einer philosophischen Relevanz im Hinblick auf aktuelle Problemstellungen kann nicht die Rede sein, nur von einer historischen.[19]

---

18 Zum Begriff ›Historismus‹ vgl. Schnädelbach, Herbert, »Zur Dialektik der historischen Vernunft«, S. 15–37; hier insb. S. 16–20. – Schnädelbach unterscheidet drei verschiedene Grundformen des Historismus. Ihm folgt: Kang, Jung-Min, *Philosophische Philosophiegeschichte. Studien zur allgemeinen Methodologie der Philosophiegeschichtsschreibung mit besonderer Berücksichtigung der Philosophie der Philosophiegeschichte.* Konstanz 1998, S. 16–29. Vgl. neuerdings.: Hindrichs, Gunnar, »Das Problem des Historismus«, in: *Philosophisches Jahrbuch* 109 (2002), S. 283–305.

19 Vgl. dazu die verschiedenen Versuche Kurt Flaschs, für den das Problem – als Mittelalterforscher – eine größere praktische Relevanz hat als für einen Philosophiehistoriker etwa des 19. Jahrhunderts. Das Bewußtsein, nur Bruchstücke zu besitzen, nur partiell erklären zu können, was die Texte sagen, mühsam rekonstruieren zu müssen, was für eine Wirklichkeit den Theorien zugrunde lag und welche ›Welt‹, nimmt mit der historischen Distanz offensichtlich zu. Indessen gelten Flaschs Bedenken auch für die näherliegende Vergangenheit: Flasch, Kurt, »Wozu erforschen wir die Philosophie des Mittelalters«, in: *Die Gegenwart Ockhams.* (Hg.) Vossenkuhl, Wilhelm – Schönberger, Rolf. Weinheim 1990, S. 393–409; ders., »Historische Arbeit an Zeichen«, in: *Zur Philosophie des Zeichens.* (Hg.) Borsche, Tilmann – Stegmaier, W. Berlin/New York 1992, S. 136–148; ders., »Abschied von Dilthey. Historisches

Damit wird die Aufmerksamkeit auf prinzipielle Probleme der Philosophiegeschichte gelenkt: Sie bestehen nicht nur in dem dialektischen Verhältnis von Altem und Neuen. Sie erstrecken sich auch auf die Frage nach der
Weise, in der uns das Vergangene gegeben ist, nach den Modi, in denen wir
uns das Vergangene aneignen und verfügbar machen; – oder in denen es uns
überliefert wird. Schließlich stellt sich die Frage nach dem Verhältnis von
Wahrheit und Geschichtlichkeit. Wahrheit als das, worauf die Philosophie
abzielt, verträgt sich nicht mit dem Gedanken, daß die Philosophie selbst
zeitlich, d. h. vergänglich ist. Zunächst soll jetzt untersucht werden, wie das
Verhältnis der Philosophiegeschichte zur Zeitlichkeit und zum Objektcharakter beschaffen sein muß, damit eine philosophische Philosophiegeschichte möglich ist.

Wissen ohne ›Verstehen‹«, in: *Filosofia e cultura. Per Eugenio Garin.* (Hg.) Ciliberto, Michele – Vasoli, Cesare. Bd. II, Rom 1991, S. 625–646; ders.,»Wie schreibt man Geschichte
der mittelalterlichen Philosophie? Zur Debatte zwischen Claude Panaccio und Alain de Libera
über den philosophischen Wert der philosophiehistorischen Forschung«, in: *Medioevo* 20
(1994), S. 1–29; ders.,»Was heißt es: einen philosophischen Text historisch lesen? Philosophiehistorische Forschung in Deutschland und die Wirkung Martin Heideggers«, in: *Bochumer Philosophisches Jahrbuch für Antike und Gegenwart* 1(1996), S. 1–22. Flaschs Überlegungen finden sich konzentriert in dem Bericht über die Debatte zwischen Claude Panaccio
und Alain der Libera. Flasch favourisiert dabei die Position de Liberas: »Wir sehen nicht
dieselbe Welt wie die Menschen des Mittelalters. Wenn es aber keine phänomenale Kontinuität
der Welt gibt, dann lassen sich auch philosophische Thesen nicht ablösen von diesen Welten,
denn jede philosophische These bezieht sich ihrer Natur nach auf eine Welt. Daraus ergibt
sich ein *historischer Relativismus*, der zugleich die Installierung jeder These in einem Ganzen
theoretischer Sätze festhält, der also ein *Holismus* ist, und der ein *Diskontinuismus* sein muß,
wenn er natürlich auch einräumt, daß es *verschiedene Formen der Diskontinuität* gibt.«
(Flasch, Kurt, »Wie schreibt man Geschichte der mittelalterlichen Philosophie?«, S. 5) Flaschs
Auffassung kritisiert die Argumentation, man könne sich den theoretischen Gehalts historischer Texte aneignen, weil sie im Modus des Gegebenseins einfach vorlägen. Flasch wendet
sich zentral gegen die Klassiker der Hermeutik, etwa Dilthey oder Gadamer. Er trifft aber
ebenso die Überlegungen von Mittelstraß und Rorty, weil sie den *Geltungsanspruch* von historischen Theorien entzeitlichen. Gegen Flaschs Überlegungen können zwei Einwände geltend gemacht werden: 1) Die Theorie der Philosophiegeschichte läßt sich selbst historisch
lesen. Dies geschieht etwa bei: Schneider, Ulrich Johannes, »Ein ›Dilemma tiefster Schwierigkeiten‹: Die Theorie der Philosophiegeschichte im 20. Jahrhundert«, S. 46–69. Ein Teil der
Aufgeregtheit, die den Texten Flaschs zur Philosophiegeschichtsschreibung anhaftet, nimmt
sich vor der historisch rekonstruierten Entwicklung und ihrem zeitlichen Horizont bei weitem
nüchterner aus. 2) Die historistische Dekonstruktion wird selbst als Konstruktion mit ihr eigentümlichen Implementen aufgefaßt. Das ist der Weg der vorliegenden Untersuchung, die
das Dilemma von Wahrheit und Geschichte, vor das der radikale Historismus die Philosophie-
geschichtsforschung stellt, nicht überwinden, sondern als konstitutives Spannungsmoment
nutzen will.

7.3 Kontinuität und Diskontinuität

Im Hintergrund liegen zwei Modelle, die das generelle Verhältnis zur Geschichte der Philosophie beschreiben.[20] Nicht nur die oben vorgestellte Position, nach der die Philosophiegeschichte nur eine Marginalie sein sollte im Gegensatz zu den brennenden und aktuellen Problemen der Gegenwart, sondern auch die traditionelle Art und Weise, Philosophiegeschichte zu treiben, ist einem Denkmodell verpflichtet, das die Philosophiegeschichte nach einem Schichtenmodell beschreibt. ›Unten‹ befindet sich naturgemäß der Boden, die Basis eines ganzen Baus, darauf schichten sich Lage auf Lage mehr oder weniger interessanter Theorien, Gedankengebäude oder Fragestellungen, Text- und Literaturgattungen; schließlich jedoch findet sich in jedem Fall – ›oben‹ – die Gegenwart als Fokus des Ganzen.

Das Schichtenmodell trägt der Sukzession der Zeit Rechnung. Die jeweilige Gegenwart verdrängt das Vergangene, das Neue verdrängt das Alte. Und sollte man Zweifel haben, ob das Neue in jedem Fall besser ist als das Alte und Vergangene, so wird doch die Gegenwart fokussiert, sei dies auch zweifelnd. Für eine ›Erzählung‹ des Vergangenen gilt die Sukzession der Zeit; sie bildet das logische Gerüst der Schichtentheorie. Die Entwicklung eines Problems, die Erzählung des Ursprungs einer Theorie wird am inneren Leitfaden der Zeit erzählt. Ihr Grundmodus ist die Grund-Folge-Beziehung. Der Gedanke eines bestimmten Autors zu einer bestimmten Zeit ist der Grund dafür, daß ein anderer Autor zu einer späteren Zeit einen anderen Gedanken hatte. Primär werden Beziehungen der Art untersucht, wie sich beispielsweise ein bestimmter Gedanke bei verschiedenen Autoren entwickelte. Es wird gefragt, welcher Autor einen bestimmenden Einfluß ausgeübt hat oder in besonderer Weise rezipiert wurde. Die Probleme, Theorien und Fragen vergangener Zeiten liegen nicht wie Kugeln in einer Schale, sondern sind durch ihre Aufeinanderfolge in der Zeit und ihre Verknüpfung mit ihrer Zeit bestimmt: Sie bilden eine Kette.

Tatsächlich verfährt die Philosophiegeschichtsschreibung seit der Renaissance mit verschiedenem Akzent nach diesem Schichtenmodell. Nicht immer erfährt man, was der Erklärungshorizont ist, in dem nach Erklärungen gesucht wird. Oft wird fraglos vorausgesetzt, daß sich gegenwärtiges Philosophieren nur aus dem Vergangenen erschließen läßt, nur in ihm sich seine Erklärung findet. Die verschiedenen Ausprägungen dieses Denkens machen sich an Kriterien fest, die zum Beispiel den *Geist* einer Epoche zu fassen und den Geist der *eigenen* Zeit zu erklären suchten. Oder es gibt ein Vorverständnis von *Fortschritt*, das die Untersuchung leitet. Lange Zeit

---

20 Vgl. zum folgenden den klassischen Text: Foucault, Michel, Archäologie des Wissens. Frankfurt a. M. 1981, insb. 9–30.

war es das *Problem*, das eine Art von Identität bildete, gleichsam eine Form, in welche die Schichten eingelassen sind. Schließlich gab und gibt es *teleologische* Modelle, in denen der Zielpunkt geschichtlicher Entwicklungen apriorisch aufgedeckt und die Erzählung nach diesem Zielpunkt ausgerichtet wurde. In allen diesen Formen wird die *Kontinuität* von historischen Gegebenheiten und Begebenheiten *vorausgesetzt*.[21] Nahtlos reihen sich Gestalten, Probleme, Theorien, Schulen, Systeme und Gedankengebäude aneinander. Immer scheint plausibel zu sein, daß das eintritt, was eingetreten ist; im Falle teleologischer Modelle scheint sogar *das* plausibel, was einmal eintreten *wird*, obgleich es *niemals* eintreten oder niemals *so* eintreten wird. Das Problem liegt in der Kontinuität selbst. Sie liegt stets in der Vergangenheit, niemals ist sie gegenwärtig. Jeder Gegenwart ist es prinzipiell unklar, an welcher Stelle der Geschichte sie sich befindet. Das allein macht die unfreiwillige Komik aus, die allen Versuchen anhaftet, die eigene Gegenwart in Kategorien der Geschichtsschreibung zu erzählen, seien diese Kategorien Verfall, Aufstieg oder Ende, seien es Epochenbezeichnungen oder sei es nur eine Zäsur, welche die Gegenwart zu einem besonderen Zeitalter mit ganz eigentümlicher Charakteristik machen soll.[22] Noch lächerlicher ist es, die Kontinuität der Erzählung über die eigene Gegenwart hinaus in die Zukunft noch zu verlängern, in jenen dichten Nebel des Unverfügbaren, der lauter Überraschungen, Niederlagen, lauter Verfall, Anfang und Ende, lauter Leben und Tod bringen wird. Sicher ist nur dies: Eine zukünftige Geschichtsschreibung wird anders urteilen, sie wird andere Kategorisierungen, andere Eigentümlichkeiten feststellen, sie wird die vergangene Gegenwart anders charakterisieren, als wir dies in der gegenwärtigen Gegenwart zu tun wünschen.

---

21 Es ist das Verdienst H. M. Baumgartners die Kontinuität und die Kontinuitätssetzungen in der Geschichtsphilosophie grundlegend untersucht zu haben. Sein Vorschlag einer narrativen Konzeption von geschichtlicher Kontinuität scheint aber in bezug auf die Philosophiegeschichte nur begrenzt anwendbar, da sich Argumente und ihr Geltungsanspruch nicht allein aus Erzählungen erschließen lassen. Vgl. Baumgartner, Hans Michael, *Kontinuität und Geschichte. Zur Kritik und Metakritik der historischen Vernunft*. Frankfurt a. M. ²1997.

22 Vgl. Hogrebe, Wolfram, *Prädikation und Genesis. Metaphysik als Fundamentalheuristik im Ausgang von Schellings ›Die Weltalter‹*. Frankfurt a. M. 1989, S. 8: »Tief ist der Brunnen der Vergangenheit[,] und es ist nicht jedermanns Sache, seiner Unergründlichkeit nachzugehen. (...) Wir wissen heute von dieser Abgründigkeit kaum noch etwas. (...) Das *Weltgeheimnis* gilt gemeinhin als verschollen[,] und manche von den Listigeren halten es auch für besser so. Aber es liegt offenbar nicht in unserer Macht, seine Wirksamkeit stillzustellen; selbst wenn niemand mehr darum weiß, geistert irgendetwas [sic!] in den Köpfen herum, eine nervöse Irritation, die poröse Argumente favorisiert und sich bisweilen davon etwas verspricht, eine neue Epoche auszurufen. Man fühlt sich als Spätling und glaubt schon wieder, daß die bloße Bekundung von Post-Gefühlen ausreicht, Sabbat mit dem Brunnen der Vergangenheit machen zu können.«

Ein zweites Modell nährt sich von den Schwächen des ersteren. Anstelle der Kontinuität setzt sie auf Diskontinuität. Primär betrifft diese den Optimismus des Verstehens selbst. Es beschleicht uns der Verdacht, daß die Kontinuität bloß ein Traum, daß das Verstehen selbst ein globales Mißverstehen ist, das sich überdies speist aus den Interessen einer übermächtigen Gegenwart. Die einzelne Person selbst erscheint als ein Konglomerat diskontinuierlicher Erzählstränge, deren Vergangenheit nicht unverfügbar, sondern schon immer retrospektiv zurechtgestutzt ist, funktionalisiert im Interesse einer Gegenwart. Wieviel mehr betrifft das die Geschichtsschreibung der Philosophie! Willkürliche *Epochenschwellen*, ererbt aus der Tatsachengeschichte, strukturieren hier die Lehrbücher, *Vorgänger* und *Nachfolger* begleiten dort wie Kometen die Zentralgestirne der *wirklich großen* Denker, *Probleme* werden in der Antike geboren, gedeihen in Mittelalter und Renaissance, bevor sie in Aufklärung und Moderne zu kränkeln beginnen und Siechtum sich ankündigt, – um schließlich durch Metaphysikkritik ganz beseitigt zu werden. Und nun erscheinen neue Probleme auf der Szenerie, denen in immer rascherer Folge dasselbe Schicksal zugemessen ist. Der Theoretiker der Diskontinuität durchschaut hier das projektive Verfahren. Die konstitutiven Bedingungen der Philosophiegeschichte resultieren aus den Interessen der jeweiligen Gegenwart. Die scheinbare Objektivität verwandelt sich für ihn in ein Konstrukt. Verstehen des Historischen wird zum Verstehen, daß das Vergangene aus dem Gegenwärtigen kommt, zum Verstehen des Vergangenen als Eigenem: Geschichte als Erinnerung.

Das Schichtenmodell ist auf den Kopf gestellt. Die unterste Schicht bildet nicht mehr die Basis. Vielmehr ist es nun das durchschaute Gegenwartsinteresse. Dieses ist das erste. Und was aus ihm folgt, ist letztlich zentriert auf die Gegenwart. Hier ist nun keinesfalls mehr daran zu denken, daß es der Geschichte der Philosophie an Aktualität mangeln könnte. Es ist vielmehr umgekehrt. Es mangelt der Philosophiegeschichte an der Geschichte. Das Vergangene hat seine Sukzession verloren. Es ist für die Geschichte nicht mehr wesentlich, daß sie in einem Nacheinander geordnet ist. In letzter Konsequenz muß hier ein Geschichtsskeptizismus eintreten, der die Bedeutung des Historischen gänzlich in Frage stellt, und zwar nicht, weil das Historische seine Bedeutung verloren hätte, sondern weil sich seine Bedeutung nicht mehr entschlüsseln läßt.

Der Blick des Philosophiehistorikers reicht nicht weiter als sein Horizont. In diesen ist er eingeschlossen. Er versteht die Gedanken einer vergangenen Zeit nur noch durch das mühsame Instrumentarium eines Ethnologen. Ihm ist das Vergangene auf immer fremd geworden. Er kämpft für die Gegenwart, um ein gegenwärtiges Bild der Philosophie. Jede affirmative und positive Bezugnahme erweist sich als Konstrukt scheinbarer Identität. Dieses Modell taugt nicht für den Bau größerer Konstruktionen. Die Aufgabe, die

Geschichte einer Epoche des Denkens zu schreiben, weicht der mikrologischen Analyse eines Denkens, dessen Fremdartigkeit nur auf der Folie der Bildungsgeschichte der Zeit, der Sozial-, Kultur- und Mentalitätsgeschichte an Plausibilität gewinnt, nicht aber als Argument in einem noch unabgeschlossenen Verständigungsprozeß.

Zu sehr sind Material und Bauplan verbunden mit der Person, der Zeit und der Gesellschaft des Konstrukteurs. Aber: Auch Dekonstruktion ist Konstruktion.[23] Die konstruktive Tätigkeit scheint dem Schichtenmodell genau entgegenzulaufen. Es wird nicht mehr die Herkunft aus der Einbahnstraße der Geschichte rekonstruiert, sondern in einem Wechselspiel mit dem Gegebenen konstruiert. Selbst wenn diese Konstruktion kritisch aufgedeckt wird, bleibt kein Rückgang zu einem bloßen Faktum, dies schon gar nicht im Bereich der Philosophiegeschichte.

7.4 Der Lösungsversuch Hegels

Ein Unternehmen wie dieses, nämlich die Suche nach einer systematischen Begründung der Philosophiegeschichte, wird ohne einen Blick auf die Antwort Hegels nicht auskommen können.[24] Das wußten die Denker jenes Jahrhunderts, das nach Hegel kam, genau. Wie zu einem Übervater schauten sie zu ihm auf.[25] Seine Lösung schien paradigmatisch. Es blieb ihnen nur die

---

23 Vgl. Descombes, Vincent, *Das Selbe und das Andere*. Frankfurt 1981. Über Derridas Projekt referiert Descombes: »Die Strategie der *Dekonstruktion* ist die List, die noch da zu sprechen erlaubt, wo es ›letzten Endes‹ nichts mehr zu sagen gibt, weil der absolute Diskurs vollendet ist. Das ist die Kriegslist, die das Dilemma der Philosophie matt setzt. Doch diese Kriegslisten mußten konstruiert und kalkuliert werden.« (S. 184)

24 Über die Rolle Hegels im Prozeß der Historisierung, vgl: Schneider, Ulrich Johannes. *Philosophie und Universität. Historisierung der Vernunft im 19. Jahrhundert*. Hamburg 1999, insb. S. 212–246.

25 Eine Universalisierung der Vernunft und mit ihr der Philosophie propagierte noch der Basler Philosoph Karl Joël mit ungeheurem, heute nahezu unverständlichem Pathos und dies noch ganz im Geiste Hegels, als er am Anfang seines monumentalen Werkes *Wandlungen der Weltanschauung* (Tübingen 1928) formulierte: »Die Geschichte der Weltanschauungen gewinnt so einen weiteren Sinn, eine innere höhere Bestimmung: es ist, als wollte und sollte in ihr das *ganze menschliche Seelenleben* sich entladen, ein Gesamtmensch all seine Kräfte und Anlagen entfalten im Wechsel der Lebensakzente, indem Geistesmensch und Sinnenmensch, Willensmensch und Denkmensch, Schaumensch und Tatmensch und so noch andere Typen einander ablösen, damit alle geistigen Organe und Funktionen wie aus der höheren Gerechtigkeit und inneren Harmonie des Lebens ihr Recht geltend machen und wechselnd hervortreten als Dominanten einer Weltanschauung.« (S. 14) Er nannte das Ganze noch bei seinem Hegelschen Namen: »Der Weltgeist aber, wenn er existiert und wahrhaft ein Gott ist und kein Götze, kein Idol und Schema, muß geschichtlich sein als der, der da war, ist und sein wird, und dann kann er die Wahrheit nicht als einen Sack voll Steinen in sich tragen und auswerfen,

Variation, die Abmilderung seines radikalen Anspruchs, die Erweiterung im Detail; – oder die prinzipielle Ablehnung. Erst seit der Mitte des 20. Jahrhunderts scheint der Einfluß Hegels nicht nur in dieser Frage kontinuierlich abzunehmen. In den letzten zwanzig Jahren, so kann man den Eindruck gewinnen, ist die Position Hegels selbst nur noch für Philosophiehistoriker relevant. Systematische Impulse scheinen kaum noch von seiner Philosophie auszugehen.[26]

Hier jedoch soll gezeigt werden, daß Hegel eine interessante, systematische Lösung des Problems gegeben hat, die jedoch wegen einiger zentraler Voraussetzungen, d. h. aus argumentativen Gründen inakzeptabel bleibt. Zu diesen Voraussetzungen gehört Hegels These vom Parallelismus von Logik und Geschichte – eine stets kritisierte und sehr problematische Behauptung. Darüber hinaus weisen seine Überlegungen jedoch in eine richtige Richtung: Systematisches Philosophieren und Philosophiegeschichte sind nicht nur voneinander unabtrennbar, vielmehr ist systematisches Philosophieren nur geschichtlich, Philosophiegeschichte nur systematisch möglich. Im Einzelfall dürfte eine Unterscheidung von Geschichte und Systematik häufig sogar unmöglich sein.

Darin liegt für Hegel zweierlei: Erstens plädiert er für die Unterscheidung der Philosophiegeschichte von der allgemeinen Geschichte, von der Theologiegeschichte oder aber von der Wissenschaftsgeschichte. Er plädiert für eine Sonderrolle der Philosophie, insbesondere was ihr Verhältnis zu ihrer Geschichte betrifft. Zweitens argumentiert er für eine Auffassung, nach der die geistigen Prozesse, die Kultur in ihrer Ganzheit, eine eigene und eigenständige Dynamik ausmachen. Gedanken haben, Kunst schaffen, Staatsbürger sein ist keine bloße Privatsache, sondern verknüpft den Einzelnen mit dem Allgemeinen, das zwar nie ohne die Einzelnen, jedem Einzelnen jedoch übergeordnet ist.

Hegel konstatiert in der *Heidelberger Antrittsvorlesung* ein allgemeines Vorurteil, das darin besteht, die Philosophiegeschichte sei nichts anderes als ein Kompendium an Meinungen, etwa eine »Galerie der Heroen der *denkenden Vernunft*«[27]. Er evoziert damit das Bild eines Zuschauers, der unbeteiligt eine

---

sondern als eine Fülle von Samen; selber lebendig läßt er sie als Leben zu Leben sich auswirken, zu immer neuen Wahrheiten.« (S. 19)

26 Dies trifft insbesondere für die europäische Philosophie zu; ein Blick auf die Diskussionen im nordamerikanischen Raum mag dieses Urteil im Detail relativieren, wohl aber kaum das Gesamtbild korrigieren. – Zu Hegels Auffassung der Philosophiegeschichte im Zusammenhang systematischer Fragestellungen: Ehrhardt, Walter E., *Philosophiegeschichte und geschichtlicher Skeptizismus*, S. 59–61; Geldsetzer, Lutz, *Die Philosophie der Philosophiegeschichte*, S. 146–148; Kaehler, Klaus E., »Kant und Hegel zur Bestimmung einer philosophischen Geschichte der Philosophie«, in: *studia leibnitiana* 14 (1982), H. 1, S. 25–47; Kang, Jung-Min, *Philosophische Philosophiegeschichte*, S. 122–142.

27 Hegel, Werke 18, S. 20.

Reihe von Bildern abschreitet, auf denen die tatkräftigen und tatendurstigen
Protagonisten der Philosophiegeschichte abgebildet sind. Der Zuschauer ist
interessiert, aber distanziert. Diese Auffassung beruht Hegel zufolge auf der
Annahme, das Geschichtliche gehöre der Vergangenheit an, es läge damit in
einem von der Gegenwart abgetrennten Bereich. Realität dagegen sei eine Sache der Gegenwart. Damit wird dem Vergangenen nur eine reduzierte Form
von Realität zugemessen. Eine vergangene Wirklichkeit ist nicht einfach eine
andere Wirklichkeit, sondern liegt *jenseits* der Gegenwart. Anderseits beharrt
diese Auffassung der Geschichte darauf, daß die Gegenwart nicht aus sich
selbst besteht, sondern *Resultat* ist einer unüberschaubaren Folge von Generationen. Die Gegenwart ist das Erbe, für welches das ganze Menschenge-
schlecht von Beginn an bis zum heutigen Tage gearbeitet hat. Zu diesem Erbe
gehört auch die Philosophie. Sie verdankt sich der Tradition. »Diese Tradition
ist aber nicht nur eine Haushälterin, die nur Empfangenes treu verwahrt und es
so den Nachkommen unverändert überliefert. Sie ist nicht ein unbewegtes
Steinbild, sondern lebendig und schwillt als ein mächtiger Strom, der sich
vergrößert, je weiter er von seinem Ursprung aus vorgedrungen ist.«[28] Wie
auch immer Hegel sich im einzelnen das Geschehen der Philosophiegeschichte
denkt, so ist sie für ihn in jedem Fall ein dynamisches Geschehen, kein ruhiger
Besitz, über den man verfügt, sondern ein unruhiges, kraftvolles Geschehen,
nichts, mit dem man endgültig fertig wäre.

Dahin gehört, nach Hegel, auch der vordergründige Widerspruch, der darin bestehen soll, daß die Wahrheit der Geschichtlichkeit entgegengesetzt
ist.[29] Die Wahrheit, so das Argument, kann nicht im Modus des Vergangenen
erscheinen, ohne selbst vergänglich zu werden. Das, was keine Vergangenheit kennt, kann deshalb keine Geschichte haben. Diese Überlegung speist
sich aus der Voraussetzung einer – freilich polemisch konstruierten – Metaphysik, die nur das Nicht- und Überzeitliche als gültig und wahr anerkennen
könnte. Aber auch in einem Theoriehorizont, der sich mit der ewigen Wahrheit oder mit ewigen Wahrheiten schwer arrangieren kann, in einem Horizont, auf dem diese Rede teils gänzlich sinnlos geworden ist, kann ein ana-
loges Argument gefunden werden: Probleme etwa seien zwar immer auf eine
gegebene Situation bezogen, Problemlösungen aber stets gegenwarts- und
insofern zukunftsorientiert. Die Lösung ließe sich deshalb nicht analytisch
aus dem Gegebenen erschließen, sondern sei nur durch Innovation, d. h. synthetisch im Horizont des Gegenwärtigen zu finden. Hier ließen sich weitere
Argumente anführen, die alle jedenfalls die Trennung des Vergangenen vom
Gegenwärtigen zum Resultat hätten, und zwar stets versehen mit dem Primat

---

28 Hegel, Werke 18, S. 21.
29 Vgl. Beelmann, Axel, *Theoretische Philosophiegeschichte*; Hindrichs, Gunnar, »Das
Problem des Historismus«, S. 283–305.

des Gegenwärtigen vor dem Vergangenen: Geschichte sei nichts anderes als eine Erzählung über Gewesenes, das durch anderes Gewesenes verdrängt worden sei, damit etwas Flüchtiges, das sich dadurch auszeichnet, vorüber- und zugrundegegangen zu sein.

In den Berliner *Vorlesungen über die Geschichte der Philosophie* urteilt Hegel härter. Mit dem Blick auf die an Skurrilitäten reiche Geschichte der Philosophie formuliert er den Vorwurf, der aus dieser Auffassung folgt, und zwar beinahe mit den eingangs zitierten Worten: Die Philosophiegeschichte sei eine *Galerie der Narrheiten*; sie zeige die Verirrungen des weltfremden Menschen, der einzig in seine eigene Gedankenwelt versponnen sei. »Diese Geschichte, so als eine Hererzählung von vielerlei Meinungen, wird auf diese Weise eine Sache einer müßigen Neugierde oder, wenn man will, ein Interesse der Gelehrsamkeit. Denn die Gelehrsamkeit besteht vorzüglich darin, eine Menge unnützer Sachen zu wissen, (...).«[30] Dieser Auffassung liegt, so Hegel, die Vorstellung zugrunde, der Lauf der Welt, insbesondere aber der Verlauf der Philosophiegeschichte sei von Kontingenz geprägt. So habe der eine Philosoph diese, jener eine andere Meinung über ein bestimmtes Problem gehabt, je nach der jeweiligen Situation und Richtung, nach Kontext und Schule.

Der Nutzen der Philosophiegeschichte bestehe – diesem Vorurteil zufolge – allein darin, das Denken zu schulen und beweglich zu halten, anzuregen mit dem Ziel, eine eigene Meinung zu entwickeln. Diese Einschätzung der Philosophiegeschichte desavouiert jedoch die Philosophie selbst: Sie wird zu einer Folge bloßer Meinungen, zu einer *überflüssigen und langweiligen Wissenschaft*. In der Tat ist genau dies der gegenwärtige Vorwurf gegenüber der Philosophiegeschichte: Sie sei weitgehend irrelevant, d. h. langweilig; sie habe keinen unmittelbaren Nutzen; ihr Zweck bestehe lediglich in einer Hilfsfunktion für ein selbst systematisches und nicht geschichtlich orientiertes Denken.

Hegels Ansatz bezieht seinen Impetus zunächst aus einer kritischen Distanzierung, die sich aus seiner Einsicht speist, der philosophische Gedanke sei mehr als eine bloße Meinung. Eine Meinung sei stets individuell: »(...) eine Meinung ist mein, sie ist nicht ein in sich allgemeiner, an und für sich seiender Gedanke.«[31] Hegel bildet hier eine Opposition: Auf der einen Seite steht die individuelle Meinung, auf der anderen der allgemeine Gedanke. Für Hegel verknüpft sich damit die Frage der Geltung. Eine bloße Meinung gilt nur für den einzelnen; der Einzelne hat eine Meinung, und diese Meinung ist auch nur für den Einzelnen. Hegel geht es einzig um den Status von philosophischen Gedanken im Unterschied zu bloß privaten Ansichten,

---

30 Hegel, Werke 18, S. 29.
31 Hegel, Werke 18, S. 30.

nicht um die Abwehr eines wie auch immer im einzelnen zu denkenden Relativismus. »Die Philosophie ist objektive Wissenschaft der Wahrheit, Wissenschaft ihrer Notwendigkeit, begreifendes Erkennen, – kein Meinen und kein Ausspinnen von Meinungen.«[32] Um der Allgemeinheit und Objektivität willen ist der einzelne Mensch, der philosophiert, in bezug auf die Philosophie nur von geringer Bedeutung. Das Subjekt dieses Denkens, das Individuum, das die Gedanken hervorbringt, muß für den Gedanken gleichgültig sein. Hegel spricht deshalb auch vom *eigentümlichkeitslosen Denken*[33], einem Denken, dem die Besonderheit des Individuellen fehlt, gerade darum aber in höchster Weise kommunizierbar ist. Darin unterscheiden sich nach Hegel Politik- und Philosophiegeschichte: daß nämlich in der Politik das Individuum und sein Charakter in unmittelbarer Verbindung stehen mit dem, was es tut und vollbringt. In der Philosophie kommt es dagegen auf das Individuelle nicht an, sondern auf die Argumente, die vorgebracht werden. Das Subjektive kann nicht zum Kriterium werden für das, was in der Philosophie und für die Philosophie gilt.

Oft ist Hegel so verstanden worden, als habe er – teils zynisch, teils überheblich – das Individuum gering geachtet, als habe er die Aufopferung des Einzelnen für die Vernunft, z. B. wie sie sich im Staat findet, gerechtfertigt und gutgeheißen. Es ist hier nicht der Ort, dieses Mißverständnis aufzuklären. Es reicht aus zu zeigen, daß sich Hegels prinzipielle Einwendung vom Primat des Allgemeinen auch unter veränderten philosophischen Rahmenbedingungen verständlich machen läßt. Im Ausgang vom Einzelnen, seiner Existenz und in seinem Namen meinte man nach Hegel die Geschichte, die Kultur, die Politik menschlicher, irdischer und handfester begreifen zu können. Während allerdings Hegels System das Individuum entlastete – es ist nämlich nichts ohne das Allgemeine –, bürdet eine Theorie, die das Individuum zum Träger, Halter und Entscheider macht, dem Einzelnen die ganze Last der Geschichtlichkeit und Moralität auf: Dieser Einzelne ist es, auf den Alles ankommt; ein Verhältnis zur Welt, das nur in der Negation erträglich werden kann; der Einzelne wird *Einziger*, wird Objekt oder Opfer der Geschichte, weil er Handelnder nicht sein kann; er kann sich nur in der Kontemplation erhalten, kann nur von der letzten Steigerung menschlicher Energie träumen. Als die Philosophie des 20. Jahrhunderts die Bedeutung der Sprache erkannte, adelte sie damit das einfache und formale Allgemeine, allerdings hinter dem Vorzeichen der Metaphysikkritik. Und es dauerte lange, bis die Einsicht dämmerte, daß die Sprache logisch und geschichtlich früher ist als der einzelne Sprecher, der die Sprache spricht. Das ist ein Hegelianismus des Basalen, dessen Allgemeines nicht der Inhalt, das Materiale

---

32 Hegel, Werke 18, S. 30.
33 Hegel, Werke 18, S. 20.

der Kultur und die Pluralität ihrer Gestalten im Besonderen, sondern dessen unhintergehbare Voraussetzungen ausspricht, nicht das stets streitbare gehaltvolle, in sich besondere Allgemeine, sondern seine äußerliche Seite, daß es nämlich immer schon in den von allen geteilten, jedoch unteilbaren Horizont unseres Sprechens, Kommunizierens und Deutens fällt. Ein solches Allgemeines, das einen Primat besitzt vor dem Einzelnen, ist daher – auch heute – keine unplausible Annahme. Bei Hegel tritt sie entregionalisiert auf, teilweise mit dem Anspruch absoluter Geltung, ein Anspruch der – wegen seiner Absolutheit – kaum aufrecht zu erhalten sein dürfte.

Für Hegel jedenfalls ist der philosophische Gedanke die höchste Form dieses Allgemeinen. Und daß er eine Geschichte hat, ist diesem Gedanken wesentlich. Es ist dies die Einsicht, daß alles Kommunizierbare einen Status von Allgemeinheit zwingend erfordert, daß die Philosophie, als besondere und – nach Hegel – höchste Gestalt des Allgemeinen, des Individuellen am meisten entbehren muß. Deshalb aber ist sie einer Geschichte fähig, die mehr ist als nur eine Aufzählung von zufälligen Begebenheiten und Einfällen. Das Allgemeine ist hier die Klammer, die über die Zeit hinweg, daher un- oder überzeitlich den philosophischen Gedanken mit der *Wahrheit* korreliert. Dabei geht es Hegel nicht darum, die individuelle Seite des Allgemeinen zu unterschlagen: »Eigene Überzeugung ist in der Tat das Letzte, absolut Wesentliche, was die Vernunft, Philosophie zur Erkenntnis fordert nach der Seite der Subjektivität; aber sie macht den Unterschied, ob die Überzeugung auf Gefühlen, Ahnungen, Anschauungen usf., subjektiven Gründen, überhaupt auf der Besonderheit des Subjekts beruht oder auf dem Gedanken und ob sie aus der Einsicht in den Begriff und die Natur der Sache hervorgeht.«[34] Philosophische Argumente, so ließe sich Hegels Auffassung umschreiben, haben die Eigenschaft, nicht nur auf individueller Überzeugung zu beruhen; es drückt sich darin auch etwas aus, was über das Individuum hinausreicht, ein wesentlich Allgemeines, das deshalb auch über die Gegenwart und ihren näheren Horizont hinausreicht, etwa so wie die Gesetze und Regeln der Mathematik nicht nur für eine bestimmte Gegenwart gelten.

In diese Grundauffassung der Philosophiegeschichte bettet Hegel einige besondere Überlegungen ein, die sich aus seinem System zwingend ergeben. Aus diesen Überlegungen resultiert,

– daß Anfang und Ziel der Philosophie in der Erkenntnis der Wahrheit bestehen; diese Wahrheit ist *eine*, sie ist die Quelle, »aus der alles andere, alle Gesetze der Natur, alle Erscheinungen des Lebens und Bewußtseins nur abfließen.«[35] Im Gegensatz zur (christlichen) Religion, deren Wahrheit kei-

---

34 Hegel, Werke 18, S. 32.

ne wirkliche Geschichte kennt, sondern nur äußere Zusätze oder Hetero-
doxien, im Gegensatz auch zur Geschichte der Naturwissenschaften, die
in der Vermehrung der Kenntnisse und nicht in deren Veränderung besteht,[36] liegt die Eigentümlichkeit der Philosophiegeschichte in der Entwicklung der Wahrheit. Hierher gehört auch die Eigentümlichkeit der Philosophiegeschichte, daß in ihr die früheren Systeme in einer Hinsicht als
widerlegt gelten dürfen, was nämlich ihre historische Gestalt angeht, anderseits aber gar nicht widerlegt werden können, insofern sie nämlich *Philosophie* sind im emphatischen Sinne.[37] Daraus folgt auch eine teleologische Ausrichtung der Philosophiegeschichte, die unweigerlich in der Konzeption Hegels enden muß, die sich selbst als Ausfaltung des Begriffs *und*
seiner Geschichte versteht. Philosophiegeschichte ist demgemäß Fortschrittsgeschichte.

– daß die Vernunftvermögen unterschieden sind und jeweils unterschiedliche
Funktionen besitzen, erstens der gemeine Menschenverstand bezogen auf
das konkrete Gegebene; zweitens der Verstand, der die allgemeinen Begriffsbestimmungen in ihrer Einseitigkeit festhält; drittens die Vernunft,
die das konkrete Allgemeine in seiner Selbstbewegung auffaßt und die
Gegensätze des Verstandes zur Einheit verbindet. Diese Unterscheidung
hat eine zentrale Bedeutung für die Philosophie, die vermittelst der Ver-

---

35 Hegel, Werke 18, S. 38.

36 Hegels Vorstellung ist hier primär an sammelnden Disziplinen orientiert: »Diese Wissenschaften schreiten durch eine Juxtaposition fort. Es berichtigt sich wohl manches im Fortschritte der Mineralogie, Botanik usf. an dem Vorhergehenden; aber der allergrößte Teil bleibt
bestehen und bereichert sich ohne alle Veränderung durch das Neuhinzukommende.« Einen
Paradigmenwechsel, wie er heute vornehmlich an der Physikgeschichte festgemacht wird,
zieht Hegel nicht in Betracht. Sein Blick war auf die rasanten Fortschritte der enzyklopädi-
schen Disziplinen gerichtet, deren sammelnde und klassifizierende Anstrengungen er im Le-
benswerk des Alexander von Humboldt unmittelbar vor Augen hatte. Anders die Mathematik:
»Bei einer Disziplin wie der Mathematik hat die Geschichte, was den Inhalt betrifft, vornehmlich nur das erfreuliche Geschäft, Erweiterungen zu erzählen, und die Elementargeometrie
z. B. kann in dem Umfang, welchen Euklid dargestellt hat, von da an als für geschichtslos
geworden [sic!] angesehen werden.« (Hegel, Werke 18, S. 27)

37 Vgl. etwa: Hegel, »Kolleg«, in: G. W. F. Hegel, *Vorlesungen über die Geschichte der
Philosophie 1: Einleitung. Orientalische Philosophie.* (Hg.) Jaeschke, Walter. (Philosophische
Bibliothek; 439) Hamburg 1993, S. 118f.: »In Ansehung des Widerlegens kann man sagen:
keine Philosophie ist widerlegt worden; aber ebensowohl auch: jede ist widerlegt worden und
[dies; Ch. A.] wahrhaft.« Denn: »Keine Philosophie ist nach ihrer Idee widerlegt worden. Die
Idee ist in allen, macht alle zu Philosophien. Dann ist aber jede eine besondere Darstellungsweise eines Moments der Idee. Diese ist aber auch nicht widerlegt, denn sie sind notwendige
Durchgangspunkte und notwendige Momente der Idee. So sind auch die besonderen Formen
nicht widerlegt.« (ebenda) Die Widerlegung besteht aber in der Entwicklung eines höheren
Moments. »Das wahrhafte Resultat der Widerlegung ist, daß die Formen der Idee, welche als
höchste auftreten, zu Momenten heruntergesetzt werden.« (ebenda, S. 124)

nunft denkt: Für sie besteht ihre Geschichte nicht in auseinanderfallenden einzelnen Positionen, sondern ist durch einen vernünftigen Gesamtzusammenhang charakterisiert.

– daß für die Geschichte festzuhalten ist, »daß die Aufeinanderfolge der Systeme der Philosophie in der Geschichte dieselbe ist als die Aufeinanderfolge in der logischen Ableitung der Begriffsbestimmungen der Idee.«[38] Hegel behauptet damit die Identität der Geschichte insgesamt in ihren Grundzügen, der Philosophiegeschichte insbesondere, mit der Struktur der Logik: – die These eines geschichtlich-logischen Parallelismus.[39]

Alle diese detaillierteren Bestimmungen der Geschichte bergen ihre eigenen Schwierigkeiten. *Eine* Vernunft und *eine* Wahrheit als Voraussetzung und Ziel der Philosophie und ihrer Geschichte zu bestimmen, läuft auf einen Universalismus des Vernünftigen hinaus. Dagegen ist schon früh im Namen des Individuums protestiert worden, ebenso wie aus der Perspektive der Endlichkeit, die es nicht erlaube, den Blick auf das große Ganze zu richten und darüber bestimmte Aussagen zu treffen. Darin macht sich gegen die Hegelsche Entgrenzung des Vernunftanspruchs eine Selbstbescheidung der Philosophie geltend. Das entspricht dem Affekt gegen eine unifizierende Rationalität, die alles, auch das Unvereinbare, vereinnahmt. Damit ist aber nicht zugleich Hegels Einsicht destruiert, nach der unsere Kultur aus transindividuellen komplexen Wirklichkeiten besteht, die dem Einzelnen vorgeordnet sind und ihn – unbeschadet seiner individuellen Freiheit – determinieren.

Der Anspruch aufs Ganze konfligiert mit der endlichen Perspektive des Einzelnen. Allein die Kritik unterstellt, daß der kritisierten Position dieses Problem und mit ihm die Endlichkeit irrelevant erschienen sei. Dem ist nicht so! Gerade die aus der Aufklärungsphilosophie erwachsene Transzendentalphilosophie Kants und Fichtes untersuchte den Geltungsanspruch von allgemeingültigen Regeln vor dem Hintergrund einer sich seiner Endlichkeit bewußten Vernunft. Hegels Systemphilosophie regionalisiert den Standpunkt der Transzendentalphilosophie – aber er ignoriert ihn nicht. Dies wird immer dann deutlich, wenn Hegel auf die Bedingungen eingeht, unter denen etwas für ein Subjekt Geltung haben oder Evidenz besitzen soll. Natürlich muß die

---

38 Hegel, Werke 18, S. 49; vgl. auch die folgende Passage: »Ich behaupte, daß, wenn man die Grundbegriffe der in der Geschichte der Philosophie erschienenen Systeme rein dessen entkleidet, was ihre äußerliche Gestaltung, ihre Anwendung auf das Besondere und dergleichen betrifft, so erhält man die verschiedenen Stufen der Bestimmung der Idee selbst in ihrem logischen Begriffe.«

39 Vgl. dazu: Beierwaltes, Werner, »Distanz und Nähe der Geschichte: Hegel und Platon«, in: *Giornale di Metafisica* N.S. 17 (1995), S. 5–28; hier S. 8–10.

alle Endlichkeit übersteigende und auf Allgemeingültigkeit pochende Vernunftphilosophie zugleich *für* ein endliches Individuum sein, für das sie Relevanz besitzt. Die Bescheidenheit einer bloß auf endliche Vernunftakte relativierten Rationalität mag sich auf dem Boden unumstößlicher Gewißheit bewegen, sie muß sich aber damit begnügen, auf den Bereich des Alltäglichen oder des Trivialen beschränkt zu bleiben. Diese Selbstbescheidung mag der sichere Weg sein; aber allein Wahres zu sagen, macht noch nicht die Philosophie aus: Sie muß auch für ihre Relevanz streiten, und je mehr Relevanz sie für sich beansprucht, um so mehr wird sie sich – in einem konstruktiven Bezugssystem – streiten und damit an ein vorgeordnetes Allgemeines appellieren müssen.

Mit Hegel andererseits die Philosophiegeschichte auf eine in sich prozessuale Universalvernunft zu reduzieren dürfte an der realen Vielgestaltigkeit des Historischen vorbeigehen, eine Vielgestaltigkeit, die eben deshalb reale Vielgestaltigkeit ist. Sie ist irreduzibel und zugleich allgemein. Aus der Philosophiegeschichte läßt sich aus demselben Grund keine Geschichte von Texten machen, keine Geschichte der Intertextualität. Sie ist vielmehr eine Geschichte des Denkens, mit Emphase gesprochen, eine Geschichte des lebendigen Denkens. Darin liegen Identitätspunkte, die Hegels forcierte Auffassung plausibel machen, nach der die Philosophie als Philosophie, sei diese nun historisch oder gegenwärtig, nicht widerlegt sei, und dies auch, in diesem emphatischen Sinne, gar nicht möglich ist. Schwierig bleibt dabei aber das Verhältnis zu dem, was widerlegt wurde, dem Endlichen an der Philosophie, zu dem, was eine historische Position gerade als historische kennzeichnet, zu dem, was eine philosophische Gestalt als einmalig und besonders ausweist.

Ähnliches gilt für die teleologische Fortschrittsgeschichte, die Hegel lanciert. Der Vorwurf ist trivial und sicher unberechtigt, Hegel habe damit seine eigene Philosophie, sein eigenes System zum Abschluß- und Höhepunkt der gesamten Entwicklung der Geschichte machen wollen.[40] Aus diesem Vorwurf spricht eine naive Unterschätzung des zugrundeliegenden theoretischen Problems. Denn tatsächlich ist die Gegenwart der einzige Speicher des Vergangenen. Und solange die Philosophie den Anspruch vertritt, die Welt als ganze zu begreifen, wird sie konsequenterweise auch dazu genötigt

---

40 In der zweiten *Unzeitgemässen Betrachtung* formuliert Nietzsche diesen Vorwurf polemisch: »(. . .) Gott aber wurde sich selbst innerhalb der Hegelischen Hirnschalen durchsichtig und verständlich und ist bereits alle dialektisch möglichen Stufen seines Werdens, bis zu jener Selbstoffenbarung, emporgestiegen: so dass für Hegel der Höhepunkt und der Endpunkt des Weltprozesses in seiner eigenen Berliner Existenz zusammenfielen.« (Nietzsche, Friedrich, *Unzeitgemäße Betrachtungen II: Vom Nutzen und Nachtheil der Historie für das Leben.* Kritische Studienausgabe. (Hg.) Colli, Giorgio – Montinari, Mazzino. München/Berlin/New York 1967–77. Bd. I, S. 308)

sein, diesen Anspruch auch auf ihre Geschichte – und die Philosophiegeschichte zumal – auszudehnen. Die Gegenwart *ist* der Schlußpunkt der geschichtlichen Entwicklungen, eine neue Gegenwart ist es auf neue Weise. Allerdings ist die Gegenwart nicht Abschluß *aller* Entwicklungen, nicht vollständige Ausbildung *aller* Formen, sie ist nicht der Zielpunkt *alles* Gewesenen. Wenn Hegel diese letzte Form der Teleologie gemeint haben sollte, wäre er in der Tat zu kritisieren. Problematisch bleibt indes seine Vorstellung der Philosophiegeschichte als Fortschrittsgeschichte. Die Kategorie des Fortschritts müßte selbst eigens gerechtfertigt werden. Philosophiegeschichte schlechthin als Akkumulationsprozeß oder Ausfaltungs- und Differenzierungsprozeß zu beschreiben, macht Sinn nur, solange man Kriterien angeben kann, die einer ›historischen‹ Prüfung standhalten.[41]

Eben so problematisch ist Hegels Fortschreibung einer Geschichte der verschiedenen Vernunftvermögen und ihre Applikation auf die Philosophiegeschichte. Vernunft und Verstand sowie der sogenannte gesunde Menschenverstand – dieser von Hegel oft karikiert als Verstandesorgan des Spießertums – bilden eine Trias von unter sich verschiedenen Erkenntnisinstanzen, die sämtlich in der Vernunft selbst zu ihrer organischen Einheit zusammenfinden. Neben der Auffassung, hier spreche sich eine Art vermeinter Geistesaristokratie in ihrer Arroganz unverblümt aus, entsteht hier auch die Kritik, daß eine solche Schematisierung sachlich nicht zulässig sei. Es ist dies der Verdacht, daß neben einer Substantialisierung der Vermögen zugleich eine Hypostasierung ihres Unterschiedes stattfinde. Darin könnte man letztlich die Perpetuierung sozialer Schranken erahnen, den absolutistischen Machtanspruch der Vernunft wie der monarchischen Bürokratie, die Deklassierung des *bloß* Verständigen und die Herabwürdigung des gemeinen Lebens und des Privaten.

Hegel spricht dagegen von verschiedenen Argumentationspraktiken und ihren Funktionen in Gesellschaft und Kultur. Eine Hypostasierung und ein Niederschlag dieser Differenzen etwa im sozialen Gefüge sind ihm fremd. Sein Ziel ist eine bürgerliche Zivilgesellschaft. Im Gegenteil wäre zu fragen, warum Hegel bei nur drei Instanzen stehen blieb. Ebenso fraglich ist Hegels Hierarchisierung, deren systembildender Vorteil sicher in der Inkludenz liegt, so daß die abschließende Vernunft die unteren Modi der Rationalität in sich enthält. Aber die Immanenz der Vernunft läßt eine wirkliche Vielfalt des rationalen Zugangs zu Realität nicht zu. Gerade aus der Philosophiegeschichte ist jedoch zu lernen, wie viele *verschiedene* Formen von Rationalität mit jeweils internen Differenzierungen sich ausgeprägt haben – und sich noch immer ausprägen. Gegenüber dieser Fülle wirken im Gegenteil gegen-

---

41 Vgl. Baumgartner, Hans Michael, »Anspruch und Einlösbarkeit«, S. 47–51.

wärtige Rationalitätsformen reduziert, möglicherweise aus berechtigten, möglicherweise aus diskutablen Gründen. Überhaupt müßte die Angemessenheit der Argumentationspraktiken zu ihren jeweiligen Gegenständen eigens ausgewiesen und ihr Zusammenhang untereinander metatheoretisch begründet werden.

Am meisten Probleme bereitet sicher Hegels letzte allgemeine Bestimmung der Philosophiegeschichte: Die These der identischen Struktur von Philosophiegeschichte und Logik: ein geschichtlich-logischer Parallelismus.[42] Die Abbildung der Logik auf die Geschichte radikalisiert die Vorstellung einer Einheit von Philosophie und Philosophiegeschichte im Horizont einer zeitlosen, weil überzeitlichen Wahrheit, erkennbar einzig im Lichte der sich selbst konstituierenden Vernunft. Im Grunde kulminiert in dieser These alles das, was an Kritik gegen Hegels Konzept der Philosophiegeschichte vorgebracht wird. Darum macht sich hieran auch der größte Widerstand fest.[43] Es solle an dieser These offenkundig werden, mit welcher Hybris der Berliner Philosoph sein eigenes System über die Philosophie- wie auch über die Weltgeschichte preßte. Gerne überhebt man sich der Sorgfaltspflicht zu überprüfen, inwiefern diese These einen Anspruch auf Plausibilität machen kann; es scheint offensichtlich absurd, daß ein reines Gedankenkonstrukt – sei es auch die der Differenz von Form und Inhalt, von Subjekt und Objekt enthobene Selbstbewegung des Begriffs – bestimmend sein könne für die

---

42 Vgl. dazu die erhellende Einleitung: Jaeschke, Walter, »Einleitung«, zu: *Hegel, G. W. F., Einleitung in die Geschichte der Philosophie. Orientalische Philosophie*, Hamburg 1993, S. VII–XXIX; dagegen: Köhler, Dietmar, »Hegels Vorlesungen über die Geschichte der Philosophie«, S. 63f. – Der breit angelegte Verteidigungsversuch von V. Hösle dürfte indes als gescheitert gelten. Das liegt weniger daran, daß Hösle die Hegelsche Position nicht etwa mustergültig aufbereitet hätte. Der eigentliche Grund des Scheiterns liegt darin, daß er zum Historismus selbst kein dialektisches, sondern nur ein ausschließendes oder polemisches Verhältnis einzugehen bereit ist. Damit erweist er Hegels Theorie einen Bärendienst und raubt seinen Einsichten die Plausibilität, die sie im historischen Kontext hätten gewinnen und in die Systematik eintragen können. (Vgl. Hösle, Vittorio, *Wahrheit und Geschichte. Studien zur Struktur der Philosophiegeschichte unter paradigmatischer Analyse der Entwicklung von Parmenides bis Platon.* Stuttgart-Bad Cannstatt 1984, S. 70–95.) Unter Verzicht auf die ›Fortschrittsthese‹, meint Hösle, er könne an Hegels Theorie weiterbauen, mehr noch: »an Hegels Theorie weiterzuarbeiten erscheint schon deswegen notwendig, weil sie sich uns bisher als die einzige Alternative zum geschichtlichen Relativismus dargestellt hat (...).« (S. 94 f.) – Zur Parallelitätsthese vgl. ferner: Kang, Jung-Min, *Philosophische Philosophiegeschichte*, S. 142–144.

43 Unter Verweis auf die Kritik Trendelenburgs an Hegels *Logik* in den *Logischen Untersuchungen* (2 Bde. Berlin 1840) kritisierte bereits Andreas Ludwig Kym die Parallelitätsthese Hegels (*Hegels Dialectik in ihrer Anwendung auf die Geschichte der Philosophie.* Zürich 1848) und macht auf die Unstimmigkeiten aufmerksam, indem er konkret auf die Geschichte der Philosophie verweist. Vgl. zu Kym auch: Geldsetzer, Lutz, *Die Philosophie der Philosophiegeschichte*, S. 95.

Komplexität des historischen Weltverlaufs. Diese Kritik ist nachvollzieh-bar.[44] Die scharfe Formulierung Hegels mag suggerieren, der Philosoph habe in der Tat die Auffassung vertreten, daß die Gegenwart der Vernunft sich der Kontingenz des Vergangenen bemächtigen kann, daß sich in der Retrospektive das anscheinend zufällige Weltgeschehen verwandeln ließe in einen Strom vernünftiger Entwicklung.

Gegen die selbstvergessene Anempfehlung an das Vergangene, gegen ein Hineinversenken in die fremde Zeit, gegen die restaurative Bestrebung, das vergangene Faktische gegenwärtig zu machen, wirkt Hegels Position indes bemerkenswert modern. Seine Auffassung sieht zumindest einen methodisch kontrollierbaren Weg konstitutiver Selbstvergewisserung vor. Die sich selbst zugewandte Vernunft bemächtigt sich nicht einfach des vergangenen Denkens: – bei Hegel tut sie dies methodisch reflektiert. Es ist darin der Rest eines transzendentalen Arguments erkennbar, das darauf hinausläuft, daß alle Verbindung im Objekt auf einer synthetischen Leistung des Subjekts beruhen müsse. Hegel hat das Subjekt entgrenzt: Es ist nun nicht mehr das endliche Erkenntnissubjekt, sondern ›Weltgeist‹ oder weniger emphatisch und global: Es ist die selbständige Kraft des kulturellen Daseins. Und Hegel hat das Objekt entgrenzt: Es ist nun nicht mehr nur die Welt der Erscheinungen, letztlich die Natur, sondern es umfaßt zugleich den ganzen Bereich kultureller Objekte und ihre immanente Prozessualität, – und auch die Geschichte, insbesondere die Geschichte der Philosophie. In ihr erkennt der forschende Geist sich selbst, denn *er* ist es, der Beziehung, Sinn und Bedeutung stiftet.[45] Hegel hat das mit klarem Bewußtsein ausgesprochen: »Die Geschichte [nämlich die Philosophiegeschichte; Ch. A.], die wir vor uns haben, ist die Geschichte von dem Sich-selbst-Finden des Gedankens, und bei dem Gedanken ist es der Fall, daß er sich nur findet, indem er sich hervorbringt, ja, daß er nur existiert und wirklich ist, indem er sich findet. Diese Hervorbringungen sind die Philosophien.«[46]

Hegel ist dabei stehengeblieben, die Geschichte der Philosophie als Selbst-Konstitution des Geistes zu denken. Damit erreicht er zwar – der Forderung nach – eine Objektivierung des Historischen. Er entkoppelt es von der Tätigkeit des Philosophiehistorikers. Er entzeitlicht es, denn das Zu-sich-Kommen des Geistes ist die Struktur des Geistes schlechthin und nicht nur bezogen auf das geschichtliche Werden. Er prägt die Vorstellung

---

44 Vgl. die Kritik bei Baumgartner, Hans Michael, »Anspruch und Einlösbarkeit«, S. 49.

45 Es ist daher eine Frage, ob es sich – *prinzipiell* betrachtet – um einen Fehler handelt, nämlich den »Fehler der Übertragung von Logik auf Geschichte« (Baumgartner, a. a. O., S. 50). Daß ›Logik‹ auf die Geschichte übertragen wird, scheint notwendig. Wie indes trotzdem die Kontingenz wirklichen Geschehens und Denkens bewahrt werden kann gegenüber einer ›Fortschrittslogik‹, kann nur in einer ›Logik‹ gegründet sein.

46 Hegel, Werke 18, S. 23, Anm. 10.

aus, als könne man der Philosophiegeschichte unmittelbar habhaft werden, weil sie schon immer der Besitz des Philosophen gewesen ist. So bleibt dem Philosophen in Bezug auf die Geschichte der Philosophie nur ein naives Selbstverhältnis, allerdings auf hohem Niveau.

7.5 Die Gegenstände der Interpretation – konstitutive Bedingungen

Hegels Lösungsversuch – und sein Scheitern – hat ein doppeltes Problem aufgeworfen: Einerseits scheint fraglich zu sein, was überhaupt Gegenstand der Philosophiegeschichte sein kann; andererseits hängt damit die Überlegung zusammen, inwieweit die Interpretation philosophiegeschichtlicher Texte durch konstitutive Leistungen des Interpreten geprägt ist. Hegels Antwort ist in beiden Fragekomplexen radikal konstruktivistisch: Gegenstand der Philosophiegeschichte ist das zeitlose Denken selbst, das sich in der Geschichte zu sich selbst verhält, auseinandergefaltet in zeitliche Erscheinungsweisen.[47] Das Denken ist daher seine eigene Konstruktion, es enthält folglich zugleich die konstitutiven Bedingungen seiner Gegenstände, nämlich der Gedanken, und die Gedanken selbst. Das Denken *hat* nicht die Gedanken – sondern *ist* in Ununterschiedenheit nichts anderes als seine Gedanken.

Das Unbehagen und die Kritik an der Position Hegels folgt aus der absoluten Einheit von Denken und Denkgegenstand, in welcher der Anspruch auf universelle Geltung ausgesprochen wird. Es ist aber nicht die Einheit des Denkens mit seinen Gedanken, die das Problem ausmacht. Es ist nicht die Form der Allgemeinheit, in der das Denken Hegel zufolge einzig prozedieren kann. Es ist vielmehr die immanente Reduktion alles Gedachten auf die unifizierende Einheit allen Denkens, als deren Folge die Fremdheit völlig aufgelöst wird. Das sich selbst durchsichtig gewordene Denken kennt kein wirkliches Anderes, nur ein Anderes seiner selbst.

Für die Philosophiegeschichte bedeutet dies eine Reduktion der Mannigfaltigkeit gedachter Gedanken auf die immanente Systematizität des *einen* und *einzigen* Denkens. In der Geschichte ihres Denkens findet die Philosophie bei Hegel nichts Überraschendes, nichts Unverständliches, nichts Falsches. Alles ist orientiert an der Bewegung des Denkens hin zu sich selbst. So wenig dem Weg Hegels gefolgt werden kann, so wenig ist auf eine Philosophiegeschichte zu verzichten, die sich der konstitutiven Bedingungen ihres Tuns bewußt ist. In der Tat ist wohl gegen einen ›Idealismus‹ der Philosophiegeschichte wenig einzuwenden.[48] Dabei ergeben sich allerdings

---

47 Vgl. zur systematischen Bedeutung auch die Position von Ricoeur, Paul, *Geschichte und Wahrheit*. München 1974, insb. S. 64–87.

48 Vgl. dazu Geldsetzer, Lutz, *Die Philosophie der Philosophiegeschichte*, S. 137f.: »Der

zwei Hauptprobleme, die miteinander zusammenhängen und bereits von Hegel klar erkannt, wenn auch in anderem Sinne gelöst wurden. Das erste betrifft die Frage nach der Objektivität in der Philosophiegeschichte. Darunter
ist sowohl die Frage nach der Verallgemeinerbarkeit ihrer Ergebnisse als
auch die Gültigkeit ihrer Thesen zu verstehen. Außerdem ist darin die Frage
nach den *Objekten* der Philosophiegeschichte und ihrem Objektcharakter
enthalten. Andererseits – allerdings von der ersten Problemlage gar nicht
unabhängig – stellt sich die Aufgabe, die konstitutiven Bedingungen der
Philosophiegeschichte zu sondieren. Wenn der Philosophiegeschichte konstitutive Bedingungen zugrunde liegen, wie läßt sich der Objektcharakter
der Gedanken rechtfertigen? Was zeichnet das Eigengewicht eines vergangenen Denkens aus gegenüber der Konstitution oder gar materialen Konstruktion durch ein es nachdenkendes Denken? Schließlich muß auch das
Falsche, Irritierende und Nichtverstandene seinen Platz finden, leitet sich
doch gerade aus ihm die schärfste Kritik an einem idealistischen Konstruk-
tivismus der Philosophiegeschichte ab. Es reicht daher nicht, Hegel etwas
moderater auszulegen. Vielmehr muß die transzendentale Reflexion auf die
Bedingungen des philosophiegeschichtlichen Denkens über die idealistische
Konstruktion hinaus auf die Vielfältigkeit des historischen Materials, auf die
Unverfügbarkeit des Gegebenen sowie auf die negative Seite des Verstehens
gerichtet sein.[49] Anders läßt sich weder die Widerständigkeit von Gedanken

---

Idealismus ist ja der aller historischen Forschung von Natur zugeneigte philosophische Standpunkt, weil er sich mit dem Problem der ›objektiven Seinsweise von Vergangenheit‹ überhaupt
nichts zu schaffen machen muß. Für ihn sind die historischen Gegebenheiten von vornherein
im Medium des Gedankens da: die historischen Artefakte, Zeugen und Dokumente sprechen
zu ihm nur, soweit sie ihm gegenwärtige Sinngebilde sind, und so ist er unter ihnen immer
bei sich selber. Es kommt nur darauf an, sie in einen logischen Zusammenhang zu bringen.
Dieser kann die von ihm erzeugte Kategorie der geschichtlichen Zeit und der Datierung in ihr
sein, braucht es aber nicht. Zusammenhang aus Einfluß, Problemtradition sind daraus abge-
leitete Kategorien; es sind aber auch viele andere Ordnungsmöglichkeiten denkbar, (...).« –
Vgl. dagegen die naiv-realistische Position bei Rorty, für den die Gedanken toter Denker
irgendwie vorhanden sind und es nur noch die Frage ist, ob wir ihre Gedanken historisch
rekonstruieren, um zu erfahren, was sie meinten in einer Sprache, die diese Denker womöglich
selbst verstanden hätten, oder ob wir sie in einer rationalen Rekonstruktion intellektuell stär-
ken, um ihre Gedanken auch in einer gegenwärtigen Diskussion plausibel zu machen und
gegebenenfalls die erreichten Lösungen dagegen abzuheben: Rorty, Richard, *The historiography of philosophy: four genres.*
    49 Die Theorie der Philosophiegeschichtsschreibung verfolgt dabei eine andere – speziel-
lere – Objektkonstitution als die Interpretationsphilosophie, die davon ausgeht, daß »die
menschliche Interpretations-Praxis *öffentlich* und ineins *welthaltige, inhaltsvolle* Praxis ist«
(Abel, Günter, Sprache, Zeichen, Interpretation, S. 50). Die Philosophiegeschichte bezieht
sich demnach gar nicht unmittelbar auf diesen Bereich der Objekte, sondern selbst wiederum
auf Interpretationen, sie ist Interpretation von Interpretationen. Eine Theorie der Philosophiegeschichte ist deshalb in gewisser Hinsicht ›idealistischer‹ als die Interpretationsphilosophie.

erklären – die zumindest dann auch meine Gedanken sind, wenn ich sie denke – noch eine auch nur relative Allgemeinheit philosophiehistorischer Resultate rechtfertigen. Da zu einer Reflexion auf die konstitutiven Bedingungen keine Alternative besteht, müssen die Nicht-Denkbarkeit, Nicht-Verstehbarkeit, Unverfügbarkeit und Widerständigkeit selbst zu den konstitutiven Leistungen nachdenkenden Denkens gehören.

Roland Barthes fragte einmal polemisch:»Was heißt Objektivität in der Literaturkritik? Welche Eigenschaft des Werkes ›existiert außerhalb von uns‹?« Für dieses außerhalb von uns Liegende – das so bedeutend und wichtig ist, um die Objektivität der Literatur und ihrer Kritik zu begründen, denn es wäre dem permanenten Wechsel unseres individuellen Denkens entzogen – habe man, so Barthes, immer andere Definitionen gefunden.»Früher war es die Vernunft, die Natur, der Geschmack usw., gestern war es das Leben des Autors, oder es waren die ›Gesetze der Gattung‹, oder es war die Geschichte; (...).«[50] Es scheint mit der Objektivität in der Literatur ähnlich schwierig zu sein wie mit der Objektivität in der Philosophiegeschichte. Bei Roland Barthes läuft die Frage darauf hinaus einzuräumen, es gäbe eine solche *Objektivität* nicht. Die *Objektivität* – sei es die der Literatur, sei es die der Philosophie – hätte garantieren sollen, daß eine Interpretation allgemein verbindliche, vielleicht sogar ultimative Geltung hätte beanspruchen können. Der Anspruch, mit dem eine solche Interpretation oder eine Deutung hätte auftreten können, müßte jede entgegengesetzte, jede andere, ja, jede auch nur abweichende Auffassung als *falsch* deklarieren. Das Vorhandensein von *Objektivität* würde uns zu der These veranlassen, es gäbe einen Anhaltspunkt und ein Kriterium, an das wir uns in unserem kommentierenden, erklärenden, verstehenden und deutenden Tun halten könnten, einen Archimedischen Punkt, den auch Descartes suchte, um Sicherheit und Unerschütterlichkeit des Wissens zu erlangen, – jetzt als festen Halt für das hermeneutische Geschäft. Die *Objektivität* müßte schließlich ihre Quelle haben in etwas, das unabhängig ist von uns, von unserem individuellen Denken, unserem individuellen Verstehen, damit es dieselbe Verbindlichkeit haben könnte auch für andere, für *ihr* Denken, *ihr* Verstehen.

Das Vorbild für diese Forderung an die und nach der *Objektivität* liegt in einer bestimmten Auffassung von der dinglichen Welt, nach der wir unsere Überzeugungen immer in bezug auf ein von uns unabhängiges Objekt miteinander abgleichen, um zu dem Schluß zu kommen, daß es das ist, was es ist – eben dieses Objekt. Diese naive Vorstellung, die unsere Welt in ein

---

Eine Theorie der Philosophiegeschichte muß sich daher um die Objektivität ihrer Objekte bemühen, denn der ›Welt‹-Gehalt ist für sie stets nur durch Interpretation von Interpretationen vermittelt.

50 Barthes, Roland, *Kritik und Wahrheit*. Frankfurt 1967, S. 26f.

Innen und Außen zerteilt und in deren Adäquation objektive Wahrheit bestehen soll, mag in einer bestimmten Sphäre unseres alltäglichen Daseins seinen Platz beanspruchen: In einer regionalisierten Sphäre kommt der Adäquationstheorie große Plausibilität zu. Sie scheitert aber bereits im Bereich nicht sinnlicher Objekte, ganz zu schweigen von metatheoretischen Fragestellungen, etwa der Wissenschaftstheorie oder hier: – bei den Problemen einer theoretischen Bestimmung einiger Grundlagen der Philosophiegeschichte. Tatsächlich ist es unmöglich, das, was Gegenstand der Philosophiegeschichte ist, nach dem Modell dinglicher Gegenstände zu behandeln. Die Philosophiegeschichte ist weder außerhalb noch unabhängig von uns.[51] Die Kategorien von Innen und Außen sind hier unzulässig.

Trotzdem stellt sich die Frage nach der Gegenständlichkeit mit unverminderter Schärfe. Die Interpretation kann nicht gänzlich in die Subjektivität des Einzelnen eingelassen bleiben, zumindest dann nicht, wenn sie mit einem Anspruch auf Gültigkeit auftritt, die über den Einzelnen hinausreicht. Es muß möglich sein, über die Auslegung eines Textes zu streiten; es muß möglich sein, mit guten Gründen zu widersprechen. Und diese guten Gründe müssen auf ein Allgemeines verweisen, wenn sie auch für andere gültig sein sollen. An dem Wortlaut etwa eines Textes wird man nicht ohne weiteres etwas ändern; – aber man wird es können. Warum sollte man es tun, wenn nicht der Text selbst ein gewichtiges Moment ›Objektivität‹ besäße? Gleiches gilt für eine über die bloße Feststellung des Textes hinausgehende philosophische Deutung. Auch sie wird Anspruch machen auf eine gewisse Form von Gültigkeit, für die sie objektive Gründe angeben muß.[52]

Es macht also guten Sinn, von der Gegenständlichkeit oder *Objektivität* von Texten und Gedanken zu sprechen.[53] Dabei muß nicht vorausgesetzt

---

51 Diese Auffassung scheint jedoch Reinhard Brandt zu vertreten. Er spricht von einer objektiven Interpretation, die er als die *authentische* identifiziert. »Die authentische Interpretation sucht zu eruieren, welchen Sinn der Verfasser mit seinen Worten verbunden hat. (. . .) Die objektive oder authentische Interpretation läßt sich auch als wissenschaftliche bezeichnen.« (Brandt, Reinhard, *Die Interpretation philosophischer Werke. Eine Einführung in das Studium antiker und neuzeitlicher Philosophie.* Stuttgart-Bad Cannstatt 1984, S.34.

52 Gegen einen – stark stilisierten – philosophiegeschichtlichen ›Relativismus‹ argumentiert: Hösle, Vittorio, *Wahrheit und Geschichte*, S. 43–50. Hösle ist der Auffassung, daß sich der Relativismus auch selbst relativieren müsse und sich damit zugleich selbst aufhebe. Hösle verwechselt den historischen Relativismus mit einem erkenntnistheoretischen Skeptizismus. Er unterläuft damit die grundsätzliche Problematik des Historismus, gegen den nun einmal kein sophistisches Kraut gewachsen ist.

53 Vgl. Flach, Werner, »Die Geschichtlichkeit der Philosophie und der Problemcharakter des philosophischen Gegenstandes«, in: *Kant-Studien* 54 (1963), H. 1, S. 17–23: »In der Philosophie gibt es keine in einem vergleichbaren Sinne gelösten bzw. zu lösenden Probleme [wie in der Wissenschaftsgeschichte; Ch. A.]. Ihre Probleme (. . .) sind von einer Art, daß sie grundsätzlich nicht die Modalität von Sachen erhalten können.« (a. a. O., S. 23) Der Gegenstand der

werden, daß es etwas unabhängig von uns Existierendes gibt, das den Gedanken korrespondierte. Es ist vielmehr die Weise, in der wir die Gegenstände oder Objekte der Philosophie und ihrer Geschichte konstituieren, aus der folgt, daß sie transindividuelle, darum kommunizierbare und bestreitbare Elemente besitzen, die ihnen gerade wesentlich sind. Dies ist die Seite ihrer Allgemeinheit, die ausmacht, daß Gedanken mit einem Anspruch von Geltung auftreten können, einem Anspruch, der sich nicht unmittelbar auf den Einzelnen reduzieren läßt, der den Gedanken denkt.

Die Rede von *Objektivität* hat verschiedene Bedeutungen:
1. Insofern die Philosophiegeschichte ja tatsächlich einen Gegenstandsbereich hat, wird man auch von ihren Objekten sprechen können. Objektivität ist das, was die Objekte betrifft. In diesem Sinne soll hier der *Gedanke* als Objekt der Philosophiegeschichte bezeichnet werden: die *Objektivität* bestünde demnach im *Nach-Denken* von *Gedanken*.
2. In einer weiteren Hinsicht soll hier die sinnliche Präsenz von *Texten* als ihr Objektcharakter angesprochen werden. Die tatsächliche Existenz eines Textes ist nicht bloß eine beliebige Randbedingung für das Nachdenken, sondern dessen unverzichtbare Grundlage. Wie das *Nachdenken* sich auf die *Gedanken* bezieht, so die *Lektüre* auf den *Text*.
3. Eine weitere Form von Objektivität zeigt sich in der Unverfügbarkeit von Gedanken und Texten. Sie scheint auf in der *Fremdheitserfahrung*, im *mißlingenden Verstehen*, im *produktiven Mißverständnis*, in der *Skepsis* gegen das Verstehen und in der prinzipiellen *Unverständlichkeit*.

Zum ersten: So schwer es ist, auf die Frage, was denn die Philosophie sei, worin ihr Ziel und worin ihre Aufgabe bestehe, eine kluge oder pragmatische oder auch bloß heuristische Antwort zu geben, so schwer ist die Beantwortung der Was-Frage auch im Blick auf die Geschichte der Philosophie. Ganz vorsichtig soll hier behauptet werden, daß die Philosophie im Denken bestehe. Philosophisches Denken ist radikales Fragen und rationales Argumentieren sowie unaufhörliches Prüfen sowohl des eigenen als auch des fremden Fragens, Argumentierens und – Prüfens, dies im Medium der Sprache. Gegenstand des Denkens, eben des Fragens, Argumentierens und Prüfens, ist der Gedanke. Philosophiegeschichte läßt sich beschreiben als Geschichte der philosophischen Gedanken. Wenn also in diesem Sinne von Objektivität der Philosophiegeschichte die Rede ist, dann nur so, daß Gedanken zu Ob-

---

Philosophie – für Flach stets mit einem ›unaufhebbaren Problemcharakter‹ verbunden – bedinge eine notwendige Beziehung der Philosophie zu ihrer Geschichte. Vgl. zum Unterschied von Wissenschafts- und Philosophiegeschichte: Kang, Jung-Min, *Philosophische Philosophiegeschichte*, S. 60f.

jekten werden für ein diese Gedanken nachdenkendes Denken. Unbedingte Geltungsansprüche für bestimmte Interpretationen, Deutungen und Auffassungen müssen dann ebenso zurückgewiesen werden wie die Monopolisierungen gewisser Auslegungstraditionen und -schulen, denn ein außerhalb des Denkens oder Nachdenkens vorhandener Archimedischer Punkt kann weder angegeben noch geltend gemacht werden.

Aber darin verbirgt sich eine Schwierigkeit. Philosophie als Fragen, Argumentieren und Prüfen ist darauf angewiesen, daß das, was gefragt, was durch Argumente gestützt und was schließlich geprüft wird, auch die Form einer Behauptung hat, einer Behauptung, die einen Geltungsanspruch formuliert.[54] Die Geschichte der Philosophie als Geschichte der philosophischen Gedanken ist daher auch eine Geschichte von Behauptungen, die einen Geltungsanspruch mit sich führen. Insofern Philosophiegeschichte philosophisch ist, wird sie selbst fragen, argumentieren und prüfen. Das ist möglich, weil Gedanken, auch die einer vergangenen Zeit, geprüft werden können, und sie können geprüft werden, weil sie einen Geltungsanspruch formulieren, der durch Fragen geleitet und durch Argumente gestützt ist. Man könnte sogar sagen, daß philosophische Gedanken durch den expliziten Geltungsanspruch die Prüfung von Fragen und Argumenten provozieren oder: daß es die Geschichte der Philosophie selbst ist, die durch die in ihr eingeschriebenen *behauptenden* Gedanken eine bloß historisierende Philosophiegeschichtsschreibung unmöglich macht. Ist die Philosophiegeschichte aber selbst philosophisch, dann muß auch sie behauptend sein und mit einem Geltungsanspruch auftreten – eine positive Zirkularität.

Tatsächlich kann sich auch die Philosophiegeschichte nicht mit einem lauen »Vielleicht« oder einer bloßen Deskription zufrieden geben.[55] Sie muß ihre Interpretation, ihre Auslegung oder Deutung, bis zu einem Punkt vorantreiben, an dem sie ihr Gültigkeit zuspricht. Mit einem bloßen Referat von Meinungen, einer bloßen Wiedergabe von Interpretationen anderer kann es daher – wie

---

54 Es ist tatsächlich der Anspruch auf Geltung, der eine bloß historische Ansicht der Philosophiegeschichte unterminiert. »Wer als Philosophiehistoriker lediglich Geistesgeschichte treibt, wird in aller Regel zwar seine eigene Arbeit und deren Resultate der Wahrheitsfrage aussetzen, aber gerade nicht die Gegenstände dieser Arbeit. Er wird die Herausforderung nicht annehmen, die in dem mit dem Text verbundenen Wahrheitsanspruch liegt, sondern er wird nur das Faktum konstatieren, daß ein derartiger Anspruch vom Autor erhoben worden ist.« (Wieland, Wolfgang, »Über den Grund des Interesses der Philosophie an ihrer Geschichte«, in: *Veritas filia temporis? Philosophiehistorie zwischen Wahrheit und Geschichte.* Berlin/New York 1995, S. 9–30)

55 Zu diesem Schluß gelangt: Kang, Jung-Min, *Philosophische Philosophiegeschichte*, S. 61: Philosophiegeschichte sei »Argumentations- und Reflexionsgeschichte. (...) Die Geschichte der Philosophie betreiben – verstanden als Selbstreflexion und Selbstkritik der Philosophie, nicht als das bloße Kennenlernen der philosophischen Lehren –, heißt selbst philosophieren.«

schon Hegel feststellte – nicht getan sein. Das Nachdenken ist genau so wenig stellvertretend zu leisten wie das Denken selbst, denn schließlich muß ich denken, damit ich Gedanken habe, d. h. solche, die ich prüfen kann, oder solche, die mich prüfen. Das ist ein vitalisierendes Geschehen, das sich an der Provokation der Philosophie entzündet, und dazu zwingt, selbst *das* zu prüfen, was fern liegt, das, dessen Verständnis durch den unaufhörlichen Wechsel der Zeit fremd und unverständlich oder ganz dem Verständnis entzogen scheint. Das Denken nicht nur vergangener Gedanken, das Nach-Denken, macht die leblosen Texte lebendig, fragt, was zu fragen ist, erinnert, was die Frage war, durchströmt die wechselnden Argumente und prüft das Für und Wider.[56] Außer der Darstellung des Gedachten und seiner Prüfung und Einordnung muß es auch zu einer Bewertung des Gedachten durch ein lebendiges Durchdenken kommen, in dem sich das Denken durch die Frage selbst befragen läßt. Es denkt sich als ›in die Frage gestellt‹[57], jedoch so, daß es sich als den Fragenden in allen Fragen selbst befragt.

Zum zweiten: Neben den Gedanken interessieren den Philosophiehistoriker auch die Texte. Ungeachtet der vielen unterschiedlichen und ausdifferenzierten Texttheorien, die letzthin von den Literaturwissenschaften, der Linguistik und schließlich auch von der Philosophie hervorgebracht wurden, wird man allgemein feststellen dürfen, daß Texte einen bei weitem höheren Grad an »Objektivität« besitzen als etwa Gedanken. Das ergibt sich schon aus dem Zweck eines Textes, der, gleichgültig was immer er bedeuten mag oder möchte, darauf angelegt ist, die enge zeitliche und räumliche Sphäre der Mündlichkeit zu transzendieren, der das, was zu *einer* Zeit nur für *einen* oder mehrere Menschen allein bestimmt ist, zu vielen Zeiten zugänglich macht – sei es für einen oder für viele Menschen, an einem Ort oder an vielen. Die Ubiquität der Texte erhöht die Überlebenschance der Gedanken. Ein wichtiges Indiz für den höheren Grad an Objektivität findet sich hier schon allein in der physischen Existenz der Texte: Die Philosophiegeschichte, vor allen Dingen die der antiken und mittelalterlichen Philosophie, wimmelt von nicht-existenten Büchern, von Texten, die einmal existierten und dann vernichtet wurden, Opfer in der Regel von Brand und Wasser, von Verfolgung, Verdächtigung und Vernachlässigung, dem Feuer preisgegeben, unter Verschluß geraten und vergessen oder mit neuen Texten überschrieben. Nicht

---

56 Darin beruht eine prinzipielle, wenn hier zunächst nur formal bestätigte Dominanz der Deutung vor ihrem Objekt als unhintergehbare Prämisse aller Auseinandersetzung mit geschichtlichem Denken. Vgl. die ähnliche Formulierung bei Baumgartner: »Vergangenes ist tot. Es sind die Lebenden und die Denkenden, die das Vergangene zum Leben erwecken und lebendig halten.« (Baumgartner, Hans Michael, »Anspruch und Einlösbarkeit«, S. 44.

57 Vgl. Heidegger, Martin, »Was ist Metaphysik?«, in: *Wegmarken*. 3. durchgesehene Auflage. Frankfurt 1996, S. 103–122.

zu vergessen die nicht unerhebliche Menge an nicht-existenten Büchern, die *niemals* existiert haben, deren Titel und bisweilen auch Inhalt erfunden und erlogen, phantasiert und ersponnen sind! Die physische Existenz von Texten ist ihre Achillesferse und zugleich der Ausweis ihrer Objektivität, ihre Fähigkeit zu vergehen zugleich Ausdruck ihrer Zeitlichkeit. Letztlich sind die Bücherverbrennungen des vergangenen Jahrhunderts, die oft auch den Gedanken der Philosophen galten, nichts anderes als symbolische Demütigung ihrer physischen Existenz und damit Beweis ihrer Objektivität.

Damit rückt der Text als Quelle in den Blick. Gerade die gegenständliche Seite der Texte erfordert eine ungewöhnliche Aufmerksamkeit: beginnend mit der Erhaltung und Restaurierung von Manuskripten über die Transkription, endend schließlich mit einer Edition – ein langer, oft mühevoller Weg! Erst danach kann eine Lektüre einsetzen, die den Weg bahnt für ein nachdenkendes Denken. Jeder, der sich schon einmal die Mühe gemacht hat, einem Text tief ins Gesicht zu schauen, weiß, daß Gedanken oft an einem Komma, einer Konjektur oder einer Lesart hängen. Die Objektivität des Textes macht daher einen Unterschied für die Gedanken.

Allerdings ist klar: Die Philosophie ist keine bloße Textwissenschaft. Es mag zwar zutreffen, daß sie sich überwiegend mit Texten beschäftigt, und für die Philosophiegeschichte dürfte sogar gelten, daß sie ohne Texte unmöglich ist. Aber deshalb zu der Auffassung zu kommen, die Philosophie oder auch ihre Geschichte bestehe in nichts anderem als in der Hinwendung zum Text oder etwa, sie sei textbedürftig und Textfähigkeit ihr formaler Zweck, mißt der Studierstube ein zu großes Gewicht zu.[58] Der Text ist gegenüber dem lebendigen Gespräch immer nur eine Abbreviatur. Die Philosophie deshalb auf einen Maßstab hin zu orientieren, nämlich die Textlichkeit, der weniger Informationen vermittelt als etwa die Oralität, geht einher mit einer Verkürzung des philosophischen Gehalts. Philosophieren heißt Fragen und Antworten, Intervenieren

---

58 Hier soll explizit der These von W. Wieland widersprochen werden, der die Philosophie als textzentrierte Disziplin beschreibt: »Der philosophische Gedanke muß nicht nur textfähig sein, sondern er ist überdies sogar textbedürftig. Es gibt keinen Weg, der am Text oder an textfähigen Aussagen vorbei zur Sache der Philosophie führte. Das schließt durchaus nicht die Möglichkeit aus, die Grenzen der Textfähigkeit und die Reichweite textfähiger Aussagen zu bestimmen.« (Wieland, Wolfgang, »Über den Grund des Interesses der Philosophie an ihrer Geschichte«, S. 9–30; hier S. 27) Die Vorstellung, Philosophie sei Bücherwissen, kritisierte schon Nikolaus von Kues unter Bezug auf *Sprüche* 1, 20: »*Redner*: Obwohl ohne Bücherstudium vielleicht manches gewußt werden kann, so doch keineswegs die schwierigen und bedeutenden Gegenstände, da die Wissenschaften durch Hinzufügungen gewachsen sind. *Laie*: Das ist ja, was ich sagte: daß du von einer Autorität geführt und getäuscht wirst. Irgend jemand hat dieses Wort geschrieben, und du glaubst ihm. Ich aber sage dir: die Weisheit ruft draußen auf den Straßen, und es ist ihr Rufen, daß sie selbst in den höchsten Höhen wohnt.« (Nicolai de Cusa, *Idiota de sapientia. Der Laie über die Weisheit.* Übersetzt u. herausgegeben von Renate Steiger. [Philosophische Bibliothek; 411] Hamburg 1988, S. 5)

und Zuhören, aber auch Beobachten und Gestikulieren – und emotional Streiten. Ein Text kann das, wenn überhaupt, dann nur verkürzt wiedergeben. Insofern ist Platons Kritik der Schriftlichkeit – wie auch immer man im einzelnen
dazu stehen mag – durchaus plausibel. Eins läßt sich Platons Aussagen entnehmen: Die Philosophie sollte jedenfalls skeptisch sein gegenüber der Textlichkeit ihrer Texte.[59]

Es liegt der Vorstellung von der Philosophie als Textwissenschaft eine
Verwechslung zugrunde: Aus der Tatsache, daß die Philosophie ohne Texte
nicht möglich ist, schließt man, daß sie nichts anderes sei als eine Beschäftigung mit Texten. Tatsächlich ist das philosophische Denken mehr als nur
textbezogen; es ist problembezogen. Die Textlichkeit gibt allerdings dem
philosophischen Denken eine Form von Objektivität, die gleichwohl auch –
mit Gründen – übergangen werden kann: Der Entschluß gegen den Wortlaut
ist nicht nur gelegentlich zulässig, sondern bisweilen für die Rekonstruktion
eines Gedankens notwendig.

Zum dritten: Sich selbst zu prüfen heißt für die Philosophie und die Philosophiegeschichte, das eigene Tun in Frage zu stellen, den aneignenden und vorschnellen Zugriff auf das historisch Fremde und Fremdgewordene zu meiden.

---

59 Vgl. Platon, Phdr. 275d9–e2. Vgl. dagegen: IJselling, Samuel, »Philosophie und Textualität. Über eine rhetorische Lektüre philosophischer Texte«, in: *Zur Phänomenologie des
philosophischen Textes*. (Hg.) Orth, Ernst Wolfgang Freiburg/München 1982, S. 57–76; hier
S. 59: »Wir möchten sagen, daß das Text-sein der Philosophie zu ihrem Wesen gehört – gewiß
zum Wesen der neuzeitlichen, gegenwärtigen Philosophie.« Aber der zweifelhafte historische
Befund, daß nämlich die Geschichte der Philosophie nahezu ausschließlich in Texten überliefert ist, läßt nicht den Schluß auf das ›Wesen‹ der Philosophie zu. Das bedeutet jedoch nicht
zugleich, daß ›hinter‹ den Texten etwas gesucht werden müßte, etwa die ›Intention‹ des Autors
oder seine Botschaft. Allerdings muß der Text in den Gedanken aufgelöst werden, damit er
Teil sein kann eines unabgeschlossenen Verständigungsprozesses, der die Philosophie ist, sei
es im Gespräch, im lehrenden Vortrag oder im Text. – Noch weiter geht: Ripalda, José Maria,
»Die Geschichte der Philosophie: Reflexionen zu einer problematischen Disziplin«, in: *Geschichtlichkeit der Philosophie. Theorie, Methodologie und Methode der Historiographie der
Philosophie*. (Hg.) Sandkühler, Hans Jörg. (Philosophie und Geschichte der Wissenschaften.
Studien und Quellen; 14) Frankfurt a. M. u. a. 1991, S. 57–74: »Auf jeden Fall geht meine
Interpretation dahin, den philosophischen Text wie einen etwa ›literarischen‹ Text zu behandeln, wodurch er auch seine olympischen Entfernung [sic!] von anderen Texten verliert und
andere Möglichkeiten der Historie der Ideen (...) angenähert wird.« (S. 73) Diese an Derrida
angelehnte Position einer Verliteraturwissenschaftlichung der Philosophiegeschichte will die
Philosophiegeschichte in Literaturgeschichte transformieren, womit die Frage nach einer systematischen Ausrichtung der Philosophiegeschichte zugleich miterledigt wäre. Es ist nicht
zu übersehen, daß die Entwicklung der Literaturwissenschaft hier den Verdacht bestätigt, die
besitzergreifende Ausdehnung ihres Objektbereichs sei selbst Symptom einer schwerwiegenden immanenten Krise, die nicht der Legitimation einer bestehenden Praxis – wie der Philosophiegeschichte – gilt, sondern die Wissenschaftlichkeit der Literaturwissenschaft unmittelbar bedroht.

Die Vereinnahmung des Anderen ist nicht nur eine Anmaßung einer kolonialen oder postkolonialen Kulturauffassung, sie findet sich auch wieder im Verhältnis der Philosophie zu ihrer Geschichte. Die vorschnelle Identifikation mit dem historisch Fremden läßt es einsinken in den Kosmos des Eigenen. Die Fremdheitserfahrung ist deshalb für den Philosophiehistoriker eine unverzichtbare Erfahrung. Die Texte entziehen sich dem aneignenden Verstehen; sie sperren sich; sie verweigern sich; sie weisen das Verstehen von sich ab. Die Gründe dafür sind vielfältig: Da ist die Unmöglichkeit, eine kulturell, sozial und sprachlich vergangene Zeit adäquat widerzuspiegeln. Mühsam eignet sich der Interpret Sprache, Schrift, Kulturgeschichte, Bildungskanon an, um festzustellen, daß er zudem die Biographien vieler Personen erforschen müßte. Längst reicht ihm nicht mehr die Tatsachengeschichte, er muß von der Sozialgeschichte bis zur Mentalitätsgeschichte jede Facette der historischen Disziplinen ausschöpfen und doch feststellen, daß Uneinholbares zurückbleibt. Ein weiterer Grund dürfte sicher im hermetischen Sprechen der Philosophie zu suchen sein. Nicht nur Schulen oder Traditionen bilden Ketten von Theorien und voneinander abhängigen Begriffsbildungen, auch subkutan finden sich schwer zu identifizierende, alle scheinbare Kontinuität ignorierende Sprach- und Begriffsgemeinschaften. Ein interpretativer Zugang wird sich erst finden lassen, wenn der Philosophiehistoriker eingedrungen ist in das Geflecht von Begriffs- und Theorieströmungen, deren Verzweigungen und unterirdische Zuflüsse er erkundet haben muß. Niemals läßt sich daher sagen, man habe einen Text verstanden, wenn man damit meint, man habe ihn *vollständig* verstanden. Neben der Tatsache, daß eine philosophische Philosophiegeschichte als Nach-Denken von Gedanken stets über einen starken subjektiven, indes nicht der Willkür entstammenden Anteil verfügt, liegt hier der Grund dafür, daß das Geschäft des Philosophiehistorikers nicht mit der ultimativen Interpretation, nicht mit dem vollständigen Kommentar und nicht mit der letztgültigen Übersetzung beendet ist.

Verstehen läßt sich daher nicht reduzieren auf gelingendes Verstehen. Es gibt auch *mißlingendes, scheiterndes Verstehen.* Man könnte zu sagen versucht sein, auch ein scheiterndes Verstehen sei ein Verstehen. Damit würde die Grenze des konkreten hermeneutischen Geschehens in einen positiven Rahmen eingestellt. Allerdings lauert hier die Gefahr, daß der *Stachel des Unverstandenen* keine dauernde Beunruhigung auslöst. Es, das Unverstandene, bleibt verborgen hinter der Positivität des Verstehens. Auseinandersetzung, Kontroverse und Dialog beruhen aber auf einer Permanenz des Fremden, auf einer unruhigen Grenze, die fraglich ist, um die gestritten wird, einer Grenze, die stets neu *festgesetzt* wird, ohne jemals letztgültig festgesetzt zu *sein.*[60]

---

60 Eine Theorie des Nichtverstehens, wenn auch in einem romantisch gewendeten Sinn, findet sich zuerst bei F. Schlegel. Vgl. Zovko, Jure, *Verstehen und Nichtverstehen bei Fried-*

Ein gar nicht seltener Fall zeigt das mißlingende Verstehen von seiner positiven Seite. Ob das Verstehen letztlich gescheitert ist, aber den Mut noch nicht verloren hat, oder ob das scheiternde Verstehen sich selbst nicht verstanden hat, mag letztlich gleichgültig sein: im *produktiven Mißverständnis* wird das Fremde durch das Eigene absorbiert und für etwas gehalten, was es nicht ist, oder nicht für das gehalten, was es ist: – Die Interpretation ist Transformation zu eigenen Gunsten. Die Geschichte des Denkens ist voll von *produktiven* Mißverständnissen.[61]

Der Begriff des *Mißverständnisses* bringt allerdings ein damit zusammenhängendes Problem zur Sprache, das sich als Einwand aufdrängt. Scheinbar setzt nämlich der Begriff des *Mißverständnisses* wie auch der des *Fehlverständnisses* ein äußeres Kriterium voraus, nach dem abgeglichen werden kann, was eine richtige und was eine falsche Auffassung ist. Wie kann aber diese Beziehung möglich sein, wenn es keine ›objektive‹ und für sich bestehende richtige Auffassung gibt? Die Schwierigkeit liegt bereits in der Perspektive, aus der das Problem entsteht. Es ist eine Metaperspektive, die suggeriert, sie sei etwas anderes und für sie gelte anderes als für alle Perspektivität. In allgemeiner Hinsicht allerdings muß nicht nach einer speziellen Perspektive bzw. nach einem externen Kriterium gefragt werden. Unter systematischer Hinsicht reicht die Feststellung aus, daß es in *einer* Perspektive die Unterscheidung von richtigem und falschem Verständnis gibt – wie im vorliegenden Fall festgestellt wurde, daß z. B. Schleiermachers Interpretation des *Sophistes* einem Mißverständnis entspringt. Der Unterschied ist intern, bleibt es auch, und ist so verläßlich wie die Argumente, die dafür beigebracht werden. Es ist vielmehr zu fragen, ob dieser Unterschied sinnvoll ist und welchen konstitutiven Leistungen er sich verdankt.

Schließlich ist die philosophische Philosophiegeschichtsschreibung um ihrer philosophischen Ausrichtung willen dazu gehalten, dem Verstehen selbst gegenüber skeptisch zu sein. Hier muß es fraglich scheinen, ob wir tatsächlich etwas verstehen und nicht etwa das Mißverständnis die Regel und das Ausgeben des Mißverständnisses als Verstandenes, das Mißverständnis eines Mißverständnisses ist. Skepsis ist notwendig, damit das Unverstandene Platz hat, ohne zugleich als Eigenes thematisiert zu werden. Beispiele für mangelnde Skepsis finden sich viele. Ein beeindruckendes entstammt der politischen Philosophie des vergangenen Jahrhunderts. Es mag

---

rich Schlegel, S. 150–158. Zovko macht insbesondere auf den Zusammenhang mit dem sokratischen Nichtwissens aufmerksam, das für Schlegel im Zusammenhang mit dem Ironiebegriff eine wichtige Funktion einnimmt.

61 Vgl. Krämer, Hans, »Funktions- und Reflexionsmöglichkeiten der Philosophiehistorie. Vorschläge zu ihrer wissenschaftstheoretischen Ortsbestimmung«, in: *Zeitschrift für allgemeine Wissenschaftstheorie/Journal for General Philosophy of Science* 16 (1985), H. 1, S. 67–95.

dazu dienen, ein Mißverstehen zu illustrieren, das aus einer politisch moti-
vierten Dekontextuierung entstammt. Gleichzeitig zeigt es aber auch, daß es
notwendig ist, zwischen richtigen und falschen Interpretationen unterscheiden zu können: In den Jahren nach 1914 gab es in Deutschland eine ungebrochene und affirmative Fichte-Interpretation, die sich vor allem auf die
Reden an die deutsche Nation stützte. Der Kontext, vor allem der Krieg im
Westen gegen Frankreich, legte es nahe, Fichte als einen Vorläufer zu begreifen, der schon hundert Jahre zuvor gewußt hatte, daß Deutschland eine
Kulturnation mit echter Bildung, Frankreich hingegen bloß Träger eines eigentlich schon toten, bloß zivilisatorischen Wissens sei. In der alten Aula
der Humboldt-Universität gab es beispielsweise ein großes Wandgemälde,
das Arthur Kampf in den Sommermonaten des Jahres 1914 gemalt hatte. Es
zeigte Fichte, wie er in Berlin seine berühmten *Reden* hielt. Die Ironie der
Geschichte und die nationalsozialistischen Machthaber wollten übrigens,
daß das Gemälde im Zweiten Weltkrieg verhängt blieb: Es zeigte mehrere
jüdische Mitbürger unter den Zuhörern, z. B. Henriette Herz, – es blieb verhängt, bis es schließlich 1944 durch Luftangriffe zerstört wurde. Skepsis ist
angebracht gegenüber der neuen Kontextuierung der *Reden an die deutsche
Nation*, die sie in die politische Lage des beginnenden 20. Jahrhunderts versetzt. Die Absicht der *Reden* war neben der Erweckung des Nationalgefühls,
neben der Bildung eines einheitlichen Nationalstaates und der Errichtung
eines Volksheeres vor allem die Verwirklichung der republikanischen Ziele
der Französischen Revolution in Deutschland. Das Feindbild Fichtes war
das Napoleonische Frankreich, das in Fichtes Augen allein dadurch jeden
Kredit verspielt hatte, weil es Napoleon als Kaiser auch nur duldete. 1914
hatte sich das Bild allerdings total gewandelt: Deutschland hatte einen Kaiser, Frankreich seine Dritte Republik. Fichtes *Reden* paßten nicht mehr in
diese Konstellation; sie mußten durch eine radikale Dekontextuierung passend gemacht werden: ein Miß- und Fehlverständnis der brutalen Art.

Die Skepsis muß gegenüber dem Verstehen wach bleiben, damit nicht
ungeprüft das Fremde mit dem Eigenen, das Unbekannte mit dem bereits
Bekannten identifiziert wird. Es reicht nicht aus, das historisch auf uns ge-
kommene philosophische Denken darzustellen und zu prüfen, es muß auch
vor dem Hintergrund des möglichen Nicht-Verstehens bewertet werden.[62]

Schließlich muß mit der Möglichkeit prinzipiellen Mißverstehens gerechnet werden. Auch das völlige Unverständnis, mit dem man einem Text, einem Denker, einem Gedankengebäude entgegentritt, muß sich artikulieren

---

62 Dieser Dreischritt – Darstellen, Prüfen, Bewerten – sind unabdingbare Bedingungen
argumentativen Interpretierens. Diese grundlegende Einsicht verdanke ich B. Mojsisch, der
stets darauf hinweist, daß es der Philosophie darum gehen muß, das argumentative Potential
ihrer Texte freizusetzen.

lassen, muß einen Ort finden. Darin drückt sich kein Pessimismus aus, nicht einmal die bloß heuristische Vorsicht einer zögerlichen Zunft von Auslegern. Es ist vielmehr die Folge einer denkerischen Erfahrung, die erst dann den Dialog mit einer vergangenen Position des Denkens aufnehmen kann, wenn dieser Dialog auch offen ist. Nicht der Gegenstand allein – dieser Gedanke, jener Text – soll geprüft werden, sondern auch der Prüfende muß sich prüfen lassen durch den Gedanken, den er denkt.[63] Horizontverschmelzung scheint hier nicht als Idealfall des Auslegungsprozesses. Eine einseitige Anpassung an das Gegebene, aus der Tradition Überkommene mag möglich sein, verspielt aber die Chance einer tiefen Irritation durch das Ausgelegte.[64] Zu sehr fühlt sich das Verstehen als Teil der Wirkungsgeschichte, als daß das Fremde und Verstörende auf ihrem Hintergrund angemessen zu thematisieren wäre. Dies aber ist notwendig, wenn eine philosophische Auseinandersetzung als Nachdenken vergangenen Denkens möglich sein soll.

7.6 Zirkularität – Identität

Zirkularität ist stets thematisch, wenn von einer Theorie des geschichtlichen Verstehens die Rede ist. Das gilt nicht nur von dem sog. *hermeneutischen Zirkel*, der sich zwischen dem Vorgriff auf das Ganze des zu Verstehenden und der Partikularität seiner Aneignung aufspannt.[65] Darin mag sich eine restaurative Hinwendung an das Vergangene spiegeln: der Blick zurück ohne Zorn, schweifend in die unverstandene Ferne, und die Anstrengung einer allmählichen Annäherung. Es ist das Problem, Platon zu verstehen, bei dem aus dem je Einzelnen nie das Ganze zu erschließen ist; bei dem das Ganze nichts ist ohne das Einzelne, das Einzelne aber unverstanden bleibt ohne das Ganze.

Gleichfalls zirkulär läßt sich das Verhältnis von Vernunft und Historizität ausdrücken. Vernünftigkeit muß in allen Akten des Verstehens prinzipiell vorausgesetzt sein, zunächst als die eigene, dann aber auch als Präsupposition in bezug auf das Historische.[66] Wird diese Vernünftigkeit transzendental

---

63 Vgl. Mojsisch, Burkhard, *Meister Eckhart. Analogie, Univozität und Einheit*. Hamburg 1983, S. 1–4.
64 Vgl. Gadamer, Hans-Georg, *Wahrheit und Methode. Grundzüge einer philosophischen Hermeneutik*, Tübingen ³1972, S. 274: »Das Verstehen ist selber nicht so sehr als eine Handlung der Subjektivität zu denken, sondern als ein Einrücken in ein Überlieferungsgeschehen.«
65 Vgl. im Hinblick auf Hegel, insbesondere auf das Reflexionskapitel der Wesenslogik: Reisinger, Peter, »Über die Zirkelnatur des Verstehens in der traditionellen Hermeneutik«, in: *Philosophisches Jahrbuch* 81 (1974), S. 88–104.
66 Vgl. zur Bedeutung der Präsumtionsregeln für eine allgemeine Hermeneutik vgl.: Schreiter, Jörg, »Hermeneutik, Diskursives Universum und Rationalitätsunterstellungen«, in:

aufgefaßt, wozu in einem ›vernünftigen‹ Diskurs keine Alternative bestehen dürfte, so ist sie den zeitlichen Bedingungen entzogen. Gleichwohl steht alles Vernünftige unter Bedingungen der Zeit, so daß sich die Historizität nur unter Bedingungen einer nicht zeitlichen Vernunft, die Vernunft aber nur unter Bedingungen ihrer Historizität denken läßt.[67]

Zirkularität in einem tieferen, weil grundsätzlichen Sinn kommt dem Verhältnis zur Geschichte überhaupt zu, und das gilt für die Philosophiegeschichte in besonderer Weise. Es gibt eine Dialektik von *Herkunft* und *produktiver Aneignung*, die prinzipiell zirkulär, aber nicht defizient ist. Die Geschichte der Philosophie wendet sich der Vergangenheit des Faches zu. Sie rekonstruiert das Herkommen, sei es die Genese eines Problems, die Genese einer Fragestellung, einer Methode, eines Gedankens, einer Schule oder einer Tradition. Ein Teil dieses Herkommens ist selbst integraler Bestandteil der theoretischen Überzeugungen geworden, als *Erbe*, wie Hegel sagt, aller Generationen, die vorangingen.[68] Indem die Philosophiegeschichte sich jedoch dem Vergangenen zuwendet, stellt sie diejenigen Zusammenhänge allererst her, als deren Produkt sie sich begreift. Sie konstruiert ihr eigenes Herkommen als Rekonstruktion. Der gegenwärtige Standpunkt ist dabei zugleich und in derselben Hinsicht hervorgebracht und hervorbringend, erzeugt und erzeugend, konstruiert und konstruierend.[69]

Im einzelnen und für den Einzelnen betrachtet ergibt sich eine schlechte Zirkularität.[70] Ein Philosophiehistoriker bringt so wenig die Philosophiege-

---

Geschichtlichkeit der Philosophie. Theorie, Methodologie und Methode der Historiographie der Philosophie. (Hg.) Sandkühler, Hans Jörg. (Philosophie und Geschichte der Wissenschaften. Studien und Quellen; 14) Frankfurt a. M. u. a. 1991, S. 165–172; Scholz, Oliver R., *Verstehen und Rationalität. Untersuchungen zu den Grundlagen von Hermeneutik und Sprachphilosophie.* Frankfurt a. M. 1999.

67 Vgl. dazu: Schnädelbach, Herbert, »Zur Dialektik der historischen Vernunft«, in: *Wandel des Vernunftbegriffs*, S. 15–37. Schnädelbach bezeichnet das nicht als Zirkel, sondern zunächst als Dilemma, schließlich als unhintergehbare Aporie. Eine Variante dieses Zirkels auch bei: Kuhlmann, Wolfgang, »Zur Kritik des historischen Bewußtseins«, in: *Tradition und Innovation. XIII. Deutscher Kongreß für Philosophie.* Bonn 24.–29. September 1984. (Hg.) Kluxen, Wolfgang. Hamburg 1988, S. 36–46. – Vgl. auch: MacIntyre, Alasdair, »The relationship of philosophy to the past«, in: *Philosophy in history.* (Hg.) Rorty, Richard. Cambridge 1984, S. 31–47.

68 Zur Zirkularität bei Hegel vgl.: Schneider, Helmut, *Das Verhältnis von System und Geschichte der Philosophie als Methodenproblem.* Diss. München. Witterschlick b. Bonn 1968.

69 Vgl. Zimmerli, Walther Ch., »Wozu noch Philosophiegeschichte? Legitimationsprobleme als Ansatz zu einer Philosophiegeschichtstheorie«, in: *Studia Philosophica* 37 (1977), S. 199–234.

70 Vgl. zur konkreten Zirkularität an einem historischen Beispiel den instruktiven Aufsatz: Honnefelder, Ludwig, »Die Einmaligkeit des Geschichtlichen. Thesen zur philosophischen Bedeutung der Geschichtstheologie Augustins«, in: *Tradition und Innovation. XIII. Deutscher Kongreß für Philosophie.* Bonn 24.–29. September 1984. (Hg.) Kluxen, Wolfgang. Hamburg

schichte hervor, wie ein Historiker die Geschichte. Es ist eine absurde Vorstellung, die lange Geschichte der Philosophie müßte immerzu und von jedem Denker neu erfunden werden, damit er und seine Gedanken eine Herkunft haben. Traditionen sind mächtig, und auch und gerade im Kampf gegen sie bestätigt sich ihre Potenz. Das moderne Individuum treibt ein ambivalentes Spiel mit der Kraft der Tradition: uneingeschränkte Anerkennung und völlige Verweigerung, Erklärung aus der Herkunft und dekonstruierende Zerstörung bilden ein nervöses Ungleichgewicht. Darin sind Macht und Ohnmacht der Interpretation nichts anderes als Spiegel der als unabwendbar empfundenen Brutalität der Geschichte.

Der Denker ist nicht allein. Auch wenn dies ein Stereotyp des Philosophen zu sein scheint: Er ist kein Einzelgänger, und die Zurückgezogenheit der Studierstube ist nicht sein Lebenselixier. Vielmehr kann man aus der Philosophiegeschichte lernen, daß die Zeiten, in denen die Philosophen selten waren, Zeiten, in denen es nur vereinzelte Denker gab, niemals wichtige oder gar bedeutende Gedanken hervorbrachten. Das lebendige Philosophieren braucht die lebendige Auseinandersetzung. Der Rückzug aus dem Getriebe der Welt tut ihr nicht gut, wenn auch einige Denker dies angestrebt und als vollkommenes Lebensglück gepriesen haben. Zumindest implizierte solcher Rückzug noch das gepflegte Gespräch mit Gleichgesinnten und Freunden. Der Eremit ist dagegen eine ausschließlich religiöse Erscheinung. Der Philosoph ist – idealtypisch zwar – auf den Marktplatz verwiesen, den Ort, an dem nicht nur die Waren, sondern auch die Meinungen gehandelt werden.

Für die Philosophiegeschichte bedeutet dies, daß nicht der Einzelne sich der Geschichte zuwendet, sondern die Philosophie überhaupt.[71] Nicht der

---

1988, S. 70–81; hier S. 71: »Die Antwort auf die Frage nach der philosophischen Relevanz der Geschichtsdeutung Augustins scheint nach diesen Überlegungen nur negativ sein zu können: Hat Augustins Deutung in der neuzeitlichen Geschichtsphilosophie ihre Wahrheit gefunden, dann ist mit deren Kritik auch sie selbst betroffen. Beschränkt sich ihre Wahrheit dagegen auf die genuin theologischen Prämissen, dann kann – zumal unter den Bedingungen der Neuzeit – von einer *philosophischen* Bedeutung ohnehin nicht die Rede sein.« Honnefelders Lösung besteht in dem Aufweis einer Universalie: eine allem menschlichen Handeln zugrundeliegende apriorische Struktur, die sich nun nicht positiv fassen läßt, sondern in der Idee einer intendierten, aber nicht realisierbaren Totalität besteht, die alle geschaffene Totalität relativiert und in Frage stellt. Der Ausweg aus der Zirkularität mündet daher in einem neuen, grundlegenderen Zirkel, in den Honnefelder sich notgedrungen verwickelt, den zwischen Wahrheit und Geschichtlichkeit überhaupt.

71 Vgl. Geldsetzer, Lutz, *Die Philosophie der Philosophiegeschichte*, S. 154–161. Geldsetzer kommt zu dem historischen Befund, daß stets ein Träger für die philosophiegeschichtliche Entwicklung aufgesucht worden sei: »Geist, Vernunft, Schule, Vermögen, Sprache, Kultur, Leben, Bildungsstand, ökonomische Basis, Persönlichkeit, Haltung, der Mensch.« (154) Gegen diese substantialistischen Vorstellungen eines quasi-dinglichen Trägers soll hier durch

individuelle Denker konstruiert die Geschichte, sondern die Philosophie überhaupt. *Die* Philosophie ist dabei nicht eine ontologisierte oder substantialisierte Entität, sondern der Gesprächs- und Argumentationszusammenhang zwischen den Einzelnen. Insofern dieser Zusammenhang nicht durch *einen* Einzelnen gebildet werden kann, insofern dieser Zusammenhang mehr ist als der Einzelne, ist er ein irreduzibles Allgemeines. Die historischen Verstehensprozesse haben deshalb einen höheren Grad an Allgemeinheit. Ihre Ingredienzien liegen hinter dem Rücken des Einzelnen, der sich der Geschichte zuwendet. Strenggenommen ist es daher nicht richtig, von *einem* Interpreten zu sprechen, als sei es ein Einzelner, der Voraussetzungen, Bedingungen und Kompetenzen des Verstehens in sich trüge. Vielmehr sind es interpretierende Instanzen, die in verschiedenem Grad allgemeine theoretische Implemente in den Verstehensprozeß integrieren. Bereits die Benutzung eines *Historischen Wörterbuchs der Philosophie* oder eines *Grundriß der Geschichte der Philosophie (Ueberweg)*[72] zeigen, daß ohne eine Generationen übergreifende gemeinsame Arbeit an einem solchen Projekt weder die Akkumulation noch die Aufspeicherung, Weitergabe oder Nutzung historischen Wissens möglich wäre. Gleiches gilt für die Vermittlung philosophischen und philosophiehistorischen Wissens. Jemand, der heute beginnen würde, Platon zu verstehen, und dazu ›nur‹ eine Bibliothek hätte, könnte nicht weit kommen, selbst dann nicht, wenn die Bibliothek alles enthielte, was jemals über Platon geschrieben wurde. Es bedarf der lebendigen Vermittlung von Person zu Person, um Pfade und Wege durch das Dickicht der Informationen zu finden. Es bedarf philosophischer Überzeugungen, die sich am Leben bewähren, damit ein historisches *und* philosophisches Verstehen möglich wird.

Gleichzeitig gilt aber, daß diese Verstehensprozesse niemals ohne den Einzelnen wirklich sind. Das ist die konkrete Seite eines über die Einzelnen hinausreichenden Verständigungsprozesses über die Philosophie und ihre Geschichte. Die Philosophiegeschichte ist deshalb ein lebendiger Speicher des vergangenen Denkens, dessen Wirklichkeit rein aktual und rein gegenwärtig ist. Die Zirkularität, die sich im historischen Verhältnis findet, ist ein Selbstverhältnis der Philosophie, der es unabdingbar ist, sich über sich selbst zu verständigen und Rechenschaft zu geben.

Für die Philosophie und ihre Geschichte kann geltend gemacht werden, daß

---

eine transzendentale Argumentation aufgezeigt werden, daß es überindividueller Instanzen bedarf, um die Funktion der Philosophiegeschichte als philosophische zu begründen. – Ähnlich, nun aber als grundsätzliches Problem der Philosophiegeschichtsschreibung bewertet, sieht dies: Schneider, Ulrich Johannes, *Die Vergangenheit des Geistes*, S. 15f.

72 Vgl. dazu: Gadamer, Hans Georg, »Die Philosophie und ihre Geschichte«, in: ders., *Hermeneutische Entwürfe: Vorträge und Aufsätze*. Tübingen 2000, S. 69–96.

sie die vergangenen Gedanken zumindest denken muß, damit sie *für* das Denken sind. Der Philosophie öffnet sich weder das Feld des Fiktionalen, in dem sich Stoffe, Figuren und Motive tummeln, noch das Feld des Wirklichen, in dem in Dokumenten unterschiedlichste Realien beurkundet und durch Zeugnisse mitgeteilt werden. Sie bleibt allein verwiesen auf den Gedanken. Darin liegt eine Identität des Denkens und des Gedankens. Sie macht es für die Philosophie ungleich schwerer, ein historisches Objekt zu gewinnen. Anderseits liegt es ihr tendentiell nahe, alles Historische systematisch zu fassen. Das Historische entsteht für die Philosophie durch einen konstitutiven Akt, nämlich die Identität aufzubrechen, den gedachten Gedanken nicht nur für einen fremden, sondern auch für einen vergangenen zu halten.

7.7 Interpretation

Philosophische Interpretation und Transformation eröffnen einen Bereich von Distanzgewinn und Aneignung.[73] Im Vorfeld der philosophischen Interpretation liegt die Anerkennung des Gedachten als bloß Positivem. Darin zeigt sich zugleich ein unreflektiertes Moment der Identität.[74] Der Kommentar Schellings zum Platonischen *Timaios* zeigt ein großes Maß an identifikatorischem Nachvollzug. Im Denken eines Gedankens ist die Differenz aufgehoben, die zwischen dem Denker und dem Gedanken besteht. Das Denken geht im Vollzug des Denkens auf. Der Gedanke ist der Gedanke dessen, der ihn denkt, unabhängig davon, ob der Gedanke erstmals und auf einzigartige Weise oder aber wiederholt und auf unendlich verschiedene Weise gedacht wird. Identität – in diesem präzisen Sinne als Identität von Denken und Gedanken – hängt zusammen mit der Unvertretbarkeit des Selbstdenkens.[75]

---

73 Vgl. Kang, Jung-Min, *Philosophische Philosophiegeschichte*, S. 46–62. Kang beschreibt den Prozeß der Philosophiegeschichte auf der Folie einer Theorie von Distanznahme und Rückwendung als basaler Struktur der Philosophie. Er bezeichnet diese Struktur im Anschluß an Hegel als ›Reflexion‹.

74 Vgl. Wieland, Wolfgang, »Über den Grund des Interesses der Philosophie an ihrer Geschichte«. Wieland geht davon aus, daß es zur Erfassung der intentionalen Dimension eines Textes notwendig sei, eine ›naive Einstellung zu ihm einzunehmen‹, ihn als ein Zeichen zu nehmen, das auf etwas von ihm Verschiedenes verweist. Diese Einstellung zum Text liegt nach Wieland noch vor der Differenz von Verstehen und Mißverständnis. – In eine ähnliche Richtung geht auch Reinhard Brandt (*Die Interpretation philosophischer Werke. Eine Einführung in das Studium antiker und neuzeitlicher Philosophie.* [problemata; 99] Stuttgart-Bad Cannstatt 1984): »Der Interpret soll nicht den Inhalt einer bestimmten Philosophie unbegriffen reproduzieren, sondern mit eigener Erkenntnisleistung zeigen, worin dieser Inhalt notwendig bestand.« (11f.)

75 Vgl. Kaehler, Klaus E., »Kant und Hegel zur Bestimmung einer philosophischen Ge-

Nun kann die Fremdheit des Gedankens, die darin besteht, daß nicht der Denker selbst der Urheber ist, sondern daß die Quelle in einem vergangenen Denken liegt, nur durch Reflexion hervorgebracht werden. Aus dem Vollzug des Denkens muß reflektierter Nachvollzug, aus dem Denken reflektiertes Nachdenken werden, wenn es denn um einen philosophischen Bezug zu vergangenem Denken gehen soll. Verstehensprozesse scheinen insgesamt zunächst identifikatorisch zu verlaufen, so daß dagegen eine Differenz erst durch eine Reflexion geltend gemacht werden muß. Dies gilt um so mehr für die Philosophie und ihr Verhältnis zu ihrer Geschichte. Hier ist es notwendig, daß sich die Philosophie Rechenschaft gibt über ihre Handlungen – zunächst auch darüber, wie sie ihre Geschichte versteht.

Die philosophische Interpretation ist mehr als bloße Lektüre. Das Verstehen des »Was« des Gesagten ist nicht hinreichend, um eine Interpretation als philosophisch oder zur Philosophie gehörig anzusehen. Die philosophische Interpretation reklamiert daher für sich in gewisser Hinsicht eine exklusive Rolle, deren Grund im argumentativen Charakter philosophischen Denkens zu suchen ist. Philosophische Positionen stellen nicht nur etwas dar, sie verbinden damit zugleich eine Argumentation sowie einen Anspruch auf Geltung, der mit prinzipiellen, häufig metatheoretischen Implikationen sowie mit einer Reflexion auf die Grundbedingungen des eigenen Tuns verbunden ist.[76]

---

schichte der Philosophie«, S. 27f.: »Nun scheint es einleuchtend zu sein, daß die Aufgabe, den Gehalt einer Philosophie aus einem überlieferten Text als Erkenntnis zu gewinnen und anzueignen, nicht weniger bedeuten kann, als ihn eben damit auch zum Teil gegenwärtiger Philosophie zu machen; sonst verbliebe er in der Indifferenz eines zwar historisch verstehbaren, aber gerade nicht als Erkenntnis anerkannten Vorstellungsmaterials; (...).«

76 Vgl dazu: Mittelstraß, Jürgen, »Das Interesse der Philosophie an ihrer Geschichte«, in: *Studia philosophica* 36 (1976), S. 3–15; ders., »Die Philosophie und ihre Geschichte«, in: *Geschichtlichkeit der Philosophie. Theorie, Methodologie und Methode der Historiographie der Philosophie.* (Hg.) Sandkühler, Hans Jörg. (Philosophie und Geschichte der Wissenschaften. Studien und Quellen; 14) Frankfurt a. M. u. a. 1991, S. 11–30; ders. »Gründegeschichten und Wirkungsgeschichten, S. 10–31. – Die Vorstellung der Philosophiegeschichte im Sinne der Argumentationsgeschichte ist eine wesentliche Voraussetzung für eine Überwindung des prinzipiellen Dilemmas von Wahrheit und Geschichte. Sie ist aber allein nicht hinreichend. Der radikale Historismus könnte hier leicht entgegnen, daß sich Theorien nur auf dem Hintergrund ihrer Zeit erklären lassen, ›Argumente‹ insofern nur erfüllt sind in ihrer Zeit, nicht aber in der Perspektive des Historikers, der sie nur mühevoll rekonstruiert. Flasch (vgl. Flasch, Kurt, »Wie schreibt man Geschichte der mittelalterlichen Philosophie?«, S. 14) beschreibt zugespitzt die Situation: »In einem philosophischen System ist jede These mit jeder anderen untrennbar verbunden. (...) Ein philosophisches System bezieht sich gänzlich auf den historischen Kontext, in dem es entstanden ist. (...) Eine Diskussion früherer Philosophien unter dem Gesichtspunkt ihrer Wahrheit ist wegen des radikalen Wechsels der Gesamtbedingungen unmöglich.« Die zentrale Frage wäre: Was ist an der Argumentationsgeschichte denn überhaupt geschichtlich? Das spezifisch Historische scheint darauf reduziert, daß die Erfinder der

Es schwingt dabei immer etwas Kontraintuitives und Kontrafaktisches mit. Das, was ohnehin immer schon klar und vor jedermanns Augen offen liegt, bedarf keiner aufwendigen Argumentation, keines Reflexes auf Grundbedingungen, wie etwa des Sprechens und Denkens, des Erkennens oder Handelns. Beide Momente haben einen inneren, komplementären Zusammenhang: Es ist etwas fraglich geworden; die Intuition und das bloße Dasein des Vorhandenen können das, was in Frage steht, nicht beantworten oder sind gerade Teil der Frage. Dann bedarf es einer absichernden argumentativen Strategie mit einem Anspruch auf Geltung. So wenig sich eine derart gewonnene Theorie aus einer bloßen Deskription des Wirklichen oder Gegebenen gewinnen läßt, so wenig läßt sie sich auflösen in Deskription. Der Behauptungscharakter und die Argumentation, die dafür geführt wird, gewinnen deshalb an Bedeutung, weil Widerspruch möglich ist. Durch wirklichen Widerspruch gewinnt die Argumentation an Schärfe und Prägnanz. Dieser Prozeß ist nichts, was der Philosophie in ihrer Geschichte nur äußerlich zukäme, sondern er ist ihr immanent.

Daher zwingt eine philosophische Position dazu, Position zu beziehen. Dies gilt im allgemeinen von jeder philosophischen Position, wenn sie nicht bloß privat bleibt – was, strenggenommen, der Philosophie und ihrem Anliegen zuwiderliefe. Bisweilen wird die Privatheit philosophischer Auffassungen durch besondere repressive Umstände erzwungen. Aber auch in einer solchen Situation ist die Öffentlichkeit nur unterdrückt oder der Adressat nicht erreichbar. Position zu beziehen macht nur Sinn, wenn es ein Für und Wider gibt, das auch in seiner Unterdrückung noch anwesend ist. Dabei ist es unerheblich, ob es sich um eine gegenwärtige oder vergangene philosophische Position handelt. Hier ist dieser Charakter, eine Positionsbestimmung zu fordern, allerdings von Bedeutung, weil er auch das vergangene philosophische Denken betrifft.

Die philosophische Interpretation historischer Positionen kommt in der Regel ohne zugrundeliegende Texte nicht aus. Trotzdem erschöpft sie sich nicht in der Analyse eines Textes. Es geht ihr um die Präparierung eines Gedankens mit Behauptungscharakter; es geht ihr um die Rekonstruktion einer Argumentation. Hier liegt der Grund, warum auch historische Positio-

---

Argumente verstorben sind und an den Argumentationsprozessen nicht mehr aktiv teilnehmen können. Die Argumente selbst scheinen – außer einem gewissen Alterungsprozeß –, jedoch keiner Vergänglichkeit zu unterliegen. – Ähnliche Kritik könnte der radikale Historismus geltend machen, wenn die philosophische Philosophiegeschichte einen historischen Autor als »rationalen Problemlöser (...) und einen philosophischen Text als das Ergebnis eines Problemlösungsprozesses« ansieht. (Münch, Dieter, »Das Denken und die Fakten. Überlegungen zu einer kognitiven Philosophiegeschichtsschreibung und Hermeneutik«, in: *Philosophiegeschichte und Hermeneutik*. (Hg.) Caysa, Volker – Eichler, Klaus-Dieter. (Leipziger Schriften zur Philosophie; 5) Leipzig 1996, S. 70–84.

nen zu Stellungnahmen zwingen. Bei den untersuchten Platon-Interpretationen gab es keine, die den Texten Platons gleichgültig gegenüberstand; sie suchten insgesamt – eine affirmative – Positionierung. Es drückt sich darin eine allgemeine Eigenschaft philosophischer Interpretation und Transformation aus.

Das beruht auf der Art und Weise, wie philosophische Gedanken Objekt sein können: als Gedanke, als Text, als unverstandener Gedanke. Es spiegelt sich darin ein Prozeß zunehmender Distanzierung, die zwischen dem Verstehenden und seinem Objekt einsetzt. Diese Distanzierung soll hier als Distanzgewinn bezeichnet werden, weil sich darin die ambivalente Bewegung findet, daß erst in der Distanz das Objekt ›gewonnen‹ wird. Mit dem Distanzgewinn nehmen die konstitutiven Leistungen des Verstehenden zu. Im gelungenen unmittelbaren Verstehen sind der Distanzgewinn und die mit ihm verbundenen konstitutiven Leistungen implizit: Der Verstehende versteht eine vergangene Position unmittelbar, und zwar als vergangene. Er setzt damit ein zunächst unhinterfragtes Vertrauen in die eigene hermeneutische Kompetenz wie auch in die Verfassung des zugrundeliegenden Textes. Daher ist der Prozeß der Distanzgewinnung zugleich durch ursprüngliche, unbestimmte Nähe geprägt. Dies zeigt sich vor allem am Anfang eines Interpretationsgeschehens. Der Prozeß, eine vergangene historische Position zu verstehen, beginnt oft mit einer unbestimmten Affinität. Die erste Lektüre kann ein Globalverständnis suggerieren, das erst im weiteren Verlauf seine Unschuld verliert und – verstrickt in Wahrheitsansprüche und Rationalitätsstandards – erst später zu einer differenzierten Einschätzung der eigenen Verstehenskompetenz gelangt. Hier ist neben dem Distanzgewinn zugleich ein Nicht-Verstehen involviert, das den Interpreten auf sein eigenes Tun verweist, das ihm eine Reflexion aufnötigt über das, was er getan hat. In seiner radikalen Form bedeutet dies: Das Verstehen, das sich als Nicht-Verstehen versteht, ist auf sich selbst zurückgeworfen. Sein Scheitern ist explizit. Die Negation des Verstehens macht die konstitutiven Leistungen des Verstehens offenkundig. Am Nicht-Verstandenen zerbricht das Instrumentarium des Verstehens und verweist auf nichts anderes als auf sich selbst.

Im folgenden soll der Versuch unternommen werden, durch eine begrifflich-genetische Reflexion den komplexen Vorgang einer philosophiehistorischen Interpretation und Transformation in verschiedenen Stufen auseinanderzulegen.[77] Es wird sich eine Typologie ergeben, die wesentliche Instanzen einer Interpretation und Transformation aufführt, dies in der Spannung von Ver-

---

77 Zur Literatur vgl.: Sass, Hans Martin, »Philosophische Positionen in der Philosophiegeschichtsschreibung. Ein Forschungsbericht«, in: *Deutsche Vierteljahresschrift für Literaturwissenschaft und Geistesgeschichte* 46 (1972), S. 539–567.

stehen und Nicht-Verstehen. Dabei wird es weniger um die normative Seite des Interpretierens zu tun sein, also etwa darum, ein Modell vorzuschlagen, wie man ›richtig‹ interpretiert. Es wird auch nicht gewertet, welches Verfahren besser geeignet oder welches vorzuziehen sei. Vielmehr soll auf die Bedingungen reflektiert werden, die bei einer Interpretation stets vorausgesetzt sind. In der Reflexion auf diese Bedingungen kommt es dann auch zu normativ ausgerichteten Vorschlägen, die allerdings nur darin bestehen können, ein methodisches Bewußtsein für das eigene interpretierende oder transformierende Handeln zu entwickeln.

Es gibt vier grundsätzliche Modi,[78] in denen sich die philosophische Interpretation zu ihrem Gegenstand verhält: Es handelt sich um eine idealtypische Genese eines komplexen Interpretationsprozesses. Sie besteht aus:

– Darstellen,
– Prüfen,
– Einordnen,
– Bewerten.

7.7.1 Darstellen

Die Darstellung ist in diesem Zusammenhang die einfachste Form interpretierenden Verhaltens. Allerdings bedarf es dazu mehr als einer bloßen Nacherzählung des Textes, mehr als einer Lektüre und Wiedergabe des Inhalts. Wichtiges muß vom Unwichtigen, Bedeutendes vom Unbedeutenden ge-

---

78 Zu Funktionsweisen und -instanzen des philosophiehistorischen Interpretierens gibt es verschiedene Überlegungen, z. B. Krämer, Hans, »Funktions- und Reflexionsmöglichkeiten der Philosophiehistorie. Vorschläge zu ihrer wissenschaftstheoretischen Ortsbestimmung«, S. 67–95; insb. S. 70–76. Krämer beschreibt 19 verschiedene Funktionen von Philosophiegeschichte und ordnet sie übersichtlich in fünf Gruppen. Er plädiert für eine strenge Neutralität der Philosophiegeschichte und ihre Trennung von der systematischen Philosophie. Letztlich sollen sie als irreduzible und autonome Instanzen einander gegenüberstehen und durch eine Synthesisleistung fruchtbar werden: Die systematische Philosophie liefert das ›Vorverständnis‹ und den ›Legitimationsnachweis‹, die Philosophiegeschichte die ›Kontrolle‹. – Bereits Hegel optierte allerdings mit guten Gründen für eine Parteilichkeit der Philosophiegeschichte für die Philosophie: »Es muß die Forderung als gerecht zugestanden werden, daß eine Geschichte – es sei von welchem Gegenstande es wolle – die Tatsachen ohne Parteilichkeit, ohne ein besonderes Interesse und Zweck durch sie geltend machen zu wollen, erzähle. Mit dem Gemeinplatz einer solchen Forderung kommt man jedoch nicht weit. Denn notwendig hängt die Geschichte eines Gegenstandes mit der Vorstellung aufs engste zusammen, welche man sich von demselben macht.« (Hegel, Werke 18, S. 15f.) Ähnlich auch Schleiermacher: »(...) wer die Geschichte der Philosophie vorträgt, muß die Philosophie besitzen, um die einzelnen Facta, welche ihr angehören, aussondern zu können, und wer die Philosophie besitzen will, muß sie historisch verstehen.« (Schleiermacher, *Geschichte der Philosophie*. Aus dem Nachlasse. [Hg.] Ritter, H., in: Schleiermacher: Werke, 3. Abt., Bd. 4, 1. Berlin 1839, S. 15)

trennt werden. Das, was in einem Text als Argument fungiert, muß identifiziert und rekonstruiert werden. Die impliziten konstitutiven Elemente liegen hier zunächst in der Tätigkeit des *Unterscheidens*. Das ist ein subjektives Element, das allein dem Interpreten zukommt. Seine Durchsicht des zugrundeliegenden Textes macht die Unterschiede. Er entscheidet, ob er den Signalen des Textes folgen will oder gegen sie. Unterschiede zu machen beruht auf Entscheidungen. Entscheidungen wiederum setzen Kompetenzen voraus, die einerseits verschiedenen Bereichen entstammen können, wie etwa Sprachkompetenzen oder bereits erworbene Textkenntnisse desselben oder anderer Autoren; andererseits können sie aber auch graduell verschieden sein, etwa was die Darstellungsfähigkeit betrifft oder die Fähigkeit zum problembezogenen, systematischen Denken. Darstellungen können daher sowohl besser und schlechter als auch einfach nur verschieden sein.

Zugleich enthält die Darstellung basale Formen von Transformation. Diese beruhen nicht auf Unterscheidungen, sondern auf einer Nicht-Unterscheidung. Ein Argument wird gar nicht als fremdes identifiziert; gehört gar nicht dem Autor zu, sondern dem Interpreten, gehört nicht in die Argumentation eines Textes, der möglicherweise aus einer weit entfernten Epoche stammt, sondern kommt dem Interpreten als Eigenes unter, wird von ihm jedoch nicht als Eigenes behandelt. Um ein Wort Hegels zu variieren: Das Argument kommt dem Interpreten bekannt vor, ist aber eben deswegen von ihm noch nicht erkannt. Auch diese Form der *Identifikation* ist eine konstitutive Leistung des Interpreten: Es ist ein Wiedererkennen des Bekannten. Sie bleibt allerdings implizit, ist gleichwohl für die Darstellung unerläßlich, denn sie leistet die Verknüpfung mit bereits Erkanntem. Man könnte hier an eine Art von »Vorurteils«-Struktur denken, welche die Situierung fremder Gedanken in einem Horizont überhaupt erst ermöglicht. Damit ist aber eine affirmative Grundposition zum Verstehen gesetzt, die sich jedoch insgesamt als brüchig erweist: Die affirmative Verknüpfung mit eigenen Gedanken kann Grund sein nicht nur für das Mißverstehen (»Vorurteil«), sondern ebenso für das Nicht-Verstehen, ein prinzipiell nicht mehr zu korrigierendes Mißverständnis, dessen affirmatives Resultat nur durch eine leere Menge an Gehalt ausgedrückt wird.

Beide Formen, Distanzierung und Identifikation, liegen in der Darstellung unvermittelt nebeneinander. Eine Korrekturinstanz, die beide konträren Bewegungen miteinander korrelierte, kann sich in der Darstellung nicht zeigen. Darin besteht das Ungenügen an einer bloßen Darstellung vergangener philosophischer Gedanken: Weder das eigene Nachdenken noch das andere, vergangene Denken lassen sich eindeutig identifizieren. Noch erhält sich der Anschein, als handle es sich um zwei verschiedene Entitäten, vergleichbar der erkennbaren Dingwelt, und es käme nur darauf an, beides miteinander abzugleichen: die Darstellung und das Dargestellte. Formen des Nicht-Ver-

stehens werden in einem Mangel dieser Korrelation gesucht: etwa in der
Textkonstitution, in der Mangelhaftigkeit des Textes oder der Übersetzung,
in der Fremdartigkeit der Sprache oder Kultur einerseits, andererseits in
mangelnder Kompetenz, Lektüreerfahrung oder den sprachlichen Fertigkei-
ten und der philosophischen Geschicklichkeit. Durch alle diese Gründe kann
bereits der Versuch einer Darstellung scheitern.

7.7.2 Prüfen

In der reflexiven Bewegung, die sich in der Suche nach einem Grund für das
Ungenügen einer Darstellung aufzeigen läßt, steckt bereits ein Moment der
Prüfung. Das Prüfen ist nämlich die erste und einfachste Form, sich dem
Behauptungsanspruch eines philosophischen Textes zu stellen. Sein Leit-
kriterium ist die *Plausibilität*. Von Plausibilität ist hier die Rede, wenn
Argumente zunächst intuitiv einleuchten, so daß Aussagen vorderhand zu-
gestimmt werden kann. Plausibilität ist Richtigkeit in einer bestimmten Hinsicht. Bei der Prüfung treffen wir beispielsweise auf das wichtige hermeneutische Prinzip der Benevolenz oder principle of charity.[79] Es muß einem Text
grundsätzlich unterstellt werden, daß er ›etwas hat sagen wollen‹, daß er
nicht etwa sinnlos ist. Ein Text, so ließe sich über eine Darstellung hinaus
feststellen, ist immer Beitrag in einem Verständigungsprozeß. Unter dieser
Voraussetzung kann er nicht nichts sagen, selbst wenn es dem Interpreten
nicht möglich ist, den Text zu entschlüsseln. Ferner kann vorausgesetzt werden, daß der Text nicht nur Belanglosigkeiten, sondern substantielle Inhalte
beisteuert. Darüber hinaus ist berechtigterweise anzunehmen, daß der Text
in Zusammenhang mit anderen Texten steht, damit das Gepräge von Text-
gattungen fortschreibt oder Vorbilder von Textproduktion hat, seien sie the-
matischer oder formaler Natur. Für philosophische Texte ist es insbesondere
von Bedeutung – von größerer Bedeutung als jene eher theologisch oder
literaturtheoretisch relevanten Voraussetzungen –, daß eine Interpretation
präsupponiert, der Text halte Argumentationsformen und -standards ein und
kennzeichne es, wo er Neues und bisher nicht Dagewesenes vorbringt, oder
expliziere dies eigens. Der Interpret stattet den Text mit einem Vorschuß auf
die Rationalität der Argumentation aus.[80]

---

79 Vgl. dazu im Kontext einer allgemeinen Hermeneutik: Scholz, Oliver R., *Verstehen und
Rationalität*, S. 81–133.

80 W. Wieland bezeichnet dies als ›Wahrheitshypothese‹: »Der mit ihr arbeitende Interpret
wird daher den Inhalt seiner Texte in derselben Weise auf seine Begründungsfähigkeit hin
untersuchen, wie er dies im Hinblick auf die Sätze zu tun gewohnt ist, mit denen er in der
systematischen Arbeit umgeht.« (Wieland, Wolfgang, »Über den Grund des Interesses der

In diesem methodisch reflektierten Vorgehen spricht sich erneut ein Differenzgewinn aus. Ein unmittelbares Innewerden des Textinhaltes ist zunächst nicht möglich. Es bedarf einer Rekonstruktion, gerade weil sich das Textverständnis nicht einfach ergibt. Die Bildung solcher Voraussetzungen läßt die Differenz deutlich werden, die sich zwischen dem Interpreten und dem Text auftut. Jede methodische Präsupposition ist eine konstruktive Leistung.[81] Hier erzeugt sie einen Verstehenshorizont als Möglichkeitsbedingung. Der Text ist nicht sinnlos; er ist Teil eines komplexen Verständigungsprozesses, der Regeln, Formierungen und Strategien unterworfen ist; er hält sich an rationale Standards. Diese Voraussetzungen ermöglichen das Verstehen selbst dann, wenn der Text sich nicht unmittelbar verstehen läßt. So liegt der Differenzgewinn hier gerade in der Abweisung völliger Differenz. Das gänzlich Disparate wird ausgeschlossen, Differenz innerhalb der Möglichkeitsbedingungen aber nicht nur zugelassen, sondern vorausgesetzt.

Die andere Seite der Plausibilität betrifft die Selbstverständlichkeit, mit der dem Interpreten Rationalität zugesprochen wird. So wie der Interpret dem Text, so schreibt er auch sich selbst Rationalität zu und darüber hinaus die Kompetenz, rationale Argumentationen auch dann zu verstehen, wenn sie einer fremden Epoche angehören. Scheinbar fixiert das Kriterium der Plausibilität das Objekt, das auf seine Plausibilität geprüft werden soll. Tatsächlich manifestiert sich aber darin die Rationalität des Interpreten. Es ist der erste Beweis seiner Macht über den Text – und über den Gedanken, daher mehr als nur eine Krücke im Verstehensprozeß. Darin spricht sich eine selbstbewußte hermeneutische Vernunft aus, die über das Vergangene verfügt und es sich anzueignen bereit ist. Es zeigt sich darin ein mächtiges Instrument, welches das Vergangene der Vergangenheit entreißt und es für die Gegenwart aufschließt.

In dem unhinterfragten Supremat des Interpreten über seinen Stoff kommt ein Moment der Identität zum Ausdruck. Es besteht in der *Aneignung*. Die Aneignung setzt die Differenz voraus, negiert sie aber mit dem Hinweis auf die eigene Rationalität. Das Element der Identifikation liegt in der Rationalität, die sich über die Zeitlichkeit und Geschichtlichkeit erhebt. In der Unterstellung, ein Text habe sich an einem Standard von Rationalität orientieren

---

Philosophie an ihrer Geschichte«, S. 9–30) Nach Wieland kann der Interpret durch seine Arbeit mit der ›Wahrheitshypothese‹ nicht zu einer Kanonisierung von Texten kommen wollen, gleichwohl vermag Wieland von den ›Klassikern‹ der Philosophiegeschichte zu sprechen, bei denen die Arbeit mit der ›Wahrheitshypothese‹ besonders fruchtbar zu sein pflegt. Hier liegt eine Vermischung von prüfendem und bewertendem Verfahren vor. Außerdem unterläuft Wieland den Historismus, ohne weitere Argumente vorzubringen. Denn leicht ließe sich einwenden, daß es zwangsläufig zu groben Miß- und Fehlverständnissen kommt, wenn man gegenwärtige Rationalitätskriterien auf historische Positionen anwendet.
81 Vgl. Scholz, Oliver R., *Verstehen und Rationalität*, S. 190–238.

müssen, der wie eine Folie allen philosophischen Positionen zugrunde liege, verabsolutiert sich die verstehende Rationalität selbst. Der Differenzgewinn schließt die historische Position in eine Sphäre ein, in der die interpretierende Vernunft wirksam sein kann.[82] In dieser aneignenden Rationalität äußert sich zugleich die Kritik am Historismus, der in seiner Radikalität noch das bestätigt, was er eigentlich negiert.

Die Prüfung prüft die philosophischen Behauptungen und Argumente.[83] Sie erfüllt damit eine wichtige Aufgabe: Sie zeigt, daß das Historische Plausibilität besitzt. Sie prüft damit noch nicht sich selbst oder läßt sich durch das Geprüfte selbst prüfen.[84] Es mangelt dem geprüften Gedanken noch an Relevanz. Die Plausibilität eines Gedankens besteht in seiner Richtigkeit in einer *bestimmten Hinsicht*. Für die Prüfung des Gedankens ist die *bestimmte Hinsicht*, in welcher der Gedanke richtig ist oder nicht, von keiner großen Bedeutung. Die Prüfung ist ein konstruktiver Akt, in dem der Argumentation ein Vorschuß an Rationalität gewährt wird. Es bleibt außer Acht, daß jede Form von Rationalität in die Grenzen der jeweiligen Gegenwart eingeschlossen ist, mögen dies kontingente Grenzen sein, kulturelle, soziale oder gesellschaftliche. Die Prüfung der Plausibilität hat insbesondere noch den Mangel, daß die *bestimmte Hinsicht* gerade substantiell sein kann für die Relevanz eines philosophischen Gedankens. Analog verhält es sich mit der *Aneignung* des Vergangenen. Es spricht sich darin eine Selbstvergessenheit

---

82 Vgl. Schnädelbach, Herbert, »Zur Dialektik der historischen Vernunft«, in: *Wandel des Vernunftbegriffs*, S. 15–37.

83 Für W. Flach ist die Prüfung der wesentliche Modus der Philosophiegeschichte. Er formuliert seine Theorie zur Geschichtlichkeit der Philosophie auf dem Hintergrund eines ›universellen Skeptizismus‹, der das prüfende Verfahren aus der »prinzipiellen Geltungsdifferenz alles faktischen Wissens« ableitet. Selbstprüfung der Philosophie ist für Flach zugleich »Prüfung der gesamten Philosophiegeschichte.« (Flach, Werner, »Die Geschichtlichkeit der Philosophie«, S. 24) – Zweierlei ist dem entgegenzuhalten: Einerseits entspringt die Präferenz für den philosophiehistorischen Skeptizismus immer einer Metaperspektive, die sich einen Geltungsanspruch zuschreibt, der nicht selbst skeptisch betrachtet wird. Anderseits ist die Verwendung eines Totalitätsbegriffs – der der ›gesamten Philosophiegeschichte‹ – problematisch, und zwar unter anderem deshalb, weil man damit davon ausgeht, die Philosophiegeschichte sei als Ganze gegeben und nicht erst Resultat konstituierender Akte, z. B. dem einer Festlegung, was ein Ganzes ist, was zu dem Ganzen gehört, was es für einen historischen Prozeß bedeutet, ganz zu sein, welche Kriterien diesem Ganzen zugrunde liegen sollen usw. H. M. Baumgartner hält eine adäquate Universalgeschichte der Philosophie für »nicht nur undurchführbar, sondern auch logisch unmöglich«, dies aufgrund der immanenten Perspektivik alles historischen Philosophierens. (Baumgartner, Hans Michael, »Anspruch und Einlösbarkeit«, S. 58; vgl. ferner: ders., »Narrative Strukturen und Objektivität. Wahrheitskriterien im historischen Wissen«, in: *Historische Objektivität. Aufsätze zur Geschichtstheorie.* [Hg.] Rüsen, Jörn. Göttingen 1975, S. 48–67; insb. S. 54f.) Vgl. auch Kang, Jung-Min, *Philosophische Philosophiegeschichte*, S. 33.

84 Vgl. Mojsisch, Burkhard, *Meister Eckhart*, S. 1–4.

des hermeneutischen Verfahrens aus, das die verschiedenen Formen der Vernünftigkeit, wie sie sich in der Geschichte ausgeprägt haben, zugunsten der eigenen nivelliert.

7.7.3 Einordnen

Der Blick muß sich in zwei Perspektiven weiten: Einerseits muß die Naivität im Verhältnis zum geschichtlichen Objekt gebrochen werden. Die *bestimmte Hinsicht*, unter der eine Position plausibel ist, muß dezidiert angegeben werden. Hier öffnet sich die Beschränkung auf das Objekt hin zu einer historischen Situierung. Andererseits muß auch die subjektive Seite des Verstehensprozesses zu einer differenzierteren Analyse sowohl der eigenen konstitutiven Leistungen wie auch der Relevanz des untersuchten Gedankens kommen. Es muß von einer bestimmten Form der *Bewertung* die Rede sein, die nicht nur den Objektbezug favorisiert, sondern ebenso die Leistungsfähigkeit und Kompetenz kritisch durchleuchtet, eine Bewertung der hermeneutischen Relation.

Zunächst soll jetzt unter dem Leitbegriff des *Einordnens* die Situierung vergangenen Denkens untersucht werden. Hier ist die Sphäre des Geschichtlichen als Geschichtsschreibung im eigentlichen Sinne, denn neben die Grundbausteine von Interpretation und Transformation, die nur die formalen Bedingungen für das Verstehen bzw. Nicht-Verstehen eines vergangenen Gedankens bilden, tritt nun die Sukzession der Zeit als basaler Ordnungsfaktor. Die einfachste Form der Einordnung des vergangenen Denkens ist die Orientierung an der objektiven Ordnung der Zeit. Wie auch immer im einzelnen eine Situierung betrieben wird, sei diese streng entwicklungsgeschichtlich oder historisierend oder dekonstruierend, an dem Nacheinander oder der Gleichzeitigkeit der einzelnen Positionen wird sich nichts ändern lassen, – nur an der Bewertung dieses Nacheinanders oder dieser Gleichzeitigkeit. Das spricht für die Grundsätzlichkeit der Zeitordnung.

Durch die Einordnung in die Zeit ergibt sich ein erstes Schema, das die Verbindung der geprüften Darstellung zu einem komplexen Ganzen ermöglicht. Darüber hinaus ist es intuitiv zunächst einleuchtend, die Geschichte der Philosophie oder einer ihrer Formen oder Protagonisten am Leitfaden ihrer zeitlichen Ordnung zu erzählen. Singuläre Darstellungen mit ihren unterschiedlichen Plausibilitätsgraden verlieren ihre Partikularität und werden auf dem Hintergrund eines narrativen Geschehens zu Stationen auf einem Weg oder zu Handlungssträngen einer philosophischen Entwicklung.[85] Die

---

85 Für eine basale Funktion der Narrativität in bezug auf die geschichtliche Objektivität überhaupt votiert: Baumgartner, Hans Michael, Narrative Struktur und Objektivität, S. 56:

Einbindung in größere und komplexere Strukturen bedingt daher eine Überformung der einzelnen Elemente. Sie werden hingeordnet auf ein größeres Ganzes, zu dem sie sich verhalten wie ein Teil. Die bloße Ordnung der Zeit wird überlagert durch dominierende Aspekte, die dem partikularen Material einen Zusammenhang geben. Man denke an Hegels Großprojekt der Philosophiegeschichtsschreibung als System.

Darin verbirgt sich ein weiteres konstitutives Element, das nun nicht mehr nur auf dem kontingenten Bildungsgang eines einzelnen Interpreten beruht, sondern auf einer umfassenden bereits präformierten Wissenskultur. Innerhalb einer bestehenden, organisierten Geschichtsschreibung und ihren tradierten Ereignisströmen kann auch ein einzelner Gedanke in die Geschichte der Philosophie eingebettet werden. Dabei werden partikulare Gedankenrekonstruktionen in größere Zusammenhängen geordnet. Solche Organisationsstrukturen können etwa ›Schulen‹ sein, in denen eine bestimmte Form des Philosophierens ausgeprägt wird. Solche Strukturen entstammen häufig nicht der Forschungsarbeit einzelner Interpreten, sondern es ist umgekehrt: Der Interpret findet sie vor und muß sich für oder gegen das Schema entscheiden. Gegenwärtig geht die Tendenz etwa dahin, das Schema ›Schule‹ skeptisch zu betrachten, mit dem Hinweis, die Besonderheit des einzelnen Denkers einer ›Schule‹ könne nicht seiner Bedeutung entsprechend gewürdigt werden, wenn das Gesamtphänomen der ›Schule‹ im Mittelpunkt stehe. Ohnehin, das soll nur ein Nebengedanke sein zur Illustration des Gesagten, haben heute – im Gegensatz zum Ende des 19. Jahrhunderts – Großprojekte mit wissenschaftlichem Anspruch, z. B. eine Gesamtdarstellung der Ge-

---

»Objektiv-gegenständlich aber ist die so erzeugte geschichtliche Dimension nicht im vorliegenden Gegenstand selbst, sondern erst in jenem vermittelnden Medium, das ausgewählte Züge der Bestimmtheit des Gegenstandes auf die Folie der Vergangenheit projiziert und dadurch als eine gewordene Bestimmtheit interpretierend vergegenständlicht und präsent macht. Genau dieses Medium aber ist der in einem transzendentalen Interesse des endlichen Vernunftwesens Mensch gegründete Vorgang des Erzählens.« – Es ist aber fraglich, ob die von Baumgartner der Geschichte insgesamt zugrundegelegte Struktur der Narrativität auch zutreffend ist für die Philosophiegeschichte. Es gibt natürlich narrative Philosophiegeschichten, aber es scheint, daß nicht jedes Verhältnis der Philosophie zu ihrer Geschichte narrative Elemente enthält, Narrativität folglich keine notwendige Grundstruktur des Verhältnisses der Philosophie zu ihrer Geschichte bezeichnet. – Ohne Reflexion auf die Bedingungen des Kontinuitätsbegriffs verfährt dagegen: Holz, Hans Heinz, »Philosophiegeschichte als Konstituens systematischer Philosophie«, in: *Geschichtlichkeit der Philosophie. Theorie, Methodologie und Methode der Historiographie der Philosophie*. (Hg.) Sandkühler, Hans Jörg. (Philosophie und Geschichte der Wissenschaften. Studien und Quellen; 14) Frankfurt a. M. u. a. 1991, S. 193–210: »Jedem, der mit der Geschichte der Philosophie auch nur flüchtig vertraut ist, zeigen sich Problemstränge, die sich kontinuierlich durch die Zeiten ziehen und an denen sich die historisch verschiedenen Formulierungen eines und desselben Problems wie ebenso viele Knoten aneinanderreihen.« (S. 201) Dies genau ist es jedoch, was der Historismus massiv bestreitet, und was ungeprüft nicht vorausgesetzt werden dürfte.

schichte der Philosophie oder der Geschichte einer Epoche der Philosophie, keine Konjunktur. Dagegen stehen singuläre Problemstellungen, knappe Zeiträume, Bruchperioden, einzelne Ereignisse oder einzelne Philosophen im Mittelpunkt des Interesses.

In jedem Fall ist die Einordnung in einen größeren Zusammenhang eine konstitutive Leistung der Interpretation. Dabei ist die Bildung des Zusammenhangs nicht einer einzelnen Interpretation zuzuschreiben. Historische Zusammenhänge haben eine kulturelle Permanenz. Bei Grund-Folge-Beziehungen ist das eine triviale Aussage. Bei philosophischen Interpretationen kann das eine komplexe Zuschreibung sein mit weitreichenden Implikationen. Man denke z. B. an Einordnungen wie diese: mit Descartes habe die Neuzeit begonnen. Die Frage nach der Heuristik von Epocheneinteilungen und deren Valenz hebelt dabei nicht die kulturelle Permanenz aus, die den Epocheneinteilungen zukommt. Dabei ist es gar nicht wichtig, ob mit der Neuzeit tatsächlich eine neue Zeit beginnt, d. h. ein Bruch bzw. eine Brucherfahrung zugrunde liegt. Die Epocheneinteilung besitzt eine gewisse Selbständigkeit, und man mag sie im Einzelfall in Frage stellen, etwa wenn es um Descartes geht.

Darüber hinaus gibt es ein grundsätzliches Problem mit dem Beginnen. Sagt man: mit Descartes *beginnt* die Neuzeit, meint man nicht, daß Descartes die Neuzeit verursacht hat, sondern daß in seinem Werk etwas zum Ausdruck kommt, das die Neuzeit allgemein charakterisiert. Ein weniger globaler Blick zeigt indes, daß Descartes vor allem seiner Zeit und deren Problemen verhaftet war. Manches mutet eher ›mittelalterlich‹ an, manches weist voraus auf Diskussionen, die erst in den folgenden Generationen geführt werden. Aber das könnte, vorsichtig befragt, auch eine Sache des Hinblickens, Zu- und Einordnens sein.

Bei der Platon-Interpretation tritt das Problem des Zusammenhangs bereits auf einer sehr grundlegenden Ebene ein: Für die untersuchten Autoren stand die relative Chronologie der Texte noch nahezu vollständig zur Disposition: Die Unterschiedlichkeit, in der Zusammenhänge hergestellt werden, etwa durch Schleiermacher, verweisen auf die konstitutive Seite der Bildung von Kontexten. Diese Herausbildung eines Zusammenhangs war damals genau so wenig willkürlich, wie die der heutigen philologischen Untersuchung. Nur mußte Schleiermacher sich noch mit bloß subjektiven Gründen begnügen, während heute durch Wort- und Stiluntersuchungen zusätzlich noch objektive Kriterien zur Verfügung stehen, um den Zusammenhang einer relativen Chronologie herzustellen. Aber auch hier gilt, daß nicht jede Interpretation für sich einen solchen Zusammenhang herstellen muß, sondern daß er in den anerkannten Besitz der Philosophiegeschichte übergegangen ist, so daß wir (heute) wissen, welche Dialoge Platons gemeint sind, wenn von seiner Spätphilosophie die Rede ist, auch dann, wenn im

Einzelfall – z. B. einer speziellen Interpretation – eine nochmalige Revision für nötig befunden werden kann.

Einordnen als konstitutive interpretierende Tätigkeit geschieht in unterschiedlichen Formen je nach Fragestellung und Forschungsbedarf, aber auch persönlicher Neigung und Kompetenz des Interpreten. Zwei große Formen lassen sich nach der Art der einordnenden Tätigkeit unterscheiden. Sie sollen hier als *Kontextuieren* und *Historisieren* gekennzeichnet werden. Das Kontextuieren stellt einen Text oder eine Gruppe von Texten in den Zusammenhang mit anderen Texten. Hier können genannt werden:

- das Gesamtwerk eines Autors; die Basis bildet hier die Gesamtausgabe der Texte eines Autors, eine textkritische Edition als Möglichkeitsbedingung eines solchen Zusammenhangs, ferner die Chronologie, ggf. die Übersetzung usw.;[86]
- das Umfeld eines Textcorpus; hierher gehören Briefeditionen, Materialsammlungen, Biographien als Möglichkeitsbedingungen eines solchen Zusammenhangs, aber auch Überlieferungszusammenhänge, Dokumentation von Textredaktionen;
- die Konstellation; Grundlage ist hier die Beziehung zu anderen komplexen Textgruppen anderer Autoren auf dem Hintergrund biographischer Zuordnung. Es wird ein Gesamtbild eines Text- oder Denkzusammenhangs rekonstruiert.
- die Intertextualität; hierher gehören als Grundbedingung: der Nachweis

---

86 Vgl. zur Diskussion um den Sinn philosophischer Editionen: Lübbe, Hermann, »Philosophische Editionen – kulturpolitisch von hohem Rang, wissenschaftspolitisch ohne Präferenz«, in: *Wirtschaft und Wissenschaft* 24 (1976), H. 2, S. 2–6; Wiemer, Thomas,« Der verlorene Glorienschein: Editionsförderung außerhalb der Akademien der Wissenschaften«, in: *Philologie und Philosophie. Beiträge der VII. Internationalen Fachtagung der Arbeitsgemeinschaft philosophischer Editionen.* (Hg.) Senger, Gerhard. Tübingen 1998, S. 26–31; Poser, Hans, »Editionen – Dinosaurier der Philosophie?«, in: *Philosophische Rundschau* 47 (2000), S. 113–123; Sandkühler, Hans Jörg, »F. W. J. Schellings Philosophische Entwürfe und Tagebücher – Ein *Werk im Werden.* Theoretische, methodologische und hermeneutische Probleme«, in: *Philologie und Philosophie. Beiträge der VII. Internationalen Fachtagung der Arbeitsgemeinschaft philosophischer Editionen.* (Hg.) Senger, Gerhard. Tübingen 1998, S. 98–110. Ferner sei verwiesen auf die Bibliographie: Senger, Hans Gerhard, »Bibliographie 1973–1998. Veröffentlichungen der AGphE [Arbeitsgemeinschaft der Philosophischen Editionen; Ch. A.] und aus ihrer Arbeit hervorgegangener Werke«, in: *Beiträge zur VII. Internationalen Fachtagung der Arbeitsgemeinschaft philosophischer Editionen* (12.–14. März 1997 München). (Hg.) Senger, Hans Gerhard. Tübingen 1998, S. 235–243. – Zum Verhältnis der Philosophie zur Philologie vgl.: Gadamer, Hans-Georg, »Philosophie und Philologie. Über Ulrich von Wilamowitz-Moellendorff«, in: ders., *Gesammelte Werke Bd. 6: Griechische Philosophie II*, Tübingen 1985, S. 271–277; Scholtz, Gunter, »Gibt es eine innere Einheit von Philologie und Philosophie?«, in: *Beiträge zur VII. Internationalen Fachtagung der Arbeitsgemeinschaft philosophischer Editionen* (12.–14. März 1997 München). (Hg.) Senger, Hans Gerhard. Tübingen 1998, S. 58–70.

impliziter und expliziter Zitate, Kommentierungen, Schulzugehörigkeit, Rekonstruktion der Lektüre, immanente Verweise, Entwicklung der literarischen Gattung usw.

Während zum Kontext des Gesamtwerks noch ein klarer Bestand an Texten zu zählen ist, wird das Material über das Umfeld und die Konstellation bis hin zur Intertextualität immer reichhaltiger und zugleich unbestimmter: Die objektive Seite der konstitutiven Herstellung eines Zusammenhangs nimmt ab, der subjektive Anteil nimmt zu, damit auch die Notwendigkeit einer methodologischen Begründung. Was für Texte oder welche Autoren beispielsweise zu einer Konstellation gehören, ist nicht unmittelbar und eindeutig durch einen objektiven Befund zu klären. Es bedarf umfänglicher Recherchen und es bleiben – notgedrungen – Hypothesen, Unsicherheiten, bloße Wahrscheinlichkeiten. Vollends deutlich wird dies, wenn man für eine Konstellation kein historisches Fundament, sondern eine sachliche Zugehörigkeit wählt. Dann ist der Zusammenhang systematisch in das Material implementiert worden, und es kann nur ein vordergründiges Mißverständnis sein, wenn die sachliche Zusammengehörigkeit den Texten selbst zugewiesen wird.

Alle aufgezählten Leistungen sind Leistungen der Kontextuierung, die sich auf den Text, d. h. auf einen objektiven Bestand richten. Die Objektivität und Quasi-Dinglichkeit (z. B. einer in Leinen oder Leder gebundenen Textedition) der Resultate kann bisweilen verdecken, wie viele dieser Leistungen auf konstituierenden Akten basieren, die oft gar nicht von einzelnen Interpreten, sondern von einer über Generationen währenden Forschungs- und Denkanstrengung getragen werden. Deutlicher als bei diesen affirmativen und positiv fixierten Zusammenhängen wird das bei negativen Zusammenhängen, bei Fehlendem, Lücken, Verlorenem, Zusammenhanglosem. Soll dieses als solches festgehalten und ertragen werden, ist es notwendig, das Fehlende als Fehlendes zu erhalten. Leere Stellen im Kontext oder die Kontextlosigkeit von Texten muß durch eine interpretierende Anstrengung bestätigt werden. Dazu gehört als Möglichkeitsbedingung das Nicht-Verstehen, das sich als Nicht-Verstehen versteht.

Das Fehlende ist dabei in verschiedenen Graden relevant. Für antike und mittelalterliche Denker gilt sicherlich, daß die gravierendste Form einer Leerstelle das Fehlen des Textes selbst ist. Dabei ist es nachgerade ein Glücksfall, wenn man weiß, daß ein Text fehlt, daß man weiß, was für ein Text fehlt, oder noch besser, was der fehlende Text enthalten haben könnte. Seit Erfindung des Buchdrucks sind die verschwundenen Bücher seltener geworden. Aber das Fehlende bleibt gleichwohl eine mächtige Instanz: projektierte Bücher, deren Manuskripte verloren gingen, Pläne zu Schriften, die nie geschrieben wurden, Bücher, von denen nur der Entwurf übrig ist, ver-

lorene Briefe, auf die wir Antworten oder Reaktionen besitzen, Zusammenhänge von Autoren, die möglich und vielleicht wahrscheinlich, aber historisch nicht zu belegen sind, Lektüreerfahrungen, über die nur gemutmaßt
werden kann.

Es muß also der Liste möglicher Kontextuierungen eine parallele Aufzählung fehlender Kontexte an die Seite gestellt werden. Und wie in der ersten
Aufzählung nimmt der Bereich des fehlenden Materials der Menge nach zu:
– verlorene Werke eines Autors; die Schrift hat vorgelegen, ist aber – aus
  welchen Gründen auch immer – nicht mehr erhalten. Im Gesamtwerk des
  Autors bleibt eine Lücke;
– im Umfeld des Autors gibt es fehlende Materialien, etwa Briefe, Urkunden,
  fehlende Nachrichten über Lebensabschnitte, lückenhafte Überlieferungszusammenhänge; Textredaktionen, deren Ursprung unklar bleibt;
– lückenhafte Konstellationen; Beziehung zu anderen komplexen Textgruppen anderer Autoren können nicht verifiziert werden oder sind gänzlich
  unbekannt. Das Gesamtbild eines Denkzusammenhangs kann nicht rekonstruiert werden, so daß sich das Vorhandene nicht als Bruchstück eines
  größeren Ganzen verstehen läßt.
– Zusammenhänge mit bestimmten Texten oder Textgruppen werden nicht
  gebildet. In jeder intertextuellen Betrachtung bleiben daher unzählige mögliche Zusammenhänge unberücksichtigt.

Die Bedeutung fehlender Kontexte für die Interpretation und Nachkonstruk-
tion philosophischer Texte wird hier besonders deutlich. Es ist eine konstitutive Leistung der Interpretation, Lücken, Fehlendes und Verschollenes
vom Zugriff des Interpretierens frei zu halten. Das Fehlende kann nicht in
Anspruch genommen werden, darf aber nicht zur bloßen Projektionsfläche
der Interpretation werden: Es bedarf einer aktiven und konstitutiven Aufrechterhaltung dieser Leerstelle.

Zugleich ist damit ein weiterer Distanzgewinn verbunden. Das Kontextuieren bietet zunächst überhaupt eine Objektivierung des dargestellten und geprüften Gedankens. Die Weise vergangenen Denkens, nicht unabhängig zu
sein von Texten, gleichwohl nicht mit dem Text identisch zu sein, gibt den
Gedanken eine objektivierbare, quasi-materielle Seite: ihre Geschichte als
Text. Dabei sind Text und Gedanke nur zwei Seiten einer Medaille. Die Text-
geschichte objektiviert die Gedankengeschichte. Der Zusammenhang zweier
Texte kann untersucht werden, ohne daß dabei ein philosophischer Gedanke
gedacht oder nachgedacht wird. Der Zusammenhang kann hergestellt werden,
ohne daß ein Argument dargestellt oder geprüft worden wäre. Insofern ist das
Kontextuieren im philosophischen Sinn nur möglich, wenn Prüfung und Darstellung hinzutreten. Dann führt die Kontextuierung aber zu einer weiteren
Distanzierung vom Interpreten. Die Verschränkung des Textes mit anderen läßt

seine vergängliche Seite aufscheinen. Die gewonnene Distanz bewahrt den philosophischen Text dennoch als philosophischen auf, denn er trägt Identifikation und Plausibilität noch mit sich. Darin liegt insbesondere die Bedeutung der verstehenskritischen Seite der Interpretation.

Die andere Form des Einordnens ist das Historisieren, worunter hier insbesondere dies gemeint ist, daß der philosophische Gedanke nicht nur in die Geschichte von Texten, sondern ebenso in den Rahmen der weiteren geschichtswissenschaftlichen Disziplinen eingestellt werden kann, z. B. in die Herrschafts- und Machtgeschichte, die politische Geschichte, Sozialgeschichte, Kulturgeschichte, Mentalitätsgeschichte, Mediengeschichte, Theologiegeschichte, Philosophiegeschichte, insbesondere Begriffsgeschichte,[87] Problemgeschichte, Systemgeschichte usw. Die Kontextuierung bildet die Basis für eine solche Einordnung. Hier ist es zunächst nicht von Interesse, welche Ausrichtung eine solche Einordnung nehmen kann. Tatsächlich hängt dies wesentlich von den Überlegungen und Überzeugungen des Interpreten ab. Es kann hier sowohl zu einer Kontinuitätsgeschichte im Sinne einer narrativen Philosophiegeschichtsschreibung kommen wie zu einer Dekonstruktion, die mit Mitteln der Sozial- und Kulturgeschichte oder der Psychoanalyse geführt werden kann. Ob hier Zusammenhänge naiv vorgeführt werden, etwa nach Maßgabe einer einfachen Grund-Folge-Beziehung, oder ebenso naiv Brucherfahrungen konstatiert werden; es liegt in jedem dieser Fälle eine konstitutive Handlung des Interpreten oder einer interpretierenden Instanz vor, die in einer methodologischen oder meta-methodologischen Betrachtung aufgewiesen werden kann.

Das Historisieren kann bis zur völligen Neutralität getrieben werden. Die Philosophiegeschichte wird dann begriffen als Pendant der systematischen Philosophie, als ihr Gegenstück und ihre Zuarbeiterin. Um ihre Arbeit gut durchzuführen, enthält sie sich einer systematischen Prädetermination. Sie hält sich frei vom ideologischen Richtungsstreit, sie liefert wertfreie Informationen, allerdings in verwertbarer Münze. Es spiegelt sich darin der Wunsch nach einer Verwissenschaftlichung und Objektivierung der Philosophiegeschichte.[88] Unter diesem leitenden Gesichtspunkt hätten die enga-

---

87 Vgl. Röttgers, Kurt, »Philosophische Begriffsgeschichte«, in: *Geschichtlichkeit der Philosophie. Theorie, Methodologie und Methode der Historiographie der Philosophie.* (Hg.) Sandkühler, Hans Jörg. (Philosophie und Geschichte der Wissenschaften. Studien und Quellen; 14) Frankfurt a. M. u. a. 1991, S. 97–112.

88 Vgl. Krämer, Hans, »Funktions- und Reflexionsmöglichkeiten der Philosophiehistorie«, S. 84: »Aus diesen Gründen erscheint es angezeigt, den Aufgabenkreis der Philosophiehistorie so weit wie möglich zu *formalisieren* und auf eine nichtthetische Minimalbasis zu reduzieren, die sich sachlich und methodisch zur Gesamtheit philosophischer Möglichkeiten nicht dominant und exklusiv, sondern inkludierend verhält. (...) So korrespondiert sie grundsätzlich nicht einer bestimmten systematischen Instanz, sondern der *Instanzialität* von systematischer

gierten Platon-Interpretationen von Fichte bis Schopenhauer allerdings nicht
geschrieben werden können.

Kontextuierung und Historisierung bilden parallele Handlungen. Sie dienen der Objektivierung des dargestellten und geprüften Gedankens, und sie
führen zu einer Distanzierung vom Gedachten. Es ist im wesentlichen der
Leitfaden der vergangenen Zeit, die Chronologie der Ereignisse und das
Nacheinander der Denker, welche die Struktur beider Handlungen bestimmen. Dabei kann es innerhalb der Parallelisierungen zu größeren Formen
und auch zu zeitübergreifenden Kontextbildungen kommen samt den ihnen
korrelierten fehlenden oder ausbleibenden Kontexten.

7.7.4 Bewerten

Bewertungen gehören zum schwierigsten Geschäft der Interpretation. Bewertungen sind notwendig. Sie schließen den Prozeß der Gewinnung des
Interpretationsgegenstandes ab. In aller Distanz zu dem Gedanken, den der
nachdenkende Interpret hat, und die den Gedanken zu einem anderen Gedanken, zu dem Gedanken eines Anderen und zu dem Gedanken einer anderen Zeit macht, muß der Interpret sich doch zu ihm verhalten. Er kann sich
zu ihm als einem ewig gegenwärtigen verhalten. So machte es Fichte, als er
sich der Gedanken Platons bediente und sie als seine eigenen identifizierte.
Damit aber ist alle Distanzierung aufgehoben. Es handelt sich dann um eine
unmittelbare Transformation und nicht mehr um eine Interpretation, welche
zumindest eine interne Differenz von Interpretierendem und Interpretiertem
voraussetzt.

Bewertungen gehören aber auch zum anfechtbarsten Geschäft der Interpretation. Hier fließen Voraussetzungen ein, die nicht ausgewiesen sind, ja,
in vielen Fällen gar nicht ausgewiesen werden können. Es handelt sich um
alltägliches Vorwissen, das in die Bewertung von Gedanken und Texten unausgesprochen einfließt. Es handelt sich um Ideologien und Ideologismen.
Es handelt sich um kulturelle oder religiöse Präformierungen, die im Einzelfall unausgesprochen bleiben oder unausgesprochen bleiben müssen. Andererseits gibt es deutlich formulierte Bewertungsmaßstäbe: Sie lassen einzelne Gedanken, Gedankengebäude oder die ganze Philosophiegeschichte
teils als Aufklärungsprozeß, teils als Verfallsgeschichte erscheinen. Es sind
Geschichten der Unterdrückung und allmählichen Befreiung, Geschichten

---

Philosophie überhaupt.« Ähnlich: ders., »Grundsätzliches zur Kooperation zwischen historischen und systematischen Wissenschaften«, in: *Zeitschrift für philosophische Forschung* 32
(1978), S. 321–344. – Vgl. gegen die These von der Wertfreiheit der Philosophiegeschichte:
Kang, Jung-Min, *Philosophische Philosophiegeschichte*, S. 31.

des Zu-sich-selbst-Kommens einer sozialen Klasse, einer Nation, eines Standes oder gerade dessen Kritik.[89]

Die alte Philosophiegeschichtsschreibung hatte es leicht: Vergleichbar einer motivgeschichtlich verfahrenden Literaturwissenschaft konzentrierte sie sich auf den Gedanken und seine Wiederkehr, als sei nur die Variation, die Korrektur, nicht aber die Innovation die zentrale Form philosophischen Prozedierens. Aber Variation und Innovation sind gleichfalls Kriterien, die einen *Zusammenhang* erzeugen, Produkte deshalb eines interpretierenden Vorgehens. Es hängt von der Perspektive des Interpreten ab, ob er die späte Gattungslehre Platons, wie er sie im *Sophistes* ausführt, für eine Variation der klassischen Ideenlehre hält oder für eine innovative Leistung des späten Platon; es hängt von der Perspektive ab heißt aber nicht: es sei gleichgültig oder etwa *für ihn* gleichgültig. Im Gegenteil: Weil der Interpret die konstitutiven Kriterien von Variation und Innovation durchschaut als seine eigenen konstitutiven Leistungen, können sie ihm gerade nicht gleichgültig sein. Diese Formen von Bewertung sind es, die ihn mit dem Gedanken und mit dem Text verbinden, obwohl sie ihm durch die Prozesse von Darstellung, Prüfung und Einordnung von ihm selbst, seiner Deutung und seiner Bewertung distanziert erscheinen.

Das Bewerten ist ein systematisches Geschehen. Dies gilt auch dann, wenn es einem vorphilosophischen Verständnis entspringt. In jedem Fall verknüpft eine Bewertung den Gedanken, den sie bewertet, mit einer eigenen, vom Bewerteten verschiedenen Perspektive. Wenn diese sich zudem noch philosophisch ausweist, ist eine systematische Interpretation in philosophischer Hinsicht erreicht. Dazu ist es aber notwendig, daß die Interpre-

---

89 Hierher gehört auch die Kategorie des Fortschritts und ihrer Kritik. Diskutiert wird vor allem die Frage nach einem Kriterium, an dem gemessen die Philosophie fortschreitet, an dem gemessen die Geschichte der Philosophie eine Bewertung erfahren könnte. Hierher gehört auch eine bestimmte Form des historischen Relativismus, der Fortschritt immer einer Perspektive zuordnet: »Wenn sich nur von einem bestimmten Standpunkt aus von Fortschritt reden läßt und wenn keine philosophische Position als absolut wahr erwiesen werden kann, wird das Deutungsmodell von Fortschritt und Rückschritt unweigerlich relativiert.« (Röd, Wolfgang, »Fortschritt und Rückschritt in der Philosophiehistorie«, in: *Veritas filia temporis? Philosophiehistorie zwischen Wahrheit und Geschichte.* (Hg.) Puster, W. Berlin/New York 1995, S. 31–43; hier S. 41) Röd führt einige nicht-relative Fälle von philosophiehistorischem Fortschritt an, nämlich:
– Eliminierung von Widersprüchen;
– Konsequenz in der Entwicklung von Ansätzen;
– Autonomie der Philosophie von anderen Fächern;
– transzendentalphilosophischer Begründungsstandard.
Vgl. auch: Oeing-Hanhoff, Ludger, »Über den Fortschritt der Philosophie. Geschichte und Stand des Problems«, in: *Die Philosophie und die Frage nach dem Fortschritt.* (Hg.) Kuhn, Helmut – Wiedmann, Franz. München 1964, S. 73–106.

tation sich explizit in Gegensatz setzt zum Interpretierten, das dadurch als
ein unabhängiger Gedanke erscheint, dessen Unabhängigkeit so weit geht,
die Interpretation selbst in Frage zu stellen. So ist nicht nur die Korrektur
des nachgedachten Gedankens, sondern auch des Denkens selbst durch das
Nachgedachte eine mögliche Folge wertender Deutung. Zuwendung zu vergangenem Denken ist Hinwendung zum eigenen Denken. Das Denken kehrt
nicht nur zurück zu den eigenen Wurzeln, die es durch konstitutive Akte
freilegt, es konstituiert auch seine Herkunft und vermittelst dieser sich
selbst. So erkennt etwa Schopenhauer in Platon einen Vorläufer seiner Metaphysik des Willens, einen Platon allerdings, den er selbst erst durch seine
Interpretation hervorgebracht hat.

Die Modi des Bewertens sind vielfältig. In normativer Sicht ist es dabei
wichtig, daß die Bewertungen als Bewertungen durchschaut werden. Der
mit den Bewertungen zusammenhängende Distanzgewinn kann nur zu Tage
treten, wenn Aufgabe, Anspruch und Ziel klar formuliert sind. Die Gegenständlichkeit eines Gedankens und damit die Möglichkeit, ihn nicht nur immanent zu kritisieren, sondern explizit, hängt mit der Bewußtheit eigenen
Wertens zusammen. Darin steckt mehr als nur eine Zuweisung von Kompetenz an den Interpreten. Er kann nicht nur werten, sondern er soll es auch.
Die bloß immanente Auseinandersetzung durch *Darstellen* und *Prüfen* sowie die bloß externe *Einordnung* vermögen nicht, ein systematisches Interesse an den zugrundeliegenden Texten zu dokumentieren. Unter den Vorzeichen scheinbarer Wissenschaftlichkeit kann eine philosophische Interpretation über eine einordnende Beschreibung nicht hinausgehen wollen,
verfehlte damit aber seinen Gegenstand, für den es konstitutiv ist, daß der
Nachdenkende sich zu ihm verhält – sei es affirmativ oder negativ. Gerade
die negative Seite ist dabei besonders fruchtbar: Die Unterscheidung, die das
nachdenkende Denken vom nachgedachten Gedanken unterscheidet, unterscheidet auch die nachgedachten Gedanken untereinander, dies im Hinblick
auf eine mögliche Bewertung und eine Einordnung im Horizont dieser Bewertung.

7.8 Transformation

Der Interpretation entspricht die Transformation. War die Interpretation
durch einen Zuwachs an Distanz und an der Konstitution eines Gegenstandes charakterisiert, verliert die Transformation die Distanz wieder. Der Ge-
genstandscharakter verliert sich. Der Distanzgewinn verwandelt sich in Distanzverlust. Das, was zunächst als Fremdes erscheint, verwandelt sich ins
Eigene. Diese Anverwandlung ist nur möglich, weil das Objekt der Interpretation in besonderer Weise konstituiert ist. Es ist ein Gedanke, nach Hegel

eigentümlichkeitslos, ein Gedanke, der weder einen Eigentümer hat noch eine individuelle Eigenschaft ausdrückt. Dies ist das Element des Allgemeinen am Gedanken, der aufgrund seines Geltungsanspruchs nicht der bloßen Privatheit entsprechen darf.

Eine Transformation ist kein Irrtum und auch keine fehlverstandene Interpretation. Die Transformation ist ein Prozeß, der durch die Zirkularität des historischen im und für das philosophische Denken notwendig entsteht. Das Vergangene wird nicht nur durch die deutende Praxis als vergangenes Denken hervorgebracht und erhalten, es ist auch als Herkommen und Tradition Bedingung für eine eigene philosophische Bildung. Natürlich tendiert die Transformation zu einer Verschmelzung mit ihrem Objekt. In ihrer vollständigen Ausprägung ist das Objekt völlig eingegangen in den eigenen Horizont des philosophischen Denkens. Es ist nicht mehr zu unterscheiden von den eigenen Gedanken.

Darin liegt ein Problem für die historische Seite der Philosophie. Sie sieht darin eine Gefahr, die Gefahr nämlich, daß die notwendigen Unterschiede zwischen der systematischen Fragestellung und dem geschichtlichen vergangenen Denken nicht mehr klar gezogen werden könnten. Sie beklagt einen Verlust an Differenzierungen, damit einen Verlust der Vielfältigkeit des Denkens. Sie moniert einen Mangel an Reflexion auf das eigene Tun, so daß letztlich die Mehrdimensionalität, die das Historische charakterisiert, zugunsten einer oberflächlichen Vermischung nivelliert werde.

Dabei übersieht diese historische Ambition, daß die Transformation eine unabdingbare systematische Funktion des historischen Verhältnisses ausmacht. Möchte man sich in diesen Kategorien ausdrücken, so ist die Transformation das phänomenologisch *ursprüngliche* Verhältnis zum Vergangenen überhaupt. Es ist durch eine rigorose Pragmatik bestimmt: Das Vergangene wird für die Gegenwart verbraucht, die sich erneut in eine Vergangenheit verwandelt, von der die nächste Zukunft zehrt. Die Wehmut über das vergangene Vergangene und der Affekt dagegen, die Restauration und die Sentimentalität, wirken wie eine schleichende Krankheit. Die Transformation hat alle Vitalität für sich, und die Opposition gegen den Wandel, der das Alte verzehrt, ist Hege und Pflege einer Nekrose.

Darin läßt sich eine Umkehrung der Beweislast erkennen. Nicht die Transformation als die ursprüngliche Form des historischen Verhältnisses, sondern die Aufrechterhaltung der interpretatorischen Distanz bedarf einer eigenen begründenden Rechtfertigung. Diese kann nur in der konstitutiven Form eines sich selbst rechtfertigenden Denkens gegeben werden. Die Rückwendung zum vergangenen Denken kann nur aus der Aktualität eines selbstbezüglichen Denkens und nur um dieses selbstbezüglichen Denkens willen begründet werden. Restauration und Sentimentalität sind daher keine Elemente des Selbstverständigungsprozesses. Allein daraus folgt, daß die

Transformation nicht nur legitim, sondern zugleich systematisch zwingend ist.

Auch die Transformation kennt Stufen eines idealtypischen, genealogisch anzugebenden Prozesses, charakterisiert durch den Verlust von Distanz. In der Terminologie dieses begrifflich rekonstruktiven Entwurfs kann Distanzverlust auch als Wiedergewinn von Nähe beschrieben werden, wie sie am Anfang des Interpretationsgeschehens vorausgesetzt wurde. Es sind:
– Projizieren;
– Dekontextuieren;
– Implementieren;
– Identifizieren.

7.8.1 Projiziieren

In der Projektion findet sich wohl die landläufigste Art und Weise transformierender Handlung. Die Distanz zum Objekt bleibt erhalten, jedoch wird – unbewußt oder reflexiv eingeholt – Eigenes auf das Objekt übertragen. Daß sich darin eine grundlegende Verfahrensweise findet, bestätigt der Befund, daß alle untersuchten Platon-Interpretationen projizierende Elemente enthielten. Wenn Schelling in der Terminologie der Kantischen Vernunftkritiken eine Rekonstruktion des Platonischen *Timaios* versucht, ist dies unschwer als Projektion zeitgenössischer Theorie- und Rationalitätsbestände auf eine fremde, durch 2000 Jahre Geschichte getrennte Epoche zu begreifen. Ähnlich liegt der Fall bei Schopenhauer: Er ist der Auffassung, daß sich bei Platon ein Stück unmittelbarer, weil unverstellter Wahrheit finden läßt, was sich näher besehen als eine dem 19. Jahrhundert, vor allem den restaurativen Jahrzehnten durchaus angemessene Konstruktion herausstellt. Sie setzt aber voraus, daß das Ursprüngliche wahrer ist als die durch einen langen Verfallsprozeß hervorgebrachte Kultur der Gegenwart – eine undurchschaute Voraussetzung, die noch Heideggers Beschäftigung mit der Geschichte zu einer bloßen Selbstbespiegelung macht, so daß sie für einen historisch argumentierenden Philosophen ganz unersprießlich bleibt.

Es zeigen sich darin aber zwei verschiedene Elemente, die es verdienen, auseinandergehalten zu werden. Im Falle Schellings geht es offensichtlich um den Versuch, die Platonische Kosmologie einsichtig zu machen, den unübersichtlichen Text Platons für eine gegenwärtige Fragestellung aufzuschließen. Mit einem Wort: Schelling strebt einen Prozeß der Dekodierung an mit den Mitteln, die ihm zur Verfügung stehen.[90] Das ist 1794 ein noch

---

90 Nach T. Gloyna geht es Schelling um die »Entschlüsselung der Botschaft Platons«. (Gloyna, Tanja, *Kosmos und System*, S. 176)

beschränktes theoretisches Arsenal, vornehmlich die Philosophie Kants. Damit ist die Widerständigkeit des Textes implizit akzeptiert. Weil sich der Text dagegen wehrt, verstanden zu werden, weil das unmittelbare Verständnis nicht möglich ist, muß ein vermittelter Prozeß einsetzen. Die projektiven Leistungen sind notwendig zur Dekodierung. Implizit erkennt der Autor damit an, daß der Gegenstand nicht vollständig in seiner Verfügung liegt. Die Gedanken Platons werden in ihrer Fremdheit und Hermetik wahrgenommen; es wird für sie Fremdheit reklamiert, die erst in einem weiteren Schritt, nämlich einer Projektion des rationalen Argumentationsstandards in einem zeitgenössischen Kontext aufgelöst wird. Daher bleibt ein Moment des Diskontinuierlichen in der Projektion erhalten.

Schopenhauers projektives Verfahren läßt dagegen wenig von der negativen Seite des Verstehens erahnen. Bei ihm geht ein erworbenes Vorwissen unmittelbar in das Verständnis der Platonischen Texte über, ohne daß das Objekt selbst eine Hemmung des Verstehensprozesses hervorriefe. Das Material bietet für Schopenhauers Verstehensleistung keinen Widerstand. Es bedarf daher keiner Dekodierung. Vielmehr wird Platon zum Kronzeugen für die eigene Position. Platon hat schon immer das gesagt, was er, Schopenhauer, selbst zu sagen hat. Damit erhält die eigene Position einen guten Leumund. Schopenhauer erkennt in Platon einzig die eigene Philosophie wieder. Die Fremdheit der Texte tritt nicht in den Fokus der Aufmerksamkeit. Es handelt sich dabei um eine unmittelbare Projektion, für welche die Texte Platons nur die Fläche bieten, um ein systematisches Gedankengebäude zur Erscheinung zu bringen. Dabei unterminiert Schopenhauer die Trennung von Eigenem und Fremden nicht. Es ist wichtig für ihn, daß diese Differenz – zumindest formal – erhalten bleibt. Die Glaubwürdigkeit des Zeugen nimmt ab, wenn sich herausstellt, daß er nur ein Sprachrohr ist.

Eine besondere Stellung nimmt die Hegelsche Form der Projektion ein. Sie zeigt nämlich, daß die Projektion auch ein reflektiertes und begründetes Verfahren sein kann. Die Projektion unterläuft dem Autor nicht unwissentlich, sondern sie kann von ihm bewußt und argumentativ gerechtfertigt eingesetzt werden. Hegels Überlegungen begründen ein un- und überzeitliches Zu-sich-selbst-Kommen als Universalstruktur aller geistigen Prozesse. Die Geschichte, die Philosophiegeschichte insbesondere, ist davon nur ein bestimmter Ausschnitt. Projektion ist bei Hegel nichts anderes als die allgemeingültige Verfahrensweise des Geistes, sich in seinem Anderen wiederzuerkennen. In der Philosophie der Philosophiegeschichte kann er deshalb aufzeigen, daß der Geist in der Geschichte sich selbst findet, auf die Art und Weise, wie er sich hervorbringt. Die Philosophiegeschichte ist die Geschichte der Selbsthervorbringung des Geistes. Und in der Hegelschen Perspektive ist es gleichbedeutend, ob der Geist seine eigene Entstehung nachkonstruiert oder ob er seine ursprüngliche Konstruktion in das Vergangene projiziert:

Er ist immer bei sich selbst, auch dann, wenn er sich in die Tiefe der Geschichte versenkt.

Das projizierende Verfahren der Transformation kann deshalb verschiedene Elemente enthalten, je nachdem ob man das fokussiert, was projiziert wird, oder das Ziel, dem die Projektion dient: Was den Gehalt des Projizierten betrifft, so erfüllt es ein Spektrum von einfachen Suppositionen, die für Verstehensprozesse überhaupt gelten, bis hin zu komplexen Vorurteilsstrukturen. Hierzu gehört der Export von Rationalitätskonstrukten in die Philosophie Platons genauso wie die hemmungslose Vereinnahmung des fremden Textes für die eigene Philosophie, wenn noch die Differenz aufrechterhalten wird, die das Fremde historisch sein läßt. Was das Ziel der Projektion betrifft, so kann es darin bestehen, einen fremden Text verständlich zu machen; es kann darin bestehen, ihn für ein gegenwärtiges Verständnis zu öffnen; es kann auch in einem apologetischen Interesse bestehen oder in einer vollständigen Vereinnahmung für ein systematisches Projekt.

Die Projektion ist ein notwendiges Element im produktiven Durchdenken des vergangenen Gedachten. Die Projektion exportiert in reflektierter oder unreflektierter Weise Eigenes in das Fremde, wobei die Distanz zum historischen Objekt formal erhalten bleibt. Die durchschaute Projektion erhöht dabei scheinbar den Standpunkt der Analyse und vermittelt den Eindruck eines überlegeneren oder überlegteren Verständnisses. Zu erkennen, daß einer Interpretation eine unbewußte Projektion zugrunde liegt, ist die schale Freude der Spätgeborenen. Entlarvungsgeschichten ohne erkennbare systematische Stoßrichtung sind langweilige Produkte einer vergreisten Interpretationskultur, deren Uninteressiertheit in den Zynismus übergeht. Zur Überheblichkeit ist indes kein Anlaß. Zwar ist es richtig, daß der Grad an methodischer Reflexion die Zuverlässigkeit der Resultate und ihre Valenz bestimmen kann. Das ist aber keine Gewähr für die systematische Relevanz oder auch nur für die kreative Lösung, die eine Interpretation bieten kann. Projektionen zu durchschauen ist wichtig, sie zu vermeiden unmöglich.

7.8.2 Dekontextuieren

Ein zentraler Vorwurf aller historistischen Philosophiegeschichtsschreibung richtet sich gegen die unstatthafte Aktualisierung, die nur auf Kosten einer Abstraktion vom ursprünglichen Kontext zustande komme. Das Argument läßt sich so formulieren: Die Aktualisierung eines Autors könne nur durch eine Dekontextuierung geschehen. Dabei werde eine bestimmte Schrift, ein Gedanke, ein Arbeitsgebiet aus dem Zusammenhang des Denkens und Lebens des Autors isoliert. Man verfahre so, als habe der Autor über eine par-

tikulare philosophische Auffassung verfügt, die sich von seinen übrigen philosophischen, politischen, religiösen, sozialen oder kulturellen Auffassungen und Überzeugungen abgrenzen ließe. Dieses – einzig aktualisierbare –
Bruchstück würde dann durch die Interpretation aus dem Zusammenhang
herauspräpariert und in einen neuen gegenwärtigen Zusammenhang hinein-
gestellt. Daß dies häufig in apologetischem Ton geschehe, müsse nicht notwendiger Weise mit der Dekontextuierung zusammengehen, markiere aber
doch häufig ein Indiz für ein wenig hilfreiches historisches Verfahren, dessen Berechtigung zweifelhaft sei. Das Bruchstück sei dann aber nicht mehr
verständlich, weil es seinen Sinn erst erhält in der Situierung in seinem historischen Umfeld und nicht auf eine gegenwärtige Fragestellung oder einen
gegenwärtigen Diskussionsstand antworte. Mit anderen Worten: Der Kritik
an der Aktualisierung von historischen Positionen liegt die Auffassung zugrunde, daß die Bedeutung eines Theorieelements in seiner Funktion bestehe, die es im Zusammenhang der Überzeugungen des Autors bzw. im Zusammenhang seiner Texte und theoretischen Sätze besitzt. Durch die Dekon-
textuicrung verliert das Theorieelement seine Bedeutung. Folglich ist die
»Steinbruch«-Methode, die sich in den letzten Jahrzehnten großer Beliebt-
heit erfreute, keine adäquate historische Vorgehensweise.[91]

Unabhängig von den Zielen muß die Argumentation auch für sich selbst
geprüft werden können. So mag man zwar der »Steinbruch«-Methode in
gewissen Spielarten skeptisch gegenüberstehen und auch dafür plädieren,
dem historischen Kontext größtmögliche Aufmerksamkeit zu schenken, und
kann doch der historistischen Argumentation nicht folgen. Das Problem liegt
bereits im Begriff des Kontextes. Eine radikal historistische Argumentation
muß den Kontext als gegeben voraussetzen. Er ist in dieser Position das
Ursprüngliche, das zwar uneinholbar, aber doch als Maßstab und Kriterium
die Folie für die historische Adäquation liefert. Der Kontext ist ein voraus-
gesetztes ursprünglich Ganzes, sei es auch nur ein Ganzes theoretischer Sätze, das in den Rekonstruktionen nur approximativ und ausschnitthaft anwesend sein kann. Es ist ein uneinholbares Gegebenes, eine historische Transzendenz oder zumindest eine Art regulative Idee, die den Imperativ erzeugt,
den Kontext so weit als möglich zu berücksichtigen. Hier liegen ›metaphysische‹ Voraussetzungen, die dem Relativismus und Perspektivismus einer
historistischen Position zuwiderlaufen.

---

91 So argumentiert beispielsweise Walter E. Ehrhardt. Er moniert ein mangelndes Metho-
denbewußtsein gerade auch der historisch verfahrenden Arbeit. Er kritisiert die »Steinbruch«-
Methode, bei der nach »willkürlichen Vorlieben« das Material aus dem geschichtlichen Material herausgebrochen werde. Dadurch entstehe – zum Nachteil beider – eine Überlagerung
von Philosophie und Philosophiegeschichte. (Ehrhardt, Walter E., *Philosophiegeschichte und
geschichtlicher Skeptizismus*, S. 24)

Der Kontext ist genauso wenig ›gegeben‹ wie ein Text oder ein Gedanke. Der Zusammenhang muß hergestellt *werden*, damit er hergestellt *ist*. Der Kontext ist nichts für sich Bestehendes, sondern ist nur für eine rekonstruierende Perspektive, die ihn erhält, akzeptiert oder bestreitet. Daß überhaupt ein Zusammenhang besteht, gehört zu den Möglichkeitsbedingungen einer Philosophiegeschichte. Ohne einen – wie auch immer gearteten Zusammenhang – wäre der Text, wäre der Gedanke nichts – und nichts für mich. Aber Text und Gedanke fallen bereits in einen Zusammenhang: Präformierte Debatten, Epochenschwellen, Realgeschichte, die Summe aufgespeicherten Wissens und Vorwissens bilden ein Netz, in dem das Zusammenhanglose erst als solches konstituiert werden müßte.

Wenn der radikale Historist von einem Kontext spricht, so meint er einen realen historischen Kontext, den Kontext der Zeit, mit ihren spezifischen Überzeugungen und rationalen, kulturellen, sprachlichen und sozialen Voreinstellungen. In der Reflexion zeigt sich dieser Zusammenhang als ein unter bestimmten Bedingungen hervorgebrachter, der nur in einem gewissen Fragehorizont Sinn macht. Aber es ist nicht der einzige Kontext. Es sind viele Kontexte möglich, und es kommt auf die Begründung und die Erweisabsicht an, die sich mit einem Kontext verbinden. Dabei ist der Kontext ein Ganzes, zu dem das Bruchstück sich wie ein Teil verhält. Was dieses Ganze im Einzelfall sein kann, ist zunächst unbestimmt und hängt vom Ziel ab, das eine historische Argumentation verfolgt. Für den Historisten besteht dieses Ganze, auf das hin der Teil auf seinen Kontext befragt wird, auch nicht aus einem monolithischen Block, sondern aus einer Vielzahl von Perspektiven, die sich wiederum in partikularen historischen Teildisziplinen niederschlagen.

Grundsätzlich lassen sich zwei verschiedene Formen unterscheiden, in denen eine Aktualisierung versucht werden könnte. Da ist zunächst die radikale Aktualisierung der »Steinbruch«-Methode. Ein Teil wird isoliert, aus dem Zusammenhang genommen und in einen neuen Kontext gestellt. Der Zusammenhang, in dem der Teil vorgefunden wurde, wird dabei gänzlich ausgeblendet. Es wird der Primat des Aktuellen gegen alle historischen Bedenken ausgespielt und durchgesetzt. Dies ist ein methodisch problematisches Vorgehen; – dies aber nicht, weil damit ein vorgeblich ursprünglicher Zusammenhang aufgebrochen würde, der das einzelne Bruchstück sinn- und zusammenhanglos machen würde. Vielmehr liegt in den methodologischen Prämissen bereits ein – zumindest tendentieller – Widerspruch: Einerseits nämlich macht eine Hinwendung zu historischen Texten nur Sinn, wenn man sie auch als historische Texte behandeln will; anderseits behandelt man sie aber faktisch, als wären sie ein Beitrag zu einer gegenwärtigen Debatte, als gäben sie Antwort auf gegenwärtiges Fragen. Der Widerspruch auf der methodischen Ebene liegt darin, daß der historische Text in einer ambivalenten Funktion konsultiert wird. Radikale aktualisierende Untersuchungen blei-

ben deshalb in der Regel die Frage schuldig, warum sie sich eines historischen Textes bedient haben, in dem das, was sie suchen, erst durch eine
transformierende, dekontextuierende und isolierende Lektüre mühsam gewonnen werden muß, während sie es doch selbst gleich auf Anhieb hätten
besser und deutlicher sagen können. Diese Umständlichkeit schulden sie
einer falsch verstandenen Vorsicht, mit der sie ihren Beitrag zu einem aktuellen Thema abdecken wollen – oder der fragwürdigen Vorstellung, es müsse
alles, was augenscheinlich zum Thema gehört, auch ungefiltert mitgeteilt
werden.[92]

Die moderate Aktualisierung ist methodisch bedeutend reflektierter. Sie
rechtfertigt ihr Vorgehen und reflektiert auf das Ganze, in welches das Bruchstück nun als Teil eingehen soll. Sie wird den ›ursprünglichen‹ Zusammenhang
nicht vollständig ausblenden, wenn sie sich auch nicht darauf einläßt, die fiktive Voraussetzung des radikalen Historismus zu teilen, nach der es gelte, ein
für die Interpretation unverfügbares und uneinholbares Ganzes vorauszusetzen. Sie ist berechtigt zur Dekontextuierung, weil der Zusammenhang, sei es
auch ein vergangenes ›ursprünglich‹ Ganzes theoretischer Sätze, immer konstruktive Leistungen und transformierende Elemente enthält.

Die Dekontextuierung ist deshalb zunächst eine Isolierung und keine Aktualisierung. Ein Ausschnitt wird für sich betrachtet, dargestellt, geprüft und
bewertet. Dabei ist es unwesentlich, ob bereits ein möglicher Kontext intendiert ist oder nicht. Sie kann sich der Reflexion verdanken, daß das ›Ganze‹
eine problematische Kategorie ist. Zumindest spiegelt sich in der methodisch gerechtfertigten Dekontextuierung ein Moment interpretatorischer
Freiheit. Zwar ist das Bewußtsein vorhanden, den Gegenstand des Interesses, einen gewesenen Gedanken, nicht selbst herstellen und allererst erzeugen zu können, aber doch die produktive Freiheit des Nachdenkens und Ab-

---

92 Beide Formen der Dekontextuierung lassen sich in der Debatte über die ›rationale Rekonstruktion‹ auffinden, wie sie nach Stegmüllers Aufsatz (Stegmüller, Wolfgang, »Gedanken
über eine mögliche rationale Rekonstruktion von Kants Metaphysik der Erfahrung«, in: *Ratio*
9 (1967), S. 1–30) geführt wurde. Vgl. dazu: Poser, Hans, »Philosophiegeschichte und rationale Rekonstruktion. Wert und Grenze einer Methode«, in: *studia leibnitiana* 3 (1971),
S. 67–76. Die ›rationale Rekonstruktion‹ ist eine Methode, die sich eines prüfenden *und* de-
kontextuierenden Verfahrens bedient: Einerseits radikalisiert sie die Plausibilität in Hinblick
auf systematische Problemstellungen, andererseits aktualisiert sie vergangene Gedanken, indem sie sie aus ihrem Kontext heraus, in einen systematischen Zusammenhang versetzt. Poser
kritisiert die radikale Aktualisierung: »unsere heutigen Begriffssysteme werden (...) absolut
gesetzt« (S. 72), und im Historischen einfach nur wiedergefunden: »Hier (...), in der Übersetzung des geschichtlichen Materials in eine ungeschichtlich-systematische Sprache, wird die
Gefahr eines hermeneutischen Zirkels besonders deutlich sichtbar, die Gefahr, daß nicht ein
System oder das Verständnis eines Systems, sondern das Selbstverständnis des Übersetzers
von einer Problemstellung rational rekonstruiert wird.« (a. a. O., S. 76) Eine moderate Aktualisierung hält er allerdings nicht für »zulässig, sondern erforderlich.« (a. a. O., S. 76)

strahierens. Das ist bereits in dem vom radikalen Historismus vorgeschlage-
nen Verfahren vorausgesetzt. Denn auch dort muß im einzelnen geprüft und
bewertet werden, nur daß der Zusammenhang präfixiert scheint, auf den hin
eine Rekonstruktion erfolgen soll. Fällt die Quasi-Objektivität und Singularität des Zusammenhangs fort – und sei dies auch nur unter heuristischen,
hypothetischen oder problematischen Vorzeichen –, wird der dekontextuier-
te Gedanke nicht bedeutungslos, sondern bekommt eine andere Bedeutung.

Nun wird man nicht behaupten wollen, eine Bedeutung sei tiefer und richtiger oder etwa einzig wahr. Dazu müßte es ein externes Äquivalent geben,
auf das hin die Bedeutung festgelegt werden könnte. Also bleibt nur der
isolierte Gedanke selbst und der mögliche Zusammenhang, in dem er ein
Implement sein könnte.

7.8.3 Implementieren

So wenig die isolierende Funktion der Kontextuierung nicht bloß der Aktualisierung dient, so wenig zielt das Implementieren auf eine gegenwärtige Debatte oder Diskussion. Unter ›Implementieren‹ soll hier nur die Ergänzung eines
Zusammenhangs verstanden werden, worin auch immer dieser konkret besteht. Der Zusammenhang ist das Ganze, in das der implementierte Teil integriert wird. Die inhaltliche Valenz einer Implementierung hängt vollständig
von dem Zusammenhang ab, in den das singuläre Bruchstück eingefügt wird.
Ob einem isolierten Gedanken in einem neuen Zusammenhang eine Bedeutung zukommt, hängt von den konstruktiven Fähigkeiten, der interpretatorischen Kompetenz und der systematischen oder historischen Ausrichtung des
Interpreten ab, aber auch von seiner Bereitschaft zur Diskussion und Auseinandersetzung mit anderen interpretierenden Philosophen.

Die einfachste Form der Implementierung ist der *Vergleich*. Er besteht in
der Herstellung eines Zusammenhangs. Ein dekontextuiertes Bruchstück
wird mit einem anderen zusammengestellt. Die Beziehungen des einen zum
anderen lassen sich in den Kategorien wie Ähnlichkeit, Unähnlichkeit,
Gleichheit usw. beschreiben. Vergleichbar ist prinzipiell alles. Daher besteht
kein Mangel an Vergleichbarem. Je größer allerdings das Feld möglicher
Vergleiche ist, desto schwieriger gestaltet sich die methodische Begründung.
Denn die Valenz der theoretischen Aussagen, die aus einem Vergleich gewonnen werden können, hängt ab von der methodischen Begründung. Ein
Werk, wie z. B. das des Nikolaus von Kues, kann mit der Philosophie Hegels
verglichen werden – was auch in der Tat geschehen ist. Dazu müssen allerdings Elemente des Cusanischen Denkens isoliert und aus ihrem Kontext
genommen werden. Das geschieht beispielsweise mit seiner Theorie der
coincidentia oppositorum, eine Theorie, nach der das Maximum und das

Minimum zusammenfallen. Jetzt ist es möglich, diese Theorie mit der spezifischen Ausformung der Hegelschen Dialektik zu vergleichen. Und es wird sich eine Ähnlichkeitsbeziehung ergeben. Allerdings ist die Ausbeute genauer besehen mehr als dürftig. Reflektiert man nämlich auf den Inhalt der Theorie, verschwinden die Ähnlichkeiten, die ein oberflächlicher Blick auf die Form des Entgegengesetzt-Seins offerierte. Ja, man wird viel mehr Unterschiede feststellen als Ähnlichkeiten. Das ist auch kein Wunder, weil sich die Zeit und die literarischen Produktionsbedingungen, die philosophischen Paradigmen wie auch die kulturellen und religiösen Auffassungen genau so geändert haben wie das Weltbild im Ganzen. So ist die *coincidentia oppositorum* eingebettet in die mathematisch-kosmologischen Spekulationen des Nikolaus von Kues, die ganz im Denken des 15. Jahrhunderts verwurzelt sind, während sich die Hegelsche Dialektik auf einem Terrain bewegt, das erst durch die kritische Philosophie Kants möglich geworden ist. Beide – so könnte man einwenden – sind Leser des Aristoteles und des Platon, beide fußen auf demselben kanonischen Fundament. Aber sie lesen diese Autoritäten unter anderen Vorzeichen, sie selbst transformieren ihre Autoritäten in jeweils verschiedene Kontexte.

Natürlich können zwei Autoren sinnvoll miteinander verglichen werden. Und die Dekontextuierung ist dabei so wenig ein Problem wie die Implementierung. Wichtig ist dabei aber, daß es entweder ein systematisch reicher oder historisch abgesicherter Zusammenhang ist, der als Hintergrund für ein Implementieren dient. Ein historisch abgesicherter Zusammenhang wäre gegeben, wenn Hegel sich auf Nikolaus bezogen oder ihn auch nur zur Kenntnis genommen hätte. Bis heute hat niemand weder das eine noch das andere zeigen können, so daß davon auszugehen ist, daß Hegels Dialektik völlig unabhängig von den Gedanken des Nikolaus von Kues entstanden ist. Ein systematisch reicher Zusammenhang müßte eine über die bloß formale Beziehung der beiden Autoren hinaus wichtige Problemstellung präsentieren, auf deren Hintergrund es wichtig wäre, die Lösungsansätze von Nikolaus und Hegel miteinander und auf das Problem hin zu vergleichen, etwa eine Theorie der Vermittlung Entgegengesetzter oder eine Untersuchung über die Funktion der Negativität.

In beiden Fällen – dem eines systematisch reichen oder historisch abgesicherten Zusammenhangs – sind theoretische Prädispositionen involviert, die über den theoretischen Gehalt der Vergleichsglieder hinausgehen. Im ersten Fall sind es Überlegungen, die sich im weitesten Sinne einem Problemdenken verdanken, im zweiten Fall einer historischen Zuwendung zum Stoff. In beiden Fällen wird aber der theoretische Gewinn an der Rechtfertigung des Zusammenhangs gemessen werden müssen.

Es zeigt sich bereits im *Vergleich*, daß mehr im Spiel ist als die verglichenen Gedanken. Das gilt um so mehr bei Implementierungen in größere Zusammenhänge, seien es Problemgeschichten oder Problemkonstellationen, gegenwärtige Fragestellungen oder Fragen an die Geschichte, systematische Argumentationen, die eine Genealogie der Problemstellung geben, oder aber strenge historische Rekonstruktionen. Die Komplexität des Zusammenhangs lädt das einzelne Bruchstück mit Bedeutung auf, läßt es mehr sein als ein Bruchstück. Es ist aufgrund seiner Implementierung immer verwiesen auf ein Ganzes und nicht ein für sich bestehender isolierter Teil. Die Freiheit des transformierenden Interpreten ist hier grenzenlos. Mit dieser Freiheit wächst aber die Bedeutung der methodischen Rechtfertigung. Sie erhält immer größeres Gewicht, je klarer die Transformation die engen Grenzen des historischen Kontextes hinter sich läßt. Die Möglichkeit des Scheiterns ist groß, ein Scheitern, das nicht in der großen Katastrophe einer falschen Interpretation, sondern in der Langweiligkeit einer belanglosen und gleichgültigen Zusammenstellung von Disparatem besteht.

Damit wird aber das entstehende Ganze nicht zu einem beliebigen Phantasieprodukt. Der einzelne Denker, der sich der Geschichte der Philosophie zuwendet, ist nicht allein. Er ist Teil eines größeren Verständigungsprozesses, den die Philosophie in ihrer Allgemeinheit bildet und dessen konkreter Niederschlag sich in der Arbeit des Einzelnen wiederfindet. Der Zusammenhang in seiner Komplexität ist zurückgebunden – sei dies affirmativ oder negativ – an den unabgeschlossenen Verständigungsprozeß der Philosophie selbst.

7.8.4 Identifizieren

Mit der *Identifizierung* erreicht die Transformation ihre vollständige Ausprägung. Der Charakter der Fremdheit, der noch wie ein Schatten auf den systematischen Konstruktionen mit historischen Implementen liegt, ist hier völlig verschwunden. Die Identifikation hat einen Grad erreicht, an dem das historisch Andere nicht mehr als solches zu identifizieren ist. Es ist eingeschmolzen in das Eigene, ist reflexionslos zum Eigenen geworden. Damit ist die Interpretation, deren Reste noch in den transformierenden Prozessen enthalten waren, gänzlich verschwunden. Sie ist in der Identifikation zu Ende gegangen. Es ist ein Dritter notwendig, dessen Reflexion das Eigene und Fremde erneut trennt, d. h. ein weiterer Interpret, der in der Zuwendung zur Entwicklungsgeschichte eines Denkers den langsamen Prozeß des Einschmelzens, Transformierens und Identifizierens nachzeichnet. Erst in der Perspektive eines Dritten gibt es eine Differenz, von der her überhaupt von einer Identifikation ursprünglich verschiedener Gedanken mit verschiedener Herkunft gesprochen werden kann.

Die Identität von historischem Gedanken und systematischer Position markiert einen Grenzfall des interpretativen Geschehens. Dieser Grenzfall ist darum aber nicht gleichzeitig selten, sondern ist die Regel. Alles, was ein Denker an Gedanken dachte, ist sein Eigentum, weil *er* es gedacht hat. Jeder Gedanke spiegelt deshalb die Identität von Denkendem und Gedachten, weil er es *gedacht* hat. Im Denken des Gedankens ist die Differenz aufgegangen in den Vollzug. Erst in einer eigens zu restituierenden Distanz zum Gedachten muß dessen fremde Herkunft gegen die Identität aufrechterhalten werden.

Die Aneignung eines fremden Gedankens ist kein Entwenden fremden Eigentums, sondern ein Prozeß, der in der Logik des philosophischen Denkens selbst liegt und aus dem Mitteilungscharakter und Geltungsanspruch philosophischer Theorien folgt. Daß zur Bildung eigenen philosophischen Denkens beides gehört – Identitäts- und Differenzsetzungen –, ist eine wichtige und grundlegende Feststellung. Beide Akte verhalten sich korrelational zueinander, wobei der Identitätssetzung ein gewisser Primat zukommt. Es scheint dem Verstehen insgesamt eigentümlich zu sein, zuerst die Positivität des Gehaltes aufzufassen, nicht jedoch die Differenz, die zwischen dem Gehalt und dem Verstehenden und zwischen dem Gehalt und anderen Gehalten besteht. Je komplexer indes die Gehalte sind, um so wichtiger werden die eben so komplexen Differenzsetzungen. Die Identitätssetzung spielt auch in der Interpretation eine primäre Rolle. Zuerst wird festgestellt, was jemand gedacht hat. Das ist die Positivität des Gedankens ganz für sich betrachtet. Erst durch Prüfung, Kontextuierung und Bewertung gerät das ganze Feld an Differenzen in den Fokus der Interpretation. Der Distanzgewinn erzeugt daher nicht nur die Objektivität und Widerständigkeit eines theoretischen Gefüges, sondern auch die Differenz zum Denkenden, der dadurch sein Objekt gewinnt. Umgekehrt erzeugt die Transformation einen Distanzverlust, als dessen extreme Form die Identifikation zu betrachten ist: Für den Denkenden selbst gibt es keine Differenz mehr zwischen dem eigenen Denken und dem fremden. Das Nachdenken hat dem Selbstdenken Platz gemacht, dies auch dann, wenn in der Perspektive eines Dritten die Differenz wiederhergestellt werden kann.

Dies dürfte etwa bei Schelling und seiner Platon-Interpretation der Fall sein. In vielen seiner Schriften erscheint das Platonische nicht mehr als ein fremder Gedanke, nicht mehr als ein Implement, sondern als ganz eingegangen in das Selbstdenken Schellings. Erst in einer entwicklungsgeschichtlich ausgerichteten Analyse zeigt sich, daß es sich um eingewanderte Gedanken handelt, die auf schleichende Weise, angefangen mit der frühen Auseinandersetzung mit Platon im »Timäus«-Kommentar, bis zu seinen platonisierenden Ausführungen in *Philosophie und Religion* führen. Schelling macht dabei von einem Recht des Interpreten Gebrauch, das nämlich darin besteht, den identifizierenden Charakter einer Deutung in letzter Konsequenz bis zum durchgeführten Eklektizismus zu führen. Später sollte Schelling dann erneut die Differenz des Interpreten zum historischen Gegenstand etablieren. Jedenfalls kann es in der Bewertung nicht darum zu tun sein zu beurteilen, ob es sich dabei um eine adäquate Platon-Deutung handelt oder ob es eine legitime Vorgehensweise ist, sich das Denken der Vorzeit anzueignen bis zum Grad der Unterschiedslosigkeit vom eigenen Denken, sondern einzig darum zu prüfen, ob das neuentstandene Ganze Sinn macht und Bedeutung hat, sei es als historische Untersuchung oder als systematischer Entwurf.

7.9 Interpretation – Transformation

Interpretation und Transformation sind Elemente einer idealtypischen Konstitutionsgenese. Sie hat einerseits die Funktion, die Resultate des ersten Teils mit der Untersuchung der Platon-Interpretationen methodologisch abzusichern. Andererseits liegt das Interesse aber auch darin, eine Interpretationstheorie für einen bestimmten Gegenstandsbereich, nämlich die Geschichte der Philosophie, zu entwickeln. Die Platon-Interpretationen können insofern als Beispiele angesehen werden, als sich an ihnen zeigt, wie Interpretationsprozesse verlaufen können.

Die idealtypische Genese ist nicht als ein normatives Regelwerk aufzufassen, sondern als transzendentale Analyse philosophiehistorischen Verstehens. Dabei werden zentrale Bedingungen für alles philosophiehistorische Verstehen in einem begrifflichen Zusammenhang genetisch dargestellt. Das Resultat ist das Selbstverständnis eines Philosophierens, das sich notwendigerweise immer zugleich als geschichtlich versteht. Die Identität des Denkens mit seinen Gedanken bildet eine Klammer, die apriori verhindert, daß die Geschichte der Philosophie aus der Philosophie herausfallen kann. So ist es zwar möglich, ohne Philosophie Geschichte zu betreiben, man mag sie immerhin Philosophiegeschichte nennen, aber nicht Philosophie ohne Geschichte.

Zusammenfassend läßt sich die idealtypische Genese schematisch wie folgt darstellen:

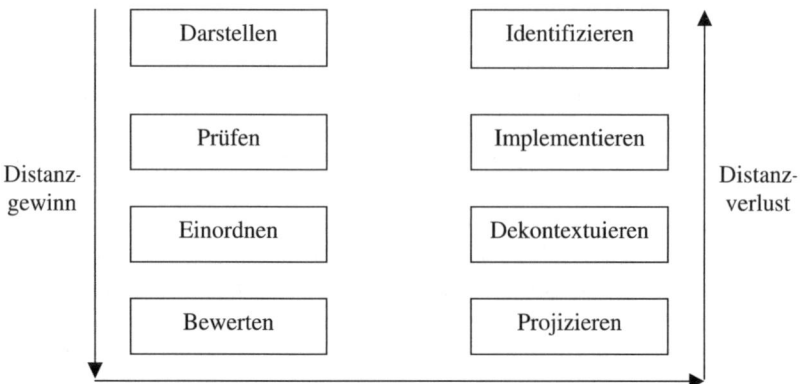

Distanz und Nähe sind die beiden Pole, zwischen denen sich der Verstehensprozeß bewegt. Die Interpretation ist dabei durch *Distanzgewinn* geprägt. Es zeigt sich darin eine konstitutive Leistung des Verstehens, wenn es den Gedanken, den es zunächst als Eigenes auffassen muß, nun als Fremdes und Gegenständliches gewinnt. Es lassen sich darin Instanzen unterscheiden: Darstellen, Prüfen, Einordnen und Bewerten. Die Transformation kennzeichnet die entgegengesetzte Bewegung. Die Distanz verschwindet allmählich. Die Transformation ist ein Prozeß des *Distanzverlustes*. Die Instanzen, die sich darin unterscheiden lassen, sind: Projizieren, Dekontextuieren, Implementieren und Identifizieren. Auch die Transformation ist ein konstitutives Geschehen. Die Interpretation verstärkt in der Folge der Instanzen das negative Moment. Sie gewinnt an Kontur durch ihre Fähigkeit zu unterscheiden, und zwar nicht nur das Objekt von den eigenen Interpretationskonstrukten, sondern auch die Objekte von anderen Objekten. Schließlich kann sie – und das ist wesentlich – auch das eigene Nicht-Verstehen verstehen, das in der reflexiv-methodologischen Perspektive dieser Untersuchung ebenfalls als ein konstitutiver Akt gedacht werden muß.

Die Transformation ist in der Folge ihrer Instanzen bestimmt durch eine Zunahme an Identität – oder Verlust an Distanz. In der Projektion ist die Distanz noch vorherrschend, denn das Eigene wird in das historisch Gewesene exportiert. Die Dekontextuierung markiert den Bruch mit dem historischen Zusammenhang. Ein Gedanke wird isoliert und als für sich bestehend begriffen. Damit bildet die Dekontextuierung eine Voraussetzung für das Implementieren. Im Gegensatz zur Projektion importiert die Implementierung das historisch Gewesene in das Eigene, das allerdings kein beliebiges Phantasma ist, sondern ein neuer systematischer Zusammenhang, in dem das herausgebrochene Stück nun eine neue Bedeutung erhält. Die Identifizierung schließlich schmilzt das Gewesene völlig in sich ein, nur von einem Dritten entwicklungsgeschichtlich nachzuvollziehen.

Alle diese Formen von Interpretation und Transformation sind legitime, d. h. philosophisch zu rechtfertigende Verfahren, mit Texten und Gedanken der Philosophiegeschichte umzugehen. Ihre Valenz richtet sich nach der methodologischen Angemessenheit an die Sache des Philosophierens. Diese Sache kann eine systematische Fragestellung sein, und der Blick auf einen Text der Philosophiegeschichte dient nur der Illustration oder der Herleitung einer Fragestellung. Ist die systematische Frage aus Unwissenheit geboren und mit Unreflektiertheit genährt, wird es auch durch die Konsultation der Philosophiegeschichte nicht zu mehr heranwachsen als zu einem ›Mondkalb‹. Ebenso wird die ganze historische Gelehrtheit einen vergangenen Text nicht zum Leben erwecken, möge eine Abhandlung nach den Quellen schmecken, wie sie wolle, wenn aus ihr nicht das Wasser einer Wahrheit fließt.

Verstehen ist ein Prozeß der Identitäts- und Differenzbildung. Im Nachdenken der Gedanken setze ich mein Denken an die Stelle des ursprünglichen,
über das ich nachdenke. Das gelingt allerdings nur, wenn sich das ursprüngliche Denken durch die vitalisierende Kraft des eigenen Denkens fassen läßt.
Es ist die quecksilbrige Essenz des Denkens, die in die Poren des Textes, sei
es auch eines gänzlich fremden, eindringt, ihn aufschließt und die toten Gedanken in lebendiges Philosophieren verwandelt. Da diesem Denken das
Prüfen und Selbstprüfen eingeschrieben ist, wird es sich bewußt sein, daß
es das Fremde in seiner Fremdheit auffaßt, es selbst dadurch verwandelt und
sich aneignet. Es wird sich bewußt sein, wenn es die Grenze überschreitet
und das Fremde als Eigenes faßt. Das ist der Schritt, der die *Interpretation*
zur *Transformation* werden läßt. Während das Fremde, Andere, Unverstandene, Unzugängliche für die *Interpretation* eine Grenze bleibt, die sich im
Auslegungsgeschehen als dynamisch erweisen kann, so besteht die *Transformation* darin, daß das Fremde im Eigenen aufgeht. Dies geschieht nie
restlos, so daß es – für einen Dritten – wie ein Einschluß erkennbar bleibt.
Es ist noch zu identifizieren, man kann es namhaft machen, aber es ist Teil
eines neuen, eines anderen Denkens.

Literatur

Ausgaben

Johann Gottlieb Fichte: *J. G. Fichte-Gesamtausgabe der Bayerischen Akademie der Wissenschaften.* (Hg.) Lauth, Reinhard u. a. Stuttgart-Bad Cannstatt 1962ff. (= GA)

Johann Gottlieb Fichte: *Johann Gottlieb Fichtes sämmtliche Werke.* (Hg.) Fichte, Immanuel Hermann. 8 Bde. Berlin 1845/46. Repr. Nachdr. Berlin 1971; Johann Gottlieb Fichtes nachgelassene Werke. (Hg.) Fichte, Immanuel Hermann. 3 Bde. Bonn 1834/35 (= Fichte, Werke I–XI)

Johann Gottlieb Fichte: *Johann Gottlieb Fichte im Gespräch. Berichte der Zeitgenossen.* Herausgegeben von Erich Fuchs, in Zusammenarbeit mit Reinhard Lauth und Walter Schieche. 6 Bde. (Specula 1,1–1,6) Stuttgart-Bad Cannstatt 1978–1992. (= FiGe 1–6)

Georg Wilhelm Friedrich Hegel: *Georg Wilhelm Friedrich Hegel, Gesammelte Werke,* herausgegeben von der Rheinisch-Westfälischen Akademie der Wissenschaften, Hamburg 1968ff. (= Hegel, Akad.-Ausg.)

Georg Wilhelm Friedrich Hegel: *Werke in 20 Bänden. Auf der Grundlage der Werke von 1832–1845 neu edierte Ausgabe.* (Hg.) Moldenhauer, Eva – Michel, Karl Markus. Frankfort a. M. 1971. (= Hegel, Werke, 1–20)

Immanuel Kant: *Kant's gesammelte Schriften.* Hrsg. von der Königlich Preußischen Akademie der Wissenschaften. Berlin 1900ff. (= Kant, Akad.-Ausg.)

Novalis: *Novalis, Werke, Tagebücher und Briefe.* (Hg.) Mähl, Hans-Joachim – Samuel, Richard. 3 Bde. München/Wien 1978 (= NW)

Platon: *Platon. Werke in acht Bänden. Griechisch und Deutsch.* (Hg.) Eigler, Gunther. Darmstadt 1972

Friedrich Wilhelm Joseph Schelling: *Friedrich Wilhelm Joseph von Schellings sämmtliche Werke.* (Hg.) Schelling, K.F. A. I. Abteilung Bde. 1–10, II. Abteilung Bde. 1–4. Stuttgart und Augsburg 1856–1861 (= Schelling)

Friedrich Schlegel: *Kritische Friedrich Schlegel-Ausgabe.* (Hg.) Behler, Ernst. Paderborn u. a. 1958 ff. (= KFSA)

Friedrich Daniel Ernst Schleiermacher: *Kritische Gesamtausgabe.* (Hg.) Birkner, H. J, – Ebeling, G. – Fischer, H. – Kimmerle, H. – Selge, K. V. Berlin/New York 1980ff. (= KGA)

Forschungsliteratur

Abel, Günter, »Interpretationsphilosophie«, in: *Allgemeine Zeitschrift für Philosophie* 13 (1988), S. 79–86

– »Interpretations-Welten«, in: *Philosophisches Jahrbuch* 96 (1989), S. 1–19

- »Zeichen und Interpretation«, in: *Zur Philosophie des Zeichens*. (Hg.) Borsche, Tilman – Stegmaier, Werner. Berlin/New York 1992
- *Interpretationswelten. Gegenwartsphilosophie jenseits von Essentialismus und Relativismus.* Frankfurt a. M. 1993; ²1995
- *Sprache, Zeichen, Interpretation.* Frankfurt a. M. 1999

Arndt, Andreas, »Schleiermacher und Platon«, in: *Schleiermacher, Friedrich Daniel Ernst, Über die Philosophie Platons.* (Hg.) Steiner, Peter M. (Philosophische Bibliothek; Bd. 486) Hamburg 1996, S. VII–XXII

Asmuth, Christoph, »Fichte: Ein streitbarer Philosoph. Biographische Annäherungen an sein Denken«, in: *Sein – Reflexion – Freiheit. Aspekte der Philosophie Johann Gottlieb Fichtes.* (Hg.) Asmuth, Christoph. (Bochumer Studien zur Philosophie; 25) Amsterdam 1997, S. 3–30
- »Die Lehre vom Bild in der Wissenstheorie Johann Gottlieb Fichtes«, in: *Sein – Reflexion – Freiheit. Aspekte der Philosophie Johann Gottlieb Fichtes.* (Hg.) Asmuth, Christoph. (Bochumer Studien zur Philosophie) Amsterdam 1997, S. 255–284
- *Das Begreifen des Unbegreiflichen. Philosophie und Religion bei Johann Gottlieb Fichte 1800–1806.* (Spekulation und Erfahrung; II, 41) Stuttgart-Bad Cannstatt 1999
- »Musik als Metaphysik. Platonische Idee, Kunst und Musik bei Arthur Schopenhauer«, in: *Philosophischer Gedanke und musikalischer Klang. Zum Wechselverhältnis von Musik und Philosophie.* (Hg.) Asmuth, Christoph – Scholtz, Gunter – Stammkötter, Franz-Bernhard, Frankfurt a. M./New York 1999, S. 111–125
- »Anfang und Form der Philosophie. Überlegungen zu Fichte, Schelling und Hegel«, in: *Schelling: Zwischen Fichte und Hegel.* (Hg.) Asmuth, Christoph – Denker, Alfred – Vater, Michael. Amsterdam 2000, S. 403–417
- »Die Begründung falscher Rede: Platon und Protagoras«, in: *»Dichter lügen«.* (Philosophisch-literarische Reflexionen; 3). (Hg.) Schmitz-Emans, Monika – Röttgers, Kurt. Essen 2001, S. 89–106
- »Von der Kritik zur Metaphysik. Der transzendentalphilosophische Wendepunkt Kants und dessen Wende bei Fichte«, in: *Umbrüche. Historische Wendepunkte der Philosophie von der Antike bis zur Neuzeit. Festschrift für Kurt Flasch zu seinem 70. Geburtstag.* (Hg.) Kahnert, Klaus – Mojsisch, Burkhard. Amsterdam/Philadelphia 2001, S. 167–187
- »Leibniz – Identität und Individualität im Denken F. W. J. Schellings«, in: *VII. Internationaler Leibniz-Kongreß 10.–14.9.2001. Nihil sine ratione. Mensch, Natur und Technik im Wirken von G. W. Leibniz. Nachtragsband.* (Hg.) Poser, Hans – Asmuth, Christoph – Goldenbaum, Ursula – Li, Wenchao. Berlin 2002, S. 135–141
- »Natur als Objekt – Natur als Subjekt. Der Wandel des Naturbegriffs bei Fichte und Schelling«, in: *Neuzeitliches Denken. Festschrift für Hans Poser zum 65. Geburtstag.* (Hg.) Abel, Günter – Engfer, Hans-Jürgen – Hubig, Christoph. Berlin/New York 2002, S. 305–321
- »Eine implizite Platon-Rezeption bei Fichte: Die Theorie des Gesichts«, in: *Platonismus im Idealismus. Die platonische Tradition in der klassischen deutschen Philosophie.* (Hg) Mojsisch, Burkhard – Summerell, Orrin F. München/Leipzig 2003, S. 59–76
- »›... das sind Fragen, um die der Mathematiker gerne seine ganze Wissenschaft gäbe ...‹ – Kant und das Problem des Weltanfangs«, in: *Anfänge und Übergänge.* (Hg.)

Schmitz-Emans, Monika – Röttgers, Kurt. (Philosophisch-literarische Reflexionen; 5) Essen 2003, S. 69–83

– »Metaphysik und Historie bei J. G. Fichte«, in: Fichte-Studien 23 (2003), 145–158
– »Denklandschaften«, in: Landschaft gesehen, beschrieben, erlebt. (Philosophisch-literarische Reflexionen; 7) (Hg.) Röttgers, Kurt – Schmitz-Emans, Monika. Essen 2005, S. 19–29
– »Religion, Revolution und transzendentale Reflexion. J. G. Fichtes Berliner Religionsphilosophie«, in: Fichte in Berlin. Spekulative Ansätze einer Philosophie der Praxis. (Hg.) Wiedemann, Conrad – Baumann, Ursula. Hannover vorauss. 2007. (in Vorb.)
– »Von der Urteilstheorie zur Bewußtseinstheorie. Die Entgrenzung der Transzendentalphilosophie«, in: Fichte-Studien: Kant und Fichte – Fichte und Kant. (Hg.) Asmuth, Christoph. in Vorb. vorauss. 2007

Babut, Daniel, »Platon et Protagoras: L'»Apologie« du sophiste dans le Théététe et son role dans le dialogue«, in: Revue des études anciennes 84 (1982), S. 49–86

Baier, Karl, Die Einwände des Aristoteles gegen die Ideenlehre Platons (unter Berücksichtigung des Metaphysikkommentars von Thomas von Aquin). Wien 1981

Barbarić, Damir, »Schellings Platon-Interpretation in der Darstellung der reinrationalen Philosophie«, in: Das antike Denken in der Philosophie Schellings. (Hg.) Adolphi, Rainer – Jantzen, Jörg. (Schellingiana; 11) Stuttgart-Bad Cannstatt 2004, S. 77–145

Baron, Roger, »Dialectique et humanism chez Plato e Hegel«, in: Giornale di Metafisica 20 (1965), S. 142–149

Barthes, Roland, Kritik und Wahrheit. Frankfurt a. M. 1967

Bartuschat, Wolfgang, »Thesen zum Verhältnis von Philosophie und Philosophiegeschichte«, in: Philosophie der Gegenwart – Gegenwart der Philosophie. (Hg.) Schnädelbach, Herbert – Keil, Geert. Hamburg 1993, S. 97–100

Baum, Manfred, »Kosmologie und Dialektik bei Platon und Hegel«, in: Hegel und die antike Dialektik. (Hg.) Riedel, Manfred. Frankfurt a. M. 1990, S. 192–224
– »Die Anfänge der Schellingschen Naturphilosophie«, in: Schelling. Zwischen Fichte und Hegel. Between Fichte and Hegel. (Hg.) Asmuth, Christoph – Denker, Alfred – Vater, Michael. (Bochumer Studien zur Philosophie; 32) Amsterdam/Philadelphia 2000, S. 95–112

Baumgartner, Hans Michael, »Narrative Strukturen und Objektivität. Wahrheitskriterien im historischen Wissen«, in: Historische Objektivität. Aufsätze zur Geschichtstheorie. (Hg.) Rüsen, Jörn. Göttingen 1975, S. 48–67
– »Anspruch und Einlösbarkeit. Geschichtstheoretische Bemerkungen zur Idee einer adäquaten Philosophiegeschichte«, in: Veritas filia temporis? Philosophiehistorie zwischen Wahrheit und Geschichte. Festschrift für Rainer Specht zum 65. Geburtstag. Berlin/New York 1995, S. 44–61
– Kontinuität und Geschichte. Zur Kritik und Metakritik der historischen Vernunft. Frankfurt a. M. ²1997

Beelmann, Axel, Theoretische Philosophiegeschichte. Grundsätzliche Probleme einer philosophischen Geschichte der Philosophie. Basel 2001

Beierwalter, Werner, Platonismus und Idealismus. Frankfurt a. M. 1972
– »Absolute Identität. Neuplatonische Implikationen in Schellings ›Bruno‹«, in: Philoso-

phisches Jahrbuch 80 (1973), H. 2, S. 242–266; dass., in: *Identität und Differenz*. Frankfurt a. M. 1980, S. 204–240

– »Distanz und Nähe der Geschichte: Hegel und Platon«, in: *Giornale di Metafisica* N.S. 17 (1995), S. 5–28

Bernsen, Niels Ole, »Protagoras' Homo-Mensura-Thesis«, in: *Classica et mediaevalia* 30 (1969), S. 109–144

Betzendörfer, Walter, *Hölderlins Studienjahre im Tübinger Stift*. Heilbronn 1922

Bickmann, Claudia, »Schellings Identitätsform im Lichte der Dialektik Platons«, in: *Das antike Denken in der Philosophie Schellings*. (Hg.) Adolphi, Rainer – Jantzen, Jörg. (Schellingiana; 11) Stuttgart-Bad Cannstatt 2004, S.147–196

Birkner, Hans-Joachim, »[Historische Einführung zu: *Zum Platon* (1988)]«, in: *Schleiermacher*, KGA I, 3, S. XCVI-CVI

Boeckh, August, »Kritik der Uebersetzung des Platon von Schleiermacher«, in: *Heidelbergische Jahrbücher der Literatur für Philologie* 1 (1808), abgedruckt in: ders., *August Boeckh's gesammelte kleine Schriften*. Bd. 7: Kritiken. (Hg.) Ascherson, Ferdinand – Eichholtz, Paul. Leipzig 1872, S. 1–38

– *De platonica corporis mundani fabrica conflati ex elementis geometrica ratione concinnatis*. Heidelberg 1809, ebenfalls nachgedruckt in: Boeckh, August, *Gesammelte Kleine Schriften*, Bd. 3

– »Ueber die Bildung der Weltseele im Timaios des Platon«, in: *August Boeckh's Reden, gehalten auf der Universität und in der Akademie der Wissenschaften zu Berlin (1859–1862), und Abhandlungen aus den Jahren 1807–1810 und 1863–1865*. (Hg.) Ascherson, Ferdinand. (*August Boeck's gesammelte Kleine Schriften*. Bd. 3) Leipzig 1866, S. 109–180; ursprünglich in: Studien, (Hg.) Daub, C. – Creuzer, F. Bd. 3, Heidelberg 1807

Bostock, David, *Plato's* Theaetetus. Oxford 1988

Brandt, Reinhard, *Die Interpretation philosophischer Werke. Eine Einführung in das Studium antiker und neuzeitlicher Philosophie*. Stuttgart-Bad Cannstatt 1984

Brandwood, Leonard, »Stylometry and chronology«, in: *The Cambridge Companion to Plato*. (Hg.) Kraut, Richard. Cambridge 1992, S. 90–120

Braun, Lucien, *Théorie de l'histoire de la philosophie*. Straßburg 1985

– *Geschichte der Philosophiegeschichte*. (Hg.) Schneider, Ulrich Johannes. Darmstadt 1990

Bubner, Rüdiger, »Die Entdeckung Platons durch Schelling und seine Aneignung durch Schleiermacher«, in: ders., *Innovationen des Idealismus*. Göttingen 1995, S. 9–42. Zuerst in: *Neue Hefte für Philosophie* 35 (1995), S. 32–55

– Bubner, Rüdiger, »Platon im Denken Schellings«, in: *Das antike Denken in der Philosophie Schellings*. (Hg.) Adolphi, Rainer – Jantzen, Jörg. (Schellingiana; 11) Stuttgart-Bad Cannstatt 2004, S. 27–50

Buccellato, Manlio, *La ›retorica‹ sofistica negli scritti di Platone: III. Il »Teeteto« e la dottrina protagorea del pan'alethé*. In: Rivista critica della Filosofia 7 (1952), S. 431–446

Budde-Burmann, Monika, »Das lebensorientierende Eine bei Platon und Fichte. Zum Verhältnis von Platons ›Parmenides‹ zu Fichtes ›Wissenschaftslehre (1804)^2‹«, in: *prima philosophia* 4 (1991), S. 11–31

Bühler, Axel, »Protagoras: Wahrnehmung und Wahrheit«, in: *Allgemeine Zeitschrift für Philosophie* 14 (1989), H. 3, S. 15–34

Burnyeat, Myles, *The Theaetetus of Plato. With a translation of Plato's Theatetus by M. J. Levett*. Indianapolis/Cambridge 1990

Cole, A. Thomas, »The relativism of Protagoras«, in: *Yale Classical Studies* 22 (1972), S. 19–45

Cornford, F. M., *Plato's Theory of Knowledge*. London 1935

Cürsgen, Dirk, »Die Unbegreiflichkeit des Absoluten. Zur neuplatonischen Henologie und ihrer Wirksamkeit im Denken Fichtes«, in: *Platonismus im Idealismus. Die platonische Tradition in der klassischen deutschen Philosophie*. (Hg) Mojsisch, Burkhard – Summerell, Orrin F. München/Leipzig 2003, S. 91–118, insb. S. 101–116

Denker, Alfred, »Freiheit ist das höchste Gut des Menschen. Schellings erste Auseinandersetzung mit der Jenaer Wissenschaftslehre Fichtes«, in: *Sein – Reflexion – Freiheit. Aspekte der Philosophie Johann Gottlieb Fichtes*. (Hg.) Asmuth, Christoph, Amsterdam/Philadelphia 1997, S. 35–68

– »Three Men Standing over a dead Dog. The Absolute as fundamental problem of German Idealism«, in: *Schelling. Zwischen Fichte und Hegel*, S. 381–401

– »Schelling und Aristoteles«, in: *Das antike Denken in der Philosophie Schellings*. (Hg.) Adolphi, Rainer – Jantzen, Jörg. (Schellingiana; 11) Stuttgart-Bad Cannstatt 2004, S. 305–320

De Pascale, Carla, »Le origini teoriche dei ›Discorsi alla nazione tedesca‹. La filosofia della storia di Fichte nel primo periodo berlinese«, in: *Studi Senesi* 89 (1977), Nr. 1, S. 39–103

Descombes, Vincent, *Das Selbe und das Andere*. Frankfurt 1981

Dilthey, Wilhelm, »Schleiermachers Übersetzung des Plato [Vortrag in der Berliner Akademie der Wissenschaften]«, in: ders., *Leben Schleiermachers*. Bd. 1. (Hg.) Mulert, Hermann. Berlin/Leipzig [2]1922, S. 645–674

– *Die Jugendgeschichte Hegels und andere Abhandlungen zur Geschichte des Deutschen Idealismus* (Hg.) Nohl, Hermann, in: ders., Gesammelte Werke Bd. 4, Stuttgart/Göttingen [6]1990, S. 366–368

Dörrie, Heinrich – Baltes, Matthias (Hg.), *Der Platonismus in der Antike. Grundlagen – System – Entwicklung*. Bd. 4. Stuttgart-Bad Cannstatt 1996

Dorter, Kenneth, »Levels of Knowledge in the Theaetetus«, in: *The Review of Metaphysics* 44 (1990), No. 2, S. 343–373

Düsing, Klaus, »Ästhetischer Platonismus bei Hölderlin und Hegel«, in: *Homburg v.d. Höhe in der deutschen Geistesgeschichte*. (Hg.) Jamme, Christoph – Pöggeler, Otto. Stuttgart 1981, S. 101–117

– *Hegel und die Geschichte der Philosophie. Ontologie und Dialektik in Antike und Neuzeit*. (Erträge der Forschung; 206) Darmstadt 1983

– »Identität und Widerspruch. Untersuchungen zur Entwicklungsgeschichte der Dialektik Hegels«, in: *Giornale di Metafisica* NS. 6 (1984), S. 315–358

– »Formen der Dialektik bei Plato und Hegel«, in: *Hegel und die antike Dialektik*. (Hg.) Riedel, Manfred. Frankfurt a. M. 1990, S. 169–191

Ehrhardt, Walter E., *Philosophiegeschichte und geschichtlicher Skeptizismus. Untersuchung zur Frage: Wie ist Philosophiegeschichte möglich?* Bern/München 1967

Eichler, Klaus-Dieter,»Philosophiegeschichte als systematische Disziplin. Bemerkungen zu Kant, Hegel und Dilthey«, in: *Philosophiegeschichte und Hermeneutik*. (Hg.) Caysa, Volker – Eichler, Klaus-Dieter. (Leipziger Schriften zur Philosophie; 5) Leipzig 1996, S. 26–45

Eschenmayer, C. A., *Die Philosophie in ihrem Uebergang zur Nichtphilosophie*. Erlangen 1803

Falkenburg, Brigitte, *Kants Kosmologie. Die wissenschaftliche Revolution der Naturphilosophie im 18. Jahrhundert*. Frankfurt a. M. 2000

Foucault, Michel, Archäologie des Wissens. Frankfurt a. M. 1981

Flach, Werner,»Die Geschichtlichkeit der Philosophie und der Problemcharakter des philosophischen Gegenstandes«, in: *Kant-Studien* 54 (1963), H. 1, S. 17–23

Flasch, Kurt,»Wozu erforschen wir die Philosophie des Mittelalters«, in: *Die Gegenwart Ockhams*. (Hg.) Vossenkuhl, Wilhelm – Schönberger, Rolf. Weinheim 1990, S. 393–409

– »Abschied von Dilthey. Historisches Wissen ohne › Verstehen‹«, in: *Filosofia e cultura. Per Eugenio Garin*. (Hg.) Ciliberto, Michele – Vasoli, Cesare. Bd. II, Rom 1991, S. 625–646

– »Historische Arbeit an Zeichen«, in: *Zur Philosophie des Zeichens*. (Hg.) Borsche, Tilmann – Stegmaier, W. Berlin/New York 1992, S. 136–148

– »Wie schreibt man Geschichte der mittelalterlichen Philosophie? Zur Debatte zwischen Claude Panaccio und Alain de Libera über den philosophischen Wert der philosophiehistorischen Forschung«, in: *Medioevo* 20 (1994), S. 1–29

– »Was heißt es: einen philosophischen Text historisch lesen? Philosophiehistorische Forschung in Deutschland und die Wirkung Martin Heideggers«, in: *Bochumer Philosophisches Jahrbuch für Antike und Gegenwart* 1(1996), S. 1–22

Frank, Manfred,»Einleitung« zu: *Friedrich Schleiermacher, Dialektik*. (Hg.) Frank, Manfred. 2 Bde., Frankfurt a. M. 2001

Franz, Michael, *Schellings Tübinger Platon-Studien* (Neue Studien zur Philosophie; 11) Göttingen 1996

– »Der Neuplatonismus in den philosophiehistorischen Arbeiten der zweiten Hälfte des 18. Jahrhunderts«, in: *Platonismus im Deutschen Idealismus. Die platonische Tradition in der klassischen deutschen Philosophie*. (Hg.) Mojsisch, Burkhard – Summerell, Orrin F. München/Leipzig 2003, S. 19–31

Frede, Dorothea, *Philebos. Übersetzung und Kommentar*. Göttingen 1997

Fricke, Hermann,»Karl W. F. Solgers Weg zur Universität Berlin. Mit unbekannten Briefen«, in: *Der Bär von Berlin. Jahrbuch des Vereins für die Geschichte Berlins* 10 (1961), S. 55–87

– K. W. F. Solger, *Ein brandenburgisch-berlinisches Gelehrtenleben an der Wende vom 18. zum 19. Jahrhundert*. Berlin ²1972

Fries, Thomas, *Dialog der Aufklärung. Shaftesbury, Rousseau, Solger*. Tübingen/Basel 1993, S. 166–172

Frigo, Gian Franco,»Die Rolle der Mythologie in der Spätphilosophie Schellings«, in: *Das antike Denken in der Philosophie Schellings*. (Hg.) Adolphi, Rainer – Jantzen, Jörg. (Schellingiana; 11) Stuttgart-Bad Cannstatt 2004, S. 275–303

Fuhrmans, Horst,»Schelling im Tübinger Stift. Herbst 1790-Herbst 1795«, in: *Materia-*

lien zu Schellings philosophischen Anfängen. (Hg.) Frank, Manfred – Kurz, Gerhard. Frankfurt a. M. 1975, S. 53–87

Fülleborn, Georg Gustav, *Beyträge zur Geschichte der Philosophie.* 3 Bde. 12 Stücke. Jena 1791–1799

Gadamer, Hans Georg, »Platons ungeschriebene Dialektik«, in: *Idee und Zahl. Studien zur platonischen Philosophie.* (Hg.) Gadamer, Hans-Georg – Schadewaldt, Wolfgang. (Abhandlungen der Heidelberger Akademie der Wissenschaften. Philosophisch-historische Klasse; Jg. 1968, 2. Abh.) Heidelberg 1968, S. 9–30

– »Hegel und die antike Dialektik«, in: ders., *Hegels Dialektik. Fünf hermeneutische Studien.* Tübingen 1971, S. 7–30

– *Wahrheit und Methode. Grundzüge einer philosophischen Hermeneutik,* Tübingen ³1972

– »Schleiermacher als Platoniker«, in: *Kleine Schriften* III. Tübingen 1972, S. 141–149

– »Philosophie und Philologie. Über Ulrich von Wilamowitz-Moellendorff«, in: ders., *Gesammelte Werke Bd. 6: Griechische Philosophie II,* Tübingen 1985, S. 271–277

– »Die Philosophie und ihre Geschichte«, in: ders., *Hermeneutische Entwürfe: Vorträge und Aufsätze.* Tübingen 2000

Gaiser, Konrad, *Platons ungeschriebene Lehre.* Studien zur systematischen und geschichtlichen Begründung der Wissenschaften in der Platonischen Schule. Stuttgart ²1968

– (Hg.) Das *Platonbild. Zehn Beiträge zum Platonverständnis.* Hildesheim 1969

– »Plato's enigmatic lecture ›On the Good‹«, in: *Phronesis* 25 (1980), S. 5–37;

Gauß, Hermann, *Philosophischer Handkommentar zu den Dialogen Platons in drei Teilen.* Bern 1952–1961

Geldsetzer, Lutz, *Die Philosophie der Philosophiegeschichte im 19. Jahrhundert. Zur Wissenschaftstheorie der Philosophiegeschichtsschreibung und -betrachtung.* Meisenheim am Glan 1968

Gigon, Olof, *Sokrates. Sein Bild in Dichtung und Geschichte.* Bern ¹1947; 1979

Giordano Bruno, *Über die Ursache, das Prinzip und das Eine.* Stuttgart 1986

Gloyna, Tanja, *Kosmos und System. Schellings Weg in die Philosophie.* (Schellingiana. Quellen und Abhandlungen zur Philosophie F. W. J. Schellings; 15) Stuttgart-Bad Cannstatt 2002

– Gloyna, Tanja, »Idee – Substanz oder Begriff? Zum Wandel des Platon-Verständnisses im 18. Jahrhundert«, in: *Platonismus im Deutschen Idealismus. Die platonische Tradition in der klassischen deutschen Philosophie.* (Hg.) Mojsisch, Burkhard – Summerell, Orrin F. München/Leipzig 2003, S. 1–17

Görland, Ingtraud, *Die Entwicklung der Frühphilosophie Schellings in der Auseinandersetzung mit Fichte.* Frankfurt a. M. 1973

Griswold, Charles, »Reflections on ›Dialectic‹ in Plato and Hegel«, in: *International Philosophical Quaterly* 22 (1982), S. 115–130

Halfwassen, Jens, »Idee, Dialektik und Transzendenz. Zur Platondeutung Hegels und Schellings am Beispiel ihrer Deutung des *Timaios*«, in: *Platon in der abendländischen Geistesgeschichte. Neue Forschungen zum Platonismus.* (Hg.) Kobusch, Theo – Mojsisch, Burkhard. Darmstadt 1997

– *Hegel und der spätantike Neuplatonismus. Untersuchungen zur Metaphysik des Einen und des Nous in Hegels spekulativer und geschichtlicher Deutung.* Bonn 1999

Hartmann, Eduard von, *Schelling's philosophisches System*. Leipzig 1897

Hartmann, Nicolai, »Der philosophische Gedanke und seine Geschichte«, in: ders., *Kleinere Schriften. Bd. II: Abhandlungen zur Philosophie-Geschichte*. Berlin 1957, 1–48

Hegel, G. W. F., *Vorlesungen über die Geschichte der Philosophie 1: Einleitung. Orientalische Philosophie*. (Hg.) Jaeschke, Walter. (Philosophische Bibliothek; 439) Hamburg 1993

Heidegger, Martin, »Was ist Metaphysik?«, in: *Wegmarken*. 3. durchgesehene Auflage. Frankfurt 1996, S. 103–122

Heidemann, Dietmar, »Der Relativismus in Platons Protagoras-Kritik«, in: *Méthexis* 13 (2000), S. 17–38

Heintel, Erich, »Hegel und Platon«, in: ders., *Grundriss der Dialektik: ein Beitrag zu ihrer fundamentalphilosophischen Bedeutung. Bd. 1: Zwischen Wissenschaftstheorie und Theologie*. (Grundrisse Bd. 4) Darmstadt 1984, S. 234–293

Heitsch, Ernst, *Überlegungen Platons im Theaetet*. (Abhandlungen der Akademie der Wissenschaften und der Literatur. Geistes- und Sozialwissenschaftliche Klasse, 1988, Nr. 9) Stuttgart 1988, S. 74–107

Heller, J., *Solgers Philosophie der ironischen Dialektik*. Berlin 1928

Henrich, Dieter, »Der Weg des spekulativen Idealismus. Ein Resumé und eine Aufgabe«, in: *Jakob Zwillings Nachlaß. Eine Rekonstruktion*. (Hg.) Henrich, Dieter – Jamme, Christoph. (Hegel-Studien. Beiheft 28) Bonn 1986, S. 77–96

Hermann, K. F., *Geschichte und System der Platonischen Philosophie*, Bd. 1, Heidelberg 1839

Heyder, C. L. W., *Kritische Darstellung und Vergleichung der Methoden Aristotelischer und Hegelscher Dialektik*. Bd. 1, Erlangen 1845

Hindrichs, Gunnar, »Das Problem des Historismus«, in: *Philosophisches Jahrbuch* 109 (2002), S. 283–305

Hoffmann, Michael – Perger, Mischa von, »Neues zu Platons ›ungeschriebener Lehre‹«, in: *Philosophische Rundschau* 43 (1996), S. 97–132

Hogrebe, Wolfram, *Prädikation und Genesis. Metaphysik als Fundamentalheuristik im Ausgang von Schellings ›Die Weltalter‹*. Frankfurt a. M. 1989

Holz, Hans Heinz, »Philosophiegeschichte als Konstituens systematischer Philosophie«, in: *Geschichtlichkeit der Philosophie. Theorie, Methodologie und Methode der Historiographie der Philosophie*. (Hg.) Sandkühler, Hans Jörg. (Philosophie und Geschichte der Wissenschaften. Studien und Quellen; 14) Frankfurt a. M. u. a. 1991, S. 193–210

Holz, Harald, *Die Idee der Philosophie bei Schelling: Metaphysische Motive in seiner Frühphilosophie*. Freiburg/München 1977

– »Das Platonische Syndrom beim jungen Schelling (Hintergrundtheoreme in der Ausbildung seines Naturbegriffs)«, in: ders., *Die Idee der Philosophie bei Schelling. Metaphysische Motive in seiner Frühphilosophie*. Freiburg/München 1977, S. 19–63

– »Die Dialektik in den Frühschriften von Fichte und Schelling«, in: *Archiv für Geschichte der Philosophie* 52 (1970), S. 71–90; dass., in: *Materialien zu Schellings philosophischen Anfängen*. (Hg.) Frank, Manfred – Kurz, Gerhard. (suhrkamp taschenbuch wissenschaft. 139) Frankfurt a. M. 1975, S. 215–236

Honnefelder, Ludwig, »Die Einmaligkeit des Geschichtlichen. Thesen zur philosophischen Bedeutung der Geschichtstheologie Augustins«, in: *Tradition und Innovation*.

XIII. Deutscher Kongreß für Philosophie. Bonn 24.–29. September 1984. (Hg.) Kluxen, Wolfgang. Hamburg 1988, S. 70–81

Hösle, Vittorio, *Wahrheit und Geschichte*. Studien zur Struktur der Philosophiegeschichte unter paradigmatischer Analyse der Entwicklung von Parmenides bis Platon. Stuttgart-Bad Cannstatt 1984

– »Hegels ›Naturphilosophie‹ und Platons ›Timaios‹ – ein Strukturvergleich«, in: *Philosophia naturalis* 21 (1984), S. 64–100; abgedruckt in: ders., *Philosophiegeschichte und objektiver Idealismus*. München 1996, S. 37–74

– »Vorwort«, in: *Philosophiegeschichte und objektiver Idealismus*. München1996

Hübscher, Arthur, »Das Genie bei Schopenhauer«, in: *Zeitschrift für Ästhetik und allgemeine Kunstwissenschaft* 18 (1973), S. 103–126

IJselling, Samuel, »Philosophie und Textualität. Über eine rhetorische Lektüre philosophischer Texte«, in: *Zur Phänomenologie des philosophischen Textes.* (Hg.) Orth, Ernst Wolfgang. Freiburg/München 1982, S. 57–76

Ivaldo, Marco, »L'approccio di Fichte alla storio«, in: *Storicismo ed Epistemologia*. Padova 1982, S. 127–136

Jabobi, Friedrich Heinrich, »Beylage I [1789]«, in: *Beylagen zu den Briefen über die Lehre des Spinoza*, in: Friedrich Heinrich Jacobi. Werke. (Hg.) Roth, Friedrich – Köppen, Friedrich. Bd. IV, 2, S. 5–18. Repr. Nachdr. Darmstadt 1980

– *Ueber die Lehre des Spinoza, in Briefen an Herrn Moses Mendelssohn*, Breslau ²1789

Jaeschke, Walter, »Einleitung«, zu: *Hegel, G. W. F., Einleitung in die Geschichte der Philosophie. Orientalische Philosophie*, Hamburg 1993, S. VII–XXIX

Janke, Wolfgang, »Repetición de la dialética. La traducción de la dialética platónica a la doctrina de la ciencia de Fichte«, in: *Anuario Filosófico* 11 (1978), n. 1, S. 75–88

– »Die Wörter ›Sein‹ und ›Ding‹ – Überlegungen zu Fichtes Philosophie der Sprache«, in: *Der transzendentale Gedanke. Die gegenwärtige Darstellung der Philosophie Fichtes.* (Hg.) Hammacher, Klaus. Hamburg 1981, S. 49–67;

– »Logos: Vernunft und Wort. Humboldts Weg zur Sprache und Fichtes Sprachabhandlungen«, in: *Janke, Wolfgang, Entgegensetzungen. Studien zu Fichte-Konfrontationen von Rousseau bis Kierkegaard.* (Fichte-Studien-Supplementa. 4) Amsterdam/Atlanta 1994, S. 23–45

Jantzen, Jörg, »Eschenmayer und Schelling. Die Philosophie in ihrem Übergang zur Nichtphilosophie«, in: *Religionsphilosophie und spekulative Theologie. Der Streit um die göttlichen Dinge.* (Hg.) Jaeschke, Walter. Hamburg 1994, S. 74–97; insb. S. 86–92

– »Der Ausdruck des Unbedingten. Schellings Systementwürfe«, in: ders. (Hg.), *Die Realität des Wissens und das wirkliche Dasein. Erkenntnisbegründung und Philosophie des Tragischen beim frühen Schelling* (Schellingiana; 10) Stuttgart-Bad Cannstatt 1998, S. 1–35

Jergius, Holger, *Philosophische Sprache und analytische Sprachkritik. Bemerkungen zu Fichtes Wissenschaftslehren.* (Symposion. Philosophische Schriftenreihe. 51) Freiburg/München 1975

Jürgensen, Sven, »Schelling: absolutes Ich oder Selbstbewußtsein«, in: *Schellings Weg zur Freiheitsschrift. Legende und Wirklichkeit.* Akten der Fachtagung der Internationalen Schelling-Gesellschaft vom 14.–17. Oktober 1992. (Hg.) Baumgartner, Hans Michael – Jacobs, Wilhelm G. (Schellingiana. 5) Stuttgart-Bad Cannstatt 1996, S. 279–287

– »Schellings logisches Prinzip: Der Unterschied in der Identität«, in: *Schelling. Zwischen Fichte und Hegel. Between Fichte and Hegel.* (Hg.) Asmuth, Christoph – Denker, Alfred – Vater, Michael. (Bochumer Studien zur Philosophie; 32) Amsterdam/Philadelphia 2000, S. 113–143

Kaehler, Klaus E., »Kant und Hegel zur Bestimmung einer philosophischen Geschichte der Philosophie«, in: *studia leibnitiana* 14 (1982), H. 1, S. 25–47

Kahnert, Klaus, »Sprachursprung und Sprache bei J. G. Fichte«, in: *Sein – Reflexion – Freiheit. Aspekte der Philosophie Johann Gottlieb Fichtes.* (Hg.) Asmuth, Christoph. (Bochumer Studien zur Philosophie. 25) Amsterdam/Philadelphia 1997, S. 191–219

Kang, Jung-Min, *Philosophische Philosophiegeschichte. Studien zur allgemeinen Methodologie der Philosophiegeschichtsschreibung mit besonderer Berücksichtigung der Philosophie der Philosophiegeschichte.* Konstanz 1998, S. 16–29

Kierkegaard, Søren, *Der Begriff Angst.* Übersetzt, mit einer Einleitung und Kommentar. (Hg.) Rochol, Hans. (Philosophische Bibliothek; 340) Hamburg 1984

Kobusch, Theo, »Die Dialogische Philosophie Platons (nach Schlegel, Schleiermacher und Solger)«, in: *Platon in der abendländischen Geistesgeschichte.* (Hg.) Kobusch, Theo – Mojsisch, Burkhard. Darmstadt 1997, S. 210–225

Kodalle, Klaus-M., »Fichtes Wahrnehmung des Historischen. Josef Simon zum 65. Geburtstag«, in: *Fichtes Wissenschaftslehre 1794.* (Hg.) Hogrebe, Wolfram. Frankfurt a. M. 1995, S. 183–224

Köhler, Dietmar, »Hegels Vorlesungen über die Geschichte der Philosophie. Anmerkungen zur Editionsproblematik«, in: *Hegel-Studien* 33 (1998), S. 53–83

Körner, Josef, »Friedrich Schlegels ›Philosophie der Philologie‹«, in: *Logos* 17 (1928), H. 1, S. 1–72

Korten, Harald, »Vom Parallelismus von Natur- und Transzendentalphilosophie zur Identitätsphilosophie. Kontinuität oder Neuansatz in Schellings Philosophie? – Eine Problemskizze«, in: *Schellings Weg zur Freiheitsschrift: Legende und Wirklichkeit.* Akten der Fachtagung der Internationalen Schelling-Gesellschaft vom 14.–17. Oktober 1992. (Hg.) Baumgartner, Hans-Michael – Jacobs, Wilhelm G., Stuttgart-Bad Cannstatt 1996, S. 51–94

Kraft, Viktor, »Philosophie und Geschichte der Philosophie«, in: *Zeitschrift für Philosophie und philosophische Kritik* 157 (1915), S. 4–20

Krämer, Hans Joachim, *Arete bei Platon und Aristoteles. Zum Wesen und zur Geschichte der platonischen Ontologie.* Heidelberg 1959

– »Über den Zusammenhang von Prinzipienlehre und Dialektik bei Platon«, in: *Philologus* 110 (1966), S. 35–70

– *Der Ursprung der Geistmetaphysik.* Amsterdam ²1967

– *Platonismus und hellenistische Philosophie.* Berlin 1972

– »Grundsätzliches zur Kooperation zwischen historischen und systematischen Wissenschaften«, in: *Zeitschrift für philosophische Forschung* 32 (1978), S. 321–344

– »Neues zum Streit um Platons Prinzipienlehre«, in: *Philosophische Rundschau* 27 (1980), S. 1–38

– *Platone e i fondamenti della metafisica.* Milano 1982

– »Funktions- und Reflexionsmöglichkeiten der Philosophiehistorie. Vorschläge zu ihrer wissenschaftstheoretischen Ortsbestimmung«, in: *Zeitschrift für allgemeine Wissenschaftstheorie/Journal for General Philosophy of Science* 16 (1985), H. 1, S. 67–95

– »Fichte, Schlegel und der Infinitismus in der Platondeutung«, in: *Deutsche Vierteljahrsschrift für Literatur- und Geisteswissenschaften* 62 (1988), S. 59–81

Krings, Hermann, »Natur als Subjekt. Ein Grundzug der spekulativen Physik Schellings«, in: *Natur und Subjektivität. Zur Auseinandersetzung mit der Naturphilosophie des jungen Schelling.* (Hg.) Heckmann, Reinhard – Krings, Hermann – Meyer, Rudolf W. Stuttgart-Bad Cannstatt 1985, S. 111–128

– »Genesis und Materie – Zur Bedeutung der ›Timaeus‹-Handschrift für Schellings Naturphilosophie«, in: *Schelling, F. W. J., »Timaeus.« (1974).* (Hg.) Buchner, Hartmut. Stuttgart-Bad Cannstatt 1994, S. 117–155

Kroker, Paul, *Die Tugendlehre Schleiermachers mit spezieller Berücksichtigung der Tugendlehre Platos.* Diss. Erlangen 1889

Kuhlmann, Hartmut, *Schellings früher Idealismus. Ein kritischer Versuch.* Stuttgart/Weimar 1993

Kuhlmann, Wolfgang, »Zur Kritik des historischen Bewußtseins«, in: *Tradition und Innovation. XIII. Deutscher Kongreß für Philosophie.* Bonn 24.–29. September 1984. (Hg.) Kluxen, Wolfgang. Hamburg 1988, S. 36–46

Kym, Andreas Ludwig, *Hegels Dialectik in ihrer Anwendung auf die Geschichte der Philosophie.* Zürich 1848

Lacey, A. R., »Our Knowledge of Socrates«, in: *The Philosophy of Socrates. A Collection of Critical Essays.* Bd. 1, New York 1971

Lauth, Reinhard, »Der Begriff der Geschichte nach Fichte«, in: *Philosophisches Jahrbuch* 72 (1964/65), S. 353–384

– »Die erste philosophische Auseinandersetzung zwischen Fichte und Schelling 1795–1797«, in: *Zeitschrift für philosophische Forschung* 21 (1967), S. 341–367

– »Die Handlung in der Geschichte nach der Wissenschaftslehre«, in: ders., *Transzendentale Entwicklungslinien von Descartes bis zu Marx und Dostojewski.* Hamburg 1989, S. 397–410

Leinkauf, Thomas, *Schelling als Interpret der philosophischen Tradition. Zur Rezeption und Transformation von Platon, Plotin, Aristoteles und Kant.* (Münsteraner Philosophische Schriften; 5) Münster 1998, S. 44–157

Lübbe, Hermann, »Philosophische Editionen – kulturpolitisch von hohem Rang, wissenschaftspolitisch ohne Präferenz«, in: *Wirtschaft und Wissenschaft* 24 (1976), H. 2, S. 2–6

Lessing, Theodor, *Geschichte als Sinngebung des Sinnlosen.* München 1919

MacIntyre, Alasdair, »The relationship of philosophy to the past«, in: *Philosophy in history.* (Hg.) Rorty, Richard. Cambridge 1984, S. 31–47

Makkreel, Rudolf A., »Philosophiegeschichte in Beziehung zu Geistes- und Wirkungsgeschichte«, in: *Philosophie der Gegenwart – Gegenwart der Philosophie.* (Hg.) Schnädelbach, Herbert – Geert, Keil. Hamburg 1993, S. 77–95

Malter, Rudolf, *Arthur Schopenhauer. Transzendentalphilosophie und Metaphysik des Willens.* Stuttgart-Bad Cannstatt 1991

Maluschke, G., *Kritik und absolute Methode in Hegels Dialektik.* (Hegel-Studien Beiheft 13) Bonn 1974

Masciarelli, Pasqualino, »Zwischen Geschichte des Pantheismus und Theorie des Vorstellungsvermögens. Beiträge zum platonischen Pythagoreismus zur Zeit von Schellings frühen Schriften«, in: *Das antike Denken in der Philosophie Schellings*. (Hg.) Adolphi, Rainer – Jantzen, Jörg. (Schellingiana; 11) Stuttgart-Bad Cannstatt 2004, S. 237–273

Matthen, Mohan, »Perception, Relativism, an Truth: Reflections on Plato's *Theaetetus* 152–160«, in: *Dialogue* 24 (1985), S. 33–58

Mejer, Jørgen, »Plato, Protagoras and the Heracliteans. Some suggestians concerning Theatetus 151D-186E«, in: *Classica et Mediaevalia* 29 (1968), S. 40–60

Metz, Wilhelm, »Die Weltgeschichte beim späten Fichte«, in: *Fichte-Studien* 1 (1990), S. 121–131

Mittelstraß, Jürgen, »Das Interesse der Philosophie an ihrer Geschichte«, in: *Studia philosophica* 36 (1976), S. 3–15

– »Die Philosophie und ihre Geschichte«, in: *Geschichtlichkeit der Philosophie. Theorie, Methodologie und Methode der Historiographie der Philosophie*. (Hg.) Sandkühler, Hans Jörg. (Philosophie und Geschichte der Wissenschaften. Studien und Quellen; 14) Frankfurt a. M. u. a. 1991, S. 11–30

– »Gründegeschichten und Wirkungsgeschichten. Bausteine zu einer konstruktiven Theorie der Wissenschafts- und Philosophiegeschichte«, in: *Vernunft und Lebenspraxis. Philosophische Studien zu den Bedingungen einer rationalen Kultur. Für Friedrich Kambartel*. (Hg.) Demmerling. Christoph – Gabriel, Gottfried – Rentsch, Thomas. Frankfurt a. M. 1995, S. 10–31

Mojsisch, Burkhard, *Meister Eckhart. Analogie, Univozität und Einheit*. Hamburg 1983

– »›Dialektik‹ und ›Dialog‹: Politeia, Theaitetos, Sophistes«, in: *Platon: Seine Dialoge in der Sicht neuer Forschungen*. Hg. von Theo Kobusch – Burkhard Mojsisch. Darmstadt 1996, S. 167–180

– »Aristoteles' Kritik an Platons Theorie der Ideen und die Dietrich von Freiberg berücksichtigende Kritik dieser Kritik seitens Bertholds von Moosburg«, in: *Dietrich von Freiberg. Neue Perspektiven seiner Philosophie, Theologie und Naturwissenschaft. Freiberger Symposion: 10.–13. März 1997*. (Hg.) Kandler, Karl-Hermann – Mojsisch, Burkhard – Stammkötter, Franz-Bernhard. (Bochumer Studien zur Philosophie; 28) Amsterdam/Philadelphia 1999, S. 267–281

– »Platon und seine Philosophie der Mittelposition des Menschen«, in: Homo Medietas. Aufsätze zu Religiosität, Literatur und Denkformen des Menschen vom Mittelalter bis in die Neuzeit. Festschrift für Alois Maria Haas. (Hg.) Brinker-von der Heyde, Claudia – Largier, Niklaus. Bern/Berlin/Frankfurt a. M./New York/Paris 1999, S. 575–584

– »Verbindung und Einheit bei Platon und Kant – mit metatheoretischen Reflexionen«, in: *Prudentia und Contemplatio. Ethik und Metaphysik im Mittelalter*. Festschrift für Georg Wieland zum 65. Geburtstag. (Hg.) Brachtendorf, Johannes. Paderborn/München/Wien/Zürich 2002, S. 160–169

Montuori, M., *Socrates. Physiology of a Myth*. Amsterdam 1981

Münch, Dieter, »Das Denken und die Fakten. Überlegungen zu einer kognitiven Philosophiegeschichtsschreibung und Hermeneutik«, in: *Philosophiegeschichte und Hermeneutik*. (Hg.) Caysa, Volker – Eichler, Klaus-Dieter. (Leipziger Schriften zur Philosophie; 5) Leipzig 1996, S. 70–84

Neschke-Hentschke, Ada, »Le texte de Platon entre Friedrich August Wolf (1759–1824) et Friedrich Schleiermacher (1767–1834)«, in: *La naissance du paradigme herméneutique. Schleiermacher, Humboldt, Boeckh, Droysen.* (Hg.) Neschke-Hentschke, Ada – Laks, André. Lille 1990, S. 262–276

– »Matériaux pour une approche philologique de l'herméneutique de Schleiermacher«, in: *La naissance du paradigme herméneutique. Schleiermacher, Humboldt, Boeckh, Droysen.* (Hg.) Neschke-Hentschke, Ada – Laks, André. Lille 1990, S. 29–67

Neuser, Wolfgang, »III Die Naturphilosophie (245–376)«, in: *Hegels ›Enzyklopädie der philosophischen Wissenschaften‹ (1830)*. Ein Kommentar zum Grundriß von Hermann Drüe, Annemarie Gethmann-Siefert, Christa Hackenesch, Walter Jaeschke, Wolfgang Neuser und Herbert Schnädelbach. (Hegels Philosophie. Kommentare zu den Hauptwerken herausgegeben von Herbert Schnädelbach; 3) Frankfurt a. M. 2000, S. 139–205

Neymeyr, Barbara, *Ästhetische Autonomie als Abnormität. Kritische Analysen zu Schopenhauers Ästhetik im Horizont seiner Willensmetaphysik*, Berlin/New York 1996

Nicolai de Cusa, *Idiota de sapientia. Der Laie über die Weisheit.* Übersetzt u. herausgegeben von Renate Steiger. (Philosophische Bibliothek; 411) Hamburg 1988

Nietzsche, Friedrich, *Götzen-Dämmerung*, in: Kritische Studienausgabe. (Hg.) Colli, Giorgio – Montinari, Mazzino. München/Berlin/New York 1967–77. Bd. 6

– *Unzeitgemäße Betrachtungen II: Vom Nutzen und Nachtheil der Historie für das Leben.* Kritische Studienausgabe. (Hg.) Colli, Giorgio – Montinari, Mazzino. München/Berlin/New York 1967–77

Otto, Stephan, »Das ›Symbolum der wahren Philosophie‹. Die *nolana philosophia* und ihre Vermittlung durch Jacobi an Schelling«, in: *Das antike Denken in der Philosophie Schellings.* (Hg.) Adolphi, Rainer – Jantzen, Jörg. (Schellingiana; 11) Stuttgart-Bad Cannstatt 2004, S. 545–578

Oeing-Hanhoff, Ludger, »Über den Fortschritt der Philosophie. Geschichte und Stand des Problems«, in*: Die Philosophie und die Frage nach dem Fortschritt.* (Hg.) Kuhn, Helmut – Wiedmann, Franz. München 1964, S. 73–106

Patsch, H., »Friedrich Asts ›Eutyphron‹-Übersetzung im Nachlaß Friedrich Schlegels. Ein Beitrag zur Platon-Rezeption in der Frühromantik«, in: *Jahrbuch des Freien deutschen Hochstifts* 1988, S. 112–127

Peetz, Siegbert, *Die Freiheit im Wissen. Eine Untersuchung zu Schellings Konzept der Rationalität*, Frankfurt a. M. 1995

Peperzak, Adriaan Theodoor, »Hegel's Philosophy of Right and Plato's Politeia«, in: *Platonic Transformations with and after Hegel, Heidegger, and Levinas.* Lanham 1997, S. 19–56

Plessing, Friedrich Victor Leberecht, »Abhandlung über die Ideen des Plato«, in: Cäsar, Karl Adolph, *Denkwürdigkeiten aus der philosophischen Welt.* 3 Bde. Leipzig 1786; ders., *Memnonium oder Versuche zur Enthüllung der Geheimnisse des Alterthums.* 2 Bde. Leipzig 1787–90

– *Versuche zur Aufklärung des ältesten Alterthums.* 2 Bde. Leipzig 1788/1790

Pöggeler, Otto, »Schopenhauer und das Wesen der Kunst«, in: *Zeitschrift für philosophische Forschung* 14 (1960), S. 353–389

Poser, Hans, »Philosophiegeschichte und rationale Rekonstruktion. Wert und Grenze einer Methode«, in: *studia leibnitiana* 3 (1971), S. 67–76

– »Einleitung« zu: *Wandel des Vernunftbegriffs.* (Hg.) Poser, Hans. Freiburg 1981, S. 7–10

– »Zeit und Ewigkeit. Zeitkonzepte als Orientierungswissen«, in: *Das Rätsel der Zeit. Philosophische Analysen.* Freiburg/München 1993, S. 17–50

– »Editionen – Dinosaurier der Philosophie?«, in: *Philosophische Rundschau* 47 (2000), S. 113–123

Puntel, Lorenz B., »Zur Situation der *deutschen* Philosophie der Gegenwart. Eine kritische Betrachtung«, in: *Information Philosophie* 22 (1994), H. 1, S. 20–30; »Antworten an Lorenz B. Puntel«, in: *Information Philosophie* 22 (1994), H. 3, S. 38–44

Quero-Sánchez, Andrés, *Sein als Freiheit. Die idealistische Metaphysik Meister Eckharts und Johann Gottlieb Fichtes.* (Symposion; 121) Freiburg/München 2004

Radrizzani, Ives, »Quelques réflexion sur le statut de l'histoire dans le système fichtéen«, in: *Revue de Théologie et de Philosophie* 123 (1991), S. 293–304

Reale, Giovanni, *Zu einer neuen Interpretation Platons.* Paderborn u. a. 1993

Rehn, Rudolf, *Der logos der Seele. Wesen, Aufgabe und Bedeutung der Sprache in der platonischen Philosophie.* Hamburg 1982

Reisinger, Peter, »Über die Zirkelnatur des Verstehens in der traditionellen Hermeneutik«, in: *Philosophisches Jahrbuch* 81 (1974), S. 88–104

Ricoeur, Paul, *Geschichte und Wahrheit.* München 1974

Riek, Anna, in: »Sachbuch in der Frankfurter Rundschau«, 13.10.1999

Ripalda, José Maria, »Die Geschichte der Philosophie: Reflexionen zu einer problematischen Disziplin«, in: *Geschichtlichkeit der Philosophie. Theorie, Methodologie und Methode der Historiographie der Philosophie.* (Hg.) Sandkühler, Hans Jörg. (Philosophie und Geschichte der Wissenschaften. Studien und Quellen; 14) Frankfurt a. M. u. a. 1991, S. 57–74

Rockmore, Tom, »Le concept fichtéen de la science et la tradition platonicienne«, in: *Le Savoir Philosophique*, Nice 1977, S. 31–40

– »Quines Witz und die Philosophiegeschichte«, in: *Geschichtlichkeit der Philosophie. Theorie, Methodologie und Methode der Historiographie der Philosophie.* (Hg.) Sandkühler, Hans Jörg. (Philosophie und Geschichte der Wissenschaften. Studien und Quellen; 14) Frankfurt a. M. u. a. 1991, S. 219–226

Röd, Wolfgang, »Fortschritt und Rückschritt in der Philosophiehistorie«, in: *Veritas filia temporis? Philosophiehistorie zwischen Wahrheit und Geschichte.* (Hg.) Puster, W. Berlin/New York 1995, S. 31–43

Romilly, Jacqueline de, *Les Grands Sophistes dans L'Athènes de Periclès.* Paris 1988, S. 140–146

Rorty, Richard, »The historiography of philosophy: four genres«, in: *Philosophy in history.* (Hg.) Rorty, Richard. Cambridge 1984, S. 49–75

Röttgers, Kurt, »Philosophische Begriffsgeschichte«, in: *Geschichtlichkeit der Philosophie. Theorie, Methodologie und Methode der Historiographie der Philosophie.* (Hg.) Sandkühler, Hans Jörg. (Philosophie und Geschichte der Wissenschaften. Studien und Quellen; 14) Frankfurt a. M. u. a. 1991, S. 97–112

Runciman, W. G., *Plato's later Epistemology.* Cambridge 1962

Sandkaulen-Bock, Birgit, *Ausgang vom Unbedingten. Über den Anfang in der Philosophie Schellings.* Göttingen 1990

Sandkühler, Hans Jörg, »F. W. J. Schellings Philosophische Entwürfe und Tagebücher – Ein *Werk im Werden*. Theoretische, methodologische und hermeneutische Probleme«, in: *Philologie und Philosophie. Beiträge der VII. Internationalen Fachtagung der Arbeitsgemeinschaft philosophischer Editionen.* (Hg.) Senger, Gerhard. Tübingen 1998, S. 98–110

Sass, Hans Martin, »Philosophische Positionen in der Philosophiegeschichtsschreibung. Ein Forschungsbericht«, in: *Deutsche Vierteljahresschrift für Literaturwissenschaft und Geistesgeschichte* 46 (1972), S. 539–567

Schaefer, Alfred, *Probleme Schopenhauers.* Berlin 1984

Schelling, F. W. J., *Briefe und Dokumente.* (Hg.) Fuhrmans, Horst. Bd. 3. Bonn 1974

– *Bruno or On the Natural and the Divine Principle of Things* (1802). Edited and translated with an introduction by Michael G. Vater. (SUNY series in Hegelian studies) Albany, N. Y. 1984

– *»Timaeus.«* (1794). (Hg.) Buchner, Hartmut. Mit einem Beitrag von Hermann Krings: »Genesis und Materie – Zur Bedeutung der ›Timaeus‹-Handschrift für Schellings Naturphilosophie«. (Schellingiana; 4). Stuttgart-Bad Cannstatt 1994

Schleiermacher, Friedrich Daniel Ernst, [Ankündigung der Platon-Übersetzung], in: *Intelligenzblatt der Allgemeinen Literatur-Zeitung* 1803, Nr. 212, Sp. 1732f

– *Geschichte der Philosophie.* Aus dem Nachlasse. [Hg.] Ritter, H., in: Schleiermacher: Werke, 3. Abt., Bd. 4, 1. Berlin 1839

– *Aus Schleiermachers Leben. In Briefen.* (Hg.) Jonas, Ludwig – Dilthey, Wilhelm. 4 Bde. Berlin 1860–1863. Nachdr. Berlin/New York 1974, Bd. 4, S. 579–593

– »Hermeneutik und Kritik mit besonderer Beziehung auf das Neue Testament«, in: *Schleiermacher, Hermeneutik und Kritik.* (Hg.) Frank, Manfred. Frankfurt a. M. [1]1977; [7]1999

– *Über die Philosophie Platons.* (Hg.) Steiner, Peter M. (Philosophische Bibliothek; Bd. 486) Hamburg 1996, S. 29

Schmid, Dirk, *Religion und Christentum in Fichtes Spätphilosophie 1810–1813.* Berlin/New York 1995

– »Das Christentum als Verwirklichung des Religionsbegriffs in Fichtes Spätphilosophie 1813«, in: *Sein – Reflexion – Freiheit. Aspekte der Philosophie Johann Gottlieb Fichtes.* (Hg.) Asmuth, Ch. Amsterdam/Philadelphia 1997, S. 221–236

Schmidt, Jochen, *Die Geschichte des Genie-Gedankens in der deutschen Literatur, Philosophie und Politik 1750–1945.* 2 Bde. Darmstadt 1985, Bd. 1, S. 467–476

Schnädelbach, Herbert, »Zur Dialektik der historischen Vernunft«, in: *Wandel des Vernunftbegriffs.* (Hg.) Poser, Hans. Freiburg i. Br./München 1981, S. 15–37

– »Philosophie als spekulative Wissenschaft«, in: *Hegels ›Enzyklopädie der philosophischen Wissenschaften‹ (1830).* Ein Kommentar zum Grundriß von Hermann Drüe, Annemarie Gethmann-Siefert, Christa Hackenesch, Walter Jaeschke, Wolfgang Neuser und Herbert Schnädelbach. (Hegels Philosophie. Kommentare zu den Hauptwerken herausgegeben von Herbert Schnädelbach; 3) Frankfurt a. M. 2000, S. 21–86

Schneider, Helmut, *Das Verhältnis von System und Geschichte der Philosophie als Methodenproblem.* Diss. München. Witterschlick b. Bonn 1968

Schneider, Ulrich Johannes, *Die Vergangenheit des Geistes. Eine Archäologie der Philosophiegeschichte.* Frankfurt a. M. 1990

– »Ein ›Dilemma tiefster Schwierigkeiten‹: die Theorie der Philosophiegeschichte im
   20. Jahrhundert«, in: *Philosophiegeschichte und Hermeneutik*. (Hg.) Caysa, Volker –
   Eichler, Klaus-Dieter. Leipzig 1996, S. 46–69
– *Philosophie und Universität. Historisierung der Vernunft im 19. Jahrhundert*. Hamburg
   1999
Scholtz, Gunter, *Die Philosophie Schleiermachers*. (Erträge der Forschung; 217) Darmstadt 1984
– »Platonische Dialektik. Schleiermachers Interpretation und Rezeption von Platons Ideenlehre«, in: ders., *Ethik und Hermeneutik*. Frankfurt a. M. 1995, S. 258–285
– »Schleiermachers Interpretation und Rezeption von Platons Ideenlehre«, in: ders., *Ethik
   und Hermeneutik. Schleiermachers Grundlegung der Geisteswissenschaften*. Frankfurt
   a. M. 1995, S. 258–285
– »Gibt es eine innere Einheit von Philologie und Philosophie?«, in: *Beiträge zur VII. Internationalen Fachtagung der Arbeitsgemeinschaft philosophischer Editionen*
   (12.–14. März 1997 München). (Hg.) Senger, Hans Gerhard. Tübingen 1998, S. 58–70
Scholz, Oliver R., *Verstehen und Rationalität. Untersuchungen zu den Grundlagen von
   Hermeneutik und Sprachphilosophie*. Frankfurt a. M. 1999
Schreiter, Jörg, »Hermeneutik, Diskursives Universum und Rationalitätsunterstellungen«,
   in: *Geschichtlichkeit der Philosophie. Theorie, Methodologie und Methode der Historiographie der Philosophie*. (Hg.) Sandkühler, Hans Jörg. (Philosophie und Geschichte
   der Wissenschaften. Studien und Quellen; 14) Frankfurt a. M. u. a. 1991, S. 165–172
Schulte, Paul, *Solgers Schönheitslehre im Zusammenhang des Deutschen Idealismus.
   Kant, Schiller, W. v. Humboldt, Schelling, Solger, Schleiermacher, Hegel*. Diss. Kassel
   2001
Schurr-Lorusso, Anna Maria, »Il pensiero linguistico di J. G. Fichte«, in: *Lingua e stile* 5
   (1970), S. 253–270
Sell, Annette, »Plotin und Fichte – zwei Lebensbegriffe«, in: *Platonismus im Idealismus.
   Die platonische Tradition in der klassischen deutschen Philosophie*. (Hg) Mojsisch,
   Burkhard – Summerell, Orrin F. München/Leipzig 2003, S. 77–90
Senger, Hans Gerhard, »Bibliographie 1973–1998. Veröffentlichungen der AGphE [Ar-
   beitsgemeinschaft der Philosophischen Editionen; Ch. A.] und aus ihrer Arbeit hervor-
   gegangener Werke«, in: *Beiträge zur VII. Internationalen Fachtagung der Arbeitsge-
   meinschaft philosophischer Editionen* (12.–14. März 1997 München). (Hg.) Senger,
   Hans Gerhard. Tübingen 1998, S. 235–243
Solger, Karl Wilhelm Ferdinand, *Solger's nachgelassene Schriften und Briefwechsel*. [Hg.]
   Tieck, Ludwig – Raumer, Friedrich von. 2 Bde. Leipzig 1826
Stegmüller, Wolfgang, »Gedanken über eine mögliche rationale Rekonstruktion von Kants
   Metaphysik der Erfahrung«, in: *Ratio* 9 (1967), S. 1–30
Steiner, Peter M., »Zur Kontroverse um Schleiermachers Platon«, in: *Schleiermacher,
   Friedrich Ernst Daniel, Über die Philosophie Platons. Geschichte der Philosophie.
   Vorlesungen über Sokrates und Platon (zwischen 1819 und 1823). Die Einleitungen zur
   Übersetzung des Platon (1804–1828)*. (Hg.) Steiner, Peter M. (Philosophische Biblio-
   thek; 486) Hamburg 1996, S. XXIII–XLIV
Stenzel, Julius, »Zum Problem der Philosophiegeschichte. Ein methodologischer Ver-
   such«, in: *Kant-Studien* 26 (1921), S. 416–453

Summerell, Orrin F., »Das Sich-Setzen der Freiheit. Zum Verhältnis Schelling-Fichte«, in: *Sein – Reflexion – Freiheit. Aspekte der Philosophie Johann Gottlieb Fichtes.* (Hg.) Asmuth, Christoph. (Bochumer Studien zur Philosophie. 25) Amsterdam/Philadelphia 1997, S. 69–78

– »Einbildungskraft und Vernunft: Die Widerspiegelung der absoluten Identität in Schellings Philosophie der Kunst«, in: *Schelling. Zwischen Fichte und Hegel. Between Fichte and Hegel.* (Hg.) Asmuth, Christoph – Denker, Alfred – Vater, Michael. (Bochumer Studien zur Philosophie; 32), Amsterdam/Philadelphia 2000, S. 179–212

– »›(. . .) wie die *Vernunft* die Idee der Welt *subjektiv* erzeugt.‹ Zur Theorie des Vorstellungsvermögens in Schellings *Timaeus*-Kommentar«, in: *Imagination – Fiktion – Kreation. Das kulturschaffende Vermögen der Phantasie.* (Hg.) Dewender, Thomas – Welt, Thomas. Leipzig 2003, S. 291–315

Surber, Jere Paul, »The Historical and Systematic Place of Fichte's Reflection on Language«, in: *Fichte. Historical Contexts. Contemporary Controversies.* (Hg.) Breazeale, Daniel – Rockmore, Tom. Atlantic Highlands, N. J. 1994, S. 113–127

– »J. G. Fichte and the ›Scientific‹ Reconstruction of Grammar«, in: *New Perspectives on Fichte.* (Hg.) Breazeale, Daniel – Rockmore, Tom. Atlantic Highlands, NJ 1996, S. 61–77

Süskind, Hermann, *Der Einfluß Schellings auf die Entwicklung von Schleiermachers System.* Tübingen 1909

Szlezák, Thomas Alexander, »Dialogform und Esoterik. Zur Deutung des platonischen Dialogs Phaidros«, in: *Museum Helveticum* 35 (1978), S. 18–32

– *Platon und die Schriftlichkeit der Philosophie. Interpretationen zu den frühen und mittleren Dialogen.* Berlin/New York 1985

– »Platons ›undemokratische‹ Gespräche«, in: *Perspektiven der Philosophie* 13 (1987), S. 347–368;

– »Gespräche unter Ungleichen. Zur Struktur und Zielsetzung der platonischen Dialoge«, in: *Literarische Formen der Philosophie.* (Hg.) Gabriel, G. – Schildknecht, Chr. Stuttgart 1993, S. 40–61

– *Platon lesen.* Stuttgart-Bad Cannstatt 1993;

Tennemann, Wilhelm Gottlob, »Ueber den göttlichen Verstand aus der Platonischen Philosophie (νους, λογος)«, in: *Memorabilien. Eine philosophisch-theologische Zeitschrift der Geschichte und Philosophie der Religionen, dem Bibelstudium und der morgenländischen Litteratur gewidmet.* (Hg.) Paulus, Heinrich Eberhard Gottlob. Stück 1. Leipzig 1791, S. 34–64

– *System der Platonischen Philosophie.* 4 Bde. Leipzig 1792–95

Theunissen, Michael, »Art. Augenblick«, in: *Historisches Wörterbuch der Philosophie.* Bd. 1, Sp. 649f

Tiedemann, Dieterich, »Ueber Platos Begriff von der Gottheit«, in: *Mémoires de la societé des antiquites des Cassel.* 1780

– *Idealistische Briefe.* Marburg 1798; ders., *Theätet, oder über das menschliche Wissen. Ein Beytrag zur Vernunftkritik.* Frankfurt a. M. 1794

Tigestedt, Eugene Napoleon, »The Decline and Fall of the Neoplatonic Interpretation of Plato. An Outline and Some Observations«, in: *Commentationes Humanorum Litterarum* 52 (1974), S. 3–108

Tilliette, Xavier, *Schelling. Une philosophie en devenir*, Bd. 2, Paris 1970, S. 517; Loer, Barbara, *Das Absolute und die Wirklichkeit in Schellings Philosophie*, Berlin 1974, S. 126f., Anm. 31

Traub, Hartmut, »Schellings Einfluß auf die Wissenschaftslehre 1804. Oder: ›Manche Bücher sind nur zu lang geratene Briefe‹« in: *Schelling. Zwischen Fichte und Hegel*, S. 77–92

– *Schelling-Fichte Briefwechsel*. Kommentiert und hrsg. von Hartmut Traub. Neuried 2001

Trendelenburg, Friedrich Adolf, *Logische Untersuchungen*. 2 Bde. Berlin 1840

Trienes, Rudie, *Das Problem der Dialektik in Platons ›Parmenides‹ unter Berücksichtigung von Hegels Interpretation*. Frankfurt 1989

– »Die Dialektik des Einen und Vielen. Hegels Logik von 1804/05 im Vergleich zu Platons ›Parmenides‹«, in: *Perspektiven der Philosophie*. Neues Jahrbuch 20 (1994), S. 179–197

Vater, Michael G., »Intellectual Intuition in Schelling's Philosophy of Identity 1801–1804«, in: *Schelling. Zwischen Fichte und Hegel. Between Fichte and Hegel*. (Hg.) Asmuth, Christoph – Denker, Alfred – Vater, Michael. (Bochumer Studien zur Philosophie; 32) Amsterdam/Philadelphia 2000, S. 213–234

Viganó, Federica, »Schelling liest Platons ›Timaeus‹. Die Erneuerung zwischen Platon und Kant«, in: *Das antike Denken in der Philosophie Schellings*. (Hg.) Adolphi, Rainer – Jantzen, Jörg. (Schellingiana; 11) Stuttgart-Bad Cannstatt 2004, 227–235

Virmond, Wolfgang, »Der fiktive Autor. Schleiermachers technische Interpretation der platonischen Dialoge (1804) als Vorstufe seiner Hallenser Hermeneutik (1805)«, in: *Archivio di Filosofia* 52 (1984), S. 225–232

Vlastos, Gregory, »On Plato's Oral Doctrine«, in: *Gnomon* 41 (1963), S. 641–655; ebenfalls in: *Platonic Studies*. Princeton 1973, [2]1981, S. 379–398

Vorsmann, Norbert, *Die Bedeutung des Platonismus für den Aufbau der Erziehungstheorie bei Schleiermacher und Herbart*. Ratingen bei Düsseldorf 1968

Walther, Gerrit, »Le Shakespeare de la prose grecque. Platon et sa philosophie dans la ›critique‹ de Friedrich Schlegel«, in: *La naissance du paradigme herméneutique. Schleiermacher, Humboldt, Boeckh, Droysen*. (Hg.) Laks, A. – Neschke, Ada. Lille 1990, S. 185–223

Watson, G., *Plato's Unwritten Teaching*. Dublin 1973

Welsen, Peter, *Schopenhauers Theorie des Subjekts. Ihre transzendentalphilosophischen, anthropologischen und naturmetaphysischen Grundlagen*. Würzburg 1995

Wichmann, Ottomar, *Platon. Ideelle Gesamtdarstellung und Studienwerk*. Darmstadt 1966

Wiehl, R., »Platos Ontologie in Hegels Logik des Seins«, in: *Hegel-Studien* 3 (1965), S. 157–180

Wieland, Wolfgang, »Die Anfänge der Philosophie Schellings und die Frage nach der Natur«, in: *Materialien zu Schellings philosophischen Anfängen*. (Hg.) Frank, Manfred – Kurz, Gerhard. Frankfurt a. M. 1975, S. 237–279

– Wieland, Wolfgang, »Über den Grund des Interesses der Philosophie an ihrer Geschichte«, in: *Veritas filia temporis? Philosophiehistorie zwischen Wahrheit und Geschichte*. Berlin/New York 1995, S. 9–30

Wiemer, Thomas,« Der verlorene Glorienschein: Editionsförderung außerhalb der Akademien der Wissenschaften«, in: *Philologie und Philosophie. Beiträge der VII. Internationalen Fachtagung der Arbeitsgemeinschaft philosophischer Editionen.* (Hg.) Senger, Gerhard. Tübingen 1998, S. 26–31

Wilamowitz-Moellendorff, Ulrich von, *Platon. Sein Leben und seine Werke*, 2 Bde. Berlin 1919–20

Wilbolz, R., *Der philosophische Dialog als literarisches Kunstwerk. Untersuchungen über Solgers ›Philosophische Dialoge‹.* Bern 1952

Windelband, Wilhelm,» Was ist Philosophie? (Über Begriff und Geschichte der Philosophie)«, in: ders., *Präludien. Aufsätze und Reden zur Philosophie und ihrer Geschichte.* Bd. 1. Tübingen 1924, S. 1–54

Windischmann, Karl Joseph Hieronymus, *Platons Timaeus, eine echte Urkunde wahrer Physik.* Übersetzt und erläutert. Hadamar 1804

Wundt, Max,» Fichte als Platoniker«, in: ders., *Fichte-Forschungen.* Stuttgart 1929, S. 345–368

– » Die Wiederentdeckung Platons im 18. Jahrhundert«, in: *Blätter für deutsche Philosophie* 15 (1941), S. 149–158

Zahn, Manfred,» Fichtes Sprachproblem und die Darstellung der Wissenschaftslehre«, in: *Der transzendentale Gedanke. Die gegenwärtige Darstellung der Philosophie Fichtes.* (Hg.) Hammacher, Klaus. Hamburg 1981, S. 155–167

Zehnpfennig, Barbara, *Reflexion und Metareflexion bei Platon und Fichte. Ein Strukturvergleich des Platonischen »Charmides« und Fichtes »Bestimmung des Menschen«.* (Symposion 82), Freiburg i. Br./München 1987

Zimmerli, Walther Ch.,» Wozu noch Philosophiegeschichte? Legitimationsprobleme als Ansatz zu einer Philosophiegeschichtstheorie«, in: *Studia Philosophica* 37 (1977), S. 199–234

Zint, Hans,» Schopenhauer und Platon«, in: *Jahrbuch der Schopenhauer-Gesellschaft* 14 (1927), S. 17–41

Zöller, Günter,» Schopenhauer und das Problem der Metaphysik. Kritische Überlegungen zu Rudolf Malters Deutung«, in: *Schopenhauer-Jahrbuch* 77 (1996), S. 51–63

– » The Turn From Idealism: Arthur Schopenhauer«, in: The Columbia History of Philosophy. (Hg.) Popkin, R. New York 1999, S. 542–546

Zovko, Jure, *Verstehen und Nichtverstehen bei Friedrich Schlegel. Zur Entstehung und Bedeutung seiner hermeneutischen Kritik.* (Spekulation und Erfahrung; II, 18) Stuttgart-Bad Cannstatt 1990, S. 61–80

Zurlinden, Luise, *Gedanken Platons in der deutschen Romantik.* (Untersuchungen zur neueren Sprach- und Literatur-Geschichte; N. F., H. 8) Leipzig 1910

Danksagung

Das vorliegende Buch ist im Jahr 2003 als Habilitationsschrift von der Fakultät I: Geisteswissenschaften der Technischen Universität Berlin angenommen worden. Es ist das Resultat eines langen Weges. Daher ist hier der Ort, den vielen Helfern und Wegbegleitern meinen Dank auszusprechen. Die Konzeption fällt noch in meine Zeit am Philosophischen Institut der Ruhr-Universität Bochum. Im Umfeld von Prof. Dr. Kurt Flasch und Prof. Dr. Burkhard Mojsisch wurden und werden methodologische Fragestellungen der Philosophiegeschichtsschreibung lebendig und philosophisch konkret diskutiert. Beiden bin ich ebenso zu Dank verpflichtet wie Herrn Dr. Franz-Bernhard Stammkötter und Herrn Jens Maaßen, mit denen ich zahlreiche Diskussionen führte. Besonders gilt das aber für Herrn Dr. Uwe Lindemann, der mir in all den Jahren mit gutem Rat und konstruktiver Kritik, vor allem aber mit einem stets offenen Ohr zur Seite stand. Der Deutschen Forschungsgemeinschaft gilt mein Dank für ein Forschungsstipendium, das die Konzeption dieses Buches ermöglichte. Den Freunden und Kollegen des Instituts für Philosophie, Wissenschaftstheorie, Wissenschafts- und Technikgeschichte der Technischen Universität in Berlin danke ich für ein Umfeld, das meine Arbeit unterstützt und freies philosophisches Denken möglich gemacht hat. Insbesondere der liberale und kollegiale Arbeitsstil hat mir den Raum gelassen, meine Studien voranzutreiben. Das gilt besonders für Herrn Prof. Dr. Hans Poser, der meine Arbeit stets vertrauensvoll gefördert hat. Mein Dank gilt darüber hinaus den Gutachtern Prof. Dr. Hans Poser, Prof. Dr. Günter Abel und Prof. Dr. Klaus Erich Kaehler für ihre anregende Kritik. Die leidige Arbeit der Korrektur haben Claudia Asmuth und Dr. Elisabeth Petrow auf sich genommen, wofür ich mich an dieser Stelle besonders herzlich bedanken möchte. Mein Dank gilt nochmals der Deutschen Forschungsgemeinschaft, die mir einen Druckkostenzuschuß gewährte, ohne den dieses Buch nicht hätte gedruckt werden können. Mein Dank gilt ebenso dem Verlag Vandenhoeck & Ruprecht, mit dem die Zusammenarbeit eine große Freude war. Schließlich muß ich mich bei den Studierenden in Bochum und Berlin bedanken. In ihrem Kreis habe ich mich stets wohl gefühlt und viele Anregungen zum Weiterdenken erhalten. Sie haben die Lehrverpflichtung zu einer Neigung werden lassen.

Berlin, September 2005

Personenregister[1]

Abel, G. 84, 273, 299, 347
Adolphi, R. 20, 47, 82, 88, 118, 122
Aristophanes 211
Aristoteles 55, 63, 118, 122, 154, 170,
    187, 203, 252, 274, 275, 341
Arndt, A. 187f., 199, 212, 348
Ascherson, F. 187
Asmuth, Ch. 11, 24, 25, 27–30, 36, 44,
    47, 49, 74, 79, 84, 86, 91f., 96, 101f.,
    110, 117, 148, 169, 222, 229, 246,
    262f., 348
Ast, F. 197
Augustinus von Hippo 44, 312

Babut, D. 227, 349
Baier, K. 63, 349
Baltes, M. 154
Barbariœ, D. 122, 349
Bardili, Ch. G. 118
Baron, R. 163, 349
Barthes, R. 300, 349
Bartuschat, W. 279, 349
Baum, M. 49, 83, 145, 349
Baumann, U. 29
Baumgartner, H. M. 9, 92, 102, 284, 295,
    297, 304, 322f., 349
Beelmann, A. 279, 288, 349
Beierwaltes, W. 87, 89, 140, 174f., 293,
    349
Berengar von Tours 274f.
Bernsen, N. O. 227, 350
Berthold von Moosburg 63
Betzendörfer, W. 47, 350
Bickmann, C. 82, 350
Birkner, H. J. 188, 350
Böckh, A. 120–122, 139, 156, 187f.,
    199, 201, 350

Böhme, J. 123, 136
Borsche, T. 273, 281
Bostock, D. 229, 350
Brachtendorf, J. 257
Brandt, R. 301, 314, 350
Brandwood, L. 225, 350
Braun, L. 9, 350
Breazeale, D. 36
Brinker-von der Heyde, C. 98
Brucker, J. 20
Bruno, G. 84, 87f., 106, 107, 109, 123,
    353
Bubner, R. 16, 20, 48, 59, 122, 187, 350
Buccellato, M. 227, 350
Buchner, H. 48, 80
Budde-Burmann, M. 51, 350
Bühler, A. 227, 351
Burnyeat, M. 229, 351

Cäsar, K. A. 25
Caysa, V. 12, 278, 316
Cole, A. Th. 227, 351
Colli, G. 201, 294
Cornford, F. M. 231, 351
Creuzer, F. 120, 156
Cürsgen, D. 28, 351

Daub, C. 120, 156
De Pascale, C. 33, 351
Demmerling, Ch. 277
Demokrit 72f.
Denker, A. 47, 49, 92, 101, 122, 148,
    222, 351
Derrida, J. 286, 306
Descartes, R. 33, 325
Descombes, V. 286, 351
Dewender, Th. 49

---

1 Platon ist nicht eigens aufgeführt.

Sachregister[2]

---

2 Nicht aufgeführt sind häufig vorkommende Begriffe wie Denken, Geschichte, Historie, Idee, Philosophie, Philosophiegeschichte, Vorstellung u. dergl.